QuarkXPress 4.0 für Macintosh

Malte Borges
Hans-Jürgen Müller-Alex

QuarkXPress 4.0

für Macintosh

Markt&Technik
Buch- und Software-Verlag GmbH

Die Deutsche Bibliothek – CIP-Einheitsaufnahme

QuarkXPress 4.0 für Macintosh / Malte Borges ;
Hans-Jürgen Müller-Alex. – Haar bei München :
Markt und Technik, Buch- und Software-Verl.
  (Macintosh)
  ISBN 3-8272-5397-7

Buch. 1998
  brosch.

CD-ROM. 1998

Die Informationen in diesem Produkt werden ohne Rücksicht auf einen
eventuellen Patentschutz veröffentlicht.
Warennamen werden ohne Gewährleistung der freien Verwendbarkeit benutzt.
Bei der Zusammenstellung von Texten und Abbildungen wurde mit größter
Sorgfalt vorgegangen.
Trotzdem können Fehler nicht vollständig ausgeschlossen werden.
Verlag, Herausgeber und Autoren können für fehlerhafte Angaben
und deren Folgen weder eine juristische Verantwortung noch
irgendeine Haftung übernehmen.
Für Verbesserungsvorschläge und Hinweise auf Fehler sind Verlag und
Herausgeber dankbar.

Alle Rechte vorbehalten, auch die der fotomechanischen Wiedergabe und der
Speicherung in elektronischen Medien.
Die gewerbliche Nutzung der in diesem Produkt gezeigten Modelle und Arbeiten
ist nicht zulässig.

Fast alle Hardware- und Softwarebezeichnungen, die in diesem Buch erwähnt werden,
sind gleichzeitig auch eingetragene Warenzeichen oder sollten als solche betrachtet
werden.

10 9 8 7 6 5 4 3 2 1

02 01 00 99 98

ISBN 3-8272-5397-7

© 1998 by SAMS, einem Imprint der Markt&Technik Buch- und
Software-Verlag GmbH, Hans-Pinsel-Straße 9b,
D-85540 Haar bei München/Germany
Alle Rechte vorbehalten
Einbandgestaltung: Helfer Grafik Design, München
Lektorat: Annette Tensil, atensil@mut.de
Herstellung: Claudia Bäurle, cbaeurle@mut.de
Satz: Borges, Lehrte
Druck: Media-Print, Paderborn
Dieses Produkt wurde mit Desktop-Publishing-Programmen erstellt
und auf chlorfrei gebleichtem Papier gedruckt
Printed in Germany

Inhaltsverzeichnis

Vorwort — 11

1 QuarkXPress im Überblick — 13

- 1.1 Lieferumfang 15
- 1.2 Systemvoraussetzungen 16
- 1.3 Allgemeiner Funktionsumfang 17
  - Dokumente 17
  - Textfunktionen 19
  - Grafikfunktionen 21
  - Ausgabefunktionen 22
  - Erweiterung durch XTensions 23
- 1.5 Einsatzgebiete für QuarkXPress 23

2 Grundkonzepte — 25

- 2.1 Installation 27
  - Update-Installation 27
- 2.2 Arbeiten mit dem Mac 33
  - Steuerelemente und -funktionen 34
  - Die Zwischenablage 38
  - Herausgeben und Abonnieren 40
- 2.3 QuarkXPress-Bedienung 41
  - Starten und Beenden 41
  - Der Bildschirm 42
  - Die Paletten 42
  - Die Werkzeuge 43
  - Mit Registerkarten arbeiten 44
  - Die QuarkXPress-Hilfefunktion 45
- 2.4 Typografie, Grafik und Layout 47
  - Unterschiede zwischen Pixel- und Vektorgrafiken ... 47
  - Arten der Schrifterzeugung 49
  - Typografische Grundlagen 51
  - Einzüge 53
  - Sonderzeichen 55
  - Arbeiten mit Farbe 56
- 2.5 Druckvorlagen 57

3 Schnellkurs für Ungeduldige 61

- 3.1 Dokumentaufbau 64
- 3.2 Ändern der Dokumentdarstellung 75
  - Bewegen im Dokument 76
  - Seitenbearbeitung mit der Seitenlayoutpalette 77
- 3.3 Elemente bearbeiten 81
  - Rahmen 81
- 3.4 Textfunktionen 98
  - Neue Texte eingeben 98
  - Zeichenformate 101
  - Absatzformatierung 105
  - Stilvorlagen 107
- 3.5 Drucken 114

4 Referenz 119

- 4.1 Dateioperationen 121
  - Öffnen und Speichern von Dokumenten 121
  - Import und Export 126
- 4.2 Dokumentaufbau 137
  - Die Arbeitsfläche 138
  - Neue Dokumente anlegen 139
  - Seitenformate 140
  - Musterseiten 145
  - Bewegen im Dokument 151
  - Positionierhilfen 152
  - Objektbearbeitung 158
  - Zusatzpaletten 170
  - Anzeigeoptionen 176
  - Linien 182
  - Arbeit mit Bibliotheken 190
  - Dokumentverwaltung – 194
  - Bücher erstellen und bearbeiten 194
- 4.3 Textbearbeitung 198
  - Textrahmen 198
  - Textrahmenattribute 201
  - Textrahmen rotieren, verzerren und spiegeln 208
  - Textposition im Rahmen 209
  - Texte erstellen 211

	Texte kopieren und verschieben	212
	Zeichenattribute	213
	Absatzattribute	219
	Die Maßpalette	229
	Stilvorlagen	230
	Rahmen im Text verankern	240
	Grafische Effekte mit Texten	242
	Silbentrennung und Blocksatz (S&B)	246
	Suchen und Ersetzen	251
	Anwenderdefinierte Spracheinstellungen	255
	Inhaltsverzeichnisse erstellen (Listen)	260
	Indexverzeichnisse erstellen	264
	Weitergehende Textfunktionen	271
4.4	Bilder und Grafiken bearbeiten	276
	Neue Bildrahmen erstellen und bearbeiten	276
	Grafische Ausgestaltung von Bildrahmenformen	280
	Bilder laden	283
	Grundlegende Bearbeitungsfunktionen	287
	Umfließen für Bildrahmen	297
	Bildbearbeitung	301
	Handling von modifizierten oder fehlenden Bildern	308
4.5	Farben verwenden	312
	Licht- und Körperfarben	312
	Farbsysteme im Überblick	314
	Farbpalette bearbeiten	316
	Farben zuweisen	325
	Farbüberfüllungen erzeugen	328
	Farbmanagement in QuarkXPress	335
4.6	Ausgabefunktionen	343
	PostScript-Ausgabegeräte	343
	QuarkPrint – die Druckausgabe steuern	347
4.7	Weiterführende Optionen	371
	XTensions	371
	Die Arbeit mit XPress-Marken	374
	AppleScript – Dokumenterstellung automatisieren	379
	Dokumenterstellung mit verschiedenen Versionen von QuarkXPress	384
	Dateientransfer zwischen Macintosh- und Windows-Version von QuarkXPress	388

5 Workshop 391

5.1	Die wissenschaftliche Arbeit – Arbeit mit Einzügen und Tabulatoren	394
5.2	Die Preisliste – Tabellensatz	402
	Die Arbeitsvorbereitung	404
	Stilvorlagen erstellen	410
5.3	Die Buchproduktion – Inhalts- und Indexverzeichnisse erstellen	414
	Vorbereitende Arbeiten	415
	Masterdokument erstellen	415
	Inhaltsverzeichnis erstellen	416
	Index festlegen und erstellen	419
5.4	Das Fernsehprogramm – Arbeit mit XPress-Marken	423
	Die Arbeitsvorbereitung	423
	Die Testphase	426
5.5	AppleScript – Automatischer Seitenaufbau	427
	Vorbereitende Arbeiten	427
	Der Aufbau des AppleScripts	429
	Die Ausführung des AppleScripts	434
5.6	Zeitschriftenlayout – Arbeitstechniken	435
	Organisatorische und technische Vorbereitungen	435
	Elektronische Layouttechniken	445

6 Internet 461

6.1	Fonts und Grafiken aus dem Internet	463
	Und das richtige Bild	466
	Interessante Adressen im Internet	467
6.2	Surf-Tips	471
6.3	Quark im Internet	474
	Immer aktuell	475
	Schnelle Hilfe im Internet	477

Anhang 481

A Import- und Exportformate 483

Textformate 483
Grafik- und Bildimportformat 484
    Grafikformate im Überblick 484

B Die Menüs 488

Die Zusatzpaletten 492
Die Werkzeuge 496
Tastenkürzel für Menübefehle 498
    Programmhilfe 498
    Menü Ablage 498
    Menü Bearbeiten 499
    Menü Stil – bei aktivem Inhalt-Werkzeug 500
    Stil-Menübefehle für Bildbearbeitung 501
    Menübefehl zur Linienbearbeitung 502
    Menü Seite 503
    Menü Ansicht 504
    Menü Hilfsmittel 504
    Tastenkürzel für Objekte 505
    Tastenkürzel für Text 507
    Tastenkürzel für Bilder 511
    Tastenkürzel für Dialogboxen 513
    Tastenkürzel für Paletten 514
    Tastenkürzel für Dokumenterstellung 516
    Tastenkürzel für Drucken 517
    Tastenkürzel für Spezielle Zeichen 517
    Funktionstasten 519
    Funktionstasten 520
    Bewegen im Dokument – Standardtastaturen ... 520

C   Maßeinheiten und Papierformate — 521

Maßeinheiten und die Eingabekonventionen 521
Papierformate 521
Ausgewählte Normen für das Bürowesen 523

D   Farbsysteme und Umrechnungstabellen — 525

E   Übersicht der XPress-Marken — 527

F   Das XPress-System und seine Zusatzdateien — 534

G   Glossar — 537

Internet-Glossar 549

Stichwortverzeichnis — 559

Vorwort

QuarkXPress, neben dem Pagemaker, einer der Klassiker unter den Satzprogrammen, geht nun in die vierte Runde. Dies ist innerhalb der vergangenen 10 Jahre erst das dritte Major-Update, ein Umstand, der in der Anwendergemeinde nicht unbedingt negativ gesehen wird. Schließlich bedeuten Major-Updates ja auch immer, daß Funktionen neu erlernt und Arbeitsweisen in der Produktion verändert werden müssen. Obwohl immer Wünsche offen bleiben, was das Erweitern eines Programms um neue Funktionen anbelangt, galt QuarkXPress auch in der Vorgängerversion 3.32 schon als sehr leistungsfähiges Programm. Bis zum vorliegenden Update hatte sich Quark darauf beschränkt, in zahlreichen kleinen Zwischenschritten die Leistungsfähigkeit des Layoutprogramms kontinuierlich weiterzuentwickeln.

Doch nun zum Programm: Vermutlich die tiefgreifendste Änderung der Version 4.0 ist, daß XPress nur noch in Englisch oder in der mehrsprachigen Passportversion ausgeliefert wird. Die Passportversion ist darüber hinaus mit einem Dongle als Kopierschutz versehen. Die neuen grafischen Funktionen werden das Arbeiten mit QuarkXPress grundlegend verändern. Registerkarten, neue Steuerelemente und das Zusammenfassen mehrerer Programmfunktionen in zentralen Dialogboxen straffen die Programmoberfläche. Hier ist vieles in der Funktionalität neu angelegt und geordnet worden, und es bedarf sicherlich einiger Zeit, bis sich der Quark-Anwender wieder so zurechtfindet wie in den bisherigen Versionen.

Die Version 4.0 erschien zeitgleich in einer Macintosh- und in einer Windows-Version. Gerade im Satzbereich scheinen die Welten mehr und mehr zusammenzuwachsen. Programme werden für DOS/Windows und Apple Macintosh (und oft auch Unix) gemeinsam entwickelt. Es scheint, als würde die Bedeutung der verwendeten Hardware-Basis abnehmen und der Austausch zwischen verschiedenen Computersystemen immer wichtiger.

Wir möchten Ihnen unsere praktischen Erfahrungen bei der Arbeit mit der neuen Version von QuarkXPress weitergeben. Dieses Buch soll Ihre ersten Schritte mit dem neuen Satzprogramm durch umfangreiche Beispiele begleiten, aber ebenso als Nachschlagewerk dienen. Besonderen Wert haben wir auf die Vermittlung von Arbeitstechniken und praxisorientierten Tips gelegt. Ein umfangreicher Anhang soll Ihre tägliche Arbeit noch weiter unterstützen. Viel Spaß beim Arbeiten mit der neuen Version von QuarkXPress wünscht Ihnen

Ihr Types&Bytes-Autorenteam

1 QuarkXPress im Überblick

1 QuarkXPress im Überblick

1.1 Lieferumfang

Sobald Sie QuarkXPress zum ersten Mal in den Händen halten, fällt zunächst das hohe Gewicht des Programmpakets auf. Im Programmschuber von QuarkXPress finden sich nicht weniger als vier Handbücher, die Ihnen das Zurechtfinden mit dem neuen Programm erleichtern. Das Buch »Erste Schritte« enthält wichtige Hinweise zu den Systemvoraussetzungen, Informationen zur Installation und Registrierung sowie einen Abschnitt, der sich mit der Anwenderunterstützung beschäftigt. Einige erste, grundlegende Arbeitsbeispiele ergänzen den Inhalt. »QuarkXPress zum Nachschlagen« bietet Ihnen detaillierte Informationen zum Programm und beschreibt, nach Themen geordnet, typische Aufgabenstellungen im Satz. Eine Übersicht aller Menüeinträge, wichtiger Dateien und Satzmarken, Hinweise zu den Xtensions und zur Datenübertragung zwischen PC und Mac runden das Informationsangebot ab. Mit dem »Leitfaden zu Farbmanagement und Prepress« erhalten Sie wichtige Informationen für die Druckvorstufe. Besonders praktisch ist die »Übersicht über Tastaturbefehle« – ein hilfreiches Arbeitsmittel, um bei Bedarf eine der unvermeidlichen Tastenkombinationen nachzuschlagen.

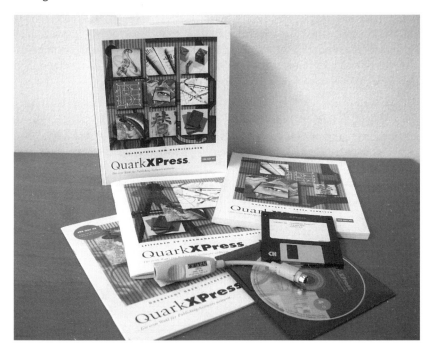

Bild 1.1:
Das QuarkXPress-Programmpaket. Erstmals gibt es auch einen Hardware-Dongle.

Zum Lieferumfang der Einzelplatzversion gehören weiterhin eine Tastaturschablone, die über die Funktionstasten gelegt werden kann und so das Arbeiten mit Tastenkürzeln erleichtert, sowie der bereits angesprochene Hardware-Kopierschutz (Dongle).

Bei der Installation von QuarkXPress 4.0 wird zwischen Update- und Neuinstallation unterschieden. Die eigentlichen Programmdateien befinden sich auf einer CD. Für die Installation wird zusätzlich eine Diskette mitgeliefert. Für den Fall, daß Sie das Programm neu installieren und kein Update von einer vorherigen Version ausführen, ist weiterhin eine Registrierungsdiskette enthalten. Mit dieser Registrierungsdiskette werden im Laufe des Installationsprozesses Informationen über Ihr Computersystem ermittelt, die dann zur Registrierung an Quark eingesandt werden.

1.2 Systemvoraussetzungen

Als leistungsfähiges Satz- und Layoutprogramm stellt QuarkXPress 4.0 hohe Anforderungen an die Systemhardware.

Als Mindestanforderungen für den Einsatz von QuarkXPress auf dem Macintosh 68 K sind ein 68030 Prozessor oder höher und das Mac Betriebssystem in der Version 7.1 vorgesehen. Da QuarkXPress selbst mindestens 6 Mbyte Arbeitsspeicher benötigt, sind 10 Mbyte als Mindestausbaustufe anzusehen, 16 Mbyte oder mehr Arbeitsspeicher werden empfohlen, um einen schnellen Arbeitsfortschritt sicherzustellen. Für die englische Version wird ein Festplattenspeicher von 13 Mbyte benötigt, für die Passportversion sind immerhin rund 30 Mbyte erforderlich.

Die Voraussetzungen für eine Installation von QuarkXPress 4.0 auf dem PowerMacintosh oder MAC-OS-kompatiblen Computern unterscheiden sich von der 68K-Version nur durch den höheren Bedarf an Arbeitsspeicher. Für den PowerMacintosh werden 32 Mbyte empfohlen.

Bei einer hohen Bildschirmauflösung der Grafikkarte in Kombination mit einem entsprechend großen Monitor wird das Arbeiten schon allein dadurch beschleunigt, daß weniger Detailvergrößerungen bei der Arbeit erforderlich sind.

Ein Font-Manager, wie z.B. der Adobe-Type-Manager ist zwar nicht Voraussetzung für den Ablauf von QuarkXPress, jedoch unerläßlich für die tägliche Arbeit. Der Font-Manager stellt dabei sicher, daß die verwendeten PostScript-Druckerschriften auch am Bildschirm korrekt dargestellt werden. Hier empfiehlt Quark den Einsatz des Adobe-Type-Managers ab der Version 3.8.2. Natürlich lassen sich auch TrueType-Fonts einsetzen, da auch diese vom Mac standardmäßig unterstützt werden.

Bild 1.2:
Mit dieser Meldung startet QuarkXPress auf dem Power-Macintosh

1.3 Allgemeiner Funktionsumfang

An dieser Stelle erhalten Sie einen allgemeinen Überblick über den Funktionsumfang von QuarkXPress.

Dokumente

Dieser Abschnitt beschäftigt sich mit den Funktionen, die dem allgemeinen Dokumentaufbau dienen. QuarkXPress arbeitet, wie andere Satzprogramme auch, mit einer Arbeitsfläche, auf der Dokumentseiten plaziert werden. Die Größe der Arbeitsfläche kann dabei prozentual zur Größe des Seitenformates eingestellt werden. Bei den Seitenformaten stehen fest definierte Seitengrößen und Eingabefelder zum Einrichten eigener Seitenabmessungen zur Verfügung.

Bei der Arbeit wird zwischen den normalen Dokumentseiten und sogenannten Musterseiten unterschieden. Musterseiten sind dabei am ehesten mit Formularen vergleichbar, in denen wiederkehrende Objekte (z.B. Texte, Grafiken, Bilder oder auch Rahmen) enthalten sind. Diese Musterseiten bilden so die Grundlage für die Seitengestaltung.

Ein QuarkXPress-Dokument kann bis zu 2000 Dokumentseiten und eine nahezu unbegrenzte Anzahl von Musterseiten enthalten. Die Seitenlayoutpalette ist ein wesentliches Werkzeug zum Anordnen der Dokument- und Musterseiten. Mit ihrer Hilfe lassen sich Seiten umordnen oder als Montagebögen zusammenstellen, so daß sich auch mehrere Dokumentseiten auf einer Druckseite ausgeben lassen können.

Wie es sich für ein Satzprogramm gehört, stehen Ihnen umfangreiche Funktionen für automatische Seitennumerierung, zum Einfügen oder Löschen von Seiten oder auch zum Austausch von Seiten zwischen unterschiedlichen Dateien zur Verfügung. QuarkXPress bietet darüber hinaus Funktionen, mit denen sich die Paginierung eines Druckstücks vornehmen läßt: Innerhalb eines

Dokuments können Sie mehrere Kapitel, jeweils mit einer eigenen Seitennumerierung, anlegen. Mit Hilfe von sogenannten Masterdokumenten lassen sich auch verschiedene Dokumente zu einem Buchprojekt zusammenfügen.

Fast alle wichtigen Dokument-, Farb- und Schriftmerkmale speichert QuarkXPress zusammen mit der Dokumentdatei ab. Dadurch ist die Grundlage für einen reibungslosen Datenaustausch zwischen Mac und PC geschaffen. Weitere Funktionen stellen sicher, daß der manuelle Anpassungsaufwand minimiert wird. Das Thema Datenaustausch zwischen Mac und PC wird eingehend in Kapitel 2.2: Arbeiten mit dem Mac behandelt.

Zum Bearbeiten von Dokumenten steht ein weiterer Funktionsblock bereit. Hilfslinien, die im Ausdruck nicht erscheinen, unterstützen Sie bei der exakten Positionierung von Text- und Bildbestandteilen. Nichtdruckende Objekte und eine Maßpalette für die wichtigsten Einstellungen für Text und Grafik beschleunigen den Arbeitsablauf.

Als Anwender können Sie weitgehenden Einfluß auf das Ablaufverhalten von QuarkXPress nehmen. Alle erforderlichen Programmvoreinstellungen sind übersichtlich in Dialogboxen angeordnet. Diese Voreinstellungen beschreiben wir im Zusammenhang mit den jeweils einzustellenden Werten.

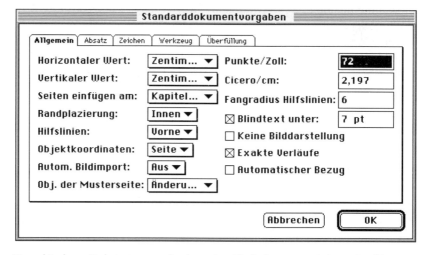

Bild 1.3: Die Dialogbox DOKUMENTVORGABEN *steuert verschiedene Aspekte des Programmverhaltens.*

Verschiedene Farbsysteme erlauben das Einfärben von einigen Grafiktypen, von QuarkXPress-Rahmen oder auch von Texten. Hier stehen Ihnen verschiedene Mischfarb- und Palettensysteme zur Auswahl, die wir in Kapitel 4.5: Farben behandeln.

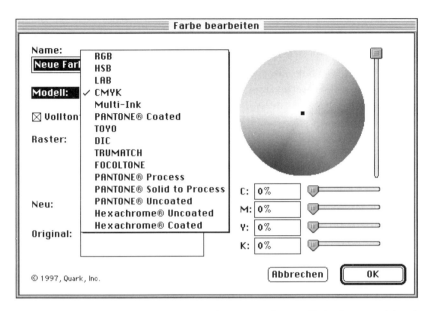

Bild 1.4: In der Dialogbox FARBEN BEARBEITEN haben Sie Zugriff auf alle wichtigen Farbsysteme.

Besonders die Arbeit mit wiederkehrenden Text- oder Grafikobjekten wird durch sogenannte Bibliotheken unterstützt. In diesen Bibliotheken sind Text-, Bildrahmen oder Gruppen enthalten. Die Gruppen können sich dabei aus einer Kombination von Text- und Bildrahmen zusammensetzen. Über diese Bibliotheken haben Sie beim Layoutentwurf einer Druckseite selbst komplexe Zeichnungsbestandteile, z.B. ein fertig montiertes Logo, im schnellen Zugriff.

Die gesamte Gestaltungsarbeit in QuarkXPress erfolgt rahmenorientiert. Für jeden Text und für jede Grafik wird ein eigener Rahmen geöffnet. Auch das Verhalten dieser Rahmen kann durch unterschiedliche Bearbeitungsfunktionen beeinflußt werden. So können Sie die Rahmen z.B. interaktiv mit der Maus oder Tastatur verschieben oder bei Bedarf mit der Maßpalette numerisch exakt plazieren.

Textfunktionen

Eine weitere Stärke von QuarkXPress liegt im Bereich der Textbearbeitung. Obwohl dieses Programm nicht als Textverarbeitungsprogramm konzipiert ist, bietet es alle Funktionen, um auch umfangreiche Texte direkt zu erfassen und zu korrigieren. An dieser Stelle sei nur auf die Rechtschreibprüfung, die Trennhilfe und das Hilfslexikon hingewiesen. Eine vollständige Beschreibung dieser Textfunktionen finden Sie im Kapitel 4.3: Textbearbeitung.

Durch den Einsatz von Stilvorlagen lassen sich auch umfangreiche Texte schnell und einheitlich formatieren. Dabei stehen neben den aus Textverarbeitungsprogrammen bekannten Zeichen- und Absatzformaten auch weitere typografische Funktionen zur Verfügung.

QuarkXPress erlaubt den Import der gängigsten Textformate, so daß sich die Texte auch in einem herkömmlichen Textverarbeitungsprogramm erfassen lassen. Auch der ASCII-Import kommt nicht zu kurz: Texte können mit jedem beliebigen Texteditor erfaßt und durch Einfügen von Textmarken in der Tradition der Satzerfassung bereits vollständig formatiert werden. Die unterstützten Textmarken sind im Kapitel 4.1: Dateifunktionen erläutert, eine Übersicht finden Sie im Anhang.

Bild 1.5: Gerade für den Satz umfangreicher Texte bietet sich QuarkXPress an.

Die Texterfassung und -bearbeitung ist nur ein Aspekt beim Arbeiten mit Text. Der Schwerpunkt von QuarkXPress liegt jedoch in der freien Positionierung vorhandener Textbestandteile. Hier kommt das rahmenorientierte Konzept voll zum Tragen: Automatische Textrahmen fügen neue Seiten ein, wenn ein Text über die Rahmenbegrenzung hinausgeht. Frei definierbare Spalteneinteilungen, Randabstände, Rahmenstile und Füllungen sorgen für weiteren Gestaltungsspielraum. Bibliotheken, in die sich auch Textrahmen aufnehmen lassen, beschleunigen die Arbeit mit ähnlichen Layouts. Auch die Musterseiten, von denen bis zu 127 verschiedene in einem Quark-Dokument vorhanden sein können, helfen bei der Gestaltung. Mit Hilfe von automatischen Textrahmen, die auf den Musterseiten positioniert sind, kann das Layout für ganze Dokumente im Handumdrehen modifiziert werden.

Besonders hervorzuheben sind die typografischen Fähigkeiten von QuarkXPress. Neben automatischen und manuellen Unterschneidungen lassen sich weitere Schriftparameter beeinflussen: Schriftbreite und typografische Sonderzeichen werden ebenso unterstützt wie unterschiedliche Zeichen-,

Zeilen- und Absatzabstände, automatische Linien oder gar Initialen über mehrere Zeilen. Nicht zu vergessen, die Funktionen zum Generieren von umfangreichen Inhalts- und Indexverzeichnissen.

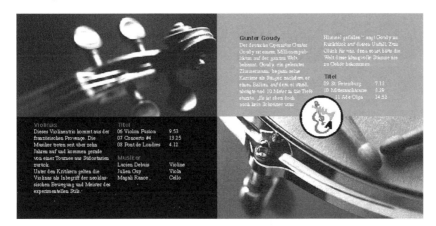

Bild 1.6: Kein Problem für QuarkXPress: Mehrspaltige Textrahmen mit Kontursatz um ein Bildelement und Ausrichtung am Grundlinienraster.

Grafikfunktionen

Häufig bilden Text und Grafik eine gestalterische Einheit. Einfache Grafiken lassen sich dabei direkt in QuarkXPress durch den Einsatz von Linien, Rechtecken, Kreisen, und Bézierlinien erzeugen.

Für komplexere Grafikbestandteile können Sie auf die umfangreichen »Importfilter« zurückgreifen, mit deren Hilfe sich die gängigsten Grafikformate in ein Dokument einfügen lassen. Weiterführende Informationen zu den Grafikfunktionen finden Sie im Kapitel 4.4: Bild- und Grafikbearbeitung, eine Übersicht der unterstützten Importformate ist im Anhang enthalten. Importierte Grafiken lassen sich mit wenig Aufwand an die entsprechenden Rahmen anpassen, d.h. in Höhe und Breite verändern, automatisch skalieren oder als Ausschnitte darstellen. QuarkXPress beherrscht auch die Rotation und das Verzerren von Bildern und Textrahmen.

Wenn Sie Bitmap-Grafiken als Illustration einsetzen, erlaubt QuarkXPress Kontrast und Rasterfrequenz zu beeinflussen. Darüber hinaus können das Farbformat geändert und Farbbitmaps in Graustufen umgewandelt werden.

Grafiken und Bilder lassen sich sowohl auf Einzel- als auch auf Musterseiten plazieren. Durch den Einsatz von Illustrationen auf Musterseiten wird die schnelle Gestaltung mehrerer Dokumentseiten mit einem einheitlichen Layout beschleunigt. Auf Einzelseiten wiederum können Sie den Bildrahmen entweder frei positionieren oder im Text verankern. Auch »Kontursatz«, also das automatische Umfließen von Text um Bilder herum, beherrscht QuarkXPress.

Bild 1.7: Bildrahmen lassen sich mit Textrahmen verknüpfen oder frei positionieren.

Ausgabefunktionen

Das beste Layoutprogramm nützt nichts, wenn nicht leistungsfähige Ausgabefunktionen zur Verfügung stehen. Hier gilt es zwei Bereiche zu betrachten: Auf der einen Seite steht die Darstellung des Arbeitsfortschritts am Bildschirm, auf der anderen das tatsächliche Druckergebnis. Um eine optimale Bildschirmdarstellung zu erreichen, können die Farbdarstellung und der Abbildungsmaßstab mit QuarkXPress kalibriert werden. Mehr zu dem umfangreichen Thema Farbmanagement finden Sie in Kapitel 4.5: Farben.

Um den Arbeitsfortschritt zu beschleunigen, bietet QuarkXPress verschiedene Anzeigeoptionen.

Die Ausgabefunktionen sind zum großen Teil vom installierten Druckertreiber abhängig. Wenn Sie allerdings unterschiedliche Rasterfrequenzen und -winkel, Ausgabemaßstäbe, Seitenorientierungen oder auch Unterteilungen von großen Seitenformaten vorgeben wollen, muß ein PostScript-fähiges Ausgabegerät installiert sein. Zu Korrekturzwecken können im Dokument enthaltene Abbildungen grob ausgegeben oder ganz unterdrückt werden – eine Fähigkeit, die bei manchen Druckern eine erhebliche Zeitersparnis bedeutet. Nicht zuletzt ist QuarkXPress in der Lage, sogenannte »Miniaturen«, einen verkleinerten Überblick über die ganze Satzdatei, auszugeben.

Erweiterung durch XTensions

Trotz der Leistungsfähigkeit, die QuarkXPress schon im Standardlieferumfang bietet, fehlen dem einen oder anderen Benutzer spezielle Funktionen für spezielle Anwendungen. QuarkXPress begegnet dieser Anforderung mit dem Konzept der »Xtensions«. Als Xtension wird dabei eine externe Programmerweiterung bezeichnet, die vollständig in die Programmoberfläche von QuarkXPress integriert ist. Mit der exakten Beschreibung der Schnittstelle zu QuarkXPress kann der Funktionsumfang erweitert werden, ohne daß an der eigentlichen Software etwas verändert werden müßte.

Auch in der aktuellen Programmversion sind wieder zahlreiche Features nicht direkt in das Grundprogramm aufgenommen, sondern als Xtension realisiert worden. Insbesondere trifft dies auf Import- und Exportfilter und die Indexfunktion zu.

Formeleditoren oder Tabellenfunktionen werden als Xtension, von Drittanbietern angeboten. Auch zahlreiche auf dem Markt befindliche Redaktions- und Katalogproduktionssysteme sind auf der Basis des Xtension-Konzeptes realisiert worden.

Die Installation von neuen XTensions ist denkbar einfach: Jede XTension, die sich beim Start von QuarkXPress im Quark-Ordner oder im Verzeichnis »Xtensions« befindet, wird automatisch geladen. Wenn vorgesehen, wird die normale Menüstruktur von QuarkXPress um weitere Menüeinträge ergänzt.

1.5 Einsatzgebiete für QuarkXPress

Durch den Funktionsumfang bietet sich QuarkXPress für eine ganze Reihe von Aufgaben an. Durch die Konzeption als Layout-Software werden jedoch einige Rahmenbedingungen gesetzt.

❐ Obwohl sich QuarkXPress recht moderat mit Anforderungen an die Hardware verhält, kommt die richtige Arbeitsfreude erst mit einem leistungsfähigen Rechner auf. Ein moderner Prozessor, eine schnelle Festplatte, eine Grafikkarte mit hoher Auflösung, schnellem Bildaufbau und einer großen Farbtiefe sowie ein umfangreicher Ausbau des Hauptspeicher setzen hier den Maßstab für ein zügiges Arbeiten.

❐ Mit QuarkXPress alleine lassen sich nicht alle Anforderungen des Grafik- und Satzbereichs erfüllen. Hier werden Grafikprogramme zur Unterstützung benötigt, mit denen sich komplexere Arbeiten als mit den einfachen Quark-Funktionen durchführen lassen. Besonders, wenn es darum geht, lange Texte in eine Publikation einzufügen, stellen Textprogramme eine sinnvolle Ergänzung zu QuarkXPress dar.

- Die Kombination aus Textprogramm, Grafiksoftware und QuarkXPress sichert die schnelle Bearbeitung fast jeder Satzarbeit. Durch den großen Funktionsumfang lassen sich einfachere Arbeiten, wie Geschäftspapiere oder Kopiervorlagen, ebenso effektiv gestalten, wie umfangreiche Publikationen, Zeitungen oder Vierfarbprospekte.

- Für besondere Einsatzgebiete kann auf weitere XTensionen nicht verzichtet werden. Ein Beispiel: Xtensions zum halb- und vollautomatischen Erstellen von Katalogen und Preislisten (Stichwort: Database Publishing). Durch geeignete Erweiterungen läßt sich QuarkXPress gar zu einem kompletten Publikationsverwaltungsinstrument ausbauen. So lassen sich auch spezielle Anforderungen, wie Gruppenarbeit an verschiedenen Teilen einer Publikation oder eine Aufteilung nach Grafik-, Text- und Satzarbeit verwirklichen.

Bei komplexeren Satzaufgaben entfaltet QuarkXPress seine Stärke in der Zusammenarbeit mit anderen Programmen. Es dient in erster Linie als Programm zum Zusammensetzen vorhandener Elemente zu Druckstücken. Bilder werden in entsprechenden Bildbearbeitungsprogrammen (z.B. PhotoShop) fertiggestellt, Grafiken durch Vektorgrafikprogramme (z.B. Freehand, Illustrator) beigesteuert und Texte in Textprogrammen erzeugt. Mit QuarkXPress greifen Sie auf alle Bausteine zu und fügen sie zu einem anspruchsvollen Druckstück zusammen.

2 Grundkonzepte

2 Grundkonzepte

Dieses Kapitel stellt einen Einstieg in die Arbeit mit dem Macintosh/Power-Macintosh und QuarkXpress dar. Der erste Abschnitt gibt Ihnen die notwendigen Informationen für die Installation. Neben einer Beschreibung der Bedienelemente des Betriebssystems und von QuarkXPress werden auch Tastenkürzel vorgestellt, mit denen sich die Arbeit am Computer beschleunigen läßt.

2.1 Installation

Die Installation von QuarkXPress verläuft vollständig menügeführt. Grundsätzlich unterscheidet QuarkXPress zwischen der Neuinstallation und einem Update von einer bestehenden Version. Der Ablauf beider Installationsvarianten ist weitgehend identisch.

Update-Installation

Alle Programmdateien von QuarkXPress 4.0 finden auf einer CD Platz. Zum Lieferumfang gehören weiterhin eine Installationsdiskette und ein Hardware-Kopierschutz (Dongle). Der Ablauf der Update-Installation erfolgt in verschiedenen Schritten, deren Reihenfolge genau eingehalten werden muß.

Vorbereitung der Update-Installation

Jede Version von QuarkXPress ist mit einer Seriennummer lizenziert. Eine QuarkXPress-Update-Installation ist nur dann möglich, wenn die zu aktualisierende Version die richtige Seriennummer aufweist. Sie benötigen also in jedem Fall die richtige Vorgängerversion auf der Festplatte, um das Update ausführen zu können. Falls Sie versuchen, das Update auf eine andere Seriennummer anzuwenden, bricht der Installationsvorgang mit einer Fehlermeldung ab.

Es geschieht immer wieder, daß eine Installation wegen eines Systemabsturzes oder Fehlern auf Datenträgern scheitert. In diesem Fall kann die bereits installierte Version in Mitleidenschaft gezogen werden. Deshalb ist es besonders wichtig, daß Sie das Update nicht auf das Original anwenden, sondern zuvor eine Kopie der alten Programmversion erstellen. Markieren Sie dazu einfach den Programmordner, und geben Sie die Tastenkombination ⌘+D ein. Das MAC OS dupliziert daraufhin den Ordner mit allen darin enthaltenen Unterordnern und Dokumenten.

Um Störungen im Installationsablauf von der Systemseite her zu minimieren, sollten Sie über den Manager für Systemerweiterungen (z.B. »Erweiterungen Ein/Aus« oder »No Utilities«) alle nicht benötigten Kontrollfelder und Erweiterungen ausschalten. Dies betrifft insbesondere speicherresidente Antiviren-Programme. Falls Sie nicht sicher sind, welche Erweiterungen abgeschaltet werden dürfen, empfehlen wir Ihnen, alle abzuschalten. Lediglich die Erweiterungen für den Zugriff auf das CD-ROM-Laufwerk müssen aktiv bleiben, um die Installation durchführen zu können.

Auf der Update-Installationsdiskette sind Dokumente mit wichtigen Informationen abgelegt, die zum Zeitpunkt der Drucklegung der Handbücher noch nicht bekannt waren. Lesen Sie diese Informationen zunächst aufmerksam durch, damit Sie gegebenenfalls die dort aufgeführten ergänzenden Hinweise zum Installationsprozeß berücksichtigen können.

Als letzte Vorbereitung für eine Update-Installation muß nun noch der Hardware-Kopierschutz (Dongle) angeschlossen werden. Um eine Beschädigung des Dongle zu vermeiden, schalten Sie zuvor den Rechner ab. Mit dem Abschalten des Rechners werden gleichzeitig die Erweiterungen aus dem Arbeitsspeicher entfernt, da die zuvor beschriebene Deaktivierung der Systemmodule erst nach einem Neustart des Rechners wirksam wird.

Sobald Sie den Rechner abgeschaltet haben, ziehen Sie den Anschlußstecker der Kabelverbindung zum Computer aus der Tastatur. Im Anschluß stecken Sie den Kabelstecker des Dongle in den freien Anschlußplatz. Das Verbindungskabel zum Rechner wird nun auf das Dongle gesteckt. Damit ist die Installation des Kopierschutzes und die Vorbereitung der Update-Installation abgeschlossen.

Update-Installation ausführen

Schalten Sie den Rechner wieder ein, und legen Sie die Update-CD in das CD-ROM-Laufwerk. Sobald der Desktop angezeigt wird, legen Sie die die Update-Installationsdiskette in das Diskettenlaufwerk ein. Die Symbole für beide Datenträger müssen auf dem Desktop sichtbar sein. Ein Doppelklick auf das Diskettensymbol zeigt den Inhalt in einem eigenen Fenster an. Mit einem Doppelklick auf das Update-Symbol wird jetzt der Installationsvorgang gestartet.

Bild 2.1 Mit dieser Meldung startet das Update-Programm.

Wie eingangs bereits angesprochen, erfolgt die Installation menügesteuert. Zunächst erscheint die Standard-Dialogbox zur Dateiverwaltung, in der Sie die Programmkopie bestimmen, auf die das Update angewendet werden soll. Markieren Sie den entsprechenden Eintrag, und klicken Sie auf »Öffnen«. Im Anschluß überprüft das Installationsprogramm die Update-Berechtigung. Nach erfolgreicher Überprüfung, werden Sie aufgefordert, das Informationsblatt »Wichtige Upgrade Daten« zur Hand zu nehmen und den »Validation Code« einzugeben. Überprüfen Sie Ihre Eingabe, und bestätigen Sie sie durch einen Klick.

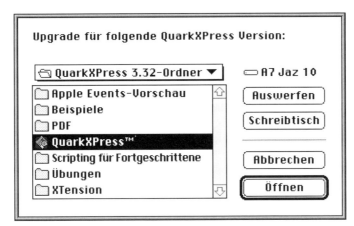

Bild 2.2
Das Update ist nur für die bereits installierte Vorversion möglich. Nicht vergessen: Das Update nur mit einer Programmkopie durchführen!

In der folgenden Dialogbox bestimmen Sie die Zielhardware der Update-Installation. Hier stehen Ihnen drei Optionen zur Auswahl: POWER MAC, 68000 MAC und FAT. Die beiden ersten Optionen erstellen eine Programmversion, die nur auf den entsprechenden Rechnern lauffähig ist. Mit der dritten Option FAT wird eine Programmversion erstellt, die auf beiden Hardware-Plattformen funktioniert.

Der nächste Schritt dient zur Auswahl der zu installierenden Programmmodule. Hier empfehlen wir, alle Optionen zu markieren – Sie können später jederzeit nicht benötigte Xtensions und Module deaktivieren, indem Sie diese in einen anderen Ordner ziehen. Sollte hingegen auf der Festplatte nicht genug Speicherplatz vorhanden sein, können Sie den Installationsumfang einschränken, indem Sie lediglich die ständig benötigten Wörterbücher (Dictionaries) auswählen.

Nachdem Sie alle notwendigen Einstellungen vorgenommen haben, beginnt die Übertragung der Daten auf die Festplatte. Nach Abschluß der Installation werden Sie aufgefordert, einen Neustart des Rechners durchzuführen. Beim Neustart werden die Änderungen im Systemordner *Erweiterungen*, z.B. für das Farbmanagement aktiviert.

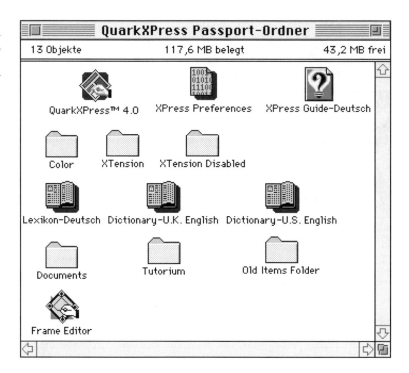

Bild 2.3
So sieht der Programmordner von QuarkXPress nach der Installation aus.

Besonderheiten bei der Neuinstallation

Bei der Neuinstallation des Programms entfällt die Auswahl der Version und die Überprüfung der Update-Berechtigung. Statt dessen erfolgt eine Personalisierung der Software. Dazu zeigt das Installationsprogramm verschiedene Formulare, die ausgefüllt werden müssen. Die eingegebenen Daten werden dann auf einer Registrierungsdiskette gespeichert, die dann zur Registrierung an Quark gesandt wird.

Updates per Internet

Trotz intensiver Testphasen bei der Programmentwicklung kommt es immer wieder vor, daß kleinere Updates erforderlich sind. Mit diesen Updates werden kleinere Fehler bereinigt oder auch vorhandene Funktionen erweitert und verbessert. Manchmal ist bereits wenige Wochen nach dem Erscheinen des Programms ein erstes Update verfügbar. Diese Updates sind im Regelfall kostenlos. Je nach Umfang der Änderungen werden registrierte Anwender informiert, oder das jeweilige Software-Haus beschränkt sich darauf, diese Updates auf der Internet-Homepage zum Download zur Verfügung zu stellen.

Bild 2.4
Immer einen Blick wert: Unter der Adresse »www.quark.de« bietet die Firma Quark Deutschland neben Updates auch Demoversionen von Xtensions oder aktualisierte Import-/Exportfilter.

Nach der Auslieferung der Version 4.0 hat es im Programmverhalten eine Reihe von Unstimmigkeiten und Fehlern gegeben, die mittlerweile durch Updates behoben wurden – bereits im April '98 war ein Update mit der Versionsnummer 4.02 verfügbar. Wir empfehlen deshalb dringend, sich regelmäßig auf der Quark-Website über aktuelle Programm-Updates zu informieren und diese Dateien auf den Rechner zu laden. Die Vorgehensweise, um die Programmversion zu aktualisieren, ist denkbar einfach: Ein Doppelklick startet das Update-Programm. Nachdem Sie den aktuellen Speicherort der XPress-Version angegeben haben, wird das Update automatisch durchgeführt.

Führen Sie das Update immer nur mit einer Programmkopie durch, damit eine funktionierende Version zur Verfügung steht, falls das Update fehlschlägt.

In den Readme-Dateien, die zusammen mit dem Software-Update ausgeliefert werden, informiert Quark über die behobenen Fehler und geänderten Funktionen. Diese Dokumente enthalten Textinformationen in verschiedenen Sprachen. Nach der Auswahl einer Sprache aus dem Popup werden Ihnen die gewünschten Informationen angezeigt. Diese Informationen lassen sich bei Bedarf auch ausdrucken. Dadurch können Sie schnell überprüfen, ob ein bestimmtes Problem in Ihrer Produktionsabwicklung durch das Update behoben wird. Nun können Sie immer noch entscheiden, ob das Update für Sie zweckmäßig ist oder nicht.

*Bild 2.5
Updates können
für die jeweilige
Plattform
ausgewählt
werden*

*Bild 2.6
Zum Update
werden auch
Informationen
mitgeliefert, die
über die bereinigten Programmfehler etc.
berichten.*

2.2 Arbeiten mit dem Mac

QuarkXPress setzt eine MAC OS Version 7.1 oder höher voraus. Damit profitiert XPress von den Vorzügen dieser benutzerfreundlichen grafischen Bedieneroberfläche:

- ❏ Für den Macintosh existieren umfangreiche Sammlungen von Drucker- oder Bildschirmtreibern, d.h., es sind keine Speziallösungen für QuarkXPress nötig.

- ❏ Die ausgereiften Schriftkonzepte ermöglichen durch die WYSIWYG-Darstellung erst die vielfältigen Gestaltungsmöglichkeiten beim Arbeiten mit dem Programm. Der Anwender sieht unmittelbar am Bildschirm das Resultat unterschiedlicher Schriftformate. Darüber hinaus wird so auch der Austausch zwischen den Rechnerwelten (Macintosh/Windows 95/NT) sichergestellt.

- ❏ Mac-Programme verfügen jeweils über weitgehend einheitliche Bedieneroberflächen, so daß Umstellungs- und Lernprozesse minimiert werden.

Im nächsten Abschnitt erhalten Sie einen kurzen Überblick über die allgemeinen Steuerelemente des Macintosh-Betriebssystems. Das Betriebssystem stellt die Rahmenbedingungen zur Verfügung, die von den Anwendungsprogrammen genutzt werden und trägt damit wesentlich zur Leistungsfähigkeit einer Applikation bei. Auch QuarkXPress nutzt diese Systemfeatures, fügt darüber hinaus aber noch eigene Bedienelemente hinzu. Auf diese speziellen Steuerelemente gehen wir in Kapitel 2.3: QuarkXPress-Bedienung näher ein.

Derzeit setzt sich in der Macintosh-Gemeinde immer stärker die Betriebssystemversion MAC OS Version 8.0 durch. Auch hier ist ein erstes Update (8.1) verfügbar. Da das Macintosh-Betriebssystem in seiner Weiterentwicklung immer sehr nahtlos an die jeweiligen Vorgängerversionen anknüpft, entsteht kaum ein großer Schulungsaufwand, um sich in die neue Umgebung einzuarbeiten. Dies betrifft zumindest die Grundfunktionen. Darüber hinaus gibt es auch eine ganze Reihe von Neuerungen oder Ergänzungen, die eine intensivere Beschäftigung mit dem neuen Betriebssystem erfordern. Hier kommt zum Tragen, daß die Firma Apple bei der Dokumentation von Systemfunktionen und -erweiterungen kaum in die Tiefe geht.

Eine vollständige Dokumentation des Mac OS würde zweifelsohne den Umfang dieses Buches sprengen. In den folgenden Erläuterungen behandeln wir deshalb nur die grundsätzlichen Zusammenhänge, soweit sie für die tägliche Arbeit mit QuarkXPress notwendig sind. Dabei ist es letztlich unerheblich, mit welcher Betriebssystemversion Sie arbeiten.

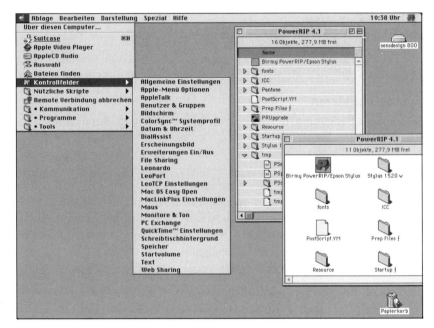

*Bild 2.7
Die Schreibtischoberfläche
(Desktop) des
Macintosh OS
8.0 mit verschiedenen Menüs,
Popups und
Ordnerfenstern.*

Steuerelemente und -funktionen

Um mit QuarkXPress erfolgreich arbeiten zu können, müssen einige Bedienelemente bekannt sein. Dieser Abschnitt stellt die wichtigsten Steuerelemente und deren Aufgabe dar.

Grundlagen der Mausbedienung

QuarkXPress setzt, wie alle anderen Applikationen in der Macintosh-Systemumgebung, ein installiertes Zeigegerät voraus. Auf dem Mac ist die Maus am weitesten verbreitet, aber auch Grafiktabletts könnten hier zum Einsatz kommen.

Die folgenden Erläuterungen beziehen sich auf die Maus. Andere Eingabegeräte, wie Grafik-Tabletts verfügen über ähnliche Funktionen.

Die Maus dient zum Bewegen des Mauszeigers auf dem Bildschirm. Dabei werden die Bewegungen der Maus auf dem Schreibtisch in entsprechende Bewegungen des Mauszeigers am Monitor umgesetzt. Durch Drücken der Maustaste werden weitere Aktionen eingeleitet. Alle Ausführungen in diesem Buch orientieren sich dabei an den unten aufgeführten Bezeichnungen:

Klick
Ein kurzes Anklicken der Maustaste.

Doppelklick
Ein doppeltes Betätigen der Maustaste schnell hintereinander.

Arbeiten mit dem Mac

Ziehen und Loslassen
Zunächst wird die Maustaste gedrückt gehalten und die Maus bewegt. Loslassen beendet die Aktion entweder mit der Erzeugung eines Objekts oder bestätigt die Optionswahl aus einem Popup-Menü.

Menüs aktivieren

Wesentliche Bedeutung für die Bedienung von Macintosh-Applikationen haben die Menüs. Sie stellen thematisch geordnete Sammlungen von Funktionen dar und sind unterhalb der Titelzeile einer Applikation angeordnet.

Ein Klick mit der Maus öffnet den angeklickten Menüpunkt.

Bild 2.8:
Das Apfel-Menü:
Ausgehend vom Menüeintrag in der Menüzeile öffnet sich das Menü nach einem Klick mit der Maus.

Einige der Menüeinträge sind heller dargestellt als andere. Dies zeigt an, daß die entsprechenden Funktionen derzeit nicht verfügbar sind. Hinter einigen Menüeinträgen finden Sie weitere Einträge:

...
Drei Punkte weisen darauf hin, daß sich nach Wahl des Menüpunkts eine Dialogbox öffnet.

Buchstaben
Diese Buchstaben stellen eine Tastenkombination dar, mit der ein Menübefehl aufgerufen werden kann, wenn das Menü nicht aktiviert ist (schnellerer Zugriff auf Funktionen).

Dieses Zeichen bedeutet, daß nach dem Anklicken des Menüpunkts ein weiteres Untermenü geöffnet wird.

Steuerelemente in Dialogboxen

Ein wesentlicher Teil der Kommunikation zwischen Programm und Anwender findet über Dialogboxen statt. Dies sind separate Fenster, die eine Reihe von Einstellungen zu unterschiedlichsten Funktionen zulassen. Sie verfügen über einen gemeinsamen Satz von Steuerelementen.

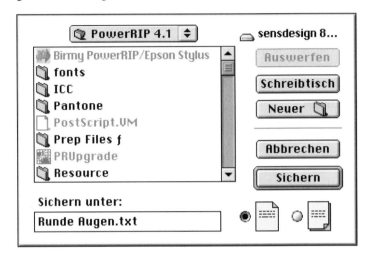

Bild 2.9:
Die Dialogbox zum Navigieren in Ordnerstrukturen und Öffnen von Dateien zeigt einige der üblichen Steuerelemente.

Dialogboxen sind in der Regel in Bereiche eingeteilt, die teilweise mit einer eigenen Bezeichnung versehen sind.

Button
Mit einem Klick auf diese Schaltflächen starten Sie die Aktion, die auf ihnen angegeben ist, z.B. Bestätigung (OK) oder ABBRECHEN einer Operation.

Eingabefelder
Diese Felder nehmen Eingaben von der Tastatur entgegen. Ein Beispiel: Beim Speichern einer neuen Datei wird der Dateiname in ein Textfeld eingetragen. Häufig werden auch Einträge, die aus einem Listenfeld gewählt werden können in Textfelder übertragen.

Listenfelder
Stellen eine Liste aller Möglichkeiten am Bildschirm dar. Die Auswahl erfolgt mit den Cursortasten oder mit der Maus. Ein Doppelklick mit der Maus auf einen Listeneintrag wählt diesen Eintrag und schließt das Menü. So lädt ein Doppelklick auf einen Dokumentnamen in einer Dateiliste dieses Dokument in QuarkXPress. Diese Felder verfügen über Rollpfeile an den Seiten, wenn die Anzahl der Gesamtelemente die Zeilenzahl der Anzeige überschreitet.

Popup-Menüs
Diese Felder zeigen zunächst nur einen Eintrag einer Liste an. Ein Klick auf den nach unten gerichteten Pfeil öffnet die eigentliche Liste. Durch Ziehen mit der Maus und Loslassen über der gewünschten Option wird die Auswahl gestartet. Bei QuarkXPress sind z.B. die Maßeinheiten-Felder als einzeilige Popups ausgelegt.

Options-Icons
Diese Buttons sind immer in Gruppen angeordnet. Es ist immer genau eine Optionsschaltfläche aktiviert, da sich die einzelnen Optionen gegenseitig ausschließen. Ein Beispiel: Wenn als Papierformat DIN A4 markiert ist, kann nicht gleichzeitig eines der anderen Formate aktiviert sein. Die aktive Optionsfläche wird mit einem schwarzen Kreis gekennzeichnet.

Checkboxen
Diese Quadrate stellen verschiedene Möglichkeiten dar, die unabhängig voneinander aktiviert oder deaktiviert werden können. QuarkXPress markiert aktive Kontrollkästen mit einem Kreuz.

Vorschauabbildungen
Hier werden in bestimmten Bereichen der Dialogbox Abbildungen des zu erwartenden Ergebnisses dargestellt. Beispiele hierfür sind die Vorschauabbildungen beim Laden von Bildern.

Die Datei-Dialogbox

Die Datei-Dialogbox steuert alle Dateioperationen wie Speichern, Laden, Import oder Export und erlaubt das Navigieren in Ordnerstrukturen. Je nach Einsatz wird sie um zusätzliche Funktionen erweitert.

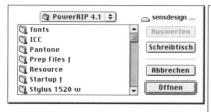

Bild 2.10:
Die Dialogboxen zum Öffnen und Speichern von Dateien begegnen Ihnen bei allen Dateioperationen.

Ist ein Datenaustausch vom MAC auf den PC vorgesehen, sollten bereits in der Entwicklungsphase (auf dem MAC) die DOS-Konventionen für Dateibezeichnungen eingehalten werden. Dies gilt sowohl für Dokumente als auch für die zugehörigen Bilder und Grafiken.

Die Dialogboxen zum Öffnen und Sichern von Dateien sind weitgehend ähnlich. Beim Öffnen von Dateien wird allerdings kein zusätzliches Feld für die Eingabe eines Dateinamens angezeigt, die Auswahl der zu öffnenden Datei erfolgt durch Markieren eines Eintrag aus der Dateiliste. Auf die grundlegenden Funktionen werden Sie bei der Arbeit mit QuarkXPress immer wieder stoßen. Deshalb werden wir die Funktionsweise an dieser Stelle im Zusammenhang besprechen.

Im oberen Bereich der Dialogbox erscheint in einem Popup-Menü der Name des aktuell geöffneten Ordners. Der Inhalt dieses Ordners wird im Listenfeld darunter angezeigt.

Um in einen anderen Ordner zu wechseln, klicken Sie auf das Popup. Dieses rollt auf und zeigt in einer Liste die gesamte Pfadstruktur, wobei der unterste Eintrag die Schreibtischoberfläche ist. Unmittelbar darüber ist die Festplatte benannt, auf der die aktuelle Aktion stattfindet. Wenn Sie den Mauszeiger über einem Listeneintrag loslassen, werden alle Ordner und Dateien dieser Ebene im Listenfeld aufgeführt. Mit einem Doppelklick auf ein Ordnersymbol öffnen Sie den angeklickten Ordner, und der Inhalt erscheint im Listenfeld. Der aktuell geöffnete Ordner wird dann auf dem Ordner-Popup angezeigt. So können Sie beliebig zwischen angeschlossenen Datenträgern und Ordnern wechseln. Beim Öffnen eines Dokuments erscheinen in der Dateiliste nur die Dateien, die von XPress geöffnet werden können. Markieren Sie das zu öffnende Dokument, und klicken Sie auf den Button ÖFFNEN.

Beim Speichern steht Ihnen zusätzlich das Eingabefeld SICHERN UNTER zur Verfügung. Hier können Sie einen bis zu 31 Zeichen langen Dateinamen eintragen, unter dem das Dokument abgelegt werden soll. Die Dateieinträge in der Dateiliste sind in diesem Fall grau gekennzeichnet – sie können nicht selektiert werden und dienen nur der Information. Mit einem Klick auf den Button SICHERN speichert QuarkXPress das aktuell geöffnete Dokument unter dem angegebenen Dateinamen.

Bleibt noch zu erwähnen, daß ein Klick auf den Button SCHREIBTISCH auf die Schreiboberfläche (Desktop) wechselt, z.B. um schnell auf einen anderen Datenträger zu wechseln. Die jeweilige Datenträgerbezeichnung erscheint im oberen Bereich der Dialogbox.

Meldungs- und Hinweisfenster

Die zuvor beschriebenen Dialogboxen sind nicht die einzigen Kommunikationsmittel zwischen Programm und Anwender. Hinweis- und Meldungsboxen bekommen Sie dann zu sehen, wenn eine Situation eintritt, in der eine Entscheidung verlangt wird. QuarkXPress zeigt eine Sicherheitsabfrage, wenn das Programm verlassen werden soll, ohne daß die aktuellen Änderungen gespeichert sind, oder wenn eine Datei Schriften enthält, die auf dem Computersystem nicht installiert sind.

Die Zwischenablage

Die Zwischenablage ist von Beginn an ein fester Oberflächenbestandteil des Macintosh-Betriebssystems und dient zum Austausch von Daten. Die Daten können innerhalb eines Dokuments, zwischen verschiedenen Dokumenten innerhalb eines Programms oder zwischen unterschiedlichen Anwendungen ausgetauscht werden. Beim Datenaustausch zwischen verschiedenen Dokumenten innerhalb einer Anwendung bleiben die Formatierung und das aktuelle Datenformat erhalten.

Sobald Sie Daten zwischen verschiedenen Anwendungen austauschen, werden die Daten beim Kopieren oder Ausschneiden in ein Standardformat umgewandelt.

Die Zwischenablage stellt somit auch eine schnelle Schnittstelle zwischen QuarkXPress und anderen Programmen dar – in beiden Richtungen. Im Ursprungsprogramm werden die zu übertragenden Daten oder Grafikbestandteile markiert und in die Zwischenablage kopiert. Sofern es sich dabei um Elemente handelt, die in QuarkXPress verarbeitet werden können, lassen sich diese in einen geeigneten Objektrahmen einfügen. Bei Grafiken funktioniert dies nur mit dem Macintosh-Bildformat PICT.

Hochauflösende TIFF-Bitmaps oder EPS-Grafiken können auf diese Weise nicht zwischen Programmen ausgetauscht werden. :-) TIP

Auch der Austausch von Texten ist auf diesem Weg möglich. Dabei gelten allerdings einige Einschränkungen: so verliert z.B. ein mit Word erstellter Text beim Einfügen in einen QuarkXPress-Rahmen seine Formatierung. Der Text erscheint als unformatierter ASCII-Text im Textrahmen.

Der Inhalt der Zwischenablage bleibt so lange erhalten, bis Sie neue Objekte in die Zwischenablage kopieren oder den Rechner ausschalten. Um den Inhalt der Zwischenablage zu sichern, damit er beim Ausschalten nicht verloren geht, kopieren Sie ihn in das Systemfeature ALBUM. In diesem Fall werden die Daten als Text übernommen oder in das Macintosh-Grafikformat PICT konvertiert.

Alle Zwischenablage-Operationen werden im Menü *Bearbeiten* verwaltet:

Bild 2.11: Das Bearbeiten-Menü: Die Schnittstelle zum Datenaustausch zwischen Macintosh-Anwendungen.

Ausschneiden
Der Befehl *Bearbeiten/Ausschneiden* oder die Tastenkombination ⌘+X übertragen die gerade markierten Objekte in die Zwischenablage und entfernen sie aus dem QuarkXPress-Dokument.

Kopieren
Bearbeiten/Kopieren unterscheidet sich vom Ausschneiden nur dadurch, daß die markierten Objekte weiterhin auf der Arbeitsfläche verbleiben. Sie sind nach diesem Vorgang jedoch noch einmal in der Zwischenablage vorhanden. Als Tastenkürzel lassen sich ⌘+C einsetzen.

Einfügen

Mit *Bearbeiten/Einfügen* wird der Inhalt der Zwischenablage in die aktuelle Grafik eingefügt. Diese Funktion kann mit der Tastenkombination ⌘+V aufgerufen werden.

Herausgeben und Abonnieren

Grafiken und Illustrationen aus anderen Anwendungsprogrammen lassen sich, wie bereits beschrieben, in Ihre QuarkXPress-Dokumente einfügen. Wenn sich diese Objekte verändern, z.B. ein Logo überarbeitet wurde, müssen Sie diese Änderungen recht zeitaufwendig manuell einarbeiten. Das alte Logo muß dann an allen Stellen im Dokument gegen die aktualisierte Version ausgetauscht werden. Daneben stellt das MAC OS Funktionen bereit, die zum Datenaustausch zwischen verschiedenen Anwendungen dienen und eine dynamische Verbindung zwischen Programmen ermöglichen. Ein Programm übernimmt dabei die Rolle des »Verlegers«, der die Daten mit der Funktion »Herausgeben« einem »Abonnenten« zur Verfügung stellt. Durch die dynamische Verbindung wird eine automatische Aktualisierung von Dateien gewährleistet, wenn diese im »Verleger«-Programm überarbeitet wurden. Weiterhin kann das Verleger-Programm aus dem Abonnenten heraus aufgerufen werden, um die abonnierten Dateien zu bearbeiten. Im Anschluß an die Bearbeitung wird allen Abonnenten dann wieder die aktualisierte Fassung übergeben.

Die entsprechenden Befehle sind im Menü *Bearbeiten* angeordnet. Um in QuarkXPress den Befehl *Abonnieren* nutzen zu können, müssen Sie zunächst mit dem Inhaltswerkzeug einen Text- oder Bildrahmen markieren. Nach dem Aufruf des Menübefehls *Bearbeiten/Abonnieren* wird eine Dialogbox geöffnet, die alle abonnierbaren Objekte anzeigt. Mit einem Doppelklick auf die Objektbezeichnung wird das angeklickte Objekt in den aktiven Rahmen übertragen und die dynamische Verbindung zwischen Verleger und QuarkXPress hergestellt.

Wenn sich im aktiven Rahmen ein abonniertes Objekt befindet, läßt sich die Beziehung zwischen Verleger und Abonnenten nach dem Aufruf des Menübefehls *Bearbeiten/Optionen bearbeiten*.

Bild 2.12: Diese Dialogbox regelt die Beziehungen zwischen Verleger- und Abonnenten-Programm.

Im Popup-Menü ABONNENT VON wird der Name des abonnierten Objekts angezeigt. Mit den Einstellungen im Bereich AUFLAGEN BEZIEHEN geben Sie vor, wie ein abonniertes Objekt aktualisiert werden soll, wenn dieses im Verlegerprogramm geändert wurde. Mit der Option AUTOMATISCH aktualisiert QuarkXPress das abonnierte Objekt bei jedem Öffnen des Dokuments. Bei aktivierter Option Manuell wird die Aktualisierung erst nach einem Klick auf den Button »Jetzt beziehen« durchgeführt. Im unteren Bereich können Sie aus zwei Informationszeilen entnehmen, wann die letzte Auflage erstellt wurde, und wann die letzte Aktualisierung in der Layoutdatei stattgefunden hat.

Mit einem Klick auf Abonnement kündigen trennen Sie die dynamische Verbindung und heben das Abonnentenverhältnis auf. Das abonnierte Objekt bleibt im Dokument eingebettet, allerdings lassen sich jetzt keine Aktualisierungen mehr vornehmen. Der Button Verleger öffnen startet das Verlegerprogramm, um das markierte Objekt direkt in der Ursprungsapplikation zu bearbeiten.

2.3 QuarkXPress-Bedienung

An dieser Stelle wollen wir Ihnen einen Überblick über die wichtigsten Programmelemente und -funktionen geben. Neben »Starten und Beenden« behandeln wir den Bildschirmaufbau, die Werkzeuge, die Paletten, die Dialogboxen und das Hilfesystem.

Starten und Beenden

Um die Arbeit mit QuarkXPress zu beginnen, genügt ein Doppelklick auf das Programmsymbol im QuarkXPress-Ordner. Beim Programmstart führt QuarkXPress verschiedene Prüfungen durch und initialisiert seine Programmumgebung (Schriften, Xtensions, Profile etc.). Beim Arbeiten in größeren Netzwerken kann dieser Vorgang einige Zeit in Anspruch nehmen, da QuarkXPress überprüft, ob auf anderen im Netz befindlichen Rechnern bereits eine Programmversion mit der gleichen Seriennummer läuft. In diesem Fall wird das Programm zwar nicht beendet, die Menüs werden aber deaktiviert.

QuarkXPress Passport™ 4.0

Bild 2.13 Jede QuarkX-Press-Version darf zur gleichen Zeit nur von einem Anwender benutzt werden.

Um eine Arbeitssitzung mit QuarkXPress zu beenden, sollten Sie keinesfalls einfach den Computer ausschalten. Jedes Programm, so auch QuarkXpress, sollte ordnungsgemäß verlassen werden. Der Befehl *Ablage/Beenden* oder die Tastenkombination ⌘+Q leitet das Programmende ein. Dabei überprüft QuarkXPress, ob noch ungesicherte Änderungen an Dokumenten vorhanden sind, und es erscheint gegebenenfalls eine Sicherheitsabfrage. Beim Beenden werden eventuell angelegte Temporärdateien automatisch gelöscht.

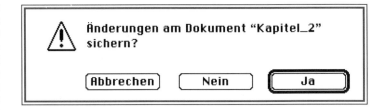

Bild 2.14:
QuarkXPress erzeugt eine Sicherheitsabfrage, wenn beim Beenden noch ungespeicherte Änderungen an Dokumenten vorliegen.

Der Bildschirm

Wie alle Macintosh-Applikationen wird QuarkXPress in einem eigenen Arbeitsbereich mit eigenen Dokumentfenstern ausgeführt. Folgende Grundelemente dienen der Programmsteuerung:

Titelzeile
Enthält das Dateischließfeld, die Dokumentbezeichnung, das Sinnbildfeld und die Schaltfläche zum Wechseln zwischen Vollbild- und Fensterdarstellung.

Menüzeile
Das Standard-Macintosh-Menü wird durch das Programmmenü ersetzt. In den Menüs sind die wichtigsten Programmbefehle angeordnet.

Desktop
Auf der gesamten Schreibtischoberfläche werden die eigentlichen Gestaltungs- und Satzarbeiten durchgeführt. Lineale, Seiteneinteilungen und Hilfslinien gewährleisten ein zügiges Arbeiten.

Funktionspaletten
Bewegliche Fenster, die schnellen Zugriff auf häufig benötigte Funktionen geben.

Wesentlich für die Arbeit ist natürlich die Arbeitsfläche. Auf den hier dargestellten »Dokumentseiten« werden alle Layoutelemente – sei es nun ein Textrahmen, ein Bild oder eine Grafik – angeordnet. QuarkXPress erlaubt die Montage einzelner Dokumentseiten zu Druckseiten und unterstützt die Gestaltung mit unterschiedlichen Positionierhilfen. Eine frei definierbare Arbeitsfläche parkt Elemente, die gerade nicht gebraucht werden. Für die Arbeit unerläßlich sind auch die Werkzeuge und Paletten.

Die Paletten

Die Paletten sichern das schnelle Arbeiten in QuarkXPress. In den Paletten sind Steuerelemente, nach Programmfunktionen thematisch geordnet, zusammengefaßt. Die meisten Paletten werden im Menüpunkt *Ansicht* geöffnet und durch einen Doppelklick auf ihr Schließfeld wieder geschlossen. Die Paletten erscheinen als frei verschiebbare Fenster am Bildschirm.

QuarkXPress-Bedienung 43

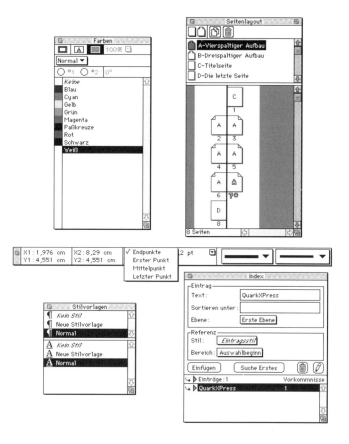

Bild 2.15:
Die Paletten in QuarkXPress sind frei auf dem Bildschirm bewegliche Fenster, die einen direkten Zugriff auf die wichtigsten Programmfunktionen gestatten und dadurch ein zügiges Arbeiten gewährleisten.

Die Werkzeuge

Die Werkzeuge dienen zum interaktiven Erzeugen oder Verändern von Objekten. Hier finden sich sowohl die verfügbaren Zeichenfunktionen als auch Buttons zum Anlegen und Anpassen von Bild- oder Textrahmen. An dieser Stelle soll nur ein kurzer Überblick über die Arbeitsweise mit der Werkzeugpalette gegeben werden. Die eigentlichen Funktionen werden in den jeweiligen Kapiteln erläutert.

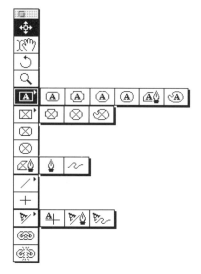

Bild 2.16
Die Werkzeuge werden in der Werkzeugpalette zusammengefaßt. Es ist daher zweckmäßig, sie immer auf dem Bildschirm anzuzeigen.

Die Werkzeuge werden durch einen einfachen Klick auf das Symbol der Werkzeugpalette aktiviert. Mit der Tastenkombination ⌘+Tab schalten Sie zum nächsten Werkzeug um. ⌘+Umsch+Tab aktiviert in der Palette das darüberliegende Werkzeug.

Einige Buttons tragen ein kleines schwarzes Dreieck in der rechten oberen Ecke – mit einem Mausklick auf diese Buttons öffnet QuarkXPress ein Popout-Menü mit weiteren Werkzeugen.

Mit Registerkarten arbeiten

Über die verschiedenen Dialogboxen findet die Kommunikation zwischen Anwender und Programm statt. In der neuen Version haben die Entwickler von Quark versucht, die Fülle an Funktionen besser zu strukturieren und übersichtlicher zu gestalten. Bisher in getrennten Dialogboxen angeordnet, sind nun Funktionen, die thematisch zusammengehören, in gemeinsamen Dialogboxen gruppiert. Mit Hilfe von Registerkarten werden dabei zusammenhängende Programmfunktionen geordnet. Ein Klick auf den Reiter einer Registerkarte stellt diese in den Vordergrund und ermöglicht die Auswahl von Optionen oder die Eingabe von Werten in Felder. Bei gleichzeitig gedrückter ⌘-Taste wechseln Sie mit der ⇥-Taste jeweils von Reiter zu Reiter.

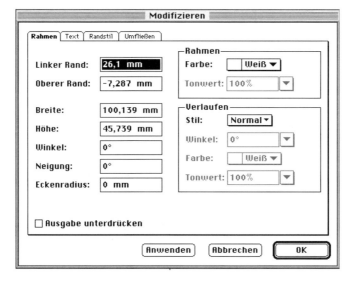

Bild 2.17
Die Dialogbox Modifizieren bietet Ihnen den Zugriff auf Steuerelemente zum Anpassen von Text- und Bildrahmen.

Rechnen in Eingabefeldern

Eine weitere Besonderheit von QuarkXPress ist die Möglichkeit, in Feldern Rechenvorgänge durchzuführen. Es können sowohl Additionen, Subtraktionen, Multiplikationen und Divisionen mit Zahlen durchgeführt werden. Soll z.B. ein Rahmen um 1 mm verschoben werden, so kann im entsprechenden Eingabefeld einfach zum bestehenden Wert der Eintrag +1 hinzugefügt werden.

Die QuarkXPress-Hilfefunktion

QuarkXPress stellt ein Online-Hilfesystem zur Verfügung. Hier können Hilfetexte zu Stichworten, Menüs oder Programmfunktionen direkt aus dem Programm heraus abgefragt werden. Die Funktion kann aber nur dann korrekt arbeiten, wenn die entsprechende Hilfe-Datei im QuarkXPress-Programmordner liegt. Zum Aufruf der Hilfefunktion können Sie die (Hilfe)-Taste auf Ihrer Tastatur betätigen. Das Hilfesystem wird in einem eigenen Fenster angezeigt. XPress bietet drei Einstiege an, um die gesuchten Hilfetexte angezeigt zu bekommen:

Durch Klick auf den Button TOPICS werden die QuarkXPress-Menüs und -Werkzeuge im linken Listenfeld aufgeführt.

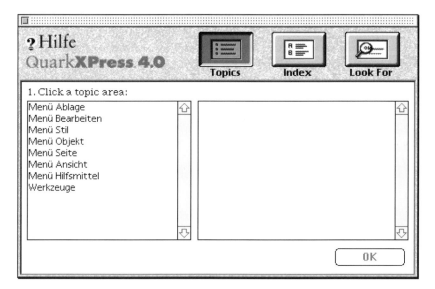

Bild 2.18:
Das Hilfesystem bietet Ihnen nach einem Klick auf Topics Informationen zu den verschiedenen Menüs und Werkzeugen.

Nachdem Sie im linken Bereich der Dialogbox einen Eintrag markiert haben, erscheinen alle zum Thema vorhandenen Hilfetexte im rechten Listenfeld. Mit einem Doppelklick auf einen der Einträge im rechten Listenfeld wird der gewünschte Hilfetext in einem eigenen Fenster angezeigt.

Der zweite Weg, um zu den gewünschten Textinformationen zu gelangen, führt über eine alphabetisch geordnete Indexliste. In dieser alphabetisch geordneten Liste erscheinen alle Stichpunkte, zu denen ein Hilfetext vorliegt. Mit einem Klick auf einen Buchstaben oberhalb des Listenfeldes blättern Sie im Index. Auch hier werden für jeden markierten Eintrag in der linken Liste die zur Verfügung stehenden Hilfetexte im rechten Bereich des Fensters angezeigt.

*Bild 2.19:
So wird der
Hilfetext auf dem
Bildschirm
angezeigt.*

*Bild 2.20:
Eine alphabetisch
geordnete
Indexliste zeigt
jeden Eintrag an,
für den ein
Hilfetext
vorhanden ist.*

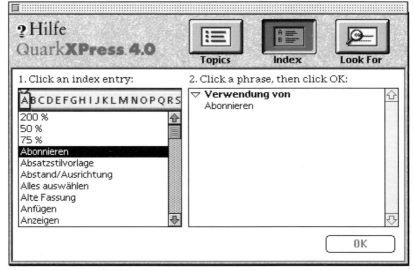

Wenn Sie auch auf diesem Weg nicht zu den gewünschten Informationen gelangen, können Sie auch auf eine Volltextsuche zurückgreifen. Nach einem Klick auf den Button LOOK FOR läßt sich dazu ein Suchbegriff in das Textfeld eingeben. Die Volltextsuche wird mit dem Button SEARCH gestartet. QuarkXPress durchsucht jetzt alle Hilfedateien nach dem eingegebenen Begriff und zeigt die Fundstellen im rechten Listenfeld an.

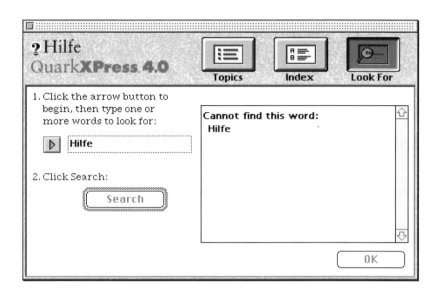

Bild 2.21:
Auch die Volltextsuche nach einem Stichwort ist nicht immer erfolgreich.

Falls der eingegebene Suchbegriff nicht gefunden wurde, variieren Sie die Eingabe, und starten Sie die Suche erneut.

2.4 Typografie, Grafik und Layout

In diesem Abschnitt beschäftigen wir uns mit den Grundlagen beim Arbeiten mit DTP-Programmen. Diese Informationen sollen Sie bei der Gestaltung Ihrer Druckstücke unterstützen und helfen, bessere Arbeitsergebnisse zu erzielen.

Unterschiede zwischen Pixel- und Vektorgrafiken

In der Computergrafik wird zwischen pixelorientierten und vektororientierten Grafiken unterschieden. Die Wahl des Grafikformats entscheidet häufig über die Möglichkeiten der Weiterverarbeitung eines Bildes, es gibt jedoch für beide Formen sinnvolle Einsatzgebiete.

Pixelorientierte Grafiken

Bei einer pixelorientierten Grafik wird ein Bild aus einzelnen Punkten (Pixeln) aufgebaut. Eine pixelorientierte Grafik, auch als Bitmap bezeichnet, ist also eine Menge von einzelnen Punkten, die entweder gesetzt oder nicht gesetzt (d.h. farbig oder transparent) dargestellt werden. Die Fläche, auf der dies geschieht, ist entweder der Bildschirm oder die Seite im Drucker. Mit der Anzahl der Punkte und der Farben nimmt der Speicherbedarf der Pixelgrafik zu.

Ein Punkt in einer Schwarzweiß-Bitmap (Strichgrafik) kann durch ein Bit dargestellt werden, ein Byte repräsentiert 8 Punkte. Im True-Color-Modus mit 16,7 Mio. Farben benötigt jeder einzelne Punkt 24 Bit, also insgesamt 3 Byte. Eine True-Color-Grafik im A4-Format wird bei einer Auflösung von 300x300 dpi bereits über 24 Mbyte groß!

Aufgrund des errechneten Speicherbedarfs wird deutlich, daß zur elektronischen Bildbearbeitung im Vollfarbmodus Computer mit hoher Leistungsfähigkeit, großem RAM-Speicher und großen Festplatten erforderlich sind. Auch die Bildschirmanzeige im 24-bit-Modus wird, zumindest in höheren Auflösungen, nur von wenigen Grafikkarten beherrscht. Um Speicherplatz zu sparen, werden Bitmaps oft komprimiert. Fast jedes einzelne Bitmap-Format verfügt über eigene Kompressionsformen.

QuarkXPress ist in der Lage, Bilder mit einer geringeren Auflösung zu importieren. Dadurch erhöht sich die Arbeitsgeschwindigkeit erheblich, allerdings müssen die Ursprungsgrafiken mit der vorgesehenen Auflösung beim Druck am gleichen Ort wie beim Import zu finden sein.

Pixelgrafiken sind – entsprechende Programme vorausgesetzt – normalerweise leicht zu bearbeiten. So lassen sich z.B. Schattierungen einfach herstellen, weil jeder einzelne Punkt auf dem Bildschirm farblich angepaßt werden kann.

Vergrößerungen oder Verkleinerungen sind nur mit Qualitätsverlusten möglich. Wenn Sie eine Grafik verkleinern, wird aus mehreren Punkten ein einzelner Punkt berechnet. Dabei gehen Farbinformationen verloren, wenn die zusammengefaßten Punkte mit unterschiedlichen Farben definiert waren. Umgekehrt verhält es sich, wenn eine pixelorientierte Grafik vergrößert wird. Dann muß ein Punkt durch eine Anzahl von Punkten dargestellt werden. Der berüchtigte »Treppcheneffekt« entsteht. Für die Bearbeitung von pixelorientierten Grafiken hat PhotoShop weite Verbreitung gefunden – sowohl im Mac- als auch im PC-Bereich.

Vektororientierte Grafiken

Vektororientierte Grafiken werden nicht als Sammlung von Punkten abgespeichert, sondern als Aufbauvorschrift. Für eine Vektorgrafik müssen als Grundlage eine Anzahl von Punkten und dazugehörige Verbindungsvorschriften bestehen.

Ein Rechteck z.B. ist eindeutig definiert durch die Verbindungsvorschrift »Geraden«, »rechtwinklig« sowie die linke obere und die rechte untere Ecke auf der Ausgabefläche.

Durch Veränderung von Koordinaten, z.B. der rechten unteren Ecke, wird das Rechteck gestreckt oder gestaucht. Da die Verbindung immer wieder neu aufgebaut wird, entstehen keine Qualitätsverluste.

Typografie, Grafik und Layout

Füllungen, Umrisse und verschiedene Aufbauvorschriften bestimmen die Leistungsfähigkeit von vektororientieren Grafikprogrammen. Vektororientierte Objekte werden, genau wie die Elemente in QuarkXpress, nacheinander gezeichnet. Die »unten« liegenden Objekte werden durch die »oben« liegenden verdeckt, ohne daß jedoch deren Aufbauvorschrift verändert wird. Mit dieser Technik wird aus einfachen Grafikelementen eine komplexe Grafik.

QuarkXPress verfügt selbst über einfache Grundformen wie Rechteck, Linie oder Ellipse.

Nach dieser Definition sind auch Schriftzeichen eine Gruppe von Vektorgrafiken, sofern sie über Verbindungsvorschriften erzeugt werden.

Arten der Schrifterzeugung

In QuarkXPress lassen sich nur Vektorschriften im TrueType- oder PostScript-Format sinnvoll einsetzen. Nur für diese Schriften lassen sich freie Schriftgrößen, -attribute und Absatzwerte einstellen. Um mit PostScript-Fonts (Adobe Type 1) arbeiten zu können, muß auf dem Macintosh ein Schriftverwaltungsprogramm, z.B. der Adobe-Type-Manager, installiert sein. Bei TrueType-Schriften wird dieses Programm nicht benötigt.

Schriftarten

Jede Schrift, die in einem Computer verwendet wird, hat einen spezifischen Namen. Unter diesem Namen (in der Regel die Bezeichnung einer Schriftfamilie) werden mehrere Schriftschnitte einer Schrift angesprochen. Üblicherweise wird der normale Schriftschnitt als Schriftname angegeben, die zur Verfügung stehenden Schriftschnitte, z.B. fett, kursiv und fett-kursiv werden durch die entsprechenden Textmenüs der Grafik- oder Satzprogramme automatisch angezeigt und eingesetzt.

Die Anwahl eines dieser Schriftattribute veranlaßt QuarkXpress, einen anderen Schriftschnitt dieser Schriftfamilie anzuzeigen und auch zu drucken. Wenn Ihnen Schriften mit vier verschiedenen Schriftattributen zur Verfügung stehen, benutzt XPress vier unterschiedliche Schriftentwürfe, die in unterschiedlichen Dateien gespeichert sind.

Kursive Schriften sind nicht etwa einfach nur schräggestellt, sondern besonders für diesen Einsatz konzipiert worden. Vergleichen Sie selbst einmal ein normales und ein kursives »f« einer Serifenschrift.

Unterscheidung der Schriftfamilien

Beim Arbeiten mit Schriften hat sich eine Einteilung in verschiedene Schriftgruppen als sinnvoll erwiesen. Wir werden uns hier auf die vier wichtigsten Einteilungen beschränken und auf die typografischen Fachbegriffe verzichten.

Serifenschriften
Dünne Striche an den Enden erhöhen die Lesbarkeit.

Brotschrift

(Souvenir)

Serifenlose Schriften
Strahlen eine gewisse Sachlichkeit aus. Sie lassen sich auch gut bei kleinen Schriftgrößen einsetzen und erhöhen hier die Lesbarkeit.

Titelschrift

(Futura)

Schmuckschriften
Schreibschriften und Fonts, die für einen speziellen grafischen Ausdruck gestaltet wurden.

(ParkAvenue)

Symbolzeichensätze
fassen Bildzeichensätze, wie Zapf Dingbats und nicht-lateinische Alphabete zusammen.

✹✿↩✔✗☐✍✜

(Zapf Dingbats)

Jede installierte Schrift belegt einen bestimmten Teil des Arbeitsspeichers. Werden zu viele Schriften installiert, sinkt also die Gesamtleistung des Rechnersystems. Da uns Ihre Systemkonfiguration nicht bekannt ist, können wir an dieser Stelle nur allgemeine Tips geben:

- ❏ Wählen Sie aus den Ihnen zur Verfügung stehenden Schriften diejenigen aus, die häufig benötigt werden. Dazu gehört natürlich Ihre Hausschrift, aber auch Schriften für Fließtext und Überschriften. Weitere Schriften lassen sich zur Ergänzung heranziehen.

- ❏ Teilen Sie auf: Dringend benötigte Schriften, die in hoher Qualität ausgegeben werden sollen (Ausbelichtung) sollten im PostScript-Format installiert werden. Beachten Sie: Erstens benötigen Sie einen Font-Manager, zweitens sind auch die Druckertreiber nicht in der Lage, eine unbegrenzte Schriftenvielfalt zu verwalten (in der Regel max. 127 Schriften).

- ❏ Weniger häufig benötigte Schriften und solche, die oft in großen Schriftgrößen (ab 14 pt aufwärts, abhängig vom Ausgabegerät) ausgegeben werden sollen, können ohne weiteres auch als TrueType-Schriften installiert werden.

Schriftinstallation

Die Schriftinstallation geschieht auf dem Macintosh einfach durch Ziehen und Ablegen. Nach diesem Verfahren ziehen Sie die benötigten Zeichensätze (TrueType oder PostScript) einfach auf den SYSTEMORDNER. Das Mac OS ordnet diese Daten dann automatisch in dem Zeichensätze-Ordner an.

Die vom Hersteller gelieferten Schriftdisketten, CDs etc. enthalten für jeden PostScript-Font im Regelfall drei Dateien:

- den Zeichensatzkoffer, der für die Einbindung der Schrift in das System verantwortlich ist.

- die PostScript-Beschreibung des Zeichensatzes (wird für den Ausdruck der Schrift auf dem Drucker und zur Darstellung der Schriften auf dem Bildschirm durch den TypeManager benötigt).

- die AFM-Dateien – Diese Dateien enthalten Dickten- und Unterschneidungsinformationen für den Zeichensatz. Da QuarkXPress aber mit eigenen Fonttabellen arbeitet, werden diese Dateien nicht benötigt. Sie brauchen somit auch nicht installiert werden.

Für die TrueType-Schriften wird lediglich der Schriftenkoffer benötigt. Hier ist keine gesonderte Zeichenbeschreibung für den Drucker erforderlich.

Um das Handling und die Organisation von Schriften zu vereinfachen, sollten Sie auf die entsprechenden Hilfsprogramme wie z.B. »Suitcase« zurückgreifen. Diese nützlichen Tools erlauben ein komfortables An- und Abmelden der gewünschten Schriften, ohne sie zuvor im systemeigenen Zeichensatzordner abzulegen. Die Schriften können in einem separaten Ordner zusammengefaßt sein – das Hilfsprogramm übergibt die entsprechende Pfadinformation an das System.

Typografische Grundlagen

Gerade ein leistungsfähiges Programm wie QuarkXPress setzt eine Menge an Grundwissen, gerade auch in typografischer Hinsicht, voraus. Im folgenden gehen wir kurz auf die wesentlichen und für QuarkXPress benötigten Begriffe ein.

Abstände

Wir unterscheiden zwischen Buchstaben-, Wort-, Zeilen- und Absatzabständen. Erst durch geeignete Abstände wird eine harmonische Schriftwirkung erzielt. In QuarkXPress lassen sich für diese Abstände unterschiedliche Standardwerte vorgeben, aber auch die Veränderung einzelner Textpassagen ist möglich.

Buchstabenabstände

Sowohl vor als auch hinter einzelnen Buchstaben werden bei der Schriftdefinition Abstände vorgegeben. QuarkXPress kann die Buchstabenabstände über Einstellungen zur Laufweite beeinflussen.

Unterschneiden (Kerning)

Mit Unterschneiden wird die Veränderung des Buchstabenabstands bezeichnet. Obwohl QuarkXPress über eine automatische Ausgleichsfunktion verfügt, lassen sich auch manuelle Abstandsänderungen erreichen.

A v   Te   f o   Av Te fo

Links drei nicht unterschnittene Buchstabenkombinationen, rechts die gleichen Buchstabenfolgen nach dem Unterschneiden.

Wortabstände

Der Standard für den Abstand zwischen zwei Wörtern ist das Leerzeichen, auch als Spatium bezeichnet. Für viele Schriften liefert auch die Breite des »i« einen weiteren guten Wert. Beim Blocksatz wird im anglo-amerikanischen Raum der Platz zwischen Worten und Buchstaben gleichermaßen verringert oder erhöht. Bei uns ist beim Blocksatz eine Veränderung des Wortabstands unter Beibehaltung der Buchstabenabstände üblich.

Geviert

Für einige Satzaufgaben, z.B. zum Gliedern von Telefonnummern, ist der Standardabstand nicht angemessen. Hier kennt die Typografie das »Geviert«, das auf der Breite des »M« (üblicherweise der breiteste Buchstabe im Zeichensatz) in der jeweiligen Schriftart basiert. Bruchteile davon werden eingesetzt, um Worte zu gliedern.

Telefonnummern lassen sich gut mit einem Viertelgeviert gliedern, während das Geviert häufig als Erstzeileneinzug Verwendung findet.

Telefon (01234) 56789

Telefon (0 12 34) 5 67 89

Telefon (0 12 34) 5 67 89

Oben sehen Sie die Telefonnummer ohne jede Gliederung mit automatischer Unterschneidung. In der Mitte wurde mit Viertelgevierten und unten mit Leerzeichen gegliedert.

Zeilenabstände

Als Zeilenabstand wird der Abstand zwischen zwei direkt aufeinanderfolgenden Schriftlinien bezeichnet.

Bild 2.22: Textspalten mit Zeilenabständen von 60–120%. Ganz links stoßen Ober- und Unterlängen der Zeilen zusammen – ein grober typografischer Patzer.

Durchschuß

Der Durchschuß ist der Abstand zwischen einer Unterlänge eines Zeichens der obenliegenden Zeile und der Oberlänge eines Zeichens in der darunterliegenden Zeile.

Absatzabstände

Um einen Absatz von seinem Vorgänger deutlich abzuheben, können Sie Abstände zwischen beiden einfügen.

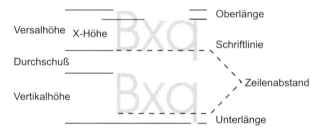

Bild 2.23: Zeilenabstand, Durchschuß, Versal- oder Vertikalhöhe, ... Im professionellen Satz haben sich spezielle Bezeichnungen für Maßangaben etabliert.

Einzüge

Auch Abstände an den Seiten eines Absatzes dienen der Gliederung. Standardmäßig sind jeweils links und rechts 2 mm Rand zum Kasten definiert.

Erstzeileneinzüge

findet man häufig in Zeitungen oder Zeitschriften, immer dort, wo ein längerer Text gelesen werden soll. In diesem Absatz wurde ein Erstzeileneinzug in der Breite eines »M« eingefügt.

Hängende Einzüge

1. Im Gegensatz zum Erstzeileneinzug ist hier die erste Zeile nicht eingerückt, sondern relativ zum restlichen Absatz ausgerückt.
2. Diese Form des Einzugs eignet sich z.B. für Aufzählungen.

Bündigkeit

Linksbündiger Text ist am linken Rand ausgerichtet und flattert auf der rechten Seite des Textblocks.

Rechtsbündiger Text wird am rechten Rand ausgerichtet.

Beim Zentrieren wird der Text zwischen
beiden Rändern vermittelt.

Beim Blocksatz wird der Text zwischen dem linken und rechten Rand so verteilt, daß ein geschlossenes Bild entsteht.

So gliedern Sie Zahlen

Die Gliederung sorgt bei langen Zahlenkolonnen oder alphanumerischen Kombinationen für eine bessere Übersichtlichkeit. Mit diesen Beispielen liegen Sie richtig:

Telefonnummern

Telefonnummern mit mehr als drei Stellen werden in Zweiergruppen von rechts gegliedert.

Nach DIN wird die Vorwahl in Klammern gefaßt, bei Verwendung eines Schrägstrichs entfällt der Zwischenraum zwischen Vorwahl und Rufnummer. Bei Nebenstellenanlagen wird die Durchwahlnummer mit einem Divis (Trennstrich) abgetrennt.

(0 51 32) 4 23 45   0 51 32/352

(0 51 32) 4 23-456   0 51 32/12 34-1

Bankverbindungen

Bankverbindungen werden in Bankleitzahl und Kontonummer getrennt. Die Bankleitzahl (immer achtstellig) wird dabei in zwei Dreier- und eine Zweiergruppe geteilt.

Sofern das Nummernsystem der Bank keine andere Aufteilung vorschreibt, wird die Kontonummer in Dreiergruppen von rechts gegliedert. Werden Bankverbindung und Konto in eine Zeile gesetzt, sollte die Bankverbindung in Klammern gefaßt werden.

(123 456 78) 987 654 321

Zahlenangaben
werden, auch wieder von rechts dreistellig, in Tausendergruppen unterteilt. Das Abtrennen sollte durch Achtelgevierte erfolgen, bei Maßangaben können auch Viertelgevierte Verwendung finden. Stunden und Minuten trennt ein Punkt.

12345,00   12345,-

12 345 km   12.30 Uhr

Sonderzeichen

Nicht nur das Alphabet und Zahlen, sondern auch Satzzeichen werden für einen ansprechenden Textfluß benötigt. Viele dieser Sonderzeichen stehen im Zeichensatz zur Verfügung.

Anführungszeichen

Anführungszeichen leiten die wörtliche Rede ein, begrenzen Zitate oder kennzeichnen Worte und Redewendungen mit doppeltem Wortsinn. Die Verwendung von An- und Abführungen unterscheidet sich je nach Sprachraum z.T. erheblich. Im deutschen Sprachraum sind zwei Arten üblich:

"Gänsefüßchen" in der Form 99 / 66

»Spitze Anführungen« (Guillemet)

Die halben Anführungszeichen (,' < >) werden z.B. eingesetzt, wenn Zitate innerhalb einer wörtlichen Rede auftauchen. Einige Programme bieten die automatische Umwandlung von „Anführungszeichen" importierter Texte an. Dabei wird in der Regel die "amerikanische Form" erzeugt.

Bindestriche

Neben den Anführungszeichen kommt auch den Strichen im Text eine besondere Bedeutung zu. In der Typografie werden bis zu vier unterschiedliche Striche eingesetzt:

- Divis oder Trennstrich; kennzeichnet Trennungen, koppelt Wörter (Berlin-Schönefeld) oder gemeinsame Wortbestandteile (z. B. Schriftart und -größe). Im Text hat er die Bedeutung des Wortes »gegen«. Er wird in der Regel ohne Zwischenraum gesetzt, lediglich in der Bedeutung »gegen« ist ein geringer Abstand (etwa ein Viertelgeviert) einzusetzen. Das Divis erzeugen Sie am einfachsten mit der Taste »Minus«.

– der Gedankenstrich in der Breite eines Halbgeviertes hat viele Funktionen. Er dient als Nullersatz (7,– DM), als Streckenstrich (Hannover–Berlin) oder zum Abtrennen von eingeschobenen Satzteilen. Weiterhin ersetzt er das Wort »bis« (8–9 Uhr). Beim Einsatz als Streckenstrich, als Nullersatz und in der Bedeutung »bis« wird er ohne Abstand gesetzt, sonst ist auch hier ein verringerter Wortabstand angebracht.

— Der Gedankenstrich in Geviertlänge wird wenig eingesetzt, da er große Lücken in den Textfluß reißt.

Arbeiten mit Farbe

Die Erzeugung von Farben im Druckbereich erfolgt nach zwei verschiedenen Prinzipien. Da in einem Druckvorgang nur jeweils eine Farbe gedruckt werden kann, erfordert der Zweifarbdruck bereits zwei Druckdurchgänge. Um auch mehrfarbige Abbildungen zu erzeugen, werden z.B. Farbfotos in Grundfarben unterteilt, mit denen dann ein weites Spektrum von Farbnuancen nachgebildet werden kann. QuarkXPress bietet Ihnen mehrere Möglichkeiten, Druckvorlagen und Grafiken mit Farbe zu versehen.

Schmuckfarben

Bei Schmuckfarben handelt es sich um reine Farben, die der Drucker fertig angemischt in seine Druckmaschine füllt. Damit ist es möglich, aus dem großen Angebot der Pantone-Töne eine exakte Farbe auszuwählen. Für jede Schmuckfarbe ist ein separater Druckdurchgang notwendig.

Bei Schmuckfarben kann lediglich ein Tonwert für die benutzte Farbe eingestellt werden, die Farben erscheinen jedoch reiner als Farben, die in mehreren Druckdurchgängen erzeugt werden. Weiterhin können in diesem Farbsystem Spezialeffekte erzielt werden, z.B. durch Neon- oder Metallicfarben.

Skalenfarben

Um z.B. Farbfotos zu drucken, ist das Schmuckfarbsystem ungeeignet. Farbfotos bestehen aus einer fast unendlichen Anzahl von Farbnuancen, für die jedesmal ein Druckdurchgang nötig wäre.

Dieses Problem wird durch Farbtrennung und Vierfarbdruck umgangen. Hier werden unterschiedliche Farbtöne durch Mischen von lediglich vier Grundfarben erzeugt. Die endgültige Farbwirkung entsteht durch Kombination von verschiedenen Intensitäten der Grundfarben, auch Tonwert genannt.

Diese Grundfarben heißen Cyan, Magenta, Gelb (Yellow) und Schwarz (Kontrast), das Farbsystem wird auch als CMYK-System bezeichnet. Als »Magenta« wird in der Drucktechnik ein genormter Rot-Ton bezeichnet, »Cyan« ist ein genormtes Blau. Es handelt sich bei diesem Verfahren um eine additive Farbmischung: Gelb, Magenta und Cyan ergeben als Vollton übereinander gedruckt Schwarz. Schwarz als vierte Druckfarbe wird benutzt, um dem Bild einen besseren Kontrast zu verleihen. Deshalb wird das Schwarz im grafischen Gewerbe auch häufig als Tiefe oder eben Kontrast bezeichnet.

Die einzelnen Farben werden in Rastern ausgegeben. Dadurch entstehen hellere und dunklere Farbanteile. Auch farbige Vorlagen werden auf fototechnischem Weg in diese Grundfarben aufgeteilt.

Zur Verbesserung der Farbwiedergabe bedient sich QuarkXPress der EFI-Color Xtension. Diese sorgt dafür, daß Monitordarstellung und Ausgabe auf unterschiedlichen Ausgabegeräten möglichst identisch sind. Dieser Vorgang wird »kalibrieren« genannt und ist eine wesentliche Anforderung an einen professionellen DTP-Arbeitsplatz.

2.5 Druckvorlagen

Gleich nach der Erzeugung der Dokumente spielt deren Ausgabe eine wichtige Rolle: Was nützt Ihnen die schönste Dokumentdatei, wenn die Ausgabe nicht problemlos oder nur in unbefriedigender Qualität funktioniert?

Grundsätzlich ist anzumerken, daß sich die zur Verfügung stehenden Druckfunktionen am eingestellten Drucker orientieren. Die Druckoptionen haben in keinem Fall Auswirkungen auf die Datei selbst, sondern nur auf das Ausgabeergebnis. Die »richtige« Ausgabe und die »passende« Weiterverarbeitung erfordern ein wenig Feingefühl und eine Menge an Fachwissen, wenn nicht nur gute, sondern professionelle Ergebnisse erzielt werden sollen. Besonders der Bereich der Vierfarbseparation birgt Tücken in sich – und gerade hier können Fehler teuer werden.

Schon vor der endgültigen Ausgabe sollten Sie sich vergewissern, welche Art von Vorlagen Sie zur Weiterverarbeitung benötigen: Filme für den Offset-Druck und für den Siebdruck unterscheiden sich in der Regel durch eine Spiegelung, einige Druckverfahren benötigen Negativfilme, andere wiederum begnügen sich mit Aufsichtvorlagen oder Papierausbelichtungen.

Welche Rasterfrequenz ist mit dem angestrebten Druckverfahren reproduzierbar? Wie groß sollen Überfüllungen und Anschnitte angelegt werden? Sie können in QuarkXPress professionelle Druckvorlagen erzeugen, wenn Sie wissen, was in der Weiterverarbeitung benötigt wird.

Rasterweiten

Auch die Einstellungen in der Druckereinrichtung Dialogbox DATEI-DRUCKEREINRICHTUNG sind nur verfügbar, wenn es sich um ein PostScript-Ausgabegerät handelt. So benutzen Standard-Laserdrucker mit 300 dpi üblicherweise eine Frequenz von 60 dpi. Die eingestellte Rasterfrequenz entscheidet darüber, wie fein gerasterte Flächen ausgeben werden, allerdings geht diese Feinheit auf Kosten der darstellbaren Graustufen. Da ein Laserdrucker oder ein Fotobelichter Grautöne nur durch die Auflösung in einzelne Punkte simulieren kann, stehen beispielsweise bei einer Rasterfrequenz von 300 dpi auf einem 300-dpi-Laserdrucker überhaupt keine Graustufen mehr zur Verfügung. Rastereinstellungen, die separat für einzelne Objekte einer Grafik eingestellt werden, haben Vorrang vor der Globaleinstellung an dieser Stelle.

Zur Übertragung von Dateien, die zunächst auf einem Laserdrucker, später aber auf einem Fotobelichter ausgegeben werden sollen, empfiehlt es sich, bei allen verwendeten Rastern die Standard-Einstellung zu belassen. Nur wenn spezielle Rasteranforderungen bestehen oder Rastereffekte erzielt werden sollen, ist es sinnvoll, diese Einstellung objektbezogen zu verändern.

Über- und Unterfüllungen

Die folgenden Betrachtungen für Über- und Unterfüllungen beziehen sich nur auf Farbausdrucke, die in mehreren Druckgängen erfolgen. Bei anderen Verfahren brauchen Sie weder Über- noch Unterfüllungen, sondern nur ein Ausgabegerät, das möglichst exakt arbeitet.

Für Über- und Unterfüllungen gilt ebenso wie für Rastereinstellungen oder Spiegelungen, daß Sie diese nicht ohne genaue Kenntnis der Thematik und Rücksprache mit Ihrer Druckerei einsetzen sollten.

Für den Druckereibetrieb ist es nicht immer ganz einfach, aus Filmen von Bildschirmgrafiken exakte Drucke zu erzeugen. Die Filme, die aus dem Fotosatzbelichter kommen, sind exakt: Wenn eine Farbe an eine andere grenzt, ist auch auf den Filmen genau an dieser Stelle Schluß (Aussparungen), aber beim Druck schleichen sich (geringe) Unregelmäßigkeiten ein.

Bild 2.24: Oben die Darstellung am Bildschirm (Rechteck und Kreis sollen in unterschiedlichen Farben ausgegeben werden), darunter das Ergebnis im Druck: Der Kreis ist aus dem Rechteck ausgespart worden.

Selbst eine veränderte Papier- oder Luftfeuchtigkeit zwischen zwei Druckdurchgängen reicht, um das Papier ein wenig aufquellen oder schrumpfen zu lassen, es können winzige Lücken zwischen zwei gedruckten Farben entstehen, sogenannte »Blitzer«. Diese Lücken fallen besonders bei dunklen Farbtönen unangenehm auf.

Bild 2.25:
Entweder eine nicht ganz exakte Montage oder physikalische Einflüsse beim Druck. Weiße Lücken zwischen den Konturen beider Objekte (oben) werden als »Blitzer« bezeichnet, darunter das gewünschte Ergebnis.

Aus diesem Grund werden farbige Arbeiten oft mit Unter- und Überfüllungen ausbelichtet. Beide Maßnahmen haben zum Ziel, eine der beteiligten Farben ein wenig in die andere hineinzudrucken, so daß die Lücken in jedem Fall geschlossen sind und keine Blitzer auftreten.

Unterfüllungen
Bei Unterfüllungen werden die untenliegenden Farbflächen ein wenig über die ursprüngliche Objektkontur hinaus ausgedehnt. Die Aussparungen fallen also ein wenig kleiner aus, als das Farbobjekt des anderen Films.

Überfüllungen
Überfüllungen sind das Gegenteil von Unterfüllungen: Hier wird nicht das untere, sondern das obenliegende Objekt um einen geringen Betrag vergrößert. Die Aussparungen werden ganz normal berechnet, die Objektkonturen ein bißchen verstärkt.

Überdrucken
Eine weitere Variante zum Vermeiden von Blitzern ist das Überdrucken. Wenn z.B. ein schwarzer Text auf einer gelben Fläche steht, ist es nicht nötig, den Text auszusparen. Er wird einfach über die komplette Fläche gedruckt. Überdrucken ist natürlich nicht möglich, wenn beide beteiligten Dokumentbestandteile in unterschiedlichen Farben vorliegen.

Ein Problem handeln wir uns mit diesen Über- und Unterfüllungen allerdings ein. Gesetzt den Fall, Sie möchten einen roten Text (100% Magenta + 100% Gelb) auf einem grünen Untergrund (100% Gelb + 100% Cyan) ausgeben. In diesem Fall führt eine Überfüllung dazu, daß eine Kontur in der

Dicke der Überfüllung mit der Farbmischung 100% Cyan, 100% Magenta und 100% Gelb entsteht – ein dreifarbiges Schwarz. In einigen Fällen läßt sich diese ungewollte Konturbildung nicht vermeiden, hier müssen Sie entscheiden, ob Sie lieber eine Kontur oder einen (möglichen) Blitzer in Kauf nehmen.

Um die unerwünschte Konturbildung zu minimieren, sollten immer die helleren Farben ausgedehnt werden. Also werden bei einem hellen Untergrund Unterfüllungen, bei einem dunklen Untergrund Überfüllungen gewählt.

Bei aneinandergrenzenden Farben, die aus ähnlichen Farbkomponenten bestehen oder die ähnliche Helligkeitswerte aufweisen, können Sie auf Über- und Unterfüllungen verzichten oder sie auf Tonwerte einzelner Grundfarben reduzieren. Natürlich sind auch bei Objekten, die vor einem weißen Hintergrund stehen, keine Überfüllungen nötig.

3 Schnellkurs für Ungeduldige

3 Schnellkurs für Ungeduldige

In diesem Kapitel werden die Grundfunktionen von QuarkXPress und deren Anwendung erläutert. Auch Umsteiger aus anderen Satzprogrammen können sich hier schnell mit der Systematik von QuarkXPress vertraut machen. Auf alle hier beschriebenen Funktionen wird im Kapitel 4 ausführlicher eingegangen. Der Weg dieses Schnellkurses führt über grundlegende Dateioperationen, allgemeine Dokument-, Grafik- und Textfunktionen bis hin zum Ausdruck. Er orientiert sich an der Reihenfolge bei der Erstellung und Ausgabe von neuen Dokumenten.

Noch ein Hinweis: Alle Ausführungen und Beispiele in diesem Kapitel gehen davon aus, daß Sie den Inhalt der beiliegenden CD in den Ordner »Folder« kopiert haben. Auch die Anzeige der Maßpalette wird empfohlen (*Ansicht/Maßpalette zeigen*).

Ein Dokument in QuarkXPress besteht aus verschiedenen Seiten mit gleichem Seitenformat. Zum schnelleren Arbeiten lassen sich Musterseiten anlegen, die als Vorlage, ähnlich einem Formular oder Briefpapier, bereits Objekte enthalten. Mit diesen Musterseiten können Sie also wiederkehrende Gestaltungsmerkmale, wie Logos, Seitenzahlen oder auch Anschriftszeilen auf eine Dokumentseite übertragen. QuarkXPress ist in der Lage, in jedem Dokument nahezu unbegrenzt viele unterschiedliche Musterseiten zu verwalten.

Die Dokumentbearbeitung in QuarkXPress erfolgt rahmenorientiert (spezielle Ausnahmen werden in späteren Kapiteln erläutert). Jedes Objekt, egal ob Grafik, Bild oder Text, wird in einem Rahmen auf der Seite oder Arbeitsfläche plaziert. Dabei stehen natürlich umfangreiche Bearbeitungsfunktionen zur Verfügung: Bilder oder Grafiken können geladen, skaliert oder rotiert werden. Texte lassen sich eingeben, ändern, frei verschieben oder auch automatisch plazieren. Auch eine Umwandlung von Texten in Bézierobjektrahmen ist möglich. Ein wesentliches Leistungsmerkmal sind auch die Bibliotheken, in denen häufig benötigte Grafiken, aber auch vordefinierte Textrahmen für den schnellen Zugriff abgelegt werden können. Weiterhin stehen Funktionen zum Kolorieren, zum Drucken (auch mit Farbseparation) oder zum Austausch von Elementen zwischen verschiedenen Dokumenten zur Verfügung.

3.1 Dokumentaufbau

Der Schnellkurs beginnt mit dem Laden einer Datei von der Beispiel-CD. Dazu müssen Sie natürlich QuarkXPress zunächst geöffnet haben – sollte dies noch nicht der Fall sein, holen Sie dies mit einem Doppelklick auf das Quark-Icon nach.

QuarkXPress öffnen

Der eigentliche QuarkXPress-Bildschirm unterscheidet sich nicht wesentlich von anderen Macintosh-Applikationen. Ohne geladene Datei öffnet sich ein Fenster mit der XPress-Programminformation, einer Menüzeile und, je nach Programmeinstellung, verschiedenen Hilfspaletten.

Öffnen Sie das Menü *Ablage* durch Eingabe der Tastenkombination ⌘+[O] oder durch einen Klick mit der Maustaste auf den Eintrag in der Menüzeile. Das Ablage-Menü rollt herunter und zeigt alle verfügbaren Befehle in Schwarz, die nicht verfügbaren in Grau an.

Hinter manchen Befehlen stehen Tastenkürzel, bei *Öffnen* z.B. »⌘+[O]«. Diese Tastenkürzel rufen den jeweiligen Befehl direkt auf, auch wenn das Menü nicht geöffnet ist.

Wählen Sie *Öffnen*.

Nach Anwahl dieses Menüpunkts durch Anklicken mit der Maus stellt Quark-XPress die Dialogbox ÖFFNEN am Bildschirm dar. Hier wählen Sie Datenträger, Ordner (in unserem Fall »Folder«) und die zu öffnende Datei aus.

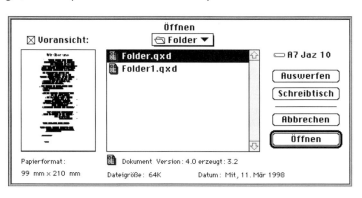

Bild 3.1:
Die Dialogbox
ÖFFNEN: *Ein*
Doppelklick auf
den Namen
öffnet die Datei.

Wählen Sie die Datei *FOLDER.QXD*.

Eine weitere Dokumentform sind Formulare. Diese Formulare können Sie zwar laden, QuarkXPress speichert sie aber nicht automatisch unter dem gleichen Namen ab. Damit haben Sie eine elegante Möglichkeit, Vorlagendateien zu erzeugen, die nicht versehentlich geändert werden können.

Nach einem kurzen Ladevorgang stellt QuarkXPress die Seite auf dem Bildschirm dar. Dabei wird eine Warnung angezeigt, falls Schriften im Dokument vorhanden sind, die dem Rechner zur Zeit nicht zur Verfügung stehen.

Die Dialogbox HILFSMITTEL - VERWENDUNG hilft nach Auswahl der Registerkarte SCHRIFTEN bei der Anpassung von nicht vorhandenen Schriften. Das Vorgehen wird in Kapitel 4 erläutert.

Die Bildschirmelemente

QuarkXPress kann bis zu 25 Dateien gleichzeitig geöffnet halten, jede in einem eigenen Fenster. Jedes Dokument, Formular und jede Bibliothek muß dabei gezählt werden.

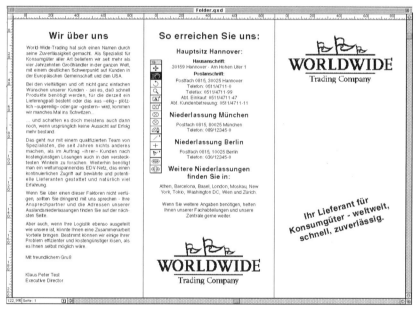

Bild 3.2: So zeigt sich QuarkXPress in der Vollbilddarstellung.

In unserem Fall ist nur ein Dokument geladen, es wird im aktiven Dokumentfenster angezeigt. In der oberen Fensterleiste hat XPress den Namen des Dokuments eingetragen. Jedes Fenster wird mit eigenen Linealen und Scrollleisten versehen. Die Symbole, die sich in der linken bzw. rechten oberen Ecke des Fensters befinden, entsprechen den Standardfunktionen »Dokument schließen« und »Fenstergröße/Vollbildmodus«.

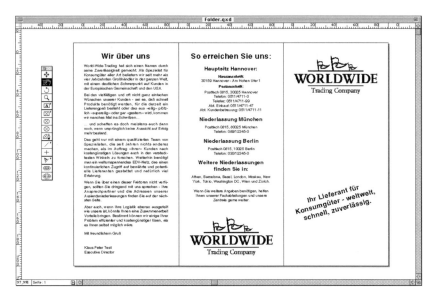

*Bild 3.3:
In dieser
Darstellung wird
das gleiche
Dokument im
Fenstermodus
mit Blick auf die
Arbeitsfläche
angezeigt.*

Da Scrolleisten und Lineale innerhalb des Fensters liegen, lassen sich Linealeinstellungen, Vergrößerungs- und Ausschnittwerte in jedem Dokumentfenster unabhängig einstellen. Bei unserem Folder handelt es sich um ein sechsseitiges Layout. Alle Seiten wurden im Format 99 mm x 210 mm angelegt. Damit erreichen wir, daß jeweils drei Seiten auf einer DIN-A4-Seite im Querformat ausgedruckt werden können. Wenn diese gefalzt werden (2-Bruch-Falz) erhalten wir ein Faltblatt, das aus insgesamt sechs Einzelseiten zu bestehen scheint.

Natürlich könnten Sie auch einfach eine A4-Seite dreispaltig anlegen. Wir werden im Verlauf dieses Kapitels jedoch zeigen, daß sich die einzelnen Seiten bei diesem Aufbau einfacher verschieben und damit ordnen lassen.

Schließen Sie das Dokument »FOLDER.QXD«.

Auch *Schließen* finden Sie im Menü *Ablage*. Beim Schließen wird das Dokument aus dem Arbeitsspeicher entfernt. Sollten nach dem letzten Speichern Änderungen vorgenommen worden sein, erfolgt eine Sicherheitsabfrage. QuarkXPress sichert dann das Dokument unter dem Namen, unter dem Sie es geöffnet haben.

Neues Dokument erstellen

In unserem Schnellkurs legen wir jetzt ein Dokument neu an, eben den Folder, den wir soeben geschlossen haben.

Wählen Sie *Ablage/Neu/Dokument*.

QuarkXPress stellt eine Dialogbox dar, in der die Seiteneinstellungen für das Dokument festgelegt werden. Jede Seite eines Dokuments hat die gleichen Seitenmaße und die gleiche Formatlage (Hoch- oder Querformat).

Dokumentaufbau

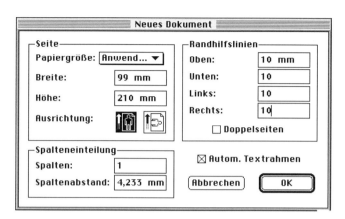

Bild 3.4:
Die Dialogbox
NEUES DOKUMENT.

In der Sektion SEITE lassen sich verschiedene Standardformate wählen. Eine Eingabe in die Felder BREITE und HÖHE läßt die Definition eigener Formate zu.

Mit jedem neuen Format wird automatisch eine Musterseite eingerichtet. Die Einstellungen unter RANDHILFSLINIEN und SPALTENEINTEILUNG legen diese Musterseite fest. Die Checkbox DOPPELSEITEN erzeugt ein Layout, daß abwechselnd rechte und linke Seiten enthält. Hier werden die Ränder jeweils gespiegelt.

Mit AUTOM. TEXTRAHMEN fügt QuarkXPress einen Textrahmen in der Größe des Satzspiegels auf der Musterseite ein, der auch auf den Dokumentseiten vorhanden ist. Dadurch kann sofort ein Text eingegeben werden. Ein weiterer Aspekt: Wird ein Text geladen, der die Rahmengrenzen überschreitet, fügt QuarkXPress automatisch weitere Seiten hinzu.

Seitenformat einstellen

In unserem Fall bauen wir ein Seitenformat von 99 mm x 210 mm (Breite x Höhe) auf. Die Ränder werden auf jeweils 10 mm festgelegt und die Checkbox AUTOMATISCHER TEXTRAHMEN aktiviert. Die Einstellungen können Sie auch der Abbildung 3.4 entnehmen. Nachdem Sie die Eingaben mit OK bestätigt haben, wird die Seite am Bildschirm angezeigt.

Dokumente sichern

Die Vorarbeiten sind erledigt. An dieser Stelle wollen wir das Sichern von Dokumenten betrachten. Speichern Sie diesen Aufbau mit dem Funktionsaufruf *Ablage/Sichern unter*.

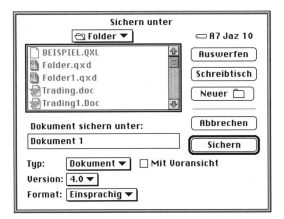

Bild 3.5:
QuarkXPress öffnet die Dialogbox SICHERN UNTER, die im wesentlichen mit der Dialogbox ÖFFNEN übereinstimmt. Im Feld DOKUMENT SICHERN UNTER ist bereits ein Vorschlag eingetragen.

Da für dieses neue Dokument noch kein Dateiname festgelegt wurde, schlägt QuarkXPress die Bezeichnung DOKUMENT 1 vor. Der Eintrag im Feld DOKUMENT SICHERN UNTER ist bereits hinterlegt. Tippen Sie jetzt einfach die neue Bezeichnung FOLDER1, und wählen Sie den Ordner FOLDER, wenn er noch nicht aktiv ist. Mit einem Klick auf »OK« erstellt QuarkXPress die neue Datei auf der Festplatte.

Nachdem ein Dateiname vergeben ist, können Änderungen am Dokument einfacher mit *Ablage/Sichern* (Tastenkombination ⌘+S) gespeichert werden.

Mehrere Dokumente laden

Da QuarkXPress gleichzeitig mehrere Dokumente geöffnet halten kann, ist ein Objektaustausch mit Ziehen und Ablegen möglich. Dabei werden die Ursprungs- und die Zieldatei gleichzeitig am Bildschirm angezeigt.

Laden Sie die Datei »Folder« wieder.

Wählen Sie *Ansicht/Fenster/Dokumente Unterteilen*.

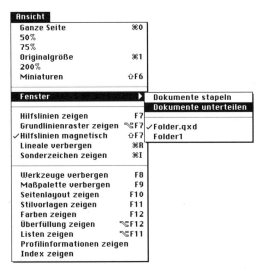

Bild 3.6:
Das Ansicht-Menü bestimmt, welches Dokument wie groß angezeigt wird. Ein Häkchen markiert die aktuell aktive Datei.

Die Dokumente in QuarkXPress werden entweder alle im Vollbild- oder alle im Fenstermodus aufgebaut. Der Menüeintrag *Fenster/Dokumente Unterteilen* bewirkt, daß alle Dokumente, die nicht zum Sinnbild verkleinert sind, den gleichen Platz am Bildschirm erhalten, die Verteilung übernimmt Quark XPress.

In unserem Beispiel werden die Dateien »Folder« und »Folder1« in zwei Fenstern dargestellt.

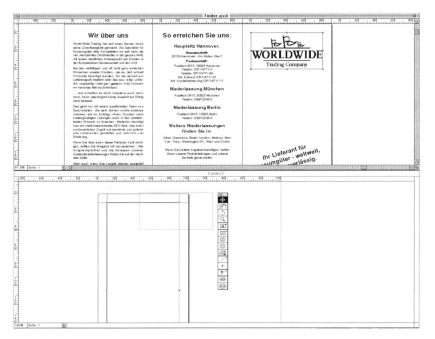

Bild 3.7:
In diesem Fenstermodus lassen sich Objekte durch einfaches Ziehen und Ablegen zwischen den Dokumenten austauschen.

Die weiteren Arbeiten beziehen sich wieder auf die Datei »Folder1«.

Vergrößern Sie die Ansichtsgröße durch einen Klick auf das Vollbildfeld im Dokumentfenster rechts oben.

Seiten einfügen

Um die benötigten sechs Seiten zu erhalten, müssen fünf weitere Seiten hinzugefügt werden. Dies geschieht hier mit dem Aufruf *Seite/Einfügen*.

Klicken Sie mit gewähltem Objekt-Werkzeug den Textrahmen der ersten Seite an.

Wählen Sie *Seite/Einfügen*.

Diese Funktion öffnet eine Dialogbox mit der Bezeichnung SEITE EINFÜGEN.

*Bild 3.8:
Mit dieser
Dialogbox
können einem
Dokument
zusätzliche
Seiten hinzuge-
fügt werden.*

Im Feld EINFÜGEN geben Sie die Anzahl der zusätzlich benötigten Seiten ein. Im rechten Bereich der Dialogbox wird festgelegt, an welcher Stelle diese Seiten plaziert werden. Hier stehen die Optionen VOR SEITE, NACH SEITE und AM DOKUMENTENDE zur Wahl. Im Eingabefeld kann eine Seitenzahl eingegeben werden, mit der sich steuern läßt, an welcher Position im Dokument die neuen Seiten vor oder nach eingefügt werden. Die Checkbox MIT AKTUELLER TEXTKETTE VERBINDEN läßt sich nur anwählen, wenn der Textrahmen der Seite aktiviert ist. Das Aktivieren bewirkt, daß ein langer Text automatisch auf diese Seiten verteilt wird – wenn der Platz nicht ausreicht, fügt QuarkXPress automatisch Seiten hinzu (abhängig von der Grundeinstellung). Im Listenfeld MUSTERSEITE kann ein Layoutmuster gewählt werden, auf dem die zugefügten Seiten basieren sollen.

Geben Sie im Feld EINFÜGEN die Zahl 5 ein, und aktivieren Sie die Checkbox MIT AKTUELLER TEXTKETTE VERBINDEN (Einstellung wie in Abbildung 3.8) mit einem Mausklick.

Durch die »Textkette« stehen uns Funktionen zur Verfügung, mit denen ein Mengentext automatisch über mehrere Seiten positioniert werden kann. Das Vorgehen wird in Kapitel 3.4 erläutert. Bestätigen Sie Ihre Eingaben mit einem Klick auf den Button OK.

Wählen Sie *Ansicht/50%*.

In dieser Darstellung werden weitere Bildschirmelemente sichtbar.

Das größte Rechteck repräsentiert die Dokumentseite. Seiten werden von einer Arbeitsfläche umgeben, dies ist einfach ein weißer Bereich, der dazu dient, bei der Seitenbearbeitung derzeit nicht benötigte Objekte aufzunehmen.

Die äußeren, blauen Hilfslinien grenzen den Satzspiegel ein. Sie werden entsprechend der Einstellungen zum linken, rechten, oberen und unteren Rand plaziert, die beim Neueinrichten des Dokumentes festgelegt wurden. Wenn (wie in unserem Beispiel) beim Neueinrichten die Checkbox AUTOMATISCHER TEXTRAHMEN aktiviert war, fügt QuarkXPress ohne Rückfrage einen Textrahmen in der Größe des Satzspiegels hinzu. Dieser Textrahmen wird grau angezeigt.

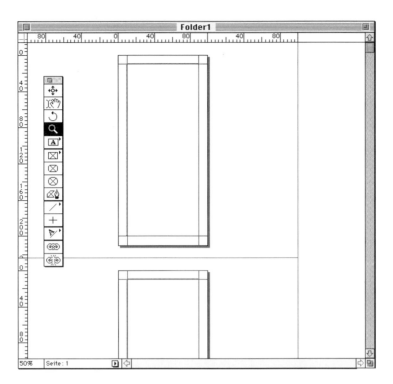

Bild 3.9:
Hier wird die leere Seite des Folders in der 50% Ansicht abgebildet. In dieser Darstellung werden die Grundhilfslinien sichtbar. Diese geben die beim Neuanlegen eingestellten Ränder (der Musterseite) wieder.

Lineale und Hilfslinien

Die Lineale dienen dem interaktiven oder absoluten Plazieren von Rahmen. Alle Angaben beziehen sich auf den Linealnullpunkt. Als Vorgabe wird dieser Nullpunkt in die linke obere Ecke einer Seite gesetzt. Er läßt sich jedoch einfach durch Ziehen mit der Maus an eine beliebige andere Position verschieben. Die Maßeinteilung der Lineale kann vertikal und horizontal getrennt unter *Bearbeiten/Vorgaben/Dokument* auf der Registerkarte ALLGEMEIN festgelegt werden.

Die Lineale haben weitere Hilfsfunktionen. Zunächst werden dort die Objektpositionen während eines Verschiebevorgangs durch Striche abgebildet. Diese Funktion erleichtert das manuelle Positionieren von Rahmen.

Weiterhin dienen die Lineale auch als Ursprung zusätzlicher Hilfslinien. Hilfslinien sind nichtdruckende Linien im Dokument, die ebenfalls dem manuellen Positionieren dienen. Durch einen optionalen »Magnetismus« ziehen sie Objekte, die in ihre Nähe kommen, an. Vertikale oder horizontale Hilfslinien werden einfach durch Ziehen mit der Maus aus den Linealen erzeugt. Den Nullpunkt der Lineale können Sie an jedem beliebigen Punkt setzen, indem Sie ihn aus dem Schnittpunkt der beiden Lineale auf die Seite ziehen.

*Bild 3.10:
In dieser Abbildung wurde der Nullpunkt auf die rechte untere Ecke des Satzspiegels geschoben. Weiterhin enthält die Seite jetzt eine horizontale und eine vertikale Hilfslinie, die einfach aus den Linealen gezogen wurden.*

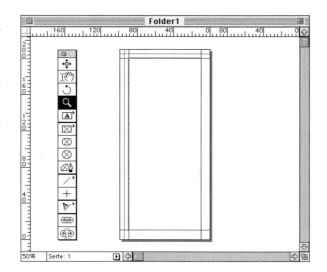

Scrolleisten, Prozentfeld und Seitenanzeige

Am rechten und am unteren Rand enthält jedes Quark XPress-Fenster Scrolleisten, mit deren Hilfe man sich durch das Dokument bewegen kann. Ein Klick auf die Pfeile, das Verschieben des Reglers oder ein Klick in den grauen Bereich zwischen den Pfeilen verschiebt den angezeigten Bildschirmbereich.

In der linken unteren Ecke des Fensters zeigt QuarkXPress in einem Feld die aktuelle Darstellungsgröße und daneben die aktuelle Seitenzahl an. An dieser Position befindet sich auch ein kleines Seiten-Popup, über das Sie auf eine andere Dokumentseite wechseln können.

Die Zusatzpaletten

Die Werkzeugpalette

Bei den Zusatzpaletten handelt es sich um frei verschiebbare Bildschirmelemente, die ganz bestimmte Bearbeitungsfunktionen ständig am Bildschirm bereitstellen. Sie liegen immer vor dem eigentlichen Seitenarbeitsbereich. Einige der am häufigsten verwendeten Paletten stellen wir im folgenden vor.

*Bild 3.11:
Mit der Werkzeugpalette haben Sie schnellen Zugriff auf alle Grundfunktionen zur Objektbearbeitung.*

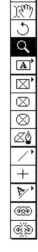

In dieser Palette werden die Werkzeuge zum Bearbeiten von Text- und Grafikrahmen sowie Linien vorgehalten. Die Werkzeuge beeinflussen die Bearbeitungsfunktionen, die mit Tastatur oder Maus durchgeführt werden können. Die einzelnen Werkzeuge werden im Verlauf dieses Kapitels kurz erläutert.

Die Maßpalette

Dieses Fenster dient der numerisch exakten Plazierung, Rotation oder Verzerrung von Rahmen. Die Maßeinheiten, die hier angezeigt werden, richten sich nach den Einstellungen unter *Bearbeiten/Vorgaben/Dokument/Werkzeug*. Der linke Bereich verändert den Rahmen, der rechte Bereich hat Auswirkungen auf das im Rahmen enthaltene Objekt.

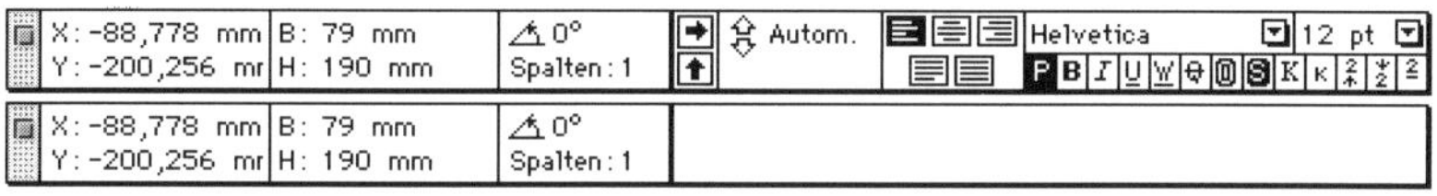

Bild 3.12:
Die Maßpalette bietet schnelle Positionierungs- und Skalierfunktionen sowie die wichtigsten Funktionen zur Textformatierung. Die Anzeige der Maßpalette ändert sich, je nach eingestelltem Werkzeug und aktiviertem Objekt.

Im Textmodus lassen sich hier zusätzlich alle wesentlichen Zeichenattribute einstellen.

Die Stilvorlagenpalette

Da sich Textformatierungen häufig wiederholen, lassen sie sich in Stilvorlagen speichern. Eine Stilvorlage enthält alle Zeichen und Absatzattribute. Mit einem Mausklick (oder einer optionalen Tastenkombination) können so Texte schnell und einheitlich formatiert werden.

Bild 3.13:
Bei den Stilvorlagen handelt es sich um Sammlungen von Zeichen- und Absatzformaten, die eine bequeme Textformatierung erlauben.

Die Seitenlayoutpalette

Hier stellt Ihnen QuarkXPress ein Werkzeug zur Verfügung, mit dem Sie Einfluß auf Seitenreihenfolge und Montageflächen haben. Weiterhin finden Sie hier Funktionen zum Bearbeiten und Zuweisen von Musterseiten.

Bild 3.14:
Mit diesem Fenster kann der Aufbau des Dokuments und der Druckausgabe gesteuert werden. Weiterhin dient es der Verwaltung von Musterseiten.

Die Farbpalette

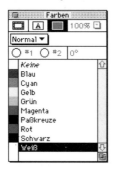

Bild 3.15:
Die Farbpalette

Mit den Steuerelementen der Farbpalette können Sie den markierten Texten, Bildern oder Rahmen eine Farbe zuweisen.

Die Überfüllungspalette

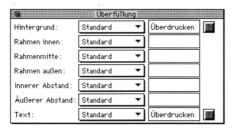

Bild 3.16:
Wichtig für Farbseparationen: Die Überfüllungspalette.

Diese Palette hat besondere Bedeutung für Farbseparationen. Mit ihrer Hilfe lassen sich Überfüllungswerte farb- oder objektspezifisch bestimmen.

Die Bibliothek

Bild 3.17:
Erleichtert das Arbeiten mit wiederkehrenden Elementen: eine Bibliothek in QuarkXPress.

Bibliotheken können einzelne Rahmen oder Gruppierungen enthalten, häufig benötigte Objekte stehen so ständig zur Verfügung und können durch Ziehen mit der Maus in das Dokument hineinkopiert werden.

3.2 Ändern der Dokumentdarstellung

Für das weitere Arbeiten ist die Darstellung der 50%-Ansicht ungünstig. Weitere Darstellungsgrößen können über das Menü *Ansicht*, nach einem Klick mit der rechten Maustaste, mit dem Werkzeug LUPE oder durch Eingabe eines Prozentwertes gewählt werden.

Darstellungsgröße mit dem Menü Ansicht ändern

Öffnen Sie das Menü *Ansicht* durch einen Klick mit der linken Maustaste.

Bild 3.18: Das Ansicht-Menü

Das *Ansicht*-Menü bietet einige vordefinierte Einstellungen. 50%, 75% und 200% sind Prozentzahlen, die von der Originalgröße einer Dokumentseite ausgehen. Der Menüpunkt *Ganze Seite* (⌘+⓪) wählt einen Abbildungsfaktor, der die Seite in den zur Verfügung stehenden Fensterbereich einpaßt. Jetzt kann die Seite als Ganzes betrachtet werden.

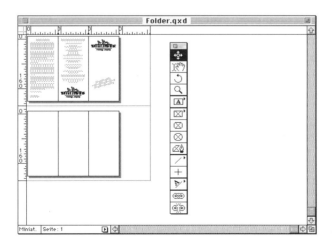

Bild 3.19: Die Datei »Folder« in der Miniaturansicht. Hier erhalten Sie einen Überblick über die im Dokument enthaltenen Seiten.

Miniaturen bewirkt, daß mehrere Druckseiten in der kleinstmöglichen Darstellung untereinander angezeigt werden. In diesem Modus lassen sich Seiten durch einfaches Ziehen mit der Maus an andere Stellen im Dokument verschieben. Weiterhin ist ein Kopieren von ganzen Seiten zwischen unterschiedlichen Dokumenten möglich.

Darstellungsgröße mit dem Prozentfeld ändern

Das Prozentfeld in der linken unteren Ecke des Fensters dient nicht nur der Anzeige. Ein Klick mit der Maus plaziert eine Schreibmarke in das Feld, die Eingabe einer Zahl mit anschließendem ⏎ verändert die Darstellungsgröße.

Darstellungsgröße mit der Lupe ändern

Die Lupe ist das erste Werkzeug, das in diesem Schnellkurs betrachtet wird. Wenn die Werkzeugpalette nicht angezeigt wird, kann sie mit *Ansicht/Werkzeuge zeigen* aktiviert werden.

Ein Klick auf das Lupensymbol in der Werkzeugpalette aktiviert die Lupe. Die Lupe hat zwei Funktionen. Zunächst einmal kann ein Bereich durch Ziehen mit der Maus ausgewählt werden. Klicken Sie beispielsweise in die linke obere Ecke des Bereichs, den Sie am Bildschirm sehen möchten, und ziehen Sie die Maus mit gehaltener Maustaste in dessen rechte untere Ecke. QuarkXPress zeigt während dieses Vorgangs einen rechteckigen Rahmen an, der für den Bereich steht, der nach dem Loslassen angezeigt wird.

Die zweite Möglichkeit besteht im Vergrößern oder Verkleinern in vorgegebenen Schritten. Ein linker Mausklick vergrößert den Abbildungsmaßstab. Wird beim Klick ⌘ gehalten, erfolgt eine Verkleinerung. Die Schrittweite für Vergrößerung und Verkleinerung sowie Minimal- und Maximalwerte lassen sich unter *Bearbeiten/Vorgaben/Dokument* auf der Registerkarte WERKZEUG einstellen.

Bewegen im Dokument

Bei mehrseitigen Dokumenten müssen natürlich Funktionen zum Seitenwechsel vorhanden sein.

Seitenwechsel mit dem Menü Seite

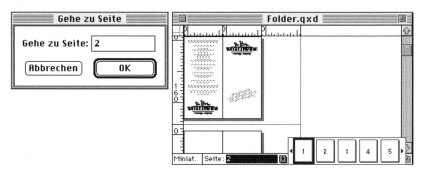

Bild 3.20: Die Dialogbox GEHE ZU SEITE. Auch das Popup neben der aktuellen Seitenangabe (links unten) ermöglicht einen Seitenwechsel.

Ändern der Dokumentdarstellung 77

Das Menü *Seite* bietet Ihnen den Eintrag *Gehe zu*, der auch mit der Tastenkombination ⌘+[J] aufgerufen werden kann. Nach Anklicken öffnet sich die Dialogbox GEHE ZU SEITE, in die eine Seitenzahl eingegeben werden kann.

Wenn das Dokument in Kapitel eingeteilt ist, wird immer an die entsprechende Seite im ersten Kapitel mit der eingegebenen Seitenzahl gesprungen. Durch Voranstellen eines »+« erreichen Sie, daß genau die Anzahl der eingegebenen Seiten weitergeblättert wird.

Seitenwechsel durch Verschieben des Bildschirmausschnittes

Durch Halten von ⌥ und Ziehen mit der Maus kann in QuarkXPress der Bildschirmbereich verschoben werden. Da QuarkXPress alle Seiten untereinander aufbaut, gelangen Sie durch Verschieben nach oben zu einer höheren Seitenzahl. Durch das Verschieben des Bildschirmbereichs nach unten blättern Sie zum Anfang des Dokuments.

Bildausschnitt mit Tastatur verschieben

Die Tasten [Bild↑] und [Bild↓] bewegen die Bildschirmansicht um etwa 95% nach oben oder unten.

Seitenbearbeitung mit der Seitenlayoutpalette

Die Seitenlayoutpalette bietet vielfältige Funktionen:

- ❏ Wechseln von Seiten
- ❏ Verschieben von Seiten
- ❏ Hinzufügen oder Löschen von Dokument- und Musterseiten
- ❏ Zuweisen von Musterseiten
- ❏ Anzeigen, Umbenennen, Neuerstellen und Löschen von Musterseiten.

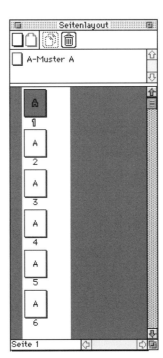

Bild 3.21: Die Seitenlayoutpalette vereint alle Funktionen, die sich auf Seitenanordnung oder -bearbeitung beziehen. In dieser Darstellung werden die Dokumentseiten unserer Übungsdatei angezeigt.

Wählen Sie *Ansicht/Seitenlayout zeigen*, wenn die Seitenlayoutpalette noch nicht angezeigt wird. Die Seitenlayoutpalette ist als eigenständiges Fenster mit eigener Menüzeile ausgeführt. Im Kopf der Seitenlayoutpalette befinden sich Button und ein Listenbereich zum Steuern der Seitenoperationen. Ein Doppelklick auf eine Seite im darunterliegenden Montagebereich stellt die entsprechende Seite am Bildschirm dar, ein Doppelklick auf einen Listeneintrag wechselt auf die Musterseite.

Dieses Symbol dient dem Einfügen einer Seite ohne Berücksichtigung von linker oder rechter Plazierung.

Das Seitensymbol mit abgeknickten Ecken steht für eine doppelseitige Dokument- oder Musterseite. Je nach Positionierung ändert diese Seite ihre Ausrichtung. Dieser Button steht nur bei doppelseitig angelegten Dokumenten zur Verfügung.

Mit der Doppelseite lassen sich in der Seitenlayoutpalette markierte Musterseiten duplizieren.

Der Mülleimer erlaubt das Löschen von Dokument- oder Musterseiten. Im Listenfeld sind alle bereits definierten Musterseiten aufgeführt. Der Arbeitsbereich darunter zeigt alle Seiten als kleine Rechtecke an. Innerhalb des Rechtecks steht die Kurzbezeichnung der zugewiesenen Musterseite, die aktuelle Dokumentseite erhält eine kursive Beschriftung.

Musterseiten benennen

QuarkXPress bezeichnet Musterseiten zunächst mit Großbuchstaben, beginnend beim »A«. Die Vorlagenbezeichnung wird entsprechend benannt, zunächst mit »Muster A«

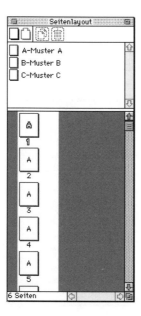

Bild 3.22: Dieses Bild zeigt die Seitenlayoutpalette.

Durch einen Klick ändert sich die Anzeige der Musterseite: Aus dem angezeigten Text wird ein Eingabefeld, das kennzeichnende Rechteck wird negativ hinterlegt. Jetzt können Sie die Kurzbezeichnung (max. drei Zeichen) und den Musternamen verändern, beide werden durch einen Bindestrich »-« ohne Leerzeichen voneinander getrennt.

Musterseiten zuweisen

Das Zuweisen einer bereits definierten Musterseite ist ganz einfach: Ziehen Sie einfach eine Musterseitenbezeichnung aus dem Listenfeld auf die zu formatierende Dokumentseite. Diese Seite wird jetzt in der Anzeige mit dem Kürzel der neu gewählten Mustervorlage versehen und entsprechend angepaßt.

Abhängig von der Einstellung unter Bearbeiten/Vorgaben/Dokument/Allgemein bleiben beim Zuweisen einer neuen Musterseite die geänderten Elemente der ursprünglichen Musterseite erhalten oder werden gelöscht.

Leerseiten zuweisen

Wenn Sie weder die Seitenränder noch die Elemente einer Musterseite, wie z.B. einen automatischen Textrahmen benötigen, können Sie auch leere Einzel- oder Doppelseiten hinzufügen oder zuweisen. Dies geschieht ebenfalls durch Ziehen des entsprechenden Symbols an die gewünschte Stelle im Montagebereich.

Neue Seiten, die auf Musterseiten basieren, werden angelegt, indem der Listeneintrag auf die Montagefläche gezogen wird.

Seiten anordnen

QuarkXPress benutzt Ziehen und Ablegen auch für das Anordnen der Dokumentseiten. Die Seiten, die umgestellt werden sollen, werden einfach an die neue Position gezogen. Klicken Sie mit der Maus auf eines der Rechtecke und schieben Sie es nach oben oder unten. QuarkXPress zeigt einen Pfeil, der angibt, an welcher Stelle die Seite plaziert wird.

Seiten lassen sich darüber hinaus auch nebeneinander anordnen. Wenn, wie in unserem Fall, das Seitenformat kleiner als das Druckformat gewählt wurde, kann eine Druckseite gleich mehrere Dokumentseiten enthalten. Das spart Ausbelichtungskosten und erhöht die Übersichtlichkeit. Das DIN-A4-Format (quer) entspricht in etwa drei unserer Folderseiten nebeneinander. Solche zusammengestellten Seiten werden auch als Montageflächen bezeichnet. Benachbarte Seiten werden ebenfalls durch Ziehen mit der Maus angeordnet.

Ziehen Sie die Seite 2 mit der Maus rechts neben die Seite 1.

Ziehen Sie Seite 3 mit der Maus rechts neben Seite 2.

Ziehen Sie die Seiten 5 und 6 jeweils rechts neben die Seite 4.

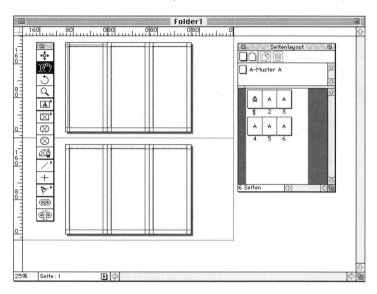

Bild 3.23:
Dieser Aufbau unseres Folders spart Papier und Belichtungskosten.

Natürlich können auch Seiten mitten zwischen andere Seiten plaziert werden. QuarkXPress zeigt dies mit einem nach rechts oder links gerichteten Mauszeiger an.

Folgende Punkte gilt es beim Ordnen der Seiten zu beachten:

- Beim Verschieben ändert sich die Reihenfolge der auf der Seite enthaltenen Objekte nicht! Ein Text, der sich vor dem Verschieben auf Seite fünf in einer manuellen Textkette befand, bleibt auch auf der Seite stehen, sobald die Seite verschoben wird. Dadurch kann es vorkommen, daß die Textfolge unlogisch wird.

- Bei doppelseitigen Dokumenten kann das Verschieben, Einfügen oder Löschen von Seiten zu einer automatischen Umgruppierung der auf die Einfügeposition folgenden Seiten führen. Aus einer linken wird eine rechte Seite und umgekehrt. QuarkXPress weist dabei den Seiten automatisch die geänderten Musterseiten zu.

- Weitere Optionen, wie das Verschieben von Seiten zwischen verschiedenen Kapiteln, mehreren Seiten oder unzusammenhängenden Seiten werden in Kapitel 4.2 behandelt.

Musterseiten umgruppieren

Auch die Reihenfolge der Musterseiten kann beliebig verändert werden, allerdings stehen diese immer untereinander. Die ursprüngliche Bezeichnung der Musterseite bleibt erhalten. Ziehen Sie das Rechteck an die gewünschte Position in der Liste, um die Position der Musterseite zu verändern.

Beim Löschen von Musterseiten erkennt QuarkXPress, ob diese Seite in Gebrauch ist, und gibt gegebenenfalls eine Warnung aus.

Wird ein Listeneintrag direkt auf einen anderen geschoben, geht QuarkXPress davon aus, daß der bisherige Eintrag durch den daraufgeschobenen ersetzt werden soll. Der Listenbereich kann durch Ziehen der Trennung zur Montagefläche vergrößert werden.

3.3 Elemente bearbeiten

Bislang existieren von unserem Faltblatt nur sechs leere Seiten. In diesem Kapitel werden wir sehen, wie sich Texte und Bilder zu diesen Seiten hinzufügen lassen und wie bestehende Elemente verändert werden.

Rahmen

Das Arbeiten mit QuarkXPress erfolgt rahmenorientiert. Das bedeutet zunächst einmal, daß für jeden Text und für jede Grafik zunächst ein Rahmen geöffnet werden muß. Die Rahmen selber können jederzeit modifiziert, kopiert, verschoben oder rotiert werden. Weitergehende Einstellungen und das Arbeiten mit Bibliotheken lassen die Rahmen zu mächtigen Werkzeugen der Dokumentgestaltung werden. Die Größe und der Rotationswinkel eines Rahmens lassen sich einfach mit der Maus verändern – die entsprechenden Werkzeuge und Arbeitsschritte behandelt dieses Kapitel.

Laden Sie die Datei *FOLDER.QXD*.

Aktivieren Sie die Maßpalette, wenn sie noch nicht angezeigt wird (*Ansicht/ Maßpalette zeigen*).

Wählen Sie Seitenansicht (Menü *Ansicht* oder ⌘+[0]).

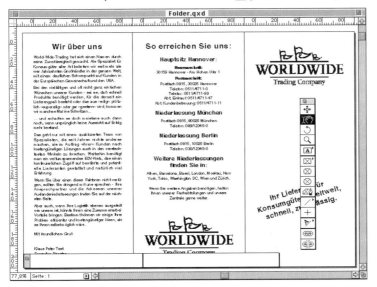

Bild 3.24: Der Folder besteht aus einzelnen Seiten (in dieser Darstellung sind drei der Seiten nebeneinander plaziert), die unterschiedliche Elemente enthalten: Textrahmen, Bildrahmen und Linien.

Wählen Sie das Objekt-Werkzeug (Anklicken mit der Maus), und klicken Sie einen Textrahmen an

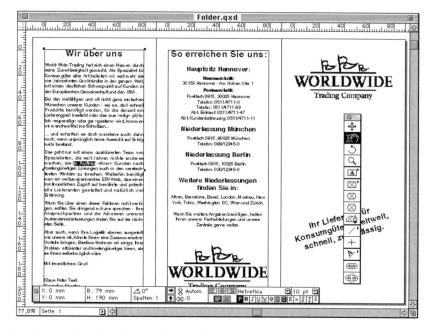

Bild 3.25:
Der Textrahmen auf der linken Seite des Folders ist markiert.

Im Unterschied zu den anderen Rahmen wird ein markierter Rahmen mit einer durchgezogenen Linie dargestellt und mit Griffen versehen. Das Ziehen der Griffe mit der Maus bewirkt eine Größenänderung, alle anderen Rahmeneinstellungen wie Ränder oder Spaltenanzahl bleiben erhalten.

Textrahmen

 Alle Texte in QuarkXPress werden in Rahmen plaziert. Für Texte steht ein besonderer Rahmentyp zur Verfügung, der Textrahmen. Er kann, im Gegensatz zu Bildrahmen, ausschließlich rechteckig angelegt werden, bietet dafür aber Funktionen zur automatischen Spalteneinteilung. Mehrere Textrahmen lassen sich miteinander verknüpfen. Der Text, der sich dann über mehrere Rahmen verteilt, wird auch als »Textkette« bezeichnet.

 Die rechteckige Rahmenform von Textrahmen kann über Objekt-Form geändert werden. Hier stehen alle Rahmenformen, einschließlich den freien Bézierformen, zur Verfügung.

Sowohl bei der Beispieldatei »Folder« wie auch bei unserem neuen Beispiel »Folder1« sind bei der Dokumenterstellung automatische Textrahmen auf den Musterseiten, und damit auch auf den Dokumentseiten, hinzugefügt worden.

Bildrahmen

Die Bildrahmen dienen der Aufnahme von Pixel- oder Vektorgrafiken. So können Sie z.B. ein Logo auf der Dokumentseite integrieren. Neue Bildrahmen, die noch keine Grafiken enthalten, werden zunächst mit einem diagonalen Kreuz versehen. Bildrahmen können nicht in Spalten eingeteilt werden, dafür stellt QuarkXPress vier verschiedene Grundformen zur Verfügung.

Rechteckiger Bildrahmen

Bildrahmen mit runden Ecken

Elliptischer Bildrahmen

Bézier-Rahmen

Weitere Rahmenformen lassen sich durch Klick auf die Popout-Menüs aktivieren oder unter *Objekt/Form* einstellen. Mit diesem Menüpunkt können auch Bildrahmen von einer Form in die andere umgewandelt werden, die Bezugsgröße ergibt sich jeweils aus der Größe der umgebenden Markierungsbox.

Über *Ablage/Bild laden* fügen Sie die gewünschte Grafik in die zunächst leeren Bildrahmen ein. Größe, Ausrichtung und der Neigungswinkel eines Bildes können jederzeit verändert werden.

Mit Text- und Bildrahmen lassen sich auch eigenständige Gestaltungsobjekte erzeugen, einfach, indem ihnen eine Rahmen- und Hintergrundfarbe zugewiesen wird.

Neue Rahmen erzeugen

Natürlich muß dazu das entsprechende Werkzeug gewählt werden, um neue Rahmen anzulegen. Rahmen werden einfach durch Ziehen mit der Maus erzeugt. Mit Ausnahme der Bézier-Rahmen genügt es, in einer Ecke zu klicken und die Maus mit gedrückter linker Maustaste an die neue gewünschte Position zu ziehen. In den rechteckigen überfahrenen Bereich wird der neue Rahmen gemäß seiner Konstruktionsvorschrift eingepaßt.

Das Halten von ⇧ beim Ziehen bewirkt ein quadratisches Grundrechteck. Rechteckige Bild- und Textrahmen werden zu Quadraten, anstelle einer Ellipse erhalten Sie einen Kreis.

Bézier-Rahmen erzeugen

Ein Bézier-Bildrahmen wird aus verbundenen Linien erzeugt. Nachdem Sie das Bézier-Werkzeug gewählt haben, klicken Sie mit der Maus an eine Stelle, an der sich eine beliebige Ecke des Bézier-Rahmens befinden soll. Mit dieser Aktion ist der Startpunkt schon festgelegt.

Der nächste Klick erzeugt eine gestrichelte Linie zwischen diesem Startpunkt und der neuen Position, an der Sie geklickt haben. Jeder weitere Klick verbindet den vorhergehenden Eckpunkt mit der aktuellen Position. Ein Bézier-Rahmen kann auf zwei verschiedene Arten geschlossen werden: Wenn mindestens drei Eckpunkte gesetzt sind, genügt ein erneuter Klick auf den Startpunkt des Bézier-Objekts. Alternativ kann anstelle des einfachen Mausklicks ein Doppelklick auf den letzten Eckpunkt eingesetzt werden. In beiden Fällen schließt QuarkXPress die Bézier-Form und füllt sie mit dem üblichen Kreuz.

Die Form eines Bézier-Rahmens kann auch nachträglich leicht geändert werden. Sie können einzelne Punkte hinzufügen und löschen oder die Punktcharakteristik verändern. Das Vorgehen ist im Kapitel 4.3 beschrieben.

Wenn neue Rahmen erstellt werden, können Sie häufig Zeit sparen, wenn Sie gleich beim Erzeugen die richtige Größe und Position wählen. Oft genügt es hier, mit dem Rahmen an einer bekannten Ecke zu beginnen.

Rahmengröße ändern und Rahmen verschieben

Jeder Rahmen kann sowohl verschoben als auch in horizontaler und vertikaler Richtung skaliert werden. Hier bietet QuarkXPress drei Möglichkeiten. Um die Rahmengröße oder -position zu beeinflussen, muß der Rahmen zunächst aktiviert werden. Obwohl jeder Rahmen mit jedem Werkzeug aktiviert werden kann, empfiehlt es sich, hier das Objekt-Werkzeug einzusetzen, da dieses alle Rahmenoperationen zuläßt.

Das Objekt-Werkzeug wird immer eingesetzt, wenn es darum geht, einen beliebigen Rahmen zu verschieben.

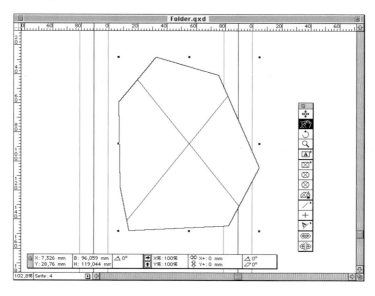

Bild 3.26: Ein Bézier-Bildrahmen ist in dieser Darstellung aktiviert. Die Griffe sind hier deutlich zu sehen, die Umrahmung erfolgt mit einer durchgezogenen Linie.

Nach einem Klick mit diesem Werkzeug in den Rahmen oder auf dessen Rand wird der Rahmen aktiviert. Er wird jetzt nicht mehr gestrichelt, sondern mit einer durchgezogenen Linie versehen. Weiterhin wird er rechteckig von schwarzen Punkten umgeben, den »Griffen«.

Rahmen interaktiv verändern

Das interaktive Verändern der Breite oder der Höhe erfolgt mit der Maus und ähnelt dem Vorgehen, wie es Ihnen vielleicht schon aus anderen Satz- oder Grafikprogrammen bekannt ist. Wenn Sie mit dem Mauszeiger auf einen der Eckgriffe fahren, ändert sich dessen Form in eine Hand mit ausgestrecktem Zeigefinger. Wenn Sie die Maus jetzt mit gedrückter Maustaste bewegen, ändert sich die Größe des Rahmens entsprechend.

Wenn an einem Griff in der Mitte der Rechteckseiten gezogen wird, findet eine Veränderung nur senkrecht zu dieser Seite statt, die gegenüberliegende Seite bleibt unverändert, bei Eckpunkten stellt die diagonal gegenüberliegende Ecke den Fixpunkt dar.

Auch das Verschieben eines Objektes ist sehr einfach: Mit gewähltem Objekt-Werkzeug wird einfach in die Mitte eines Rahmens geklickt und dieser mit gehaltener Maustaste an die gewünschte Position gezogen.

Beim Verschieben bietet QuarkXPress zwei unterschiedliche Modi: Zum einen zeigt es als Verschiebefigur nur den Rahmen gestrichelt an, wenn Sie gleich nach dem Klick die Maus bewegen. Um auch den Rahmeninhalt zu sehen, müssen Sie den Mauszeiger auf dem Rahmen einen Moment gedrückt halten. Beim anschließenden Verschieben wird der Rahmen mit einer durchgezogenen Linie und einem Abbild des Inhalts angezeigt.

Die Lineale kennzeichnen die Position des umgebenden Rechtecks beim Verschieben mit gestrichelten Linien.

Beim Skalieren oder Verschieben mit der Maus informiert Sie QuarkXPress in der Maßpalette kontinuierlich über die Position oder die neuen Breiten- und Höhenwerte. Für exakte Positionierungen lassen sich zusätzliche Hilfslinien einsetzen, die einfach aus den Linealen gezogen werden.

Rahmen mit der Maßpalette verändern

Die Maßpalette bietet sich immer an, wenn nur Positions-, Breiten- oder Höhenwerte modifiziert werden sollen.

Die Werte für X und Y geben die horizontale bzw. vertikale Position der linken oberen Rahmenecke bezüglich des Lineal-Nullpunktes an. Unter B und H finden Sie die Breite bzw. Höhe des umgebenden Rechtecks.

Das Verändern ist ganz einfach: Klicken Sie mit der Maus auf den Wert, den Sie verändern möchten, und geben Sie eine neue Zahl ein. Nach einem abschließenden ⏎ ändert QuarkXPress die Position oder Ausdehnung.

Die Maßeinheiten für die Maßpalette werden unter Bearbeiten/Vorgaben/Dokument/Allgemein getrennt für horizontale und vertikale Angaben festgelegt. Sie beziehen sich immer relativ zum Linealnullpunkt. Durch geschickte Plazierung des Nullpunkts kann viel Rechenarbeit gespart werden.

Rahmen mit der Dialogbox »Bild-/Textrahmen« verändern

Erstellen Sie einen rechteckigen Bildrahmen.

Öffnen Sie die Registerkarte RAHMEN durch Aufruf von *Objekt/Modifizieren*.

Diese Dialogbox stellt die meisten Einstellungen zur Rahmenmodifikation zur Verfügung. Der Inhalt dieser Box ändert sich je nach Art des aktivierten Rahmens.

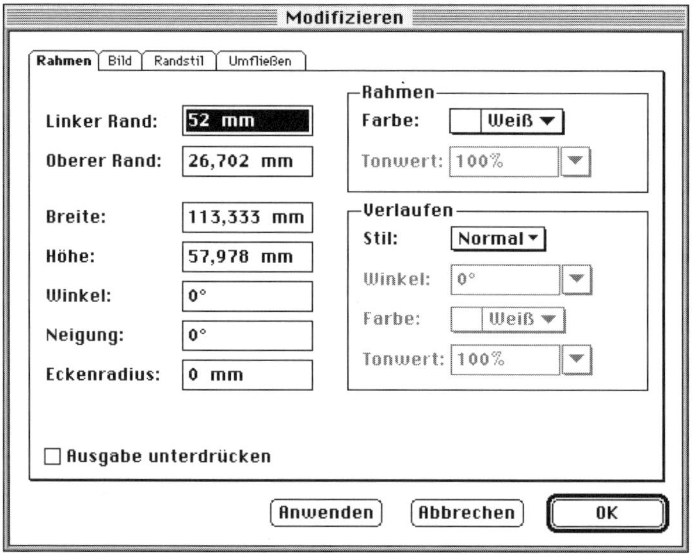

Bild 3.27: Der Inhalt der Registerkarte RAHMEN, wenn ein rechteckiger Bildrahmen aktiviert ist. Zusätzlich erscheint in der Dialogbox das Register BILD.

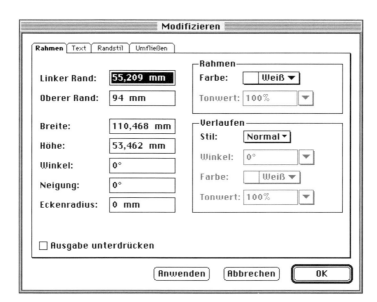

Bild 3.28:
Wenn ein Textrahmen beim Aufruf von Objekt/Modifizieren markiert ist, ändern sich die möglichen Eingaben, und XPress bietet Ihnen das Register TEXT zur Eingabe an.

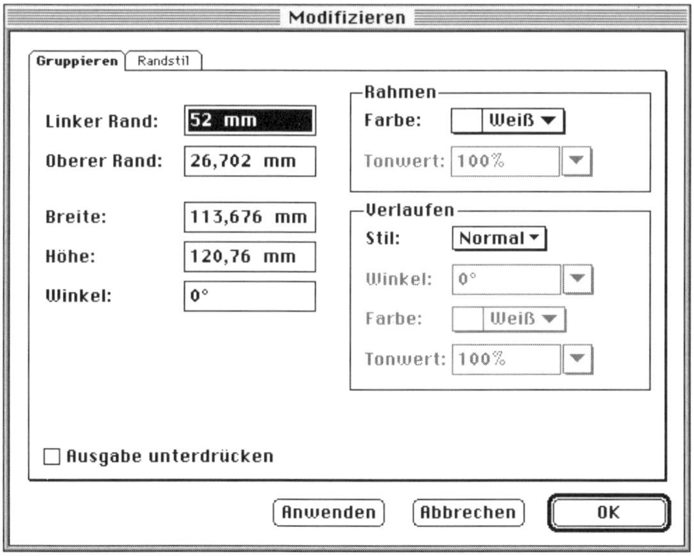

Bild 3.29:
Sind mindestens ein Textrahmen und ein Bildrahmen oder eine Gruppe aktiviert, finden Sie in der Dialogbox die Registerkarte GRUPPIEREN.

Unabhängig davon, ob nun ein Text- oder Bildrahmen gewählt wurde, stehen in der Dialogbox Felder zum Positionieren (LINKER RAND und OBERER RAND) und zur Veränderung von Breite und Höhe bereit. Die Eingabe in diese Felder und anschließendes Bestätigen führen die Änderungen durch.

Die weiteren Einstellungen der unterschiedlichen Dialogboxen werden im Kapitel 4 ausführlicher erläutert.

Löschen Sie den Rahmen wieder (*Bearbeiten/Löschen* oder `Entf`).

Inhalte in Rahmen einfügen

Je nach gewählter Rahmenart (Text oder Bild) stehen im Ablage-Menü die Funktionen »Text laden« oder »Bild laden« zur Verfügung, wenn genau ein Rahmen aktiviert und das Inhalt-Werkzeug ausgewählt ist. Für jeden Text und für jedes Bild muß ein passender Importfilter bereitstehen, der z.B. Bilddaten auswertet oder Steuerzeichen im Text erkennt und diese für QuarkXPress umsetzt.

Das Inhalt-Werkzeug muß aktiviert sein, um ein Bild oder einen Text in einen Rahmen einzufügen. Weiterhin dient es zum Bearbeiten des Inhalts eines Rahmens, wenn dieser nicht mehr leer ist.

Der neue Folder soll jetzt auf der ersten Seite mit einem Text und einem Firmenlogo versehen werden. Zunächst wird das Logo eingefügt. Zu diesem Zweck erzeugen wir einen neuen Bildrahmen auf der ersten Seite über die gesamte Satzspiegelbreite und fügen dort das Logo ein.

Wechseln Sie auf die erste Seite der Datei *FOLDER1* (*Seite/Gehe zu*), wählen Sie ORIGINALGRÖSSE (*Ansicht/Originalgröße*), und erstellen Sie einen neuen Bildrahmen in der oberen linken Ecke des Satzspiegels.

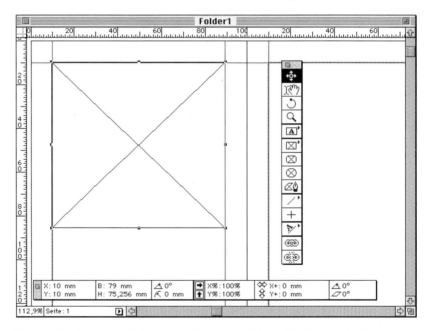

Bild 3.30: Diese Abbildung zeigt einen neuen Bildrahmen auf der ersten Seite des Folders. Die Größe ist zunächst unerheblich.

Klicken Sie in das Feld B der Maßpalette. Geben Sie für die Breite 79 mm ein. Mit ⇥ wechseln Sie in das Feld H. Die Höhe wird auf 20 mm festgelegt.

Ändern der Dokumentdarstellung

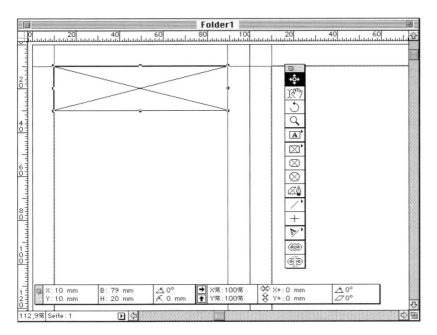

Bild 3.31:
Durch entsprechende Eingaben in die Maßpalette können Sie die Position und Größe eines Bildrahmens einfach verändern.

Wählen Sie das Inhalt-Werkzeug und anschließend *Ablage/Bild laden*.

Bild 3.32:
Die Dialogbox BILD LADEN ist fast identisch mit der Dialogbox ÖFFNEN.

In der Dialogbox BILD LADEN zeigt QuarkXPress im Listenfeld nun alle Bilddateien an, die in das Dokument importiert werden können.

Wählen Sie die Datei *WORLDWIDE.EPS*.

QuarkXPress lädt jetzt dieses Bild in den Bildrahmen. Es wird in der Originalgröße so in den Rahmen eingeführt, daß die linke obere Ecke des Bilds und die des Rahmens übereinstimmen.

Bild 3.33:
Das diagonale Kreuz im Bildrahmen ist durch das geladene Bild ersetzt worden. Die Maßpalette zeigt zusätzliche Werte zum Bild an. In diesem Fall ist es unerheblich, ob das Inhalt- oder das Objekt-Werkzeug aktiv ist.

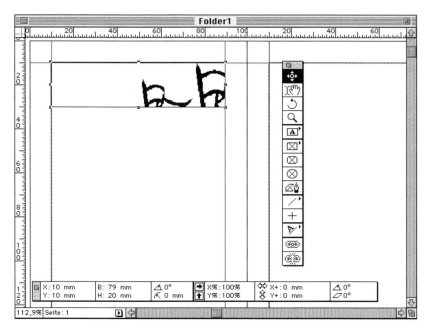

In der Abbildung fällt auf, daß das Logo zu groß für den Rahmen ist. Offensichtlich muß hier noch die Bildgröße und -position verändert werden.

Bildposition und -größe ändern

QuarkXPress stellt drei Tastaturbefehle für die automatische Positionierung zur Verfügung (Inhalt/Werkzeug):

⇧+⌘+M   Bildmitte in Rahmenmitte zentrieren

⇧+⌘+F   Bildproportionen an Rahmenproportionen anpassen

⇧+⌘+⌥+F   Bild in Rahmen einpassen, ohne Bildproportionen zu verändern

Bild 3.34:
Drei identische Bildrahmen mit unterschiedlichen Positions- und Größenwerten für die darin eingefügte Grafik.

Während die Tastenkombination ⇧+⌘+F die vertikale und horizontale Bildausdehnung einfach an die Rahmenwerte anpaßt (Logo oben), bleiben bei ⇧+⌘+⌥ F die Bildproportionen erhalten (Logo unten). Hier werden Skalierfaktoren für vertikal und horizontal getrennt berechnet und der geringere Wert auf das Bild angewandt. Gleichzeitig wird das Bild im Rahmen zentriert.

Bild mit der Maßpalette positionieren

Natürlich kann hierfür auch wieder die Maßpalette eingesetzt werden. Nachdem ein Bild in einen Rahmen eingefügt wurde, und solange das Inhalt-Werkzeug aktiv ist, erhält sie eine zusätzliche Sektion. Hier geben X% und Y% die horizontalen bzw. vertikalen Skalierfaktoren an. Werte über 100% vergrößern das Bild, unter 100% verkleinern es in der entsprechenden Richtung. Gleiche Werte in beiden Feldern bedeuten also eine Skalierung unter Beibehaltung der Bildproportionen. Unter X+ bzw. Y+ wird die horizontale oder vertikale Position der linken oberen Bildecke, bezogen auf die linke obere Rahmenecke, angezeigt und eingegeben. Innerhalb eines Rahmens kann ein Bild mit den Feldern zur Eingabe von Rotations- und Verzerrungswerten beeinflußt werden, ohne die Rahmenlage zu verändern.

Bild manuell verschieben

Eine weitere Möglichkeit, einen geeigneten Bildausschnitt im Rahmen anzuzeigen, besteht im Ziehen mit der Maus. Klicken Sie an eine beliebige Stelle im Rahmen, um den dargestellten Ausschnitt zu verschieben.

Auch das Betätigen der Cursortasten bewirkt eine Verschiebung um jeweils 1 pt. Eine Feinpositionierung erreichen Sie, indem Sie ⌥ beim Verschieben gedrückt halten, jetzt reduziert sich die Schrittweite auf 0,1 pt.

Bild manuell skalieren

Auch für diese Aufgaben stehen Tastenkombinationen zur Verfügung:

⇧+⌘+⌥+, Bild in 5%-Schritten verkleinern

⇧+⌘+⌥+. Bild in 5%-Schritten vergrößern

Beide Tastenkombinationen beziehen sich jeweils auf die Originalgröße (100%).

Bild mit der Maus skalieren

Wird ein Bildrahmen mit der Maus skaliert, bewirkt das Halten von ⇧+⌘+⌥ eine automatische Anpassung des darin enthaltenen Bildes, und zwar unter Beibehaltung der Bildproportionen.

Um ein eigenes Logo anstelle des Beispiels einzufügen, müssen Sie natürlich erst eine entsprechende Grafikdatei erzeugen. Wir empfehlen das Format »EPS« für die Ausgabe auf PostScript-Druckern oder »PICT«, wenn keine Verläufe enthalten sind und keine PostScript-Ausgabe gewünscht wird.

Bild 3.35:
Mit wenigen Handgriffen erledigt: ⇧+⌘+⌥+F bewirkt ein proportionales Einpassen des Logos in den Bildrahmen und zentriert es gleichzeitig.

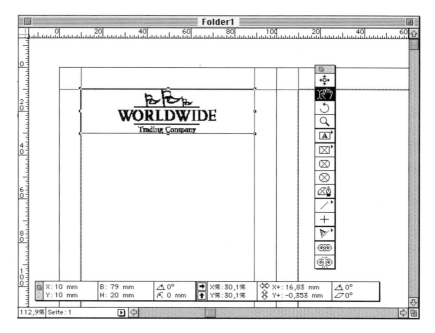

Text laden

Obwohl Sie in QuarkXPress direkt Texte erfassen können, ist es oft sinnvoll, diese in einem speziellen Textprogramm zu erfassen und erst nach Korrektur in das Satzprogramm einzufügen. Die QuarkXPress-Textfunktionen werden im nächsten Kapitel beschrieben.

Während es sinnvoll ist, größere Textmengen außerhalb von QuarkXPress zu erfassen, lohnt sich der Import-Aufwand für kurze Passagen (z.B. Überschriften) nicht. Hier ist es schneller, einen Textrahmen aufzuziehen und den Text einfach einzugeben.

QuarkXPress ist in der Lage, Texte aus verschiedenen Programmen zu verarbeiten, auch hier wieder über sogenannte Importfilter. Die möglichen Textformate sind in Kapitel 4.3 erläutert.

In unserem Beispielfolder soll der Mengentext auf den Seiten zwei bis fünf plaziert werden. Dies wird durch zwei Voreinstellungen sehr einfach:

❐ Zunächst haben wir bei Neuerstellung des Dokuments darauf geachtet, daß das Schaltfeld AUTOMATISCHER TEXTRAHMEN aktiviert war. Damit erhält die Musterseite einen Textrahmen, der automatisch mit den Textrahmen auf den nachfolgenden Seiten verkettet ist.

Ändern der Dokumentdarstellung 93

❐ Beim Einfügen der fünf neuen Seiten waren die Einstellungen MIT AKTUELLER TEXTKETTE VERBINDEN und M1-MUSTER 1 (die Standardmusterseite) aktiviert. Also verfügt jetzt jede Seite in unserem Folder über einen verketteten Textrahmen.

Wechseln Sie auf Seite 2 (*Seite/Gehe zu* oder ⌘+J), und aktivieren Sie den Textrahmen mit dem Inhalt-Werkzeug.

Wählen Sie *Ablage/Text laden* und den Text TRADING.DOC im Ordner FOLDER.

Nachdem Sie die Textdatei doppelt angeklickt haben, beginnt QuarkXPress mit dem Importieren und zeigt automatisch die letzte Seite an, auf der Text der geladenen Textkette plaziert wurde.

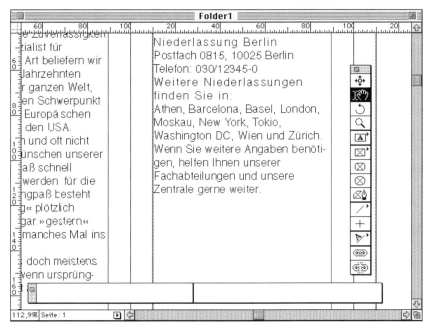

Bild 3.36:
Nach dem Laden des Textes zeigt QuarkXPress die letzte Seite der Textkette in der aktuellen Darstellungsgröße.

Wechseln Sie auf die Seite 1.

Sie erinnern sich? Die erste Seite soll als Deckblatt gestaltet werden, der Text selbst kommt auf die Seiten zwei bis sechs. Beim Laden des Textes hat QuarkXPress jedoch auf Seite 1 begonnen, weil diese Seite den ersten Textrahmen einer automatischen Kette enthält. Wir müssen jetzt also dafür sorgen, daß der Text erst auf Seite 2 beginnt – der Text von Seite 1 soll dabei automatisch auf Seite 2 verschoben werden.

*Bild 3.37:
In diesem Fall
unerwünscht:
Durch den
automatischen
Textrahmen auf
allen Seiten
beginnt der
Textfluß bereits
auf Seite 1.*

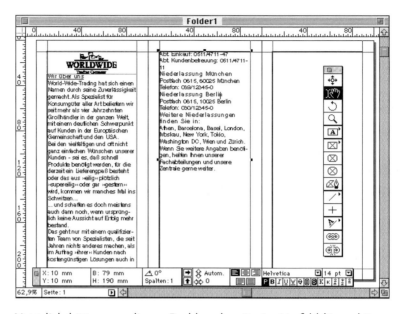

Natürlich hätte man dieses Problem bereits im Vorfeld lösen können, indem man die erste Seite nicht mit einer Musterseite verknüpft und sie als leere Seite (Seitenlayoutpalette) angelegt hätte. Interessant ist aber auch, was passiert, wenn man den Textrahmen mit dem Objekt-Werkzeug markiert und anschließend löscht.

 Wählen Sie das Objekt-Werkzeug, und klicken Sie auf den Textrahmen auf Seite 1.

Rufen Sie die Funktion *Bearbeiten/Löschen* auf.

*Bild 3.38:
Vergleichen Sie
die Abbildungen:
Der Text, der
vorher auf Seite 1
positioniert war,
befindet sich jetzt
auf der zweiten
Seite.*

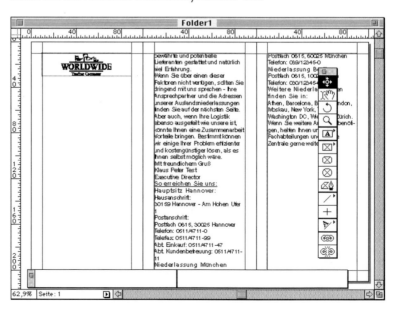

Das Löschen des Rahmens mit dem Objekt-Werkzeug hat also nichts an der Textmenge verändert. Geändert hat sich nur die Position des Textes.

Nachdem auf Seite 1 kein Platz mehr dafür vorgesehen ist, beginnt der Text im ersten Textrahmen der Kette, also auf Seite 2. In dieser Art arbeitet QuarkXPress mit jedem Textobjekt: wenn sich die Rahmenform, die Spalteneinteilung oder Rahmenabstände ändern, umbricht der Text neu, d.h., er wird entsprechend den Einstellungen und dem vorhandenen Platz neu verteilt. Ein neuer Umbruch erfolgt auch, wenn Texte vergrößert oder verkleinert werden (siehe nächstes Kapitel) oder sich Absatz- und Zeilenabstände ändern.

Bei Texten, die noch nicht vollständig positioniert werden konnten, sei es, daß kein automatischer Textrahmen vorhanden war, das automatische Einfügen von Seiten augeschaltet war oder ein Rahmen manuell verkleinert wurde, enthält der letzte Rahmen der Textkette ein durchgestrichenes Quadrat als Hinweis für den Anwender.

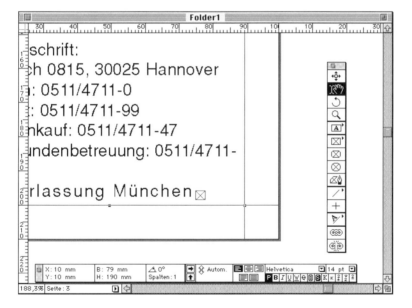

Bild 3.39:
Das durchkreuzte Quadrat in der rechten unteren Ecke des Textrahmens ist das Zeichen dafür, daß noch weiterer Text im geladenen Abschnitt vorhanden ist, der noch nicht positioniert worden ist.

Sichern Sie das Dokument an dieser Stelle. Dies verhindert einen Datenverlust, sollte es zu einem Systemabsturz kommen. Ein weiterer Vorteil: Wenn Sie häufiger speichern, können Sie, auch dann, wenn nichtrücknehmbare Bearbeitungsschritte erfolgt sind, schnell zu einer alten Fassung zurückgelangen.

Rahmen aus Bibliotheken hinzufügen

Bislang haben wir neue Rahmen erzeugt und diese Rahmen mit einem Inhalt versehen. QuarkXPress stellt jedoch noch eine weitere Funktion zur Verfügung, mit der sich bereits gefüllte Rahmen in ein Dokument einfügen lassen. Ein Beispiel für solch einen Rahmen ist beispielsweise das Logo, das in jeder Drucksache auftauchen soll. Hier wäre es mühsam, erst die Rahmen aufzuziehen, anschließend vielleicht noch das Verzeichnis zu wechseln, das Bild zu laden und es schließlich an die Rahmengröße anzupassen.

Bibliotheken vereinfachen diesen Vorgang. Es handelt sich hierbei um Sammlungen fertiger Rahmen mit Inhalt – egal, ob es sich um Texte oder Grafiken handelt. Selbst Gruppen unterschiedlicher Art können als Bibliotheksobjekt gespeichert werden.

QuarkXPress kann mehrere Bibliotheken gleichzeitig geöffnet halten, sofern der Speicher des Computers ausreicht.

Öffnen Sie die Bibliothek BEISPIEL mit dem Menüeintrag *Ablage/Öffnen*. Um eine Bibliothek zu laden, muß der entsprechende Eintrag im Feld DATEIFORMAT aktiviert werden.

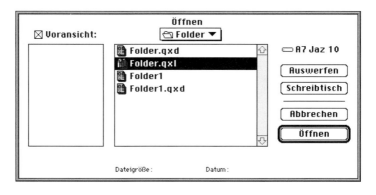

Bild 3.40: Auch zum Öffnen von Bibliotheken zeigt QuarkXPress das Standard-Dateifenster.

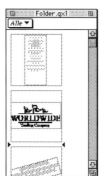

Bild 3.41: Die Bibliothek BEISPIEL wird in einem separaten Fenster dargestellt.

Objekt aus einer Bibliothek einfügen

Das Arbeiten mit einer Bibliothek ist denkbar einfach. Im Arbeitsbereich des Bibliothekfensters werden kleine Abbildungen der Rahmen und ihres Inhalts angezeigt. Ein Klick mit der Maus und anschließendes Verschieben auf die Seite oder Arbeitsfläche fügt das gewählte Objekt in das Dokument ein.

Objekt in Bibliothek einfügen

Klicken Sie das Logo auf Seite 1 mit dem Objekt-Werkzeug an.

Ziehen Sie den Objektrahmen in das Bibliothek-Fenster.

Auch hier, wie schon bei der Seitenlayoutpalette, wird die Einfüge-Position durch Pfeile gekennzeichnet. Das neu hinzugefügte Objekt wird hervorgehoben.

Bibliothekseintrag erstellen

Eine Bibliothek kann bis zu 2000 Objekte enthalten. Es wäre mühsam, immer alle Rahmen durchzusehen, um an ein einzelnes Objekt zu gelangen. Hier bietet sich eine Sortierung nach Bezeichnungen an. Jeder Eintrag in der Bibliothek kann mit einem Namen versehen werden, sinnvoll ist hier z.B. die Aufteilung in Gruppen. Angenommen, unsere Bibliothek soll ein farbiges und ein Schwarzweißlogo enthalten. In diesem Fall könnten beide Logos mit der Bezeichnung »Logo« versehen werden.

Führen Sie einen Doppelklick auf dem neuen Objekt aus.

Jetzt öffnet sich die Dialogbox BIBLIOTHEKSEINTRAG. Hier können Sie im Eingabefeld NAME eine neue Bezeichnung für den Rahmen eingeben.

- Ein Klick auf den Pfeil rechts neben dem Feld öffnet eine Liste mit allen bereits vorhandenen Bezeichnungen. Hier können Sie mit der Maus oder den Cursortasten auswählen. Wenn in dieses Feld ein neuer Namen eingegeben wird, nimmt QuarkXPress diesen in die Liste mit auf.

- Legen Sie für ein Objekt keine Bezeichnung an, gilt als Selektionskriterium »Ohne Namen«.

Bibliothekseinträge nach Namen auflisten

Die Vergabe einer Bezeichnung ist sinnlos, wenn sie nicht für Selektions- und Suchvorgänge eingesetzt werden kann. Über den Menüpunkt *Beschriftung* können Sie einstellen, welche Objekte angezeigt werden.

Bild 3.42: Das Menü Beschriftung in der Menüzeile der Bibliothekspalette.

Alle
Bewirkt die Anzeige aller Objekte. Wenn eine Selektion nach Namenseinträgen vorgenommen war, wird diese zurückgesetzt.

Ohne Namen
Zeigt alle Objekte an, die keine besondere Bezeichnung haben.

Namen
Ein Häkchen hinter einem Namenseintrag zeigt an, daß alle Objekte, die diese Bezeichnung erhalten haben, dargestellt werden. Namenseinträge und OHNE NAMEN können beliebig kombiniert werden.

An dieser Stelle wird deutlich, wie sich auch umfangreiche Bibliotheken verwalten lassen. Bilden Sie sinnvolle Oberpunkte, und aktivieren Sie dann die entsprechenden Einträge unter BESCHRIFTUNG.

Bibliothek sichern

Eine Bibliothek wird normalerweise nur gesichert, wenn QuarkXPress verlassen oder die Bibliothek geschlossen wird. Unter *Bearbeiten/Vorgaben/Programm* läßt sich auf der Registerkarte SICHERN mit der Checkbox AUTOMATISCHE SICHERUNG BIBLIOTHEK einstellen, daß eine Sicherung der Bibliothek nach jeder Änderung erfolgt.

3.4 Textfunktionen

Bei allen Funktionen zum Verändern von Text muß zunächst nach Zeichen- und Absatzattributen unterschieden werden. Alle weiteren Ausführungen und Abbildungen beziehen sich auf die Datei *FOLDER1* im Bearbeitungsstand nach Kapitel 3.4. Noch ein Hinweis: Wenn Texte so klein dargestellt werden würden, daß sie nicht mehr lesbar sind, ersetzt QuarkXPress sie in der entsprechenden Darstellungsgröße durch graue Kästen, die dem Zeilenfall entsprechen. Diese Technik wird auch als »Faksimile Text« bezeichnet und beschleunigt die Bildschirmanzeige beträchtlich.

Neue Texte eingeben

Einen neuen Text direkt in QuarkXPress einzugeben, ist denkbar einfach. Mit dem Textrahmen-Werkzeug wird einfach ein neuer Textrahmen aufgezogen, nach dem Loslassen der Maus muß das Inhalt-Werkzeug aktiviert werden.

Die Schreibmarke, ein senkrechter Strich in Höhe der Schriftgröße, blinkt jetzt im Rahmen und nimmt Eingaben von der Tastatur entgegen. Fast alle Textfunktionen wirken von der Position der Schreibmarke aus.

Wechseln Sie auf Seite 1, wählen Sie das Textrahmen-Werkzeug, und ziehen Sie im unteren Teil der Seite einen Textrahmen in der vollen Satzspiegelbreite auf. Geben Sie die zusätzliche Werbezeile ein, »Ihr Lieferant für Konsumgüter – weltweit, schnell, zuverlässig«.

*Bild 3.43:
Unter dem Logo erzeugen wir einen neuen Textrahmen, um dort eine zusätzliche Werbezeile einzugeben.*

Bewegen der Schreibmarke im Text

Da alle Texte in Rahmen einlaufen (*Ablage/Text laden*), muß zum Bearbeiten von Texten das Inhalt-Werkzeug aktiv sein.

Wählen Sie das Inhalt-Werkzeug, und wechseln Sie auf Seite 2. Klicken Sie in den Textrahmen. An der Stelle, an der Sie mit der Maus geklickt haben, erscheint die Schreibmarke.

Die erste Frage, die sich stellt: Wie komme ich von der aktuellen Position an eine andere, z.B. um eine Textpassage zu markieren? Natürlich steht hier wieder die Maus zur Verfügung. Ein Klick versetzt die Schreibmarke an die gewünschte Position.

Beim Bewegen mit der Tastatur richtet sich QuarkXPress weitgehend nach den üblichen Macintosh-Belegungen, hier stehen zunächst die Cursortasten zur Verfügung. ← bzw. → stellen die Schreibmarke vor das vorhergehende oder hinter das nächste Zeichen, ↑ und ↓ bewegen sie eine Zeile nach oben oder nach unten.

Es wäre mühsam, mit diesen beschränkten Möglichkeiten längere Texte zu editieren. Für alle Tasten steht eine zweite Funktion in Verbindung mit ⌘ zur Verfügung.

⌘+← zum Beginn des aktuellen oder vorhergehenden Wortes.

⌘+→ zum Beginn des nächsten Wortes.

⌘+↑ zum Beginn des aktuellen oder vorhergehenden Absatzes.

⌘+↓ zum Beginn des nächsten Absatzes.

⌘+⌥+↑   zum Kapitelanfang

⌘+⌥+↓   zum Kapitelende

Wenn sich die Schreibmarke aus dem dargestellten Bildschirmbereich bewegt, paßt QuarkXPress die Anzeige automatisch an.

Text markieren

Um einem Textabschnitt ein neues Zeichenformat zuzuweisen, muß die entsprechende Passage markiert sein. Eine Markierung geht grundsätzlich von einer Startposition aus und endet an einer Zielposition. Alle Zeichen zwischen diesen beiden Punkten im Text werden markiert und entsprechend hervorgehoben. Jedes in dieser Markierung enthaltene Zeichen erhält das Zeichenattribut, das jetzt gewählt wird.

Für die Zuweisung von Absatzattributen muß der Text normalerweise nicht markiert sein. Ein Absatzattribut wird immer auf den Absatz angewandt, in dem sich die Schreibmarke gerade befindet. Eine Ausnahme: Wenn mehrere Absätze ein identisches Attribut (z.B. Einrückungen oder Tabulatoren) erhalten sollen, kann eine Markierung gesetzt werden, die irgendwo im ersten Absatz beginnt und an einer beliebigen Stelle im letzten Absatz endet.

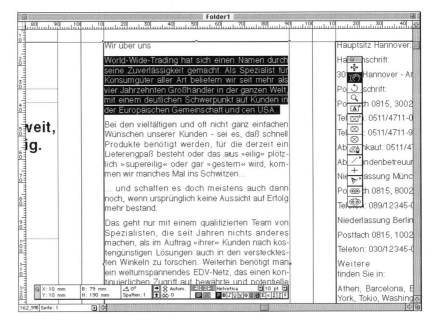

Bild 3.44: Unser Beispieltext, bei dem eine Passage markiert ist, wird negativ in schwarzen Balken dargestellt. Diese Darstellung ändert sich sofort wieder, wenn die Markierung aufgehoben wird.

Text mit der Tastatur markieren

Die Markierung mit der Tastatur ist ganz einfach: Mit der ⇧-Taste wird die Startposition markiert. Halten Sie diese Taste gedrückt, und benutzen Sie die normalen Bewegungstasten – die Markierung wandert mit der Schreibmarke mit.

Einen kompletten Text können Sie mit der Tastenkombination ⌘+[A] markieren, wenn Sie mit der Schreibmarke darin stehen.

Solange ein Textabschnitt markiert ist, wird er durch das nächste eingegebene Zeichen ersetzt. Wenn Sie also anstelle von ⇧+⌘+[B] für »Fett« nur das »B« drücken, wird die gesamte Markierung durch diesen einen Buchstaben überschrieben. Im Notfall macht ⌥+[⌫] diese Aktion ungeschehen.

Text mit der Maus markieren

Auch die Maus bietet einige interessante und schnelle Möglichkeiten zum Markieren von Textabschnitten.

Klick & Ziehen
Erzeugt eine Markierung zwischen Klick und aktueller Mauszeigerposition.

Doppelklick
Markiert das aktuelle Wort (ohne folgenden Blank!).

Dreifachklick
Markiert die aktuelle Zeile.

Vierfachklick
Markiert den aktuellen Absatz.

Fünffachklick
Markiert den gesamten Text einer Kette.

Wird nach dem Zwei- bis Vierfachklick die Maustaste gedrückt gehalten, markiert QuarkXPress die im folgenden überfahrene Textpassage in der Schrittweite, die der Anzahl der Klicks entspricht.

Zeichenformate

Als Zeichenattribute werden alle Einstellungen bezeichnet, die sich auf einzelne Zeichen auswirken. Ein Beispiel an dieser Stelle: Die Schriftart oder -größe sind Zeichenattribute, d.h., sie können für jedes Zeichen unterschiedlich eingestellt werden.

Wenn ein Buchstabe oder eine Textpassage markiert ist, können Zeichenformate zugewiesen werden. Ist keine Markierung vorhanden, wird der nächste per Tastatur eingegebene Buchstabe im entsprechenden Format eingefügt.

Zeichenformate mit der Maßpalette einstellen

Mit Übungen zu den Zeichenformaten geht es weiter mit der Arbeit am Folder.

Lassen Sie sich den oberen Bereich der Seite 2 der Datei *FOLDER1* anzeigen, wählen Sie das Inhalt-Werkzeug, und klicken Sie in den Text.

Markieren Sie den gesamten Text mit ⌘+[A].

QuarkXPress hinterlegt mit dieser Tastenkombination den gesamten Text, einschließlich aller nicht angezeigten und noch nicht plazierten Textelemente. Jetzt ist es also ganz einfach, eine Grundformatierung vorzunehmen.

An dieser Stelle soll die zusätzliche Text-Sektion der Maßpalette erläutert werden:

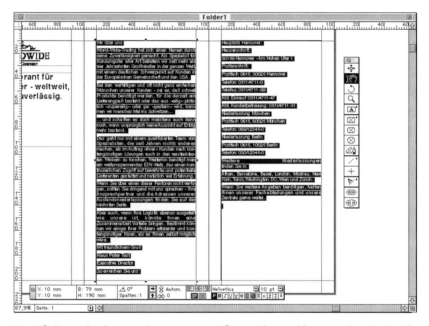

Bild 3.45:
Die Maßpalette erhält einen zusätzlichen Bereich, wenn die Schreibmarke in einem Textrahmen steht.

Die Pfeile nach oben und unten vergrößern oder verkleinern den Zeilenabstand. Der Eintrag AUTOM. berechnet diesen automatisch, und zwar ausgehend vom größten Zeichen jeder Zeile.

Die Pfeile nach rechts und links dienen der Spationierung. Sie erhöhen oder verringern den Abstand zwischen den markierten Zeichen (Unterschneiden/Sperren). Rechts neben den Pfeilen sind Buttons für die Absatzausrichtung linksbündig, zentriert, rechtsbündig und Blocksatz angebracht.

Im ersten darauffolgenden Listenfeld wird die Schriftart für die markierten Zeichen festgelegt. Ist dieses Feld leer, sind in der Markierung mehrere Schriften enthalten oder solche, die auf dem Computer derzeit nicht installiert sind.

Das rechte Listenfeld gibt die Schriftgröße an. Neben den vorgegebenen Schritten kann hier jede Zwischengröße in 0,001 pt-Schritten eingegeben werden.

Auch die Buttons unterhalb der beiden Listen dienen zum Zuweisen von Zeichenattributen. Von links: normal, fett, kursiv, konturiert, schattiert, durchgestrichen, unterstrichen, wortweise unterstrichen, Kapitälchen, Großbuchstaben, hochstellen, tiefstellen und Index.

Ein Klick auf einen dieser Buttons aktiviert das Attribut, ein zweiter Klick nimmt es wieder zurück. Durch Klicken auf den ersten Button in dieser Reihe (»P«) werden alle Zeichenformate auf »normal« zurückgesetzt.

Alle hier aufgeführten Optionen mit Ausnahme der Absatzausrichtung und des Zeilenabstands sind Zeichenformate, d.h., sie können von Buchstabe zu Buchstabe geändert werden. Natürlich lassen sich auch mehrere Zeichen auf einmal formatieren, wenn sie markiert sind.

Wählen Sie im Schriftfeld »Helvetica«, im Größenfeld »10 pt«, und klicken Sie das Schaltfeld »normaler Blocksatz« (unten links) in der Maßpalette an. Der gesamte Text wird jetzt in der Schrift »Helvetica« in 10 pt formatiert und paßt auf die beiden Seiten (Seiten 2 und 3) der Montagefläche.

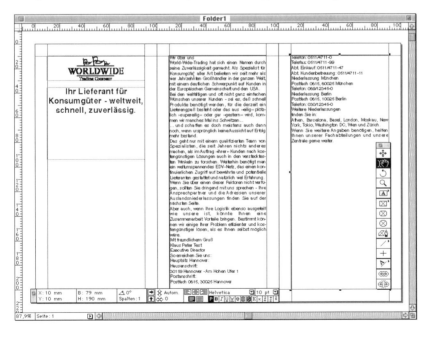

Bild 3.46: Die Außenseite des Folders, nachdem die Grundformatierung durchgeführt wurde.

Text mit der Tastatur formatieren

Auch zum Formatieren mit Tastencodes muß ein Text zunächst markiert sein.

Markieren Sie den ersten Satz »Wir über uns« (z.B. Dreifachklick mit der Maus). Drücken Sie die Tasten ⇧+⌘+B. Der markierte Text wird jetzt fett dargestellt. Die Zeichenattribute sind auch über das Menü *Stil/Schriftstil* zu erreichen. Hier oder im Anhang dieses Buches finden Sie auch alle verfügbaren Tastencodes für Zeichenattribute.

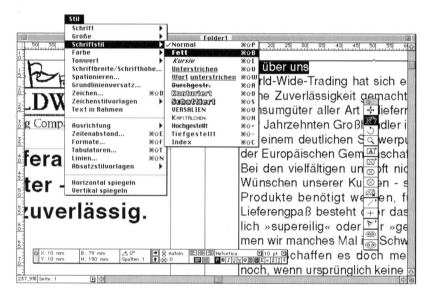

*Bild 3.47:
Das Menü Stil/
Schriftstil zeigt
die Tastaturcodes
für Zeichenattribute. Die
markierte Zeile
wird fett
dargestellt.*

Auch für die Änderung der Schriftgröße und der Zeichenabstände in bestimmten Schritten existieren Tastencodes. Auch diese Tastaturkürzel finden Sie im Kapitel 4 und im Anhang.

Formatieren Sie die markierte Zeile mit Hilfe der Tastatur, so daß die Schriftgröße 20 pt und die Spationierung 5/200 Geviert beträgt (Tastenkombinationen: ⇧+⌘+⌥+} und ⇧+⌘+⌥+.). Drücken Sie ↓, um die Markierung aufzuheben.

Plazieren Sie die Schreibmarke für die weiteren Ausführungen vor das erste Zeichen der zweiten Zeile.

Bild 3.48:
Die Zeile »Wir über uns«, jetzt als Überschrift formatiert.

Absatzformatierung

Im Gegensatz zu den Zeichenattributen wirken sich Änderungen an den Absatzeinstellungen auf den gesamten Absatz aus. Beispiele hierfür: linksbündig oder Blocksatz, aber auch Absatzeinrückungen und Abstände.

Bei den Absatzformaten handelt es sich in erster Linie um Tabulatoren, Abstände und Absatzausrichtungen. Diese Einstellungen werden in der Dialogbox »Formate« vorgenommen.

Markieren Sie den Text mit Hilfe der Tastenkombination ⇧+⌘+↓ bis einschließlich der Zeile »Mit freundlichen Grüßen«. Öffnen Sie die Dialogbox über das Menü »Stil/Formate« oder die Tastenkombination ⇧+⌘+F.

Über dem aktiven Textrahmen befindet sich nun ein Linealabschnitt, mit dem ein linker, rechter und Erstzeileneinzug sowie Tabulatoren interaktiv eingestellt werden können. Gleichzeitig hat sich eine Dialogbox geöffnet und die Registerkarte FORMATE aktiviert. Die Einzüge lassen sich hier exakt eingeben. Die darunter befindlichen drei Felder bestimmen Zeilen- sowie Absatzabstände.

*Bild 3.49:
In der Registerkarte FORMATE sind alle Absatzformate zusammengefaßt.*

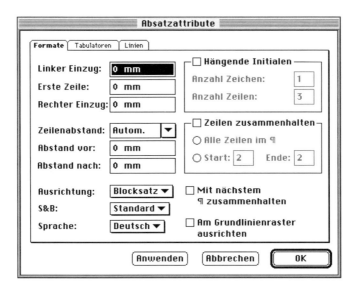

ABSTAND VOR fügt die eingegebene Distanz vor einem Absatz ein, ABSTAND NACH schafft hinter dem Absatz einen Leerraum. An dieser Stelle sollen noch zwei weitere Felder betrachtet werden: Das einzeilige Listenfeld AUSRICHTUNG stellt die Absatzausrichtungen LINKSBÜNDIG, ZENTRIERT, RECHTSBÜNDIG und ERZWUNGENER BLOCKSATZ zur Verfügung, die auch in der Maßpalette als Schaltfelder angeordnet sind.

Der Button ANWENDEN zeigt die Auswirkung der Einstellungen, ohne diese jedoch endgültig auf den Text zu übertragen. Gegebenenfalls muß das Fenster der Dialogbox verschoben werden, falls es den zu formatierenden Text verdeckt. So können Absatzattribute durch Näherungen ermittelt werden.

Geben Sie im Feld ABSTAND VOR einen Wert von 2mm ein, und bestätigen Sie mit OK.

Klicken Sie mit der Maus in die Zeile »Mit freundlichem Gruß«, um die Markierung aufzuheben. Wählen Sie für diese Zeile einen Wert von 4 mm im Feld ABSTAND VOR. Nach Bestätigen positionieren Sie den Cursor in die nächste Zeile (»Klaus Peter Test«). Diese Zeile erhält einen Abstand von 9 mm.

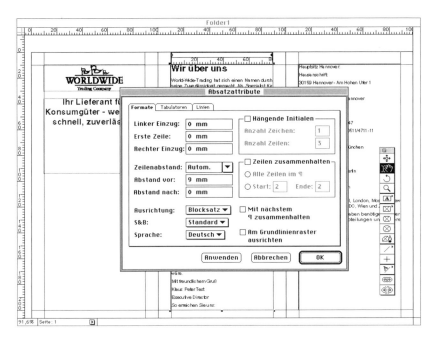

Bild 3.50:
Da es sich bei den Abstandeinstellungen um Absatzformate handelt, ist es nicht nötig, den Absatz zu markieren.

Stilvorlagen

Es ist sehr mühselig, besonders wenn es sich um eine mehrseitige Publikation handelt, alle Textbereiche und Absätze von Hand zu formatieren. QuarkXPress bietet hier Stilvorlagen, um häufig wiederkehrende Absatz- und Zeichenattribute per Tastenkombination oder Mausklick zuzuweisen.

Aktivieren Sie die Stil-Palette mit *Ansicht/Stilvorlagen zeigen*.

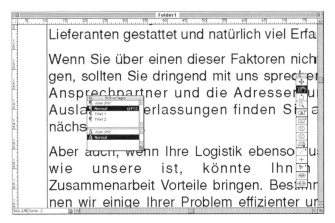

Bild 3.51:
Die Stilvorlagenpalette enthält, wie in dieser Abbildung, mindestens die Einträge KEIN STIL und NORMAL. Dies bezieht sich sowohl auf die Zeichen- als auch auf die Absatzstilvorlagen. Sie kann nur angewählt werden, wenn das Inhalt-Werkzeug aktiv und ein Textrahmen damit angewählt ist.

In der Stilvorlagenpalette erhält jede definierte Stilvorlage eine Bezeichnung und auf Wunsch eine Tastenkombination. Stilvorlagen können jederzeit neu erstellt oder geändert werden, weiterhin lassen sich bereits definierte Stile aus QuarkXPress oder MS-Word in die aktuelle Palette integrieren.

Positionieren Sie die Schreibmarke in der ersten Zeile des Textes (Tastenkombination ⌘+⌥+↑). Wählen Sie jetzt *Bearbeiten/Stilvorlagen*.

TIP *Die Dialogbox zum Bearbeiten von Stilvorlagen wird auch geöffnet, wenn Sie beim Anklicken eines definierten Stils ⌘ gedrückt halten.*

Bild 3.52:
Die Dialogbox
»Stilvorlagen...«
erlaubt die
Verwaltung und
Änderung der
Stile für ein
Dokument. Hier
werden alle
bereits definierten Stilbezeichnungen für
Zeichen und
Absätze angezeigt – den
Eintrag KEIN STIL
suchen Sie
vergeblich.

Die Stilvorlage NORMAL hat hierbei eine besondere Bedeutung: Sie kann weder umbenannt noch gelöscht werden. Bei allen anderen Vorlagen ist dies ohne Probleme möglich. Beim Löschen einer Vorlage erhalten alle Textabschnitte mit dieser Formatierung die Zuweisung KEIN STIL.

Stilvorlagen bearbeiten

Durch die Möglichkeit, Stilvorlagen für Zeichen- und Absätze zu vergeben, geschieht der Aufbau und die Bearbeitung von Stilvorlagen immer in zwei Schritten. Zunächst werden die Zeichenattribute für eine Zeichenstilvorlage vergeben. Anschließend erfolgt dann die Festlegung der Absatzstilvorlage. Die Dialogbox zur Bearbeitung von Stilvorlagen enthält deshalb zu Beginn ein Popup-Menü, in dem ausgewählt werden kann, welche Stilvorlagen im Fenster angezeigt werden sollen. Ein Doppelklick auf eine Stilvorlage oder den Button BEARBEITEN schaltet in den Änderungsmodus. Hier öffnet sich eine weitere Dialogbox.

Wenn Sie eine Zeichenstilvorlage bearbeiten wollen, dann öffnet sich die Dialogbox ZEICHENSTILVORLAGE BEARBEITEN. Das obere Eingabefeld enthält den Namen des Stilformats. NORMAL kann nicht umbenannt werden und ist deshalb grau dargestellt. Das zweite Feld nimmt die optionale Tastenkombination auf. Hier ist jede Kombination von ⌘, ⇧ und ⌥ in Verbindung mit einer Funktionstaste möglich, bereits in QuarkXPress definierte Codes werden nicht akzeptiert.

Textfunktionen

Bild 3.53:
Die Dialogbox
ABSATZSTILVOR-
LAGE BEARBEITEN.

Die Kombinationen ⇧+F1 bis ⇧+F12 können mit Ausnahme von ⇧+F10 durchgehend belegt werden.

Darunter befindet sich ein Popup-Menü für das Basisformat. Als Basisformat wird das Ausgangsformat bezeichnet, QuarkXPress registriert dabei nur die Änderungen, die in einem darauf basierenden Format vorgenommen wurden. Vorgabe ist »Kein Stil«. Im unteren Bereich der Dialogbox können Änderungen am Format durchgeführt werden. Diese Modifikationsmöglichkeiten sind sonst im Menü »Stil« zu finden.

Im Feld SCHRIFT wählen Sie »Helvetica« und »10 pt« und bestätigen Ihre Eingaben mit einem Klick auf den Button OK.

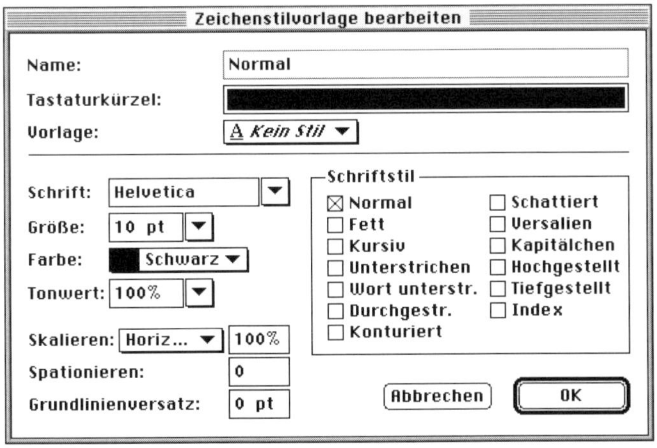

Bild 3.54:
In diesem Fall dient die Dialogbox
ZEICHENSTILVOR-
LAGE BEARBEITEN
zum Verändern eines Zeichenformats.

Wählen Sie nun mit einem Doppelklick die zu bearbeitende Absatzstilvorlage aus. In der Dialogbox stellen Sie hier ABSTAND VOR auf 2 mm und AUSRICHTUNG = BLOCKSATZ ein. Nachdem Sie diese Änderungen durchgeführt haben, erscheinen die geänderten Werte im Anzeigebereich unterhalb der Felder direkt über den Befehls-Button.

Hier erhalten Sie, wenn das Format nicht auf einem anderen basiert, eine komplette Übersicht über die Einstellungen. Ist ein Basisformat eingestellt, finden Sie hier nur die Unterschiede zwischen der aktuellen Einstellung und dem Basisformat. Der Button OK schließt die Bearbeitung ab.

Stilvorlage aus formatiertem Textelement erzeugen

Es wäre sehr mühselig, jede Stilvorlage manuell in allen Einzelheiten zu definieren. Hier bietet QuarkXPress ein Verfahren an, mit dem sich bereits vorhandene Formatierungen in eine Stilvorlage übernehmen lassen.

Aus diesem Grund stehen wir auf der ersten Zeile, die sich ja wesentlich vom normalen Text unterscheidet.

Klicken Sie auf den Button NEU.

Jetzt befindet sich die Schreibmarke im Feld NAME. Wie Sie im Anzeigebereich sehen können, sind alle Formatinformationen der aktuellen Zeile übernommen worden.

Geben Sie als Namen »Titel 1« ein.

Nach dem Bestätigen mit OK wird das neue Druckformat in der Liste angezeigt.

Abhängige Stilvorlagen

Um ein einheitliches Erscheinungsbild zu gewährleisten, werden wir ein zweites Titelformat erstellen, das auf dem ersten (»Titel 1«) basiert. Klicken Sie nochmals auf den Button NEU, geben Sie im Namensfeld »Titel 2« ein, und wählen Sie unter VORLAGE das bereits definierte Format »Titel 1« und anschließend die Schriftgröße 14pt.

Bild 3.55: Das Absatzformat »Titel 2« basiert auf Titel 1. Auch im Informationsbereich wird dies durch den Hinweis »Titel1 +« angezeigt.

Drei Buttons in der Dialogbox sind noch nicht besprochen worden:

Duplizieren
Erzeugt eine Kopie der Stilvorlage, die gerade hinterlegt ist und wechselt in den Bearbeitungs-Modus. Das kopierte Format erhält die Bezeichnung »Kopie von ...« und stimmt in allen Einstellungen mit dem Ursprungsstil überein.

Anfügen
Öffnet eine Datei-Dialogbox mit der Bezeichnung STILVORLAGEN ANFÜGEN. Mit ihr können die Stilvorlagen von QuarkXPress-Formularen und -Dokumenten sowie von MS-Word-Textdateien in das aktuelle Dokument übernommen werden.

Sichern
Verläßt die Dialogbox STILVORLAGE FÜR ... Wurden Stilvorlagen geändert, wirken sich diese Änderungen auf alle Absätze im Dokument aus, die entsprechend formatiert sind.

Sichern Sie die Stilvorlagen.

Stilvorlagen anwenden

Um einen einheitlichen Dokumentaufbau zu erhalten, wollen wir jetzt den manuell formatierten Text mit Stilvorlagen verbinden.

Klicken Sie den Stil »Titel 1« an.

Da sich die Schreibmarke noch immer in der ersten Zeile befand, ändert sich hier zunächst nichts. Das Format dieser Zeile war ja Grundlage für die gewählte Stilvorlage.

Markieren Sie den gesamten Text von der zweiten Zeile bis zum Ende der Seite. Klicken Sie den Stil NORMAL an.

Hier werden jetzt die Zeilen mit geänderten Abständen (»Mit freundlichem Gruß« bis »Executive Director«) geändert. Sie erhalten den Standardabstand von 2 mm.

Stellen Sie für »Mit freundlichem Gruß« einen Absatzabstand von 4 mm, für »Klaus Peter Test« einen Abstand von 9 mm, und für »Executive Director« einen Abstand von 0 mm ein (⇧+⌘+F, »Abstand vor«).

Bild 3.56:
Beim Zuweisen einer Stilvorlage verlieren die markierten Absätze ihre ursprüngliche Formatierung.

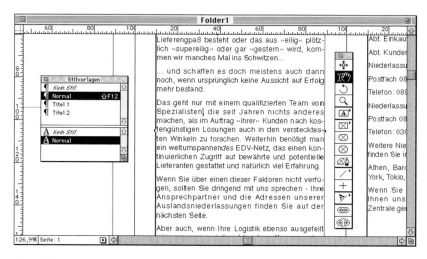

Obwohl die Absätze mit einer Stilvorlage verbunden sind, lassen sich einzelne Formatierungen verändern.

Bild 3.57:
Die Zuordnung zur Stilvorlage wird in der Palette immer noch angezeigt, obwohl die Absätze über veränderte Abstandseinstellungen verfügen.

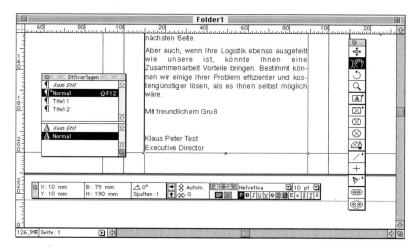

Plazieren Sie die Schreibmarke in die Zeile »Executive Director«. Drücken Sie ⟨↓⟩. Jetzt bringt QuarkXPress automatisch die dritte Seite auf den Bildschirm, die Schreibmarke steht in der ersten Zeile.

Klicken Sie den Stil TITEL 1 an.

Die Zeile »So erreichen Sie uns« wird im gleichen Stil wie ihr Gegenüber auf Seite 2 formatiert.

Formatieren Sie zunächst den gesamten Text von »Hauptsitz Hannover« bis zum Schluß mit dem Stil NORMAL, anschließend die Zeilen »Hauptsitz Hannover«, die Niederlassungen und »Weitere Niederlassungen ...« mit dem Stil TITEL 2. Jetzt nimmt auch diese Seite Gestalt an. Störend ist in diesem Zusammenhang noch die linksbündige Ausrichtung der Überschriftzeilen.

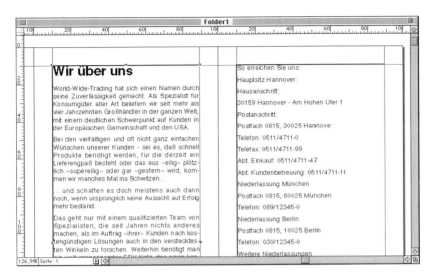

Bild 3.58:
Vor dem Formatieren: Der gesamte Text wird in »Helvetica 10 pt« gesetzt.

Halten Sie ⌘, und klicken Sie auf den Stil TITEL 1. Mit BEARBEITEN und FORMATE kann hier als Ausrichtung ZENTRIERT eingegeben werden. Die Formatänderung muß jetzt noch gesichert werden.

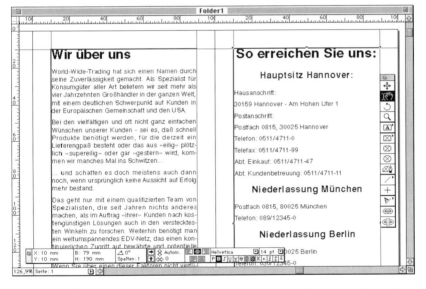

Bild 3.59:
Die Auswirkung der Formatänderung: Sowohl die Absätze, die mit TITEL 1 formatiert wurden, als auch die Zeilen mit dem Stil TITEL 2 werden zentriert.

Durch die Änderung des Basisformats haben wir in diesem Fall erreicht, daß sich die darauf aufbauende Stilvorlage automatisch mit verändert – beide Stilvorlagen verwenden die Ausrichtung »zentriert«.

Ein wenig Bearbeitungsaufwand bleibt noch, um eine sinnvolle Verteilung des Textes zu erreichen. In unserem Beispiel wurde das Format »Titel 2« mit zusätzlichen Abstandseinstellungen versehen, die Bodytextzeilen der Seite 3 wurden zentriert und zwei weitere Überschriften durch das Attribut

»Fett« hervorgehoben. Weiterhin wurde Seite 1 an die Position von Seite 3 geschoben, damit sie nach dem Falten als Deckblatt dient.

Schließlich haben wir noch einen Rahmen hinzugefügt. Das Logo läßt sich einfach durch Anklicken des Ursprungsrahmens und Wahl von *Objekt/ Duplizieren* erzeugen, da es ja schon in der richtigen Größe vorliegt. Der bisher unformatierte Textrahmen auf der Titelseite (Seite 3) mit dem Grundstil TITEL 1 ist hier mit einem Rotationswinkel von 15° (siehe Maßpalette) zugefügt worden.

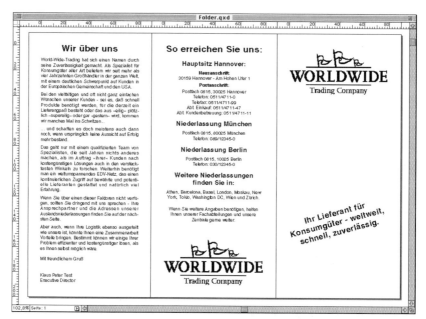

Bild 3.60:
Die Außenseite des Folders, nach dem Bearbeiten.

Natürlich bietet QuarkXPress noch weitere Möglichkeiten der Textbearbeitung. In Kapitel 4 finden Sie ausführliche Erläuterungen zu diesem Themenkreis.

3.5 Drucken

Die schönste Seitengestaltung nützt nichts, wenn kein Ausdruck möglich ist. An dieser Stelle kann nur eine kurzer Einblick in die vielfältigen Möglichkeiten gegeben werden. Eine ausführliche Beschreibung der Druckausgabe finden Sie im Kapitel 4.6.

Druckerauswahl und -einrichtung

Die Druckerauswahl ist entscheidend für die Möglichkeiten, die Ihnen bei der Druckausgabe zur Verfügung stehen. So sind z.B. Farbtrennungen oder Einstellungen zur Rasterfrequenz nur auf PostScript-Ausgabegeräten möglich. Auch wenn Sie nicht selbst über PostScript-Geräte verfügen, können Sie durch Zusammenarbeit mit Servicebüros PostScript-Ausgaben erzeugen.

Wichtig ist hierbei, daß Sie die für das entsprechende Ausgabegerät geeignete Druckerbeschreibungsdatei verwenden. Im Druckdialog stellen Sie nun die Ausgabeoption auf POSTSCRIPTDATEI ERZEUGEN. Die Auswahl des Druckers geschieht über die Dialogbox AUSWAHL.

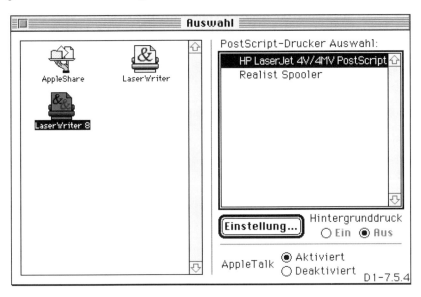

Bild 3.61
In der Dialogbox AUSWAHL wird der Drucker eingerichtet.

Hier werden im linken Bereich die im System vorhandenen Druckertreiber angezeigt. Wird mit dem Mauszeiger der gewünschte Drucker markiert, erscheinen im rechten Bereich die aktiven Ausgabegeräte. Auch hier bestätigen Sie die Auswahl mit einem Mausklick auf den betreffenden Drucker.

Druckeinstellungen und -optionen

Stellen Sie sicher, daß FOLDER1 das aktuelle Dokument ist. Öffnen Sie die Dialogbox DRUCKEN (Menüeintrag: *Ablage/Drucken*, Tasten ⌘+P)

Bild 3.62:
Die Dialogbox DRUCKEN mit der Registerkarte DOKUMENT.

In dieser Dialogbox finden Sie alles, was Sie zum Drucken benötigen. Es sind fünf Registerkarten vorhanden, die eine detaillierte Einstellung aller Druckoptionen ermöglichen.

Da bislang nur die Außenseite des Folders fertiggestellt ist, brauchen nicht alle Seiten gedruckt zu werden. Zu dieser Aufgabenstellung befinden sich einige Eingabefelder auf der Registerkarte Dokument, die genaue Vorgaben ermöglichen.

So kann im Popup Seitenfolge der Druckumfang der Seiten mit Alle, Gerade und Ungerade eingestellt werden.

Sortieren ist von Bedeutung, wenn mehrere Kopien benötigt werden. Bei aktivierter Checkbox werden nicht Kopien einzelner Seiten, sondern komplette Sätze des Dokuments hintereinander gedruckt. Diese Option verlängert die Übertragungs- und Druckzeit auf PostScript-Ausgabegeräten erheblich. Hinten nach vorn bewirkt, daß die Seiten in umgekehrter Reihenfolge gedruckt werden. Diese Einstellung kann Ihnen einen Sortiervorgang ersparen.

Montageflächen bewirkt, daß mehrere Dokumentseiten auf einer Druckerseite zusammengefaßt werden, sofern das Papierformat des Druckers nicht überschritten wird. Ist diese Checkbox nicht aktiv, wird trotz der Zusammenstellung der Seiten in der Seitenlayoutpalette jede Dokumentseite auf einer eigenen Druckseite ausgegeben. Besitzen Sie einen PostScript-Drucker, können Sie sich mit Miniaturen einen Überblick über das gesamte Dokument verschaffen.

Der Themenkomplex »Unterteilungen« (zum Erzeugen von Druckausgaben, die das Druckerseitenformat überschreiten), Farbtrennungen und Ausgabe von Bildern wird im Kapitel 4 ausführlich erläutert.

Klicken Sie Montageflächen an.

Mit einem Klick auf den Reiter der Registerkarte wechseln Sie auf die Registerkarte Installieren. Hier müssen nun die Angaben für Druckerbeschreibung und Papiergrösse eingetragen werden

Ausrichtung gibt die Papierausrichtung beim Druck an. Das Seitensymbol spiegelt die aktuelle Einstellung wieder. Unser Folder soll im Querformat auf DIN A4-Papier ausgedruckt werden.

Wählen Sie Ihren Drucker aus dem Popup Druckerbeschreibung, und stellen Sie im Bereich Papiergrösse das A4-Format ein. Klicken Sie nun unter Ausrichtung das Sinnbild für Querformat an.

Drucken

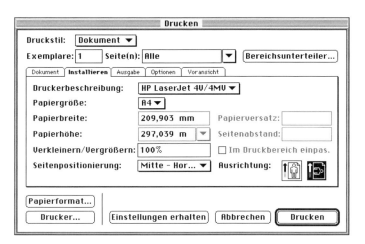

*Bild 3.63:
Die Registerkarte
INSTALLIEREN legt
die Druckerein-
stellungen fest.*

Die weiteren Einstellungen sind vom gewählten Drucker und Druckertreiber abhängig. Ein Klick auf den Reiter VORANSICHT zeigt dann an, wie das auszugebende Dokument auf dem Druckpapier ausgerichtet wird.

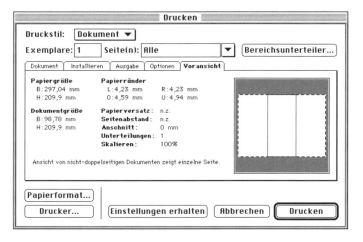

*Bild 3.64:
Die Einstellungen
in den Register-
karten werden
unter VORANSICHT
sowohl in den
Werten als auch
in grafischer
Form angezeigt.*

Nachdem der Drucker gewählt und eingestellt ist, kümmern wir uns um die Optionen, die QuarkXPress selbst bietet. Im oberen Bereich der Dialogbox wird der aktuelle Drucker angezeigt, darunter finden sich Einstellungen zur Anzahl der zu druckenden Exemplare und zum Druckbereich. Geben Sie bei SEITEN von »1-3« ein. Ein Klick auf DRUCKEN startet dann den Druckvorgang.

Natürlich konnten in diesem Schnellkurs nicht alle Optionen und Arbeitstechniken beschrieben werden. Das Kapitel 4 – der Referenzteil – geht ausführlich auf alle Programmfunktionen ein.

4 Referenz

4 Referenz

4.1 Dateioperationen

Mit dem Layoutprogramm QuarkXPress können Sie Texte, Grafiken und Bilder elektronisch zu komplexen Dokumenten zusammenfügen. Quark-XPress stellt eine Vielzahl von Funktionen zur Verfügung, die dieses Datenmanagement ermöglichen.

In diesem Kapitel werden Sie erfahren, wie Sie Ihre Dokumente dauerhaft auf einem Datenträger sichern, wieder öffnen und bearbeiten können. Sie werden in der Lage sein, Texte, Grafik- und Bildelemente, die in anderen Programmen entstanden sind, zu importieren und ihrerseits Daten zu exportieren, um sie über andere Programme weiterzuverarbeiten. Wir werden Ihnen Empfehlungen geben, wie Sie sich vor Datenverlusten bewahren und wie letztlich die Dateien und Informationen auf der Festplatte so organisiert werden, daß sie bei Bedarf auch wiedergefunden werden.

Öffnen und Speichern von Dokumenten

Ein Problem haben alle Computer gemeinsam: Sie vergessen schlagartig alles, was sich im Arbeitsspeicher (RAM) befindet, wenn der Strom ausfällt, der Computer abgeschaltet wird oder ein Systemabsturz einen Neustart des Rechners erfordert. Wollen Sie also verhindern, daß sich die Mühe vieler Stunden, Tage oder Wochen verflüchtigt, dann müssen Sie Ihre Dateien auf einem Datenträger speichern, der in der Lage ist, diese Daten langfristig zu erhalten.

Was sich so einfach und simpel anhört, ist ein technisch komplizierter Prozeß. Als Anwender bekommen Sie davon wenig mit. Sie weisen den Computer an, die Datei zu speichern, und schon ist der Fall erledigt. Wirklich?

In QuarkXPress stehen Ihnen fünf globale Funktionen zur Verfügung, mit denen die erzeugten Dateien zwischen Datenträger und internem Arbeitsspeicher bewegt werden können. Diese grundlegenden Dateioperationen sind im Menü *Ablage* zusammengefaßt. Die Anwahl der Funktionen kann entweder durch Mausklick in der Menüleiste oder direkt über Tastatur erfolgen. Sie sollten sich diese Tastaturkommandos unbedingt einprägen, da sie die Arbeit beschleunigen.

Dokument laden

Mit *Ablage/Öffnen* kann eine bereits erstellte Datei in den Arbeitsspeicher geladen werden. Wird dieser Menüpunkt angewählt, öffnet sich die Standard-Dialogbox zum Öffnen und Sichern von Dokumenten. Falls erforderlich, kann nun in den richtigen Ordner (Dateiverzeichnis) gewechselt und mit einem Mausklick die zu öffnende Datei ausgewählt werden. Es können bis zu 25 Dokumente gleichzeitig geöffnet werden – einschließlich Formularen und Bibliotheken. Ist Ihnen die Bedeutung von Formularen und Bibliotheken an dieser Stelle noch nicht klar, dann finden Sie später in diesem Kapitel detaillierte Informationen.

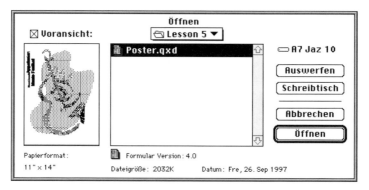

Bild 4.1: Standarddialogbox zum Öffnen und Speichern einer Datei.

Beim Ladevorgang eines Dokuments werden Sie gegebenenfalls mit Dialogboxen konfrontiert, die Sie auf Probleme hinweisen.

- ❏ Schriften, die im Dokument verwendet werden und nicht auf dem Computer installiert sind, werden angemahnt. Sie können dann entweder Ersatzschriften zuweisen oder die fehlenden Schriften installieren. Näheres zu dieser Problematik können Sie im Kapitel 4.3 nachlesen.

- ❏ Auch unterschiedliche Voreinstellungen, z.B. geänderte Unterschneidungs- und Spationierungstabellen, Trennausnahmen oder anwenderdefinierte Ränder führen zur Anzeige der Dialogbox ABWEICHENDE VORGABEN mit der Abfrage, ob Sie die gegenüber den aktiven Programmvoreinstellungen abweichenden Einstellungen des zu ladenden Dokuments erhalten wollen. Hier sollten Sie in jedem Fall die Option EINSTELLUNGEN ERHALTEN wählen. In diesem Fall bleiben die Modifikationen des zu öffnenden Dokuments erhalten. Gegenüber der Vorgängerversion hat XPress hier nun die Änderung eingeführt, daß ein Drücken der ⏎-Taste die Einstellungen im Dokument beibehält.

- ❏ Bei entsprechender Programmvoreinstellung werden Grafiken und Bilder, die ins Dokument eingebunden wurden und nicht mehr an der bisherigen Stelle im Ordner gefunden werden, angefragt. QuarkXPress bietet dann die Möglichkeit, diese Pfadinformationen zu aktualisieren. Detaillierte Informationen hierzu finden Sie in Kapitel 4.4.

Dateioperationen

- Erkennt QuarkXPress beim Ladevorgang, daß für die Bearbeitung des Dokuments erforderliche XTensions fehlen, wird dies in einer Dialogbox angezeigt. Sie können nun in den XTension-Manager wechseln, um die erforderlichen XTensions zu aktivieren.

- Ist QuarkXPress der Speicherort der Farbprofile nicht bekannt, dann wird dies auch durch eine Meldung angezeigt, und Sie werden aufgefordert, den Speicherort bekanntzumachen. Hierzu müssen Sie sich über die Popup-Menüs zu dem betreffenden Ordner durchklicken und die Bestätigung durch Klick auf den angezeigten Button vornehmen.

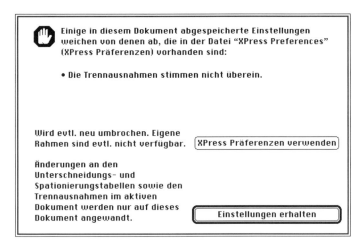

Bild 4.2
Werden beim Öffnen unterschiedliche Präferenzeneinstellungen entdeckt, zeigt QuarkXPress dies mit einer Warnmeldung an.

Datei schließen

Haben Sie eine Arbeit beendet und die Datei gesichert, dann kann das aktuelle Dokument durch Klicken der Funktion *Ablage/Schließen* (⌘+W) aus dem Arbeitsspeicher entfernt und das Dokumentfenster geschlossen werden. Ist die letzte Fassung des Dokuments noch nicht gespeichert, erzeugt QuarkXPress eine Sicherheitsabfrage.

Dokument speichern

Die Funktion *Ablage/Sichern* (⌘+S) sorgt dafür, daß das im Arbeitsspeicher befindliche Dokument auf einem Datenträger gesichert wird. Wird *Ablage/Sichern* nach Neuanlage eines Dokuments erstmalig angewählt, erscheint die Standard-Dialogbox für das Sichern und Öffnen von Dateien. QuarkXPress bietet zunächst eine Vorgabebezeichnung als Dokumentnamen an. Diesen Namen können Sie nun Ihren Wünschen entsprechend ändern. Sie können einen Ordner anwählen und durch Bestätigen des Sichern-Buttons die Datei an der vorgegebenen Stelle speichern. Wird diese Funktion gewählt, nachdem bereits ein Name vergeben wurde, wird die Datei ohne weitere Nachfrage auf dem Datenträger gesichert.

Unter dem Namensfeld sind drei Popup-Menüs angeordnet, die das Dokumentformat beeinflussen.

Im Popup-Menü TYP wird festgelegt, ob die Datei als normales Dokument oder als Formular gespeichert wird.

Mit der Version 4.0 erlaubt XPress es erstmals, ein Dokument für eine ältere Programmversion zu speichern. Die Option, Dokumente im Format QuarkXPress 3.3 zu sichern, können Sie aus dem Popup VERSION WÄHLEN auswählen. Da die QuarkXPress Version 4.0 einen größeren Befehlsumfang hat, ist diese Option im praktischen Einsatz nicht unproblematisch, da die Dokumentinhalte an jenen Stellen verändert werden. Ergänzende Hinweise zu diesem Thema finden Sie im Kapitel 4.7.

In der QuarkXPress Passport Version 4.0 können Textbereichen unterschiedliche Sprachen für die Silbentrennung und Rechtschreibprüfung zugewiesen werden. Je nach Anzahl der verwendeten Sprachen wird im Popup-Menü FORMAT die Option MEHRSPRACHIG oder EINSPRACHIG angezeigt. Wird versucht, ein mehrsprachiges Dokument mit der Option EINSPRACHIG zu sichern, erscheint ein Sicherheitshinweis, daß dies nicht möglich ist. Der Vorgang kann nun abgebrochen oder die Einstellung MEHRSPRACHIG durch Auswahl einer anderen Sprache zurückgenommen werden.

Dokumente, die mit der Option MEHRSPRACHIG gesichert wurden, können durch einsprachige Versionen von QuarkXPress 4.0 (z.B. der internationalen Version) nicht mehr geöffnet werden.

Dokument mit neuem Namen sichern

Häufig kommt es vor, daß Dateien unter einem neuen Namen abgespeichert werden sollen. In diesem Fall wählen Sie *Ablage/Sichern unter* oder die Tastenkombination ⌘+⌥+[S]. Erneut wird die Dialogbox angezeigt, ein neuer Name kann eingegeben, ein neuer Ordner gewählt und dann gespeichert werden. Diese Funktion wird eingesetzt, um eine Kopie der Datei zu speichern oder um Dateien, die mit geringen Änderungen auch für andere Zwecke verwendet werden können, mehrfach zu nutzen.

Zuvor wurde auf die Möglichkeit verwiesen, ein Dokument als Formular zu speichern. Formulare sind ganz normale QuarkXPress-Dokumente, bis auf einen Unterschied: Formulare können nach erstmaligem Speichern nur mit dem Befehl *Ablage/Sichern unter* gespeichert werden. Der praktische Nutzen einer solchen Funktion besteht darin, daß der Grundaufbau eines Dokuments, den Sie für eine Vielzahl anderer Dokumente auch nutzen können, nicht versehentlich überschrieben wird.

Alte Dateiversion wiederherstellen

Bei der elektronischen Montage kann es schnell passieren, daß Ihnen Fehler unterlaufen: Texte wurden versehentlich gelöscht, komplexe Gruppierungen von Objekten sind verrutscht oder gelöscht etc. Durch die Eingabe von *Ablage/Alte Fassung* kann die zuletzt gesicherte Version des Dokuments wieder in den Arbeitsspeicher geladen werden.

Automatische Sicherung

Um auch den ganz sorglosen oder besonders sicherheitsbewußten Publishern entgegenzukommen, gibt es in QuarkXPress unter *Bearbeiten/Vorgaben/Programm* auf der Registerkarte SICHERN die Möglichkeit, den Zeittakt, die Anzahl der Versionen und das Dateiverzeichnis für Sicherungskopien festzulegen. Diese Funktion läßt die Sicherung von bis zu 100 Versionen eines Dokuments zu.

Bild 4.3:
Die Registerkarte SICHERN mit den Optionen zum automatischen Sichern in der Programmvorgaben-Dialogbox.

Tips rund um das Sichern

Durch Schaden wird man zwar klug, heißt es, aber warum sollen Sie alle Fehler wiederholen, die vielen Publishern schon schlaflose Nächte, Herzflattern, Magenkrämpfe und ähnliche Schmerzen bereiteten.

- ❏ Sichern Sie regelmäßig: Wenn Sie Ihren Arbeitsplatz verlassen, bevor sich der Elektriker an den Elektroleitungen oder Sicherungen zu schaffen macht etc.

- ❏ Sichern Sie Ihre Datei, nachdem Sie einen wichtigen Arbeitsschritt beendet haben oder bevor Sie mit einer komplizierten Bearbeitung des Dokuments beginnen, damit Sie bei einem Fehler mit *Ablage/Alte Fassung* die Aktion wieder rückgängig machen können.

- ❏ Vermeiden Sie alles, was Ihren Computer während des Sicherns zum Abstürzen veranlaßt. Dies führt mit Sicherheit dazu, daß die Datei, die QuarkXPress gerade zu speichern versuchte, defekt ist und nicht mehr geöffnet werden kann.

- ❏ Datenorganisation: Legen Sie für Ihre Layoutarbeiten verschiedene Verzeichnisse an. Eine sinnvolle und überschaubare Verzeichnisstruktur ist Grundlage für eine effektive Datenverwaltung. In Abbildung 4.3 ist eine solche beispielhafte Verzeichnisstruktur abgebildet.

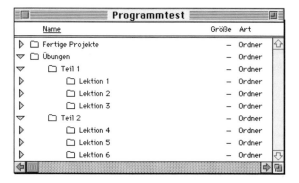

Bild 4.4:
Jedes Projekt erhält einen eigenen Ordner. Diese Struktur stellt sicher, daß man bei Satzarbeiten auch nach längerer Zeit nicht den Überblick verliert.

❏ Bevor Sie das erste Mal eine Datei speichern, überlegen Sie sich einen sinnvollen Dateinamen, und prüfen Sie, ob Sie die Datei auch in das gewünschte Verzeichnis speichern.

❏ Denken Sie bitte auch daran, daß Festplatten oder Disketten auch einmal einen Defekt haben können, daß es Wasser- oder Feuerschäden gibt, und daß Sie deshalb Sicherheitskopien von Ihren wertvollen Daten anlegen müssen. Je nach Umfang des Datenanfalls sollten Sie rechtzeitig über ein geeignetes Backupmedium nachdenken.

Import und Export

QuarkXPress ist ein Allroundprogramm, mit dem nicht nur elektronisch layoutet werden kann, sondern das gleichermaßen auch die Erfassung der Texte und die Gestaltung einfacher Grafiken ermöglicht. Immer häufiger kommt es vor, daß die zu verarbeitenden Daten bereits in Text-, Grafik- oder Bildbearbeitungsprogrammen eingegeben und bearbeitet wurden. Warum ist das so?

In der Praxis hat sich eine Arbeitsteilung im Sinne des Workgroup-Publishing durchgesetzt. Das bedeutet: Jedes Mitglied der Arbeitsgruppe ist in einem Teilbereich spezialisiert, erfaßt entweder Texte, gestaltet Grafiken oder scannt und bearbeitet Strich- und Halbtonvorlagen.

Außerdem ist es von der Qualität, der Produktivität und Wirtschaftlichkeit her häufig sinnvoller, auf die Leistungsfähigkeit von spezialisierten Programmen zu bauen.

Und so muß die Stärke eines Layoutprogramms auch an der Fähigkeit gemessen werden, wie sich Text, Grafik- und Bilddateien aus anderen Programmen verarbeiten lassen.

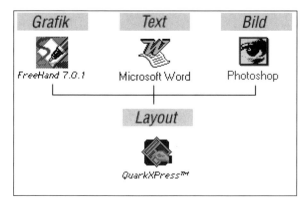

Bild 4.5:
Produktionsablauf im Workgroup-Publishing: Die Texte werden in Word erfaßt, die Grafiken in Freehand gestaltet und die Bilder über Photoshop gescannt und bearbeitet. In QuarkXPress werden die erzeugten Text- und Bilddaten in das Seitenlayout integriert.

In Abbildung 4.5 haben wir diesen Produktionsablauf und Datenfluß einmal exemplarisch dargestellt. Dieser auf den ersten Blick recht simple Ablauf steckt aber voller Tücken. Wie Sie diese Klippen erfolgreich umschiffen, wollen wir Ihnen in diesem Abschnitt erklären. Wir werden im Detail auf die Import- und Exportmöglichkeiten von QuarkXPress eingehen.

Übernahme von Textdateien

Werden Textdateien importiert, ohne daß bekannt ist, durch welches Textverarbeitungsprogramm die Dateien erzeugt und welchem Codesystem der enthaltene Text entspricht, dann entstehen sehr schnell Probleme: An Stellen, wo sich ursprünglich Buchstaben wie z.B. ä und ö befanden, stehen jetzt solch kryptische Zeichen wie } oder {. Im Regelfall ist auch die Formatierung des Textes verschwunden.

Dies ist darauf zurückzuführen, daß jedes Textverarbeitungsprogramm seine Dateien in einem speziellen Dateiformat ablegt. Werden diese Daten nicht entsprechend den in diesem Format festgelegten Konventionen interpretiert, dann entsteht eine fehlerhafte Konvertierung.

Außerdem: Hinter jedem Zeichensatz verbirgt sich ein Codesystem. Bekannte Codesysteme in der Textverarbeitung sind:

❏ ASCII (American Standard Code for Information Interchange) – enthält die Definition für einen Standardzeichensatz von 128 Zeichen. Darin sind alle alphanumerischen Zeichen enthalten, einschließlich der Interpunktionszeichen. Da in den verschiedenen Landessprachen z.T. Zeichen enthalten sind, die in anderen Sprachen nicht zur Verfügung stehen, gibt es hier eine unterschiedliche Belegung von bestimmten Zeichencodes. So sind im Standard ASCII-Codesystem z.B. die deutschen Umlaute dort angelegt, wo sich in der amerikanischen Standardbelegung die eckigen und geschweiften Klammern befinden.

❏ Erweiterter IBM ASCII Code – ein von IBM weiterentwickelter ASCII Code, der zusätzlich die internationalen Sonderzeichen enthält. In diesem Codesystem sind die gängigen internationalen Sonderzeichen/Akzente enthalten. Das Codesystem umfaßt 256 Zeichen und wird als Standardzeichensatz für Textverarbeitungsprogramme verwendet, die unter DOS laufen.

❏ ANSI – dem erweiterten IBM ASCII-Codesystem vergleichbarer Zeichensatz, aber mit unterschiedlicher Zeichenbelegung bei den Sonderzeichen/Akzenten. Dieses Codesystem wird unter Windows verwendet und damit auch von den Textverarbeitungsprogrammen eingesetzt, die unter diesem Betriebssystem arbeiten.

❏ Macintosh-Zeichencode – auch dieses Codesystem orientiert sich am erweiterten IBM ASCII. Auch hier haben wir die Situation, daß die Sonderzeichen/Akzente unterschiedlich belegt sind.

Wird also ein mit einer Textverarbeitung unter DOS/Windows 95/NT erstellter Text ohne Zeichenanpassung in das auf dem Macintosh arbeitende Programm QuarkXPress importiert, dann werden die Zeichen als MAC-Zeichencode interpretiert und somit falsch wiedergegeben.

Damit der Import der Textdateien richtig vonstatten gehen kann, muß ein geeigneter Importfilter vorhanden sein. Importfilter sind für die Übersetzung des externen Dateiformats in das interne Dateiformat zuständig. Da – wie eingangs erwähnt – jede Textverarbeitung ein eigenes Dateiformat hat, wird auch für jedes Dateiformat ein eigener Filter benötigt.

Bild 4.6:
Wer die Regeln des Textdatenaustauschs nicht beachtet, wird mit kryptischen Zeichen bestraft oder im anderen Fall mit der korrekten Übernahme belohnt.

1¾«Z
@ARHaupt³berschrift
Unter³berschrift
An diesem Beispieltext k÷nnen Sie erkennen, ob die Umlaute (õ÷³–Í■), das ■, die ôAn- und Abf³hrungö und der û Gedankenstrich durch den Importfilter richtig ³bernommen werden.

Hauptüberschrift
Unterüberschrift
An diesem Beispieltext können Sie erkennen, ob die Umlaute (äöüÄÖÜ), das ß, die "An- und Abführung" und der – Gedankenstrich durch den Importfilter richtig übernommen werden.

In Abbildung 4.6 zeigen wir Ihnen, was passiert, wenn die Regeln nicht beachtet werden. Der linke Text wurde importiert, ohne daß ein geeigneter Importfilter vorhanden war: Die Umlaute haben sich in Sonderzeichen gewandelt, die Formatierung ist verlorengegangen. Für den rechten Text hingegen war ein entsprechender Importfilter vorhanden, und die notwendigen Optionen waren angewählt. Alles ist so, wie es war, sogar die Stilvorlagen wurden namentlich übernommen.

Die von QuarkXPress unterstützten Textimportformate können Sie nachfolgender Aufstellung entnehmen. Da Import- und Exportfilter als XTensions (siehe Kapitel 1) ausgeführt sind, müssen sich diese Module beim Start im XTension-Ordner befinden.

Dateioperationen

Textverarbeitungsformat	Extension
MacWrite/MacWrite Pro	Macwrite Filter
Microsoft Word	MS-Word Filter
MS-Works	MS-Works Filter
WordPerfect	WordPerfect Filter
WriteNow	WriteNow Filter
XPressmarken	XPressmaken Filter

Die vorstehend aufgeführten Programme und Filter beschränken sich auf die jeweiligen Macintosh-Versionen. Windows-Programmversionen dieser Programme werden nicht unterstützt. Liegt der zu importierende Text also in einem Dateiformat vor, für das kein geeigneter Importfilter vorhanden ist, dann müssen Sie spezielle Konvertierungsprogramme nutzen, die die Dateiumwandlung durchführen. Diese Programme sind aber nicht im Lieferumfang enthalten, sondern müssen gesondert gekauft werden. Programme dieser Art sind z.B. MacLink.

Text importieren

Nun wird es ernst. Wollen Sie einen Text importieren, dann muß bereits ein Dokument geöffnet sein. Als erstes wird entweder mit dem Inhaltswerkzeug ein Textrahmen aktiviert oder ein neuer Textrahmen angelegt. Nun positionieren Sie die Textmarke dort, wo der zu importierende Text eingefügt werden soll. Ist noch kein Text im Rahmen vorhanden, springt die Textmarke in die linke obere Ecke.

Wählen Sie nun *Ablage/Text laden* (⌘+E). Die Dialogbox TEXT LADEN wird geöffnet.

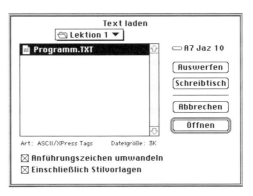

Bild 4.7:
Die Dialogbox
TEXT LADEN.

Nachdem Sie den Ordner ausgewählt haben, in dem sich der gewünschte Text befindet, können Sie die Datei mit dem Mauszeiger markieren. Im unteren Teil der Dialogbox zeigt QuarkXPress nun detaillierte Informationen über Namen, Format, Größe und Datum der letzten Bearbeitung dieser Datei.

Bevor Sie nun auf den Öffnen-Button klicken, haben Sie noch zwei Entscheidungen zu treffen. Dies betrifft die Checkboxen ANFÜHRUNGSZEICHEN UMWANDELN und EINSCHLIESSLICH STILVORLAGEN.

Mit Wahl von ANFÜHRUNGSZEICHEN UMWANDELN weisen Sie den Importfilter an, die häufig in Textverarbeitungen eingesetzten Fuß- oder Zollzeichen in die typografisch korrekten An- und Abführungszeichen umzuwandeln.

Hinter dieser Option versteckt sich auch noch ein anderes interessantes Feature. Sie können einen doppelten Trennstrich in einen richtigen Gedankenstrich umwandeln. Damit haben Sie eine einfache Möglichkeit, bei der Erfassung in einem Textverarbeitungsprogramm, das eine Unterscheidung zwischen Trenn- und Gedankenstrich nicht zuläßt, durch Eingabe eines doppelten Trennstriches beim Import in QuarkXPress einen korrekten Gedankenstrich zu erzeugen. Wird diese Checkbox nicht angewählt, bleiben die betreffenden Zeichen unverändert.

Um auch die unterschiedlichsten Arten von An- und Abführungen nutzen zu können, können Sie durch *Bearbeiten/Vorgaben/Programm* (⌘+⌥+⇧+[Y]) die Dialogbox PROGRAMM-VORGABEN aufrufen und nach Auswahl der Registerkarte INTERAKTIV im Bereich ANFÜHRUNGSZEICHEN die gewünschte Zeichenkombination aus einem Popup-Menü auswählen. Wie Sie in Bild 4.8 sehen können, enthält dieser Vorgabenbereich noch die Checkbox ANFÜHRUNGSZEICHEN. Auf deren Bedeutung gehen wir im Kapitel 4.3 Textverarbeitung näher ein.

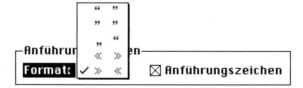

Bild 4.8:
In den Programmvorgaben finden Sie auf der Registerkarte INTERAKTIV Einstellungsmöglichkeiten für die Umwandlung der An- und Abführungszeichen.

Ob ein Text formatiert oder unformatiert importiert wird, entscheidet das Kontrollfeld EINSCHLIESSLICH STILVORLAGEN. Bei Anwahl dieser Option übernimmt der Textfilter die in dem Dokument vorhandenen Textformatierungen und Stilvorlagen, soweit sie von QuarkXPress korrekt verarbeitet werden können. Handelt es sich bei dem importierten Text um ASCII-Text, der mit XPress-Marken formatiert wurde, wird eine entsprechende Konvertierung in das XPress-Format vorgenommen. Auf die Bedeutung und Funktion der XPress-Marken gehen wir im Kapitel 4.7 näher ein.

Wird EINSCHLIESSLICH STILVORLAGEN nicht angewählt, wird lediglich eine vorhandene Formatierung übernommen, es findet keine Übernahme von Stilvorlagen oder Interpretation von XPress-Marken statt.

Aktualisieren geänderter Dokumentbestandteile

Weiterhin bietet Ihnen QuarkXPress auch die Möglichkeit, einen eingefügten Text nachträglich zu aktualisieren. Hierzu haben Sie zwei Möglichkeiten.

Im ersten Fall löschen Sie den zu aktualisierenden Text und fügen durch Textimport die neue Textpassage an der mit der Textmarke angezeigten Position ein. Im anderen Falle markieren Sie die Passage. Dieser Bereich wird dann beim Textimport gegen den importierten Text ersetzt.

Text exportieren

Texte können nicht nur ins Dokument importiert, sondern auch exportiert und somit anderen Anwendungen zur Verfügung gestellt werden. QuarkXPress bietet eine Vielzahl von Filtern für Formate an, in die Texte beim Export konvertiert werden können. Voraussetzung hierfür ist, daß sich die erforderlichen Filter im XTension-Ordner von QuarkXPress befinden.

Um einen Text aus einem Dokument zu exportieren, müssen Sie zunächst den betreffenden Textrahmen oder den gewünschten Textbereich markieren. Nach dem Aufruf des Menübefehls *Ablage/Text sichern* erscheint eine Dialogbox. Aus dem Popup-Menü FORMAT kann jetzt das gewünschte Zielformat gewählt werden. Wenn ein Textbereich mit der Maus markiert wurde, dann ist die Checkbox AUSWAHL aktiv. Durch Mausklick auf GESAMTTEXT können Sie nun noch entscheiden, ob gegebenenfalls doch der Gesamttext der im aktiven Rahmen enthaltenen Textkette übertragen werden soll.

Nach dem Eingeben eines Namens und einem Klick auf den Button SICHERN wird dann der Text im gewählten Textformat auf dem Datenträger gespeichert.

Die Möglichkeit, Texte aus QuarkXPress zu exportieren und diese in eine Textdatei zu speichern, ist in bezug auf drei Problemstellungen von Bedeutung:

- ❐ Die Funktion »Text sichern« ist eine wichtige Möglichkeit, um z.B. Korrekturzwecke dem Erfasser wieder zur Verfügung zu stellen. Dieser kann dann die Texte in seiner Textverarbeitung bearbeiten, ohne das Programm QuarkXPress installiert zu haben.

- ❐ Denkbar ist aber auch, daß Texte für eine andere Verwertung zur Verfügung gestellt werden. Darin besteht ja schließlich der Vorteil digitalen Datenmaterials: Daten, die einmal vorhanden sind, mehrfach zu nutzen. Sie können diese immer wieder in eine andere Form bringen, ohne die Daten neu zu erfassen. Damit sparen Sie nicht nur Zeit und Geld, sondern verhindern auch, daß sich neue Fehler in Ihr Dokument schleichen.

- ❐ Durch die Funktion »Text sichern« ist für die Bearbeitung von Texten in gewissen Grenzen eine Programmunabhängigkeit und Flexibilität gewährleistet. Wie bereits im ersten Punkt dargelegt, ermöglicht die Textexportfunktion von QuarkXPress die Verarbeitung von Texten mit anderen Textprogrammen. Daraus ergibt sich auch die dritte Bedeutung der Funktion: Das digitale Datenmaterial wird damit in eine programmunabhängige Form gebracht.

Bilder importieren

Das Importieren eines Bildes in ein QuarkXPress-Dokument ist genauso einfach, wie der zuvor beschriebene Textimport. Der wesentliche Unterschied besteht darin, daß Sie einen Bildrahmen mit dem entsprechenden Objektwerkzeug aufgezogen haben müssen. Ab der Version 4.0 muß nun nicht mehr das Inhaltswerkzeug aktiviert werden, um ein Bild in den Rahmen zu laden. Wenn Sie das Menü *Ablage* öffnen, werden Sie feststellen, daß nur der Eintrag *Ablage/Bild laden* (⌘+E) angeboten wird. Mit einem Klick auf diesen Eintrag öffnet QuarkXPress die Dialogbox BILD LADEN.

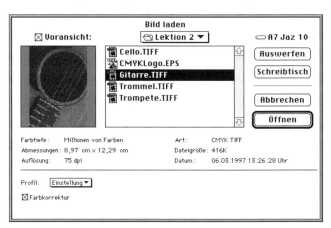

Bild 4.9:
Die Dialogbox
BILD LADEN.

Wechseln Sie nun in den Ordner, in dem sich das zu ladende Bild befindet, markieren Sie es mit dem Mauszeiger, und starten Sie den Bildimport durch Klick auf den Button *Öffnen*.

Durch Aktivieren der Checkbox VORANSICHT wird eine Miniatur des gewählten Bildes gezeigt. Zusätzlich gibt es Informationen über Dateinamen, Grafikformat, Größe, letztes Bearbeitungsdatum und Bildabmessungen.

Hinter der etwas verwirrenden Bezeichnung FARBTIEFE werden Sie über die Datentiefe der Bilddatei informiert: z.B. bei Graustufen- oder Farbbildern über Anzahl der Graustufen/Farben. ART informiert über die Farbigkeit und das Datenformat; im Falle einer farbigen Bilddatei, ob es sich um RGB- oder CMYK-Farben handelt.

Wenn Sie beim Import des Bildes die ⇧- Taste gedrückt halten und dann auf den Button ÖFFNEN klicken, lädt QuarkXPress die Bilder in der halben Bildschirmauflösung. Die Bilder lassen sich gut plazieren und verlangsamen nicht zu sehr den Bildschirmaufbau.

Bildimport bedeutet, daß lediglich eine Voransicht des Bildes inklusive einer Pfadinformation über den Speicherort des Originalbildes im QuarkXPress-Dokument abgelegt wird. Das ist deshalb wichtig, weil Sie im Falle einer Belichtung Ihrer Seiten durch ein Belichtungsstudio die Bilddaten zum Dokument mitliefern müssen.

Bilder aktualisieren

Es kommt immer wieder vor, daß bereits importierte Bilder ausgetauscht werden müssen. Dies hängt damit zusammen, daß entweder Änderungen aus Aktualitätsgründen vorgenommen werden müssen, Bilder versehentlich vertauscht wurden oder in einem Bildbearbeitungsprogramm der Bildkontrast verändert wurde. QuarkXPress ermöglicht jederzeit eine Aktualisierung des Bildrahmeninhalts.

Wird die Funktion »Bild laden« angewendet und es ist bereits ein Bild im Rahmen enthalten, dann wird das alte Bild durch das neue ersetzt.

Modifizierte oder fehlende Bilder können durch Eingabe von *Hilfsmittel/ Verwendung* unter der Registerkarte *Bilder* aktualisiert werden. Ausführliche Informationen hierzu sind im Kapitel 4.4 Bilder und Grafiken bearbeiten enthalten.

Grafikimportformate

Aus der nachfolgenden Aufstellung können Sie alle Bildimportformate entnehmen, die von QuarkXPress verarbeitet werden können.

EPS
EPS (Placeable)

Encapsulated PostScript. Dieses Format stellt sicher, daß alle Einstellungen (z.B. auch Rasterweiten oder PostScript-Füllmuster) auch in der Export-Datei enthalten sind. Allerdings lassen sich EPS-Dateien nur mit PostScript-fähigen Ausgabegeräten drucken. In die EPS-Datei werden Dateiname, Datum der Erzeugung und das erzeugende Programm eingetragen.

Stellen Sie sicher, daß wirklich alle verwendeten Schriften auf dem Ausgabegerät vorhanden sind. Ist dies nicht der Fall, erhalten Sie entweder eine Textausgabe in der Courier-Schrift, oder die Ausgabe wird insgesamt abgebrochen.

JPEG
JPEG Bitmap

Das JPEG-Format zeichnet sich durch exzellente Kompression bei bewegten Bildern (Videodigitalisierung) aus. Das JPEG-Format bedient sich einer verlustbehafteten Kompression, Sie haben dabei Einfluß auf Bildqualität und Dateigröße.

PhotoCD
Kodak PhotoCD Format

Dieses Format wird für den Import von Photo-CD-Bildern gewählt. Hier stehen in einer Dialogbox insgesamt sechs feste Auflösungen sowie Farbumsetzungen zur Verfügung.

PICT
Macintosh PICT

Das Screenformat des Macintosh. Es handelt sich hier um ein kombiniertes Bitmap- und Vektorformat.

CT
Scitex CT Bitmap (TIFF vergleichbar)

Dieses Bitmap-Format unterstützt weder Graustufen noch 24-Bit-Bilder, sondern lediglich eine Farbtiefe von 32-Bit. Es wird in der professionellen Lithografie beim Scannen eingesetzt und eignet sich hervorragend für vorseparierte CMYK-Abbildungen.

TIFF
TIFF Bitmap

Das TIFF-Format ist eine für Scanner übliche Form der Erzeugung von Grafiken im Pixelformat. Mit diesem Format können auch Graustufen- oder Farbbilder bearbeitet werden. Man unterscheidet zwischen Strich- (Schwarz/Weiß) und Halbtonbildern (mit Grau- oder Farbtönen). Eine weitere Spielart ist die komprimierte Form, die den Speicherplatzbedarf erheblich verringert. Alle üblichen Komprimierungsverfahren, auch die meisten JPEG-Algorithmen, werden unterstützt. QuarkXPress ist auch in der Lage, vorseparierte CMYK-TIFFs zu importieren.

BMP
Windows Bitmap

Ein Pixelformat, das z.B. mit MS-Paint (wird mit dem Windows-Betriebssystem ausgeliefert) erzeugt werden kann.

OS/2 Bitmap
Bitmapdatei

Unter OS/2 Betriebssystem erstelltes und dem Windows Bitmap (BMP) vergleichbares Pixelformat.

Paint
Macintosh Paint Bitmap

Ein älteres Pixelformat, das mit dem Programm MacPaint erzeugt wird.

PCX
Windows Paintbrush Bitmap

Das PCX-Format wird unter anderem von PC-Paintbrush (einem der Klassiker der pixelorientierten Grafikprogramme) erzeugt. Auch dieses Format kann in viele Satz-, Text- und Grafikprogramme eingebunden werden. QuarkXPress behandelt PCX-Bilder ähnlich wie TIFF-Bilder.

DCS
PostScript Farbauszugs-EPS-Datei

In DCS-Dateien werden PostScript-Farbauszugsdateien gespeichert. Sie können sowohl in getrennten Dateien (eine Steuerdatei zum Plazieren im Dokument und eine Datei für jeden Farbauszug) als auch in einer Datei verarbeitet werden.

Eine Dokumentseite als EPS exportieren

Mit der Funktion *Ablage/Seite als EPS sichern* (⌘+⌥+⇧+S) können Sie QuarkXPress-Dokumentseiten exportieren. In der Dialogbox SEITE ALS EPS SICHERN müssen Sie neben dem Dateinamen eine Reihe von Informationen aus Listenfeldern auswählen und Angaben eintragen, auf die nun im einzelnen eingegangen werden soll.

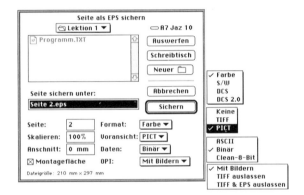

*Bild 4.10:
Die Dialogbox
SEITE ALS EPS
SICHERN.*

Im Feld SEITE SICHERN UNTER wird der Dateiname eingegeben, unter dem die Seite als EPS exportiert werden soll. Der Eintrag SEITE legt fest, welche Seite als EPS-Grafik exportiert wird. Unter SKALIEREN wird die Größe der Seite in Prozent festgelegt. ANSCHNITT erweitert den im EPS aufgenommenen Seitenbereich um den eingegebenen Wert. Die Checkbox MONTAGEFLÄCHE gestattet es, nicht nur eine Seite, sondern eine gesamte Montagefläche in die Erzeugung des EPS einzubeziehen. Die Information DATEIGRÖSSE zeigt die Abmessungen der EPS-Datei an.

Das Popup FORMAT ermöglicht die Festlegung des Farbformats. Hier stehen Ihnen vier Optionen zur Wahl: FARBE besagt, daß die EPS-Datei ganz normal so erzeugt wird, als würde eine Druckdatei erstellt werden. S/W behandelt die Daten ebenso, nur mit dem Unterschied, daß die Farbigkeit in Graustufen umgesetzt wird. Die Option DCS erstellt farbige DCS-Dateien entsprechend den jeweiligen Formaten. Im Popup VORANSICHT können Sie wählen, ob und in welchem Bildformat eine Miniatur der Seite als Voransicht in das EPS integriert werden soll.

Etwas komplizierter sind da schon die Auswahlmöglichkeiten der Popup-Menüs DATEN und OPI. Diese Optionen erlauben es, festzulegen, wie Bilddateien integriert werden. Nähere Informationen zu diesen Optionen finden Sie im Kapitel 4.6: Ausgabefunktionen.

Der Sinn der Funktion SEITE ALS EPS SICHERN besteht darin, Seiten oder einzelne Seitenelemente in andere QuarkXPress- oder Grafik-Dokumente einzubinden. Stellen Sie sich vor: Sie haben einen DIN-A4-Handzettel gestaltet und benötigen diesen nun noch im DIN-A5- und DIN-A6-Format. Durch die vorhandenen Druckoptionen haben Sie zwar die Möglichkeit einer verkleinerten Ausgabe, durch den Seitenexport als EPS können Sie aber Miniaturen erzeugen und diese wirtschaftlich zu mehreren Nutzen auf einem DIN-A4- oder DIN-A3-Film positionieren. Ein anderer Fall: Da Grafikprogramme im Regelfall über schwache Textverarbeitungsfunktionen verfügen, kann es bei überwiegend grafikorientierten Gestaltungsarbeiten hilfreich sein, die textorientierten Gestaltungselemente in QuarkXPress aufzubauen und diese dann als EPS in das Grafikprogramm zu importieren.

Die Funktion Seite als EPS sichern wird aber auch häufig eingesetzt, um eine XPress-Seite in eine 4C-Miniatur umzusetzen. In diesem Fall wird zunächst über die XPress-Funktion ein EPS der betreffenden Seite erzeugt und dann diese Seite über das Bildbearbeitungsprogramm Photoshop in ein CMYK-Bild umgewandelt. Vor der Umrechnung des EPS können Sie noch Einstellungen vorgeben, die die Größe, die Farbtiefe und die Auflösung des Bildes betreffen.

Tips zum Import und Export

- ❒ Klären Sie Übernahmeformate vorher, damit Daten optimal vorbereitet und effektiv übernommen werden können.

- ❒ Erstellen Sie die benötigten Stilvorlagen in QuarkXPress, und exportieren Sie dann einen mit diesen Vorlagen erstellten Mustertext in das benötigte Textverarbeitungsformat. Die Texte werden dann so erfaßt, als wäre es in Quark direkt geschehen. Dabei wird der Text gleich mit den Stilvorlagen formatiert.

- ❒ Wenn Sie unsicher sind, ob der Textimport aus dem Textverarbeitungsprogramm richtig funktioniert, machen Sie einen Test, der die gewünschten Formatierungen und die kritischen Zeichen »äöüÄÖÜß« enthält.

- ❒ In Zweifelsfällen oder falls kein Importfilter für die Textverarbeitung vorhanden ist, bietet QuarkXPress das Dateiaustauschformat RTF für formatierten oder ASCII für unformatierten Text.

- ❒ Viele Textverarbeitungsprogramme gibt es sowohl in Versionen für Windows als auch für Macintosh. Stehen die jeweiligen Versionen zur Verfügung, dann haben Sie eine einfache Konvertierungsmöglichkeit: Die Programme ermöglichen es in der Regel, die Daten der jeweils anderen Version zu verarbeiten. Beim Ladevorgang werden die Daten dann konvertiert und brauchen lediglich in eine neue Datei gespeichert zu werden. Anschließend können sie dann von QuarkXPress direkt in den entsprechenden Textrahmen geladen werden.

- Stehen Sie vor der Entscheidung, Grafiken im Layout zu verarbeiten, dann sollten diese Dateien im EPS-Format erstellt sein. Dies ist das Format mit der höchsten Ausgabequalität. Es kann von QuarkXPress verarbeitet werden.

- Sollen Strich- oder Halbtonbilder ins Layout aufgenommen werden, dann wählen Sie das TIFF-Format. Dies ist ein gängiges Standardbildformat, daß Bilddaten mit der höchstmöglichen Qualität aufnehmen kann.

4.2 Dokumentaufbau

Es gibt die unterschiedlichsten Aufgabenstellungen, die Sie mit QuarkXPress lösen können, seien es die Visitenkarte, der Briefbogen, ein- oder mehrfarbige Prospekte, eine Zeitschrift oder vielleicht ein Buch.

QuarkXPress ist ein Layoutprogramm, das dokumentorientiert arbeitet. Ein Dokument ist eine XPress-Datei, die aus bis zu 2000 Seiten bestehen kann. Eine Seite ist die zur Verfügung stehende Gestaltungsfläche, also die Fläche, die später z.B. bei der Belichtung auf Film oder Papier ausgegeben wird. Im Dokument gibt es aber noch die Arbeitsfläche, die als eine Art Schreibtisch zu verstehen ist, auf dem Sie Ihr Gestaltungsmaterial ablegen können.

Praktisch gesehen heißt das: Jedes Layout- oder Satzprojekt gliedert sich in ein oder mehrere Dokumente und jedes Dokument in ein oder mehrere Seiten. Eine solche Unterscheidung ist aus unterschiedlichen Gründen wichtig. Es gibt Einstellungen und Definitionen, die für das gesamte Dokument gültig sind, wie Voreinstellungen und Stilvorlagen. Andere Einstellungen wiederum gelten nur für die Seite – als Beispiel wären hier Musterseiten zu nennen.

Wenn auch die Rechnersysteme immer leistungsfähiger werden, so betrachten Sie die Zahl von 2000 möglichen Seiten als eine eher theoretische Größenordnung. Kommen Sie nie auf die Idee, dies auch tatsächlich zu tun. Lassen Sie sich lieber von folgenden Empfehlungen leiten:

- Ist das QuarkXPress-Dokument zu groß, sinkt die Verarbeitungsgeschwindigkeit des Rechners drastisch. Die komplexen Datenstrukturen des XPress-Dokuments müssen schließlich ständig zwischen Rechner und Festplatte hin- und hergeschoben werden. Faustregel: Bei mehr fließtextorientiertem und einfachem Seitenaufbau können Sie bis zu 50 Seiten in einem Dokument bearbeiten, bei komplexen Tabellen- oder Zeitschriftenseiten mit Bildern sollten Sie sich auf maximal 20 Seiten beschränken.

- Kleine Dateien zu erstellen, das heißt auch: kurze Lade- und Sicherungszeiten, die Absturzgefahr wird gesenkt. Wartezeiten halten sich in Grenzen, und die Datensicherheit steigt.

❐ Teilen Sie ein größeres Layoutprojekt in mehrere kleine Dokumente, hier bietet sich eine kapitel- oder themenweise Gliederung an. Diese Unterteilung kommt auch dem Workgroup-Publishing entgegen – mehrere Layouter können gleichzeitig an einem Objekt arbeiten.

❐ Die Technik des WYSIWYG (What you see is what you get) verführt schnell dazu, einfach drauflozuarbeiten. Dies kann sich schwer rächen. Beherzigen Sie einen Grundsatz: Arbeitsvorbereitung und Planung sind das A und O einer wirtschaftlichen und technisch sauberen Produktion.

Beginnen wir also Schritt für Schritt.

Die Arbeitsfläche

Zum Gestalten haben Sie nicht nur das definierte Papierformat zur Verfügung, QuarkXPress bietet Ihnen zusätzlich eine Arbeitsfläche zu jeder Dokumentseite an. Diese Arbeitsfläche ist so angelegt, daß ergänzend zur definierten Seitengröße noch einmal links und rechts ein Bereich als Ablagefläche für Text- und Gestaltungselemente zur Verfügung steht

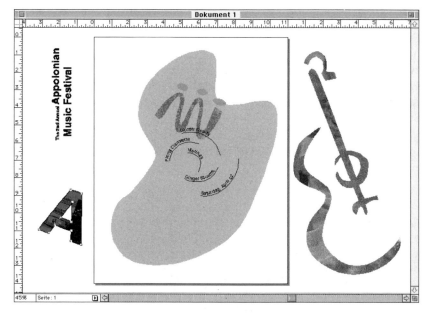

Bild 4.11:
Wie auf einem Schreibtisch können Sie auf der Arbeitsfläche Layout- und Gestaltungselemente ablegen und diese dann nach Bedarf auf der Seitenlayoutfläche verarbeiten.

In die Dialogbox PROGRAMM/VORGABEN können Sie im Register INTERAKTIV (⌘+⌥+⇧+[A]) durch Eingabe einer Prozentzahl (1–100%) die Größe dieser Arbeitsfläche vorgeben. Standardmäßig sind 100% vorgegeben. Dieser Wert entspricht der Breite des eingestellten Seitenformats. Bei Eingabe eines Prozentwertes müssen Sie aber bedenken, daß die definierte Arbeitsfläche im Bereich von 1% bis 100% liegen muß, anderenfalls erhalten Sie eine Fehlermeldung.

Neue Dokumente anlegen

Mit dem Menübefehl *Ablage/Neu/Dokument* (⌘+N) wird ein neues Dokument erzeugt. Auf dem Bildschirm erscheint die Dialogbox NEUES DOKUMENT, in die nun grundlegende Einrichtungsparameter für das neue Dokument festgelegt werden können.

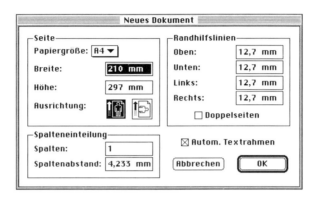

Bild 4.12:
Die Dialogbox
NEUES DOKU-
MENT.

Die Dialogbox ist in drei Bereiche gegliedert.

Seite
Im Bereich SEITE wird die Seitengröße festgelegt. Sie haben dabei die Wahl zwischen einigen Voreinstellungen, die aber bis auf das hier in Europa gängige A4-Format wenig Gebrauchsnutzen haben. In die Eingabefelder BREITE und HÖHE lassen sich jedoch durch die Vorgabe eigener Maße eigene Seitenformate eingeben.

Bei der Formatdefinition braucht nicht berücksichtigt zu werden, wenn Gestaltungselemente über die Seitenränder hinausragen. Diese im Anschnitt stehenden Objekte werden beim Druckvorgang erkannt und mit ausgegeben, vorausgesetzt die Druckausgabefläche ist groß genug angelegt. Objekte, die im Anschnitt stehen, müssen mindestens 3 mm über den Seitenrand hinausragen. Dieser Wert hat verarbeitungstechnische Gründe. Eine mehrseitige Drucksache wird nie im Endformat sondern auf einem Rohbogen zu mehreren Seiten gedruckt. Anschließend werden diese Rohbogen durch Falzen, zusammentragen etc. weiterverarbeitet. Hierbei kommt es zu leichten Verschiebungen der Papierbögen zueinander. Um die Drucksachen abschließend durch einen Endbeschnitt mit sauberen glatten Papierrändern zu versehen, werden gewisse Toleranzen im Papierformat benötigt.

Randhilfslinien
Im Bereich RANDHILFSLINIEN geht es um die Festlegung des Satzspiegels. Unter einem Satzspiegel wird der Bereich verstanden, der sich optisch als Seite vom Papier abhebt. Auf der Layoutseite eventuell vorhandene Seitenköpfe und Seitenfüße, in denen zumeist auch die Seitenzahlen untergebracht werden, gehören nicht zum Satzspiegel. Die Position des Satzspiegels auf der Seite wird durch die Größe der Papierränder OBEN, UNTEN,

LINKS und RECHTS festgelegt. Die Bezeichnungen LINKS und RECHTS ändern sich in INNEN und AUSSEN, wenn Sie durch Anklicken der Checkbox DOPPELSEITEN automatisch linke und rechte Seiten generieren wollen. Diese Option müssen Sie anwählen, wenn der Satzspiegel auf gegenüberliegenden Seiten unterschiedlich plaziert werden soll, z.B. um Bücher oder Broschüren zu erzeugen. Benötigen Sie keine speziellen Seitenränder, dann tragen Sie in die Felder eine »0« ein.

Spalteneinteilung
Wünschen Sie einen mehrspaltigen Seitenaufbau, wie er z.B. bei Zeitungsseiten üblich ist, müssen im Bereich SPALTENEINTEILUNG in das Feld SPALTEN die Spaltenanzahl und in SPALTENABSTAND der Raum zwischen den Spalten eingetragen werden. QuarkXPress ermittelt die Spaltenbreite selbständig aus Satzspiegel, Spaltenanzahl und Spaltenabstand.

Durch Markieren der Checkbox AUTOM. TEXTRAHMEN haben Sie die Möglichkeit, einen Textrahmen auf der Musterseite anzulegen, der sich in einer automatischen Textkette befindet. Dies bedeutet in der Praxis, daß beim Textimport oder direkt bei der Texteingabe in den betreffenden Rahmen automatisch eine neue Seite generiert wird, wenn der aktuelle Textrahmen nicht mehr den gesamten Text aufnehmen kann.

Unter *Bearbeiten/Vorgaben/Dokument/Allgemein* (⌘+[Y]) können Sie die Position, an der die neuen Textseiten in das Dokument eingefügt werden, festlegen. In der Registerkarte ALLGEMEIN stehen im Listenfeld SEITEN EINFÜGEN AM: verschiedene Optionen zur Auswahl. Mit der Option AUS wird das automatische Einfügen neuer Seiten ausgeschaltet. Die Option KAPITELENDE gibt vor, daß neue Seiten am Kapitelende eingefügt werden. Diese Option ist die Voreinstellung für diese Funktion. TEXTENDE legt fest, daß die neuen Seiten am Textende eingefügt werden. Die Option AM DOKUMENTENDE ermöglicht das Einfügen neuer Seiten am Dokumentende. Alle neu eingefügten Seiten werden auf der Basis der Musterseite generiert, die an der Einfügestelle als aktuelle Musterseite vorgegeben ist.

Ist noch kein Dokument geöffnet, dann gelten alle Modifikationen, die in den Vorgaben-Dialogboxen vorgenommen werden, als Grundeinstellungen für neu erzeugte Dokumente.

Seitenformate

Auch nachdem ein Dokument eingerichtet wurde, kann nachträglich das Seitenformat verändert werden. Selbst dann, wenn es teilweise bereits fertig layoutet ist. Diese Änderung können Sie ohne Probleme vornehmen.

Seitenformat ändern

Mit *Ablage/Dokument einrichten* (⌘+⌥+⇧+P) rufen Sie die Dialogbox DOKUMENT EINRICHTEN auf: Hier lassen sich die Einstellungen für Werte für das Seitenformat ändern. Durch Markieren der Symbole, mit denen die Dokumentausrichtung festgelegt wird, können Sie die in den Feldern BREITE und HÖHE eingegebenen Werte tauschen und so aus einem Querformat z.B. ein Hochformat machen.

Wenn Sie die Formateinstellungen so verändern, daß die Elemente, die auf einer Dokument- oder Musterseite plaziert sind, nicht mehr auf das neue Format passen, erhalten Sie eine Fehlermeldung. Zunächst müssen dann diese Elemente auf den betroffenen Seiten so plaziert werden, daß sich diese nach der Formatumstellung innerhalb des Formats befinden. Anschließend können Sie dann die Formatänderung vornehmen.

In der Dialogbox werden Sie sicher die Einstellungen für die Seitenränder vermissen. Natürlich können Sie auch diese nachträglich bearbeiten. Dies gehört aber in den Abschnitt über die Musterseiten. Wir werden dann darauf zurückkommen.

Bild 4.13:
Die Grundeinstellungen für das Seitenformat des aktuellen Dokuments nehmen Sie in der Dialogbox DOKUMENT EINRICHTEN vor.

Die Checkbox DOPPELSEITEN kann ebenfalls aktiviert oder deaktiviert werden.

Wird die Einstellung der Checkbox »Doppelseiten« nachträglich verändert, prüfen Sie zunächst die Auswirkungen auf den Dokumentaufbau. Je nach Dokumentaufbau kann es passieren, daß die Anordnung der Seitenelemente total durcheinander gerät. Wenn zuvor das Dokument gesichert wurde, können Sie die Wirkung durch Ablage/Alte Fassung wieder rückgängig machen.

Seiten einfügen

Der Menübefehl *Seite/Einfügen* dient zum Hinzufügen neuer Seiten zum aktuell geöffneten Dokument. Nach Auswahl des Menübefehls öffnet Quark-XPress die Dialogbox SEITEN EINFÜGEN. Hier stehen Ihnen folgende Optionen zur Verfügung: Der numerische Wert in EINFÜGEN legt die Anzahl der einzufügenden Seiten fest, mit VOR SEITE, NACH SEITE oder AM DOKUMENTENDE, entscheiden Sie, an welcher Stelle die Seiten hinzugefügt werden. Im Popup MUSTERSEITE kann den einzufügenden Seiten eine Musterseite zugewiesen werden. Voreingestellt ist hier immer die erste Musterseite im Popup-Menü. Wenn das Dokument mit einer automatischen Textverkettung aufgebaut ist, dann können Sie durch Aktivieren der Checkbox *Mit aktueller Textkette verbinden* festlegen, ob die neuen Seiten in die automatische Textverkettung integriert werden sollen. Die Checkbox ist nur aktiv, wenn sich die Schreibmarke im entsprechenden Rahmen der aktuellen Textkette befindet.

Bild 4.14:
Die Dialogbox
SEITEN EIN-
FÜGEN.

Seiten löschen

Das Löschen von Seiten im Dokument ist einfach und gefährlich, da sich diese Aktionen nicht widerrufen lassen. An dieser Stelle können wir Ihnen nur dringend raten, das Dokument zuvor zu sichern. In diesem Fall können Sie gegebenenfalls mit *Ablage/Alte Fassung* auf die vorherige Version zurückgreifen.

In der Dialogbox *Seiten löschen*, die durch Wahl von *Seite/Löschen* geöffnet wird, geben Sie in das Feld LÖSCHEN VON die Seitenziffer der ersten zu löschenden Seite und in das Feld »bis« die Seitenziffer der letzten zu löschenden Seite ein. Beachten Sie auch, daß im Doppelseitenmodus, je nach Umfang der Löschaktion, die Seiten durcheinandergeraten können. Siehe hierzu auch die Empfehlung im folgenden Unterpunkt.

Bild 4.15:
Alle notwendigen
Steuerelemente
zum Entfernen
von Dokument-
seiten sind in der
Dialogbox
SEITEN
LÖSCHEN
angeordnet.

Seiten verschieben

Die dritte Funktion, die Ihnen im Menü SEITE zur Verfügung steht, dient zum Verschieben von Seiten im Dokument. In der Dialogbox SEITEN VERSCHIEBEN, zu erreichen über *Seite/Verschieben*, legen Sie durch Eingabe in die Felder SEITE(N) VON und BIS den zu verschiebenden Seitenbereich fest. Der Einfügebereich läßt sich mit den Optionsschaltflächen VOR SEITE, NACH SEITE oder ANS DOKUMENTENDE bestimmen.

Bild 4.16: Mit der Dialogbox SEITEN VERSCHIEBEN können Sie ein oder mehrere Seiten im Dokument verschieben.

Auch hier heißt es aufpassen: Wenn Sie im Doppelseitenmodus mit linken und rechten Seiten arbeiten, dann müssen Sie bedenken, daß beim Löschen oder Verschieben einer linken Seite alle folgenden Seiten auf die Gegenseite rutschen. Die Folgen: Die Seitenziffern stehen auf der falschen Seite, und der Satzspiegel ist verrutscht.

Eine Möglichkeit, das durch das Löschen oder Verschieben entstehende Verrutschen der nachfolgenden Seiten zu verhindern, besteht darin, vor dem Löschen oder Verschieben einer Seite der dahinterliegenden Seite einen Kapitelanfang zuzuweisen. Sie müssen dabei lediglich beachten, daß eine linke Seite eine gerade Seitenziffer und eine rechte Seite eine ungerade Seitenziffer benötigt. Wird nun die davorliegende Seite gelöscht oder verschoben, bleibt die nachfolgende Seite durch die Festlegung »Kapitelanfang« in ihrer Position. Diese Einstellungen werden in der Dialogbox RESSORT vorgenommen. Die Festlegung eines Kapitelanfangs wird weiter hinten in diesem Kapitel unter »Die automatische Seitennumerierung« behandelt.

In jedem Fall müssen Sie nach der Aktion den Stand der Seitenelemente überprüfen.

Sind Sie durch die zuvor angesprochenen Problemstellungen einmal in der mißlichen Situation, verschobene Seitenelemente wieder einpassen zu müssen, empfiehlt sich folgendes Vorgehen: Öffnen Sie die Maßpalette mit dem Menübefehl Ansicht/Maßpalette zeigen, und markieren Sie mit ⌘+[A] alle Seitenelemente. Durch Addition oder Subtraktion des erforderlichen Verschiebungswerts im Feld »X« lassen sich die Seiten jetzt komfortabel an die richtige Position verschieben.

Erstellung von Montageflächen mit der Seitenlayoutpalette

Bei der Anordnung der Seiten im Layoutdokument sind Sie nicht allein auf Einzel- und Doppelseiten beschränkt. Mit Hilfe der Seitenlayoutpalette (*Ansicht/ Seitenlayout zeigen*) können Sie einzelne Seiten zu Montageflächen zusammenstellen. Dadurch besteht die Möglichkeit, die Seiten so zusammenzustellen, wie diese für den Druck benötigt werden. Die Regeln des Ausschießens legen die Anordnung der Seiten auf einem Druckbogen fest, damit nach dem Druck eines mehrseitigen Dokuments auch die Seiten alle in der richtigen Reihenfolge stehen.

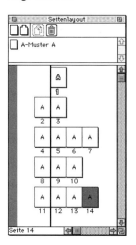

Bild 4.17:
Montageflächen mit der Seitenlayoutpalette erstellen.

Die internen Seitenformatdefinitionen von QuarkXPress sind so ausgelegt, daß Sie problemlos z.B. mehrere A4-Seiten nebeneinanderstellen können, diese Seiten sowohl einzeln behandeln, aber auch übergreifend layouten können. Die A4-Seiten sind dann eine Montagefläche, das heißt, alle Text- und sonstigen Gestaltungselemente können völlig frei von einer Seite auf die andere Seite ragen. Diese Seiten lassen sich später einzeln oder als Montagefläche ausgeben. Mehr zu diesem Thema im Kapitel 4.6: Ausgabefunktionen.

Seiten zwischen Dokumenten kopieren

In verschiedenen Dokumenten enthaltene Seiten und Seitenelemente können in einem Dokument zusammengeführt werden. Dies ist eine Anforderung, die besonders häufig im Workgroup Publishing auftritt. Wenn verschiedene Mitglieder einer Arbeitsgruppe Teilelemente produzieren, bietet QuarkXPress zum Zusammenführen eine komfortable Möglichkeit. Das Verschieben wird nicht durch Anwahl einer Befehlssequenz, sondern durch Ziehen und Ablegen mit der Maus ausgeführt.

Dazu müssen zunächst alle benötigten Dateien geladen werden. Für jedes einzelne Dokument wird anschließend durch *Ansicht/Miniaturen* auf die Miniaturdarstellung umgeschaltet. Die jeweiligen Dokumentfenster müssen nun so verkleinert werden, daß die Miniaturdarstellungen der Dokumente, zwischen denen Seiten kopiert werden sollen, sichtbar nebeneinanderstehen. Nun werden die zu kopierenden Seiten markiert und mit der Maus an die neue Position im Zieldokument gezogen und abgelegt. Ist die Einfügeposition erreicht, ändert sich der Mauszeiger zu einem Pfeil. Durch die Orientierung der Pfeilspitze können Sie erkennen, an welcher Stelle die Seiten eingefügt werden.

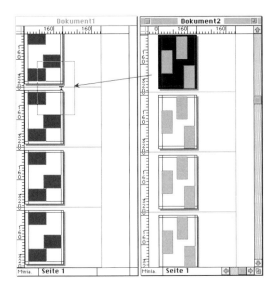

Bild 4.18:
Durch Ziehen und Ablegen lassen sich die Seiten komfortabel zwischen verschiedenen Dokumenten kopieren.

Seitenelemente zwischen Dokumenten kopieren

Durch Ziehen und Ablegen lassen sich auch einzelne Seitenelemente zwischen verschiedenen Dokumenten kopieren. Dazu markieren Sie zunächst die betreffenden Objekte, um sie dann einfach auf das andere Dokumentfenster zu ziehen. Dieses Dokumentfenster müssen Sie zuvor so angeordnet haben, daß zumindest ein Teil davon sichtbar neben dem Fenster des Ausgangsdokuments liegt.

Beachten Sie, daß diese Kopieraktionen bei Textrahmen nur dann korrekt funktionieren und die Formatierung des Textes erhalten bleibt, wenn die Voreinstellungen in beiden Dokumenten gleich sind. Unterschiedliche Blocksatzmethoden oder Silbentrennvorgaben können zu einem neuen Zeilenumbruch führen.

Musterseiten

Immer dann, wenn QuarkXPress ein neues Dokument anlegt, wird automatisch eine »Musterseite« erstellt. Auf einer solchen Seite können die unterschiedlichsten Hilfs-, Text- und Gestaltungselemente vorgegeben werden. Immer dann, wenn Sie eine Musterseite auf eine Dokumentseite anwenden, werden diese Elemente auf die Seite übertragen. Ebenso wirken sich Änderungen, die an einer Musterseite vorgenommen werden, sofort auf alle Seiten aus, die aus dieser Musterseite erzeugt wurden. QuarkXPress verwaltet bis zu 127 Musterseiten pro Dokument.

Musterseite einrichten

Nachdem Sie ein Dokument eingerichtet haben, ist die zweite Überlegung: Welche Stammelemente sollen auf der Musterseite abgelegt werden? Aus der folgenden Abbildung können Sie ersehen, wie die automatisch generierte Musterseite durch eine Reihe von Objekten ergänzt worden ist. Diesen Vorgang werden wir nun Schritt für Schritt nachvollziehen.

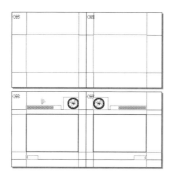

Bild 4.19: Die Musterseite: vorher (oben) und nachher (unten).

Um eine Musterseite zu bearbeiten, müssen Sie über *Seite/Anzeigen* auf die entsprechende Musterseite umschalten. Neben der Prozentanzeige der aktuellen Darstellungsgröße am unteren linken Fensterrand steht entweder ein Hinweis auf die aktuelle Dokumentseite oder der Name der geladenen Musterseite.

Im oberen Teil von Abbildung 4.19 sehen Sie die automatisch beim Neuanlegen eines Dokuments erzeugte Musterseite. Links oben zeigt das Verkettungssymbol an, ob der auf der Musterseite eingerichtete Textrahmen in eine automatische Textkette aufgenommen wird. Bei einem geschlossenen Symbol ist die automatische Verkettung aktiv, eine gebrochene Kette zeigt an, daß keine automatischen Textrahmen erzeugt werden. Weiterhin sehen Sie auf der Musterseite Hilfslinien, die den von Ihnen vorgenommenen Einstellungen zum Seitenrand entsprechen.

Diese automatischen Elemente ergänzen wir durch Einträge im Kopf der Seite. Im Fachjargon heißen diese Seiteneinträge »lebende Kolumnentitel«. Dieser lebende Kolumnentitel besteht aus einer Textzeile mit Linie und einem Bildsymbol. Beachten Sie die Standunterschiede bei der linken und der rechten Seite. Im Fuß der Musterseite haben wir nun noch eine Seitenziffer (Fachjargon »Kolumnenziffer«) plaziert, wiederum unter Beachtung von linker und rechter Seite.

Nach diesen ergänzenden Plazierungen können Sie mit *Seite/Anzeigen* in das aktuelle Dokument zurückschalten und mit dem Layouten beginnen.

Die automatische Seitennumerierung

Um eine automatische Seitenziffer auf der Musterseite zu erzeugen, muß eine spezielle Zeichenkombination eingebaut werden. Diese Zeichenkombination dient als Platzhalter für die beim Umbruch der Seiten zu vergebenden Seitenziffern und wird von QuarkXPress automatisch aktualisiert.

Die automatische Seitennumerierung wird erzeugt, indem bei aktivem Inhaltswerkzeug in einen Textrahmen nachfolgende Tastencodes eingegeben werden:

Tastencode	Funktion	Anzeige
⌘+3	setzt die aktuelle Seitenzahl	<#>
⌘+2	setzt die Seitenzahl der Vorgängerseite	<Keines>
⌘+4	setzt die Seitenzahl der Nachfolgeseite	<Keines>

Die zwischen den Kleiner- und Größer-Als-Zeichen stehenden Zeichencodes entsprechen der Darstellung der automatischen Seitenziffern auf der Musterseite, in der Layoutseite werden dann die korrekten Seitenziffern eingefügt.

Ein denkbarer Einsatzbereich für Seitenzahlen von Vorgänger- oder Nachfolgeseiten sind juristische Texte oder Fortsetzungsverweiszeilen, wie »Fortsetzung auf Seite 3« oder »Fortsetzung von Seite 2«. Das Setzen automatischer Bezüge hat den Vorteil, daß beim Ändern des Startwerts für die automatische Seitenzahl die Verweise ebenfalls angepaßt werden. Sie ersparen sich also das manuelle Ändern der Seitenverweise.

Kapitel einrichten

Damit Sie mit dieser automatischen Seitennumerierung Ihr Dokument in individuelle Kapitel- und Seitenbereiche einteilen können, werden in der Dialogbox RESSORT entsprechende Funktionen angeboten.

Um diese Funktion zu nutzen, müssen Sie in den normalen Dokumentmodus wechseln. Über *Seite/Ressort* öffnen Sie die Dialogbox, in der folgende Einstellmöglichkeiten zur Verfügung stehen.

Bild 4.20:
Die Dialogbox
RESSORT hilft bei
der Strukturie-
rung von
umfangreichen
Satzarbeiten.

Die Checkbox KAPITELANFANG gibt an, daß die folgenden Einträge ab der aktuellen Dokumentseite zur Anwendung kommen. Im Feld PRÄFIX können Sie der Seitenziffer eine Zeichenkombination voranstellen. Dies ist ein Fall, der häufig bei Handbüchern zu finden ist, die kapitelweise durchnumeriert sind, damit sie problemlos zu ergänzen sind, ohne das ganze Werk neu durchzunumerieren. So ergibt z.B. die Eingabe von »6.« in das Feld PRÄFIX auf der ersten Dokumentseite die Seitenziffer »6.1«.

Im Feld ERSTE SEITE wird die Seitenziffer für die Startseite eingetragen, im Listenfeld FORMAT lassen sich verschiedene Zahlenformate auswählen: Zahlen, große und kleine römische Zahlen, Groß- und Kleinbuchstaben.

Die Checkbox KAPITELBEGINN IM BUCH ist hier noch deaktiviert. Sie wird später in diesem Kapitel im Zusammenhang mit der Funktion »Buch« näher ausgeführt.

Musterseite verändern

Nachdem Sie eine Musterseite angelegt und bearbeitet haben, können Sie diese nachträglich verändern. Dies ist eine interessante Möglichkeit, globale Korrekturen auszuführen.

Zunächst wird wieder mit *Seiten/Anzeigen* auf die entsprechende Musterseite gewechselt.

Als erstes soll die automatische Textverkettung für den auf der Seite plazierten Textrahmen aufgehoben werden. Dazu wählen Sie aus der Werkzeugpalette das ENTKETTUNGS-WERKZEUG und klicken damit auf das links oben vorhandene Symbol für die automatische Textkette. Dieses Symbol nimmt die Form einer gebrochenen Kette an. Sie können aber auch den umgekehrten Weg gehen und den Textrahmen in eine automatische Textverkettung aufnehmen, indem Sie das Verkettungs-Werkzeug auswählen, damit die gebrochene Kette markieren und dann in den entsprechenden Textrahmen klicken.

Wenn Sie sich in der Musterseite befinden, dann steht Ihnen ein neuer Menüeintrag zur Verfügung, mit dem die Seitenränder verändert werden können. *Seite/Musterseite einrichten* öffnet die betreffende Dialogbox.

Bild 4.21:
Die Dialogbox MUSTERSEITE EINRICHTEN.

Im Bereich RÄNDER können Sie nun die Einträge in den Feldern OBEN, UNTEN, LINKS/INNEN und RECHTS/AUSSEN verändern. Die an dieser Stelle vorgenommenen Änderungen werden sofort auf alle mit dieser Musterseite erzeugten Dokumentseiten übertragen. Dies betrifft die Position der Satzspiegelhilfslinien und die Größe des automatischen Textrahmens. Sie können die Ausdehnung des automatischen Textrahmens aber auch unabhängig von der Position der Satzspiegelhilfslinien verändern. Auch dann werden die Änderungen korrekt auf die entsprechenden Dokumentseiten übertragen. Ebenso können alle anderen auf der Musterseite vorhandenen Elemente verändert oder verschoben werden.

Im Bereich SPALTENEINTEILUNG kann durch Eintrag ins Feld SPALTEN eine neue Spaltenanzahl und im Feld ABSTAND der gewünschte Spaltenabstand definiert werden.

Musterseitenänderungen übertragen

Diese globalen Änderungsmöglichkeiten über die Musterseiten funktionieren nur dann, wenn die betreffenden Elemente auf der Dokumentseite noch nicht modifiziert wurden.

QuarkXPress stellt eine Funktion zur Verfügung, mit der Sie beeinflussen können, wie geänderte Elemente einer Musterseite behandelt werden. Die mit *Bearbeiten/Vorgaben/Dokument/Allgemein* (⌘+Y) erscheinende Dialogbox DOKUMENTVORGABEN FÜR enthält im Popup OBJEKTE DER MUSTERSEITE die Wahlmöglichkeiten zwischen ÄNDERUNGEN LÖSCHEN und ÄNDERUNGEN BEHALTEN.

Diese Optionen wirken sich nur dann aus, wenn Sie einer Dokumentseite erneut eine Musterseite zuweisen.

Die Option ÄNDERUNGEN LÖSCHEN bewirkt, daß geänderte Elemente einer Musterseite in der Dokumentseite gelöscht werden, die Option ÄNDERUNGEN BEHALTEN läßt die Änderungen bestehen und fügt die Elemente der Musterseite zusätzlich ein. Die Voreinstellung ist ÄNDERUNGEN BEHALTEN.

Diese Optionen können tiefgreifend Ihr Dokument beeinflussen. Also: Erst sichern, dann ändern! Mit Ablage/Alte Fassung können Sie dann eine falsche Änderung zurücknehmen

Neue Musterseiten anlegen, duplizieren, anwenden und löschen

Diese Funktionen werden über die SEITENLAYOUTPALETTE ausgeführt. Mit *Ansicht/Seitenlayout zeigen* wird die Palette in den Vordergrund geholt. Zunächst sollen die einzelnen Elemente der Seitenlayoutpalette erläutert werden.

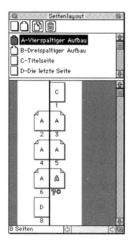

Bild 4.22: Die Seitenlayoutpalette mit den drei Informationsbereichen

Die Palette ist in drei Bereiche gegliedert. Direkt unter der Titelzeile der Dialogbox zeigt QuarkXPress vier Symbole:

Das erste Element ist ein Symbol für eine einseitige Dokument- oder Musterseite.

Es folgt ein Seitensymbol, bei dem die linke und die rechte Seite eingeknickt sind. Dies steht für eine doppelseitige Dokument- oder Musterseite.

Mit dem Symbol einer doppelten Seite können in der Seitenlayoutpalette markierte Musterseiten dupliziert werden.

Das vierte Symbol in der Reihe ermöglicht es Ihnen, in der Seitenlayoutpalette markierte Dokument- oder Musterseiten zu löschen.

Im zweiten Bereich der Seitenlayoutpalette sind die für das Dokument definierten Musterseiten aufgeführt. Nach Markieren des Namens können Sie diesen überschreiben. Der Name einer Musterseite besteht aus zwei Teilen. Dem eigentlichen Namen kann eine aus bis zu drei Zeichen bestehende Buchstabenkombination vorangestellt werden. Diese Buchstabenkombination erscheint im Zentrum der Seitensinnbilder in der Seitenlayoutpalette, um anzuzeigen, aus welcher Musterseite diese Seite erzeugt wurde.

Der untere Bereich zeigt Ihnen die Anordnung Ihrer Dokumentseiten im Layout. Im Zentrum jeder der dort aufgeführten Dokumentseiten wird durch bis zu drei Buchstaben auf die Musterseite verwiesen, mit der diese Dokumentseite erzeugt wurde. Unterhalb des Seitensymbols erscheint die Seitennummer der Seite.

Eine konturierte Darstellung der Zeichenkombination zeigt an, daß dies die aktuell auf dem Bildschirm dargestellte Seite ist.

Durch einen der Seitenziffer angefügten Stern, wird angezeigt, daß auf dieser Seite ein Kapitelanfang eingerichtet wurde.

Um eine neue Musterseite anzulegen, ziehen Sie einfach das entsprechende Symbol aus dem ersten in den zweiten Bereich. Markieren Sie die nebenstehende Beschriftung, und vergeben Sie einen neuen Namen. Über *Seite/ Musterseite einrichten* können Sie nun die Papierränder, die Anzahl der Spalten und den Spaltenzwischenraum definieren.

Eine vorhandene Musterseite kann auch dupliziert werden und dann als Grundlage für eine neue Musterseite dienen. Hierzu muß die betreffende Musterseite markiert und durch Anklicken des Duplizieren-Symbols kopiert werden. Über *Seite/Musterseite einrichten* lassen sich dann die notwendigen Änderungen vornehmen.

Falls Sie eine andere als die aktuelle Musterseite auf eine vorhandene Dokumentseite übertragen wollen, reicht es aus, das Symbol dieser Musterseite auf die Dokumentseite zu ziehen.

Um Musterseiten zu löschen, muß das betreffende Musterseitensymbol markiert und dann das Löschsymbol angeklickt werden.

Auch dieser Löschvorgang läßt sich nicht ungeschehen machen und kann somit gravierende Folgen für die davon betroffenen Dokumentseiten haben.

Bewegen im Dokument

Ob das Dokument nun 50 oder nur zwei Seiten hat, eine wichtige Funktion benötigen Sie auf jeden Fall: Das schnelle Wechseln zu einer Seite Ihrer Wahl. Um sich von Seite zu Seite zu bewegen, haben Sie in QuarkXPress verschiedene Möglichkeiten.

- ❐ Die SEITENLAYOUTPALETTE – durch Doppelklick auf das entsprechende Seitensymbol in der Palette schaltet QuarkXPress auf die gewünschte Seite um.

- ❐ Auch im Menü *Seite* stehen eine Reihe von Funktionen zur Verfügung, mit denen Sie sich durch das Dokument bewegen können.

Funktion	Menübefehl	Tastenkombination
Eine Seite zurück	Seite/Zurück	⇧+Bild↑
Eine Seite vor	Seite/Nächste	⇧+Bild↓
Zum Dokumentanfang	Seite/Erste	⌘+Bild↑
Zum Dokumentende	Seite/Letzte	⌘+Bild↓

❏ Über den Menübefehl *Seite/Gehe zu* oder die Tastenkombination ⌘+J öffnet QuarkXPress eine Dialogbox, in der Sie die gewünschte Seitenzahl angeben. Die Eingabe einer nicht vorhandenen Seitenzahl quittiert QuarkXPress mit einer Fehlermeldung.

*Bild 4.23:
In der Dialogbox
GEHE ZU SEITE
kann die
Dokumentseite
gewählt werden,
zu der gewechselt
werden soll.*

❏ Daneben lassen sich die Seiten auch interaktiv, mit Hilfe des Seitenregisters im unteren Bereich des Dokumentfensters wechseln. Neben der Seitenangabe ist ein Popup-Menü angeordnet. Durch einen Klick auf das Pfeilsymbol öffnet QuarkXPress das Menü und zeigt ein Seitenregister an. Um zu einer Seite zu wechseln, genügt es, auf das betreffende Seitensymbol zu klicken. Alternativ können Sie in dem nebenstehenden Feld die Seitenzahl direkt eingeben. Nach dem Bestätigen mit ⏎ wechselt XPress zur angegebenen Seite.

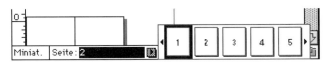

*Bild 4.24:
Auch über das
Popup im
Dokumentfenster
kann auf eine
beliebige Seite
des Dokuments
gewechselt
werden.*

Positionierhilfen

Grafiker, Schriftsetzer, Layouter müssen tagtäglich verschiedenste Elemente so auf der Layoutfläche plazieren, daß sie den genauen Vorgaben einer Layoutkonzeption entsprechen. Da müssen z.B. die Abstände zwischen Spalten exakt 5,5 mm breit sein, die Bildunterschrift genau eine halbe Zeile unter dem Bild beginnen, die Abstände zwischen Überschrift und Vorspanntext müssen exakten Vorgaben entsprechen – das alles unter Berücksichtigung eines Gestaltungsrasters.

Mit den modernen Satz- und Layoutprogrammen sind verschiedene Arbeitstechniken möglich, um Text- und Gestaltungselemente sauber im Layout zu positionieren. Einerseits gibt es hier die intuitive Arbeitsweise, die sich vor allem an einer optischen Kontrolle in Verbindung mit dem Einsatz magnetischer Hilfslinien und dem Zeilenlineal orientiert. Andererseits wird von vielen Publishern die parameterorientierte Positionierung bevorzugt, weil diese ein Höchstmaß an Genauigkeit bietet.

QuarkXPress beherrscht beide Verfahren. In diesem Abschnitt zeigen wir Ihnen, wie Sie die angeboten Hilfsmittel zweckmäßig einsetzen und für den jeweiligen Anwendungsfall die richtige Positioniermethode wählen.

Die Grenzen des WYSIWYG

Wenn Sie mit dem Mauszeiger eine Linie oder einen Rahmen aufziehen, dann können Sie mit dieser Methode nur die Plazierungsgenauigkeit erreichen, die durch die Bildschirmauflösung vorgegeben ist. In Zahlen ausgedrückt bedeutet das: Bei einer Bildschirmauflösung von 72 dpi können Sie bei 100 %-Darstellung eine Positioniersicherheit von 0,26 mm, bei 200 % sind es 0,13 mm und bei 800 % 0,035 mm erreichen. Diesen physikalischen Zusammenhang können Sie auf Ihrem Bildschirm mühelos nachvollziehen, wenn Sie im entsprechenden Darstellungsmodus das Linien-Werkzeug anwählen und beim Bewegen des Mauszeigers die X- und Y-Anzeige in der Maßpalette beobachten. Aus diesem Zusammenhang ergibt sich, daß der Positioniertechnik mit der Maus Grenzen gesetzt sind.

Und so passiert es eben, daß die Layoutarbeit auf dem Bildschirm gut aussieht, die Linienanschlüsse und die Abstände exakt zu sitzen scheinen, aber bereits im 300-dpi-Laserausdruck erste Ungenauigkeiten deutlich werden. Es kommt deshalb darauf an, immer dort, wo es um eine große Positioniergenauigkeit geht, die Positionierhilfen richtig anzuwenden, um Ungenauigkeiten zu vermeiden.

Hilfslinien im praktischen Einsatz

Hilfslinien haben im wesentlichen zwei Funktionen: Sie dienen dem Layouter zur Orientierung und Strukturierung des Seitenlayouts.

Durch ihre magnetische Eigenschaft können Hilfslinien als Positionierhilfe eingesetzt werden. Diese Wirkungsweise wird durch *Ansicht/Hilfslinien magnetisch* aktiviert. Ob diese Option aktiv ist, können Sie im Menü *Ansicht* durch ein Markierungshäkchen erkennen. Unter *Bearbeiten/Vorgaben/Programm/Allgemein* (⌘+Y), können Sie im Feld FANGRADIUS HILFSLINIEN die Intensität der Anziehung bestimmen. Auf eine weitere hilfreiche Option können Sie über das Popup HILFSLINIEN zugreifen. Sie können festlegen, ob die Hilfslinien im Vorder- oder Hintergrund plaziert werden sollen. Je nach Erfordernis können Sie während der Arbeit diese Option umschalten.

*Bild 4.25:
Hilfslinieneinstel-
lung unter
Vorgaben/
Dokument/
Allgemein.*

QuarkXPress kennt zwei Gruppen von Hilfslinien.

Die erste Gruppe von Hilfslinien haben wir bereits kennengelernt. Dies sind die Rand- und Spaltenhilfslinien, die auf der Musterseite durch Definition der Seitenränder, Anzahl der Spalten und des Spaltenzwischenraums erzeugt werden. Diese Einstellmöglichkeiten stehen zur Verfügung, wenn ein neues Dokument eingerichtet, eine Musterseite modifiziert oder das Dokument um neue Musterseiten ergänzt wird.

*Bild 4.26:
Die Rand- und
Spaltenhilfslinien
werden bei der
Einrichtung eines
neuen Dokuments erzeugt.*

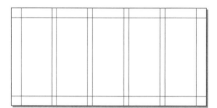

Diese Hilfslinien werden mit einem Höchstmaß an Genauigkeit erzeugt, denn ihre Position wird auf 1/1000 mm exakt berechnet. Hier treten die eingangs erwähnten Einschränkungen durch die Bildschirmauflösung nicht auf. Diese Genauigkeit läßt sich direkt überprüfen, indem Sie innerhalb der Spaltenhilfslinien diverse Rahmen aufziehen und deren Maße in der Informationspalette überprüfen.

Linealhilfslinien einrichten

Die zweite Hilfsliniengruppe stellen vertikale und horizontale Linealhilfslinien dar. Sie haben ihren Ursprung im horizontalen und vertikalen Seitenlineal. Durch *Ansicht/Lineale zeigen* (⌘+R) wird dieses am oberen und linken Rand des Dokumentfensters plaziert. Sowohl für die horizontale als auch für die vertikale Ausrichtung können Sie unterschiedliche Maßeinheiten einsetzen. Auch auf diese Optionen haben Sie Zugriff über *Bearbeiten/Vorgaben/Dokument/Allgemein* (⌘+Y).

*Bild 4.27:
Diese Einstellungsoptionen für
die Seitenlineale
finden Sie unter
DOKUMENTVORGABEN.*

In den Popup-Menüs HORIZONTALES MASS und VERTIKALES MASS haben Sie die Wahlmöglichkeit zwischen Zoll, Dezimalzoll, Pica, Punkte, Millimeter, Zentimeter, Cicero und Agaten. Die Maßeinheiten können dabei für das horizontale und vertikale Lineal unterschiedlich gewählt werden.

Weiter können Sie in der gleichen Vorgabendialogbox im Popup Objektkoordinaten festlegen, ob das Lineal bei jeder Seite wieder bei Null beginnt oder sich gegebenenfalls über eine ganze Montagefläche erstreckt.

Der Nullpunkt und damit die Koordinate zur Festlegung von Hilfslinien
können manuell verschoben werden. Dazu klicken Sie einfach mit dem
Mauszeiger in den Schnittpunkt zwischen horizontalem und vertikalem
Zeilenlineal, bevor Sie bei gedrückter Maustaste den Nullpunkt in die gewünschte Position ziehen. Mit einem Doppelklick in eben diese Ecke kann
der Nullpunkt wieder in die ursprüngliche Position gesetzt werden.

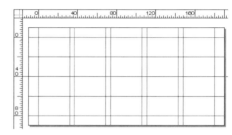

Bild 4.28: Durch
Linealhilfslinien
lassen sich exakte
Gestaltungsraster
vorgeben.

In Abbildung 4.28 haben wir diese Funktion eingesetzt, um den Nullpunkt
auf die linke obere Ecke des Satzspiegels zu setzen, um über die Maßpalette
eine absolute Parameterkontrolle der Positionierung im Satzspiegel zu erhalten.

Wir haben unser Beispiel für den Einsatz von Hilfslinien um einige Linealhilfslinien ergänzt und ein Gestaltungsraster aufgebaut. Linealhilfslinien werden mit der Maus aus einem Seitenlineal an die gewünschte Position gezogen. Aber aufgepaßt:

Die Positionierung dieser Hilfslinien sollten Sie unter Parameterkontrolle
über die X- oder Y-Position vornehmen. Wie bereits beschrieben, können
wegen der zu groben Auflösung des Bildschirms Probleme auftreten, den
entsprechenden Wert zu erreichen. In diesem Fall wählen Sie einen Abbildungsmaßstab von 800%. So erreichen Sie mit Sicherheit eine Positioniergenauigkeit von ca. 0,035 mm.

Linealhilfslinien können Sie so einsetzen, daß diese sich nur auf die Layoutseite beziehen oder auf die ganze Montagefläche. Wollen Sie die Hilfslinien
nur auf die Seite beziehen, dann müssen Sie die Hilfslinie über der Dokumentseite aus dem Lineal ziehen. Soll sie sich auf die Montagefläche beziehen, dann müssen Sie die Hilfslinie über der Arbeitsfläche aus dem Lineal
ziehen.

Sollen diese Hilfslinien auf mehreren Seiten erscheinen, dann plazieren Sie
diese auf der betreffenden Musterseite.

Hilfslinien löschen

Löschen können Sie diese Hilfslinien, indem Sie die betreffende Hilfslinie anklicken und mit gedrückter Maustaste in das Ursprungslineal zurückschieben.

Wollen Sie alle Hilfslinien auf einmal löschen, dann müssen Sie mit gedrückter ⌥-Taste in das entsprechende Lineal klicken. Sollen die Seitenhilfslinien gelöscht werden, dann müssen Sie ins Lineal über der Seite klicken. Wollen Sie die Hilfslinien der Montagefläche löschen, dann klicken Sie außerhalb der Seite über der Arbeitsfläche ins Seitenlineal.

Setzen Sie Hilfslinien bewußt ein! Unterscheiden Sie zwischen Stammelementhilfslinien, die auf der Seite verbleiben, und Hilfslinien, die Sie vorübergehend einsetzen. Diese sollten Sie nach Gebrauch wieder löschen, denn Hilfslinienmüll trägt mehr zur Verwirrung als zur Orientierung bei.

Grundlinienraster festlegen und aktivieren

Das Grundlinienraster ist eine weitere grundlegende Möglichkeit, schnell und genau ein sauberes Seitenlayout zu erstellen. Dies ist ein Hilfsraster, das auf einem vorgegebenen Zeilenabstand aufbaut. Ausgerichtet wird es an der Grundlinie der Schrift, im Fachjargon als »Schriftlinie« bezeichnet. In einem solchen Hilfsraster können schnell harmonische Seitenlayouts aufgebaut werden.

Bild 4.29: Die Einstellungsmöglichkeiten des Grundlinienrasters in den Dokumentvorgaben.

```
┌Grundlinienraster──────────
 Start:         12,7 mm
 Schrittweite:  12 pt
```

Das Grundlinienraster wird in der Dialogbox DOKUMENTVORGABEN eingerichtet. Wählen Sie dazu den Menübefehl *Bearbeiten/Vorgaben/Dokument/Absatz*. Im Bereich GRUNDLINIENRASTER kann in das Feld START die Position der ersten Grundlinie vom Nullpunkt aus und im Feld SCHRITTWEITE der Zeilenabstand der Grundschrift (Bodytext) eingetragen werden. Standardmäßig wird für den Wert von START bei der Dokumenteinrichtung der Wert für den oberen Rand übernommen.

Wird das Grundlinienraster über *Ansicht/Grundlinienraster zeigen* aktiviert, erscheint für jede Grundlinie eine magnetische Hilfslinie. Über *Stil/Formate* kann dann für das Absatzformat eines Textes festgelegt werden, ob dieser am Grundlinienraster ausgerichtet werden soll. Jede Zeile des Textes wird dann mit der Schriftlinie in dieses Raster eingepaßt.

Durch den Magnetismus der Hilfslinien des Grundlinienrasters können auch sehr genau und harmonisch die Bildrahmen eingepaßt werden. Auch die Bildrahmen rasten automatisch auf der Schriftlinie ein. Soll das Bild an der Oberkante der Schrift ausgerichtet werden, dann müssen Sie den Bildrahmen ca. 1/3 Zeile oben einziehen. Dies hängt damit zusammen, daß sich ca. 2/3 der Ausrichtung eines Buchstabens über der Grundlinie befindet und der Beginn der nächsten Grundlinie ca. 1/3 von der Oberkante der Schrift entfernt ist.

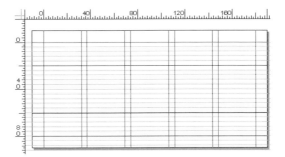

Bild 4.30:
So wird ein aktives Grundlinienraster auf dem Bildschirm dargestellt.

Da QuarkXPress ein Ausrichten von Layoutobjekten bei aktivem Zeilenregister an der Oberkante der Schrift nicht zuläßt, können Sie diese Einschränkung umgehen, indem der Wert für den Zeilenabstand gedrittelt wird. Bei einer Schrittweite von 12 pt würde hier der Wert 4 pt eingetragen. Da sich die Schrift auf Ober-, Mittel- und Unterlänge aufbaut, ist so die Möglichkeit gegeben, die Gestaltungsobjekte an jeder Position der Schrifthöhe auszurichten.

Sonstige Hilfs- oder Markierungslinien

Der Vollständigkeit halber wollen wir noch auf Linien hinweisen, die keine Hilfslinien im eigentlichen Sinne darstellen. Es sind die punktierten Markierungslinien für die Rahmen und gegebenenfalls deren Spalteneinteilung. Diese Linien sind nicht magnetisch und dienen mehr der Orientierung für die Positionierung von Rahmen und Kennzeichnung der Satzbreiten in einem mehrspaltigen Rahmen.

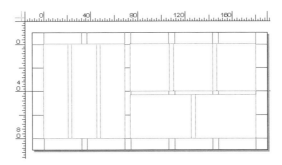

Bild 4.31:
Punktierte Markierungslinien zeigen die Position der Rahmen und gegebenenfalls deren Spalteneinteilung.

In der oben stehenden Abbildung haben wir auf einer Beispielseite einige mehrspaltige Rahmen aufgezogen. Interessant ist in diesem Zusammenhang das optische Abweichen der Textrahmenspaltenlinien von den vom System gesetzten Spaltenhilfslinien. Hier spielt uns wieder das WYSIWYG einen Streich.

Positionieren mit der Maßpalette

Für die richtigen Parameterfreaks gibt es die Möglichkeit, bis auf 1/1000 Millimeter genau die Plazierung von Text, Bild- und Linienobjekten durch numerische Eingabe zu steuern oder numerisch zu überprüfen.

Eine schnelle Bearbeitung dieser Informationen ermöglicht die »Maßpalette«, über die alle Textrahmen, Bildrahmen und Linien exakt positioniert werden können.

Eine besonders interessante Möglichkeit der Parametereingabe ist die Rechenfunktion. Diese Funktion ermöglicht es, die für ein Feld gültigen Werte zu berechnen. Durch vorangestelltes Plus- (+), Minus- (-), Multiplikations- (*) und Divisionszeichen (/) führt QuarkXPress in numerischen Feldern Berechnungen durch.

Es können auch Rechenformeln eingegeben werden. Diese Formeln dürfen allerdings nicht geklammert sein. Die Rangfolge, mit der QuarkXPress die Berechnungen ausführt: von links nach rechts, zuerst Multiplikation und Division, dann Subtraktion und Addition.

Soll z.B. ein Textrahmen um 24 mm nach rechts verschoben werden, und der aktuelle Wert in der Maßpalette für die x-Koordinate ist 13,244 mm, dann ergibt die Eingabe von 13,244 mm +24 eine Verschiebung von 24 mm. Die Rechenfunktion ist in allen Dialogboxen mit numerischen Feldern möglich.

Objektbearbeitung

Neben dem Erzeugen und Importieren ist die Bearbeitung vorhandener Objekte ein wesentlicher Arbeitsschritt beim Aufbau einer Druckseite. Hier unterstützt Sie QuarkXPress mit einer breiten Palette leistungsfähiger Funktionen – ob numerisch exakt oder interaktiv.

Objekte horizontal und vertikal ausrichten

Um Text-, Bild- und Linienobjekte horizontal und vertikal auszurichten und den Abstand zwischen den einzelnen Elementen vorzugeben oder durch das Programm errechnen zu lassen, stehen Ihnen die Steuerelemente der Dialogbox ABSTAND/AUSRICHTEN zur Verfügung. Sobald mehrere Objekte markiert sind, läßt sich die Dialogbox mit dem Menübefehl *Objekt/Abstand/Ausrichtung* aufrufen. In den Bereichen HORIZONTAL und VERTIKAL, die Sie durch ein Kontrollfeld aktivieren, können dann Werte eingegeben werden. Entsprechend den Vorgaben werden dann die Objekte aneinander ausgerichtet.

Markieren Sie im Bereich HORIZONTAL oder VERTIKAL das Feld ABSTAND, dann können Sie einen Wert eingeben, der in der horizontalen oder vertikalen Ausrichtung zwischen jedes Objekt gelegt wird. Es ist möglich, die horizontalen und vertikalen Abstandswerte unterschiedlich zu setzen.

Dokumentaufbau

Bild 4.32:
In der Dialogbox ABSTAND/ AUSRICHTUNG legen Sie die Ausrichtung der aktuell markierten Objekte zueinander fest.

Aktivieren Sie in einem oder beiden Bereichen hingegen das Feld GLEICH-MÄSSIG VERTEILEN, dann wird der Raum gleichmäßig zwischen den Objekten verteilt.

Die Popups im horizontalen und vertikalen Bereich unterscheiden sich. Durch die in diesen Feldern zur Verfügung stehenden Wahlmöglichkeiten legen Sie fest, von welcher Objektkoordinate QuarkXPress die Ausrichtung berechnet. Im horizontalen Bereich haben Sie die Wahl zwischen OBJEKTEN, LINKEN KANTEN, MITTEN und RECHTEN KANTEN. Im vertikalen Bereich können Sie entscheiden zwischen OBJEKTEN, OBEREN KANTEN, MITTEN und UNTEREN KANTEN.

Mit diesen Optionen stellt QuarkXPress einen vertikalen oder horizontalen Keil für die Ausrichtung von Objekten zur Verfügung. Mit einem Anwendungsbeispiel soll die Wirkung veranschaulicht werden. Im Beispiel soll ein Bereich mit einer bestimmten Anzahl horizontaler Linien gefüllt werden. Hierzu duplizieren Sie die gewünschte Anzahl horizontaler Linien, ohne sich um den Versatz und Abstand zu kümmern. Nun werden mit der Maus die erste Linie auf die linke obere Position und die untere auf die Endposition geschoben. Abschließend müssen alle Linien markiert und mit *Objekt/Abstand/Ausrichten* die Ausrichtung der Linienobjekte aktiviert werden. Die erforderlichen Einstellungsparameter sind aus der unten stehenden Abbildung ersichtlich.

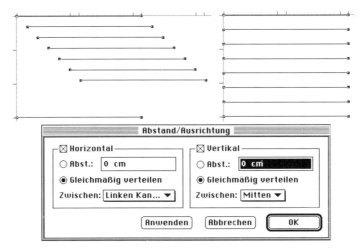

Bild 4.33:
QuarkXPress ermöglicht den horizontalen und vertikalen Keil für die Objektausrichtung.

Objektebenen verändern

Werden in QuarkXPress beliebige Objekte, seien es nun Linien, Text- oder Bildrahmen, auf einer Seite plaziert, dann liegen diese Objekte jeweils auf einer anderen Ebene. Bildlich übertragen: Die Objekte werden auf einem Stapel übereinander abgelegt. Sie bemerken dies daran, daß sich Objekte, die nicht transparent sind, gegenseitig verdecken. Eine Grundvoraussetzung für die elektronische Montage besteht nun darin, daß es möglich sein muß, die Reihenfolge der plazierten Objekte zu verändern.

QuarkXPress stellt nun eine Reihe von Funktionen zur Verfügung, die Reihenfolge von Objekten zu steuern. Diese Funktionen sind über das Menü *Objekt* zu erreichen.

Mit den Menübefehlen *Ganz nach vorn*, *Eine Ebene vor*, *Ganz nach hinten* und *Eine Ebene zurück* lassen sich einzelne oder mehrere selektierte Objekte entsprechend dem Funktionsnamen bewegen. Es stehen immer nur die Funktionen zur Verfügung, die auch wirklich angewendet werden können. So ist z.B. der Befehl *Ganz nach vorn* dann nicht zu aktivieren, wenn sich das markierte Objekt bereits ganz vorn in der Objekthierarchie befindet.

Nun kann es aber vorkommen, daß ein Objekt oder eine Gruppe von Objekten durch andere Objekte so verdeckt ist, daß es durch einfachen Mausklick nicht zu markieren ist. Um auf diese Objekte zugreifen zu können, kann die Tastenkombination ⌘+⌥+⇧ gedrückt und mit der Maus dort geklickt werden, wo sich die verdeckten Objekte befinden. Jeder Klick führt Sie eine Ebene tiefer. Das markierte Objekt tritt dann in den Vordergrund und kann, ohne es in seiner Hierarchie verändern zu müssen, bearbeitet werden. Dies bedeutet, daß komplexe Montagen nicht auseinandergenommen werden müssen, um einzelne Objekte zu bearbeiten, sei es nun das Ändern des Inhalts eines Bildrahmens oder die Durchführung einer Textkorrektur. Jedes auf diese Art markierte Objekt kann mit den bereits aufgeführten Menübefehlen natürlich auch in seiner Reihenfolge verändert werden.

Objekte duplizieren

Ein sehr produktives Feature ist die Duplizieren-Funktion. Natürlich ist es auch möglich, durch *Bearbeiten/Kopieren* und *Bearbeiten/Einfügen* ein Duplikat von Linien, Text- oder Bildrahmen zu erzeugen. Die Bedeutung der Duplizieren-Funktion von QuarkXPress besteht aber darin, daß mit einem horizontalen und vertikalen Verschiebungswert gearbeitet werden kann. Diese Werte sind modifizierbar. Weil die Wiederholgenauigkeit sehr präzise festgelegt werden kann, wird die Duplizieren-Funktion in der Satz- und Layouttechnik häufig verwendet. Die möglichen Einsatzgebiete: Spaltenlinien in Tabellen setzen und mit entsprechenden Verschiebungswerten wiederholen, Nutzenerstellung von kleinen Akzidenzen etc.

Immer, wenn Sie den Befehl *Objekt/Duplizieren* (Tastenkombination ⌘+D) eingeben, wird das mit dem Mauszeiger markierte Objekt oder eine Gruppe von Objekten mit den in der Dialogbox MEHRFACH DUPLIZIEREN eingestellten Werten dupliziert.

Die betreffende Dialogbox erreichen Sie über die Anwahl von *Objekt/Mehrfach duplizieren* (⌘+⌥+D). Hier stehen nun drei Eingabebereiche zur Verfügung. In das Feld ANZAHL KOPIEN: geben Sie die Anzahl der zu erzeugenden Kopien vor. HORIZ. VERSATZ: und VERTIK. VERSATZ: nehmen den Wert auf, um den jedes Duplikat verschoben werden soll.

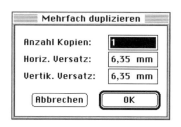

Bild 4.34:
Über die Steuerelemente in der Dialogbox MEHRFACH DUPLIZIEREN können exakte Verschiebungswerte für Duplikate von Objekten eingestellt werden.

Ein Beispiel aus der Praxis soll die Einsatzmöglichkeiten weiter verdeutlichen. Zunächst wird ein Objekt erzeugt. Dies könnte z.B. eine Postkarte sein. Sobald alle Korrekturen erledigt sind und die Karte druckreif ist, kann das Objekt mit einem horizontalen und vertikalen Versatz (in unserem Fall die Breite und Höhe der Postkarte) dupliziert werden. Am Ende der Aktion haben wir dann vier Nutzen auf dem Ausgabeformat. Dieses Verfahren reduziert die Druckzeit, die Anzahl der benötigten Filme, den Materialverbrauch und somit auch die Kosten.

Das grundsätzliche Vorgehen beim Einsatz der Duplizieren-Funktion ist immer gleich: Sie richten das Objekt ein, bringen es in die endgültige Fassung und erzeugen dann die benötigte Anzahl von Duplikaten.

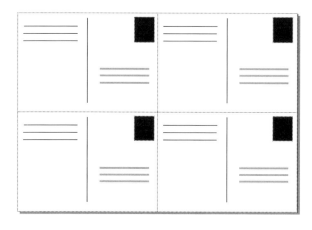

Bild 4.35:
Die Duplizieren-Funktion: Vier A6-Postkarten wurden auf einem A4-Bogen so dupliziert, daß diese mit zwei Schnitten sauber auseinandergeschnitten werden können.

Objekte markieren

Bei der elektronischen Montage von Seitenlayouts ergeben sich immer wieder Situationen, daß bestimmte Linien-, Text- oder Bildobjekte gemeinsam verschoben, kopiert oder gelöscht werden müssen. QuarkXPress ermöglicht es, mehrere Objekte in einer Mehrfachselektion zusammenzufassen.

Hierzu muß das Objektwerkzeug aktiv sein. Anschließend markieren Sie mit gedrückter ⇧-Taste nacheinander die betreffenden Objekte.

Eine andere Technik, mehrere Objekte zu aktivieren, besteht darin, mit gedrückter Maustaste einen Markierungsrahmen zu ziehen. Die Größe des Markierungsrahmens wird mit einer gestrichelten Hilfslinie angezeigt. Alle Objekte, die von diesem Rahmen berührt werden, sind in die Mehrfachselektion einbezogen.

Objekte vereinen

Nach einem Klick auf den Menübefehl *Objekt/Vereinen* zeigt QuarkXPress ein Popup-Menü mit Funktionen, die bisher eigentlich nur von spezialisierten Grafikprogrammen bekannt sind. Durch diese Funktionen können komplexe Bézier-Formen einfacher realisiert werden, insbesondere dann, wenn die geometrische Form Rundungen enthält.

XPress ermöglicht Ihnen den Zugriff auf dieses Untermenü, wenn mehr als ein Rahmen oder eine Linie ausgewählt ist. Um die Funktionalität für den praktischen Einsatz verständlich zu vermitteln, werden wir zwei Objekte erzeugen und hierauf die verschiedenen Funktionen anwenden.

Wählen Sie aus der Werkzeugpalette das Symbol für einen eckigen Rahmen, und erzeugen Sie ein entsprechendes Objekt. Wiederholen Sie diesen Vorgang mit dem Werkzeug für einen ovalen Rahmen. Beide Rahmen werden nun mit dem Objektwerkzeug so zusammengeschoben, daß sie sich überlappen. Um nun die verschiedenen Optionen auf diese Rahmen anwenden zu können, müssen sie beide markiert sein. Klicken Sie hierzu bei gedrückter ⇧-Taste beide Objekte an. Markiert sind die Objekte dann, wenn bei beiden die Anfasser zu sehen sind. Haben die markierten Objekte unterschiedliche Rahmenattribute, werden die Einstellungen des hintersten Objekts übernommen.

Durch wiederholte Eingabe des Tastaturbefehls ⌘+ Z kann die Aktion im Wechsel zurückgenommen und wiederhergestellt werden. Hierdurch wird das Verständnis der Funktionsweise der Vereinen-Befehle verbessert.

Mit dem Befehl *Kreuzung* auf Objekte angewandt, wird eine Form erzeugt, die nur die Bereiche berücksichtigt, die sich überlappen. Alles über diesen Bereich Hinausragende wird abgeschnitten. Um dies zu demonstrieren, schieben wir unser Rechteck so über unseren Kreis, das exakt ein Viertel abgedeckt wird – mit *Kreuzung* entsteht die grafische Form eines Vierteltortenstücks.

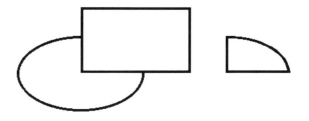

Bild 4.36:
Beim Kreuzen werden aus den überlappenden Bereichen neue Objekte erzeugt (links die Ausgangsform und rechts das Ergebnis).

Mit dem Befehl *Vereinigung* faßt QuarkXPress die markierten Objekte zu einer Kontur zusammen. Dabei werden die Konturen der überlappenden Bereiche entfernt. Da es für den Einsatz dieses Befehls nicht erforderlich ist, daß sich die Objekte überlappen, ergeben sich weitere Einsatzmöglichkeiten. Es kann auf diesem Wege z.B. eine Gruppe von Bild-Rahmenobjekten gebildet werden, in die dann ein Bild geladen wird.

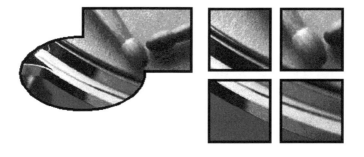

Bild 4.37:
Die Funktion Vereinigung faßt die markierten Objekte zu einem Objekt zusammen. Links sehen Sie die Vereinigung der Ausgangsform. Rechts daneben wurden vier Bildrahmen vereinigt und anschließend mit einem Bild gefüllt.

Die Funktion *Differenz* bezieht sich immer auf das hinterste Objekt. Alle Überlappungen von Objekten, die davor liegen, werden als Schnittmenge aus diesem Rahmen ausgeschnitten. Auf diesem Wege ist es auch möglich, Löcher in bestehende Objektformen einzufügen oder Teile einer Illustration auszublenden.

Bild 4.38: Der Befehl Differenz stanzt die obenliegenden Objektformen aus den darunter befindlichen Objekten heraus. Für das linke Beispiel wurde ein Kreis über der Ellipse gezeichnet und dann herausgeschnitten.

Beim Einsatz des Befehls *Differenz umkehren* wird die Form des hintersten Objekts aus den davor angeordneten Rahmen ausgeschnitten und aus der Schnittmenge eine neue Form erzeugt.

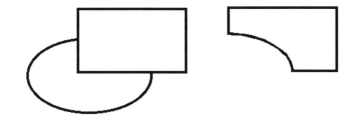

Bild 4.39: Und anders herum: Differenz umkehren stanzt die untenliegende Objektform aus der darüberliegenden aus.

Mit dem Befehl *Exklusiv oder* werden alle Formen beibehalten und nur die Überlappungen entfernt. Die Wirkungsweise ist einer vollständigen Transparenz an diesen Stellen vergleichbar. An den jeweiligen Schnittpunkten der Formen werden beim Einsatz dieses Befehls Bearbeitungspunkte eingefügt. Diese werden aber erst sichtbar, wenn für das Objekt der Bearbeitungsmodus aktiv ist. Die Erläuterung des Bearbeitungsmodus für Objekte folgt später in diesem Kapitel.

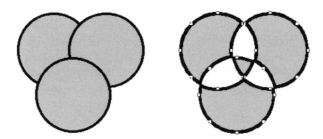

Bild 4.40: Beim Befehl Exklusiv oder entfernt QuarkXPress alle überlappenden Objektbestandteile.

Die Wirkungsweise von *Kombinieren* ist dem Befehl *Exklusiv oder* vergleichbar. Der Unterschied: An den jeweiligen Schnittpunkten der Formen werden keine Bearbeitungspunkte eingefügt.

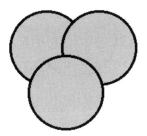 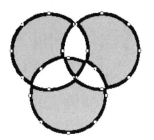

Bild 4.41:
Auch beim Kombinieren werden die überlappenden Objektbestandteile entfernt.

Der Befehl *Endpunkte verbinden*: Diese Funktion wird auf Bézier-Linien angewandt und steht nur zur Verfügung, wenn zwei Linien oder Textpfade aktiv sind. Die Endpunkte dieser beiden Linien können dann miteinander verbunden werden, wenn sie sich nebeneinander befinden. Der Abstand der beiden Punkte muß kleiner oder gleich dem Abstand sein, der als festgelegter Fangradius für Hilfslinien eingestellt ist. Dieser Fangradius wird über *Bearbeiten/Vorgaben/Dokument* auf der Registerkarte ALLGEMEIN im Feld FANGRADIUS HILFSLINIEN: eingestellt. Mit *Endpunkte verbinden* lassen sich keine Punkte verbinden, die sich in der Mitte einer Linie befinden. Zwei Endpunkte werden zu einem Bézier-Punkt zusammengefaßt – das Ergebnis der Aktion ist eine einzelne Bézier-Linie oder ein Textpfad.

Bild 4.42:
Aus zwei mach eins: Endpunkte verbinden fügt zwei Linien zusammen.

Objekte teilen

Um Objekte, die aus Rahmen mit mehreren Pfaden bestehen, als Einzelobjekte einsetzen oder bearbeiten zu können, werden im Menü *Objekt* entsprechende Funktionen angeboten. So lassen sich z.B. Objekte, die durch *Objekte vereinen* zusammengefügt wurden, wieder teilen. Als Übungsobjekt erzeugen wir zunächst drei Kreise mit dem entsprechenden Bildrahmenwerkzeug und positionieren diese nebeneinander. Als nächstes wird ein kleinerer Kreis gezeichnet und über dem mittleren Kreis plaziert. Diese beiden Kreise werden mit dem Mauszeiger markiert und durch den Menübefehl *Objekt/Vereinen/Differenz* verbunden. Abschließend werden alle drei Objekte markiert und durch den Menübefehl *Objekt/Vereinen/Vereinigung* zu einem Objekt verbunden. Die gekreuzten Linien der Bildrahmenobjekte erstrecken sich über die gesamte Anordnung, wobei der Kreis in der Mitte ein Loch enthält.

*Bild 4.43:
Zwei Vollkreise und ein ausgeschnittener Kreisring wurden zu einem Objekt vereint.*

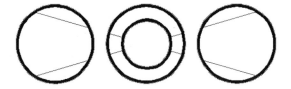

Wenn Sie jetzt den Menübefehl *Objekt/Teilen/Außenpfade* anwenden, wird die Zusammenstellung wieder in die drei ursprünglichen Objekte überführt.

*Bild 4.44:
Mit Objekt/Teilen/Außenpfade wurde das vereinte Objekt wieder getrennt: Jeder einzelne Bildrahmen zeigt die gekreuzten Linien. Das Loch im mittleren Kreis bleibt nach wie vor erhalten.*

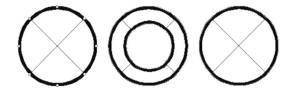

Wird auf das vereinte Objekt der Befehl *Objekt/Teilen/Alle Pfade* angewendet, tritt ein wesentlicher Unterschied zutage: Auch die zwei über die Differenz-Funktion verbundenen Objekte werden jetzt getrennt und können unabhängig bearbeitet und verschoben werden.

*Bild 4.45:
Objekt/Teilen/Alle Pfade trennt in unserem Beispiel auch den mit Differenz erzeugten Kreisring in die zwei Ausgangsobjekte.*

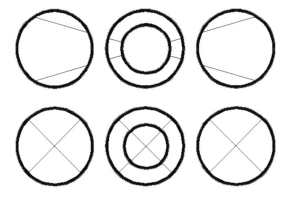

Objekte gruppieren

QuarkXPress bietet die Möglichkeit, Linien-, Text- oder Bildobjekte, die inhaltlich oder technisch zusammengehören, zu einer Objektgruppe zusammenzufassen.

Der Vorteil: Eine aus vielen Einzelteilen bestehende Teilmontage einer Seite, z.B. ein mehrspaltiger Artikel mit Überschrift und Artikelvorspann, wird dann vom Programm so behandelt, als wäre es ein einzelnes Element. Einmal eingepaßte Teilelemente können somit nicht versehentlich verschoben werden, und Positionsänderungen der betreffenden Gestaltungsgruppe sind ohne Probleme möglich.

Die Möglichkeit der Mehrfachselektion ist da zwar schon sehr hilfreich, die feste Gruppierung erhöht aber die Verarbeitungssicherheit und ist letztlich auch produktiver, da bei Verschiebungen nicht immer erneut die einzelnen Teilelemente aktiviert werden müssen.

Die von anderen Programmen her bekannte Einschränkung, daß einzelne Objekte einer Gruppe nicht in Position und Inhalt verändert werden können, ist für QuarkXPress nicht gültig. Auch innerhalb von gruppierten Objekten ist jede gewünschte Änderung möglich, ohne zuvor die Gruppierung aufzuheben.

Eine Gruppierung von Objekten kann erzeugt werden, wenn mindestens zwei Objekte markiert sind. Durch den Menübefehl *Objekt/Gruppieren* (Tastenkombination ⌘+G) wird die Gruppierung aktiv. Sie können dies daran erkennen, daß bei aktivem Objektwerkzeug eine markierte Gruppierung durch einen gestrichelten Rahmen gekennzeichnet ist. Dieser Rahmen schließt alle Elemente einer Gruppe ein. Die in der Gruppe enthaltenen einzelnen Objekte werden ohne Griffe angezeigt. Durch Selektion können mehrere Gruppen zu einer Gruppierung zusammengefaßt werden. Um eine Gruppierung wieder rückgängig zu machen, müssen Sie die betreffende Gruppe mit dem Objektwerkzeug markieren. Durch einen Mausklick auf *Objekt/Gruppieren rückgängig* (Tastenkombination ⌘+U) wird die Gruppierung wieder aufgehoben.

Gruppierte Objekte bearbeiten

Um Gruppierungen zu bearbeiten, stehen zwei Möglichkeiten zur Verfügung: Es können sowohl einzelne Objekte, aber auch die Gruppe als Ganzes bearbeitet werden. Je nach Inhalt des gruppierten Objekts bietet QuarkXPress hier durch *Objekt/Modifizieren* (Tastenkombination ⌘+M) zwei Registerkarten an, die zur Modifikation der gruppierten Objekte genutzt werden können.

Bearbeitung der Gruppe
Ist eine Gruppe markiert, dann wird nach einem Klick auf *Objekt/Modifizieren* (Tastenkombination ⌘+M) eine Modifizieren-Dialogbox angezeigt. In Abhängigkeit von der Art der in der Gruppierung enthaltenen Objekte werden ein oder zwei Registerkarten zur Bearbeitung angeboten.

Sind in einer Gruppierung Linien-, Text- und Bildrahmenobjekte enthalten, stellt QuarkXPress die Registerkarte GRUPPIEREN in den Vordergrund der Dialogbox. Folgende Einstellungen lassen sich hier vornehmen:

- ❏ Der linke obere Bezugspunkt
- ❏ Der Winkel der Gruppe
- ❏ Die Farbe für den Rahmenhintergrund
- ❏ Die Checkbox AUSGABE UNTERDRÜCKEN

Darüber hinaus kann für alle in der Gruppe enthaltenen Objekte die Farbvorgabe für Rahmen und Linien gleichzeitig angepaßt werden. Dies gilt auch für die verschiedenen Farbverläufe, die das Programm für Rahmenhintergründe anbietet. Der Button ANWENDEN gestattet eine Voransicht der Objektmodifikationen.

Sind in einer Gruppierung ausschließlich Text- und Bildrahmen enthalten, wird zusätzlich die Registerkarte RANDSTIL angeboten. Für alle gruppierten Rahmenobjekte lassen sich Stärke und Stil der Linie, Farbe und Tonwert und die Farbe für den Abstand zwischen den Linien einrichten.

Sind in einer Gruppe entweder Text- oder Bildrahmen enthalten, dann wird durch Aufruf von *Objekt/Modifizieren* die Modifizieren-Dialogbox für die betreffenden Rahmenobjekte geöffnet. Neben den bereits genannten erscheint eine dritte Registerkarte TEXT bzw. BILD – abhängig vom aktuellen Inhalt der Gruppe.

Die Objekte einer Gruppe lassen sich geschlossen interaktiv verändern. Dabei ist es völlig unerheblich, aus welchen Objekten die Gruppe besteht. Eine Größenänderungen wird einfach durch Ziehen an einem der Anfasser erreicht. Wird neben der Maustaste keine zusätzliche Taste gedrückt, verhalten sich die Größenänderungen unproportional. Es werden lediglich die Rahmengrößen verändert, eine Größenänderung des Rahmeninhalts findet nicht statt. Halten Sie beim Ziehen die ⇧-Taste gedrückt, werden die gruppierten Objekte proportional mitverändert: So werden z.B. aus Ellipsen Kreise und aus Rechtecken Quadrate.

Bei gleichzeitig gedrückter ⌘-Taste werden die Objektinhalte in die nichtproportionale Änderung einbezogen. Sollen beim Modifizieren der Größe die Proportionen des gruppierten Objekts erhalten bleiben, so müssen Sie beim Ziehen die Tasten ⌘+⌥+⇧ gedrückt halten.

Die Größenveränderung des gruppierten Objekts wird zunächst durch gestrichelte Linien angezeigt. Erst nach dem Loslassen der Maustaste erfolgt dann die endgültige Veränderung der Gruppe.

Gruppenelemente bearbeiten
Auch Inhalt, Position und Größe einzelner Objekte einer Gruppe können bearbeitet werden. Den Zugriff auf diese Modifikationsmöglichkeit erhalten Sie bei aktivem Inhalt-Werkzeug. Stellen Sie aber zunächst sicher, daß das gruppierte Objekt nicht bereits mit dem Objekt-Werkzeug markiert ist. Bei aktivem Inhalt-Werkzeug muß das zu modifizierende Objekt einer Gruppe nur mit dem Mauszeiger markiert werden. Je nach dem angeklickten Objekt wechselt der Mauszeiger nun seine Form, und einzelne Objekte lassen sich interaktiv – z.B. durch Ziehen an den Anfassern – verändern.

Die Dialogboxen MODIFZIEREN *und* RANDSTIL *stehen nicht zur Verfügung, wenn eine Gruppe weitere Gruppen enthält.*

Bild 4.46:
Ein gruppiertes Objekt wird durch eine gestrichelte Linie angezeigt. Soll ein einzelnes Objekt in einer Gruppierung bearbeitet werden, dann muß statt des Objekt-Werkzeugs das Inhalt-Werkzeug aktiv sein.

Objektbezüge herstellen

Eine besondere Form der Gruppierung verbirgt sich hinter den Funktionen *Bezug herstellen* und *Bezug entfernen* im Menü *Objekt*. Eine Gruppierung kann in ein Objekt mit Bezug gewandelt werden. Auch wenn auf den ersten Blick kein grundlegender Unterschied zur normalen Gruppieren-Funktion festzustellen ist, gibt es drei grundlegende Unterscheidungen.

- Eine Gruppierung kann nur in einen Bezug umgewandelt werden, wenn ein Rahmen, der alle gruppierten Objekte einschließt, Teil der Gruppierung ist. Dieser Rahmen muß hinter allen betreffenden Objekten liegen. Wird eine Gruppierung markiert, die diesen Vorgaben entspricht, dann steht der Menübefehl *Bezug herstellen* zur Verfügung. Durch Mausklick auf diesen Menübefehl wird dann der Bezug hergestellt. Durch Anwahl von *Objekt/Bezug entfernen* kann der Bezug wieder aufgehoben werden. Objekte mit Bezug sind daran zu erkennen, daß der gestrichelte Rahmen durch einen Rahmen mit einer durchgehenden Linie ersetzt wird.

- Objekte in einer Gruppe mit Bezug können nach den gleichen Regeln bearbeitet werden, wie sie bereits zuvor im Zusammenhang mit der Modifikation von Gruppierungen behandelt wurden. Einen wesentlichen Unterschied gibt es aber: Objekte können nicht über den Objektrahmen hinausbewegt werden, der die Objekte als äußerer Rahmen einschließt.

- Durch Bezüge zwischen Objekten ist es auch möglich, automatische Gruppierungen zu erzeugen. Nach einem Klick auf den Menübefehl *Bearbeiten/Vorgaben/Dokument/Allgemein* (⌘+Y) kann in der Dialogbox ALLGEMEINE VORGABEN das Kontrollfeld AUTOMATISCHER BEZUG aktiviert werden. Ist diese Funktion aktiv, stellt XPress automatisch einen Bezug her, sobald Sie innerhalb eines Rahmens ein anderes Objekt anlegen.

Ist bei Aktivierung dieser Funktion kein Dokument geöffnet, dann wird diese Einstellung für alle neuen Dokumente aktiv. Ist bereits ein Dokument geöffnet, dann bezieht sich die Aktivierung dieser Option nur auf dieses Dokument.

Der Einsatzbereich dieser Funktion hat wohl in erster Linie historische Ursachen. Die ersten QuarkXPress-Versionen (< 3.0) boten keine Funktionen, um mehrere Objekte zu gruppieren. In diesen ersten XPress-Versionen wurden lediglich die Objekte zu einer Gruppe zusammengefaßt, die innerhalb eines Rahmens erzeugt wurden. Diese Technik wurde Mutter-Tochter-Beziehung genannt.

Objekte festsetzen

Textrahmen, Bildrahmen und Linien können festgesetzt werden, um sie vor unbeabsichtigten Veränderungen zu schützen. Ein markiertes Objekt wird über *Objekt/Festsetzen* oder die Tastenkombination ⌘+F6 festgesetzt. Dies gilt auch, wenn mehrere Objekte markiert sind oder das markierte Objekt eine Objektgruppe ist. Um ein festgesetztes Objekt dennoch zu verschieben, verwenden Sie die Dialogbox MODIFIZIEREN oder die MASSPALETTE. Sobald Sie auf ein festgesetzes Objekt klicken, verwandelt sich der Mauszeiger in ein Schloß. Mit *Objekt/Lösen* (Tastenkombination ⌘+F6) wird der Schutz des Objekts wieder aufgehoben.

Zusatzpaletten

QuarkXPress stellt elf Zusatzpaletten zur Verfügung, die an einer beliebigen Stelle auf dem Bildschirm plaziert werden können. Sie müssen nur die jeweilige Titelleiste anklicken und können dann die Palette in die gewünschte Position ziehen. Diese Paletten bleiben so lange geöffnet, bis sie durch einen doppelten Mausklick oder über den entsprechenden Befehl im Ansicht-Menü geschlossen werden. Die Zusatzpaletten ermöglichen einen direkten Zugriff auf häufig benötigte Programmfunktionen, ohne ständig die Menüleiste aufzuklappen. Sie liegen immer im Vordergrund. Eine Übersicht über die Paletten finden Sie im Kapitel 3 und im Anhang.

Doch auch der Umgang mit diesen Paletten will gelernt sein, sonst sind Sie ständig dabei, sie von einer Ecke des Bildschirms in die andere zu schieben. Im folgenden stellen wir dar, wie die Paletten sinnvoll auf dem Schirm angeordnet werden.

Bei einem 15"- oder 17"-Bildschirm ist das natürlich schwieriger als bei einem 21"-Bildschirm. Plazieren Sie diese Paletten, wenn noch kein Dokument geöffnet ist. Diese Einstellung gilt dann als Voreinstellung für alle folgenden Dokumente. Gruppieren Sie die Paletten möglichst immer an der gleichen Position um das QuarkXPress-Fenster herum. Die Maßpalette wird dabei unter dem Fenster und die Seitenlayoutpalette rechts außen plaziert. Die Vorteile: Beim Layouten wird durch die Paletten nichts verdeckt und indem sich der Standort der Palette routinemäßig einprägt, vermeidet man das ständige Suchen der Paletten auf dem Schirm.

QuarkXPress speichert diese Positionen in seinen internen Programmvorgaben mit ab, so daß die Paletten immer an der gleichen Stelle stehen.

Dokumentaufbau

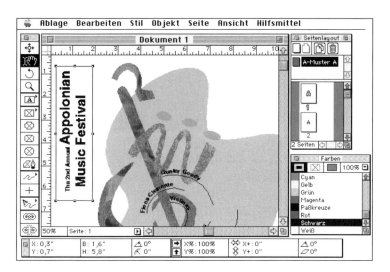

Bild 4.47:
Auf einen Blick:
Einige Zusatzpaletten von QuarkXPress, um das Dokument herum gruppiert. So sind sie immer im direkten Zugriff, ohne die Arbeit zu behindern.

Die Paletten im einzelnen

Wegen der globalen Bedeutung behandeln wir an dieser Stelle nur die Werkzeugpalette ausführlich. Alle anderen Paletten stehen immer in einer konkreten Beziehung zu bestimmten Objekten oder Arbeitsabläufen und werden hier nur in ihrer Funktionsweise kurz beschrieben und abgebildet. Eine vollständige Beschreibung der Paletten finden Sie in den betreffenden Abschnitten.

Die Werkzeugpalette

Aus dem Kreis der elf Paletten ist die Werkzeugpalette die wichtigste. Während in anderen Paletten Menüfunktionen und Informationen zusammengefaßt sind, die auch ohne diese Paletten zur Verfügung stehen, bietet nur die Werkzeugpalette den Zugriff auf die Werkzeuge: Mit einem Mausklick auf das entsprechende Symbol der Werkzeugleiste bestimmen Sie das zu benutzende Werkzeug. Über die Werkzeugpalette wird auch entschieden, welche Möglichkeiten von Maus- und Tastaturaktionen oder Menü-Optionen zur Verfügung stehen. Sie sollte deshalb ständig neben dem QuarkXPress-Dokumentfenster plaziert sein. Die Werkzeugpalette ist in der XPress-Version 4.0 überarbeitet worden und enthält nun eine Reihe weiterer wichtiger Features, die ein produktiveres Arbeiten ermöglichen.

Befindet sich in der oberen rechten Ecke des jeweiligen Werkzeugsymbols ein Pfeil, dann werden hier zusätzliche Werkzeuge angeboten, die sich in einem Popout verbergen. Halten Sie den Mauszeiger bei gedrückter Maustaste einen Moment lang auf der Werkzeugschaltfläche, um das Popup zu öffnen. Wenn Sie den Mauszeiger über das auszuwählende Werkzeug ziehen und die Maustaste loslassen, ersetzt das neue Werkzeug die alte Auswahl in der Werkzeugleiste. Führen Sie diese Aktion bei gedrückter ⌘-Taste durch, wird das Werkzeug der Werkzeugpalette hinzugefügt. Mit einem weiteren Klick wird das Werkzeug wieder ausgeblendet. Die jeweils eingestellte

Konfiguration der Werkzeugpalette wird in den Voreinstellungen von Quark-XPress automatisch gesichert.

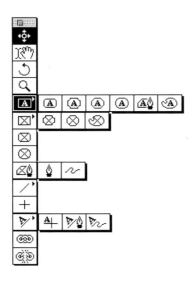

Bild 4.48: In der Werkzeugpalette befinden sich nun vier Popout-Menüs. Sie lassen sich anwenderdefiniert zusammenstellen.

Alternativ können Sie die Werkzeuge auch über die Tastatur aktivieren:

⌘+Tab
aktiviert die Werkzeugpalette und wählt das nächstes Werkzeug aus.

⌘+⇧+Tab
aktiviert die Werkzeugpalette und wählt das vorherige Werkzeug aus.

Mit dem »Objekt-Werkzeug« können Textrahmen, Bildrahmen und Linien markiert werden, um sie zu verschieben, zu gruppieren, umzugruppieren, auszuschneiden, zu kopieren und einzusetzen.

Das »Inhalt-Werkzeug« ermöglicht das Importieren, Exportieren, Ausschneiden, Kopieren, Einfügen und Modifizieren von Rahmeninhalten bei Texten und Bildern.

Mit dem »Dreh-Werkzeug« können Objekte aktiviert und per Mausbewegung gedreht werden.

Das »Lupen-Werkzeug« dient zum Vergrößern und Verkleinern der Dokumentdarstellung im Fenster.

Mit dem »Textrahmen-Werkzeug« können Textrahmen erzeugt werden.

Mit dem »freien Textrahmen-Bézier-Werkzeug« können Textrahmenformen durch Ziehen mit dem Mauszeiger erzeugt werden.

Das »Bildrahmen-Werkzeug« dient zum Anlegen von rechteckigen Bildrahmen.

Unregelmäßig geformte Bildrahmen lassen sich mit Hilfe des Werkzeugs »freie Bildrahmen-Bézier« durch Ziehen mit der Maus zeichnen.

Das »Bézier-Textrahmen-Werkzeug« ist für die Konstruktion von vieleckigen Textrahmen zuständig. Diese müssen mindestens aus drei Bézier-Punkten bestehen.

Das »runde Bildrahmen-Werkzeug« kann für die Erzeugung von Bildrahmen mit runden Ecken benutzt werden.

Ovale und runde Bildrahmen erstellen Sie mit Hilfe des Werkzeugs »ovale Bildrahmen«.

Das »Bézier-Bildrahmen-Werkzeug« ist für die Konstruktion von vieleckigen Bildrahmen zuständig. Diese müssen mindestens aus drei Bézier-Punkten bestehen.

Senkrechte und waagerechte Linien werden mit dem Werkzeug »senkrechte Linien« gezeichnet.

Linien in beliebigen Winkeln werden mit dem Werkzeug »Winkel-Linien« erstellt.

Das »freie Bézier-Linien-Werkzeug« erzeugt Linien durch Ziehen mit dem Mauszeiger.

Das »gerade Linientextpfad-Werkzeug« erzeugt gerade Pfade, die mit Text kombiniert werden können.

Mit dem Werkzeug »Winkel-Linientextpfad« zeichnen Sie Textpfade in beliebigen Winkeln.

Das »freie Linientextpfad-Bézier-Werkzeug« erzeugt Pfade durch Ziehen mit dem Mauszeiger, die mit Text kombiniert werden können.

Mit dem »Verkettungs-Werkzeug« werden Textketten für Fließtext von einem Rahmen zu einem anderen erzeugt. Der Begriff Textkette bedeutet, daß zwischen Textrahmen eine Verbindung besteht, so daß immer, wenn ein Rahmen gefüllt ist, der Text in den der Textkette folgenden Rahmen fließt.

Mit dem »Entkettungs-Werkzeug« wird diese Textkette zwischen Textrahmen wieder aufgelöst.

Über *Bearbeiten/Vorgaben/Dokument/Werkzeuge* oder durch einen Doppelklick auf ein Werkzeugsymbol in der Werkzeugpalette haben Sie Zugriff auf die Werkzeugvoreinstellungen. Dadurch lassen sich die Eigenschaften individuell einrichten – ganz so, wie Sie es bei der jeweiligen Layoutarbeit benötigen. Auf die jeweiligen Möglichkeiten kommen wir bei den betreffenden Kapitelunterabschnitten, die diese Werkzeuge betreffen, wieder zurück.

Die Vorgaben lassen sich in der Registerkarte WERKZEUG auch für mehrere Werkzeuge gemeinsam anpassen. Dazu müssen die zu ändernden Werkzeuge gemeinsam markiert werden. Die Mehrfachselektion geschieht, indem Sie bei gedrückter ⇧-Taste nacheinander die Werkzeuge in der Registerkarte anklicken. Mit dem Button STANDARD-WERKZEUGPALETTE lassen sich die Änderungen auf die Programm-Standardwerte zurücksetzen.

Wird die Voreinstellung für die Funktionen der Werkzeugpalette geändert, ohne daß ein Dokument geöffnet ist, dann gilt diese Voreinstellung als Grundlage für alle kommenden Dokumente. Haben Sie ein Dokument geöffnet, dann bezieht sich die Voreinstellung nur darauf.

Die Maßpalette

Diese Palette dient nicht nur der Information, sondern man kann auch durch direkte Eingabe in die Felder dieser Palette Veränderungen direkt vornehmen und ausführen.

Bild 4.49: Nicht nur Anzeige: Mit den Eingabefeldern der Maßpalette lassen sich markierte Objekte auch interaktiv verändern.

Die Stilvorlagenpalette

Diese Palette ist hilfreich, damit Stilvorlagen schnell auf Textstellen übertragen werden können. Besonders wichtig, wenn Funktionstasten oder andere Sondertasten bereits belegt sind.

Bild 4.50: Über die Stilvorlagenpalette haben Sie die definierten Stilvorlagen im schnellen Zugriff.

Die Farben- und Überfüllungspalette

Optimiert die Möglichkeiten der Farbzuweisung: Objekte können markiert und durch Mausklick die gewünschten Attribute erhalten, ohne in den Hintergrund schalten zu müssen.

Bild 4.51: Mit der Farben- und der Überfüllungspalette lassen sich die Objektattribute mit einem einzigen Mausklick verändern.

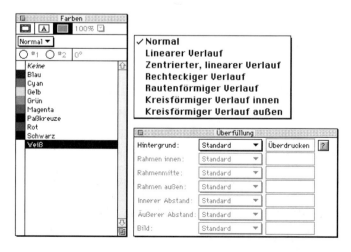

Die Bibliothekspalette

Diese Palette ist eine Besonderheit. Sie ermöglicht den Zugriff auf Bibliotheken in der Standardlayoutelemente, seien es Texte, Logos, Layoutvorlagen, Rubrikenköpfe etc. abgelegt werden können.

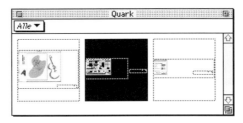

Bild 4.52:
Die Bibliothekspalette bietet Ihnen den Zugriff auf gespeicherte Layoutelemente.

Die Indexpalette

QuarkXPress ermöglicht es über die Indexpalette, einen Index mit einer Gliederung von bis zu vier Ebenen zu erstellen und zu verwalten. Dies erleichtert die Produktion von Büchern mit Indexanhang enorm.

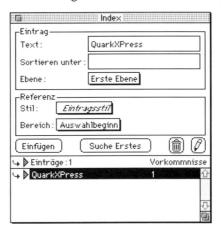

Bild 4.53:
Die Indexpalette ist ein leistungsfähiges Hilfsmittel beim Erstellen eines Index.

Die Listenpalette

Mit der Listenpalette können z.B. Inhaltsverzeichnisse erstellt und verwaltet werden. Die jeweiligen Einträge werden entsprechend ihren Stilattributen angezeigt.

Bild 4.54:
In der Listenpalette erstellen und verwalten Sie Inhaltsverzeichnisse.

Die Profilinformationspalette

Diese Palette informiert über die Bildeigenschaften und die im Rahmen von Farbmanagementfestlegungen zugewiesenen Farbprofile und ermöglicht eine Veränderung der Vorgaben.

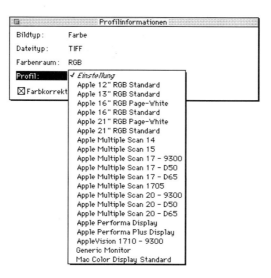

*Bild 4.55:
Die Profilinformationspalette zeigt Ihnen die Eigenschaften markierter Bildelemente und Einstellungen zum Farbmanagement.*

Anzeigeoptionen

Im Verlauf dieses Abschnitts haben wir den Einsatz optischer Layouthilfs- und Kontrollmittel bei der Layouterstellung mit QuarkXPress besprochen. Doch nicht immer ist es sinnvoll, alle diese Optionen eingeschaltet zu haben. So hilfreich wie z.B. die Hilfslinien zur Orientierung sind, so stören sie die optische Wiedergabe einer Layoutarbeit auf dem Bildschirm doch gravierend. Außerdem wird die Möglichkeit benötigt, verschiedene Teilbereiche der Layoutseite in Vergrößerung zu betrachten und zu bearbeiten.

QuarkXPress bietet hier zahlreiche Möglichkeiten, die Anzeigeoptionen so zu steuern, daß sie immer auf das jeweilige Erfordernis abgestimmt werden können.

Die Ansichtgröße verändern

Um die Ansichtsgröße der Seitendarstellung zu verändern, stehen zwei grundlegende Möglichkeiten zur Verfügung. Zum einen haben Sie über das Menü *Ansicht* Zugriff auf sechs voreingestellte Ansichtsgrößen. QuarkXPress stellt die Stufen *Ganze Seite* (⌘+0), 50%, 75%, *Originalgröße* (⌘+1), 200% und *Miniaturen* zur Verfügung.

Daneben läßt sich der Abbildungsmaßstab mit dem Werkzeug *Lupe* interaktiv verändern. So lassen sich die gewünschten Bildschirmbereiche gezielt vergrößern. Dazu aktivieren Sie das Werkzeug mit einem Klick auf das Lupen-

Symbol in der Werkzeugpalette. Durch Ziehen mit gedrückter Maustaste legen Sie einen Markierungsrahmen über den zu vergrößernden Bereich fest – der markierte Bereich wird auf die zur Verfügung stehende Fenstergröße hochgezogen. Der maximale Zoomfaktor ist 800%.

Bild 4.56:
Mit dem Werkzeug Lupe kann ein Bereich auf Bildschirmgröße gezoomt werden.

Sie können das Lupen-Werkzeug aber auch einsetzen, um die Seitenansicht in vorgegebenen Schritten zu Vergrößern oder zu Verkleinern. Die Standardeinstellung der Lupe ist »Vergrößern«. Wollen Sie mit der Lupe die Seitenansicht verkleinern, dann halten Sie beim Klicken die ⌥-Taste gedrückt. Das »+«-Zeichen in der Lupe wandelt sich dann in ein »-«-Zeichen. Der Punkt, auf den geklickt wird, ist Mittelpunkt der neuen Bildschirmdarstellung. Den Faktor, um den der Bereich bei jedem Mausklick vergrößert oder verkleinert wird, können Sie über *Bearbeiten/Vorgaben/Dokument/Werkzeuge* in der Dialogbox WERKZEUG-VORGABEN bestimmen. Durch Anklicken des Lupenwerkzeugs haben Sie Zugriff auf die Voreinstellung der Zoomfaktoren. Im Bereich ANSICHTSGRÖSSE wird im Feld MINIMUM die kleinste, im Feld MAXIMUM die größte Darstellungsgröße festgelegt. Der Wert im Feld SCHRITTW. bestimmt die Zoom-Intervalle.

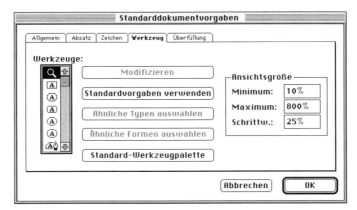

Bild 4.57:
In dieser Dialogbox kann die Voreinstellung für das Lupenwerkzeug verändert werden.

Eine weitere Möglichkeit, die Ansichtsgröße zu verändern, bietet die Prozentangabe in der linken unteren Ecke des Bildschirms. Mit einem Doppelklick auf de Anzeige wird die Zahl hinterlegt, und es lassen sich beliebige Werte im Bereich von 10% – 800% eingeben. Nach dem Bestätigen mit der ⏎-Taste ändert QuarkXPress den Abbildungsmaßstab auf den eingestellten Wert.

Anzeigeoptionen aktivieren und deaktivieren

So hilfreich Markierungs- und Hilfslinien zur Orientierung und Plazierung im Layout sind, so sehr beeinträchtigen sie doch die Wirkung eines Layouts. Im Menü *Ansicht* finden sich deshalb Einträge zum Steuern diese Hilfsmittel:

Hilfslinien zeigen	Zeigt die Markierungs- und Hilfslinien auf dem Bildschirm an.
Hilfslinien verbergen	Verbirgt die Markierungs- und Hilfslinien auf dem Bildschirm.
Grundlinienraster zeigen	Zeigt das Grundlinienraster auf dem Bildschirm an.
Grundlinienraster verbergen	Verbirgt das Grundlinienraster auf dem Bildschirm.

Besonders hilfreich ist die Funktion *Sonderzeichen zeigen*. Damit sind nicht etwa die Sonderzeichen eines Zeichensatzes gemeint, sondern Steuerzeichen innerhalb von Texten. Durch Aktivieren dieser Option macht QuarkXPress die Zeichen durch Platzhalter sichtbar.

Programmvorgaben für Bildschirmwiedergabe

Nach einem Klick auf *Bearbeiten/Vorgaben/Programm* lassen sich auf der Registerkarte ANZEIGEN verschiedene Voreinstellungen festlegen, mit denen die Bildschirmwiedergabe beeinflußt werden kann. Im Bereich HILFSLINIENFARBE legen Sie die Farbe für die verschiedenen Hilfslinien fest – eine sinnvolle Option, wenn Sie mit vollfarbigen Layouts arbeiten.

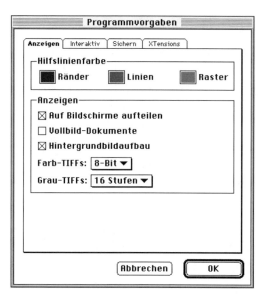

Bild 4.58:
Die Registerkarte ANZEIGEN in der Dialogbox PROGRAMMVORGABEN steuert die Bildschirmdarstellung.

Das farbige Feld mit der Bezeichnung RÄNDER dient zum Bestimmen der Farbe von Rahmen- und Spaltenhilfslinien. Nach einem Klick auf diesen Button öffnet XPress die Dialogbox RÄNDER, in der sich die gewünschte Farbe einstellen läßt. Das Farbfeld LINIEN ändert die Farbe der Linealhilfslinien, das Farbfeld RASTER ändert die Hilfslinien des Grundlinienrasters.

Die Qualität der Bilddarstellung kann in der Dialogbox PROGRAMM-VORGABEN auf der Registerkarte ANZEIGEN eingestellt werden. Über das Popup FARB-TIFFs legen Sie fest, ob Farb-TIFFs mit 8 Bit/256 Farben oder 24 Bit/ 16,8 Millionen Farben dargestellt werden. Die hochwertige Farbdarstellung funktioniert nur dann, wenn eine entsprechende Grafikkarte installiert ist.

Eine große Farbtiefe verlangsamt den Bildschirmaufbau deutlich. Empfehlenswert ist in diesem Fall der Einsatz von beschleunigten Bildschirmgrafikkarten.

Im Listenfeld GRAU-TIFFs können Sie auswählen, in welcher Qualität Graustufenbilder auf dem Bildschirm dargestellt werden. Die Einstellung 16 STUFEN ergibt einen schnellen Bildschirmaufbau, aber eine schlechte Wiedergabequalität des Halbtonbildes. 256 STUFEN ergibt eine gute Wiedergabequalität, allerdings wieder auf Kosten der Arbeitsgeschwindigkeit.

Um den Bildschirmaufbau nicht unnötig zu verlangsamen, sollte die Bilddarstellung nur für die Feinarbeiten eingeschaltet sein. Geht es hingegen nur noch um den Textaufbau oder Textkorrekturen, dann empfehlen wir, die Bilddarstellung auszuschalten.

Eine weitere Möglichkeit, die Wiedergabe von Bildern auf dem Bildschirm zu beeinflussen, besteht darin, beim Bildimport während des Klickens auf den OK-Button die ⇧-Taste gedrückt zu halten. Dieser Vorgang lädt die Bilder in der halben Bildschirmauflösung. Nun lassen sich die Bilder gut plazieren, sie verlangsamen nicht zu sehr den Bildschirmaufbau.

Auch über *Bearbeiten/Vorgaben/Farbmanagement* beeinflussen Sie die Bildschirmwiedergabe. Wird in dieser Vorgaben-Dialogbox die Checkbox FARBMANAGEMENT aktiviert, dann kann die Farbwiedergabe für den Bildschirm angepaßt werden. Ziel der Übung ist es, auf dem Monitor eine Farbdarstellung zu erhalten, die dem zu erwartenden Druckergebnis weitgehend entspricht. Dieser Vorgang wird auch als Kalibrieren bezeichnet und ist die Voraussetzung für ein erfolgreiches Arbeiten mit Farbe.

Im Bereich ZIELPROFILE kann aus dem angebotenen Popup-Menü ein Monitormodell ausgewählt werden, dessen Wiedergabeeigenschaften Grundlage für die Farbanpassung sind. Voraussetzung ist in diesem Fall, daß entsprechende Profile für den Monitor auf dem Rechner installiert sind. Schlagen Sie zu diesem Themenkomplex im Abschnitt Farbmanagement nach.

Je kleiner der Schriftgrad, desto schwieriger wird es, diese Schrift auf einem Bildschirm darzustellen. Die Auflösung des Bildschirms ist zu grob für die Feinheiten bei kleinen Schriftgrößen. Deshalb läßt sich in der Dialogbox DOKUMENTVORGABEN auf der Registerkarte ALLGEMEIN einstellen, ab welcher Schriftgröße die Schrift als »Blindtext« erscheint. Blindtext bedeutet nichts anderes, als daß kleine Buchstaben nicht mehr als lesbarer Text, sondern als graue Balken dargestellt werden. Blindtext kann wesentlich schneller als herkömmlicher Text angezeigt werden. Mit der Checkbox BLINDTEXT UNTER schalten Sie diese Funktion ein. In das Eingabefeld rechts daneben geben Sie die Schriftgröße ein, ab der Blindtext erscheinen soll.

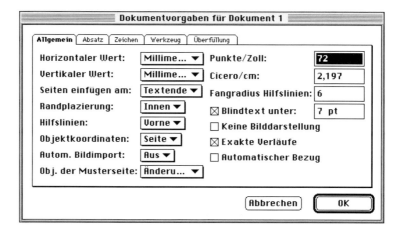

Bild 4.59: Unter Dokumentvorgaben können auf der Registerkarte ALLGEMEIN verschiedene Einstellungen vorgenommen werden, die die Bildschirmanzeige betreffen.

In QuarkXPress können Sie Verläufe aus zwei unterschiedlichen Farben erzeugen. Um eine stufige Darstellung der Verläufe auf dem Bildschirm zu vermeiden, kann das Kontrollfeld EXAKTE VERLÄUFE aktiviert werden. Bedenken Sie aber, daß durch die Aktivierung dieser Option der Bildschirmaufbau verlangsamt wird. Ist in Ihrem System eine 24-Bit-Grafikkarte installiert, dann ist diese Option ohne Bedeutung, denn diese Karten stellen einen Verlauf immer optimiert dar.

Durch Anklicken der Checkbox KEINE BILDDARSTELLUNG läßt sich die Darstellung von Bildern im Dokument vollständig unterdrücken. Statt des Bildes wird in diesem Fall im Bildrahmen nur eine graue Fläche dargestellt. Dies ist immer dann zu empfehlen, wenn sich der Bildschirmaufbau durch die Vielzahl an Bildern zu sehr verlangsamt und ein zügiges Arbeiten erschwert wird. Diese Einstellung bezieht sich nur auf die Bildschirmdarstellung, die Druckausgabe ist davon nicht betroffen.

Mit den Steuerelementen in Register INTERAKTIV können die Geschwindigkeiten beim Scrollen (Bildlauf) und der sich daraus ergebende Bildschirmaufbau beeinflußt werden. Die entsprechenden Einstellungen nehmen Sie im Bereich SCROLLEN vor. Mit den horizontalen Rollpfeilen wird die Scrollgeschwindigkeit für das Dokument festgelegt. Die Option SCHNELLES SCROLLEN legt fest, daß beim Bildlauf Text, Grafiken, Bilder und Verläufe zunächst grau dargestellt werden. Damit soll erreicht werden, daß die verschiedenen Objekte auf dem Bildschirm nicht bei jeder Änderung des Bildschirmausschnitts, sondern erst nach Beendigung des Scrollvorgangs neu gezeichnet werden. Die Option ECHTZEITBEWEGUNG bewirkt, daß beim Scrollen die jeweilige Dokumentansicht sofort aktualisiert wird. Ist diese Funktion nicht aktiv, können Sie diese vorübergehend aktivieren. Hierzu muß beim Anwenden der Bildlaufleiste die ⌥-Taste betätigt werden. Ist diese Option aktiviert, können Sie mit der gleichen Befehlskombination die Option vorübergehend deaktivieren.

Im Bereich OBJEKT ZIEHEN VERZÖGERN wird festgelegt, ob die Dokumentansicht beim Ziehen von Objekten sofort (ECHTE AUFFRISCHUNG) oder erst nach Abschluß der Modifikation (INHALT ANZEIGEN) aktualisiert wird. Für beide Optionen läßt sich ein Zeitfaktor einstellen.

Mehrere Dokumente gleichzeitig anzeigen

QuarkXPress ermöglicht es Ihnen, eine beliebige Anzahl von Dokumenten gleichzeitig geöffnet zu haben. Die Anzahl ist lediglich durch den Umfang Ihres Arbeitsspeichers begrenzt.

Unter *Bearbeiten/Vorgaben/Programm* können im Register ANZEIGEN die Größe und die Aufteilung der Dokumentfenster angepaßt werden. Ist die Checkbox AUF BILDSCHIRME AUFTEILEN aktiv, können Dokumentfenster auf mehrere Bildschirme aufgeteilt werden. Die Checkbox VOLLBILD-DOKUMENTE ermöglicht die Darstellung der Dokumentfenster über die ganze Größe des Bildschirms.

Sind mehrere Dokumente geöffnet, dann kann über das Menü *Ansicht* festgelegt werden, wie die Dokumente zueinander dargestellt werden. Mit *Dokumente unterteilen* ordnet QuarkXPress die einzelnen Dokumentfenster untereinander an. Die Fensterbreite aller Dokumente wird automatisch angepaßt.

Mit DOKUMENTE STAPELN werden die Dokumentfenster übereinandergelegt und nach rechts unten verschoben. So bleiben die Titelzeile und der linke Rand jedes Dokumentfensters sichtbar, das Wechseln zwischen Dokumenten wird vereinfacht.

*Bild 4.60:
Dieser Ausschnitt
zeigt die
Unterteilung von
drei Dokument-
dateien.*

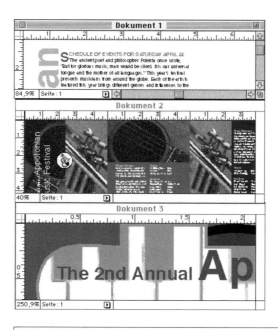

*Bild 4.61:
Fast wie ein
Kartenspiel: die
überlappende
Anordnung der
Dokument-
fenster.*

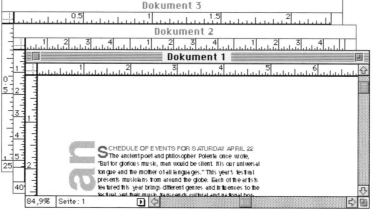

Linien

Für die Gestaltung von Seitenlayouts ermöglicht QuarkXPress die Nutzung zahlreicher Linienvariationen. In der vorliegenden Version unterstützt Quark-XPress auch Streifen – in einem Streifen sind dabei mehrere gleiche oder verschiedenartige Linien zusammengefaßt. Streifen lassen sich genauso einsetzen wie normale Linien. Im Gegensatz zu den Text- und Bildobjekten, die nur rahmenorientiert verarbeitet werden können, sind Linien und Streifen direkt zu plazieren. Neben diesen direkt zu plazierenden Linien können Linien auch noch als Absatzattribute mit dem Text verbunden oder direkt im Text verankert werden. In diesem Abschnitt beschäftigen wir uns nur mit den direkt zu plazierenden Linien. Linien als Absatzattribute werden im Kapitel 4.3: Textverarbeitung behandelt.

In der Werkzeugpalette werden von QuarkXPress zwei Linienwerkzeuge bereitgestellt.

Das Werkzeug mit dem Kreuzsymbol ermöglicht das Zeichnen horizontaler und vertikaler Linien.

Das Werkzeug mit dem schrägen Liniensymbol gestattet es, Linien in beliebigen Winkeln zu zeichnen.

Die Freihandlinienfunktion erzeugt eine Linie durch Ziehen mit dem Mauszeiger.

Das Werkzeug mit dem Federsymbol gestattet es, Beziér-Linien mit Mausklicks zu erstellen.

Bei den Beziér-Linienfunktionen kann jeder einzelne Linienpunkt als Eck-, Kurven- und Verbindungspunkt gesondert bearbeitet werden. So lassen sich selbst komplexe grafische Linienformen erzeugen, ohne auf eine spezielle Illustrationssoftware zurückzugreifen.

Um eine Linie im Seitenlayout zu zeichnen, muß das entsprechende Linien-Werkzeug aktiv sein. Der Mauszeiger wechselt dann in ein Fadenkreuz. Sie setzen mit diesem Mauszeiger den Startpunkt und ziehen bei gedrückter Maustaste eine Linie. Sobald Sie die Maustaste loslassen, setzt XPress den Endpunkt der Linie.

Linieneigenschaften

Auch bei den Linieneigenschaften verfügt QuarkXPress über eine breite Palette von Veränderungsoptionen. Wie bei vielen anderen Funktionen können diese Einstellungen über Menüeinträge oder über eine Dialogbox vorgenommen werden.

Art, Enden, Stärke, Farbe und Tonwert der aktivierten Linie lassen sich über das Menü *Stil* verändern.

Art
QuarkXPress stellt elf verschiedene Linienarten zur Wahl, die aktuelle Linienart wird durch ein Häkchen gekennzeichnet.

Pfeilspitzen
Eine aktivierte Linie kann mit Pfeilspitzen und -enden versehen werden. Hier stehen sechs vordefinierte Linienenden zur Auswahl. Das aktive Linienende ist mit einem Häkchen gekennzeichnet.

Stärke
Neben den sieben vordefinierten Linienstärken in pt (1 pt entspricht 0,353 mm) bietet QuarkXPress die Option ANDERER WERT (⌘+⇧+[<]). Nach dem Anklicken öffnet sich die Dialogbox MODIFIZIEREN VON. In das Eingabefeld für die Linienstärke können Werte von 0 bis 504 Punkt in 0,001 pt-Schritten eingetragen werden.

Haarlinie

Die häufig eingesetzte Linienstärke »Haarlinie« sollten Sie möglichst vermeiden. Sie führt zu unterschiedlichen Ergebnissen beim Ausdruck. Auf einem Laserdrucker wird eine 0,5-pt-Linie ausgegeben, auf einem Laserbelichter eine 0,25-pt-Linie oder dünner. Setzen Sie deshalb bei der Linienstärkefestlegung einen eindeutigen Wert ein. In das Eingabefeld für die Linienstärke können Werte in allen möglichen Maßeinheiten eingegeben werden.

Die Linienstärke kann auch über einen Tastaturbefehl verändert werden. Um Linien in den voreingestellten Werten der Auswahlliste schrittweise zu verändern, gehen Sie folgendermaßen vor:

Verkleinern: ⌘+⇧+,

Vergrößern: ⌘+⇧+.

Eine Veränderung der Linienstärke in Schritten von einem Punkt ist möglich durch folgende Tastenkürzel:

Verkleinern: ⌘+⇧+⌥+,

Vergrößern: ⌘+⇧+⌥+.

Farbe

Der aktiven Linie kann aus der sich öffnenden Farbpalette eine Farbe zugewiesen werden. Die aktive Farbe wird mit einem Häkchen gekennzeichnet. Sind die gewünschten Farben nicht in dieser Palette enthalten, müssen diese zunächst über das Menü *Bearbeiten/Farben* ergänzt werden.

Tonwert

Als Tonwert wird die Sättigung einer Farbe bezeichnet. Er kann in diesem Menüpunkt eingestellt werden. Auch hier haben Sie wieder eine Auswahlliste mit voreingestellten Werten zur Verfügung. Sie können aber auch über »Anderer Wert« einen eigenen Tonwert im Bereich von 0% bis 100% in 0,1%-Schritten eintragen.

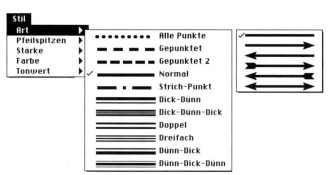

Bild 4.62: Das Menü Stil mit den Untermenüs für Linienart und Linienenden.

Ist ein Linienobjekt aktiv, kann die Dialogbox MODIFIZIEREN durch *Objekt/Modifizieren* geöffnet werden. In der Dialogbox sind zwei Registerkarten zum numerischen Verändern von Linien enthalten. Alle bereits beschriebenen Linienattribute sind hier zusammengefaßt und können bearbeitet werden.

Dokumentaufbau

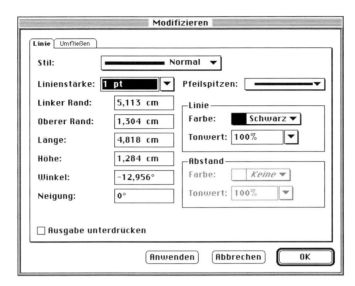

Bild 4.63:
So stellt sich die Dialogbox MODIFIZIEREN bei aktivem Linienobjekt mit der Registerkarte LINIE dar.

Zusätzlich zu den bereits beschriebenen Attributen enthält die Registerkarte LINIE einige zusätzliche Optionen.

- Durch eine Wahl aus dem Popup MODUS wird festgelegt, wie QuarkXPress die Positionierung einer Linie berechnet. Die Option ENDPUNKTE ermöglicht die numerisch exakte Positionierung des ersten horizontalen und des ersten vertikalen Endpunkts bezüglich des Linealursprungs (Nullpunkt). Die Option ERSTER PUNKT berechnet Position und Länge der Linie von diesem Punkt aus. Zusätzlich können Winkel und Länge der Linie eingestellt werden. Die Option MITTELPUNKT berechnet die Linienposition vom Mittelpunkt der aktiven Linie. Die angezeigten Koordinaten definieren diesen Punkt jeweils von der horizontalen und vertikalen Mitte. Die Eingaben in die Felder WINKEL und LÄNGE werden ebenfalls auf diese Koordinaten bezogen. Die Option LETZTER PUNKT berechnet die Linienposition von diesem Punkt der aktiven Linie.

- Mit der Checkbox AUSGABE UNTERDRÜCKEN wird die Ausgabe der aktiven Linie beim Ausdruck verhindert.

- Neben der Bestimmung der Farbe und des Tonwerts einer Linie, kann bei einer Linie, die aus mehrere Linien besteht, der Abstand zwischen diesen Linien mit einer Farbe belegt werden.

Neue Linienstile einrichten

Werden für bestimmte Gestaltungsarbeiten benutzerdefinierte Linienstile benötigt, dann können diese über eine spezielle Dialogbox erzeugt, bearbeitet oder aus anderen Dokumenten übernommen werden. Mit dem Menübefehl *Bearbeiten/Striche & Streifen* öffnen Sie die gleichnamige Dialogbox.

*Bild 4.64:
Über diese
Dialogbox
werden die
STRICHE &
STREIFEN
erzeugt und
verwaltet.*

Am oberen Rand der Dialogbox ist das Popup-Menü ZEIGEN angeordnet. Mit den Einträgen im Popup verändern Sie die Auswahl der im Listenfeld darunter angezeigten Linienstile. Die Option ALLE STRICHE & STREIFEN zeigt alle verfügbaren Strich- und Streifenlinienstile an. Die Optionen STRICHE, STREIFEN, VERWENDETE STRICHE & STREIFEN und NICHT VERWENDETE STRICHE & STREIFEN beschränken die Anzeige entsprechend.

Unterhalb der Anzeigeliste aller im Dokument vorhandenen Linienstile ist ein scrollbarer Informationsbereich angelegt. Wird ein Strich- oder Streifenstil in der Liste mit dem Mauszeiger markiert, zeigt dieser Bereich alle Einstellungen des betreffenden Linienstils an.

Der Button NEU enthält ein Popup-Menü mit zwei Einträgen. Soll ein neuer Linienstil erzeugt werden, muß hier festgelegt werden, ob ein Strich oder ein Streifen gestaltet werden soll.

Um eine neue Strichline zu entwerfen, klicken Sie auf das Popup NEU und wählen danach die Option STRICH aus. XPress öffnet die Dialogbox STRICH BEARBEITEN. Im Eingabefeld NAME läßt sich eine Bezeichnung für den neuen Strich vergeben. Der Linealbereich dient zum Einstellen einer Strichelung, darunter erscheint eine Vorschau der aktuellen Einstellung. Durch Klicken und Ziehen im Linealbereich legen Sie die Länge der einzelnen Liniensegmente fest. Jedes Klicken, Ziehen und Loslassen erzeugt nun ein neues Segment. Auf diese Weise lassen sich bis zu fünf Segmente festlegen. Hierzu klicken Sie an die Stellen im Linealbereich, wo bei der neuen Linie Abstände eingefügt werden sollen. Für jedes Liniensegment wird mit Pfeilmarkierung im Linealbereich jeweils der Start- und Endpunkt angezeigt. Ein Verschieben dieser Pfeilsymbole mit dem Mauszeiger ermöglicht eine Längenveränderung. Um die Einstellungen zu verwerfen und die bestehende Voreinstellung wieder zu aktivieren, klicken Sie bei gedrückter ⌥-Taste in den Linealbereich.

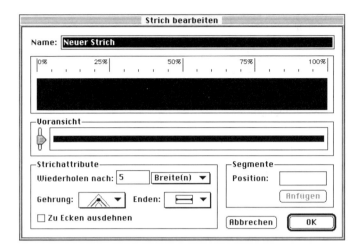

Bild 4.65:
Erlaubt ist, was gefällt: Die Dialogbox zur Erstellung und Bearbeitung neuer Linienformen (Striche).

Das Erstellen der Liniensegmente kann auch numerisch im Bereich SEGMENTE erfolgen. Das Eingabefeld POSITION nimmt dann den Startpunkt eines neuen Segments auf. Ist im Bereich STRICHATTRIBUTE die Option PUNKTE ausgewählt, dann wird der Wert in »pt« eingegeben. Der mögliche Wertbereich ist aus dem Linealbereich abzulesen. Steht die Option auf BREITE(N) wird der Startpunkt als %-Wert eingegeben.

In der VORANSICHT erscheint das Ergebnis Ihrer Bemühungen. Über den Schieberegler bestimmen Sie den Abbildungsmaßstab der Voransicht. Nachdem die Abstände des neuen Linienstils festgelegt sind, lassen sich im Bereich STRICHATTRIBUTE die Einstellungen weiter verfeinern. Hier können Sie festlegen, ob das erstellte Strichmuster sich proportional zur späteren Linienstärke verhalten soll oder ob ein fester Punktwert für die Liniensegmente gelten soll, unabhängig von der Linienstärke. Wird im Popup die Option BREITE(N) gewählt, erhält der neue Linienstil eine proportionale Festlegung. Der Wert im Eingabefeld WIEDERHOLEN NACH: bestimmt die Linienfrequenz: Je kleiner der Wert, desto häufiger wird das Segment wiederholt. Die Wirkungsweise dieser Werteingabe kann durch die Voransicht überprüft werden.

Soll ein Strichmuster mit einem absoluten Wert für die Liniensegmente festgelegt werden, dann ist aus dem Popup die Option PUNKTE zu wählen. Die Maßangabe im Linealbereich wechselt in »pt«. Die Länge der einzelnen Segmente läßt sich jetzt exakt festlegen. Der Eintrag in das Feld WIEDERHOLEN NACH: gibt dann die Länge des definierten Linienstücks an, einschließlich aller Segmente und der Zwischenräume.

Über das Popup GEHRUNG wird die Erscheinungsweise der Linienecken festgelegt. Die Auswahl der Optionen erfolgt über ein Sinnbild. Die Symbole stehen für folgende Linienecken: spitz, abgerundet und abgeschrägt.

Bild 4.66:
Ob spitz ob rund: Nichts wird dem Zufall überlassen – auch die Linienecken und -enden lassen sich definieren.

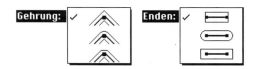

Die Optionen des Popup ENDEN: bestimmen die Erscheinungsweise der Liniensegmente. Hier stehen Ihnen drei Optionen zur Auswahl:

Eckig
Die Wahl des ersten Symbols ergibt ein schmales und blockförmiges Aussehen des Liniensegments.

Rund
Das zweite Symbol erstellt runde oder abgerundete Enden.

Quadrat
Die dritte Option erzeugt breite, blockförmige Enden.

Auch diese Einstellungen werden sofort im Bereich VORANSICHT angezeigt.

Bei aktivierter Checkbox ZU ECKEN AUSDEHNEN gleicht XPress die Linien beim Einsatz als Randstil zu den Ecken hin harmonisch an. Hierdurch wird sichergestellt, daß die definierten Linienstücke in die vorgegebene Größenvorgabe passen, ohne daß etwas abgeschnitten wird.

Bild 4.67:
Die Dialogbox zum Erstellen und Bearbeiten neuer Streifen (Mehrfachlinien).

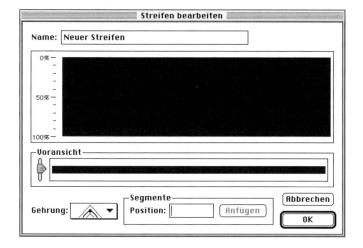

Durch die Kombination von Strichen und Streifen stehen Ihnen umfangreiche Gestaltungsmöglichkeiten für Schmucklinien zur Verfügung.

Um Streifen zu erstellen, müssen Sie in der Dialogbox STRICHE & STREIFEN lediglich den Eintrag STREIFEN im Popup NEU auswählen. Es gelten hier die gleichen Regeln wie bei der Einrichtung neuer Striche (Linien). Entsprechend den Festlegungen werden hier durchgezogene Linien verschiedener oder gleicher Stärke zu Streifen zusammengefaßt. Der Abstand dieser Linien läßt sich dabei mit einem horizontalen Lineal einstellen.

Linien mit der Maßpalette bearbeiten

Mit der Maßpalette lassen sich die Linieneigenschaften verändern. Sobald eine Linie markiert ist, zeigt die Maßpalette eine Reihe von Steuerelementen, mit denen sich das Erscheinungsbild der Linie anpassen läßt. Die grundlegende Arbeit mit der Maßpalette wurde bereits in den beiden vorherigen Abschnitten besprochen. Die Anzeige in den ersten drei Feldern unterscheidet sich je nach der Einstellung im Listenfeld MODUS. Je nach gewählter Einstellung werden in den X/Y-Feldern die Koordinaten der Bezugspunkte (ENDPUNKTE, LINKER PUNKT, MITTELPUNKT oder RECHTER PUNKT) angezeigt. Außer bei der Einstellung ENDPUNKTE erscheinen bei den anderen Linienbezugspunkten noch die Länge und der Winkel der aktiven Linie.

Das Feld S zeigt die aktuelle Linienstärke an. Die letzten beiden Listenfelder zeigen die gewählte Linienart und Endenform. Alle in der Maßpalette angezeigten Linieneinstellungen lassen sich einfach verändern. Dazu muß lediglich eine Einstellung aus den Listenfeldern gewählt oder der gewünschte Wert in die entsprechenden Felder eingegeben werden.

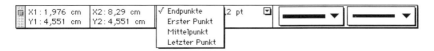

Bild 4.68:
Die Steuerfunktionen der Maßpalette bei aktivem Linienobjekt.

Umfließenattribut für Linien

Linien kann noch ein Attribut besonderer Art zugewiesen werden. Mit der Umfließen-Option legen Sie fest, daß Text nicht hinter einer Linie fließt, sondern an der Linie entlang. Nach dem Markieren des Linienobjekts und Anwahl des Menübefehls *Objekt/Umfließen* C+T wird die Dialogbox MODIFIZIEREN mit der Registerkarte UMFLIESSEN geöffnet. Im Popup ART stehen drei Optionen zur Auswahl:

Die Option KEINE legt fest, daß der Text über oder unter dem Linienobjekt fließen kann, ohne durch die Linie gestört zu werden.

Die Option OBJEKT legt den Umfließen-Status für das Linienobjekt fest. Dabei können besonderen Abständen zum Text vorgegeben werden. In QuarkXPress gilt die Regel, daß der Text immer in den größeren Bereich eines Textrahmens fließt, wenn ein Umfließen-Objekt in den Textrahmen hineinragt. Praktisch heißt das, daß ein Text an einem anderen Rahmenobjekt vorbeigeführt werden kann. Diese Linie kann über *Objekt/Modifizieren* auf AUSGABE UNTERDRÜCKEN gesetzt werden und wird so zu einer unsichtbaren Begrenzung. Soll der Text auf beiden Seiten weitergeführt werden, dann muß über *Objekt/Modifizieren* in der Registerkarte TEXT die Checkbox *Text alle Seiten umfließen lassen* markiert sein.

Die Option MANUELL legt fest, daß zunächst der Text entsprechend den vorgegeben Abständen das Linienobjekt umfließt. Wird das Linienobjekt im Seitenlayout nachträglich in Größe und Position verändert, dann bleibt trotzdem der ursprüngliche Textumfluß erhalten. Auf diesem Wege sind kleine Standänderungen der Linie möglich, ohne daß jedesmal der Text neu umbrochen wird.

Bild 4.69:
Text wird durch eine verdrängende Linie an einem transparenten Grafikobjekt vorbeigeführt. Die Linie wird durch die Option AUSGABE UNTERDRÜCKEN bei der Ausgabe unsichtbar.

Arbeit mit Bibliotheken

Bei der elektronischen Produktion von Druckvorlagen besteht häufig die Anforderung, daß einzelne Objekte oder eine Gruppe von Objekten mehrfach benötigt werden. Dabei handelt es sich in der Regel um Objekte, deren Grundaufbau gleich oder ähnlich ist, wie z. B. Rubrikenköpfe bei Zeitschriften, Tabellenköpfe oder Logos.

QuarkXPress kann einzelne oder gruppierte Objekte in einer Bibliothek ablegen. Eine Bibliothek kann bis zu 2000 Einträge aufnehmen. Die Anzahl geöffneter Bibliotheken ist durch die Gesamtzahl geöffneter Dokumente beschränkt. Die Anzahl geöffneter Dokumente beträgt 25.

Bild 4.70:
In der Bibliothekspalette werden die Einträge mit einer kleinen Miniatur angezeigt.

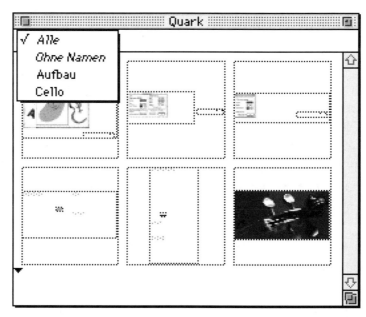

Bestimmte Einstellungen, wie geänderte Unterschneidungs-, Spationierungstabellen, Trennausnahmen oder anwenderdefinierte Rahmen, werden nicht in der Bibliothek mit abgespeichert. Werden z.B. Rahmen mit Texten in der Bibliothek abgelegt, die mit geänderten XPress-Präferenzen erstellt wurden, dann werden diese Texte gegebenenfalls neu umbrochen, wenn im neuen Dokument andere Einstellungen gültig sind. In der XPress-Präferenzen-Datei sind die Voreinstellungen für QuarkXPress enthalten.

Bibliotheken einrichten

Um Bibliotheken nutzen zu können, müssen diese zuvor geöffnet oder neu angelegt werden. Dies geschieht über den Menübefehl *Ablage/Neu/Bibliothek* oder die Tastenkombination ⌘+⌥+[N]. XPress öffnet die Dialogbox NEUE BIBLIOTHEK. Im Eingabefeld NEUE BIBLIOTHEK muß ein Name eingetragen werden. Mit einem Klick auf den Button ANLEGEN wird die leere Bibliothek eingerichtet. Durch den Aufruf von *Ablage/Öffnen* (Tastenkombination ⌘+[O]) kann eine vorhandene Bibliothek geöffnet werden. In der Dialogbox ÖFFNEN muß dann die Bezeichnung der gewünschten Bibliothek eingegeben oder mit der Maus markiert werden. Ein Klick auf den Button ÖFFNEN lädt die angegebenen Layoutvorlagen.

Bibliotheken sind Paletten, die im Vordergrund plaziert werden können und sich wie alle anderen Paletten an eine beliebige Stelle im Arbeitsfenster verschieben lassen. Sie bleiben so lange geöffnet, bis sie über das Schließfeld geschlossen werden. Beenden Sie das Programm QuarkXPress, ohne die Bibliothek vorher zu schließen, dann wird die Bibliothek beim nächsten Programmstart automatisch geöffnet.

Bibliothekseinträge verwalten

Wird eine Bibliothek neu erzeugt, enthält sie zunächst keine Einträge. Neue Einträge können Sie auf zwei Arten hinzufügen. Entweder ziehen Sie ein Objekt bei gedrückter Maustaste in das Bibliotheksfenster, oder Sie fügen den Inhalt der Zwischenablage ein.

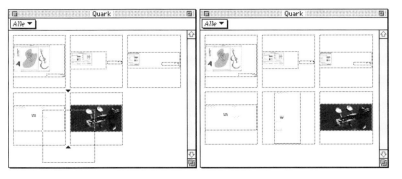

Bild 4.71: Mit Ziehen und Ablegen werden neue Bibliothekseinträge einfach auf die Bibliothekspalette gezogen. Der Positionsanzeiger hebt die Stelle hervor, an der das neue Objekt eingefügt wird.

Entscheiden Sie sich für die erste Methode, dann wird im Dokumentfenster zunächst durch ein gepunktetes Quadrat und zwei Dreiecke angezeigt, daß die Einfügeposition erreicht ist. Sobald Sie die Maustaste loslassen, fügt QuarkXPress das Objekt an der betreffenden Stelle in die Bibliothek ein.

Bei der zweiten Methode müssen Sie zunächst das betreffende Objekt in die Zwischenablage kopieren und dann mit dem Mauszeiger an die vorgesehene Einfügeposition klicken. Auch bei diesem Verfahren wird die Einfügeposition durch zwei Dreiecke kenntlich gemacht. Mit *Bearbeiten/Einfügen* oder über die Tastenkombination ⌘+[V] wird das Objekt in die Bibliothek aufgenommen.

Die Bibliothekseinträge lassen sich auch innerhalb der Bibliothek umordnen. Auch hier können Sie wieder interaktiv vorgehen und die Einträge an die neue Position ziehen oder mit Hilfe der Zwischenablage arbeiten (*Bearbeiten/Ausschneiden* und dann *Bearbeiten/Einfügen*).

Bibliothekseinträge werden durch eine Miniatur angezeigt und können mit einem Namen versehen werden. Durch die Benennung von Bibliothekseinträgen behalten Sie auch bei vielen Einträgen den Überblick. Jeder Eintrag kann einen eigenen Namen erhalten, es ist aber auch möglich, mehreren Einträgen den gleichen Namen zu geben. Um einem Eintrag einen Namen zuzuweisen, muß mit einem Doppelklick auf das betreffende Objekt die Dialogbox BIBLIOTHEKSEINTRAG geöffnet werden. Im Feld NAME kann nun eine neue Bezeichnung eingeben oder aus der Liste ein bereits vergebener Name ausgewählt werden. Mit einem Klick auf OK bestätigen Sie die Aktion.

Bild 4.72: Jedem Bibliothekseintrag kann ein Name zugewiesen werden.

Über das Menü *Beschriftung* kann die Anzeige der Bibliothekseinträge selektiert werden. Die Option ALLE zeigt alle Bibliothekseinträge an, OHNE NAMEN zeigt nur die unbenannten Einträge an. Diese beiden Optionen wirken wie Wechselschalter, d.h., es werden entweder ALLE oder nur die Einträge OHNE NAMEN angezeigt.

Um ein Objekt aus der Bibliothek auf das aktuelle Dokument anzuwenden, markieren Sie mit der Maus den gewünschten Eintrag. Ziehen Sie den Eintrag dann mit gedrückter Maustaste an die gewünschte Position im Dokument, und lassen Sie die Maustaste los.

Durch Markieren des Bibliothekseintrags und Auswahl des Menübefehls *Bearbeiten/Kopieren* (⌘+[C]) kann das betreffende Objekt auch über die Zwischenablage in das Dokument eingesetzt werden. Vor dem Einsetzen müssen Sie aber zunächst das Objekt-Werkzeug aktivieren und dann *Bearbeiten/Einsetzen* (⌘+[V]) wählen.

Bibliothekseinträge können aber auch gelöscht werden. Hierzu dienen die Einträge *Ausschneiden* oder *Löschen* im Bearbeiten-Menü. Dazu muß das zu löschende Objekt zuvor markiert sein und dann die Option gewählt werden.

Alle Änderungen in einer Bibliothek werden erst gesichert, wenn die Bibliothek geschlossen wird. Über Programmvorgaben ist es aber möglich, die Änderungen an Bibliothekseinträgen automatisch zu sichern. Öffnen Sie dazu die Dialogbox Programmvorgaben über den Menübefehl *Bearbeiten/ Vorgaben/Programm/Sichern* oder die Tastenkombination ⌘+⌥+⇧+Y. Im Register SICHERN wird nun die Checkbox AUTOM. SICHERN DER BIBLIOTHEK aktiviert.

Tips und Tricks zur Arbeit mit Bibliotheken

- Ein wesentlicher Eckpfeiler bei der Planung einer Layoutarbeit ist die Festlegung, welche Objekte in einer Bibliothek abgelegt werden sollen. Dieses Vorgehen stellt den sinnvollen und geplanten Einsatz von Bibliotheken sicher und bewahrt Sie vor zugemüllten Bibliotheken. Ein solches Vorgehen ist auch für ein einheitliches Arbeiten im Workgroup-Publishing wichtig. Da eine Bibliothek aber immer nur durch einen Teilnehmer der Arbeitsgruppe geöffnet werden kann, muß die Bibliothek zuvor in der entsprechenden Anzahl dupliziert und entweder umbenannt oder auf die lokalen Arbeitsstationen in die Quark-Verzeichnisse kopiert werden.

- Ordnen Sie den Bibliothekseinträgen aussagefähige Namen zu. Bei umfangreicheren Bibliotheken überlegen Sie eine sinnvolle Gruppierung der Einträge. So läßt sich z.B. durch vorangestellte Buchstaben eine alphabetische Sortierung erreichen.

- Durch die Miniaturdarstellung ist es nicht immer möglich, einen Bibliothekseintrag eindeutig zu identifizieren. Wollen Sie gezielt einen Eintrag aus der Bibliothek entnehmen, wählen Sie einfach ALLE aus, und markieren Sie anschließend den gewünschten Eintrag. Es wird dann nur noch der gesuchte Eintrag angezeigt. Dieser kann problemlos entnommen werden.

- Bibliotheken lassen sich auch als nichtflüchtige Zwischenablage zweckentfremden. Richten Sie sich eine Bibliothek mit entsprechendem Namen ein, in die Sie dann die gewünschten Objekte zwischenlagern. Löschen Sie nicht mehr benötigte Objekte.

- Auch wenn es möglich ist, bis zu 2000 Einträge in einer Bibliothek abzulegen, halten Sie sich zurück. Bibliotheken werden schnell unübersichtlich. Überlegen Sie die Einrichtung auftrags-, projekt- oder kundenbezogener Bibliotheken. Denkbar sind auch allgemeine Bibliotheken z.B. mit DIN-Einteilung für Briefbögen etc.

Es können auch Stilvorlagen in Bibliotheken abgelegt werden. Auf diesem Weg lassen sich sehr einfach Stilvorlagen und S&B-Einstellungen (Silbentrennung und Blocksatz) in ein Dokument übernehmen. Sie müssen lediglich einen Textrahmen in der Bibliothek ablegen, in dem ein Text mit entsprechenden Stilvorlagen und S&B-Einstellungen enthalten ist. Wird ein solcher Textrahmen aus der Bibliothek in ein neues Dokument gezogen, dann werden die Definitionen der Stilvorlagen und die S&B-Einstellungen übernommen und namentlich in der aktuellen Stilvorlagenliste aufgeführt. Ist der Name bereits vorhanden, dann wird an die importierte Stilvorlage eine Ziffer angehängt. Lediglich bei den S&B-Einstellungen ist Vorsicht geboten. Bei Namensgleichheit würde die Einstellung der im Dokument bereits existierenden Einstellung übernommen werden.

Dokumentverwaltung – Bücher erstellen und bearbeiten

In QuarkXPress 4.0 gibt es das neue Dokumentformat »Buch«. Mit diesem Format wird es möglich, Publikationen zu verwalten, die aus mehreren Dokumenten bestehen. Dies erleichtert die Arbeit an größeren Projekten ganz erheblich. Das betrifft sowohl die Teamarbeit, als auch die einheitliche Nutzung von gemeinsamen Ressourcen, wie z.B. Zeichen- und Absatzstilvorlagen. Außerdem ist die zusammenhängende Bearbeitung von Seitenzahlen möglich und das Drucken von Büchern – auch in Teilen. In diesem Abschnitt wird der grundlegende Ablauf beim Aufbau von Buchprojekten behandelt. Im praxisorientierten Kapitel 5 – Workshop wird dies an einem konkreten Beispiel vertieft.

Auch wenn der Name des neuen Programmfeatures »Buch« den Eindruck vermittelt, es würde nur um die Produktion von Büchern gehen – lassen Sie sich nicht beirren: Prüfen Sie bei Objekten, die aus mehreren Dokumenten bestehen, immer, ob das Buchformat die Produktion nicht hilfreich unterstützen kann.

Bücher einrichten

Der erste Schritt bei der Erstellung von Büchern besteht darin, ein neues Dokument anzulegen, das die Verwaltung und Steuerung übernimmt. Durch Eingabe von *Ablage/Neu/Buch* öffnet XPress die Datei-Dialogbox, in der Sie Speicherort und den Buchnamen festlegen. Mit einem Klick auf ANLEGEN wird die Datei auf der Festplatte eingerichtet.

*Bild 4.73:
Die Buchpalette
mit den angelegten Kapiteln.*

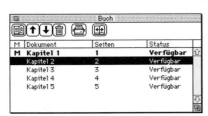

XPress zeigt jetzt die Buchpalette – in der Titelleiste erscheint der festgelegte Buchname. Eine Symbolleiste bietet den Zugriff auf die benötigten Funktionen, im Listenfeld darunter erscheinen alle in die Verwaltung einbezogenen Kapitel oder Dokumente.

Mit einem Klick auf das aufgeklappte Buchsinnbild lassen sich bereits bestehende Dokumente als Kapitel zum Buch hinzufügen.

Die Pfeilsinnbilder verschieben die Kapitel in ihrer Hierarchie, wobei der linke Pfeil ein markiertes Dokument jeweils um eine Position nach oben und der rechte Pfeil das Dokument nach unten verschiebt.

Das Mülltonnensymbol ist für das Entfernen von Kapiteln aus dem Buch zuständig. Markierte Kapitel werden durch Klick auf das Symbol aus dem Buchdokument entfernt. Das Löschen ist ein rein verwaltungstechnischer Akt und löscht das Dokument nicht auf der Festplatte.

Über das Druckersymbol wird der Ausdruck von Kapiteln geregelt.

Das letzte Symbol in der Reihe regelt die Übernahme der Einstellungen des Masterdokuments auf alle anderen im Buch vorhandenen Kapitel.

Im unteren Bereich der Buchpalette befindet sich eine scrollbare Tabellenliste. Diese Tabelle gliedert sich in fünf Spalten. In Spalte M wird das Masterdokument gekennzeichnet. Die Spalte DOKUMENT listet die angefügten Kapitel oder Dokumente auf. SEITEN vermittelt einen Überblick über die Anzahl der Seiten je Kapitel und die laufende Seitennumerierung. Die vierte Tabellenspalte informiert über den jeweils aktuellen Kapitelstatus. Der Status OFFEN bedeutet, das betreffende Kapitel ist auf dem eigenen Arbeitsrechner geöffnet. Ein Benutzername an dieser Stelle besagt, daß die Datei auf einem anderen Rechner im Netzwerk bearbeitet wird. VERFÜGBAR zeigt an, daß auf dieses Kapitel zugegriffen und eine Bearbeitung durchgeführt werden kann. Wurde ein Kapitel unabhängig von der Steuerung durch die Buchfunktion bearbeitet, wird der Status auf MODIFIZIERT gesetzt. Der Status FEHLT besagt, daß auf das betreffende Kapitel kein Zugriff mehr besteht.

Bücher anwenden

Nachdem die Einrichtung von Büchern beschrieben wurde, geht es in den folgenden Abschnitten darum, die Anwendung der Buchverwaltung zu erklären. Die Bearbeitung von Kapiteln oder Dokumenten, die in einem Buchdokument zusammengefaßt sind, sollte immer über das entsprechende Verwaltungsdokument erfolgen. Nur so lassen sich die verschiedenen Funktionen sinnvoll und effektiv nutzen.

Dabei spielt das »Masterdokument« eine zentrale Rolle. Es ist die Basis jedes Buchprojekts. Dort festgelegte Stilvorlagen werden über die Buchfunktion auf die anderen Kapitel übertragen. Die durch ein Masterdokument auf andere Kapitel übertragenen Stilvorlagen sind:

- Zeichen- und Absatzstilvorlagen;
- Einstellungen der Silben- und Blocksatzmethoden;
- Linien- und Streifendefinitionen;
- Farben und Listeneinstellungen.

XPress legt automatisch das erste Kapitel, das in das Buchdokument übernommen wird als Masterdokument fest. Kenntlich ist dies am »M« vor dem Kapitelnamen. Das entspricht auch dem normalen Arbeitsablauf, wonach beim Aufbau des ersten Dokumentkapitels alle benötigten Stilfestlegungen erfolgen. Der Status »Masterdokument« kann nachträglich verändert und jedem anderen Kapitel in der Liste zugeordnet werden. Ein bestehendes Buchdokument wird durch Eingabe von *Ablage/Öffnen* geöffnet. Buchdokumente sind durch ein eigenes Symbol von anderen XPress-Dokumenten klar zu unterscheiden. Mit einem Doppelklick auf den Namen des Buchobjekts in der Dateiliste wird die Verwaltungsdatei geöffnet. Sie zeigt alle im Dokument verwalteten Kapitel in der Kapitelliste an.

Soll ein Kapitel bearbeitet oder ergänzt werden, kann es einfach durch einen Doppelklick auf den Namenseintrag in der Buchpalette geöffnet werden. Das Sichern und Schließen des Dokuments geschieht ganz normal über die Standard-Dateifunktionen. Bei jeder dieser Aktionen wird sofort die Spalte STATUS in der Buchpalette aktualisiert.

Auch das Löschen eines Kapitels aus dem Buchdokument stellt kein Problem dar. Mit einem Klick auf das Mülltonnensymbol wird jedes markierte Kapitel aus dem Dokument entfernt.

Soll ein Kapitel neu eingeordnet werden, kann es mit einem der Pfeilsymbole nach oben oder unten verschoben werden. Entsprechend der neuen Einordnung wird dann auch die Numerierung der Seiten aktualisiert.

Im Abschnitt Musterseiten haben wir die grundlegende Funktionalität beim Einsatz der automatischen Seitennumerierung dargelegt. Die Funktionsweise wird auch in der Buchfunktion komplett berücksichtigt. Dabei gilt es aber zu beachten, daß die unter dem Menüeintrag RESSORT erfolgten Vorgaben von Kapitelanfängen durch die Buchfunktion ausgewertet werden. Wird die Reihenfolge der Kapitel über die Buchpalette verändert, dann bleiben die festgelegten Kapitelanfänge erhalten. Die Kapitelanfänge müssen dann entweder zurückgesetzt werden, oder es muß ein neuer Kapitelanfang mit der aktuellen Seitennummer festgelegt werden.

Dynamische Änderungen, wie das Öffnen, Schließen, Verschieben und die Veränderung der Seitennumerierung von Kapiteln werden sofort übertragen und in der Palette angezeigt – dies gilt nicht für die Modifizierung von Stilen. Entsteht im Verlauf der Produktion die Situation, daß Ergänzungen oder Modifikationen bei den Stilfestlegungen erfolgen, so kann dies jederzeit geschehen und auf die anderen Kapitel übertragen werden. Dieses SYNCHRONISIEREN der Buchkapitel erfolgt immer auf der Basis der Stileinstellungen des Masterdokuments. Gestartet wird dieser Vorgang durch Anklicken des rechten Symbols (Links/Rechts-Pfeil) in der Symbolleiste der Buchpalette. XPress prüft die Stileinstellungen aller Dokumente und führt gegebenenfalls einen Abgleich durch. Bei diesem Vorgang gelten folgende Regeln:

- Sind Stile gleichen Namens vorhanden und weichen die Einstellungen gegenüber dem Masterdokument ab, dann findet eine Anpassung statt.
- Stile, die nicht vorhanden sind, werden eingefügt.
- Stile, die nicht im Masterdokument definiert sind, werden nicht verändert.

Damit ist sichergestellt, daß auch spezielle Einstellungen in Kapiteln möglich sind. Deshalb ist es auch zweckmäßig, erforderliche Änderungen im Masterdokument durchzuführen.

Natürlich kann auch die Änderung von Stileinstellungen des aktuellen Dokuments übertragen werden. Dies erfordert aber zunächst, daß dieses Dokument zum Masterdokument erklärt wird. Um ein Dokument als Masterdokument festzulegen, genügt ein Mausklick in die Spalte »M« vor dem betreffenden Kapitelnamen.

Die Buchfunktion unterstützt auch die Druckausgabe einer Buchpublikation. Auch in diesem Fall ist die Buchpalette die Schaltstation. Der Vorteil besteht darin, daß die Ausgabe mehrerer, auch nicht zusammenhängender Kapitel mit gleichen Einstellungen möglich ist.

Alle Dokumente einer Buchpublikation werden ausgegeben, wenn kein Kapitel in der Palette ausgewählt ist. Sollen nur bestimmte Kapitel in den Druckvorgang einbezogen werden, kann durch gleichzeitiges Drücken der ⇧-Taste und Mausklick auf die betreffenden Kapitel ein zusammenhängender Bereich ausgewählt werden. Nicht zusammenhängende Bereiche werden durch gleichzeitiges Drücken der ⌘-Taste und Mausklick für den Ausdruck festgelegt.

Wird nun auf das Druckersymbol in der Funktionsleiste der Buchpalette geklickt, öffnet XPress die Dialogbox DRUCKEN, in der Sie alle erforderlichen Einstellungen vornehmen oder vorhandene Einstellungen aus dem Druckstil-Popup auswählen können. Der Druckvorgang wird dann mit einem Klick auf OK gestartet. Ist Ihnen zu diesem Zeitpunkt nicht bekannt, wie die Einstellungen in den verschiedenen Registerkarten vorzunehmen sind, dann schlagen Sie dies im Kapitel 4.6: Druckfunktionen nach.

Besonderheiten beim Einsatz der Listen- und Indexfunktion

In der QuarkXPress Version 4.0 ist es erstmals möglich, Inhaltsverzeichnisse (Listen) und spezielle Textstellen in Indexverzeichnissen mit Seitenhinweisen zusammenzufassen. Die Erstellung und Bearbeitung dieser Verzeichnisformen wird ausführlich im Kapitel 4.3: Textbearbeitung dargestellt. Im Zusammenhang mit der Vorstellung der Dokumentverwaltung über die Buchfunktion sei an dieser Stelle nur eine Besonderheit beim Einsatz von Listen- und Indexfunktion erwähnt, die es zu beachten gilt: Die Erstellung von Listen- und Indexverzeichnissen erfolgt auch bei Buchkapiteln über die entsprechenden Funktionspaletten. Korrekt kann die Erstellung aber nur dann durchgeführt werden, wenn alle Kapitel eines Buches den Status VERFÜGBAR haben.

4.3 Textbearbeitung

Texte bearbeiten und plazieren gehört zu den Grundfunktionen, die jedes Layoutprogramm beherrschen muß. Quark XPress hat hier große Stärken. Diese Feststellung bezieht sich nicht nur auf die grundlegenden Funktionen, die auch in vielen anderen Programmen enthalten sind, sondern auf die Möglichkeiten, typografische Feinarbeit zu leisten. Mit Quark XPress können Sie Layoutarbeiten erstellen, die höchsten typografischen Ansprüchen genügen.

In diesem Kapitel werden detailliert die Möglichkeiten der Textverarbeitung und -plazierung beschrieben. Wenn Sie den Umgang mit diesen Funktionen beherrschen, dann ist der wesentliche Schritt getan, um professionelle Layoutarbeiten zu erstellen, von denen es dann nicht mehr heißt: typisch DTP!

Textrahmen

Quark XPress ist ein rahmenorientiert arbeitendes Programm. Alle Layoutelemente müssen in einem speziellen Rahmen plaziert sein. Bezogen auf die Verarbeitung von Text bedeutet dies, daß immer ein Rahmen vorhanden sein muß, um Text in Quark XPress zu übernehmen. Keine Regel ohne die bestätigende Ausnahme: Bei der Arbeit mit Beziér-Linien ist es möglich, Text mit diesen Linien zu verbinden. Auf diese besondere Funktion kommen wir im Verlaufe dieses Kapitels noch zurück.

Rahmenorientierte Arbeitsweise

Über die Frage, ob rahmenorientiertes Arbeiten gegenüber dem direkten Plazieren Vorteile hat, wird häufig und meist ergebnislos diskutiert. Das ebenfalls weit verbreitete Satzprogramm Pagemaker arbeitet mit dem direkten Plazieren, während XPress ein typischer Vertreter der rahmenorientierten Arbeitsweise ist. Auch wenn die rahmenorientierte Arbeitsweise für den Einsteiger zunächst gewöhnungsbedürftig ist, so hat sie doch einige unstrittige Vorteile:

- Beim Layouten kann mit Text- und Bildrahmen die Seite technisch und gestalterisch aufgebaut und die Textverkettung festgelegt werden, ohne mit Blindtext arbeiten zu müssen.
- Ein Rahmen kann in seiner Breite und Höhe exakt bestimmt werden und erleichtert so die typografische Präzisionsarbeit. Diese Parameter legen die Satzbreite und die Spaltenhöhe fest.
- Beim Textimport haben Sie den Textfluß besser im Griff: Der Text hat gleich die richtige Satzbreite und baut sich nur in dem Rahmenbereich auf, den Sie durch die Rahmengröße vorgegeben haben.
- Textrahmen bieten umfangreiche Einstellungsmöglichkeiten, mit denen strukturiert und systematisch gearbeitet werden kann. So kann z. B. jedem Rahmen ein Randstil zugewiesen, ein Texteinzug definiert, die Position der ersten Grundlinie festgelegt und für jeden Rahmen eine Anzahl von Spalten eingerichtet werden, die sich bei Änderung der Rahmengrößen in der Breite anpassen.
- Die Flexibilität des Rahmenkonzepts wird dadurch noch erhöht, weil QuarkXPress es gestattet, sowohl die Objektrahmenform als auch den -inhalt zu ändern. Ein eckiger Rahmen kann in einen runden oder in einen Rahmen mit Beziér-Punkten gewandelt werden. Ist zum Zeitpunkt der Layouterstellung der Rahmeninhalt noch nicht bekannt oder handelt es sich um ein reines Schmuckelement, dann kann der Objektinhalt auch auf den Status »Kein« gesetzt werden. Die hierfür erforderlichen Funktionen erreichen Sie über *Objekt/Form* oder *Objekt/Inhalt*.

Ein Rahmen hat immer eine bestimmte Größe. Wird in diesen Rahmen Text eingegeben, der vom Rahmen nicht komplett aufgenommen werden kann, dann verschwindet der Text im Rahmenhintergrund. Deshalb: Kontrollieren Sie am Ende der Bearbeitung eines Seitenlayouts immer, ob durch Korrekturen oder Veränderung der Rahmengröße das jeweilige Textende noch richtig plaziert ist.

Bild 4.74: So zeigt Quark XPress einen Textrahmen auf dem Bildschirm an.

Neue Textrahmen erstellen

Neue Textrahmen werden mit dem Textrahmen-Werkzeug aus der Werkzeugpalette erstellt. Mit diesem Werkzeug ziehen Sie bei gedrückter Maustaste einen Rahmen in der gewünschten Größe auf. Nach dem Loslassen der Maustaste ist der neue Textrahmen erstellt. Das Popout-Menü des Werkzeugs bietet den Zugriff auf insgesamt sieben unterschiedliche Rahmenformen. Neben den traditionellen Rahmenformen eckig oder rund können Sie nun auch freie Formen durch das Setzen von Beziér-Punkten oder mit dem Beziér-Freihandzeichner erzeugen.

Textrahmen verketten und entketten

Grundsätzlich empfiehlt sich, besonders bei umfangreicheren Publikationen, der Einsatz automatischer Textrahmen. Diese werden später in diesem Kapitel behandelt. Haben Sie sich für die automatische Textverkettung bei der Einrichtung eines neuen Dokuments entschieden, dann brauchen Sie sich um die Verkettung von Textrahmen zunächst nicht zu kümmern.

Um eine Reihe von Rahmen manuell miteinander zu verketten, kommt die Verkettungsfunktion von Quark XPress zum Einsatz. Dazu muß das Verkettungs-Werkzeug aus der Werkzeugpalette aktiviert sein. Der Mauszeiger wird zu einem Ketten-Symbol. Mit diesem Symbol klicken Sie in den Rahmen, von dem die Verkettung ausgehen soll. Dieser Textrahmen wird daraufhin mit einer gestrichelten Linie gekennzeichnet. Klicken Sie nun in den Rahmen, der mit dem markierten Rahmen verkettet werden soll. Durch einen Pfeil wird diese Aktion bestätigt und die Richtung der Verkettung angezeigt. Diesen Vorgang können Sie von Rahmen zu Rahmen weiterführen.

Bild 4.75:
Werden Textrahmen mit dem Verkettungswerkzeug verbunden, fließt der Text in den folgenden Rahmen, wenn der vorangehende Textrahmen gefüllt ist.

Sollen Textrahmenverkettungen wieder aufgehoben werden, dann müssen Sie hierfür das Entkettungs-Werkzeug aktivieren. Nach einem Klick auf den Rahmen, an dem die Textkette unterbrochen werden soll, wird dieser durch eine gestrichelte Linie gekennzeichnet. Ein Pfeil gibt die Richtung und den Textrahmen an, zu dem eine Verkettung besteht.

Um die Textverkettung aufzuheben, müssen Sie auf das Ende des Pfeils klicken. Dadurch wird die Textkette unterbrochen. Text, der sich in dem aus der Kette herausgelösten Rahmen befindet, wird automatisch auf die übrigen Textrahmen der Kette verteilt.

Verschiedene Techniken, die die Arbeit mit Textrahmen betreffen, werden exemplarisch im Kapitel 5, Workshop, behandelt.

Da es in QuarkXPress keinen Unterschied zwischen Layout- und Textmodus gibt, werden Korrekturen am Text immer sofort ausgeführt. Alle Zeilen werden neu berechnet und gegebenenfalls neu aufgebaut. Je länger eine Textkette ist, desto länger dauern selbst kleine Korrekturen. Versuchen Sie deshalb, die Textverkettungen auf das notwendige Maß zu beschränken.

Kommentare im Layout ablegen

Der Menübefehl *Objekt/Modifizieren* (⌘+M) öffnet eine Dialogbox, auf die im folgenden Abschnitt noch detailliert eingegangen wird. In dieser Dialogbox ist auf der Registerkarte RAHMEN die Checkbox AUSGABE UNTERDRÜK-KEN enthalten. Wenn Sie diese aktivieren, wird verhindert, daß der aktuell markierte Textrahmen im Druck mit ausgegeben wird.

Über diese Funktion lassen sich ohne viel Aufwand Kommentare im Dokument anlegen, z.B. Korrektur- oder Verarbeitungshinweise. Im Workgroup-Publishing kann diese Funktion ein wichtiges Kommunikationsmittel sein. Diesen Kommentar-Textrahmen sollten Sie so gestalten, daß er auf einen Blick als Kommentar zu erkennen ist – hier bietet sich unter anderem eine auffällige Hintergrundfarbe an.

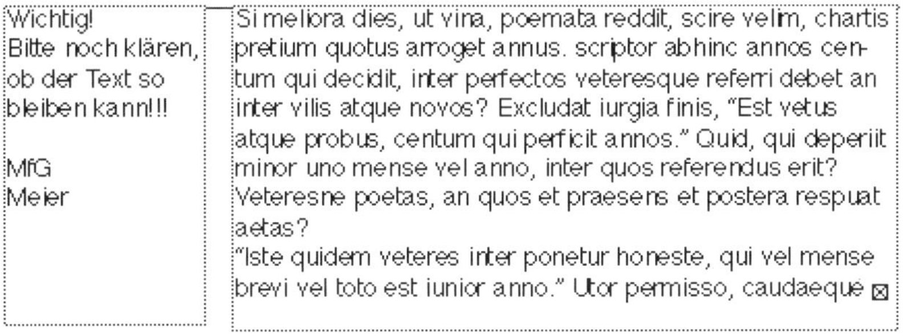

*Bild 4.76:
Mit Kommentaren können Sie Bemerkungen im Text verankern. Aber Vorsicht: Der Textrahmen muß auf* AUSGABE UNTERDRÜCKEN *gesetzt sein.*

Textrahmenattribute

Wie bereits in den vorherigen Kapiteln beschrieben, können für jeden Rahmen eine Vielzahl von Einstellungen vorgenommen werden. Diese Vorgaben lassen sich global für das Programm oder auch für jedes einzelne Dokument einrichten.

Standardvorgabe für Schrift

Jeder Textrahmen hat eine Voreinstellung für Schrift- und Textattribute. Diese Vorgaben sind in der Absatzstilvorlage NORMAL festgelegt. Soll diese Voreinstellung verändert werden, dann muß die Stilvorlage entsprechend bearbeitet werden, dies geschieht über den Befehl *Bearbeiten/Stilvorlagen*. Auf die Erstellung und Bearbeitung von Stilvorlagen wird später in einem eigenen Abschnitt näher eingegangen.

Auf diese Voreinstellungen sind auch Fehlermeldungen zurückzuführen, daß im Dokument bestimmte Schriftarten benötigt werden, obwohl diese Schrift in der Dokumentdatei gar nicht eingesetzt ist. In der Macintosh-Version ist »Helvetica« die für Textrahmen voreingestellte Schrift.

Grundlegende Eigenschaften von Textrahmen

Die erste Gruppe von Einstellungen erreichen Sie über den Menübefehl *Objekt/Modifizieren* oder die Tastenkombination ⌘+M. Bei aktiviertem Objekt-Werkzeug oder durch Halten der ⌘-Taste wird auch nach einem Doppelklick auf einen Textrahmen die Dialogbox MODIFIZIEREN geöffnet. Die Einstellungen sind in den vier Registern RAHMEN, TEXT, RANDSTIL und UMFLIESSEN thematisch gegliedert. Ein Klick auf den jeweiligen Reiter der Karten stellt diese zur Bearbeitung in den Vordergrund.

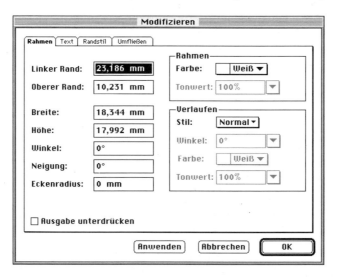

Bild 4.77: Im Register RAHMEN lassen sich die grundlegenden Eigenschaften von Textrahmen festlegen.

Mit den Steuerelementen des Registers RAHMEN werden die grundlegenden Eigenschaften von Rahmen festgelegt. In den Feldern LINKER RAND und OBERER RAND wird der Abstand der linken, oberen Kante des Rahmens vom Nullpunkt angezeigt. Diese Werte lassen sich in 0,001-Schritten in jedem Maßsystem verändern.

Die Felder BREITE und HÖHE geben die horizontale und vertikale Ausrichtung des Textrahmens an. Auch diese Werte lassen sich in 0,001-Schritten verändern.

Durch die Eingabe eines Werts im Feld WINKEL kann der markierte Rahmen rotiert werden. Der Wert »0« ist die Standardvorgabe, der Rahmen wird nicht gedreht, negative Werte drehen den Rahmen nach rechts, positive nach links.

Das Feld NEIGUNG verzerrt den Rahmen entsprechend den eingegebenen Werten um den Mittelpunkt herum. Hier bewirken positive Werte eine Neigung nach rechts, negative neigen den Rahmen nach links.

Durch die Eingabe eines Werts unter ECKENRADIUS können Sie dem aktiven Textrahmen runde Ecken zuweisen. In das betreffende Feld kann ein Wert von 0 mm bis 50,8 mm eingetragen werden. Der Wert entspricht dem Radius des Kreises, durch den die Ecken des Rahmens geformt werden.

Der Textrahmen selbst kann als gestalterisches Mittel eingesetzt werden und unterschiedliche Hintergrundeinstellungen aufnehmen. Dazu dienen die Steuerelemente auf der rechten Seite des Registers RAHMEN.

Um dem Rahmenhintergrund eine Volltonfüllung zuzuweisen, stehen Ihnen im Bereich RAHMEN zwei Popups zur Verfügung: Im Popup FARBE legen Sie die Farbe für den Rahmenhintergrund fest, das Popup TONWERT bestimmt den Tonwert dieser Farbe. Soll der Rahmen einen transparenten Hintergrund erhalten, dann muß unter FARBE die Auswahl KEINE getroffen werden.

Im Bereich VERLAUFEN stehen zur Gestaltung des Rahmenhintergrunds im Popup STIL sechs Verlaufsformen zur Verfügung. In WINKEL kann die Ausrichtung des Verlaufs in 0,001-Grad-Schritten festgelegt werden. Nebenstehendes Popup enthält einige feste Winkelvorgaben, die Sie durch Klick und Ziehen mit der Maus auswählen können. Das Popup FARBE gestattet die Auswahl einer Farbe aus der aktuellen Farbpalette. TONWERT gestattet die Festlegung des Farbauftrags der ausgewählten Farbe. Die Verlaufsfarbe startet immer mit Weiß, der Endpunkt ergibt sich aus Farbauswahl und Tonwert. Die Startfarbe kann über die Palette FARBEN auch gewechselt werden, so daß eine Mischung aus zwei Buntfarben möglich ist.

Auch im Register TEXT stehen Ihnen wichtige Einstellungen für Textrahmen zur Verfügung. In den Feldern SPALTEN und SPALTENABSTAND wird die Anzahl der Spalten für den Textrahmen sowie der Abstand zwischen ihnen festgelegt.

TEXTABSTAND bestimmt den Abstand zwischen Rahmenrand und Text. Der Text kann innerhalb des Rahmens gedreht und zur Grundlinie geneigt werden, die erforderlichen Eingaben nehmen Sie in den Feldern TEXTWINKEL und TEXTNEIGUNG vor. Im Bereich ERSTE GRUNDLINIE wird die Plazierung der Schriftlinie für die erste Zeile im Rahmen festgelegt.

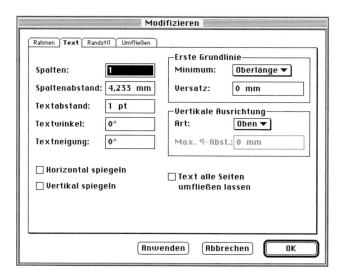

Bild 4.78:
In der Registerkarte TEXT werden die Festlegungen für die Ausrichtung des Textes im Rahmen getroffen.

Unter VERTIKALE AUSRICHTUNG beeinflussen Sie die senkrechte Ausrichtung des Textes im Rahmen. Das Popup ART bietet dazu die Optionen OBEN, ZENTRIERT, UNTEN und BLOCKSATZ an. Mit der Option BLOCKSATZ verteilt XPress den zur Verfügung stehenden Raum bis zur Rahmenhöhe gleichmäßig zwischen den Zeilen. Damit die Räume vor allem zwischen den Absätzen aufgeteilt werden, kann im Feld MAX. ABSTAND ein Wert vorgegeben werden. Erst wenn dieser Wert erreicht wird, beginnt das Programm, mit dem restlichen zur Verfügung stehenden Raum den Zeilenabstand zu vergrößern.

Die Checkboxen HORIZONTAL SPIEGELN und VERTIKAL SPIEGELN drehen den Text im Rahmen um jeweils 180 Grad.

Randstil für Textrahmen

Jedem Rahmenobjekt kann ein Randstil zugeordnet werden. Die hierfür möglichen Einstellungen sind in der Dialogbox MODIFIZIEREN in der Registerkarte RANDSTIL enthalten. Sie wird aufgerufen über den Menübefehl *Objekt/Randstil* (⌘+B).

Die VORANSICHT zeigt den aktiven Randstil an. Das Feld STÄRKE erlaubt die Wahl einer vordefinierten Linienstärke, hier lassen sich auch eigene Werte eingeben. Das nebenstehende Popup stellt einige Standardlinienstärken zur Verfügung. Das Popup STIL zeigt eine Reihe von vordefinierten Randstilen. Durch Anklicken des Pfeils können Sie die Anzeige aktivieren. Ein Randstil wird durch Ziehen mit gedrückter Maustaste und Loslassen ausgewählt. Die optische Wirkung des ausgewählten Randstils wird ebenfalls in der VORANSICHT dargestellt.

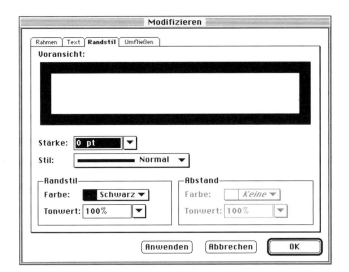

Bild 4.79:
Über die Registerkarte RANDSTIL kann ein Textrahmen die unterschiedlichsten Randstilattribute erhalten.

Im Bereich RANDSTIL kann über das Popup FARBE der Rand eingefärbt werden, der prozentuale Tonwert für die Randstilfarbe wird im Feld TONWERT eingestellt. QuarkXPress ermöglicht es, bei Linien, die aus mehreren Linien kombiniert sind, den Abstand zwischen diesen Linien mit einer gesonderten Farbe zu belegen. Auch hier kann der Tonwert genau eingestellt werden.

Textrahmen umfließen

Eine wichtige Rahmeneigenschaft besteht darin, den Textfluß zu steuern. Sie können Rahmen eine umfließende Eigenschaft zuweisen. Hat der im Vordergrund liegende Textrahmen eine solche Einstellung, dann wird der Text in einem im Hintergrund liegenden Textrahmen um das Vordergrundobjekt herumgeführt.

Der Befehl *Objekt/Umfließen* (⌘+T) öffnet die Dialogbox MODIFIZIEREN mit dem Register UMFLIESSEN. Auf diesen Menübefehl haben Sie Zugriff, wenn ein Rahmenobjekt mit dem Mauszeiger markiert wurde.

Die Einstellungen in der Registerkarte UMFLIESSEN:

Im Popup ART haben Sie die Wahl zwischen OBJEKT und KEINE. Mit OBJEKT wird der Umfließen-Modus eingeschaltet, mit KEINE wird er deaktiviert. In den Feldern OBEN, LINKS, UNTEN, RECHTS kann der Abstand festgelegt werden, mit dem der Text um den Rahmen herumgeführt wird. Auch können Sie das Ergebnis im Bereich VORANSICHT begutachten.

Das Umfließen von Text, Bildern und Grafiken wird auch ausführlich im Kapitel 4.4: Bilder und Grafiken bearbeiten besprochen.

*Bild 4.80:
Ein Textrahmen kann den dahinterliegenden Text verdrängen oder transparent sein. Die Registerkarte UMFLIESSEN läßt die notwendigen Einstellungen zu.*

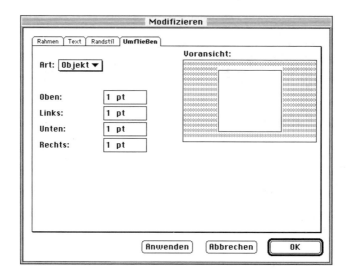

Voreinstellung für Textrahmen verändern

Alle Grundeinstellungen von Textrahmen können Sie nicht nur im aktuellen Dokument vornehmen, sondern auch global für alle folgenden Dokumente. Einstellfunktionen zu Textrahmen erreichen Sie entweder über Doppelklick auf das Textrahmen-Werkzeug oder über *Bearbeiten/Vorgaben/Dokument/ Werkzeuge*. In der Dialogbox DOKUMENTVORGABEN wird die Registerkarte WERKZEUG mit einem Mausklick auf den Reiter aktiviert. In einer Scrollliste sind alle Werkzeuge aufgeführt. Die Textrahmen-Werkzeuge sind mit einem »A« gekennzeichnet. Markieren Sie mit einem Mausklick das Textrahmen-Werkzeug, für das die Voreinstellungen verändert werden sollen.

*Bild 4.81:
Für jedes Dokument können die Voreinstellungen für Textrahmen geändert werden.*

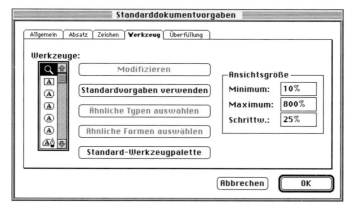

Über den Button MODIFIZIEREN wird wieder die Dialogbox MODIFIZIEREN mit der entsprechenden Registerkarte aufgerufen. Jetzt lassen sich die Voreinstellungen für dieses Werkzeug verändern. Die Einstellungen wurden bereits in diesem Unterkapitel im Punkt *Grundlegende Rahmeneigenschaften* besprochen.

Sollen gleiche Einstellungen auf verschiedene Werkzeuge übertragen werden, dann muß dies nicht für jedes Werkzeug neu geschehen, sondern kann über die auf der Registerkarte enthaltenen Buttons vereinfacht werden. Der Button STANDARDVORGABEN VERWENDEN stellt die Werte für die markierten Werkzeuge auf die Standardwerte zurück. ÄHNLICHE TYPEN AUSWÄHLEN sorgt dafür, daß bei Auswahl eines Textrahmen-Werkzeugs sofort alle Textrahmenwerkzeuge markiert werden. Die vorgenommenen Änderungen werden dann auf alle markierten Werkzeuge angewandt.

Ein Klick auf den Button ÄHNLICHE FORMEN AUSWÄHLEN markiert bei Auswahl eines runden Textrahmens sofort alle runden Rahmen, unabhängig vom Objektinhalt.

Einstellungen, die Sie vornehmen, wenn kein Dokument geöffnet ist, gelten als neue Programmvorgaben und werden als Grundlage bei der Einrichtung von neuen Dokumenten herangezogen.

Kontursatz mit Bézier-Textrahmen

Bereits in der QuarkXPress-Version 3.3 wurde es erstmals möglich, freie Textrahmen mittels eines Polygon-Werkzeuges zu erstellen. Dieser Textrahmenpolygon von QuarkXPress hatte eine wesentliche Beschränkung. Der Text konnte ein Objekt immer nur einseitig umfließen. Standen in der Horizontalen ein linker und ein rechter Bereich zur Aufnahme von Text zur Verfügung, dann floß der Text in den größeren Bereich. Mit dem Bézier-Textrahmen-Werkzeug und der Möglichkeit, Text in alle Bereiche der Form fließen zu lassen, hat QuarkXPress 4.0 diese Einschränkung aufgehoben. Damit können nun beliebige Formen erstellt und mit Text gefüllt werden.

Eine Erläuterung und Beispiele zum Anpassen freier Bézier-Rahmen finden Sie im Kapitel 4.4.

Da für die Erzeugung eines freien Textrahmens nun ein eigenes Werkzeug in der Werkzeugpalette zur Verfügung steht, kann diese Form direkt erstellt werden. In der Vorgängerversion mußte zunächst der Bildpolygon erzeugt und dieser dann in einen Textpolygon umgewandelt werden.

Haben Sie mit dem Bézier-Textrahmen-Werkzeug eine freie Form aufgebaut, können Sie nun einen beliebigen Text eingeben. Damit der Text auch wirklich in alle Bereich fließt, muß durch Eingabe von *Objekt/Modifizieren* auf der Registerkarte TEXT die Checkbox *Text alle Seiten umfließen lassen* markiert werden.

Bild 4.82: Figurensatz mit dem freien Bézier-Textrahmen. Beim »E« läßt sich die Funktion normal nutzen, beim »V« muß in jedem Fall die Option TEXT ALLE SEITEN UMFLIESSEN markiert sein.

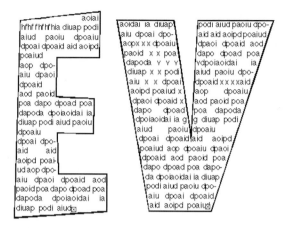

Textrahmen rotieren, verzerren und spiegeln

Textrahmen können in eine beliebige Winkellage rotiert werden. Dies kann entweder durch Einsatz der Maus oder durch numerische Eingabe geschehen. Um Textrahmen unter Zuhilfenahme des Mauszeigers frei zu drehen, wählen Sie zunächst das Werkzeug ROTIEREN aus der Werkzeugpalette. Klikken Sie nun auf einen beliebigen Punkt, der als Rotationsmittelpunkt dienen soll. Mit gedrückter Maustaste kann nun der Textrahmen in die gewünschte Position rotiert werden.

Der Drehwinkel wird im Register RAHMEN der Modifizieren-Dialogbox eingegeben. Das Feld WINKEL nimmt dazu Werte in 0,001°-Schritten auf. Der Rahmen wird dann um den Mittelpunkt herum gedreht.

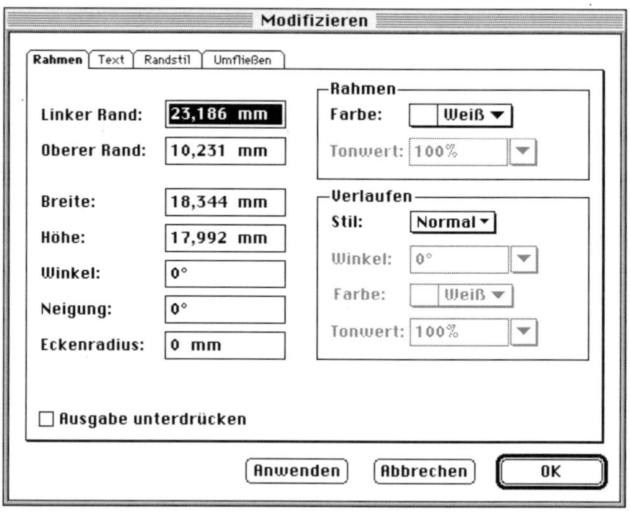

Bild 4.83: Noch einmal die Registerkarte RAHMEN. Mit ihr wird die Ausrichtung eines Textes im Rahmen beeinflußt.

Ein Text kann auch verzerrt werden. Das Feld NEIGUNG im Register RAH-
MEN nimmt den gewünschten Wert entgegen: Durch positive Werte neigt
sich der Rahmen mit Inhalt nach rechts, negative Werte ergeben eine Neigung nach links. Möglich sind Werte von -75° bis 75° in 0,001° Schritten.

Bild 4.84:
Textrahmen
können verzerrt,
gespiegelt und
rotiert werden.

Mit Quark XPress kann der Text im Rahmen sowohl vertikal als auch horizontal gespiegelt werden. Um die gewünschte Spiegelung durchzuführen,
müssen Sie bei aktiviertem Inhalt-Werkzeug den Textrahmen markieren. Wählen Sie *Horizontal spiegeln* oder *Vertikal spiegeln* aus dem Menü *Stil*. Auf der
Registerkarte TEXT sind diese Einstellungen über die entsprechenden Checkboxen auch möglich.

Rotierter, verzerrter und gespiegelter Text kann weiterhin wie normaler Text
bearbeitet werden.

Textposition im Rahmen

Um die Ausrichtung des Textes im Rahmen zu beeinflussen, stellt Quark
XPress verschiedene Ansätze zur Verfügung.

Textabstand im Rahmen

Im Feld TEXTABSTAND in der Registerkarte TEXTRAHMEN wird der innere
Abstand vom Text zum Rand des Rahmens festgelegt. Dieser Abstand bezieht sich auf alle vier Seiten des Textblocks.

*Diese auf den ersten Blick sinnvolle Funktion ist im typographischen Präzisions-
satz nicht unproblematisch. Die Raumverteilung der Ränder in einem Kasten
muß optisch gleich sein. Nun haben einige Buchstaben sogenannte »Unterlängen«. Diese Unterlänge erstreckt sich von der Schriftlinie eines Buchstabens bis
zu seiner unteren Kante. Die Wirkung dieses Raumes führt dazu, daß der untere
Abstand zum Text größer wirkt, als es rein rechnerisch der Fall ist.*

*Bild 4.85:
In diesem Beispiel sehen Sie Auswirkungen der Einstellung* TEXTABSTAND. *Bei dieser Option wirkt der Abstand von der unteren Zeile zum Rand größer.*

> Si meliora dies, ut vina, poemata reddit, scire velim, chartis pretium quotus arroget annus. scriptor abhinc annos centum qui decidit, inter perfectos veteresque referri debet an inter vilis atque novos? Excludat iurgia finis, "Est vetus atque probus, centum qui perficit annos." Quid, qui deperiit minor uno mense vel anno, inter quos referendus erit? Veteresne poetas, an quos et praesens et postera respuat aetas?
> "Iste quidem veteres inter ponetur honeste, qui vel mense brevi vel toto est iunior anno." Utor permis⊠

Position für die erste Textzeile setzen

Die Position der Schriftlinie der ersten Zeile im Textrahmen läßt sich im Bereich ERSTE GRUNDLINIE festlegen. Über den Eintrag in das Feld VERSATZ schieben Sie die Grundlinie der ersten Zeile um den eingegebenen Wert nach unten. Das Popup MINIMUM legt den Mindestwert fest, um den die erste Grundlinie gegenüber dem Textrahmenrand verschoben wird.

Vertikaler Keil

Der Bereich VERTIKALE AUSRICHTUNG ermöglicht es, die vertikale Verteilung des Textes in einem Textrahmen zu beeinflussen. Im Popup ART haben Sie die Wahl zwischen OBEN, ZENTRIERT, UNTEN und BLOCKSATZ. Entsprechend der vorgegebenen Option wird der im Rahmen enthaltene Text vertikal ausgerichtet.

Ist die Option BLOCKSATZ ausgewählt, dann kann im Feld MAX. ABST. festgelegt werden, bis zu welchem Wert der Raum zwischen den Absätzen erweitert wird. Ist dieser Wert erreicht, dann wird der noch zur Verfügung stehende Raum zwischen den einzelnen Zeilen des Textes verteilt und damit der Zeilenabstand erhöht.

Stellen Sie durch einen hohen Wert in diesem Feld sicher, daß der zur Verfügung stehende Raum nur zwischen die Absätze gelegt wird. Eine Verteilung des Restraums auf die Zeilen ist vielleicht ganz praktisch, typografisch gesehen aber sehr unsauber, da für den Text ungleiche Zeilenabstände auftreten. Gerät der Abstand zwischen den Absätzen zu groß, ist es sinnvoller, durch manuelle Eingriffe zusätzliche Zeilen zu erzeugen, um so eine Veränderung des Zeilenlaufs zu erreichen.

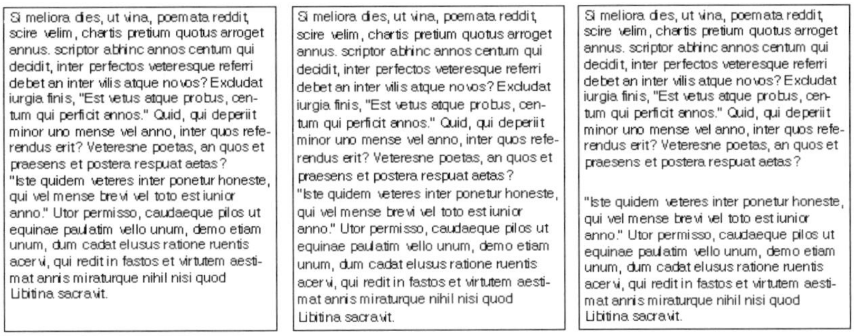

*Bild 4.86:
Die Wirkung des* VERTIKALEN KEILS: *Links wird die Ausrichtung* OBEN *angezeigt, in der Mitte ist die Option* BLOCKSATZ *gesetzt, und Rechts wurde zusätzlich in* MAX. ABST. *ein Wert eingegeben. Dadurch wird verhindert, daß der* VERTIKALE KEIL *den Zeilenabstand verändert.*

Texte erstellen

In QuarkXPress wird nicht zwischen Layout- und Textverarbeitungsmodus unterschieden. QuarkXPress arbeitet ausschließlich im WYSIWYG-Modus. Das bedeutet: Jede Eingabe eines Zeichens wird sofort im Original dargestellt, die Zeichenbreiten werden addiert. Ist das Zeilenende erreicht, wird die Zeile entsprechend der Einstellung ausgerichtet, Textverschiebungen werden neu berechnet und entsprechend auf dem Bildschirm dargestellt. Bei großen Textmengen einerseits und einem langsamen Arbeitsplatzrechner andererseits kann es passieren, daß die Zeichen schneller eingegeben werden als diese auf dem Bildschirm dargestellt werden können. Das ist auch ein Grund, warum große Textmengen in Textverarbeitungsprogrammen erfaßt werden sollten. Diese Programme sind speziell auf die Erfassung von Texten hin optimiert. Diese Texte werden dann durch die Importfunktion von QuarkXPress in das Layout integriert. Weitere Hinweise finden Sie im Kapitel 4.1 im Abschnitt »Import und Export«.

Um mit QuarkXPress kürzere Texte zu erstellen, brauchen Sie lediglich einen neuen Textrahmen. Dann setzen Sie die Textmarke mit dem Inhaltswerkzeug in diesen Rahmen und geben den gewünschten Text über die Tastatur ein. QuarkXPress verfügt über alle wesentlichen Funktionen, die zur Texteingabe und -bearbeitung benötigt werden.

Textpassagen löschen

Die Taste ⌫ löscht mit jedem Anschlag ein Zeichen links von der Textmarke, die Taste Entf löscht mit jedem Anschlag das rechts von der Textmarke befindliche Zeichen.

Mehrere Zeichen oder ganze Passagen können schnell gelöscht werden, indem diese mit der Textmarke markiert und anschließend ⌫ oder Entf betätigt wird. Weiterhin gilt, daß markierte Textteile durch das nächste per Tastatur eingegebene Zeichen ersetzt werden, wenn es sich nicht um eine Bewegungstaste handelt.

Ligaturen verwenden

Unter Ligaturen versteht man eine typografische Darstellungsart, die zwei Zeichen zu einem Zeichen zusammenfassen. Dies sind z.B. die Zeichenfolgen f + i und f + l.

QuarkXPress ermöglicht die automatische Erzeugung von Ligaturen bei Schriften mit Serifen (z.B. Times).

Der Einsatz von Ligaturen wird bei den Vorgaben geregelt. Durch Eingabe von *Bearbeiten/Vorgaben/Dokument* öffnet sich die Dialogbox DOKUMENTVORGABEN. Auf der Registerkarte ZEICHEN gibt es den Bereich LIGATUREN. Er kann durch eine Checkbox aktiviert werden. Buchstabenkombinationen wie fi und fl werden dann zu einem Zeichen zusammengefaßt. Zeichenligaturen, die über diese Funktion erzeugt werden, sind als Einzelzeichen editierbar und werden auch in der Rechtschreibprüfung als einzelne Zeichen behandelt.

Es können noch zwei zusätzliche Optionen gewählt werden, um den Einsatz der Ligaturen zu modifizieren. Das Feld TRENNEN VOR ermöglicht die Eingabe eines Unterschneidungswerts. Wird dieser Wert überschritten, dann werden die betreffenden Zeichenkombinationen nicht als Ligaturen angezeigt. Der mögliche Wertebereich liegt zwischen 0 und 100 (1/200 Geviert). Er kann in Schritten von 0,001 eingestellt werden. Durch Anklicken der entsprechenden Checkbox können Sie verhindern, daß die Buchstabenkombinationen ffi und ffl in Ligaturen umgewandelt werden.

Bild 4.87:
Bei der Helvetica kommt die Ligaturenregelung nicht zur Geltung, in der Schrift »Benguiat« hingegen wirkt sich die getroffene Voreinstellung aus.

> ## Ligaturen
> In der Helvetiva erscheint fi und fl normal. **In der Schrift Benguiat werden die Zeichen fi und fl durch Ligaturen ersetzt.**

Texte kopieren und verschieben

Eine häufige Problemstellung bei der Bearbeitung von Texten ist es, Passagen im Text zu verschieben. Diese Funktion stellt Quark XPress auf unterschiedliche Weise zur Verfügung.

Der eine Weg führt über die Zwischenablage. Markieren Sie den zu verschiebenden Textbereich mit der Schreibmarke. Durch *Bearbeiten/Ausschneiden* (Tastenkombination ⌘+X) wird der Textblock in die Zwischenablage kopiert und aus dem Ursprungstext entfernt. Anschließend wird die Textmarke an die Position bewegt, an der die Textpassage eingefügt werden soll. Der in der Zwischenablage vorhandene Text läßt sich mit *Bearbeiten/Einfügen* (Tastenkombination ⌘+V) an der markierten Position einsetzen.

Der andere Weg erfordert etwas Übung mit der Maus. In der Programmvorgaben-Dialogbox (Menübefehl *Bearbeiten/Vorgaben/Programm*) finden Sie auf der Registerkarte INTERAKTIV eine Checkbox TEXT ZIEHEN UND LOSLASSEN. Ist diese Checkbox aktiv, steht Ihnen eine weitere Funktion zum Verschieben von Textbereichen zur Verfügung. Zunächst muß wieder die Textstelle markiert werden. Dann kann dieser Textblock mit gedrückter Maustaste an die neue Position gezogen werden. Die Einfügemarke stellt dar, an welcher Stelle der markierte Text bei Loslassen der Maustaste eingefügt wird.

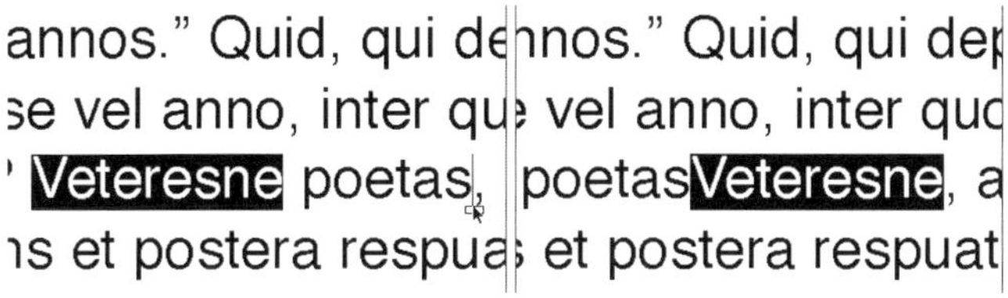

*Bild 4.88:
QuarkXPress ermöglicht es, markierten Text durch Ziehen und Ablegen an eine neue Position zu verschieben.*

Zeichenattribute

Der reine Grundtext reicht in der Regel nicht aus, um ein Dokument zu gestalten. Durch Änderung von Schriftart, Größe, Schriftstil, Farbe, Tonwert, Schriftbreite/Schrifthöhe, Zeichenabstand und Grundlinienversatz muß er optisch den geforderten Layoutvorgaben angepaßt werden.

Der Zugriff auf Schriftart und Schriftattribute über das Menü *Stil* ist dann möglich, wenn ein Textrahmen aktiviert und das Inhalt-Werkzeug gewählt wurde.

Das Stilmenü ist im Textmodus in drei Bereiche gegliedert. Im oberen Bereich stehen die Optionen für Schriftart und Schriftattribute. Auch die Maßpalette leistet bei der Modifikation von Zeichenattributen gute Dienste.

Grundsätzlich gilt, daß ein Textbereich mittels Textmarke markiert sein muß, anderenfalls gilt die neue Festlegung für neue Zeichen ab der aktuellen Cursorposition.

*Bild 4.89:
So präsentiert sich das Stilmenü, wenn das Inhalts-Werkzeug und ein Textrahmen aktiv sind.*

Schrift, Größe und Stil zuweisen

Als Schriftart wird ein Schriftfont bezeichnet, der einen mehr oder weniger prägnanten Charakter und einen eindeutigen Namen hat. Unter diesem Namen ist die Schrift im System installiert. Sie können einzelne Schriften durch den Menübefehl *Stil/Schrift* aus einem Popup-Menü durch Ziehen und Loslassen auswählen. Die aktivierte Schrift bekommt dann ein Markierungshäkchen. Im Bild 4.89 sehen Sie die Schriftart Helvetica markiert.

Eine Besonderheit in der Wahl einer Schriftart bietet die Maßpalette. Bei aktivem Inhalt-Werkzeug kann eine neue Schrift nicht nur durch Scrollen im Schrift-Popup ausgewählt werden, sondern auch durch Eingabe des Schriftnamens über die Tastatur. Mit jeder Eingabe eines Zeichens zeigt QuarkXPress den ersten Eintrag in der Schriftenliste an, auf den diese Zeichenfolge zutrifft.

Der Menübefehl *Stil/Größe* bietet ein Popup mit vordefinierten Schriftgrößen an. Andere Schriftgrößen lassen sich in der Dialogbox ZEICHENATTRIBUTE nach Auswahl von *Stil/Größe/Anderer Wert* (Tastenkombination ⌘+⇧+>) eingeben. Im Feld GRÖSSE kann der neue Größenwert eingegeben werden. Der Wertebereich: 2 bis 720 Punkt, in Schritten von 0,001 Einheiten. Auch diese Einstellungen können über die Maßpalette durchgeführt werden.

Die Wahl von Schriftstilen enthält eine besondere Problematik. Die von Textverarbeitungsprogrammen her bekannten Schriftstile, die wir auch im Stilmenü von Quark XPress wiederfinden, sind im typographischen Qualitätssatz nur eingeschränkt geeignet.

- »Fett« und »Kursiv«: Diese Schriftstile sollten nur dann eingesetzt werden, wenn die richtigen Schriftschnitte nicht zur Verfügung stehen. Im typografisch hochwertigen Layout haben diese Modifikationen keinen sinnvollen Verwendungszweck, da durch die technische Erzeugung der Auszeichnungsmerkmale die Originalität und Ausstrahlung der echten Kursiv- und Boldfonts verlorengeht. Zudem ergibt sich das Risiko, daß bei einer Belichtung des fertigen Layouts auf Film der PostScript-Belichter die Schriftmodifikationen ignoriert und lediglich den Originalfont ausgibt. Jeder Zeichensatz hat eine eindeutige Font-Nummer, über die eine Schriftzuweisung durchgeführt wird. Jeder Schriftschnitt wird in der Schriftenliste aufgeführt und kann somit auch direkt angewählt werden.

    Da die Verwendung von Schriftstilen auf dem Macintosh und dem PC unterschiedliche Auswirkungen hat, müssen besondere Absprachen getroffen werden, um Dateien zwischen den XPress-Versionen, die auf unterschiedlichen Plattformen laufen, auszutauschen. Ausführliche Informationen zu dieser Problematik finden Sie im Anhang.

- »Konturiert« und »Schattiert« sind zwei Attribute, die Probleme bereiten können. Bei »Konturiert« kann die Strichstärke nicht vorgegeben werden. Außerdem ist ein konturierter Buchstabe transparent, der Innenbereich kann nicht gesondert eingefärbt oder deckend gemacht werden.

Der Schriftstil »Schattiert« läßt eine Tonwerteinstellung des Schattens nicht zu. Ebenso läßt sich auch der Schattenversatz nicht beeinflussen. Durch die fehlenden Modifikationsmöglichkeiten können Korrekturwünsche nicht realisiert werden. Diese Stileffekte sollten deshalb nur eingesetzt werden, wenn zuvor die optische Wirkung durch Ausgabe einer Probeseite geprüft und genehmigt wurde.

❐ »Unterstrichen« und »Wort unterstrichen«: Diese Schriftstile stammen noch aus den Urzeiten der Textverarbeitung und führen zu Effekten, die den schlechten Ruf des Desktop-Publishing begründen halfen. Problem ist, daß Linienstärke und Abstände zur Schriftlinie nicht modifiziert werden können und sich somit ein unharmonisches Schriftbild ergibt. In diesem Modus werden Unterlängen ebenfalls durchgestrichen.

❐ »Hoch«, »Tief« und »Index«: Der Einsatz dieser Zeichenformate ist in QuarkXPress sinnvoll, weil jeder Schriftstil nach genauen Vorgaben typografisch eingestellt werden kann. Die Dialogbox zur Voreinstellung dieser Schriftstile wird durch den Menübefehl *Bearbeiten/Vorgaben/Dokument/Zeichen* (Tastenkombination ⌘+Y) aufgerufen.

In der Registerkarte ZEICHEN können in den Bereichen HOCHGESTELLT und TIEFGESTELLT sowohl Lage als auch Maßstab der Schriftzeichen eingestellt werden, denen dieser Stil zugewiesen wird. Im Feld VERSATZ wird die Verschiebung des Buchstabens nach oben oder unten vorgegeben, in VERTIK. und HORIZ. die Proportionen. Die Werte für die horizontalen und vertikalen Proportionen können unterschiedlich definiert werden. Berechnungsgrundlage ist die Größe der Schrift, auf die der Stil angewendet wird.

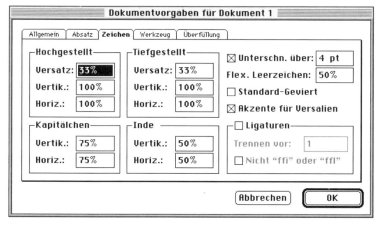

Bild 4.90:
Die Registerkarte ZEICHEN erlaubt den Zugriff auf unterschiedliche Größen- und Versatzwerte von hoch- oder tiefgestellten Zeichen.

❐ Im Bereich INDEX kann in den Feldern VERTIK. und HORIZ. die proportionale Größe des Indexzeichens eingestellt werden. Berechnungsgrundlage ist auch hier die jeweilige Schriftgröße, wenn der Schriftstil angewendet wird. Ein Indexzeichen wird immer an der oberen Kante der Oberlänge einer Schrift ausgerichtet. Die Voreinstellung ist 50%.

❒ Im Bereich KAPITÄLCHEN wird die proportionale Größe der Zeichen bei Kapitälchendarstellung vorgegeben. Die Voreinstellung ist 75%. In den Feldern VERTIK. und HORIZ. können diese Werte modifiziert werden. Die Felder für die horizontalen und vertikalen Proportionen lassen auch in diesem Fall unterschiedliche Eingaben zu. Da die Kapitälchengröße rein rechnerisch auf der Basis der eingestellten Parameter ermittelt wird, nimmt die Strichstärke der Buchstaben gegenüber den Versalien ab. Da dieses Vorgehen nicht den typografischen Regeln entspricht, ist auch diese Stilmöglichkeit nur eingeschränkt zu verwenden. Um die korrekten Strichstärken zu erhalten, werden im typografischen Qualitätssatz nur originale Kapitälchenzeichensätze verwendet.

❒ VERSALIEN: Dieser Schriftstil ist äußerst praktisch, da ein Text, der über Stil auf Versalien gesetzt wurde, problemlos umformatiert werden kann. Haben Sie die Zeichen aber mit hochgestellter Umschalttaste in Großbuchstaben gesetzt, dann müssen Sie den Text schon neu eingeben.

Einen Schriftstil können Sie durch den Menübefehl *Stil/Schriftstil* zuweisen. QuarkXPress öffnet ein Popup, in dem das gewünschte Zeichenformat gewählt werden kann. Im Anhang finden Sie alle Befehle, mit denen eine Stilzuweisung auch direkt über die Tastatur erfolgen kann.

Durch die Auswahl von STANDARD (⌘+⇧+P) werden alle Schriftstile im markierten Bereich wieder zurückgesetzt.

Textfarbe und Tonwert zuweisen

Mit QuarkXPress haben Sie die Möglichkeit, einzelnen Zeichen eine Farbe und einen Tonwert zuzuweisen.

Eine Farbe kann durch Mausklick aus der Farbpalette oder über *Stil/Farbe* gewählt werden. Der betreffende Eintrag wird dann mit einem Häkchen versehen. Zeichen erhalten einen Tonwert, indem über den Menübefehl *Stil/Tonwert* aus einem Popup ein Prozentwert ausgewählt wird. Wird hingegen ein davon abweichender Wert benötigt, dann ist ANDERER WERT zu wählen. In der Dialogbox ZEICHENATTRIBUTE kann dann im Feld TONWERT ein Wert in 0,1%-Schritten eingeben werden.

Text unterschneiden und sperren

Die Möglichkeit, Buchstabenabstände zu verändern, ist im typografischen Qualitätssatz eine Grundvoraussetzung für einen harmonischen Buchstabenlauf. Quark XPress stellt deshalb interne Unterschneidungstabellen zur Verfügung, um diese Buchstabenabstände zu steuern. Diesen Vorgang der individuellen Anpassung von Buchstabenpaaren nennt man »Kerning«. Weiterhin muß zwischen manuellem und automatischem Unterschneiden unterschieden werden. Das automatische Kerning bedient sich vordefinierter Unterschneidungstabellen. In diesen Tabellen sind Abstandskombinationen für eine Vielzahl von Buchstabenpaaren abgelegt, diese Abstandswerte werden bei aktivierter Funktion automatisch angewandt.

Über den Menübefehl *Bearbeiten/Vorgaben/Dokument/Zeichen* können Sie die Checkbox UNTERSCHN. ÜBER aktivieren und in dem nebenstehenden Feld die Punktgröße eintragen, ab der Unterschneidungstabellen genutzt werden sollen. Da das Unterschneiden rechenintensiv ist, wird bei kleinen Schriftgrößen oft darauf verzichtet, da störende Effekte erst bei großen Buchstaben deutlich auffallen.

Bevor Sie sich die Mühe machen und lange Texte manuell unterschneiden, sollten Sie in jedem Fall die automatische Funktion einschalten. Die Möglichkeit der individuellen Einflußnahme steht trotzdem zur Verfügung.

Soll der Abstand zwischen zwei Buchstaben verringert oder erweitert werden, dann kann dieser Vorgang durch die Funktion UNTERSCHNEIDEN gesteuert werden. Diese Funktion ist nur angezeigt, wenn die Textmarke zwischen zwei Buchstaben gesetzt wird. Wenn Sie nun den Menübefehl *Stil/Unterschneiden* aufrufen, können Sie in die Dialogbox ZEICHENATTRIBUTE einen Unterschneidungswert von –500 bis 500 in Einheiten von 1/200 Geviert eingeben.

Ein Geviert ist so breit, wie 2 Nullen des betreffenden Zeichensatzes. Die kleinste Schrittweite ist 0,01. Dies entspricht 1/20000 Geviert.

Zusätzlich stehen für manuelle Unterschneidung Tastaturbefehle zur Verfügung:

⌘+⇧+Y   Verringern um 0,05 Geviert

⌘+⇧+X   Erweitern um 0,05 Geviert

⌘+⌥+⇧+Y   Verringern um 0,005 Geviert

⌘+⌥+⇧+X   Erweitern um 0,005 Geviert

Hannover   **Hannover**   **Hannover**

normal   unterschnitten mit –10   gesperrt mit 10

Bild 4.91: Dreimal Hannover – mit unterschiedlichen Unterschneidungswerten.

Ähnliche Funktionalität bietet das Spationieren. Diese Funktion ermöglicht es, den Buchstabenabstand in einem Text generell zu erweitern oder zu verringern. Dieser Vorgang wird »Tracking« genannt.

Auf die Funktion *Spationieren* haben Sie Zugriff, wenn das Inhalt-Werkzeug ausgewählt ist und mehrere Zeichen markiert wurden. Über *Stil/Spationieren* wird dann die zugehörige Dialogbox ZEICHENATTRIBUTE aufgerufen. Hier erscheint jetzt das Feld SPATIONIEREN, in dem sich Spationierungswerte von –500 bis 500 aufnehmen lassen. Die Einheit ist wieder das 1/200 Geviert mit einer Schrittweite von 0,01. Auch für diesen Vorgang stehen die Tastaturbefehle der Unterschneiden-Option zur Verfügung.

QuarkXPress ermöglicht es, die Grundeinstellungen einzelner Schriften für das Kerning und Tracking zu verändern. Ausführliche Informationen hierzu finden Sie am Ende dieses Kapitels.

Schriftbreite und Schrifthöhe verändern

Weitere Funktionen erlauben es, Buchstaben horizontal und vertikal zu verzerren. Der Verzerrungsgrad erstreckt sich von 25% bis zu 400% der Schrifthöhe und -breite mit einer Schrittweite von 0,1%. Die Grundeinstellung für die vertikale und horizontale Richtung ist 100%. Diese Möglichkeit kann eingesetzt werden, wenn ein Textrahmen und das Inhalt-Werkzeug aktiviert sind.

Bild 4.92:
Je nach gewählter Option läßt sich ein Textblock horizontal und vertikal stauchen oder dehnen.

Die Dialogbox zum Ändern dieser Werte wird durch den Menübefehl *Stil/Schriftbreite/Schrifthöhe* aufgerufen. Im Popup SKALIEREN können Sie festlegen, ob die Verzerrung horizontal oder vertikal wirken soll. Im Prozentfeld ist der Verzerrungsgrad in Prozent anzugeben. Wollen Sie sowohl horizontal als auch vertikal verzerren, dann wird zunächst HORIZONTAL vorgegeben, mit OK bestätigt und dann die Aktion für VERTIKAL wiederholt.

Grundlinie verändern

Durch den Menübefehl *Stil/Grundlinienversatz* kann ein markierter Text über oder unter die Schriftgrundlinie verschoben werden. Als mögliche Eingabewerte in das Feld GRUNDLINIENVERSATZ lassen sich Werte bis zum dreifachen Wert der Zeichengröße einrichten. Minuswerte schieben die Grundlinie nach unten, Pluswerte nach oben. Die Veränderung der Grundlinie beeinflußt nicht den gültigen Zeilenabstand. Auch können Sie wieder auf schnelle Tastenkombinationen zurückgreifen.

In 1-pt-Schritten nach oben: ⌘+⌥+[⇧]+[+]

In 1-pt-Schritten nach unten: ⌘+⌥+[⇧]+[-]

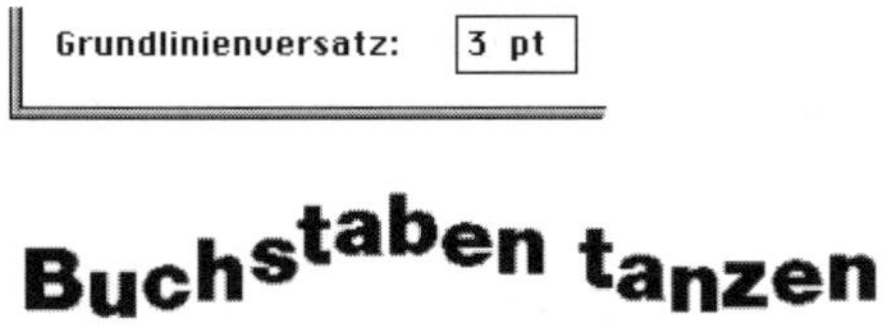

Bild 4.93:
Mit dieser Dialogbox können Sie Buchstaben auf der Schriftlinie tanzen lassen.

Die Dialogbox Zeichenattribute

Die Zeichenattribute, wie Schrift, Größe, Stil, Farbe, Tonwert, Unterschneiden und Grundlinienversatz lassen sich auch zentral in der gleichnamigen Dialogbox vornehmen, die mit dem Menübefehl *Stil/Zeichen* (⌘+⇧+D) geöffnet wird. Sollen mehrere Parameter einer Schrift beeinflußt werden, dann ist es in jedem Fall sinnvoll, diese Dialogbox aufzurufen, anstatt durch viele einzelne Menübefehle zum Ziel zu gelangen.

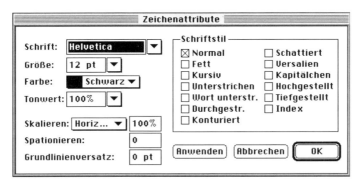

Bild 4.94:
Die Dialogbox
ZEICHENATTRI-
BUTE – die
wesentlichen
Zeichenattribute
im direkten
Zugriff.

Absatzattribute

In diesem Abschnitt erfahren Sie, wie Textabsätze im Dokument ausgerichtet oder mit Einzügen, Abständen und Tabulatoren versehen werden. Die Einstellungen dieser grundlegenden Absatzattribute werden entweder im Menü *Stil* gewählt oder zentral über die Dialogbox »Absatzattribute« durchgeführt.

Unterscheidung zwischen Zeichen- und Absatzattributen

Bei der Textverarbeitung wird zwischen Zeichen- und Absatzattributen unterschieden. Zeichenattribute haben eine lokale Wirkung, die Zeichen müssen dafür markiert sein. Ein Zeichenattribut wirkt sich auf einzelne Zeichen aus.

Im Gegensatz dazu gelten Absatzattribute immer für den gesamten Absatz, in dem die Textmarke steht. Die Ausrichtungsfunktion macht es deutlich: QuarkXPress richtet immer den gesamten Absatz rechts- oder linksbündig aus, diese Formatoption kann nicht sinnvoll auf einzelne Zeichen angewandt werden.

Ein Absatz besteht aus einer beliebigen Anzahl von Zeichen und wird durch ein sogenanntes »hartes Return« (↵) abgeschlossen. Dementsprechend ist auch eine einzelne Zeile ein Absatz, wenn diese mit einem ↵ beendet wird.

Der Zugriff auf die Absatzattribute ist nur möglich, wenn ein Textrahmen aktiv und das Inhalt-Werkzeug gewählt wurde. Die entsprechenden Funktionen sind in der Mitte des Menüs *Stil* angeordnet.

Absatzausrichtung festlegen

Über den Menübefehl *Stil/Ausrichtung* legen Sie fest, wie ein Absatz an den Rändern ausgerichtet wird. Zugriff auf diesen Menüeintrag haben Sie, wenn das Inhalt-Werkzeug aktiv und ein Textrahmen markiert ist – hier stehen Ihnen fünf Optionen aus einem Popup zur Auswahl. Die aktive Ausrichtungsoption wird mit einem Häkchen gekennzeichnet.

Linksbündig
(Tastenkombination ⌘+⇧+L), richtet die Zeilen an der linken Absatzkante aus.

Zentriert
(Tastenkombination ⌘+⇧+C), richtet die Zeilen am Mittelpunkt des Absatzes aus.

Rechtsbündig
(Tastenkombination ⌘+⇧+R), richtet die Zeilen am rechten Absatzrand aus.

Blocksatz
(Tastenkombination ⌘+⇧+J), richtet die Zeilen an den Spaltenrändern aus, indem der zur Verfügung stehende Raum auf die Wortzwischenräume oder Buchstabenabstände verteilt wird. Die letzte Zeile wird linksbündig ausgerichtet.

Erzwungener Blocksatz
(Tastenkombination ⌘+⌥+⇧+J), entspricht in der Absatzausrichtung dem Menübefehl *Blocksatz*, mit dem Unterschied, daß auch die letzte Zeile auf die zur Verfügung stehende Spaltenbreite ausgetrieben wird.

Bild 4.95:
Der Menüpunkt
Stil/Ausrichtung
beinhaltet ein
Untermenü, das
die fünf Ausrichtungsoptionen
beherbergt.

Ausrichtung	▶	✓Linksbündig	⌘⇧G
Zeilenabstand...	⌘⇧E	Zentriert	⌘⇧M
Formate...	⌘⇧F	Rechtsbündig	⌘⇧R
Tabulatoren...	⌘⇧T	Blocksatz	⌘⇧J
Linien...	⌘⇧N	Erzw. Blocksatz	⌘⌥⇧J
Absatzstilvorlagen	▶		

Damit die Verteilung der Räume beim Blocksatz auch den geforderten typografischen Vorgaben entspricht, können Sie die Blocksatzmethode über den Menübefehl *Bearbeiten/S&B* festlegen.

Um schnell bereits erstellte Absatzformatierungen auf andere Absätze übertragen zu können, stellt QuarkXPress einen Befehl zur Verfügung, der dieses mit Mausklick ermöglicht. Einfach die Textmarke in den zu formatierenden Absatz stellen oder den zu formatierenden Bereich markieren, nun die Tastenkombination ⌥+⇧ drücken und dann auf den Absatz klicken, dessen Formatierung übernommen werden soll.

Zeilenabstand festlegen

Auch der Abstand zwischen den Zeilen eines Absatzes kann beeinflußt werden sobald ein Textrahmen markiert und das Inhalt-Werkzeug aktiv ist. Für den Zeilenabstand lassen sich Werte von 0 bis 1080 pt (381 mm) einrichten. Die notwendigen Steuerelemente finden Sie im Register FORMATE in der Dialogbox ABSATZATTRIBUTE, die über den Menübefehl *Stil/Zeilenabstand* aufgerufen wird. Die Eingabe erfolgt im Feld ZEILENABSTAND. Mögliche Eingabewerte sind:

Fester Zeilenabstand
Durch die Eingabe eines Werts wird der Zeilenabstand auf diesen Abstand festgelegt.

Automatischer Zeilenabstand
Diese Einstellung des Zeilenabstands wird automatisch aus der im Absatz enthaltenen größten Schrift berechnet, zuzüglich einem zusätzlichen, prozentualen Vorschubwert. Um diese Funktion einzuschalten, muß der Begriff AUTOM. oder eine »0« eingegeben werden.

Zur Voreinstellung des automatischen Zeilenabstandes wird die Vorgabendialogbox über den Menübefehl *Bearbeiten/Vorgaben/Dokument/Absatz* aufgerufen. Im Bereich ZEILENABSTAND wird im Feld AUTOM. ABSTAND der prozentuale Zuschlagswert eingetragen. Die Voreinstellung ist 20%.

*Bild 4.96:
Die Voreinstellung für den automatischen Zeilenabstand läßt sich in der Vorgabendialogbox anpassen.*

Im Popup MODUS legen Sie fest, welcher Punkt eines Buchstabens für die Berechnung des Zeilenabstandes herangezogen wird. Dies soll der Kompatibilität zwischen Schriftsatz und Textverarbeitungsprogrammen dienen. Der Modus SCHRIFTSATZ mißt den Zeilenabstand von Grundlinie zu Grundlinie, TEXTVERARBEITUNG mißt den Zeilenabstand von oberer Schriftkante zu oberer Schriftkante. Die Voreinstellung ist SCHRIFTSATZ.

Inkrementeller Zeilenabstand
Dieser Zeilenabstand wird zugewiesen durch die Eingabe eines Werts mit einem vorangestellten Plus- oder Minuszeichen. Dieser Modus geht von der für den Absatz eingestellten Zeichengröße im Absatz als Zeilenabstand aus und addiert oder subtrahiert den eingegebenen Wert. Daraus ergibt sich dann der aktive Zeilenabstand.

Absoluter Zeilenabstand
Sie können einen Zeilenabstand auch so festlegen, daß er von der Schriftgröße unabhängig ist. Wird ein Wert in das Feld ZEILENABSTAND eingegeben, nimmt Quark XPress diesen als absolute Distanz. Größenänderungen der Schrift führen in diesem Fall zu keiner Veränderung des Zeilenabstands.

Der eingestellten Zeilenabstand läßt sich auch über Tastaturbefehle verändern:

⌘+ [,]: Verringern um 1 Punkt

⌘+ [.]: Erweitern um 1 Punkt

⌘+⌥+ [,]: Verringern um 0,1 Punkt

⌘+⌥+ [.]: Erweitern um 0,1 Punkt

Absatzeinzüge und -abstände bestimmen

Ein Absatz kann mit verschiedenen Einzügen und Abständen versehen werden. Diese Einstellmöglichkeiten sind in der Dialogbox FORMATE zusammengefaßt. Wenn Sie diese Dialogbox mit dem Menübefehl *Stil/Formate* (Tastenkombination ⌘+[⇧]+[F]) öffnen, werden Sie feststellen, daß Ihnen in dieser Box zahlreiche Einstellungsmöglichkeiten angeboten werden, die wir zuvor schon über andere Dialogboxen zugewiesen haben. Es wird deshalb in der Praxis so sein, daß Formateinstellungen zumeist über die Dialogbox FORMATE vorgenommen werden.

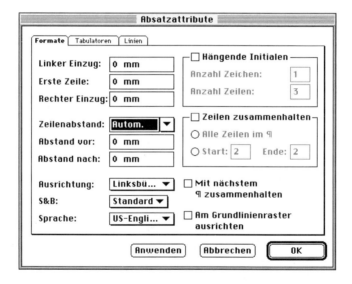

Bild 4.97:
Die Registerkarte
FORMATE
ermöglicht u.a.
die Festlegung
von Absatzein-
zügen und
-vorschüben.

Im Feld LINKER EINZUG wird der Wert eingetragen, um den der linke Rand eines Absatzes vom linken Spaltenrand eingezogen werden soll. Im Feld ERSTE ZEILE können Sie durch einen positiven oder negativen Wert einen hängenden Einzug oder einen zusätzlichen Einzug zuweisen. Im Feld RECHTER EINZUG wird festgelegt, um welchen Wert der rechte Rand eines Absatzes vom rechten Spaltenrand eingezogen wird.

Durch eine Kombination verschiedener Einstellungen (positiver linker Einzug, negativer Erstzeileneinzug und ein entsprechender Tabulator) lassen sich »Hängende Einzüge« generieren. Diese können z.B. eingesetzt werden, um Texte zu gliedern oder um Aufzählungen zu erzeugen. Ein Beispiel finden Sie im Workshop, Kapitel 5.

Textbearbeitung

In den Feldern ABSTAND VOR und ABSTAND NACH können Distanzen festgelegt werden, die den Absätzen voran- oder nachgestellt werden. Im Regelfall reicht es aus, den benötigten Absatzvorschub in einem Feld einzutragen. Soll hingegen z. B. eine Zwischenüberschrift nach konkreten Vorgaben zwischen den Absätzen plaziert sein, dann kommen beide Felder zur Anwendung.

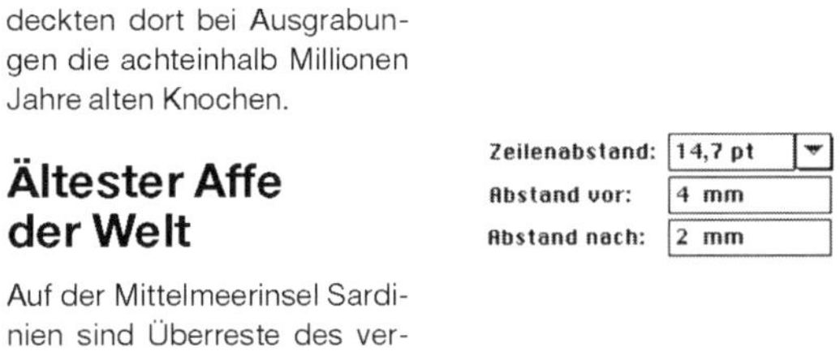

*Bild 4.98:
Um Überschriften nach konkreten Vorgaben zwischen Absätzen zu plazieren, wird über die Registerkarte FORMATE sowohl vor als auch hinter dem Absatz ein Vorschubwert eingetragen.*

Arbeiten mit Tabulatoren

Um Schreibpositionen, wie sie z.B. in Tabellen benötigt werden, im Text fest vorzugeben, stehen Ihnen in QuarkXPress beliebig viele Tabulatoren pro Absatz zur Verfügung. Immer wenn die ⇥-Taste angeschlagen wird, springt die Textmarke auf die nächste Tabulatorposition. Eingerichtet werden Tabulatorausrichtung und Tabulatorpositionen im Register TABULATOREN der Dialogbox ABSATZATTRIBUTE.

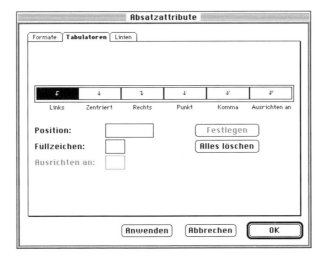

*Bild 4.99:
Beliebig viele Tabulatoren können in der Dialogbox TABULATOREN definiert werden.*

Bei der Festlegung der Tabulatoren haben Sie die Wahl zwischen sechs Textausrichtungen. LINKS, ZENTRIERT und RECHTS richten den Text an der Tabposition entsprechend der Vorgabe aus. Die Tabulatoren PUNKT und KOMMA kommen zum Einsatz, wenn Zahlenkolonnen, wie z.B. DM-Beträge, ausgerichtet werden sollen. In diesem Zusammenhang ist auch der Tabulator AUSRICHTEN AN zu nennen: Wird dieser Tabulator gewählt, können Sie im nebenstehenden Feld ein Zeichen Ihrer Wahl eingeben, an dem sich der Text ausrichten wird.

Bild 4.100: Je nach gewähltem Tabulatorformat wird der Text an der eingestellten Position ausgerichtet.

Links	Mitte	Rechts	100,50 DM
Links	Mitte	Rechts	10,50 DM
Links	Mitte	Rechts	1100,50 DM
Links	Mitte	Rechts	11100,50 DM

Eine Besonderheit stellt ein »Rechter Einzug-Tabulator« dar. Dieser Tabulator braucht nicht separat eingerichtet zu werden, sondern läßt sich direkt bei der Texteingabe auslösen. Er sorgt dafür, daß der darauf folgende Text am rechten Rand der Textspalte ausgerichtet wird. Um einen solchen Tabulator zu erzeugen, müssen Sie die Tastenkombination ⇧+↹ anschlagen.

Nachdem Sie die Ausrichtung für einen Tabulator bestimmt haben, muß seine Position bestimmt werden. Entweder klicken Sie einfach mit dem Mauszeiger in das auf den betroffenen Textrahmen enthaltene Lineal, oder Sie geben die Position mit einem numerischen Wert in das Feld POSITION ein. Wird ein Tabulator über einen numerischen Wert eingestellt, dann muß er durch einen Mausklick auf FESTLEGEN aktiviert werden.

Im Feld FÜLLZEICHEN können Sie für den betreffenden Tabulator bis zu zwei Zeichen festlegen, mit denen der Bereich zwischen dem Anschlag der ↹-Taste und der eigentlichen Tabulatorposition gefüllt wird. Mit dieser Möglichkeit können Sie z.B. die Auspunktierungen bei Inhaltsverzeichnissen erzeugen.

Die Position eines Tabulators läßt sich ändern, indem er mit gedrückter Maustaste an eine andere Position geschoben wird. Die Position eines markierten Tabulators kann auch über das Feld POSITION und einen Mausklick auf FESTLEGEN verändert werden.

Natürlich können Tabulatoren auch gelöscht werden. Klicken Sie mit dem Mauszeiger auf den zu löschenden Tabulator, und ziehen Sie diesen einfach nach oben aus dem Lineal heraus. Mit einem Klick auf den Button ALLE LÖSCHEN entfernen Sie alle definierten Tabulatoren auf einen Schlag.

Weitergehende Zusammenhänge der Arbeit mit Tabulatoren in Verbindung mit Absatzeinzügen und Tabellen werden ausführlich im Kapitel 5 Workshop dargestellt.

Linien in Text einfügen

QuarkXPress ermöglicht es, horizontale Linien im Text zu verankern. Diese Linien können entweder vor oder hinter einem Absatz hinzugefügt werden. Um Linienattribute für Absätze zu vergeben, müssen Sie die Textmarke in den zu modifizierenden Absatz stellen und mit dem Menübefehl *Stil/Linien* (Tastenkombination ⌘+⇧+N) die Dialogbox LINIEN aufrufen. Durch Aktivieren der Checkboxen LINIE UNTEN und LINIE OBEN wird festgelegt, welche Option angewendet werden soll. Es können beide Optionen gleichzeitig verwendet werden.

Durch Anklicken der Checkboxen wird die Dialogbox um entsprechende Eingabefelder und Popup-Menüs erweitert.

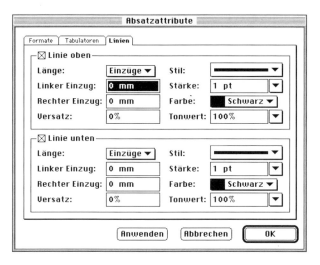

Bild 4.101:
Über die Registerkarte LINIEN lassen sich Linien als Absatzattribut fest mit dem Text verbinden.

Durch Auswahl einer Option aus dem Popup LÄNGE entscheiden Sie, wie QuarkXPress die Länge der Linie berechnet. Die Option TEXT bewirkt, daß die Länge der Linie der Länge der Textzeile entspricht. Die Option EINZUG ermöglicht es Ihnen, Startposition und Länge der Linie zu beeinflussen. Die dafür erforderlichen Einstellungen können Sie in den Feldern LINKER EINZUG und RECHTER EINZUG vornehmen. Positive Werte verkürzen die Linie, negative Werte verlängern die Linie gegenüber dem Texteinzug.

Bild 4.102:
Negativzeilen, Headlines mit Balken – automatisch mit Linienattributen generiert.

Arbeit mit Initialen

Der Einsatz von größeren Buchstaben zur Kennzeichnung von Kapitel- oder Absatzanfängen hat in der Typografie eine lange Tradition. Diese als Initiale bezeichneten Buchstaben wurden früher reich verziert und haben sich mit den Jahren und Gestaltungsepochen gewandelt. So werden heute eher normale Schriftzeichen eingesetzt.

QuarkXPress beherrscht eine Reihe von Gestaltungsmöglichkeiten für Initiale. Die dabei erzeugten Initialformen sind Teil des Absatzformats und damit in den Textfluß integriert.

Die Grundeinstellung für die Absatzinitiale sind in der Dialogbox ABSATZATTRIBUTE enthalten. Aufgerufen wird diese Dialogbox (siehe Bild 4.97) über den Menübefehl *Stil/Formate* oder mit der Tastenkombination

⌘+⇧+F. Wird der Bereich HÄNGENDE INITIALEN durch Markieren der Checkbox aktiviert, haben Sie Zugriff auf die Felder ANZAHL ZEICHEN und ANZAHL ZEILEN und können HÄNGENDE INITIALEN erzeugen. Im Feld ANZAHL ZEICHEN kann durch einen Wert von eins bis acht die Anzahl der Initiale festgelegt werden und im darunterliegenden Feld ANZAHL ZEILEN bestimmt werden, um wieviel Zeilen (zwei bis acht) das Initial in den Textbereich hineingezogen wird. Die Größe des Initials wird entsprechend dieser Vorgaben berechnet.

Um ein Initial optimal an die Layoutvorgaben anzupassen, kann zusätzlich noch die Größe und die Schriftlinie dieser Zeichen modifiziert werden. Zur Größenmodifikation müssen zunächst die betreffenden Zeichen markiert und dann über *Stil/Größe* die Größe des Schriftzeichens verändert werden. Da sich die Größe des Zeichens aus der Anzahl der Zeilen ergibt, über die sich das Initial erstreckt, ist eine Größenänderung nur prozentual möglich. In das Feld GRÖSSE kann ein Wert von 16,7% bis 400% in 0,1% Schritten eingegeben werden. Durch diese Bearbeitungsmöglichkeit kann ein Initial optisch an die Layoutvorgabe angepaßt werden. Die Größenbegrenzung des Initials ist 720 pt. Durch Anwenden des Menübefehls *Stil/Grundlinienversatz* und entsprechender Werteeingabe kann die Schriftlinie der Zeichen vertikal verschoben werden.

Durch Einsatz des »Einzug hier«-Sonderzeichens kann eine weitere Initialvariante erzeugt werden. Einfach die Textmarke hinter das Initial setzen und die Tastenkombination ⌘+B drücken. Dadurch wird das Initial um die eigene Zeichenbreite links aus dem Text herausgerückt.

Auch die Erstellung »gehobener Initiale« ist mit QuarkXPress möglich. Dazu markieren Sie einfach die zum Initial zu erhebenden Zeichen und vergrößern diese durch die Eingabe in die über das Stilmenü zu erreichende Dialogbox GRÖSSE.

Eine weitere interessante Möglichkeit zur Erzeugung von hängenden oder gehobenen Initialzeichen ergibt sich durch den Einsatz verankerter Rahmen. Dies können Sie sowohl mit Text- als auch mit Bildrahmen durchführen.

Zunächst muß mit dem Objekt-Werkzeug der Rahmen, aus dem das Initial erstellt werden soll, markiert und kopiert oder ausgeschnitten und so in die Zwischenablage übertragen werden. Als nächstes wird dann das Inhalt-Werkzeug gewählt und die Textmarke an der Stelle im Text plaziert, an der das Initial erstellt werden soll. Wählen Sie nun *Bearbeiten/Einfügen*, um an dieser Stelle den Rahmen aus der Zwischenablage einzufügen. Durch Markieren dieses Rahmens mit der Textmarke und Anklicken des Menübefehls *Objekt/Modifizieren* wird die Dialogbox VERANKERTER TEXTRAHMEN oder VERANKERTER BILDRAHMEN geöffnet. In dieser Box können Sie den Rahmen an der Oberlänge oder der Grundlinie der Schrift ausrichten und so ein gehobenes oder hängendes Initial erzeugen.

 onts, die für die Gestaltung von Layouts eingesetzt werden können, gibt es wie Sand am Meer.	 onts, die für die Gestaltung von Layouts eingesetzt werden können, gibt es wie Sand am Meer.	 onts, die für die Gestaltung von Layouts eingesetzt werden können, gibt es wie Sand am Meer.
onts, die für die Gestaltung von Layouts eingesetzt werden können, gibt es wie Sand am Meer.	onts, die für die Gestaltung von Layouts eingesetzt werden können, gibt es wie Sand am Meer.	onts, die für die Gestaltung von Layouts eingesetzt werden können, gibt es wie Sand am Meer.

Bild 4.103: Verschiedene Varianten von Initialen. In der oberen Reihe sind Varianten aufgeführt, die über FORMATE erzeugt wurden, in der unteren Reihe sind Initialvarianten enthalten, die mit verankerten Rahmen erzeugt wurden.

Das Grundlinienraster anwenden

In der Dialogbox ABSATZATTRIBUTE sind noch einige Einstellungen möglich, die den automatischen Textfluß unterstützen.

Eine typografische Besonderheit von QuarkXPress ist das Grundlinienraster (Fachjargon: Zeilenregister). Die Bedeutung des Grundlinienrasters beim sauberen Positionieren von Textrahmen haben wir bereits im Kapitel 4.2 dargelegt. In der Dialogbox ABSATZATTRIBUTE erhalten Sie auf der Registerkarte FORMATE durch Aktivierung der Checkbox *Am Grundlinienraster ausrichten* die Möglichkeit, den markierten Absatz an dem unter *Vorgaben* eingestellten Grundlinienraster auszurichten.

Si meliora dies, ut vina, poemata redditcriptor abhinc annos centum qui decidit, inter perfectos veteresque referri debet an inter vilis atque **Excludat atque probu** novos? Excludat iurgia finis, "Est vetus atque probus, centum qui perficit annos."	Quid, qui deperiit minor uno mense vel anno, sne poetas, **Excludat atque probu** an quos et praesens et postera respuat aetas? "Iste quidem veteres inter ponetur honeste, qui vel mense brevi vel toto est iuni or anno." Utor permisso, daeque pilos ut equinae pau-	latim vello unum, demo etiam unum, dum cadat elusus ratione rueraturque nihil nisi quod Libitina sacravit. Ennius et sapines et fortis et alter Homerus, ut critic, **Excludat atque probu** dicunt, leviter curare videtur, quo promissa cadant et somnia Pythagorea. Naevius in ⊠

Bild 4.104: Der Grundtext ist am Grundlinienraster ausgerichtet. Für die Zwischenüberschriften ist dieses Attribut nicht gesetzt. Sie können frei zwischen den Grundlinien bewegt werden.

Über Hurenkinder und Schusterjungen

Eine weitere typografische Option von QuarkXPress besteht darin, den Textfluß von Spalte zu Spalte oder Textrahmen zu Textrahmen so zu regeln, daß »Schusterjungen« (die erste Zeile eines Absatzes am Ende einer Spalte oder Seite) und »Hurenkinder« (die letzte Zeile eines Absatzes am Anfang einer Spalte oder Seite) vermieden werden. Diese typografischen Mängel im Seitenumbruch können Sie durch Einstellungen vermeiden, die sich im Bereich ZEILEN ZUSAMMENHALTEN befinden.

Durch Anklicken der Checkbox aktivieren Sie diese Absatzoptionen. Wenn Sie sicherstellen wollen, daß ein Absatz nicht geteilt wird, dann aktivieren Sie die Option ALLE ZEILEN IM ABSATZ. Wollen Sie beeinflussen, wie QuarkXPress Absätze bei einem Spaltenwechsel umbricht, dann können Sie durch Einträge in die Felder START und ENDE festlegen, wie viele Zeilen mindestens am Ende oder am Anfang einer Spalte stehen müssen. Die Voreinstellung für diese Felder ist zwei.

Bild 4.104: Der Grundtext ist am Grundlinienraster ausgerichtet. Für die Zwischenüberschriften ist dieses Attribut nicht gesetzt. Sie können frei zwischen den Grundlinien bewegt werden.

Typ C10 mit 10-Gangschaltung. Dieser "Gangwechsel" im wahrsten Sinne des Wortes hat die Firma in Sachen Produktivität und Konkurrenzfähigkeit stark beflügelt.

Noch vor kurzer Zeit lag der tägliche Durchschnitt der Kuriere bei ca. 25-30 Kilometer und am Ende des Tages waren sie ausgelaugt. Heute sind sie nach fast 40 Kilometer auf Ihrem Modell C10 immer noch so frisch, daß sie sogar noch nach neuer Arbeit fragen!

Die folgende Tabelle wird Ihnen die Auswirkung auf unser tägliches Geschäft verdeutlichen.

Monat Fahrradtyp Distanz Auslieferungen Ihre Fahrräder gaben uns den entscheidenden Vorteil. Vielen Dank für die Bereitstellung eines so guten Produktes.Typ C10 mit 10-Gangschaltung. Dieser "Gangwechsel" im wahrsten Sinne des Wortes hat die Firma in Sachen Produktivität und Konkurrenzfähigkeit stark beflügelt.

Noch vor kurzer Zeit lag der tägliche Durchschnitt der Kuriere bei ca. 25-30 Kilometer und am Ende des Tages waren sie ausgelaugt. Heute sind sie nach fast 40 Kilometer auf Ihrem Modell C10 immer noch so frisch, daß sie sogar noch nach neuer Arbeit fragen!

Die folgende Tabelle wird ⊠

Typ C10 mit 10-Gangschaltung. Dieser "Gangwechsel" im wahrsten Sinne des Wortes hat die Firma in Sachen Produktivität und Konkurrenzfähigkeit stark beflügelt.

Noch vor kurzer Zeit lag der tägliche Durchschnitt der Kuriere bei ca. 25-30 Kilometer und am Ende des Tages waren sie ausgelaugt. Heute sind sie nach fast 40 Kilometer auf Ihrem Modell C10 immer noch so frisch, daß sie sogar noch nach neuer Arbeit fragen!

Die folgende Tabelle wird Ihnen die Auswirkung auf unser tägliches Geschäft verdeutlichen.

Monat Fahrradtyp Distanz Auslieferungen Ihre Fahrräder gaben uns den entscheidenden Vorteil. Vielen Dank für die Bereitstellung eines so guten Produktes.Typ C10 mit 10-Gangschaltung. Dieser "Gangwechsel" im wahrsten Sinne des Wortes hat die Firma in Sachen Produktivität und Konkurrenzfähigkeit stark beflügelt.

Noch vor kurzer Zeit lag der tägliche Durchschnitt der Kuriere bei ca. 25-30 Kilometer und am Ende des Tages waren sie ausgelaugt. Heute sind sie nach fast 40 Kilometer auf Ihrem Modell C10 immer noch so frisch, daß sie sogar noch nach neuer Arbeit fragen! ⊠

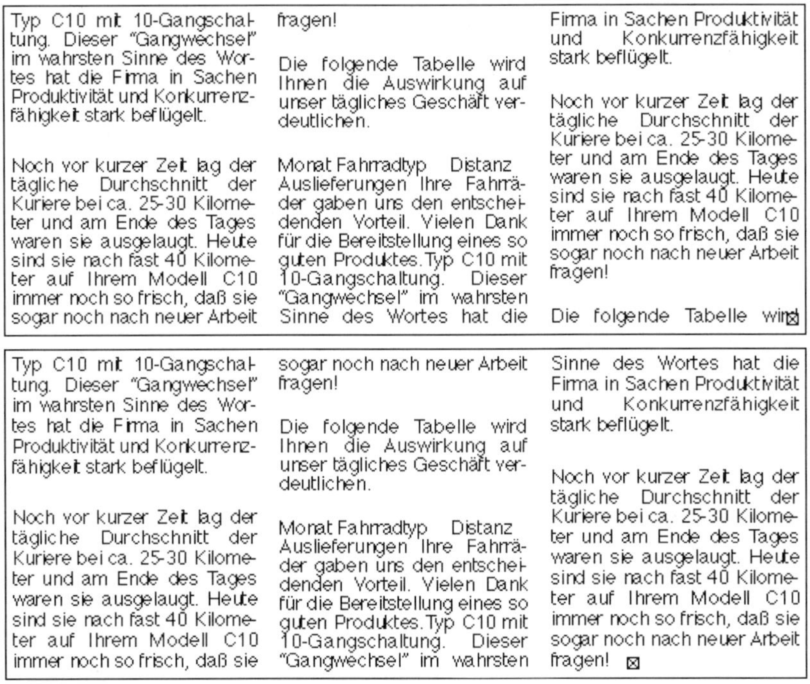

Um sicherzustellen, daß z.B. Überschriften nicht durch einen Spaltenumbruch oder Seitenwechsel vom Folgetext getrennt werden, müssen Sie die Checkbox *Mit nächstem Absatz zusammenhalten* anklicken.

:-) TIP

Alle zuvor genannten typografischen Besonderheiten sollten vor allem bei der Definition von Stilvorlagen Berücksichtigung finden.

Diese drei Optionen haben zur Folge, daß Textzeilen bei einem Verstoß gegen die eingestellten Regeln auf die nächste Seite oder in die nächste Spalte übertragen werden, obwohl noch Platz im Textrahmen wäre.

Spalten- und Seitenvorschübe

Gesetzt den Fall, Sie bearbeiten ein umfangreiches mehrspaltiges Dokument, dann entsteht häufiger die Situation, daß an bestimmten Stellen der Textfluß in der folgenden Spalte oder folgenden Seite fortgesetzt werden soll. Dies ist z.B. der Fall, wenn eine Spalte nur halb gefüllt wird und in der nächsten Spalte mit einem neuen Kapitel begonnen werden soll.

An dieser Stelle wird vielfach der Fehler gemacht, mit Leerzeilen den Text soweit vorzuschieben, daß er automatisch in die nächste Spalte fließt. Dieses Vorgehen enthält eine Fehlerquelle. Werden nämlich neue Zeilen vor dieser Position eingefügt, umbricht QuarkXPress die Leerzeilen in die nächste Spalte – das Layout ändert sich schlagartig.

QuarkXPress bietet für diese Problemstellung im Spaltenumbruch zwei Steuerzeichen an, mit denen dieser Vorgang technisch sauber gesteuert werden kann.

Durch Betätigen der Eingabetaste auf dem Ziffernblock (⏎) wird ein Spaltenvorschub erzeugt. Mit der Tastenkombination ⇧+⏎ wird ein Steuerzeichen erzeugt, daß den Textlauf im folgenden Rahmen fortsetzt.

Die Maßpalette

Die Maßpalette spielt als Steuer- und Kontrollelement gerade in der Textverarbeitung eine wichtige Rolle. Mit ihr haben Sie alle wichtigen Einstellungen im direkten Zugriff.

Bild 4.106: Bei aktivem Inhalt-Werkzeug und aktiviertem Textblock stellt sich die Maßpalette so dar. Neben den Objektinformationen haben Sie auch Zugriff auf zahlreiche Absatz- und Zeichenattribute.

An dieser Stelle ein genereller Hinweis: Wenn Sie prüfen wollen, welche Schriftart und -attribute für einen Text zugewiesen sind, dann klicken Sie mit der Schreibmarke in den zu prüfenden Text. Die Textmarke wird dann zwischen den Buchstaben plaziert. Dieser Vorgang stellt sicher, daß Sie nicht versehentlich Textstellen markieren, die unterschiedliche Attribute haben. Sie vermeiden dadurch leere Anzeigefelder in Dialogboxen und Maßpalette. Schließlich kann in einem Informationsfeld nur ein Wert angezeigt werden.

Durch Klick auf eine der Pfeilschaltflächen können Sie einen Text horizontal oder vertikal spiegeln.

Das Feld mit den senkrechten Pfeilen zeigt den aktuellen Zeilenabstand.

Das Feld mit den horizontalen Pfeilen zeigt den aktuellen Unterschneidungswert für den markierten Bereich an.

Die fünf Sinnbilder informieren über die Ausrichtung des Textabsatzes. Das Klicken auf ein anderes Ausrichtungssinnbild ändert die Formatierung des Absatzes entsprechend.

Durch Anklicken des Pfeils neben dem Schriftnamen haben Sie Zugriff auf die aktuell im System installierten Schriften. Die Eingabe einer neuen Schrift kann auch durch Tastatureingabe im Namensfeld erfolgen. Rechts neben der Schriftzuweisung kann der aktuelle Schriftgrad abgelesen werden. Durch Klick auf das Pfeil-Popup und Auswahl eines Schriftgrads aus der Liste oder Eingabe über die Tastatur läßt sich die Schriftgröße verändern.

Die Schaltflächen unter der Schriftbezeichnung (siehe Bild 4.106) ändern den Schriftstil. Das »P« setzt alle Schriftattribute auf »Normal«, die übrigen Attribute lassen sich beliebig kombinieren.

Stilvorlagen

Stilvorlagen sind ein wichtiges Hilfsmittel für ein produktives und fehlerminimiertes Arbeiten mit Layoutprogrammen. QuarkXPress unterstützt eine ganze Reihe unterschiedlicher Stilvorlagen für die typischen Aufgabengebiete: Zeichen- und Absatzstile, Farben, Striche und Streifen sowie Druckstile. Die Dialogbox »Stilvorlagen« stellt hier ein effektives Verwaltungswerkzeug dar, um die Übersicht über die Einstellungen zu behalten, Inhalte von Einstellungen zu prüfen, aus anderen Dokumenten Vorlagen anzufügen etc.

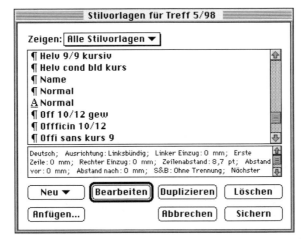

Bild 4.107: Stilvorlagen werden über einheitliche Dialogboxen verwaltet.

Damit einmal vorgenommene Einstellungen beim Anlegen eines Dokuments nicht immer wieder neu vorgenommen werden müssen, lassen sich bereits definierte Stilvorlagen zum aktuellen Dokument hinzufügen.

Der Menübefehl *Ablage/Anfügen* oder ein Klick auf den Button ANFÜGEN in der Dialogbox STILVORLAGEN öffnet dazu die Dialogbox ANFÜGEN. Nach der Auswahl des Dokuments, aus dem die Einstellungen übernommen werden sollen, lassen sich jetzt die gewünschten Stilvorlagen auswählen. Mit

Hilfe der Registerkarten werden die verfügbaren Stilvorlagen übersichtlich kategorisiert. Die Stilvorlagen können sowohl einzeln als auch geschlossen angefügt werden. Vor dem Anfügen lassen sich die anzufügenden und die bereits im Dokument vorhandenen Stilvorlagen abgleichen, Stilvorlagen mit gleichem Namen können umbenannt werden.

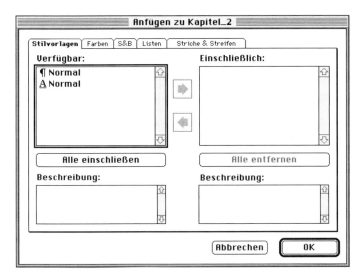

Bild 4.108:
Volle Kontrolle bei der Übernahme von Einstellungen aus anderen XPress-Dokumenten.

Die Funktion, durch einen Mausklick Absatzformate auf andere Absätze zu übertragen, kann den Einsatz von Stilvorlagen nicht ersetzen, zumal diese Funktion ja auch keine Schriftstile überträgt.

QuarkXPress kann beliebig viele Stilvorlagen je Dokument erstellen und verwalten. In der Version 4.0 werden für Textformatierung zwei Arten von Stilvorlagen angeboten. Sie ermöglichen eine zeichen- oder eine absatzorientierte Formatierung des Textes.

Die auf Zeichen basierenden Stilvorlagen wirken nur als lokale Formatierung. Sie werden deshalb als Zeichenstilvorlagen bezeichnet. Daneben gibt es die bereits aus den älteren Versionen bekannten Stilvorlagen, deren Formatierung sich immer auf den gesamten Absatz auswirkt. Damit ermöglicht es QuarkXPress erstmals mittels Zeichenstilvorlagen Textstellen in einem gesonderten Stil zu formatieren, ohne daß bei Anwendung einer Absatzstilvorlage diese Formatierung verlorengeht – wie es bisher der Fall war.

Um Stilvorlagen zu definieren, stehen alle Einstellungen zu Schrift, Formaten, Linien und Tabulatoren zur Verfügung.

Bevor nun die Details bei der Entwicklung von Stilvorlagen besprochen werden, einige grundlegende Anmerkungen:

- Die Entwicklung von Stilvorlagen setzt eine Planung voraus. Nur wenn Sie wissen, welche Schrift- und Absatzformate benötigt werden, können Stilvorlagen mit den sinnvollen Bezügen zueinander aufgebaut und eine zweckmäßige Tastenbelegung vergeben werden.

- Überlegen Sie sich ein sinnvolles System der Namensgebung. Der Name muß einen aussagefähigen Bezug zum Inhalt der Stilvorlage oder deren Anwendung im Projekt haben.

- Jede Stilvorlage kann Grundlage für eine andere Stilvorlage sein. Bemühen Sie sich deshalb von Anfang an, die Stilvorlagen technisch so aufzubauen, daß Stilvorlagen unter Berücksichtigung möglicher Bezüge definiert werden. Das erleichtert Korrekturen, wie Schrift- und Absatzformatänderungen im Dokument.

- In jeder Stilvorlage kann festgelegt werden, daß automatisch auf eine andere Stilvorlage weitergeschaltet wird.

- Dokumentieren Sie die Stilvorlagen. Dadurch haben Sie im Falle von Wiederholungsarbeiten, bei Änderungen an den Stilvorlagen oder als Information für andere Teilnehmer am Workgroup-Publishing eine wichtige Arbeitsgrundlage zur Hand.

Mit ⌘+Mausklick auf den Namen einer definierten Stilvorlage in der Stilvorlagenpalette wird direkt in die Dialogbox STILVORLAGEN *gewechselt.*

Die Dialogbox STILVORLAGEN gliedert sich in drei Bereiche: Im oberen Bereich ermöglicht es das Popup »Zeigen«, die Anzeige von Stilvorlagen im darunter befindlichen Anzeigefeld auf bestimmte Gruppen zu beschränken.

Bild 4.109:
In der Dialogbox
STILVORLAGEN
werden alle
festgelegten
Stilvorlagen
aufgeführt; sie
können ergänzt
oder modifiziert
werden.

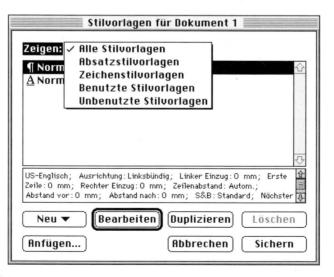

Die möglichen Anzeigeoptionen sind: *Alle Stilvorlagen* zeigt alle definierten Zeichen- und Absatzstilvorlagen an, *Absatzstilvorlagen/Zeichenstilvorlagen* zeigt nur die definierten Absatzstilvorlagen an, *Benutzte Stilvorlagen/Unbenutzte Stilvorlagen* ermöglicht einen schnellen Überblick über die im Dokument verwendeten/nicht verwendeten Stilvorlagen. Dies ist zum Beispiel dann hilfreich, wenn zur besseren Übersichtlichkeit alle nicht benötigten Stilvorlagen gelöscht werden sollen.

Im Anzeigefeld sind die verschiedenen Gruppen von Stilvorlagen durch spezielle Symbole gekennzeichnet. Absatzstilvorlagen ist ein Returnsymbol vorangestellt und Zeichenstilvorlagen ein A mit einem Unterstrich.

In der Standardeinstellung sind in diesem Fenster bereits zwei Stilvorlagen als Standard definiert. Dies sind die Absatz- und die Zeichenstilvorlage NORMAL. Diese Standardvorlagen gelten als Voreinstellung für alle Textrahmen, die im Dokument neu erzeugt werden. Beide Vorlagen können jederzeit modifiziert und für das jeweils neue Dokument angepaßt werden.

Unter dem Anzeigefeld für Stilvorlagen ist ein weiteres Informationsfeld angelegt. Wird mit dem Mauszeiger eine Stilvorlage markiert, dann werden in diesem Bereich die für diese Stilvorlage geltenden Werte angezeigt.

Im unteren Bereich der Dialogbox STILVORLAGEN sind verschiedene Funktionsbuttons angeordnet.

Zeichenstilvorlagen erstellen und bearbeiten

Soll eine neue Stilvorlage erstellt werden, dann klicken Sie auf den Popup-Button NEU. Durch AUSWAHL legen Sie nun fest, ob eine Zeichen- oder eine Absatzstilvorlage erzeugt werden soll. Zunächst werden wir eine Zeichenstilvorlage erzeugen. Diese wird dann Grundlage für die Absatzstilvorlage sein.

Nach Wahl der Option ZEICHEN im Popup NEU öffnet sich die Dialogbox ZEICHENSTILVORLAGE BEARBEITEN.

Bild 4.110:
Die Dialogbox
ZEICHENSTIL-
VORLAGE
BEARBEITEN.

Im Feld NAME wird eine Bezeichnung für die Stilvorlage festgelegt. Über diesen Namen kann die Stilvorlage auf einen Zeichenbereich angewendet werden.

Damit die Stilvorlage auch über eine Tastenkombination aufgerufen und auf einen Textbereich angewandt werden kann, steht das Feld TASTATURKÜRZEL zur Verfügung. Nach einem Mausklick in dieses Feld können Sie entweder eine Funktionstaste oder eine Tastenkombination mit ⌘, ⌥ oder ⇧ drücken.

Beachten Sie beim Definieren von Tastenkürzeln, daß eine Reihe von Tastaturcodes (z.B. ⌥+F4, Programm verlassen) bereits von QuarkXPress verwendet werden.

Im Popup VORLAGE werden alle aktuellen Stilvorlagen aufgeführt. Aus dieser Liste kann eine Stilvorlage als Vorlage für die zu erstellende ausgewählt werden. Diese Möglichkeit hat zwei Vorteile:

- ❐ Sie müssen nicht alle Einstellungen für eine Stilvorlage neu eingeben, obwohl sich vielleicht gegenüber einer anderen Stilvorlage nur die Texteinzüge ändern.
- ❐ Änderungen, die in der Ursprungsstilvorlage vorgenommen werden, wirken sich auf alle darauf basierenden Stile aus.

Im folgenden können alle Zeichenattribute für die Zeichenstilvorlage festgelegt werden. In den Eingabefeldern sind bereits Werte vorgegeben. Dies sind entweder Werte, die sich aus der Auswahl im Popup VORLAGE ergeben, oder sie entsprechen den Einstellungen der Position der Schreibmarke im aktiven Textrahmen.

Auf diesem Wege haben Sie eine wichtige Möglichkeit, im aktuellen Dokument eine Schrifteinstellung vorzunehmen und diese Werte dann ohne weitere Neueingaben in eine Zeichenstilvorlage zu übernehmen. Die Schreibmarke einfach in den betreffenden Textbereich stellen, Bearbeiten/Stilvorlagen/Neu/Zeichen wählen, einen Namen für die Stilvorlage eintragen und dann den OK-Button drücken. Gleiches gilt auch für die Erzeugung von Absatzstilvorlagen.

Ein Klick auf den OK-Button weist die Einstellungen der Zeichenstilvorlage zu. Gleichzeitig werden Sie wieder auf die Dialogbox STANDARD-STILVORLAGEN zurückgeführt. Nun muß erst noch der Sichern-Button betätigt werden, damit die Zeichenstilvorlage im Dokument gespeichert wird und für die Formatierung zur Verfügung steht.

Die Dialogbox STANDARD-STILVORLAGEN enthält noch weitere Funktionen und Steuerelemente zum einfachen Verwalten und Bearbeiten von Zeichenstilvorlagen. Da diese Funktionen die gleiche Bedeutung für Zeichen- und für Absatzstilvorlagen haben, werden sie am Ende dieses Abschnittes besprochen.

Absatzstilvorlagen erstellen

Nachdem die Zeichenstilvorlage erstellt wurde, können wir nun beginnen, die Absatzstilvorlage aufzubauen. Durch die Gliederung in zeichen- und absatzorientierte Stilvorlagen, muß vor dem Erstellen Absatzstilvorlage mindestens eine Zeichenstilvorlage definiert werden. Anderenfalls wird bei der Erstellung der Absatzstilvorlage der Zeichenstil »Normal« eingesetzt.

Der Aufbau einer Absatzstilvorlage erfolgt über *Bearbeiten/Stilvorlagen* (Tastenkombination ⇧+F11). Die Dialogbox STILVORLAGEN wird in den Vordergrund gestellt. Aus dem Popup NEU führt die Option ABSATZ zur Dialogbox, mit der die Absatzstilvorlagen erzeugt und bearbeitet werden können.

Zunächst muß im Feld NAMEN eine Bezeichnung für die Absatzstilvorlage vergeben werden. Unterhalb des Namensfelds sind vier Registerkarten angeordnet, über die alle Absatzattribute eingestellt werden können.

Damit auch die Absatzstilvorlage über eine Tastenkombination aufgerufen und auf einen Textbereich angewandt werden kann, steht auch hier wieder das Feld TASTATURKÜRZEL zur Verfügung in dem Sie eine Tastenkombination zuweisen können.

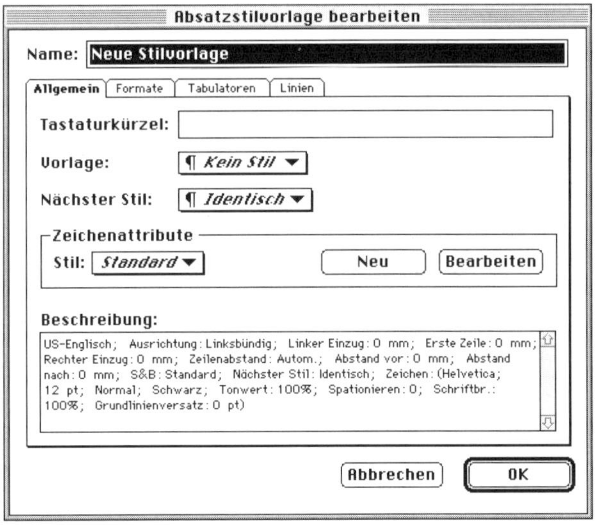

*Bild 4.111:
Auf der Registerkarte* ALLGEMEIN *werden die möglichen Bezüge zu anderen Stilvorlagen hergestellt.*

Im Popup VORLAGE werden alle aktuellen Absatzstilvorlagen aufgeführt. Aus dieser Liste kann eine Stilvorlage als Vorlage ausgewählt werden. Die Vorteile dieser Vorgehensweise:

❒ Sie müssen nicht alle Einstellungen für eine Stilvorlage neu eingeben, obwohl sich vielleicht gegenüber einer anderen Stilvorlage nur die Texteinzüge ändern.

❒ Werden in der Ursprungsstilvorlage Änderungen vorgenommen, dann werden diese Modifikationen auf alle darauf basierenden Stile übertragen.

Im Popup NÄCHSTER STIL kann aus der Liste der aktuellen Absatzstilvorlagen festgelegt werden, welche Stilvorlage für den folgenden Absatz gelten soll, wenn ⏎ gedrückt wird. Dadurch ist die Möglichkeit gegeben, z.B. bei Zeitungsartikeln automatisch von der Headline, auf die Subheadline, dann auf den Vorspann und schließlich den Grundtext weiterzuschalten.

NÄCHSTER STIL *hat keine Auswirkung auf bereits bestehende Texte, sondern kommt nur bei einer neuen Texteingabe zum Einsatz.*

Im Bereich ZEICHENATTRIBUTE muß der Absatzstilvorlage eine Zeichenstilvorlage zugewiesen werden. Im Popup STIL werden alle definierten Zeichenstilvorlagen aufgeführt. Die Voreinstellung des Popup ist NORMAL. Wurden zu diesem Zeitpunkt die Zeichenattribute noch nicht in einer Zeichenstilvorlage zusammengefaßt, dann kann über die Buttons NEU oder BEARBEITEN in die Dialogbox zur Bearbeitung von Zeichenstilvorlagen gewechselt werden, um entsprechende Einstellungen vorzunehmen.

Unter dem Zuweisungsbereich für die Zeichenattribute ist ein Informationsfenster abgebildet. In diesem Fenster wird angezeigt, welche Einstellungen für die Stilvorlage gültig sind.

Die Registerkarte FORMATE haben wir bereits kennengelernt. Hier werden die Absatzeinzüge, Zeilenabstände und Absatzabstände eingestellt, die Ausrichtung des Textes vorgenommen und die Blocksatzmethode im Popup S&B ausgewählt. Auf die Einrichtung der Blocksatzmethode wird später in diesem Unterabschnitt näher eingegangen.

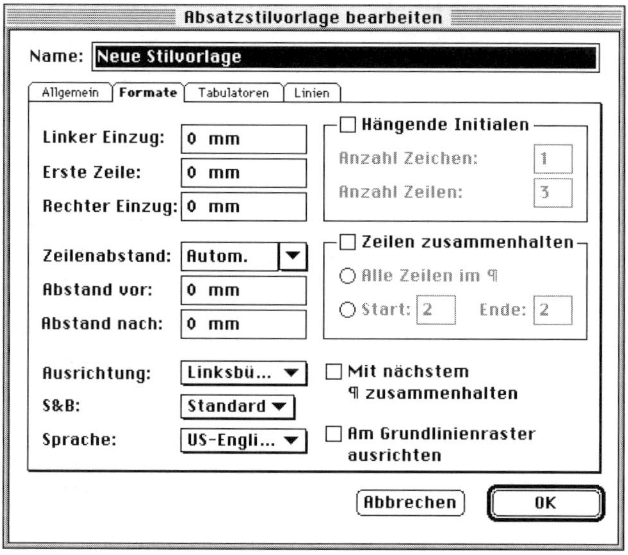

Bild 4.112:
Die Dialogbox
»Absatzstilvorlage bearbeiten«.

Auf das zum Abschluß der Registerkarte aufgeführte Popup SPRACHE sei hier besonders hingewiesen. Jede Absatzstilvorlage kann eine eigene Sprachzuweisung bekommen, die dann Grundlage für die Silbentrennung ist. Auf diese Weise ist gewährleistet, daß mehrsprachige Dokumente korrekt verarbeitet werden. Dies bedingt natürlich, daß entsprechende Einträge für die benötigten Sprachen vorhanden sind.

Ein Dokument, das mehrsprachig aufgebaut wurde, kann mit einer einsprachigen QuarkXPress-Version nicht mehr geöffnet werden. Soll z.B. ein mit der QuarkXPress-Passport-Version erstelltes mehrsprachiges Dokument von der internationalen Version (US Englisch) weiterverarbeitet werden, so ist dies dann nicht mehr möglich, und es wird eine Fehlermeldung angezeigt.

Die Registerkarten TABULATOREN und LINIEN wurden bereits zu Beginn dieses Abschnitts ausführlich besprochen. Alle hier vorgenommen Einstellungen lassen sich ebenfalls in der Stilvorlage speichern. Durch Anklicken von OK oder ABBRECHEN bestätigen oder verwerfen Sie die vorgenommenen Einstellungen und kehren zur Dialogbox STILVORLAGEN zurück. Damit die Absatzstilvorlagen gespeichert und im Dokument eingesetzt werden können, muß der Button SICHERN angeklickt werden.

Die Sicherung können Sie auch am Ende Ihrer Bearbeitungstätigkeit durchführen. Bedenken Sie aber immer, daß durch ein versehentliches Drücken von ABBRECHEN oder einen Systemabsturz die Arbeit sofort vernichtet ist. Sichern Sie deshalb auch mehrmals zwischendurch.

Stilvorlagen bearbeiten

Die Dialogbox STANDARD-STILVORLAGEN enthält noch weitere Features, die die Verwaltung und Bearbeitung von Zeichenstilvorlagen vereinfachen:

Die Funktion BEARBEITEN ermöglicht die Bearbeitung bereits erstellter Zeichenstilvorlagen. Hierzu muß die zu bearbeitende Stilvorlage mit dem Mauszeiger markiert werden. Ein Klick auf den BEARBEITEN-Button öffnet dann die zugehörige Dialogbox. Nun können alle Einstellungen verändert werden. Mit OK müssen auch diese Modifikationen zugewiesen und in der folgenden Dialogbox gesichert werden. In den Bearbeitungsmodus für Stilvorlagen gelangen Sie auch durch einen Doppelklick mit dem Mauszeiger auf die zu bearbeitende Stilvorlage.

Die Funktion DUPLIZIEREN erstellt eine Kopie einer mit dem Mauszeiger markierten Stilvorlage. Diese kann nun in der dann geöffneten Dialogbox ZEICHENSTILVORLAGE modifiziert werden.

Durch Klick auf LÖSCHEN wird eine markierte Stilvorlage aus der Stilvorlagenliste entfernt. Wurde diese Stilvorlage im Dokument zur Formatierung eingesetzt, erscheint eine Warnung. Nun kann entweder die Aktion rückgängig gemacht oder eine alternative Stilvorlage zugewiesen werden. Die Voreinstellung im angezeigten Popup-Menü ist KEIN STIL.

Der Button ABBRECHEN schließt die Dialogbox. Alle vorgenommenen Ergänzungen und Bearbeitungen von Stilvorlagen gehen verloren.

Ein sehr produktives Feature verbirgt sich hinter dem Button ANFÜGEN. Über die sich öffnende Dialogbox können Stilvorlagen aus anderen Dokumenten übernommen werden. Ein Klick auf ANFÜGEN öffnet zunächst die Standard-Dialogbox zum Öffnen von Dokumenten.

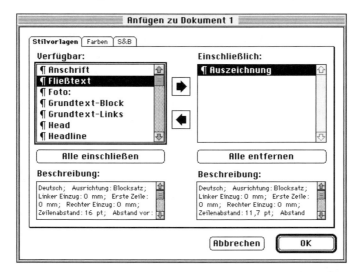

Bild 4.113
Die Registerkarte
STILVORLAGEN
in der Dialogbox
ANFÜGEN
ermöglicht die
gezielte Übernahme von
Stilvorlagen aus
anderen
Dokumenten.

Wählen Sie nun das Dokument aus, aus dem die Stilvorlagen übernommen werden sollen. Im linken Bereich der Dialogbox STILVORLAGEN ANFÜGEN werden im Listenfeld VERFÜGBAR die in diesem Dokument enthaltenen Stilvorlagen aufgeführt. Durch Markieren mit dem Mauszeiger und Klick auf das Symbol mit dem nach rechts gerichteten Pfeil wird diese Stilvorlage in das Listenfeld EINSCHLIESSLICH übernommen. Wenn Sie beim Anklicken die Umschalttaste gedrückt halten, lassen sich mehrere Stilvorlagen auf einmal selektieren und gemeinsam übernehmen. Mit dem nach links gerichteten Pfeil entfernen Sie Stilvorlagen aus dem Listenbereich. Der Button ALLE EINSCHLIESSEN übernimmt alle Stilvorlagen in das aktuelle Dokument, ALLE ENTFERNEN entfernt die übernommenen Stilvorlagen wieder. Im unteren Bereich der Dialogbox sind zwei Informationsfenster angeordnet, die über die Einstellungen markierter Stilvorlagen informieren. Vor der Übernahme in das aktuelle Dokument lassen sich so die jeweiligen Einstellungen überprüfen. Da es dieses Informationsfeld für beide Listenbereiche gibt, lassen sich die Stilvorlagen in den Listenfeldern VERFÜGBAR und EINSCHLIESSLICH miteinander vergleichen.

Aus Textverarbeitungsprogrammen können nur dann Stilvorlagen übernommen werden, wenn für diese Programme ein XTension-Importfilter im XTension-Ordner liegt.

Eine weitere Importmöglichkeit von Stilvorlagen besteht darin, sie in einem ASCII-Text mit XPress-Marken zu definieren. Enthält ein ASCII-Text mit XPress-Marken Stilvorlagendefinitionen, dann werden sie beim Import interpretiert und in die Stilvorlagenliste integriert.

Stilvorlagen anwenden

Um definierte Stilvorlagen anzuwenden, sind nur wenige Arbeitsschritte erforderlich. Dabei muß wiederum zwischen Zeichen- und Absatzstilvorlagen unterschieden werden:

- ❒ Vor dem Zuweisen einer Zeichenstilvorlage muß der zu ändernde Textbereich markiert sein.

- ❒ Um eine Absatzstilvorlage zuzuweisen, genügt es, daß die Schreibmarke im Absatz steht, der formatiert werden soll. Falls Sie mehrere Absätze mit der gleichen Stilvorlage versehen wollen, müssen alle betreffenden Absätze markiert sein.

Bei der Definition der Zeichen- und Absatzstilvorlagen wurde ein Name vergeben. Mit *Stil/Zeichenstilvorlagen* oder *Stil/Absatzstilvorlagen* kann ein Format aus den Untermenüs gewählt werden. Durch Drücken einer zugewiesenen Tastenkombination oder über die Palette STILVORLAGEN kommen Sie meist schneller zum Ziel. Die Zuweisung per Tastatur erfolgt einfach durch Betätigen der definierten Tastenkombination, QuarkXPress formatiert den Absatz entsprechend der Stilvorlageneinstellung.

Die Palette STILVORLAGEN wird über den Menübefehl *Ansicht/Stilvorlagen zeigen* aufgerufen. In der Palette werden zunächst die Absatzstilvorlagen aufgelistet, anschließend folgen dann die Zeichenstilvorlagen. Jedesmal, wenn eine Stilvorlage angeklickt wird, überträgt QuarkXPress diese auf den markierten Textbereich.

Bei der Anwendung von Stilvorlagen sind einige Besonderheiten zu berücksichtigen. Werden in einem mit einer Stilvorlage formatierten Absatz Absatzteile mit anderen Zeichenattributen (Schrift, Stil, Größe etc.) versehen, dann bleiben diese lokalen Formatierungen bei erneuter Anwendung einer Stilvorlage erhalten. Dies gilt auch für den Einsatz von Zeichenstilvorlagen. Um auch lokale Formatierungen in Absätzen wieder auf eine einheitliche Stilvorlage setzen zu können, wählen Sie KEIN STIL. Die nächste Anwendung einer Stilvorlage löscht dann die lokalen Formatierungen im Absatz. Das Arbeiten mit Stilvorlagen wird im Kapitel 5 Workshop vertieft.

Bild 4.114:
Drei Möglichkeiten, um eine eingerichtete Stilvorlage auszuwählen und auf Absätze zu übertragen.

Rahmen im Text verankern

QuarkXPress kann beliebige Rahmen in einem Textrahmen verankern. Bei Verschiebungen des Textes werden die verankerten Rahmen entsprechend dem Textfluß mitgeführt.

Um nun einen Rahmen in einem Text zu verankern, müssen Sie diesen zunächst mit dem Objekt-Werkzeug markieren und dann mit *Bearbeiten/Kopieren* oder *Bearbeiten/Ausschneiden* in die Zwischenablage kopieren. Als nächstes muß die Einfügemarke des Inhaltswerkzeugs an der Stelle im Text positioniert werden, an der der Rahmen im Text verankert werden soll. Wird nun *Bearbeiten/Einsetzen* aufgerufen, wird der betreffende Rahmen aus der Zwischenablage an der markierten Stelle im Text verankert.

Für einen verankerten Rahmen kann bestimmt werden, ob sich der Rahmen an der Grundlinie oder an der Oberlänge der Textzeile ausrichtet. Um diese Ausrichtung festzulegen, muß der verankerte Rahmen mit dem Inhalts- oder dem Objekt-Werkzeug aktiviert und dann *Objekt/Modifizieren* aufgerufen werden. Unabhängig von der Rahmenart wird nun die Dialogbox MODIFIZIEREN geöffnet. Auf der Registerkarte RAHMEN wird ein Bereich AM TEXT AUSRICHTEN angezeigt. Hier sind die Optionen anwählbar, um den verankerten Rahmen an der Ober- oder der Grundlinie auszurichten. Ist die Option auf GRUNDLINIE gesetzt, dann gibt es zusätzlich die Möglichkeit, in VERSATZ einen Grundlinienversatz einzutragen. Der Rahmen wird dann um den eingetragenen Wert gegenüber der Grundlinie verschoben. Es sind negative und positive Werte möglich.

Ist der verankerte Rahmen ein Textobjekt, dann stehen Ihnen in der Dialogbox MODIFIZIEREN vier Registerkarten zur Verfügung, mit denen sich Rahmen und Inhalt modifizieren lassen. Die Einstellungen in diesen Registerkarten wurden bereits ausführlich besprochen. Gegenüber Standardregisterkarten für die Modifikation von Textobjekten gibt es für den Umfließenmodus eine Einschränkung. In der Registerkarte UMFLIESSEN kann lediglich der AUSSENABSTAND vom verankerten Rahmen zum Text beeinflußt werden. Es können positive und negative Werte eingegeben werden.

Handelt es sich bei dem verankerten Rahmen um ein Bildobjekt, dann wird zusätzlich die Registerkarte AUSSCHNEIDEN angezeigt. Die Optionen der Registerkarte AUSSCHNEIDEN werden ausführlich im Kapitel 4.4 besprochen.

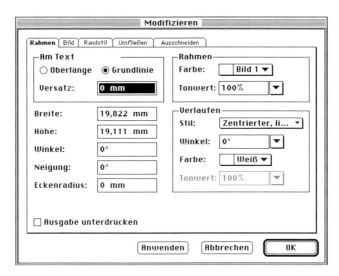

*Bild 4.115:
Die Registerkarte
RAHMEN legt
u.a. die Ausrichtung des
verankerten
Rahmens am
Text fest.*

Die Größe eines verankerten Rahmens kann auch mit der Maus verändert werden. Dazu muß zunächst der Rahmen aktiviert und dann in gewohnter Weise mit dem Mauszeiger einer der rings um den Rahmen herum befindlichen Anfasser in die gewünschte Richtung gezogen werden.

*Bild 4.116:
Ein Beispiel für
die Wirkung
verankerter
Rahmen im Text.
Der linke
Rahmen ist an
der OBERLÄNGE,
der rechte
Rahmen an der
GRUNDLINIE
ausgerichtet.*

Auch im Falle von verankerten Rahmen kann die Maßpalette genutzt werden, um Modifikationen von Attributen durchzuführen. Die Maßpalette zeigt bei verankerten Rahmen je nach Art unterschiedliche Einstellungsfelder an. Sowohl für Text- als auch für Bildrahmen können die Breite und die Höhe verändert werden. Zwei Positionierungssymbole ermöglichen die Ausrichtung des verankerten Rahmens an der OBERLINIE oder der GRUNDLINIE des Textes. Auch der Rahmenwinkel kann modifiziert werden. Bei verankerten Textrahmen hingegen kann die Anzahl der Spalten verändert und bei Bildrahmen der Inhalt gedreht werden. Die in der Reihenfolge in der Maßpalette folgenden Pfeile lösen ein horizontales oder vertikales Spiegeln aus.

Der Vorgang, Text oder Bilder in verankerte Rahmen zu laden, ist identisch mit dem Ablauf, wie er sich darstellt, wenn nicht verankerte Rahmen mit Inhalt gefüllt werden. Einfach den Rahmen mit dem Inhalt-Werkzeug markieren und mit *Ablage/Text laden* oder *Ablage/Bild laden* den Datenimport durchführen.

Verankerte Text- und Bildrahmen können auch wieder aus dem Text entfernt werden. Dazu müssen Sie lediglich die Textmarke links neben dem verankerten Rahmen plazieren und dann `Entf` drücken. Um den Rahmen auszuschneiden oder zu kopieren, müssen Sie ihn zunächst wie Text markieren. Jetzt können Sie auf die Menübefehle *Bearbeiten/Ausschneiden* oder *Bearbeiten/Kopieren* oder eine der Tastenkombinationen zurückgreifen.

Grafische Effekte mit Texten

Mit der Version 4.0 wurden in QuarkXPress Funktionen eingeführt, die interessante grafische Effekte ermöglichen, für die in der Vergangenheit erst in spezialisierte Grafik- oder Bildbearbeitungsprogramme gewechselt werden mußte. Gerade auch diese neuen Funktionen sind es, die das Layoutprogramm deutlich von seinen Mitkonkurrenten abheben und noch mehr Flexibilität und Gestaltungsmöglichkeiten eröffnen.

Text mit Pfad verbinden

Mit dieser Funktion ist es möglich, Text unabhängig vom Rahmenkonzept auf einer Linie zu plazieren. Dies kann sowohl eine gerade als auch eine kurvenförmige Bézier-Linie sein. Texte können aber auch auf allen anderen Formen von Bézier-Linienformen ausgerichtet werden.

Den Zugriff auf diese Funktionalität erhalten Sie über die Werkzeugpalette. Hier sind in einem speziellen Popout-Menü die möglichen vier Werkzeuge angeordnet.

 Durch dieses Textpfad-Werkzeug können Textpfade in einem beliebigen Winkel erstellt werden.

 Das orthogonale Textpfad-Werkzeug wird zum Aufbau von vertikalen und horizontalen Textpfaden eingesetzt.

 Das Bézier-Textpfad-Werkzeug kommt zum Einsatz, wenn der Textpfad durch das Setzen von Bézier-Punkten durch Mausklick erzeugt werden soll.

 Das Freihand-Bézier-Textpfad-Werkzeug wird gewählt, um Textpfade durch Ziehen mit dem Mauszeiger zu zeichnen. Hierbei wird eine Linie erzeugt, die exakt den Mausbewegungen entspricht.

Um die Wirkung dieser Funktion durch eine Übung kennenzulernen, wählen wir das *Freihand-Bézier-Textpfad-Werkzeug* aus der Maßpalette und ziehen eine Wellenlinie. Das Inhalt-Werkzeug wird automatisch aktiv und stellt die Schreibmarke entsprechend der Voreinstellung auf die linke Position. Nun wird der Text eingegeben. Bei der Texteingabe folgt der Text exakt dem Pfadverlauf.

Textbearbeitung

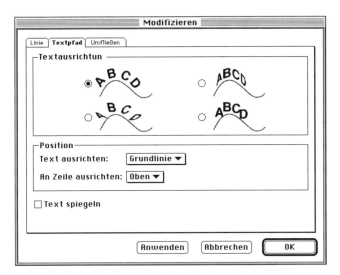

Bild 4.117:
Texte auf Bézier-Pfaden können auf einer eigenen Registerkarte anwenderdefiniert eingestellt werden.

Es besteht nun die Möglichkeit, die Ausrichtung und die Position des Textes zu bearbeiten. Den Zugriff auf entsprechende Bearbeitungsfunktionen erhalten Sie durch Eingabe des Menübefehls *Objekt/Modifizieren*. Die Registerkarte TEXT-PFAD enthält die Optionen, um die Wirkungsweise des Textes auf dem Pfad zu variieren. Im Bereich TEXTAUSRICHTUNG sind vier Optionen angeordnet, deren Wirkungsweise durch Sinnbilder veranschaulicht sind.

Die erste Option ist die Standardeinstellung für die Ausrichtung eines Pfadtextes. Hierbei werden die Buchstaben im rechten Winkel zum Textpfad ausgerichtet.

Durch diese Option wird die Schrift auf dem Textpfad perspektivisch verzerrt.

Die dritte Option kommt zur Anwendung, wenn Text um ein dreidimensionales Objekt herumgeführt werden soll. Hierbei werden die einzelnen Zeichen des Textes ganz unterschiedlich behandelt. Es kommen sowohl Verzerrungen, Spiegelungen als auch Drehungen zum Einsatz.

Die letzte Option richtet den Text auf dem Pfad exakt senkrecht aus. Die Wirkungsweise entspricht einem Treppeneffekt.

Um die Position des Textes auf dem Pfad zu bestimmen, sind auf der Registerkarte im Bereich POSITION zwei Popup-Menüs eingerichtet. Das Popup TEXT AUSRICHTEN enthält vier Optionen.

Die Voreinstellung GRUNDLINIE besagt, daß der Text mit seiner Schriftlinie auf dem Pfad positioniert wird. Die Option OBERLÄNGE legt fest, daß der Text sich am Pfad mit der oberen Schriftkante ausrichtet. Wird die Option ZENTRIERT gewählt, verläuft der Textpfad durch die Schriftmitte. UNTERLÄNGE positioniert die Schrift mit der unteren Kante auf dem Pfad.

Bild 4.118:
Hier sehen Sie einige Beispiele für Textausrichtung

Da der Pfad eine unterschiedliche Stärke haben kann, kann über das Popup-Menü AN ZEILE AUSRICHTEN entschieden werden, ob bei der Positionierung vom oberen, mittleren oder unteren Punkt des Pfads ausgegangen wird. Je nach Stärke des Pfads kann durch diese Einstellung die Wirkung variiert werden.

Die Voreinstellung für die Plazierung des Textes auf einem Textpfad legt fest, daß die Schrift oberhalb des Pfads verläuft. Wird die Checkbox TEXT SPIEGELN durch Mausklick aktiviert, wird der Text gespiegelt und unterhalb des Pfads ausgerichtet. Handelt es sich bei dem Pfadobjekt um einen eckigen oder runden Rahmen, erscheint der Text durch diese Option innerhalb des Rahmens.

Da die Wirkungsweise durch viel Probieren angenähert werden muß, ist der Button ANWENDEN im unteren Bereich der Dialogbox MODIFIZIEREN sehr hilfreich. Jeder Mausklick auf den Button überträgt die Einstellungen auf das markierte Objekt. Letztlich kann die Modifikation durch OK bestätigt oder durch ABBRECHEN zurückgenommen werden.

Der Text auf dem Pfad ist jederzeit voll editierbar. Es können alle Attribute auf die Schrift angewendet werden, wie sie auch für den normalen Text möglich sind. Auch auf die Textpfade selbst können alle Attribute angewendet werden, wie sie auch für Linien und andere Objekte gültig sind: Stärke, Farbe, Form etc.

Text in Rahmen wandeln

Ein besonders interessantes grafisches Feature bietet QuarkXPress mit dem Menübefehl *Text in Rahmen*. Durch den Einsatz dieser Funktion ist es möglich, beliebige Texte in Bézier-Rahmenformen zu konvertieren, diese Formen mit beliebigen Inhalten zu füllen und alle sonstigen Rahmenattribute darauf anzuwenden.

Dies ist aber nur möglich, wenn hierfür Schriften verwendet werden, die dem PostScript-Format Type 1 oder dem TrueType-Format entsprechen. Im Falle von PostScript Type 1 ist auch das Vorhandensein und die korrekte Installation des Programms »Adobe Type Manager« auf dem betreffenden Macintosh-Rechner erforderlich.

Auch diese Funktion soll durch ein praktisches Beispiel vertieft werden. Hierzu erzeugen Sie einen Textrahmen und geben das Wort »Technik« ein. Sie markieren mit einem Doppelklick das Wort und stellen Schriftart und -größe – passend zu einer Headline – ein. Vorausgesetzt, das umzusetzende Wort ist immer noch markiert, steht im Stilmenü der Eintrag TEXT IN RAHMEN zur Verfügung. Wenn Sie diesen Befehl nun auf den Textbereich anwenden, wird der betreffende Bereich in vereinigte Bézier Bildrahmen umgewandelt. Der alte Text bleibt aber erhalten, das neue Objekt ist ein Duplikat. Dieser Zusammenhang ist deshalb von Bedeutung, weil die Umwandlung von Text in Rahmen nicht rückgängig gemacht werden kann. Auf das Bézier-Rahmenobjekt können nun alle Bearbeitungsmöglichkeiten angewendet werden, die QuarkXPress für Objekte zur Verfügung stellt. Zwei Beispiele sollen dies veranschaulichen.

Zunächst markieren wir das neue Bézier-Rahmenobjekt und wählen den Menübefehl *Ablage/Bild laden.* Wählen Sie nun über den Öffnen-Dialog ein geeignetes Bild aus, und laden Sie es in den Rahmen. Auch hier gelten alle Regeln, wie sie bereits in Kapitel 4.1 in Zusammenhang mit dem Import und Export von Bildern besprochen wurden. Da es sich bei dem durch die Funktion TEXT IN RAHMEN erzeugten Bézier-Rahmen um eine vereinigte Form handelt, wird das Bild in den gesamten Schriftzug geladen. Das Ergebnis ist eine Bildheadline.

Bild 4.119:
Hier sehen Sie unterschiedliche Gestaltungsmöglichkeiten der Funktion TEXT IM RAHMEN.

Als weiteres Beispiel werden wir den Bézier-Rahmen mit linearem Verlauf füllen und ihn mit einem Rand versehen. Markieren Sie nun wieder unsere Beispielheadline, und wählen Sie den Befehl *Objekt/Modifizieren.* Auf der Registerkarte RAHMEN können nun die Einstellungen für den Verlauf vorgenommen werden. Im Bereich RAHMEN wird im Popup FARBE die Hintergrundfarbe ausgewählt. Sie gilt zugleich als Startfarbe für den Verlauf. Im Bereich VERLAUFEN wählen wir aus dem Popup STIL die Verlaufsart LINEARER VERLAUF aus. Im Popup FARBE muß nur noch Farbe für den Endpunkt des Verlaufs eingestellt werden. Ein Klick auf den Reiter der Registerkarte RANDSTIL erlaubt nun noch die Einstellung diverser Randstilmodifikationen. Im Feld STÄRKE kann ein Wert nach Wunsch eingetragen werden. Im Popup STIL entscheiden wir uns für einen Randstil aus mehreren Linien. Nun muß nur noch die Farbe des Randstils und die Farbe der Abstände zwischen den Randstillinien festgelegt werden. Ein Klick auf den Button ANWENDEN überträgt die Attribute in einer Vorschau auf das Objekt. OK bestätigt die Einstellungen.

Natürlich können Sie die Vereinigung der Rahmenform auch aufheben – durch Einsatz der Optionen des Menübefehls *Objekt/Teilen* –, um dadurch andere Wirkungen zu realisieren. Weitere Informationen zu dieser Funktion finden Sie im Kapitel 4.2.

Silbentrennung und Blocksatz (S&B)

Die Regeln, nach denen QuarkXPress den Blocksatz berechnet und die Silbentrennung durchführt, können individuell angepaßt werden. Diese Bearbeitungsmöglichkeiten erreichen Sie über den Menübefehl *Bearbeiten/S&B* (⌘+⌥+[H]). Es erscheint die Dialogbox S&B. Im oberen Bereich ist eine Liste enthalten, in dem bereits definierte S&B-Festlegungen aufgeführt sind. Darunter ist ein Informationsfeld angelegt, in dem die mit dem Mauszeiger hervorgehobenen Definitionen von S&B-Einstellungen angezeigt werden. Unten befinden sich verschiedene Buttons, mit denen S&B-Einstellungen erstellt, bearbeitet und aus anderen Dokumenten übernommen werden können.

Die Einstellung STANDARD für die Silbentrennung und Blocksatzmethode sind Teil der Standard-Stilvorlage. Sie kommt zum Einsatz, wenn neue Textrahmen eingerichtet werden. Auch diese Einstellungen können verändert werden.

Um eine Vorlage, im folgenden als Beispiel STANDARD, zu verändern, muß diese Vorlage markiert und BEARBEITEN aktiviert werden. QuarkXPress öffnet die Dialogbox *Silbentrennung & Blocksatz bearbeiten*.

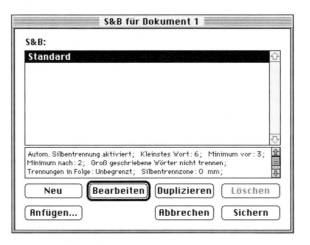

Bild 4.120:
In der Dialogbox
S&B werden alle
festgelegten
Blocksatz- und
Silbentrenn-
methoden
aufgeführt, sie
können modifi-
ziert oder ergänzt
werden.

Im Feld NAME wird die Bezeichnung, unter der die Einstellungen gesichert werden, eingetragen. Der Name STANDARD kann nicht verändert werden, andere S&B-Vorlagen lassen sich hier umbenennen. An dieser Stelle würde auch der Name einer neuen Einstellung eingegeben werden.

Optionen für Silbentrennung

Im Bereich AUTOM. SILBENTRENNUNG können Einstellungen vorgenommen werden, die den Trennmodus regeln. Mit der Checkbox zu Beginn des Bereichs wird die automatische Silbentrennung aktiviert. Ist diese Checkbox nicht aktiviert, ist der Trennmodus abgeschaltet, und Worte im Text werden nicht automatisch getrennt.

Kleinstes Wort
Im Feld KLEINSTES WORT können Sie durch eine Zahl zwischen 3 und 20 einen Mindestwert für die Zeichenanzahl eines Worts vorgeben, damit dieses getrennt werden darf.

Minimum vor/nach
Die Felder MINIMUM VOR und MINIMUM NACH legen fest, wie viele Buchstaben vor oder hinter dem Trennstrich stehen müssen, damit getrennt werden darf. Der Wertebereich für MINIMUM VOR reicht von 1 bis 6 und für MINIMUM NACH von 2 bis 8 Zeichen. Durch die Einstellungen KLEINSTES WORT und MINIMUM vermeiden Sie zwar keine falschen Trennungen, erreichen aber ein ausgeglicheneres Schriftbild.

Großschreibung
Das Kontrollfeld AUCH BEI GROSSSCHREIBUNG legt fest, daß auch Worte, die mit einem Großbuchstaben beginnen, getrennt werden dürfen. Wenn diese Option ausgeschaltet ist, können Sie z.B. verhindern, daß Firmen- und Produktbezeichnungen getrennt werden.

> *Nur wenn dieses Kontrollfeld aktiv ist, werden Hauptworte getrennt. Ansonsten erhalten Sie riesige Wortzwischenräume. Im Zweifelsfall markieren Sie deshalb lieber diese Option, um damit sicherzustellen, daß alle Worte nach den vorgegebenen Regeln getrennt werden. Bei umfangreichen Texten wird in jedem Fall eine manuelle Nachbearbeitung notwendig sein.*

Durch Eingabe in das Feld TRENNUNGEN IN FOLGE können Sie beeinflussen, wie viele Trennungen am Spaltenrand untereinanderstehen dürfen. Die typografische Regel legt drei Trennungen in Folge fest. In der Praxis führt diese Regel aber zu großen Löchern in den Zeilen, die dieser Festlegung entsprechend nicht getrennt werden dürfen. Sie können statt einer Zahl auch den Begriff UNBEGRENZT eingeben. Dadurch werden beliebige aufeinanderfolgende Trennungen ermöglicht.

> *Zwei bis drei Trennungen in Folge sind bei längeren Texten vertretbar. Auch hier werden manuelle Nachbearbeitungen erforderlich, wenn durch diese Einstellung zu große Löcher in das Erscheinungsbild des Textes gerissen werden.*

Durch das Feld SILBENTRENNZONE ermöglicht es QuarkXPress, auf den Zeilenlauf eines links- oder rechtsbündigen »Flattersatzes« Einfluß zu nehmen. Im Blocksatz hat diese Option keine Auswirkung. Eine »0« in diesem Feld bedeutet, daß keine Silbentrennzone eingerichtet ist. Wird in dieses Feld ein größerer Wert eingetragen, dann wird ein Wort nur getrennt, wenn eine mögliche Trennposition in diesen Bereich fällt.

*Bild 4.121:
Grundeinstellungen für die Blocksatz- und Silbentrennung.*

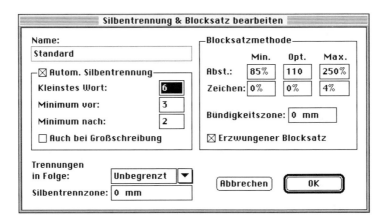

Wenn nun all diese Einstellungsmöglichkeiten nichts nutzen und trotzdem falsch oder unschön getrennt wurde, dann kann durch die Tastenkombination ⌘+[-] eine Trennung vorgegeben werden. Diese Trennvorgabe wirkt nur dann, wenn ein Wort sich im Trennbereich befindet. Im Gegensatz zum Bindestrich erscheint es nicht, wenn sich das Wort innerhalb einer Zeile befindet. Ein solches weiches Trennzeichen hat Priorität vor den automatischen Trennregeln des Programms.

Wollen Sie die Trennung eines Wortes verhindern, dann geben Sie einfach vor oder hinter dem Begriff ein weiches Trennzeichen ein.

Optionen für Blocksatz

Im Bereich BLOCKSATZMETHODE wird festgelegt, wie QuarkXPress den zur Verfügung stehenden Raum einer Zeile verteilt, um diese an den linken und rechten Spaltenrändern gleichmäßig auszurichten. Dabei kann entschieden werden, ob der Raum zwischen alle Zeichen einer Zeile verteilt oder nur in die Wortzwischenräume gelegt wird. Die Einstellungen in diesem Bereich sind für das unterschiedliche Sperren von Textzeilen, Fachjargon »Letterspacing«, verantwortlich. Blocksatz wird in der Regel allein durch Änderung von Wortabständen erzielt.

Die Felder der Reihe ZEICHEN setzen Sie auf 0%. In der Reihe WORT tragen Sie bei MINIMUM 70%, bei OPTIMUM 100% und bei MAXIMUM 150% ein.

Diese Einstellungen sind zwar keine Garantie für typografischen Qualitätsblocksatz, haben sich aber in der Praxis als sinnvoll erwiesen und vermeiden zudem die Sperr- oder Kompressionseffekte, die entstehen, wenn Buchstabenabstände geändert werden. Gerade dieses »Letterspacing« stört die harmonische Wirkung des Schriftbilds und ist mit die Ursache dafür, daß dem Desktop Publishing geringe typographische Qualitäten unterstellt werden. Im deutschsprachigen Raum gilt es als Satzfehler, wenn die Buchstabenabstände stark vergrößert werden, um Blocksatz zu erzielen. In den USA ist diese Technik der Erzeugung von Blocksatz allerdings eine weit verbreitete Methode.

Noch vor kurzer Zeit lag der tägliche Durchschnitt der Kuriere bei ca. 25-30 Kilometer und am Ende des Tages waren sie ausgelaugt. Heute sind sie nach fast 40 Kilometer auf Ihrem Modell C10 immer noch so	frisch, daß sie sogar noch nach neuer Arbeit fragen! Die folgende Tabelle wird Ihnen die Auswirkung auf unser tägliches Geschäft verdeutlichen. Noch vor kurzer Zeit lag der täg	Noch vor kurzer Zeit lag der tägliche Durchschnitt der Kuriere bei ca. 25-30 Kilometer und am Ende des Tages waren sie ausgelaugt. Heute sind sie nach fast 40 Kilometer auf Ihrem Modell C10 immer noch so	frisch, daß sie sogar noch nach neuer Arbeit fragen! Die folgende Tabelle wird Ihnen die Auswirkung auf unser tägliches Geschäft verdeutlichen. Noch vor kurzer Zeit lag der täg	*Bild 4.122: Unschöne Sperreffekte sind das Ergebnis falscher Einstellungen der Silbentrennung- und Blocksatzmethode.*

Zeilen am Absatzende werden im Blocksatz in der Regel linksbündig ausgerichtet. Unterscheidet sich die Länge dieser Zeilen aber nur geringfügig von der Spaltenbreite, dann wirkt die Ausrichtung des rechten Spaltenrands unruhig. Zur Vermeidung dieses Effekts kann durch einen Eintrag im Feld BÜNDIGKEITSZONE die Behandlung der letzten Zeile eines Absatzes im Blocksatz eingerichtet werden. Durch Eingabe eines Werts wird das Programm angewiesen, die letzte Zeile eines Absatzes über die ganze Zeile auszurichten, wenn die Zeile in der Bündigkeitszone endet.

Mit dem Kontrollfeld ERZWUNGENER BLOCKSATZ können Sie festlegen, daß Zeilen auch dann vom linken bis zum rechten Rand ausgetrieben werden, wenn dies eigentlich mit den Werten zum Buchstaben- und Wortabstand nicht mehr möglich wäre. Ausgenommen ist die letzte Zeile eines Absatzes, die im Regelfall – einschränkt nur durch die vorgenannte Option – am linken Satzrand ausgerichtet wird.

Mit Klick auf OK bestätigen Sie die vorgenommenen Einstellungen und gelangen in die Dialogbox S&B zurück. Um die Modifikation dauerhaft zu speichern, muß SICHERN angeklickt werden.

Weitere Optionen der Dialogbox »S&B«
Neu
Weitere Einstellungen zu Silbentrennung und Blocksatzmethoden können über den Button NEU angelegt werden. Die Vorgaben lassen sich dann wie zuvor besprochen modifizieren. Die Voreinstellung für Absatzformate ist die S&B-Einstellung STANDARD. Soll nun einem Absatz eine andere Einstellung zugewiesen werden, dann wird in der Dialogbox FORMATE (⌘+⇧+F) die Zuweisung über das Popup S&B geändert. Diese Möglichkeit steht auch bei der Einrichtung von Stilvorlagen zur Verfügung.

Um zum Beispiel Überschriften oder Bildunterschriften von der automatischen Trennung auszunehmen, sollte eine entsprechende S&B-Vorlage erzeugt und der Stilvorlage zugeordnet werden.

Duplizieren

Mit einem Klick auf DUPLIZIEREN können Sie einen zuvor markierten Namen einer Silbentrennung- und Blocksatzmethode aus dem Rollfeld duplizieren und dann über BEARBEITEN modifizieren.

Löschen

Ein Klick auf LÖSCHEN entfernt die markierte Einstellung aus dem Rollfeld. Mit dieser Einstellung erstellte Zeilenumbrüche werden mit der Vorlage für STANDARD neu berechnet, die Standard-Vorlage läßt sich nicht löschen.

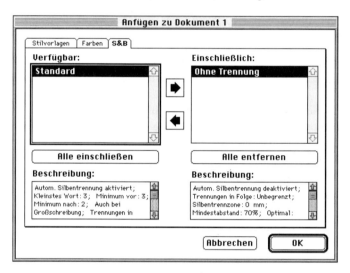

Bild 4.123:
In der Dialogbox ANFÜGEN ermöglicht die Registerkarte S&B die komfortable Übernahme von S&B-Einstellungen aus anderen Dokumenten.

Anfügen

Durch einen Klick auf den Button ANFÜGEN haben Sie Zugriff auf S&B-Einstellungen, die in anderen QuarkXPress-Dokumenten bereits vorliegen. Aus der sich dann öffnenden Dialogbox müssen Sie das Dokument auswählen, aus dem die Einstellungen übernommen werden sollen. Im linken Bereich der Dialogbox S&B ANFÜGEN werden im Listenfeld VERFÜGBAR die in diesem Dokument enthaltenen S&B-Einstellungen aufgeführt. Durch Markieren mit dem Mauszeiger und Klick auf den nach rechts gerichteten Pfeil wird diese Vorlage in das Listenfeld EINSCHLIESSLICH übernommen. Wenn Sie beim Anklicken gleichzeitig die ⇧-Taste gedrückt halten, lassen sich mehrere S&B-Vorlagen nacheinander markieren. Der nach links gerichtete Pfeil entfernt S&B-Vorgaben aus dem Listenbereich. Der Button ALLE EINSCHLIESSEN übernimmt alle Einstellungen in das aktuelle Dokument, ALLE ENTFERNEN entfernt die übernommenen Einstellungen wieder. Im unteren Bereich der Dialogbox sind zwei Informationsfenster angeordnet, die über die Einstellungen markierter S&B-Vorlagen informieren. Vor der Übernahme in das aktuelle Dokument können die jeweiligen Einstellungen überprüft werden. Da es dieses Informationsfeld für beide Listenbereiche gibt, ergibt sich so die Möglichkeit, die Einstellungen mit dem Mauszeiger markierter S&B-Vorlagen miteinander zu vergleichen.

Bild 4.124
Die Dialogbox KONFLIKT BEIM ANFÜGEN stellt sicher, daß nicht versehentlich wichtige Einstellungen im aktuellen Dokument beim Anfügen überschrieben werden.

Ergeben sich bei der Übernahme von S&B-Einstellungen Namenskonflikte, werden Sie durch eine Sicherheitsabfrage darüber informiert. Es besteht nun die Möglichkeit zu entscheiden, ob die angefügte S&B-Einstellung umbenannt werden soll. NEU VERWENDEN ersetzt die Werte der im Dokument vorhandenen Einstellung mit denen der angefügten Einstellung. BESTEHENDE VERWENDEN ignoriert die Übernahme der anzufügenden Einstellung, und AUTOM. UMBENENNEN benennt bei Namensgleichheit die anzufügende S&B-Einstellung um. Die Checkbox FÜR ALLE KONFLIKTE WIEDERHOLEN führt die Sicherheitsabfrage für jeden Namenskonflikt durch. Im unteren Bereich der Dialogbox werden in zwei Listenfeldern die Einstellungen der beiden S&B-Einstellungen aufgeführt.

Suchen und Ersetzen

QuarkXPress hatte auch in der Vorgängerversion eine sehr komfortable Funktion zum Suchen und Ersetzen von Buchstabenfolgen, Textattributen oder Sonderzeichen (Steuerzeichen). Dieses Feature ist in der Version 4.0 noch um einige Optionen erweitert worden.

Die Suchen/Ersetzen-Funktion steht unabhängig vom Bearbeitungsmodus zur Verfügung. Sie können mit »Suchen und Ersetzen« einen oder alle Textrahmen im Dokument durchsuchen lassen.

Soll auf den Text in einem Rahmen oder einer Textkette die Suchen/Ersetzen-Funktion angewendet werden, dann muß der betreffende Bereich markiert sein. Andernfalls beginnt die Suche an der aktuellen Position der Textmarke. Sollen alle Textrahmen eines Dokuments durchsucht werden, dann darf kein Textrahmen aktiv sein.

Die Dialogbox SUCHEN & ERSETZEN wird durch den Menübefehl *Bearbeiten/Suchen/Ersetzen* (Tastenkombination ⌘+F) geöffnet.

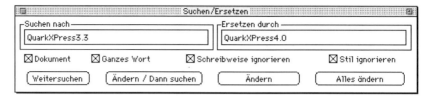

Bild 4.125:
Mit dieser Dialogbox ist das Suchen/Ersetzen von bis zu 80 Textzeichen möglich.

Im Feld SUCHEN NACH kann ein bis zu 80 Zeichen umfassender Suchbegriff eingegeben werden, in das Feld ERSETZEN DURCH eine bis zu 80 Zeichen umfassende Zeichenkombination, durch die der Suchbegriff im Text ersetzt wird. Mit den Checkboxen können Sie die Aktion begrenzen oder erweitern.

Die Checkbox DOKUMENT dehnt die Aktion auf das ganze Dokument aus. Ist dieses Feld nicht aktiviert, dann wird das Suchen und Ersetzen auf einen aktiven Textrahmen beschränkt. Dies schließt auch die in eine Textverkettung einbezogenen Rahmen ein. Die Checkbox GANZES WORT begrenzt die Suche auf ganze Wörter. Ist der Suchbegriff z.B. Teil eines Wortes, so wird dieser nicht gefunden, wenn ALS WORT aktiviert ist. Schalten Sie im Zweifelsfall dieses Feld ab. Mit dem Markierungsfeld SCHREIBWEISE IGNORIEREN wird festgelegt, daß die Suche unabhängig von der Groß- und Kleinschreibung des Suchbegriffs durchgeführt wird. Das Markierungsfeld STIL IGNORIEREN ermöglicht es, Schriftattribute in die Suchaktion einzubeziehen.

In den S&E-Vorgang können nicht nur die normalen alphanumerischen Zeichen einbezogen werden, sondern auch Sonderzeichen. Diese Sonderzeichen sind im eigentlichen Sinne Steuerzeichen, die an bestimmten Stellen im Text verankert sind. Diese Steuerzeichen können durch spezielle Zeichenkombinationen im Suchvorgang berücksichtigt werden.

Steuerzeichen	Eingabe in »S&E«-Dialog
Tabulator	\t
Neuer Absatz	\p
Neue Zeile	\n
Neuer Rahmen	\c
Vorherige Rahmenseite #	\2
Aktuelle Rahmenseite #	\3
Nächste Rahmenseite #	\4
Joker	\?

Da der Backslash ein Vorcode für die Suche nach Sonderzeichen ist, können Sie diesen nur in einen Suchbegriff einsetzen, indem er doppelt (»\\«) eingegeben wird. Sollen z.B. Leerzeichen gesucht werden, dann geben Sie diese einfach über die Tastatur in das Suchfeld ein. Wenn Sie sich über die

Schreibweise eines Suchbegriffs nicht im klaren sind, dann kann auch ein Joker an der unklaren Stelle eingesetzt werden. Anstelle des Fragezeichens wird jedes beliebige andere Zeichen erkannt.

Der Suchbegriff »M??er« findet die Namen »Meier« und »Mayer«, aber auch das Wort »Mauer«.

Bevor wir nun den Suchvorgang starten, wollen wir Sie darauf hinweisen, daß die Dialogbox SUCHEN & ERSETZEN verkleinert werden kann. Ein Klick auf das im Fensterbalken rechts befindliche Symbol reduziert die Anzeigen der Dialogbox so, daß nur noch die Buttons und der Titel zu sehen sind. Das hat den Vorteil, daß diese Box nun unter das Dokumentfenster geschoben werden kann und Sie die Suchaktion optisch besser kontrollieren können. Ein nochmaliger Mausklick auf das Balkensymbol erweitert die Dialogbox wieder.

Bild 4.126: Die Dialogbox SUCHEN/ERSETZEN *in der »geschrumpften« Version.*

Mit dem Button WEITERSUCHEN starten Sie den Suchvorgang. Mit gedrückter ⌘-Taste wandelt sich der Button in SUCHE ERSTES. Damit wird die Stelle im Text angezeigt, an der der Suchbegriff das erste Mal gefunden wird. Jede gefundene Zeichenkombination, die dem Suchbegriff entspricht, wird im Dokumentfenster markiert. Wird der Suchbegriff nicht gefunden, ertönt ein akustisches Signal. Soll die gefundene Zeichenkombination nicht ersetzt werden, dann klicken Sie wieder auf WEITERSUCHEN. Soll ersetzt werden, dann klicken Sie ÄNDERN. Um nach dem Ändern sofort die Suche nach dem nächsten Vorkommen des Suchbegriffes zu starten, kann der Button ÄNDERN & SUCHEN eingesetzt werden. Sollen alle weiteren Suchen-/Ersetzen-Aktionen ohne weitere Abfrage durchgeführt werden, dann wählen Sie ALLES ÄNDERN.

Beim Suchen haben Sie auch die Möglichkeit, den gefundenen Begriff durch Tastatureingabe zu ändern. Da dieser gefundene Begriff ja markiert ist, wird er direkt gegen die Tastatureingabe ersetzt. Wollen Sie dann die Suche fortsetzen, klicken Sie einfach wieder auf WEITERSUCHEN.

SUCHEN & ERSETZEN kann auch Zeichenattribute einbeziehen. Durch Deaktivieren der Checkbox STIL IGNORIEREN wird die Dialogbox SUCHEN & ERSETZEN um Suchfelder für Zeichenattribute erweitert.

*Bild 4.127:
Mit »Suchen/
Ersetzen«
können nicht nur
Textstellen,
sondern auch
Stilattribute
getauscht
werden.*

Auch die erweiterte Dialogbox ist in zwei Bereiche eingeteilt, getrennt für die Suchen- und die Ersetzen-Option. Mit den zusätzlichen Steuerelementen legen Sie unter SUCHEN fest, welche Schriftattribute berücksichtigt werden, unter ERSETZEN bewirkt eine Eingabe, daß die entsprechenden Werte verändert werden. Jede der möglichen Suchen/Ersetzen-Optionen kann durch Aktivieren einer Checkbox in den Suchen- und Ersetzen-Ablauf einbezogen werden. Ist also eine Checkbox nicht aktiv, dann werden die entsprechenden Eingabefelder und Popups deaktiviert und grau dargestellt. Die Optionen und ihre Bedeutung im einzelnen:

Im Feld TEXT kann eine Zeichenkette von bis zu 80 Zeichen eingegeben werden. Im Popup STILVORLAGE können Zeichen- oder Absatzstilvorlagen einbezogen werden. Ist die Option SCHRIFT aktiv, dann wird die aus dem Popup gewählte Schrift im Suchvorgang mit ausgewertet. Soll eine Suchaktion in Verbindung mit einer bestimmten Schriftgröße gestartet werden, dann müssen Sie die Option GRÖSSE aktivieren und die Schriftgröße in das Feld eintragen oder eine Vorgabe aus nebenstehendem Popup wählen. Die Option SCHRIFTSTIL verknüpft die Suchaktion mit den dort markierten Stilmerkmalen.

Die gleichen Optionen stehen Ihnen im Bereich ERSETZEN zur Verfügung. Ein praktisches Beispiel: Sind in Ihrem Dokument Schriften enthalten, die nicht im System installiert sind, dann werden diese mit einer negativen Zahl im Schriftenfeld der erweiterten Suchen & Ersetzen-Dialogbox dargestellt. Markieren Sie nun diese Schrift im Popup, deaktivieren Sie alle anderen Suchbereiche, wählen Sie unter ERSETZEN die Schrift im Popup, durch die die fehlende Schrift ersetzt werden soll, deaktivieren Sie alle anderen Ersetzen-Bereiche, und starten Sie dann die Suchen & Ersetzen-Aktion. So können Sie alle Stellen kontrollieren, an denen die fehlende Schrift im Dokument auftritt. Sie können diese austauschen, kontrollieren den Zeilenlauf und setzen dann die Aktion so lange fort, bis alles so ist wie gewünscht. Weitere Anwendungen der Suchen & Ersetzen-Funktion finden Sie in Kapitel 5 Workshop.

Anwenderdefinierte Spracheinstellungen

Die Welt rückt immer näher zusammen. Internationaler Handel, Internet, Touristik sind hierfür wichtige Stichpunkte. Dies führt auch immer häufiger zu Aufgabenstellungen im Electronic Publishing, die Mehrsprachigkeit berücksichtigen müssen. Seien es nun technische Dokumentationen, Prospekte oder Bücher. Jede Sprache hat spezifische Regeln, insbesondere was die Silbentrennung anbelangt. Da dies von der Standardfunktion her als eine allgemeine Regel definiert ist, führt dies häufig zu Trennfehlern. Dies zu vermeiden, erfordert dann eine ziemlich aufwendige manuelle Nachbearbeitung von Texten. Letztlich ist dies auch der Hintergrund dafür, daß mit QuarkXPress 4.0 auch für den deutschen Sprachraum die Programmversion nur noch mit der Passport-XTension angeboten wird. Diese XTension konnte auch in der Vergangenheit bereits in Verbindung mit QuarkXPress angeschafft werden, um Mehrsprachigkeit zu realisieren. Sie war aber sehr teuer und hat sich deshalb auch in der Quark-Gemeinde nicht besonders durchgesetzt. Dies wird sich in Verbindung mit der neuen Version von QuarkXPress wohl ändern. In den folgenden Abschnitten werden wir die Problematik anwenderdefinierter Einstellungen beim Einsatz der Passport-Features vertiefen.

Mehrsprachigkeit

QuarkXPress bietet in der deutschen Passport-Version die Option, die Programmsprache auszuwählen, in der die Menüs und Dialogboxen angezeigt werden. Diese Funktion kann unabhängig von der Version des Betriebssystems eingesetzt werden. Zur Auswahl stehen bis zu elf Sprachen, sofern diese im Zuge des Installationsprozesses ausgewählt wurden.

Um die Programmsprache zu wechseln, müssen Sie über den Menübefehl *Bearbeiten/Programmsprache* aus dem sich dann öffnenden Popoutmenü mit dem Mauszeiger eine Option auswählen. Die Voreinstellung steht nach einer deutschsprachigen Installation auf DEUTSCH. Die verfügbaren Sprachen sind: Dänisch, Deutsch, Französisch, Holländisch, Internationales Englisch, Italienisch, Norwegisch, Schwedisch, Schweizerdeutsch, Spanisch und US-Englisch.

Bild 4.128: Die Programmsprache kann jederzeit geändert werden.

Bei der Festlegung von Absatzattributen zur Formatierung von Texten kann nun auch jeweils die Sprache festgelegt werden, die als Grundlage für die Silbentrennung und Rechtschreibprüfung herangezogen wird. Eingestellt werden kann dies in der Dialogbox ABSATZATTRIBUTE. Durch Auswahl des Menübefehls *Stil/Formate* kann auf der Registerkarte FORMATE im Popup-Menü SPRACHE für einen oder mehrere markierte Absätze die Sprache eingestellt werden. Auch beim Aufbau von Stilvorlagen kann diese Option zum Einsatz gebracht werden.

*Bild 4.129:
Für jeden Absatz
kann eine
Spracheinstellung für die
Silbentrennung
eingestellt
werden.*

Durch Veränderung der Voreinstellungen kann für jede Sprache einzeln festgelegt werden, mit welcher Methode bei der Berechnung der Silbentrennung gearbeitet wird. Über *Bearbeiten/Vorgabe/Dokument* wird die Dialogbox DOKUMENTVORGABEN geöffnet. Auf der Registerkarte ABSATZ kann nun im Bereich SILBENTRENNUNG für jede Sprache die Silbentrennmethode ausgewählt werden. Wird mit dem Mauszeiger aus der Liste eine Sprache markiert, kann über das in der Spalten METHODE angelegte Popup die anwenderdefinierte Zuweisung erfolgen. Die Option STANDARD besagt, daß die Kompatibilität zu der Version erhalten bleibt, mit der das Dokument erstellt wurde. ERW. DEUTSCHE SILBENTRENNUNG berücksichtigt bei der Silbentrennung das jeweils aktuellste Silbentrennsystem.

*Bild 4.130:
Auch die
Silbentrennmethode kann über
Voreinstellung für
alle installierten
Sprachen
vorgegeben
werden.*

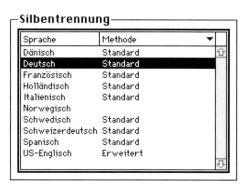

Die verschiedenen Sprachdateien können bei der Installation der QuarkXPress-Passport-Version ausgewählt werden. Selbst wenn hier zusätzlich Festplattenspeicher benötigt wird, sollten Sie die komplette Installation durchführen. Da aber jede Sprache auch zusätzlichen Arbeitsspeicher benötigt, der von QuarkXPress belegt wird, sollte anschließend geprüft werden, welche Sprachen regelmäßig und welche eher selten zur Anwendung kommen. Da die Sprachdateien im QuarkXPress-Programmordner installiert werden, müssen Sie die Dateien, die beim Programmstart nicht berücksichtigt weden sollen, in einen Unterordner ziehen. Den Namen für diesen Unterordner können Sie frei vergeben. Ein sinnvoller Name wäre z.B. »Sprachen deaktiviert«. Nicht benötigte Sprachdateien werden nun in diesen Ordner geschoben. Beim nächsten Programmstart von XPress werden diese Dateien nun nicht mehr berücksichtigt. Eingebunden werden sie dann im Bedarfsfall, indem sie wieder auf die obere Ebene des XPress-Programmordners gelegt werden.

Rechtschreibung

Das Korrekturlesen von Texten ist ein aufwendiger Vorgang. Da ist es recht hilfreich, wenn eine Rechtschreibprüfung zur Verfügung steht, mit der Texte im Dokument einer ersten Prüfung unterzogen werden können.

Der Menübefehl *Hilfsmittel/Rechtschreibprüfung* öffnet ein Untermenü. Hier werden drei Wahlmöglichkeiten angeboten. Sie können ein Wort (Tastenkombination ⌘+W), einen aktiven Textrahmen (Tastenkombination ⌘+⌥+W) oder ein ganzes Dokument (Tastenkombination ⌘+⌥+⇧+W) prüfen lassen.

Wort
Um ein Wort prüfen zu lassen, müssen Sie dieses zuvor markieren oder die Schreibmarke vor oder innerhalb des Wortes plazieren. Im Ergebnis dieser Prüfung wird die Dialogbox WORT PRÜFEN angezeigt. Die Anzeige UNBEKANNTES WORT zeigt das geprüfte Wort an, in der darunterstehenden Auswahlliste werden ähnliche Wörter aufgeführt. Das Wort, das dem zu prüfenden am ähnlichsten ist, wird hervorgehoben. Mit Anklicken von ERSETZEN wird das markierte durch das hinterlegte Wort ausgetauscht.

*Bild 4.131:
In der Dialogbox werden die dem Prüfbegriff ähnelnden Begriffe angezeigt.*

Text
Auf diese Funktion haben Sie Zugriff, wenn ein Textrahmen und das Inhalt-Werkzeug aktiv sind. Nachdem die Prüfung durch Menübefehl oder Tastenkombination gestartet wurde, erscheint als erstes die Dialogbox WORTANZAHL. Diese Box informiert über die Gesamtzahl der geprüften Wörter, die Anzahl der verschiedenen Wörter und die Anzahl der unbekannten Wörter.

*Bild 4.132:
Die Dialogbox WORTANZAHL gibt Aufschluß über die fraglichen Wörter im Dokument.*

Wurden unbekannte Wörter gefunden, dann wird nach einem Klick auf OK, die Dialogbox TEXT PRÜFEN geöffnet. Hinter UNBEKANNTES WORT wird nun der erste gefundene unbekannte Begriff aufgeführt. Durch Mausklick auf SUCHEN werden im Lexikon ähnliche Wörter gesucht. Sie haben nun die Wahl, das unbekannte Wort durch ein markiertes Wort ersetzen zu lassen oder im Feld ERSETZEN DURCH einen eigenen Begriff einzugeben. Durch Anklicken von AUSLASSEN können Sie ohne Änderung zum nächsten unbekannten Wort weiterschalten, mit ABBRECHEN wird die Prüfung beendet.

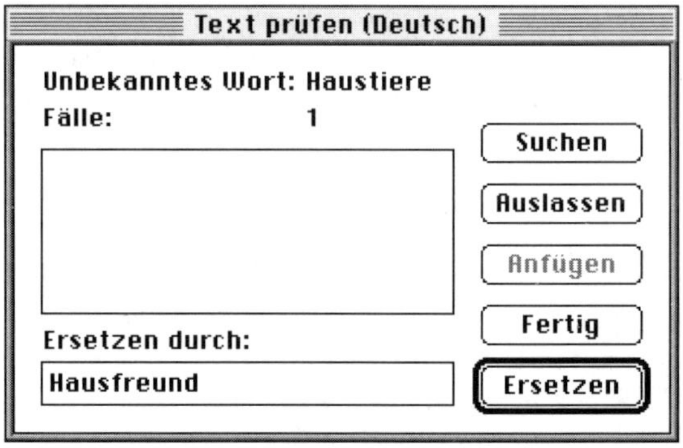

*Bild 4.133:
Wurden unbekannte Wörter gefunden, so können diese nacheinander abgearbeitet und gegebenenfalls ersetzt werden.*

```
┌─────────── Text prüfen (Deutsch) ───────────┐
│ Unbekanntes Wort: Haustiere                 │
│ Fälle:            1                         │
│ ┌─────────────────────┐    ┌─────────┐      │
│ │                     │    │ Suchen  │      │
│ │                     │    └─────────┘      │
│ │                     │    ┌──────────┐     │
│ │                     │    │Auslassen │     │
│ │                     │    └──────────┘     │
│ │                     │    ┌─────────┐      │
│ │                     │    │ Anfügen │      │
│ └─────────────────────┘    └─────────┘      │
│ Ersetzen durch:            ┌─────────┐      │
│ ┌─────────────────────┐    │ Fertig  │      │
│ │ Hausfreund          │    └─────────┘      │
│ └─────────────────────┘   ┌───────────┐     │
│                           │ Ersetzen  │     │
│                           └───────────┘     │
└─────────────────────────────────────────────┘
```

Der Button BEHALTEN ermöglicht es Ihnen, das unbekannte Wort in ein eigenes Hilfslexikon aufzunehmen. Voraussetzung ist aber, daß ein solches Hilfslexikon im aktiven Dokument geöffnet wurde.

Dokument
Diese Option funktioniert genau wie die zuvor beschriebene Prüfung für Text, bezieht sich aber auf das gesamte Dokument. Aufgerufen wird diese Funktion durch den eingangs beschriebenen Menübefehl oder mittels der Tastenkombination.

Hilfslexikon

Zur Optimierung der Rechtschreibprüfung können eigene Hilfslexika erstellt und bearbeitet werden. Durch diese Möglichkeit sind Sie in der Lage, themenbezogene Hilfslexika mit entsprechendem Fachvokabular aufzubauen.

Es kann immer nur ein Hilfslexikon geöffnet sein. Dieses Lexikon ergänzt dann das Grundlexikon von QuarkXPress. Öffnen Sie ein weiteres Hilfslexikon, so wird das bereits geöffnete Hilfslexikon geschlossen und durch das neue Lexikon ersetzt.

Durch den Menübefehl *Hilfsmittel/Hilfslexikon* wird eine Datei-Dialogbox geöffnet. Wählen Sie das gewünschte Lexikon aus, und klicken Sie auf ÖFFNEN.

Ist noch kein Hilfslexikon vorhanden, können Sie es in der gleichen Dialogbox nach Eingabe eines Namens und durch Klicken auf ANLEGEN erzeugen.

Ist bereits ein Hilfslexikon vorhanden und geöffnet, dann können Sie dieses Lexikon bearbeiten und um neue Begriffe ergänzen. Der Bearbeitungsmodus für das Hilfslexikon wird aufgerufen durch den Menübefehl *Hilfsmittel/Hilfslexikon bearbeiten*. Es wird daraufhin die Dialogbox HILFSLEXIKON BEARBEITEN geöffnet. In der Auswahlliste der Dialogbox werden alle aktuellen Einträge alphabetisch geordnet angezeigt. Sie können nun im darunterliegenden Eingabefeld einen neuen Begriff eingeben und ihn durch Klicken auf EINFÜGEN in das geöffnete Hilfslexikon übernehmen. Wollen Sie einen Begriff aus dem Hilfslexikon löschen, dann markieren Sie das betreffende Wort und klicken auf LÖSCHEN. Denken Sie daran, die Bearbeitungsaktion mit SICHERN zu bestätigen.

Bild 4.134:
Unbekannte Begriffe können in ein Hilfslexikon aufgenommen werden.

Trennhilfe

Im Abschnitt über Silbentrennung und Blocksatzmethode wurden bereits die Modifikationsmöglichkeiten für die typografischen und technischen Trennregeln dargelegt. Darüber hinaus gibt es natürlich auch noch die Rechtschreibregeln, die festlegen, an welchen Stellen ein zu trennendes Wort getrennt werden darf. QuarkXPress stellt Ihnen mit der Funktion TRENNVORSCHLAG eine Möglichkeit zur Verfügung, Worte zu prüfen und sich Trennvorschläge für dieses Wort anzeigen zu lassen.

Um diese Funktion nutzen zu können, müssen Sie das betreffende Wort markieren und dann mit dem Menübefehl *Hilfsmittel/Trennvorschlag* (Tastenkombination ⌘+H) die Prüfung aufrufen. Die Dialogbox TRENNVORSCHLAG zeigt an, wie QuarkXPress dieses Wort nach den internen Algorithmen trennen würde.

Bild 4.135:
Kein Trennalgorithmus ist vollkommen – Urinstinkt beweist es.

Nun enthält die deutsche Sprache aber vielfältige Ausnahmen, die durch allgemeine Trennalgorithmen nicht abgefangen werden. Ein Beispiel: Wird das Wort »Urinstinkt« der Trennprüfung von QuarkXPress übergeben, dann wird als Trennvorschlag – korrekt, aber völlig sinnentstellend – »Urin-stinkt« angezeigt.

Diese Problemfälle lassen sich über eine Ausnahmeregelung korrigieren. Diese Ausnahmen sind in TRENNAUSNAHMEN abgelegt. Die Dialogbox zur Verwaltung der Trennausnahmen wird über den Menübefehl *Hilfsmittel/Ausnahmen* aufgerufen. In der Auswahlliste werden alle bereits definierten Trennausnahmen aufgelistet.

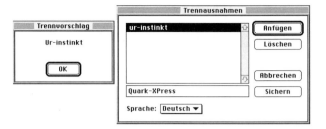

*Bild 4.136:
In den Trennausnahmen können die Problemfälle behandelt werden. Dann ist wieder alles in Ordnung.*

Neue Wörter mit speziellen Trennungen werden in das Eingabefeld unter der Auswahlliste eingetragen. Bei der Definition von Ausnahmen muß nach folgenden Regeln vorgegangen werden: Jede Stelle, an der ein Wort getrennt werden darf, wird mit einem Trennstrich markiert. Es können mehrere Trennpositionen im Wort angegeben werden. Soll ein Wort nicht getrennt werden, dann muß es ohne Trennstrich in das Feld eingetragen werden. Mit EINFÜGEN wird der neue Begriff in das Ausnahmelexikon übernommen. Beachten Sie, daß die neuen Ausnahmen nur dann Gültigkeit erlangen, wenn die Ausnahmen durch Anklicken des Button »Sichern« gespeichert werden.

Die im Dokument verwendeten Silbentrennausnahmen werden von QuarkXPress nicht nur in der Datei »XPress-Präferenzen«, sondern auch im Dokument mit abgespeichert. Sie haben deshalb keine Probleme, Ihr Dokument in einem Belichtungsstudio weiterverarbeiten zu lassen.

Inhaltsverzeichnisse erstellen (Listen)

Das Layoutprogramm QuarkXPress hat sich über die Jahre als ein professionelles Programm im Publishingbereich auf der Macintosh-Systemplattform durchgesetzt. Dem flexiblen Einsatz waren kaum Grenzen gesetzt. Gerade aber bei der Erstellung von ganz speziellen Produkten wie z.B. Büchern wurden Features stark vermißt, wie sie in Textverarbeitungsprogrammen seit vielen Jahren zum Standard gehörten. Dies mußte dann durch z.T. teure XTensions nachgerüstet werden. Eine dieser Funktionen ist die Erstellung von Inhaltsverzeichnissen. Natürlich konnte ein Inhaltsverzeichnis auch immer »per Hand« nachträglich erstellt werden. Jede einzelne Zeile mußte aber neu erfaßt und im Falle von Seitenänderungen nachträglich im Inhaltsverzeichnis korrigiert werden. Die QuarkXPress-Version 4.0 bietet nun erstmals die Erstellung von Inhaltsverzeichnissen mittels der Listenfunktion als Standard an.

Die Erstellung von Inhaltsverzeichnissen ist nur eine Möglichkeit, die Listenfunktion von QuarkXPress 4.0 zu nutzen. Wie Sie im Verlauf dieses Kapitelabschnitts sehen werden, können damit alle Textstellen zu speziellen Texten zusammengefaßt werden, die durch eine Stilvorlage und eine Listendefinition konkret zugeordnet werden können. Beispiele: Liste aller Abbildungen in einer Publikation, alle Autoren, alle Quellen etc.

Listenvorgaben festlegen

Die Erstellung von Inhaltsverzeichnissen ist ohne konzeptionelle Vorarbeit nicht denkbar. Es muß klar festgelegt sein, wie die inhaltliche Struktur des Buches in verschiedene Gliederungsebenen umgesetzt wird. Es müssen sowohl die Gestaltung der Überschriften als auch die Gliederungshierarchie festgelegt sein. Ist dies geschehen, so besteht der erste Schritt bei der Erstellung von Inhaltsverzeichnissen darin, die erforderlichen Stilvorlagen festzulegen. Im eigentlichen Sinne erfolgt diese Festlegung nicht nur für die Erstellung des Inhaltsverzeichnisses, sondern ist bereits bei der Erstellung entsprechender Stildefinitionen beim Gesamtprojekt (z.B. einem Buch) erfolgt. Wenn die Erstellung von Zeichen- und Absatzstilvorlagen noch nicht bekannt ist, schlagen Sie dies zunächst im Kapitelabschnitt »Stilvorlagen« nach.

Bild 4.137:
In der Dialogbox LISTEN werden alle Listendefinitionen für das aktuelle Dokument verwaltet.

Die Erstellung und Verwaltung der Inhaltsverzeichnisse geschieht über die Dialogbox LISTEN. Durch Eingabe des Menübefehls *Bearbeiten/Listen* wird sie geöffnet. In dieser Dialogbox werden alle Listen aufgeführt. In jeder dieser Listen sind dann die Festlegungen für die jeweiligen Inhaltsverzeichnisse oder ähnliche Verwendungszwecke enthalten. Haben Sie noch keine Listen angelegt, dann ist der Listenbereich leer.

Der erste Schritt beim Aufbau einer neuen Liste führt über den Button NEU. Ein Klick öffnet die Dialogbox LISTE BEARBEITEN. Nun kann mit dem Aufbau begonnen werden. Im Namensfeld wird ein Name für die neue Liste vergeben. Als Voreinstellung ist hier bereits NEUE LISTE eingetragen. Dieser Eintrag kann mit einem Namen Ihrer Wahl überschrieben werden.

Im darunter befindlichen Listenfeld werden alle im Dokument verfügbaren Stile aufgeführt. Sie müssen als nächstes festlegen, welche Stilvorlagen für die Erzeugung des Inhaltsverzeichnisses eingesetzt werden sollen. Die benötigten Einträge werden mit dem Mauszeiger markiert und durch Klick auf den nach rechts gerichteten Pfeil in das Tabellenlistenfeld STILE IN LISTE übernommen. Wurde eine Stilvorlage übernommen, wird diese aus der Liste der verfügbaren Stile entfernt. Dieser Vorgang kann auch per Mehrfachselektion oder mittels Doppelklick auf die zu übernehmende Stilvorlage geschehen.

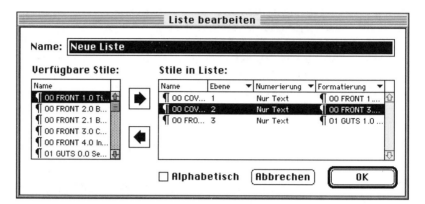

Bild 4.138:
In der Dialogbox LISTE BEARBEITEN werden die Stilvorlagen übernommen und Festlegungen für die Listenerzeugung getroffen.

Sind alle benötigten Stile in die neue Liste übernommen worden, muß für jeden Stil die Hierarchieebene festgelegt werden. Dies erfolgt über das Spalten-Popup EBENE. Für jeden markierten Stil steht eine Ebene zur Auswahl. Die ausgewählte Ebene erscheint dann als Eintrag in der Spalte neben dem markierten Stil. Es stehen bis zu 8 Ebenen zur Auswahl.

Im folgenden Spalten-Popup NUMERIERUNG werden die Optionen gewählt, die die Art der Seitennumerierung für jeden Stil festlegen. Die Option NUR TEXT zeigt den Eintrag im Inhaltsverzeichnis ohne Seitenzahl an. Die beiden folgenden Optionen legen fest, daß dem Stil die Angabe einer Seitenzahl zugeordnet wird. TEXT...SEITENZAHL fügt die Seitenzahl rechts an, SEITENZAHL...TEXT fügt sie zu Beginn einer Zeile ein. Im Spaltenpopup FORMATIERUNG wird letztlich festgelegt, mit welcher Stilvorlage der jeweilige Eintrag formatiert wird. In der Praxis ist es ja so, daß im Inhaltsverzeichnis die Überschriften nicht in den Größen aufgeführt sind, in denen diese im Buch erscheinen. Denkbar wäre hier eine Formatierung in der normalen Grundschrift.

Die Checkbox ALPHABETISCH gestattet die Festlegung, ob das Inhaltsverzeichnis in der im Buch vorgegebenen Reihenfolge aufgelistet wird oder alphabetisch umsortiert wird.

Zugewiesen werden die Einstellungen durch Bestätigung mit OK. Auch in diesem Fall werden die Einstellungen erst im Dokument abgelegt und stehen für die weitere Bearbeitung zur Verfügung, wenn der Button SICHERN gedrückt wird.

Unter der Liste mit den verfügbaren Listendefinitionen werden in einem Informationsfeld die Einstellungen eines markierten Eintrages aus der Liste angezeigt. Der Button ANFÜGEN ermöglicht die Übernahme von Listeneinstellungen aus anderen Dokumenten. Dieser Vorgang wird über die bereits mehrfach besprochene Anfügen-Diaglogbox abgewickelt. Ist Ihnen dieser Zusammenhang nicht bekannt, können Sie dies im Abschnitt über Stilvorlagen nachlesen.

Listen erzeugen und bearbeiten

Vorausgesetzt, daß die Texte mit den festgelegten Stilvorlagen formatiert wurden, kann nun über die Palette LISTEN ein Inhaltsverzeichnis erstellt werden. Durch Eingabe von *Ansicht/Listen zeigen* wird die Palette geöffnet. Soll für das aktuelle Dokument ein Inhaltsverzeichnis erzeugt werden, muß im Popup LISTE ZEIGEN FÜR der entsprechende Eintrag ausgewählt werden. Im Popup LISTENNAME wird der benötigte Listenstil bestimmt.

Um ein Verzeichnis zu generieren, wird zunächst ein Textrahmen mit dem entsprechenden Objekt-Werkzeug erstellt. Wird nun der Button BAUEN in der Palette LISTEN angeklickt, erstellt QuarkXPress das Inhaltsverzeichnis und überträgt das Ergebnis in den markierten Textrahmen. Die Formatierung ergibt sich aus den festgelegten Stilvorlagen.

In der Palette sind noch weitere Optionen angelegt, die die Funktionalität der Erstellung und Bearbeitung von Inhaltsverzeichnissen abrunden. Dies ist der Button AKTUALISIEREN. Er kommt zum Einsatz, wenn die Auflistung im Listenfeld aktualisiert werden muß, weil Änderungen und Korrekturen vorgenommen wurden. Dies geschieht nicht automatisch, sondern erst nach Betätigen des Buttons.

Bild 4.139: Über die Palette LISTEN *erfolgen die Listenauswahl und der Listenaufbau.*

Soll eine bestehende Liste hingegen neu angelegt oder ergänzt werden, dann muß nochmals der Button BAUEN betätigt werden. Da bereits eine Liste vorliegt, erfolgt eine Abfrage, ob die Liste neu angelegt werden soll oder ob die Erstellung an eine bestehende Liste angefügt werden soll. Handelt es sich bei der Aktualisierung um eine Ergänzung, dann wählen Sie ANFÜGEN. Wurden aber Änderungen vorgenommen, z.B. durch Verschiebungen von Texten auf andere Seiten, dann muß die Option ERSETZEN gewählt werden. Die Funktion BAUEN prüft also nicht auf Änderungen, sondern erstellt entweder neu oder hängt Kapitelergänzungen an eine bestehende Liste an.

Im scrollbaren Listenfeld der Palette LISTEN werden für jede aus dem Popup gewählte Listendefinition die erzeugten Listen angezeigt. Im Feld SUCHE kann in diesen Listen durch Eingabe eines Suchbegriffs das Vorhandensein von Einträgen überprüft und durch Doppelklick auf den gefundenen Eintrag sofort auf die Seite mit der betreffenden Zeile gesprungen werden.

Die Funktion zur Erstellung von Listen kann auch auf ganze Bücher ausgeweitet werden. Grundlage hierzu ist die neue Buchfunktion in QuarkXPress 4.0. Die entsprechenden Erläuterungen wurden deshalb in diesem Kapitelabschnitt (Kapitel 4.2) eingefügt.

Indexverzeichnisse erstellen

Auch Funktionen zum Erzeugen von Indexverzeichnissen wurden von der XPress-Fan-Gemeinde lange vermißt. In der vorliegenden Version hat Quark diese Funktionen endlich mit in das Programm – wenn auch als XTension – eingebunden.

Dadurch stehen Ihnen die Funktionen zum Erzeugen von Indexverzeichnissen nur zur Verfügung, wenn die XTension »Index« korrekt installiert ist. Überprüfen Sie dies mit dem XTension-Manager (Menübefehl *Hilfsmittel/ XTension/Manager*). Ist die XTension in der Liste aufgeführt und der Status »aktiv«, dann kann die Funktion im Dokument eingesetzt werden. Ist dies nicht der Fall, muß die XTension durch ein Häkchen aktiviert werden. Schließen Sie dann die Dialogbox, beenden Sie QuarkXPress und starten Sie das Programm neu. XTensions werden erst nach einem Neustart des Programms aktiviert oder deaktiviert. Dokumente, die nur Indexmarkierungen enthalten, können auch ohne die Index-XTension geöffnet werden.

Indexverzeichnisse können nicht vollautomatisch erstellt werden. Vorausgehen muß immer die Festlegung durch Personen, welche Einträge, bezogen auf bestimmte Zuordnungen und Zusammenhänge, in ein Indexverzeichnis aufgenommen werden sollen. Diese Markierungen müssen letztlich immer von Hand und nach bestimmten sachlichen Kriterien geschehen, die programmtechnisch in einem Layoutprogramm nicht zu automatisieren sind. Sind die Markierungen im Text verankert, kann die Erzeugung des Indexes dann automatisch erfolgen.

XPress unterstützt die Indexerstellung über vier Ebenen, weiterhin können Sie Querverweise einfügen und die Länge des einzubindenden Textes frei definieren. Darüber hinaus lassen sich Stilvorlagen und Musterseiten zuordnen und die beiden Indexformate FORTLAUFEND oder INTEGRIERT auswählen.

In den folgenden beiden Abschnitten werden die einzelnen Schritte zur Erzeugung von Indexverzeichnissen ausführlich beschrieben. In Kapitel 5 Workshop werden diese Erläuterungen durch ein praktisches Beispiel vertieft.

Indexvorgaben festlegen

Bevor mit der Indexerstellung begonnen wird, sollten die Voreinstellungen der Funktion überprüft und gegebenenfalls geändert werden. Aufgerufen werden die Voreinstellungen durch *Bearbeiten/Vorgaben/Index*. In der Dialogbox INDEXVORGABEN kann zunächst die Farbe für den Indexmarker eingestellt werden. Als Voreinstellung wird hier die Farbe Rot angezeigt. Durch Mausklick auf das Farbfeld kann diese Farbe anwenderspezifisch angepaßt werden. Hierzu wird einfach der Mauszeiger im angezeigten Systemfarbkreis in den gewünschten Farbbereich gesetzt. Eine Bestätigung mit OK übernimmt diese Farbe dann als neue Indexmarkerfarbe.

*Bild 4.140:
Die Grundeinstellungen für die Indexerstellung werden unter »Vorgaben« festgelegt.*

Im Bereich TRENNZEICHEN können nun verschiedene Einstellungen vorgenommen werden, die den späteren Aufbau des Indexverzeichnisses und seine Formatierung betreffen.

Nächster Eintrag:

Diese Bezeichnung ist verwirrend. Mit einem Eintrag in das Textfeld wird das Trennzeichen zu den Seitenzahlen in jedem Eintrag festgelegt. Standardmäßig ist hier ein Leerzeichen (Blank) eingegeben.

Hier können aber auch z.B. Sonderzeichen eingesetzt werden. Als wesentlichstes Zeichen ist hier wohl der Tabulator zu nennen. So kann erreicht werden, daß bei entsprechenden Einstellungen in den später zugeordneten Stilvorlagen die Seitenziffern rechtsbündig ausgerichtet werden. Das Sonderzeichen für Tab ist »\t«. Alle möglichen Sonderzeichen finden Sie im Anhang unter XPressmarken.

Zwischen Seitennummern:

Mit einem Eintrag in diesem Feld wird das Trennzeichen zwischen den Seitenzahlen festgelegt. Als Standard ist hier das Komma vorgegeben. Auch hier sind mehrere Zeichen zulässig. Beispiel: 6, 15, 217.

Zwischen Seitenbereich:
In diesem Feld wird festgelegt, durch welches Zeichen oder Zeichenkombination Seitenbereiche gekennzeichnet werden. Voreingestellt ist hier der Gedankenstrich. Beispiel: 6-10, 15, 19-25

Vor Querverweis:
Durch Querverweise kann auf ergänzende Textstellen verwiesen werden. Legen Sie hier die Zeichen oder Zeichenfolge fest, die vor dem Querverweis eingefügt wird. Voreingestellt ist hier ein Punkt mit anschließendem Blank. Beispiel: Rahmen 6,7. Siehe auch unter Objekte.

Zwischen Einträgen:
Es sind zwei Arten von Indexverzeichnissen möglich. Soll ein fortlaufender Index erzeugt werden, dann wird das Zeichen oder die Zeichenfolge eingegeben, die zwischen den Indexeinträgen eingefügt wird. Beispiel: Index: 43-55; Listen: 33-38. Der in diesem Feld festgelegte Eintrag wird bei Erzeugung eines integrierten Indexes am Absatzende eingefügt. Soll in diesem Fall die Einfügung eines Zeichens vorgenommen werden, so löschen Sie die Einträge aus dem Textfeld.

Abschließend werden die Eingaben mit OK bestätigt oder durch ABBRECHEN verworfen.

Indexerstellung vorbereiten

Die Schaltzentrale zur Erstellung eines Indexverzeichnisses ist die Indexpalette. Aufgerufen wird sie durch Eingabe des Menübefehls *Ansicht/Index zeigen*. Die Palette gliedert sich in drei Bereiche.

Bild 4.141:
Die Indexpalette ist die Schaltzentrale für den Indexaufbau

Im Bereich EINTRAG wird der zu indizierende Begriff oder Text und die gewünschte Zu- oder Einordnung festgelegt. Der Text wird in das eingangs aufgeführte Feld eingetragen und kann eine Länge von bis zu 255 Zeichen haben. Der Eintrag kann auf drei Wegen erfolgen: Entweder direkt durch Eingabe über die Tastatur oder durch Markieren des Textstelle mit der Schreibmarke. In diesem Fall wird der markierte Text in das Textfeld übernommen.

Er kann aber auch aus den bereits in der Eintragsliste eingefügten Begriffen mit dem Mauszeiger gewählt werden. Auch in diesem Fall wird der markierte Eintrag im Textfeld angezeigt. Für jeden Eintrag in der Liste wird eine Markierung an der entsprechenden Stelle auf der Seite vorgenommen. Wird ein Text direkt über eine Markierung mit dem Mauszeiger vorgenommen, wird automatisch diese Textstelle mit einem Indexmarker versehen. Wird der Text über eine andere zuvor aufgeführte Möglichkeit ausgewählt, muß zuvor die Textmarke in die Textposition auf der Seite eingefügt werden. Es wird dann diese Position festgehalten, und damit kann eine korrekte Seitenzuordnung erfolgen. Diese Markierungen werden dann beim automatischen Aufbau des Indextextes dynamisch zugeordnet.

> *Eine schnelle Vorgehensweise besteht auch in den Verfahren, einen Begriff mittels Doppelklick mit dem Mauszeiger zu markieren. Auch dieser Eintrag wird in der Indexpalette angezeigt und kann dann zugeordnet werden. Da QuarkXPress 4.0 bei einem Doppelklick nicht mehr den folgenden Leerraum mit einbezieht, wird auch nur der wirklich benötigte Bereich in den Index einbezogen.*

Indexeinträge werden standardmäßig durch eine alphabetische Sortierung geordnet. Gibt es hier Besonderheiten von Indexeinträgen, für die eine andere Einordnung sinnvoller oder logischer ist, dann kann dies durch einen Eintrag in das Feld »Sortieren unter:« erfolgen. Auch hier können bis zu 255 Zeichen eingegeben werden. Auf diesem Wege kann z.B. die Einordnung von Begriffen mit Umlauten (ÄÖÜ) korrekt erfolgen.

Auch die Hierarchie von Indexeinträgen kann festgelegt werden. Je nach gewähltem Indextyp (fortlaufend oder integriert) sind zwei bis vier Ebenen möglich. Die Einstellung erfolgt über das Popup EBENE. Während die Option ERSTE EBENE alphabetisch einsortiert wird, muß für die anderen möglichen Ebenen eine Zuordnung vorgenommen werden. Hierzu muß in der Liste der Indexeinträge in die linke Spalte vor den betreffenden Eintrag geklickt werden. Das Pfeilsymbol rückt dann auf diese Position und markiert die gewünschte Zuordnung. Je nach Ebenenposition werden dann im Popup EBENE die für diese Zuordnung möglichen Ebenenoptionen angezeigt. Optionen, die im Popup grau angezeigt sind, stehen für die markierte Zuordnungsposition nicht zur Verfügung.

Im Bereich REFERENZ wird nun durch Auswahl einer Stilvorlage für den Texteintrag eine Formatierung vorgegeben. Die möglichen Zeichenstilvorlagen sind im Popup »Stil« gelistet. Hier können Sie entscheiden, ob alle Ebenen im gleichen Zeichenstil formatiert werden oder sie entsprechend dem hierarchischen Aufbau unterschiedliche Stile erhalten.

Mit den nun folgenden Optionen aus dem Popup BEREICH wird der Umfang der Textbereiche festgelegt, die in den Index übernommen werden sollen. Außerdem erfolgt die Festlegung von Querverweisen.

Auswahlbeginn:
Diese Option ordnet dem Indexeintrag die Zahl der Seite zu, auf der der Indexeintrag beginnt.

Auswahltext:
Da mit einer Indexmarkierung auch ein längerer Textbereich versehen werden kann, wird durch diese Option festgelegt, daß eine Seitenbereichszuordnung für den Indexeintrag erfolgt. Es werden also die erste und die letzte Seite der Indexmarkierung zugewiesen. Eine Markierung, die sich von Seite 5 bis 10 erstreckt, würde dann eine Bereichszuordnung von 5–10 für den entsprechenden Indexeintrag ergeben.

Für Stil:
Diese Option legt den Seitenzahlenbereich in Verbindung mit dem Vorkommen von Stilvorlagen fest. Wird diese Zuordnung gewählt, muß festgelegt werden, bis zu welcher Stilvorlage der Seitenbereich gelten soll. Diese Stilvorlage wird aus dem für diese Option angezeigten Popup-Menü ausgewählt. Der Eintrag »weiter« legt den Seitenbereich bis zum Vorkommen einer neuen Stilvorlage fest.

Angegebene Nr. von Absätzen:
Bei dieser Option wird vom Beginn der Indexmarkierung der Seitenbereich angezeigt, der durch die angegebene Anzahl von auf die Markierung folgenden Absätzen festgelegt ist. Die Anzahl der Absätze wird in ein dieser Option zugeordnetes Textfeld eingetragen.

Bis zum Ende von:
In diesem Fall wird der Seitenbereich festgehalten, der sich vom Beginn der Indexmarkierung bis zum Ende des Textabschnittes oder des Dokumentes erstreckt. Zwischen beiden Optionen kann im zugeordneten Popup-Menü gewählt werden.

Seiten-Nr. unterdrücken:
Durch den Einsatz dieser Option wird die Anzeige der Seitenzahlen für den betreffenden Indexeintrag ausgeschaltet. Diese Option kommt dann sinnvoll zum Einsatz, wenn z.B. ein Eintrag erster Kategorie keine Seitenzuordnung erhält, weil diese Zuordnung nur auf der zweiten Zuordnungsebene sichtbar sein soll. Die erste Ebene hat in diesem Fall eher die Funktion eines Dachbegriffes.

Querverweis:
Diese Option ermöglicht es, im Indexverzeichnis für Einträge auch Querverweise festzulegen. Aus dem zugeordneten Popup-Menü können drei Textversionen gewählt und durch Mausklick auf einen Begriff aus der aktuellen Indexliste mit dem betreffenden Eintrag verbunden werden.

Damit sind alle Optionen des Bereiches REFERENZ besprochen. Es folgt nun ein Funktionsbereich, der das Einfügen, Suchen, Löschen und Bearbeiten von Indexeinträgen ausführt.

Der Button EINFÜGEN fügt den markierten Indextext entsprechend den festgelegten Optionen in den Bereichen EINTRAG und REFERENZ in die Indexliste ein, wobei auch die Position des Pfeilsymbols in der linken Spalte der Listeneinträge berücksichtigt wird. Wird der Button WEITERSUCHEN angeklickt, wird im aktuellen Textbereich der nächste Indexeintrag gesucht und mit der Schreibmarke markiert. Die Suche beginnt ab der aktuellen Position der Schreibmarke.

Durch Klick auf das Mülltonnensymbol kann jeder markierte Eintrag in der Indexliste gelöscht werden. Das Bearbeiten von Einträgen aus der Indexliste wird durch Klick auf das Bearbeitungs-Sinnbild möglich. Details der Bearbeitungsmöglichkeiten folgen später in diesem Abschnitt.

Abschließend ist in der Indexpalette die scrollbare Indexliste angelegt. Hier werden Einträge in ihrer Ebenenzuordnung aufgeführt. Die Liste ist tabellarisch gegliedert. In der ersten Spalte wird durch ein Pfeilsinnbild angezeigt, an welcher Position ein Indexeintrag zweiter, dritter oder vierter Ebene erfolgt. Soll eine bestimmte Zuordnung vorgenommen werden, muß nur neben den betreffenden Eintrag in die linke Spalte geklickt werden. Erfolgt ein Klick auf das Dreiecksymbol, werden die Seitenzahlen des betreffenden Indexeintrags aufgeführt. Die Spalte EINTRÄGE zeigt im Kopf die Gesamtzahl aller Einträge an. Wird ein Eintrag in der Spalte markiert, kann er gelöscht oder bearbeitet werden. Sind die Seitenzahlen sichtbar, kann durch einen Doppelklick auf die Seitenangabe auf den betreffenden Indexeintrag im Dokument verzweigt werden. In der letzten Spalte wird die Anzahl der Vorkommnisse von indizierten Begriffen angezeigt.

Index erstellen und bearbeiten

Die Erzeugung des Indexes erfolgt durch einen separaten Arbeitsschritt. Auch hierfür ist eine Dialogbox vorgesehen, die durch eine Vielzahl von Einstellungen einen weitgehend automatischen Aufbau des Indexverzeichnisses gewährleistet. Durch den Menübefehl *Hilfsmittel/Index bauen* wird die angesprochene Dialogbox geöffnet.

Der Index muß immer wieder neu erzeugt werden, wenn Änderungen im Dokument erfolgt sind, die sich auf die Indexmarkierungen auswirken. Hierbei müssen Sie entscheiden, ob ein Neuaufbau zweckmäßig ist oder ob eine manuelle Änderung schneller geht. Es besteht keine direkte dynamische Verbindung zwischen dem Textindexverzeichnis und den Indexmarkern im Text. Erst bei einer Neuerzeugung werden Änderungen in den Texten und Voreinstellungen oder zusätzliche Einträge ausgewertet und in einem neuen Verzeichnis abgelegt.

In der Dialogbox INDEX BAUEN wird zunächst festgelegt, welchem grundlegenden Aufbau der Index folgen soll. Hier bietet XPress zwei Formate an: INTEGRIERT und FORTLAUFEND.

Es folgen zwei Checkboxen, mit denen der Umfang und die Neuanlage eines Indexes bestimmt werden. Die Checkbox GESAMTES BUCH ist nur verfügbar, wenn der Index für ein Buchprojekt erstellt werden soll und das betreffende Buchdokument geöffnet und alle enthaltenen Kapitel verfügbar sind. Wird die Checkbox nicht markiert, dann bezieht sich die Indexerstellung nur auf das aktuelle Dokument. Mit der Checkbox BESTEHENDEN INDEX ERSETZEN wird entschieden, ob eine bestehende Indexversion ersetzt wird. Im anderen Fall bleibt die alte Version erhalten, und es wird eine zusätzliche Version erstellt.

Bild 4.142:
Ist alles korrekt angelegt, dann kann in der Dialogbox »Index bauen« der Aufbau mit einem Klick auf »OK« gestartet werden.

Um bei einer alphabetischen Indexliste beim Buchstabenwechsel jeweils automatisch Buchstabenüberschriften einzufügen, muß die Checkbox *Buchstabenüberschriften hinzufügen* gesetzt werden. In diesem Fall wird das Popup-Menü STIL aktiv, in dem alle verfügbaren Stilvorlagen aufgelistet sind.

Auch die Indexverzeichnisse werden auf der Basis von Musterseiten erstellt. Diese können speziell dafür erzeugt oder es kann auf die Standardmusterseiten des Dokumentgrundaufbaus zurückgegriffen werden. Im Popup MUSTERSEITE muß aus der Liste für die Indexerzeugung eine Musterseite vorgegeben werden.

Abschließend wird für die einzelnen Ebenen des Indexes eine Stilvorlage festgelegt. Ein Klick auf OK startet den Aufbau des Verzeichnisses, ABBRECHEN verwirft die Einstellungen.

Auch bei noch so optimaler Einstellung der Vorgaben ist eine typografische Feinüberarbeitung des Verzeichnisses letztlich nicht vermeidbar. Dies betrifft z.B. schlechte Zeilenumläufe und Spaltenwechsel. Diese Feinabstimmung sollten Sie erst durchführen, wenn sicher ist, daß keine wesentlichen Korrekturen an der Publikation mehr erfolgen.

QuarkXPress arbeitet nun die indizierten Textbereiche durch und erstellt auf der Basis der zugewiesenen Musterseite und Formatierungseinstellungen am Dokumentende ein Indexverzeichnis. Überprüfen Sie den Aufbau, und entscheiden Sie dann, ob das Ergebnis korrekt ist oder ob durch Änderungen von Voreinstellungen das Ergebnis optimiert werden kann.

Weitergehende Textfunktionen

Spationierung bearbeiten

Jedem Schriftzeichen in einem Schriftschnitt wird durch den Schriftenhersteller oder -entwickler eine Zeichenbreite (Fachjargon: »Dickte«) zugewiesen. Diese Zeichenbreite ergibt sich aus der Breite des Zeichens einschließlich eines Leerraumes davor und dahinter. Werden Zeichen ohne zusätzliche positive oder negative Abstände aneinandergereiht, spricht man von der normalen Laufweite einer Schrift. Diese Laufweite ist so angelegt, daß sie eine optimale Lesbarkeit der Schrift garantiert.

Neben den allgemeinen typografischen Regeln, die diese Abstände vorschreiben, gibt es noch grafische Aspekte, die bei der Festlegung der Laufweite einer Schrift von Bedeutung sind. So wirkt z. B. eine Schrift um so dunkler, je enger die Laufweite ist, eine große Laufweite lockert die Seitengestaltung hingegen auf. Die Ausstrahlung einer Schrift hängt demzufolge auch von ihrer Laufweite ab.

Die Laufweite einer Schrift kann in Quark XPress nicht nur vorübergehend über die Funktion UNTERSCHNEIDEN im Menü *Stil* verändert werden. Es ist auch möglich, diese Einstellung für eine Schrift generell zu verändern.

Bild 4.143:
In der Dialogbox SPATIONIERUNG BEARBEITEN *werden alle im System installierten Schriften aufgeführt und können bearbeitet werden.*

Durch Eingabe des Menübefehls *Hilfsmittel/Spationierung bearbeiten* wird die Dialogbox SPATIONIERUNG BEARBEITEN aufgerufen. Nach Wahl einer Schrift erscheint die Dialogbox SPATIONIERUNGSWERTE. Durch eine Gerade wird in dieser Dialogbox die Spationierungseinstellung für die verschiedenen Größen einer Schrift festgelegt. Standardmäßig ist der Spationierungsverlauf in der Mitte linear horizontal ausgerichtet und damit auf »0«

eingestellt. Nun kann die Spationierung für diese Schrift in einem Wertebereich von –100/200 und 100/200 Geviert für Schriftgrößen von 2 bis 250 Punkt geändert werden.

Um einen neuen Verlauf für die Spationierungswerte zu definieren, klicken Sie einfach mit dem Mauszeiger in das Einstellungsfeld, Quark XPress fügt einen neuen Punkt in die Gerade ein und paßt den Verlauf linear an. Es können bis zu 4 Punkte gesetzt werden, um den Verlauf der Kurve vorzugeben. Jeder dieser Punkte kann in die gewünschte Position für einen Spationierungswert gezogen werden. Im Feld GRÖSSE und SP. WERT werden die für diesen Punkt gültigen Werte angezeigt. Die anderen Werte werden durch den jeweiligen Schnittpunkt des Kurvenverlaufes für die jeweiligen Schriftgrößen festgelegt. Für Schriftgrößen über 250 Punkt gelten die Werte, wie sie für 250 Punkt eingestellt sind.

Bild 4.144:
Durch eine Graphenkurve können die Werte für den betreffenden Schriftschnitt neu festgelegt werden.

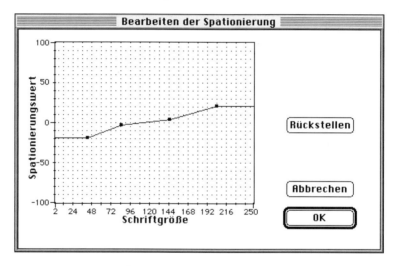

Um einen Kurvenpunkt wieder zu entfernen, wird er mit gedrückter ⌘-Taste noch einmal angeklickt. Mit Hilfe des Buttons RÜCKSTELLEN können die modifizierten Spationierungswerte generell wieder auf Null gesetzt werden. Mit OK wird die Einstellung bestätigt. Um die Modifikation dauerhaft zu sichern, muß in der Dialogbox SPATIONIERUNG BEARBEITEN der Button SICHERN angeklickt werden.

Die Informationen über geänderte Spationierungstabellen werden in der Datei »XPress Präferenzen« gespeichert und zusätzlich im Dokument mit abgelegt, wenn die modifizierte Schrift dort verwendet wird. Somit gibt es keine Probleme, wenn ein Dokument mit modifizierten Spationierungstabellen z.B. in einem Belichtungsstudio belichtet werden soll. Beim Öffnen dieser Datei in einem anderen QuarkXPress-Programm erscheint dann ein Hinweis, der auf die ungleichen Präferenzen hinweist.

Unterschneidung bearbeiten

Jedes Schriftzeichen hat eine bestimmte grafische Grundform, die den Raum optisch unterschiedlich ausfüllt. Durch diese Tatsache wirkt auch der Raum zwischen Buchstabenpaaren unterschiedlich und führt zu einem Eindruck, als würden bestimmte Buchstabenpaare zu weit auseinanderstehen. Diese Abstände können über die Funktion *Stil/Unterschneiden* individuell durch Unterschneiden (Kerning) korrigiert werden. Kerning kann aber auch global geschehen, indem spezielle Unterschneidungswerte für besonders kritische Buchstabenkombinationen in speziellen »Kerningtabellen« zusammengestellt werden.

Für jede Schrift stellt QuarkXPress eine geeignete Kerningtabelle zur Verfügung. Ist die Funktion UNTERSCHN. ÜBER in der Dialogbox TYPOGRAFISCHE VORGABEN aktiviert, werden die Werte der Unterschneidungstabelle bei der Berechnung der Buchstabenabstände herangezogen. Diese Tabellen können nach eigenen Vorgaben verändert werden.

Durch Eingabe von *Hilfsmittel/Unterschneidung bearbeiten* wird die Dialogbox UNTERSCHNEIDUNG BEARBEITEN geöffnet. Markieren Sie nun den Schriftschnitt, an dem Unterschneidungswerte geändert werden sollen.

Bild 4.145:
Die Unterschneidungswerte lassen sich getrennt für die verschiedenen Schriftschnitte definieren.

Durch Mausklick auf den Button BEARBEITEN wird die Dialogbox zur Bearbeitung der Unterschneidung für diesen Schriftschnitt geöffnet. In der Liste UNTERSCHNEIDUNG werden die Buchstabenpaare mit den eingestellten Unterschneidungswerten aufgeführt. Das markierte Buchstabenpaar wird in den Feldern PAAR und WERT angezeigt. Darunter wird in einem Anzeigebereich die optische Wirkung der Unterschneidung dargestellt.

- ❏ Soll ein neues Unterschneidungspaar eingefügt werden, dann geben Sie die Werte in die Felder PAAR und WERT ein und klicken auf den Button EINFÜGEN.

- ❏ Haben Sie die Werte für ein markiertes Buchstabenpaar geändert, können Sie die Werte gegen die alten Einstellungen in der Kerningtabelle austauschen, indem Sie auf den Button RÜCKSTELLEN klicken.

- ❏ Durch Markieren des Buchstabenpaares und einen Klick auf LÖSCHEN können die Einstellungen für diese Paare gelöscht.

- ❏ Durch Betätigen des Buttons IMPORT und EXPORT lassen sich die Kerningtabellen für jede Schrift exportieren oder importieren. Das Dateiformat ist ASCII-Text, wie er durch jede Textverarbeitung erzeugt werden kann. Somit ist die Möglichkeit gegeben, mit einem Texteditor eigene Kerningtabellen zu erstellen. Diese übernimmt QuarkXPress beim Import in die programmeigenen Kerningeinstellungen. Durch die Exportfunktion können die Tabellen auch anderen Anwendungen zur Verfügung gestellt werden.

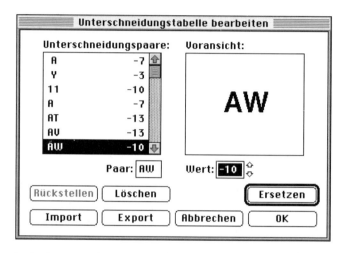

Bild 4.146:
Der Unterschneidungswert für
»AW« ist auf −14 modifiziert.

Bedenken Sie aber auch in diesem Fall, daß die Modifizierung der Einstellungen durch Anklicken des Buttons OK bestätigt und dann durch Klicken von SICHERN in den XPress-Präferenzen endgültig gesichert werden muß.

TIP

Auch die Informationen über geänderte Unterschneidungstabellen werden in der Datei »XPress Präferenzen« gespeichert und zusätzlich im Dokument mit abgelegt, wenn die modifizierte Kerningtabelle verwendet wird. Somit gibt es keine Probleme, wenn ein Dokument mit modifizierten Kerningtabellen z. B. in einem Belichtungsstudio belichtet werden soll. Beim Öffnen dieser Datei in einem anderen QuarkXPress-Programm erscheint dann ein Hinweis, der auf die ungleichen Präferenzen hinweist.

Verwendete Schriften anzeigen

Der Befehl *Verwendung* im Menü *Hilfsmittel* ermöglicht es, sich alle im Dokument vorhandenen Schriften und eine Namens- und Versionskontrolle vorzunehmen. Nach Eingabe des Menübefehls öffnet sich die Dialogbox VERWENDUNG. Auf der Registerkarte SCHRIFT werden im Fenster NAME alle im Dokument verwendeten Schriften angezeigt. Darunter ist die Checkbox WEITERE INFO. angeordnet. Ist diese aktiviert, dann werden zusätzliche Informationen zu einem in der Schriftliste markierten Font angezeigt. Bei Schriften findet nicht nur eine genaue Aufstellung aller im Dokument verwendeten Fonts statt, sondern es werden auch zusätzliche Infos zu Fontcharakteristik, Fontformaten etc. geliefert.

Im Fuß der Dialogbox sind Funktionsbuttons angelegt, mit deren Hilfe die im Dokument verwendeten Schriften gegen andere ersetzt werden können. Zunächst muß die zu bearbeitende Schrift in der Schriftenliste mit dem Mauszeiger markiert werden. Die Option »Erste anzeigen« sucht das erste Vorkommen der Schrift und markiert diesen Schriftbereich. Wird nun der Button ERSETZEN angeklickt, öffnet sich die Dialogbox SCHRIFT ERSETZEN. Hier wird zunächst mit der Bezeichnung AKTUELLE SCHRIFT der Name der gefundenen Schrift angezeigt. Im darunter befindlichen Popup kann nun die Ersatzschrift ausgewählt werden.

Bild 4.147:
In der Dialogbox VERWENDUNG erhalten Sie auf der Registerkarte »Schriften« einen Überblick, welche Schriften im Dokument verwendet werden, und können diese gegebenenfalls suchen und ersetzen.

OK bestätigt diese Aktion. Bevor nun die Aktion ausgeführt wird, erscheint zunächst eine Sicherheitsabfrage. Es werden noch einmal die aktuelle Schrift und die Ersatzschrift aufgeführt und um eine Bestätigung der Aktion gebeten. Nochmaliges OK führt die Aktion durch. Weitere Vorkommen der Schrift können nun mit NÄCHSTE ANZEIGEN gesucht und ersetzt werden. Der Vorgang ähnelt den bereits unter »Suchen & Ersetzen« besprochenen Möglichkeiten des Schriftenaustauschs.

4.4 Bilder und Grafiken bearbeiten

Im multimedialen Wettbewerb gewinnen Bilder immer mehr an Bedeutung. Im Prinzip ist das keine neue Erkenntnis. Schließlich war es schon immer so, daß ein Bild oder eine Grafik mehr sagt als viele Worte oder eine ergänzende Illustration zum Text erst zum Lesen anreizt. Und das alles möglichst in Farbe.

Mußten in der herkömmlichen Produktion von bebilderten Druckvorlagen diese durch aufwendige fotografische Prozesse erstellt und dann manuell mit den Textfilmen montiert und zu seitenglatten Filmen umkopiert werden, so ist das heute einfacher. Bilder können durch Scanner unterschiedlicher Qualitäten gescannt und Grafiken durch spezialisierte Programme erstellt werden. Diese liegen dann als digitales Dokument vor und können elektronisch mit Texten zu interessanten Layouts montiert werden. Das Vorgehen beim Import von Bildern und Grafiken haben wir bereits im Kapitel 4.1 beschrieben. Hier soll die Arbeit mit Bildern im Seitenlayout erläutert werden.

Die Qualität professioneller Layout- und Satzprogramme muß daran gemessen werden, wie komfortabel sie die Bild- und Grafikintegration ermöglichen. Die Bearbeitungsfunktionen für Bilder können und sollen nicht mit der Flexibilität und Qualität spezialisierter Programme mithalten. Im Produktionsablauf kann aus Zeitgründen eine direkte Korrektur durch das Layoutprogramm hilfreich sein.

QuarkXPress stellt dem Layouter eine Vielzahl von Funktionen zur Verfügung, mit denen eine gute Bildintegration und Modifikation der Bilddaten machbar ist.

Neue Bildrahmen erstellen und bearbeiten

Der rahmenorientierten Arbeitsweise von QuarkXPress entsprechend kann ein Bild nur dann in ein Layout eingebunden werden, wenn zuvor ein Bildrahmen erstellt wurde.

Bildrahmenformen

Grundlage für die Erstellung von neuen Bildrahmen sind die von QuarkXPress angebotenen Werkzeuge aus der Werkzeugpalette. Dabei besteht die Wahl zwischen fünf vordefinierten und zwei freien Formen. Alle Werkzeuge zur Erzeugung von Bildrahmen können in der Palette offen angeordnet oder in einem Popout-Menü zusammengefaßt werden. Popout-Menüs sind an einem kleinen Pfeilsinnbild erkennbar. Die Anordnung der Werkzeuge kann jederzeit verändert werden. Ein Klick mit gedrückter ⌘-Taste auf ein Werkzeugsinnbild eines Bildrahmens blendet es aus der Werkzeugpalette wieder aus und fügt es in das Popout für Bildrahmen ein. Durch Drücken der ⌘-Taste bei Auswahl eine Bildrahmen-Werkzeugs wird es der Werkzeugpalette wieder hinzugefügt.

Mit dem rechteckigen Bildrahmen-Werkzeug können rechteckige Bildrahmen erzeugt werden. Wird beim Aufziehen des Rahmens die ⇧-Taste gedrückt, ergibt sich eine quadratische Rahmenform.

Das runde Bildrahmen-Werkzeug ermöglicht die Erstellung von rechteckigen Bildrahmenformen mit runden Ecken. Auch diese Form wandelt sich zum Quadrat, wenn beim Aufziehen die ⇧-Taste gedrückt wird. Die Ausprägung der Eckenrundung können Sie beeinflussen. Hierzu müssen Sie mit *Objekt/Modifizieren* die Dialogbox zum Modifizieren von Bildrahmen öffnen. Auf der Registerkarte RAHMEN kann im Feld ECKENRADIUS der gewünschte Wert eingetragen werden.

Als dritte Möglichkeit zur Erzeugung von Bildrahmenformen kann das ovale Bildrahmen-Werkzeug eingesetzt werden. Das Drücken der ⇧-Taste ergibt einen Kreis.

Mit diesem Werkzeug werden Bildrahmen mit konkaven Ecken erzeugt. Der Radius der konkaven Ecken kann ebenfalls über *Objekt/Modifizieren* angepaßt werden.

Wird ein Rahmen mit abgeschrägten Ecken benötigt, ist dies das geeignete Werkzeug. Auch bei diesem Werkzeug kann der Radius für die schrägen Ecken modifiziert werden.

Das Bézier-Bildrahmen-Werkzeug erzeugt ein Vieleck, in dem später einer Abbildung plaziert werden kann. Jeder dieser Punkte kann eine unterschiedliche Charakteristik annehmen. Entweder »symmetrisch«, »weich« oder »eckig«. Ein Bézier-Bildrahmen muß mindestens drei Ecken haben. Bei jedem Klick mit dem in ein Kreuz gewandelten Mauszeiger auf eine Stelle im Seitenlayout wird ein Eckpunkt plaziert. Wird nach dem Klick bei gedrückter Maustaste der Mauszeiger gezogen, ändert sich der »Eckpunkt« in einen weichen Übergang. Als letzte Aktion müssen Sie dafür sorgen, daß das Vieleck geschlossen wird. Hierzu muß der letzte Polygonpunkt über dem ersten plaziert werden. QuarkXPress zeigt die richtige Position des Endpunktes durch einen kleinen geschlossenen Rahmen an. Einfacher geht es mit einem Doppelklick beim vorletzten Knoten. Jetzt verbindet QuarkXPress diesen Punkt automatisch mit dem Startpunkt des Bézier-Bildrahmens.

Der Einsatz dieses Werkzeugs gestattet den Aufbau von Freihand-Bézier-Bildrahmen. Dies geschieht, indem bei gedrückter Maus und Ziehen eine freie Form erzeugt wird. QuarkXPress fügt die benötigten Bézier-Punkte ein. Nach Loslassen der Maustaste wird die Form automatisch geschlossen.

Im Menü *Objekt* befindet sich ein Bereich mit Popups, um bestehende Bildrahmenformen in Inhalt und Form zu verändern. Nach einem Klick auf das Popup FORM zeigt QuarkXPress eine Liste mit verschiedenen Umwandlungsformen an. Ein Häkchen markiert die aktuelle Form. Ein Klick auf ein anderes Rahmensymbol wandelt die Bildrahmenform um.

In dieser Liste sind auch Symbole für die verschiedenen Linienformen aufgeführt. Wird eines dieser Liniensymbole gewählt, wird der Bildrahmen in die entsprechende Linienform gewandelt. Das Symbol für die Freihand-Bézier-Linien verändert einen markierten Rahmen in einen Bézier-Linienrahmen.

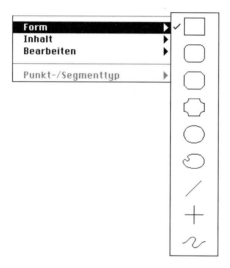

Bild 4.148: Vorhandene Rahmenformen können über das Popup FORM *in eine andere Rahmencharakteristik gewandelt werden.*

Bézier-Rahmen bearbeiten

Die Erstellung von Bézier-Rahmenformen steht als neues Feature erst ab der Version 4.0 zur Verfügung und gestattet es dem Layouter, komplexe Formen zu erstellen, für die bisher auf spezielle Illustrationsprogramme zurückgegriffen werden mußte. Mit dem Bézier-Rahmen-Werkzeug können nun beliebige Vielecke erstellt werden.

Mit Hilfe des Symbols BÉZIER-BILDRAHMEN unter *Objekt/Form* ist es möglich, jeden anderen Bildrahmen in einen Rahmen mit Bézier-Punkten zu wandeln. Für diese Rahmenform steht ein weiterer Menübefehl zur Verfügung. Durch Eingabe von *Objekt/Bearbeiten/Form* (⇧+F4) lassen sich die einzelnen Bézier-Punkte bearbeiten. Ist diese Funktion aktiv, zeigt QuarkXPress die einzelnen Punkte des Bézier-Rahmens an. Mit dem Mauszeiger, er wandelt sich bei Berühren des Punkts in eine Hand, können diese Punkte an eine neue Position gezogen werden. Dies kann auch durch Einsatz der Maßpalette geschehen. Durch Veränderung der XY-Koordinaten kann die Position des Punkts mit einer Genauigkeit von 1000tel Millimeter neu festgelegt werden. Die Maßpalette gestattet auch die Änderung der Eigenschaften des markierten Bézier-Punkts. Durch Klick mit dem Mauszeiger auf das entsprechende Sinnbild in der Palette wird dieser Wandel ausgeführt.

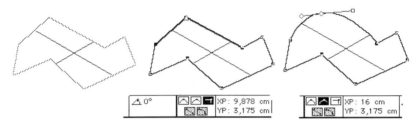

Bild 4.149:
Links: die Bézier-Linienform im Original. Mitte: Der zu bearbeitende Bézier-Punkt ist markiert. Rechts: Durch Klick auf das Kurvenpunktsinnbild wird der Punkt gewandelt; er weist Kurvengriffe auf.

Die Flexibilität der Bézier-Punkte ergibt sich vor allem durch die Kurvengriffe, über die die Symmetrie und die Weichheit einer Kurve eingestellt werden können. So kann die Kurvenform jedes angrenzenden Elements bestimmt werden. Diese Kurvengriffe können aus dem Kontrollpunkt herausgezogen werden. Hierzu wird der zu bearbeitende Punkt mit dem Mauszeiger markiert und dann – bei gedrückter ⌘-Taste – gezogen. Die nun erscheinenden Griffe beeinflussen den Kurvenverlauf. Je länger der Griff gezogen wird, desto flacher wird die Kurve.

Die Griffe können in eine beliebige Richtung bewegt werden. Sollen die Bewegungen auf 45-Grad-Winkel beschränkt werden, muß gleichzeitig die ⇧-Taste gedrückt sein. Um die beiden Griffe unabhängig voneinander zu bewegen, muß die ⌘-Taste gedrückt sein. Sollen beide Griffe wieder gemeinsam agieren, muß zusätzlich die ⇧-Taste gedrückt sein.

Bézier-Punkte hinzufügen und löschen

Der betreffende Rahmen muß zunächst mit dem Mauszeiger markiert werden. Nach Aufruf von *Objekt/Bearbeiten/Form* ist es möglich, neue Punkte in die Polygonform einzufügen. Ein Häkchen vor dem Funktionsaufruf zeigt an, daß der Bearbeitungsmodus aktiv ist.

Bild 4.150:
Im Modus Bearbeiten/Form können die Bézier-Punkte verschoben, neue eingefügt und bestehende Punkte gelöscht werden.

Sollen neue Bézier-Punkte in eine Form eingefügt werden, dann halten Sie die ⌘-Taste gedrückt und bewegen den Mauszeiger an die Stelle, wo der neue Punkt eingefügt werden soll. Befindet sich der Mauszeiger direkt auf einer Verbindungslinie des Bézier-Rahmens, wandelt sich seine Form in ein abgerundetes Viereck. Ein Klick fügt einen neuen Punkt ein. Wenn Sie mit gedrückter ⌘-Taste mit dem Mauszeiger auf einen Bézier-Punkt zeigen, wandelt sich die Mausanzeige in einen gekreuzten Rahmen, ein Klick auf diesen Punkt entfernt ihn.

Grafische Ausgestaltung von Bildrahmenformen

QuarkXPress stellt Ihnen Funktionen zur Verfügung, mit denen die Kontur von Rahmen verändert werden kann. Diese Bézier-Werkzeuge machen spezialisierte Grafikprogramme nicht überflüssig, erlauben es aber, die in Layouts häufig verwendeten einfachen grafischen Gestaltungselemente zu erzeugen. Es folgen einige Beispiele. In Kapitel 5 – Workshop wird der Einsatz von Bézier-Rahmen in verschiedenen Übungen praktisch vertieft.

Die Sprechblase

Ein häufig eingesetztes Beispiel für die grafischen Gestaltungsmöglichkeiten mit dem Bézier-Werkzeug ist die Entwicklung einer Sprechblase. In unserem Beispiel soll eine abgerundete Sprechblase konstruiert werden. Dazu wird zunächst ein Oval in der gewünschten Größe aufgezogen. Das Oval wird nun über *Objekt/Form* in der Auswahlliste in einen Bézier-Rahmen gewandelt. Als nächstes muß mit *Objekt/Bearbeiten/Form* der Bearbeitungsmodus aktiviert werden.

Nun sind die einzelnen Bézier-Punkte sichtbar. In das Oval müssen drei Bézier-Punkte für die Erzeugung des Keils eingefügt werden. Die äußeren Punkte geben hierbei die Breite des Keils an, der mittlere Punkt markiert die Spitze. Ziehen Sie jetzt diesen mittleren Bézier-Punkt aus dem Oval heraus. Durch die Charakteristik der Bézier-Punkte hat dieser Keil noch unschön aussehende leichte Krümmungen. Diese entfernen wir bei gedrückter ⌘-Taste mit einem Doppelklick auf die neu erzeugten drei Bézier-Punkte. Alle Rahmenattribute sind auf die Sprechblase anwendbar und können als Layoutmerkmale eingesetzt werden.

Der Pfeil

Um einen Pfeil mit dem Bézier-Werkzeug zügig und mit der notwendigen Exaktheit zu zeichnen, sollte zunächst ein Arbeitsraster festgelegt werden. Dies wird Sie bei der exakten geometrischen Ausrichtung der Pfeilform unterstützen. Um krumme Werte zu vermeiden, wird der Nullpunkt aus dem Linealursprung an die Zeichenposition gezogen. Nun werden mit dem Bézier-Rahmen-Werkzeug die Punkte gesetzt, um die Pfeilform zu erzeugen. Dies kann zunächst im Schnelldurchgang geschehen, denn die exakte Position der Bézier-Punkte wird über die Maßpalette korrigiert.

Hierzu wird jeder einzelne Bézier-Punkt mit dem Mauszeiger markiert und durch Werteeingabe in der Position verschoben. Unser gedankliches Hilfsraster geben wir mit 10 mm vor. In diesem Koordinatensystem können sehr schnell die Werte für die einzelnen Bézier-Punkte ermittelt werden. Wir beginnen mit dem Punkt links/oben. Dieser erhält in der Maßpalette den Wert X0,Y0. Der nächste Punkt befindet sich auf der vertikalen Ausrichtung direkt darunter und erhält den Wert X0,Y10. Sind alle Punkte nach diesem Verfahren ausgerichtet, kann die Pfeilform in die endgültige Form gebracht, koloriert, in der Position mit Randstil versehen, verändert, gedreht oder verzerrt werden. Sollen am Pfeil Größen- oder Formänderungen durchgeführt werden, können einfach die Bézier-Punkte verschoben werden. Natürlich kann auch das Objekt-Werkzeug eingesetzt werden, wenn lediglich Dehnungen oder Stauchungen erforderlich sind.

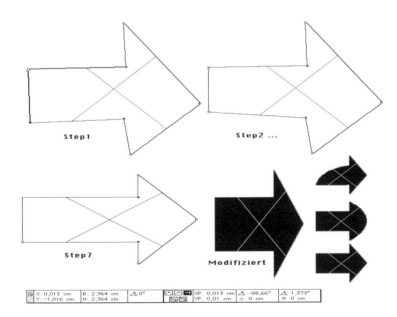

Bild 4.151:
Auch die unterschiedlichsten Pfeile können mit dem Bézier-Werkzeug »Step by Step« erstellt werden.

Bildrahmenattribute

Auch Bildrahmen können mit einem Randstil versehen werden. Mit dem Menübefehl *Objekt/Randstil* (⌘+B) wird die bereits in Kapitel 4.3 beschriebene Dialogbox MODIFIZIEREN mit der Registerkarte RANDSTIL geöffnet.

Für die Anordnung und Bearbeitung von Bildrahmen gelten im wesentlichen die gleichen Regeln, wie sie bereits im Zusammenhang mit Textrahmenattributen im Kapitel 4.3 dargestellt wurden.

Numerisch exakte Ausrichtungen und Größenverhältnisse werden über die Registerkarte RAHMEN erzielt. Sie wird in der Dialogbox MODIFIZIEREN angezeigt, wenn ein Bildrahmen mit dem Objekt- oder Inhalt-Werkzeug markiert ist und die Funktion *Objekt/Modifizieren* gewählt wird.

Bild 4.152: Grundlegende Rahmenattribute werden über die Registerkarte RAHMEN verändert.

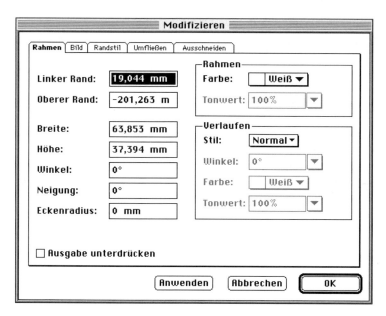

Die Felder LINKER RAND, OBERER RAND geben die linke obere Startposition des Bildrahmens an. Mit den Feldern BREITE und HÖHE wird die Größe des Bildrahmens eingestellt.

In der Dialogbox BILDRAHMEN ist eine Checkbox enthalten, um die Ausgabe von Bildrahmen zu beeinflussen. Mit AUSGABE UNTERDRÜCKEN können Sie erreichen, daß der gesamte Bildrahmen, samt Inhalt und Randstileinstellungen, beim Drucken oder Belichten nicht mit ausgegeben wird. Dies hat in der Praxis den Vorteil, daß der Druckvorgang schneller vonstatten geht.

Bildrahmen skalieren und dehnen

Ähnlich wie bei Textrahmen lassen sich auch die Abmessungen von Bildrahmen einfach anpassen. Hier stehen entweder wieder die Funktionen der Registerkarte RAHMEN (*Objekt/Modifizieren/Rahmen*, ⌘+M), der Maßpalette oder die manuellen Bearbeitungsmöglichkeiten des Objekt- oder Inhalt-Werkzeugs zur Verfügung.

Nach dem Anklicken eines Bildrahmens mit dem Mauszeiger wird dieser von acht schwarzen, rechteckig um den Rahmen angeordneten Punkten hervorgehoben. Beim Ziehen an diesen Punkten erfolgt eine Größenänderung des Rahmens, die aktuellen Abmessungen können Sie ständig der Maßpalette entnehmen, sofern diese eingeschaltet ist.

Das Halten von ⇧ beim Ziehen bewirkt, daß eine quadratische Skalierkontur aufgebaut wird. In diese Kontur wird der Bildrahmen gemäß seiner Aufbauvorschrift eingepaßt, aus einem ovalen Rahmen wird z.B. ein Kreis.

Bildrahmen verschieben

Mit Hilfe des Objekt-Werkzeugs kann ein Bildrahmen an jede beliebige Position der Seite, auf andere Seiten oder auf die Arbeitsfläche geschoben werden. Wird beim Verschieben ⇧ gehalten, begrenzt QuarkXPress die Verschiebung auf die horizontale oder vertikale Richtung. Numerisch exakte Positionierungen lassen sich über die Registerkarte RAHMEN (*Objekt/Modifizieren/Rahmen*, ⌘+M) oder die Maßpalette vornehmen, wenn ein oder mehrere Bildrahmen mit dem Objekt-Werkzeug markiert sind.

Bildrahmen rotieren

Auch zum Rotieren stehen die Maßpalette und die Dialogbox »Modifizieren« zur Verfügung. Für manuelle Rotationen muß das Rotations-Werkzeug aus der Werkzeugpalette aktiviert werden. Nach einem Klick auf einen Rotationsmittelpunkt kann der Rahmen bei gedrückter Maustaste um diesen Punkt gedreht werden, ⇧ begrenzt die Rotationswinkel auf 45°-Schritte.

Bilder laden

Ähnlich wie bei Texten werden Bilder und Grafiken in bereits existierende Bildrahmen eingefügt. Damit Bilder geladen werden können, muß der betreffende Bildrahmen aktiviert sein. Dies kann sowohl mit dem Inhalt- als auch mit dem Objekt-Werkzeug per Mausklick geschehen. Der Menübefehl *Datei/Bild laden* öffnet eine Datei-Dialogbox. QuarkXPress zeigt nach Auswahl des korrekten Bildordners die Dateien an, die als Bild in den Rahmen geladen werden können. Die gewünschte Datei wird durch Doppelklick oder nach Markieren mit dem Mauszeiger und Bestätigung mit »OK« in den ausgewählten Rahmen importiert.

Um einen bestimmten Grafiktyp einbinden zu können, muß sich der zugehörige Importfilter im XPress-XTension-Ordner befinden.

Beim Bildimport werden die Bilder in Originalgröße (100%) geladen und im aktiven Bildrahmen in der linken, oberen Ecke plaziert. Während des Bildimports wird neben der Seitenzahl im Dokumentfenster (unten links) eine Information angezeigt, wieviel Prozent des Bildumfangs bereits geladen wurden. Ist im Rahmen bereits ein Bild enthalten, wird das bisherige gegen das neue Bild ausgetauscht.

Werden Bilder nach dem Import nicht auf dem Bildschirm dargestellt, dann sehen Sie entweder einen leeren Ausschnitt des Bilds, oder das Bild wird aus Mangel an Arbeitsspeicher nicht dargestellt, ist dann aber korrekt geladen. Mit ⌘+⇧+M zentriert QuarkXPress das Bild im Rahmen, mit ⌥+⌘+⇧+F wird ein Bild unter Beibehaltung seiner Proportionen auf Rahmengröße skaliert.

Einige Hinweise zum Laden von Bildern:

- ❏ Wenn nicht nur ein einzelnes, sondern eine Reihe von Bildern importiert werden sollen, ist es günstig, alle in ein gemeinsames Verzeichnis zu schieben. Die Verzeichnisvoreinstellung bleibt zwischen den Import-Vorgängen erhalten, Sie sparen sich so den Verzeichniswechsel. Weiterhin ist es auch sinnvoll, die Dokumentdatei im gleichen Verzeichnis mit abzulegen.

- ❏ Bei den Vektorformaten (z.B. EPS), die Schriften enthalten, muß sichergestellt sein, daß die in der Grafik vorhandenen Schriften auch auf dem Computer installiert sind.

- ❏ Bitmapbilder in hoher Auflösung haben auch einen hohen Speicherbedarf. Bei TIFF-Bildern bietet QuarkXPress Funktionen, um Bilder mit der halben Auflösung zu laden. Im Ausdruck wird jedoch auf die Originaldatei zurückgegriffen und die volle Bildauflösung ausgegeben.

- ❏ EPS- und TIF-Dateien werden in einer geringen Bildschirmauflösung in das Dokument eingefügt. QuarkXPress speichert dazu den Verzeichnispfad (Ordner), an dem sich diese Abbildungen beim Import befunden haben. Sind diese Dateien nicht mehr an ihrer ursprünglichen Position und auch nicht unter dem bisherigen Namen in dem Verzeichnis abgelegt, aus dem das Dokument geladen wurde, erfolgt eine Ausgabe in der Bildschirmauflösung. Falls erforderlich, erlaubt QuarkXPress ein Update auf einen neuen Dateinamen oder Bildordner.

- ❏ Das Verhalten bei fehlenden oder veränderten Bildern kann beeinflußt werden. Die Dialogbox DOKUMENTVORGABEN enthält auf der Registerkarte ALLGEMEIN im Popup-Menü AUTOM. BILDIMPORT Vorgaben, wie QuarkXPress mit geänderten Daten umgeht. Hier stehen drei Optionen zur Verfügung: EIN bewirkt, daß ein geändertes Bild automatisch durch die neuere Version ersetzt wird, MIT BESTÄTIGUNG erzeugt eine Abfrage, und AUS ignoriert alle Bildveränderungen.

TIFF-Bilder laden

Beim Laden eines Bilds im TIFF-Format haben Sie verschiedene Möglichkeiten, den Inhalt der Bilddatei und ihre optische Wiedergabe auf dem Bildschirm zu beeinflussen. Durch Aufruf von *Bearbeiten/Vorgaben/Programm* wird eine Registerkarte geöffnet, die im Bereich ANZEIGEN die Wiedergabequalität von importierten Farb- und Graustufen-TIFFs beeinflußt. Als mögliche Optionen für Farbbilder kann im Popup-Menü FARB-TIFFS zwischen 8 BIT (256 Farben), 16 BIT (32000 Farben) und 24 BIT (16,8 Millionen Farben) gewählt werden. Die 16- und 24-Bit-Optionen funktionieren natürlich nur, wenn eine entsprechende Grafikkarte in Ihrem Rechner installiert ist.

Im Popup GRAU-TIFFS haben Sie die Wahl zwischen 16 STUFEN (grobe Darstellung) und 256 STUFEN (gute Bildschirmdarstellung).

Bilder und Grafiken bearbeiten

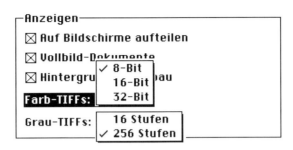

Bild 4.153:
Die Darstellung
der Bilder auf
dem Monitor
kann durch
Vorgabeneinstellung
beeinflußt
werden.

Bei den importierten TIFF-Grafiken kann es sich um Strich- oder Halbtonbilder (schwarzweiß und farbig) handeln. Werden diese Bilder in das Layout eingebunden, dann wird lediglich eine Voransicht in Originalgröße im Dokument abgelegt. Soll das Dokument bei einem externen Belichtungsstudio verarbeitet werden, dann muß die Original-TIFF-Datei mitgeliefert werden, sonst wird lediglich die Voransicht des Bildes belichtet.

Die Qualität der Bildschirmdarstellung eines TIFF-Bilds können Sie beeinflussen. Wird beim Ladevorgang die ⇧ gehalten, dann wird das Bild nur in der halben Bildschirmauflösung eingebunden. Vorteil: Das Bild belegt weniger Arbeitsspeicher, Nachteil: eine schlechte Bildwiedergabe auf dem Bildschirm.

QuarkXPress gibt Ihnen die Möglichkeit, Bilder in einen anderen Darstellungsmodus umzusetzen. Wenn Sie beim Ladevorgang die ⌘-Taste gedrückt halten, führt QuarkXPress eine Bildkonvertierung durch:

❒ ein Graustufenbild in ein Strichbild

❒ ein Farbbild in ein Graustufenbild

Diese Konvertierung verändert nicht das Originalbild, sie ist auf die Wiedergabe im aktuellen Dokument beschränkt. Nach der Konvertierung stehen Ihnen die für den jeweiligen Bildmodus möglichen Bildbearbeitungsfunktionen zur Verfügung. Aber Vorsicht: Diese Konvertierung kann mit Qualitätseinbußen verbunden sein. Insbesondere bei der Umwandlung in Strichbilder, da die Umwandlung nach einem einheitlichen Schwellenwert vorgenommen wird. Prüfen Sie durch einen Ausdruck oder eine Probebelichtung, ob die Ausgabequalität ausreichend ist.

TIFF-Bilder können nur von einem PostScript-Ausgabegerät korrekt verarbeitet werden. Wenn Sie versuchen, ein TIFF-Bild auf einem nicht PostScriptfähigen Gerät auszugeben, dann wird nur die Voransicht des Bilds in der aktuellen Dokumentauflösung gedruckt.

Farbige TIFF-Bilder können nur dann korrekt ausgegeben werden, wenn diese für den jeweiligen Druckprozeß (Farbdruck, CMYK etc.) richtig vorbereitet sind. Mehr über diese Zusammenhänge können Sie in den Kapiteln 4.5 Farbe anwenden und 4.6 Ausgabefunktionen nachlesen.

EPS-Dateien laden

Bei EPS-Dateien handelt es sich streng genommen um kleine Programme, die den Aufbau einer Grafik per Programmstruktur steuern. Diese »Programme« werden direkt von PostScript-Ausgabegeräten abgearbeitet, das eigentliche Bild entsteht also erst im Drucker. Um eine eindeutige Positionierung zu ermöglichen, enthalten die meisten EPS-Grafiken Kennsätze: grob aufgelöste Vorschaubilder des in ihnen enthaltenen Grafikelements. EPS-Dateien ohne Kennsatz werden als grauer Kasten mit Hinweisen zum generierenden Programm, Dateinamen und Erstellungsdatum dargestellt.

Farbige EPS-Dateien können nur dann farbig dargestellt werden, wenn bei der Erstellung der Grafikdatei eine farbige Voransicht durch das erzeugende Programm angelegt wurde. Sind in EPS-Dateien Vollton-Farbdefinitionen enthalten, so werden diese erkannt, QuarkXPress fügt diese Farben in die eigene Palette ein.

EPS-Dateien lassen sich nur auf PostScript-Geräten ausgeben. Auf anderen Druckern wird der Kennsatz gedruckt.

Sind in der EPS-Datei PostScript-Zeichensätze verwendet worden, dann müssen auf dem Ausgabegerät diese Schriften installiert sein. Andernfalls werden diese Texte mit den Systemschriften ausgegeben. Einen Ausweg bietet die EPS-Option, Schriften direkt in die EPS-Grafik zu integrieren. Dann müssen Sie prüfen, ob das Grafikprogramm die direkte Einbindung der eingesetzten Schriften in die EPS-Datei ermöglicht. Diese Option sollte dann in jedem Fall genutzt werden, um die Verarbeitungssicherheit zu erhöhen.

Auch EPS-Dateien werden beim Speichern der Datei nicht im Dokument integriert. Sie müssen bei der Belichtung in einem Dienstleistungsunternehmen mitgeliefert werden, um eine korrekte Belichtung zu ermöglichen.

PhotoCD-Bilder laden

Die QuarkXPress-Version 4.0 kann auch Bilder verarbeiten, die dem von Kodak entwickelten PhotoCD-Format entsprechen. Voraussetzung hierfür ist, daß sich die PhotoCD-XTension im QuarkXPress-XTension-Ordner oder XTension-Ordner befindet. Sollen QuarkXPress-Dokumente mit PhotoCD-Bildern bei einem externen Dienstleistungsunternehmen weiterverarbeitet werden, dann müssen sich diese Dateien bei der Ausgabe ebenfalls im QuarkXPress-XTension-Ordner befinden.

JPEG-Bilder laden

Bilder, die mit dem Komprimierungsverfahren JPEG komprimiert wurden, können verarbeitet werden, wenn sich die JPEG-XTension im QuarkXPress-XTension-Ordner befindet.

Grundlegende Bearbeitungsfunktionen

Bislang haben wir uns um die Erstellung von Bildrahmen, die Zuweisung und Bearbeitung mit Rahmenattributen und den Import von Bildern beschäftigt. Jetzt geht es darum, den Inhalt von Bildrahmen zu verändern.

Bildposition im Rahmen ändern

Um die Position des Bilds im Rahmen zu ändern, stellt QuarkXPress verschiedene Funktionen bereit. Der Teil des Bildes, der im Bildrahmen erscheinen soll, kann mit dem in eine Hand gewandelten Mauszeiger in die gewünschte Position geschoben werden. Hierzu muß das Inhalt-Werkzeug aktiv sein.

Wenn das Bild größer als der Bildrahmen ist, wirkt der Rahmen wie ein Fenster: Das Bild ist nur in den Bereichen sichtbar, die auch vom Bildrahmen belegt werden.

Weiterhin kann der Bildinhalt durch Tastatureingabe bewegt und eingepaßt werden. Mit der Tastenkombination ⌘+Umsch+M wird ein Bild im Rahmen zentriert. Bei aktivem Inhalt-Werkzeug können Sie mit den Pfeiltasten das Bild im Rahmen punktweise bewegen, bei gleichzeitig gedrückter ⌥-Taste reduziert sich die Distanz auf 0,1-Punkt-Schritte.

Über den Menübefehl *Objekt/Modifizieren* können in der Registerkarte BILD in die Felder HORIZ. VERSATZ und VERTIK. VERSATZ positive oder negative Werte für die Verschiebung des Bilds im Rahmen eingetragen werden. Auf entsprechende Felder haben Sie auch Zugriff über die Maßpalette.

*Bild 4.154:
Die drei Möglichkeiten, die Position des Bilds im Rahmen zu verändern: Bilder können mit dem Inhalt-Werkzeug unter optischer Kontrolle (links) oder über Werteeingabe im Register RAHMEN (Mitte) oder mit Hilfe der Maßpalette (rechts) verschoben werden.*

Bildgröße verändern

QuarkXPress importiert Bilder immer in der Originalgröße, erlaubt aber eine nachträgliche Größenänderung. Bedenken Sie in diesem Zusammenhang, daß die Veränderung der Bildgröße bei Bitmaps eine Veränderung der Bildauflösung nach sich zieht. Dies bezieht sich nur auf die Ausgabe des Bilds. Die Bilder werden selbst nicht verändert.

Pixelbilder sollten immer in der gewünschten Zielauflösung und Zielgröße erzeugt werden und in Originalgröße eingefügt werden. So stellen Sie sicher, daß keine Qualitätsverluste (bei Vergrößerungen) oder unnötig große Datenmengen beim Drucken und Speichern (bei Verkleinerungen) entstehen.

Um die Bildgröße zu verändern, gibt es verschiedene Ansätze: Mit dem Mauszeiger kann, bei aktivem Inhalt-Werkzeug und Drücken der Tastenkombination ⌘+⌥+⇧, die Ecke eines Bildrahmens angefaßt werden, um durch Ziehen sowohl Bildrahmen als auch Bildinhalt proportional zu vergrößern oder zu verkleinern. Die Kombination ⌘+Ziehen bewirkt eine nichtproportionale Größenänderung. Über die Dialogbox BILDRAHMEN (*Objekt/Modifizieren*) kann die gleiche Wirkung auch durch Ausfüllen der Felder BREITE/HÖHE und BILDBREITE/BILDHÖHE erreicht werden.

Ein Bild kann über Tastatur in 5%-Schritten modifiziert werden:

⌘+⇧+⌥+`.` vergrößert das Bild um 5%

⌘+⇧+⌥+`,` verkleinert es um den gleichen Wert.

Ein Bild kann auch automatisch auf die Größe eines Rahmens eingepaßt werden. Mit aktivem Inhalt-Werkzeug bewirkt die Tastenkombination ⌘+⇧+`F` eine unproportionale Bildvergrößerung, das Bild erhält die Höhen- und Breitenwerte des Bildrahmens. ⌘+⌥+⇧+`F` skaliert das Bild unter Beibehaltung der Ursprungsproportionen.

Bilder rotieren, verzerren und spiegeln

In QuarkXPress importierte Bilder können nicht nur im Größenverhältnis geändert, sondern auch rotiert, verzerrt oder gespiegelt werden. Sie können den Rahmen mit Bildinhalt rotieren oder die Rotation auf den Bildinhalt beschränken.

Um einen Bildrahmen optisch ins Layout einzupassen, ist es am sinnvollsten, ihn gemeinsam mit dem Bild zu drehen.

Bild 4.155: Einige Beispiele für die Möglichkeiten, Bilder im Rahmen zu modifizieren. Links außen ist das Bild ohne Modifikation angezeigt, rechts daneben ist es horizontal gespiegelt, es folgt ein rotiertes Bild. Ganz rechts ist ein verzerrtes Bild zu sehen.

Numerisch können Sie Rahmen und Rahmeninhalt mit unterschiedlichen Einstellungen rotieren. Dies ermöglicht die Dialogbox MODIFIZIEREN (*Objekt/Modifizieren*). Auf der Registerkarte RAHMEN kann in das Feld WINKEL der gewünschte Rotationswinkel für den Bildrahmen eingegeben werden. Um den Rotationswinkel des Bilds im Rahmen zu verändern, muß auf die Registerkarte BILD gewechselt werden. Dies geschieht durch Klick auf den Reiter dieser Registerkarte. Der entsprechende Eintrag erfolgt im Feld BILDWINKEL. Bei diesen Rotationseinstellungen ist das Rotationszentrum der Mittelpunkt des Bildrahmens.

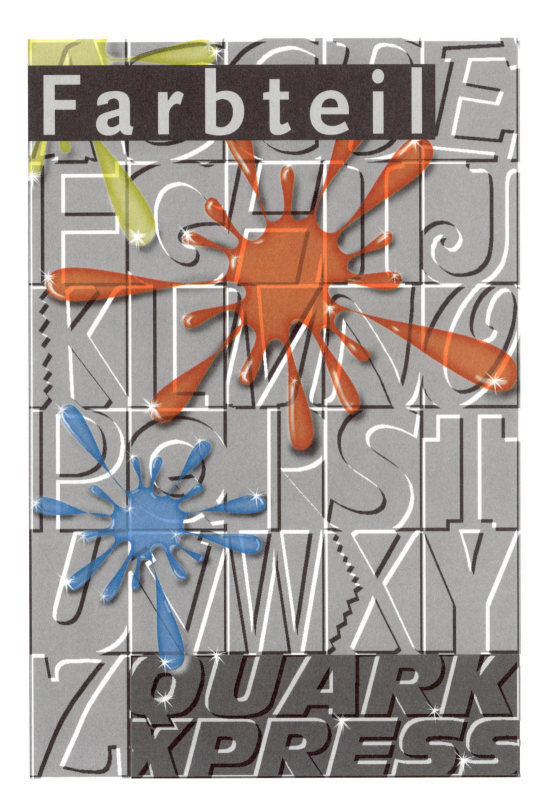

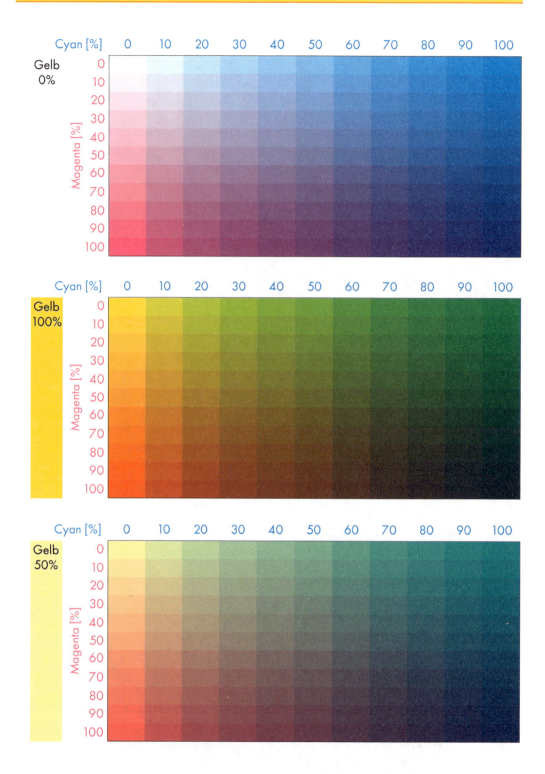

Verläufe in XPress

Linearer Verlauf

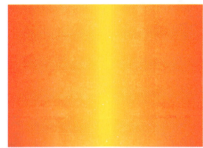

Zentrierter, linearer Verlauf

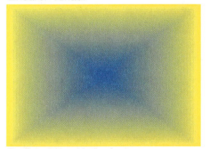

Rechteckiger Verlauf

Rautenförmiger Verlauf

Kreisförmiger Verlauf, innen

Kreisförmiger Verlauf, außen

Rahmenobjekte können in QuarkXPress mit verschiedenen Farbverläufen versehen werden. Die Verläufe werden aus zwei Ausgangsfarben erstellt. Außerdem kann der Tonwert und die Winkelung des Verlaufes beeinflußt werden.

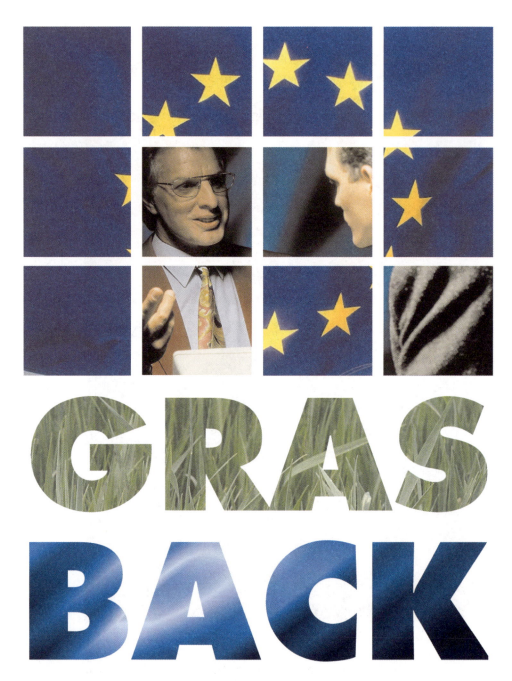

Durch die neuen grafischen Funktionen werden dem Gestalter viele Möglichkeiten eröffnet. Die obere Bildmontage besteht aus 2 Bildern, die in 2 vereinigte Rahmenobjekte geladen wurden. Unten werden zwei Beispiele gezeigt, wie die Umwandlung von Schrift in Rahmen für interessante Headlineeffekte eingesetzt werden kann.

Farbteil

Die Erstellung von technischen Katalogen – wie z.B. der Völkner-Katalog, sind ein ideales Objekt für die Layouterstellung mit QuarkXPress. Komplexe Bildmontage und Textumläufe stellen für XPress kein Problem dar.

Tausende von Katalogseiten und Werbemitteln werden im Verlauf eines Jahres mit QuarkXPress produziert. Montagetechniken werden am Beispiel dieser Werbeseiten im Workshopkapitel vermittelt.

Nach dem Layoutrefresh der Zeitschrift »TREFF« kommen die neuen grafischen Bézierfunktionen von XPress voll zur Geltung.

Layoutbeispiele aus dem »neuen« TREFF. Im Workshopkapitel dienen diese Seiten als Grundlage für die Vermittlung diverser Layouttechniken, u.a. auch was den Einsatz der Bézierfunktionen betrifft.

Um Bilder horizontal nach links oder rechts zu verzerren, muß auf der Registerkarte BILD im Feld BILDNEIGUNG ein Wert eingegeben werden. Negative Werte verzerren das Bild nach links, positive Werte verzerren das Bild nach rechts.

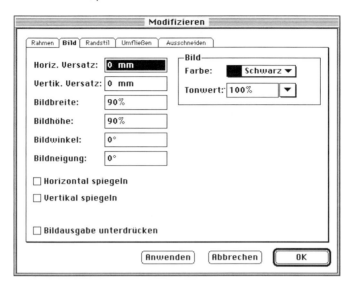

Bild 4.156:
Die Registerkarte BILD erlaubt das Modifizieren der Bildrahmeninhalte.

QuarkXPress ermöglicht es, Bilder horizontal und vertikal zu spiegeln. Dies kann auf zwei Wegen geschehen. Zum einen über die Registerkarte BILD. Hier sind zwei Checkboxen angeordnet. Ein Markieren löst die gewünschte Aktion aus. Zum anderen kann die Aktion per Menübefehl gestartet werden. Wenn im aktivierten Bildrahmen ein Bild enthalten ist, stehen Ihnen im Menü *Stil* die Befehle *Horizontal spiegeln* und *Vertikal spiegeln* zur Verfügung.

Bilder freistellen (Ausschnitte)

Häufig besteht eine Aufgabenstellung bei der elektronischen Montage von Bildern während der Layoutumsetzung darin, daß der Hintergrund eines Bilds entfernt werden muß oder nur Teile des Bilds zu sehen sein dürfen. Hier kam man bisher nicht um den Einsatz von Bildbearbeitungsprogrammen herum, in denen diese Freistellungen realisiert wurden. Mußten diese Freistellungen verändert werden, konnte dies nur durch einen erneuten Arbeitsgang über das betreffende Bildbearbeitungsprogramm geschehen.

QuarkXPress 4.0 stellt nun einige Funktionen zur Verfügung, die das Freistellen von Bildern erleichtern. Über spezielle Dialogboxen können Sie entscheiden, welche Teile eines Bilds transparent wiedergegeben werden, Freistellungen können neu erstellt oder in Bildern angelegte Freistellpfade aktiviert werden. Auch in der Bilddatei angelegte Alphakanäle können künftig ausgelesen und für Freistellungen genutzt werden.

Um die möglichen Optionen zur Freistellung von Bildern in der Anwendung praktisch zu erarbeiten, werden Bilder benötigt, die Alphakanäle und Freistellpfade enthalten.

Gerade für den Einsteiger ist die Unterscheidung zwischen den Begriffen »Umfließen von Bildern« und »Freistellen von Bildern« verwirrend. Die »Umfließen-Optionen« steuern immer den Lauf des Textes um ein Objekt herum. Dies ist völlig unabhängig davon, ob es sich hierbei um Textrahmen oder Bildrahmen handelt, ob die Bilder freigestellt sind oder viereckig. Das »Freistellen von Bildern« legt fest, welche Bildteile sichtbar sind und welche ausgeblendet werden.

Die Freistellung von Bildern wird in QuarkXPress mit dem Begriff AUSSCHNITTE ERSTELLEN bezeichnet. Für die Einstellung und Bearbeitung der verschiedenen Optionen stellt QuarkXPress eine eigene Registerkarte zur Verfügung.

Zugriff auf diese Funktionen haben Sie dann, wenn mit dem Mauszeiger ein Bildrahmen aktiviert wird. Dann kann durch Aufruf des Menübefehls *Objekt/Ausschneiden* (⌘+⌥+T) die Dialogbox MODIFIZIEREN mit der genannten Registerkarte aufgerufen werden. In Abhängigkeit vom Bildformat und angelegten Pfaden oder Alphakanälen werden die möglichen Optionen angezeigt.

Bild 4.157:
Über die Registerkarte AUSSCHNEIDEN kann die Freistellung von Bildern gesteuert werden.

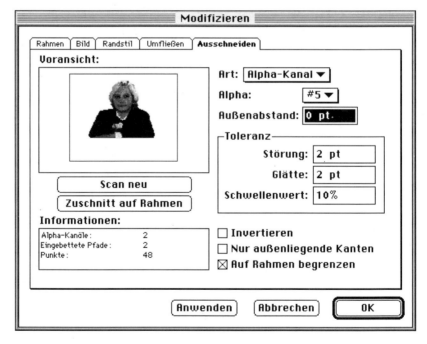

Alle auf ein Bild angewendeten Einstellungen werden im Bereich VORANSICHT angezeigt. Mit unterschiedlich farbigen Rahmenlinien werden die äußere Begrenzung des Bildrahmens und der durch die jeweilige Option erzeugte AUSSCHNITT (Freisteller) angezeigt. Die Farbe der angesprochenen Hilfslinien kann anwenderdefiniert eingestellt werden. Durch Eingabe von *Bearbeiten/Vorgaben/Programm* kann auf der Registerkarte ANZEIGEN im Bereich HILFSLINIENFARBE die Farbe für die Anzeige geändert werden. Ein Klick auf das zu ändernde Farbfeld öffnet die Systemfarben, und die Farbe kann neu zugewiesen werden. Eine Änderung der Farbe für Ränder ändert die Farbe für die Anzeige des Rahmenrands. Eine Änderung der Einstellung für LINIEN erzeugt eine andere Farbe für die Anzeige des Ausschnitts (Freisteller).

Unter der Voransicht sind zwei Buttons angeordnet. Der Button SCAN NEU aktualisiert die Voransicht und berücksichtigt dabei alle voreingestellten Optionen. Der Button ZUSCHNITT AUF RAHMEN beschneidet das Bild auf der Basis der äußeren Begrenzung des Bildrahmens. Dieser Beschneidungsvorgang betrifft natürlich nur die Einbindung ins Dokument, die Originaldatei wird nicht verändert. Ein Klick auf SCAN NEU macht die Beschneidung des Bilds wieder rückgängig.

Im Bereich INFORMATIONEN wird eine Übersicht verschiedener Daten des aktuellen Bilds angezeigt. Aufgelistet wird die Anzahl der enthaltenen Alpha-Kanäle und eingebetteten Pfade. Außerdem wird die Anzahl der Punkte angezeigt, die für die Erzeugung der Freistellpfade zur Anwendung kamen.

Im Popup ART stehen nun je nach im Bild angelegten Pfaden oder Alpha-kanälen bis zu fünf Optionen zur Verfügung.

Objekt
Durch diese Option wird das im Rahmen plazierte Bild durch Größe und Form des Bildrahmens ausgeschnitten.

Eingebetteter Pfad
Diese Option wird nur angezeigt, wenn sich in der importierten Bilddatei ein Bézier-Pfad befindet. Ist dies der Fall, kann im Popup PFAD ein Pfad ausgewählt werden. Es werden dann nur die Bildteile wiedergeben, die sich innerhalb des Freistellungspfads befinden.

Alpha-Kanal
Auch diese Option wird nur angezeigt, wenn sich ein oder mehrere Alpha-Kanäle in der importierten Bilddatei befinden. Alpha-Kanäle werden in Bildbearbeitungsprogrammen angelegt und enthalten entweder ein Graustufen- oder ein Schwarzweißbild. Diese zusätzlichen Kanäle werden wie Masken eingesetzt und lassen nur die Teile eines Bilds durch, die sich im Grau- oder Weißbereich des Alpha-Kanals befinden. Die zur Auswahl stehenden Kanäle werden im Popup ALPHA gelistet. Auf der Basis des ausgewählten Alpha-Kanals wird dann von Quark der sichtbare Bildausschnitt berechnet.

*Bild 4.158:
Wirkung von
Pfaden und
Alphakanälen:
Option OBJEKT
(links oben),
Option EINGE-
BETTETER PFAD
(rechts oben),
Option ALPHA-
KANAL (links
unten), Option
INVERTIEREN
(rechts unten).*

Nicht-weiße Bereiche
Bei dieser Option wird der durch das Programm wiedergegebene Bildausschnitt auf der Basis des Weißbereichs berechnet. Der weiße Hintergrund eines Bilds wird auf Transparent gesetzt. Durch eine Feineinstellung kann der Weißbereich optimal eingestellt werden. Die Möglichkeiten der Feineinstellung werden später ausführlicher besprochen.

Bildbegrenzung
Die letzte Option im Popup ART begrenzt ein Bild auf die eckigen äußeren Dimensionen einschließlich aller Weißbereiche.

In Abhängigkeit von der ausgewählten Beschneidungsoption werden Eingabefelder angezeigt, die den jeweiligen Ausschnitt erweitern oder verringern.

Außenabstand
Ist diese Option aktiv, kann der sichtbare Bildausschnitt um positive oder negative Werte erweitert werden. Positive Werte erweitern den sichtbaren Bereich, negative Bereiche verringern ihn. Diese Option ist bei Bildern aktiv, die vom Hintergrund freigestellt sind.

Oben, Links, Unten, Rechts
Bei viereckigen Bilder wird diese Option aktiv. Auch hier erweitern positive Werte den sichtbaren Bildausschnitt, während negative Werte ihn verringern.

Der Bereich TOLERANZ ermöglicht es, durch den Einsatz verschiedener Optionen den Randbereich einer Freistellung genau zu bestimmen. In das Feld STÖRUNG wird ein Wert eingetragen, um freistehende Pixel im Randumfeld des Bilds auszublenden. Der eingetragene Wert entspricht der Größe der Verschmutzung in Pixel. Durch die Eingabe eines Werts in das Feld GLÄTTE kann die Genauigkeit, mit der der Ausschnitt (Freistellung) des Bilds in das Layout übernommen wird, festgelegt werden. Ein kleiner Wert weist XPress an, die Freistellung des Bilds sehr exakt vorzunehmen (geringe Glättung des Randbereichs), ein großer Wert erzeugt einen groben Umriß (große Glättung). Über das Feld SCHWELLWERT kann ein Tonwert bestimmt werden, der dann als Weißbereich interpretiert und dadurch aus dem Bildbereich ausgeblendet wird. Diese Option ist nur für ALPHA-KANAL und NICHTWEISSE BEREICHE verfügbar. Wird dieser Wert z.B. auf 10% gesetzt, dann werden bei der Einbindung des Bilds in das Layout die Bildteile bis 10% als Weiß interpretiert (NICHTWEISSE BEREICHE). Wird die Option im Zusammenhang mit Alphakanälen eingesetzt, wirkt sie umgekehrt. Eine Eingabe von 100% blendet in diesem Fall alle Tonwerte des Alphakanals aus.

Bild 4.159:
Die Wirkung von Toleranzeinstellungen auf einen bestehenden Freistellungspfad.

Die Registerkarte AUSSCHNEIDEN enthält noch drei weitere Checkboxen, die in Abhängigkeit der Einstellungen im Popup ART weitere Modifikationen am Bildausschnitt ermöglichen:

Invertieren
Die Option kehrt den sichtbaren Ausschnitt des Bilds um.

Nur außenliegende Kanten
Sollen in einen Ausschnitt nur die Bereiche einbezogen, die außerhalb des freizustellenden Objekts liegen, dann muß diese Option markiert werden.

Auf Rahmen begrenzen
Diese Option legt fest, daß der sichtbare Bildausschnitt auf die äußeren Grenzen des Bildrahmens reduziert wird. Ist diese Option ausgeschaltet, dann wird der Bildausschnitt so wiedergegeben wie durch die Einstellungen in der Registerkarte vorgegeben. Die Größe des Bildrahmens ist in diesem Fall nicht von Bedeutung.

Bildausschnitte bearbeiten (Bézier-Pfade)

Bildausschnitte, die durch den Einsatz von Bézier-Pfaden erzeugt wurden, können direkt im Layoutprogramm QuarkXPress bearbeitet werden. Hierzu wird zunächst das Bildobjekt mit dem Mauszeiger markiert und dann *Objekt/Bearbeiten/Ausschnitt* (⇧+⌥+F4) aufgerufen. Nun sind alle Bézier-Punkte des aktiven Pfads sichtbar; sie können bearbeitet werden. Angezeigt wird der Pfad mit der voreingestellten Farbe für Hilfslinien. Für die Bearbeitung der Bézier-Punkte stehen alle Bearbeitungsmöglichkeiten, einschließlich der Maßpalette, zur Verfügung. Ausführliche Informationen über die Bearbeitungsmöglichkeiten von Bézier-Punkten finden Sie eingangs dieses Kapitels.

Bild 4.160:
In Bildern eingebettete Bézier-Pfade können direkt aus QuarkXPress heraus bearbeitet werden. Die Maßpalette zeigt die Art des jeweiligen Bézier-Punktes an und ermöglicht seine Änderung.

Diese Bearbeitungsfunktion ist dann sinnvoll eingesetzt, wenn z.B. Vorgaben für die Glättungswerte in Register AUSSCHNITTE in einigen Bereichen zu unerwünschten Ergebnissen führen. Sie können dann an diesen Punkten die Bézier-Punkte korrigieren.

Der Einsatz dieser Funktion wird dadurch erschwert, daß die Korrekturen nur auf der Basis der groben Voransicht eines Bilds stattfinden. Eine exakte und sehr detaillierte Freistellung kann aber nur auf der Basis der Feindaten eines Bilds geschehen. Sind für erforderliche Korrekturen die wichtigen Details nicht klar erkenn- und unterscheidbar, dann korrigieren Sie die Freistellpfade des betreffenden Bilds lieber im Bildbearbeitungsprogramm.

Bilder im Dokument bewegen

Natürlich können Bilder auch im Seitenlayout oder im Dokument bewegt werden.

Je nachdem, welches Werkzeug in der Werkzeugpalette aktiv ist, können Bilder kopiert und an andere Stellen auf der Seite oder im Dokument eingesetzt werden. Ist das Objekt-Werkzeug aktiv, dann wird der Bildrahmen samt Inhalt kopiert, ist das Inhalt-Werkzeug aktiv, dann wird der Rahmeninhalt (das Bild) kopiert. Benutzen Sie hierfür die Menübefehle *Bearbeiten/Kopieren oder Bearbeiten/Einfügen*, alternativ können Sie natürlich auf die Tastenkombination ⌘+C) bzw. die (Tastenkombination ⌘+V) zurückgreifen.

Ein Bildrahmen oder sein Rahmeninhalt kann auch durch Eingabe von *Bearbeiten/Ausschneiden* (Tastenkombination ⌘+X) ausgeschnitten und auf der gewünschten Seite wieder eingefügt werden. Auch in diesem Fall ist wieder der Bearbeitungsstatus wichtig. Ist das Objekt-Werkzeug aktiv, dann bezieht sich die Aktion auf den Bildrahmen samt Inhalt, ist hingegen das Inhalt-Werkzeug aktiv, dann ist nur der Rahmeninhalt betroffen. Bedenken

Sie aber, daß ein ausgeschnittener Rahmeninhalt nur in einen anderen Rahmen eingefügt werden kann. Es ist also möglich, ein Bild aus der Zwischenablage auf einer Seite wieder einzufügen, wenn kein Bildrahmen aktiv ist. Der Befehl *Bearbeiten/Einsetzen* läßt sich nicht aktivieren.

Bilder können mit dem Objekt-Werkzeug zwischen Seiten und Dokumenten verschoben werden. Das betreffende Bild wird markiert und mit gedrückter Maustaste auf die neue Seite gezogen. Soll ein Bild in ein anderes Dokument geschoben werden, kommen Sie mit Ziehen und Ablegen weiter: Stellen Sie die beiden Dokumentfenster nebeneinander, nun wird das Bild markiert und einfach in das Zieldokument gezogen.

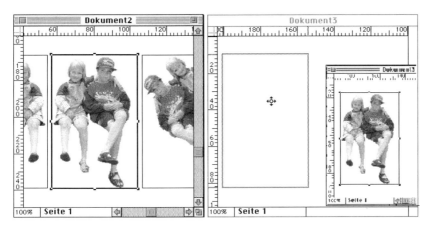

*Bild 4.161:
Eine komfortable Möglichkeit, Bilder zwischen Dokumenten zu kopieren: Dokumentfenster nebeneinander stellen, dann das gewünschte Bild auf die Dokumentseite ziehen und die Maustaste loslassen. Rechts ist das Ergebnis der Aktion zu sehen.*

Beim Verschieben eines Bilds haben Sie Einfluß auf die Darstellung des Bilds. Wird nach dem Markieren sofort gezogen, dann ist nur ein gestricheltes Rechteck des Bilds zu sehen, halten Sie die Maustaste länger gedrückt, wird das Bild beim Verschieben angezeigt.

Wie der Inhalt eines Bildrahmens, so kann auch der Bildrahmen selbst mit den Pfeiltasten verschoben werden. Bei aktivem Objekt-Werkzeug wird durch Anschlagen einer Pfeiltaste der Bildrahmen um 1 Punkt in die Pfeilrichtung verschoben. Wird gleichzeitig die ⌥-Taste gedrückt, ergibt sich eine Verschiebung um 0,1 Punkt.

Die Bearbeitungsfunktionen von Bildrahmen und eigentlichem Bild unterscheiden sich hauptsächlich in der Wahl des Werkzeugs.

Bildrahmen duplizieren

Die normale Kopierfunktion mit Hilfe der Zwischenablage ist bereits behandelt worden. Alternativ kann für eine Kopie eines Objekts die Funktion *Objekt/Duplizieren* (Tastenkombination ⌘+D) eingesetzt werden. QuarkXPress stellt eine weitere Funktion zur Verfügung, die einen Kopiervorgang mehrfach hintereinander ausführt und gleichzeitig für gleiche Abstände der Kopien vom Original sorgt.

Zunächst wird der betreffende Bildrahmen mit dem Objekt- oder Inhalt-Werkzeug markiert. *Objekt/Mehrfach Duplizieren* (Tastenkombination ⌘+⌥+D) öffnet die Dialogbox MEHRFACH DUPLIZIEREN. Nun kann im Feld ANZAHL KOPIEN die gewünschte Anzahl, in den Feldern HORIZ. VERSATZ und VERTIK. VERSATZ die horizontale und vertikale Verschiebung eingeben werden. Nach einem Klick auf OK erstellt QuarkXPress die Kopien mit den vorgegebenen Verschiebungswerten. Die in dieser Dialogbox definierten Verschiebungswerte werden auch benutzt, wenn mit dem Befehl *Objekt/Duplizieren* (Tastenkombination ⌘+D) einzelne Kopien erstellt werden.

Bildrahmen festsetzen

Um zu verhindern, daß ein Bildrahmen versehentlich mit dem Objekt-Werkzeug verschoben wird, kann er mit dem Befehl *Objekt/Festsetzen* (Tastenkombination ⌘+L) gesperrt werden. Durch nochmaligen Aufruf dieses Befehls wird der Bildrahmen wieder gelöst. Festgesetzte Bildrahmen lassen sich nach wie vor durch numerische Eingabe in die entsprechenden Felder der Maßpalette oder der Dialogbox BILDRAHMEN (*Objekt/Modifizieren*) neu positionieren.

Bilder mit der Maßpalette modifizieren

Je nach Bearbeitungsmodus können viele Modifizierungen eines Bildrahmens und seines Inhalts auch über die Maßpalette durchgeführt werden. Die entsprechenden Felder dienen sowohl als Anzeige der aktuellen Einstellungen als auch zum Ändern der Werte. Die Einstellungen im einzelnen:

X: 1,8 cm	B: 4,946 cm
Y: 3,113 cm	H: 4,237 cm

Die Felder X, Y, B und H zeigen die Position des Bildrahmens und seine Breite und Höhe an.

Das Winkelmaß zeigt den Rotationswinkel des Bildrahmens an.

Der auf eine runde Ecke zeigende Pfeil gibt den Eckenradius des Bildrahmens an.

Der horizontale Pfeil spiegelt das Bild in der Waagerechten, der senkrechte Pfeil spiegelt das Bild senkrecht.

X%: 100%
Y%: 100%

X% und Y% geben den horizontalen und vertikalen Vergrößerungsfaktor an.

X+: -1,188 cm
Y+: -0,33 cm

Die horizontalen Doppelpfeile geben die horizontale Verschiebung des Bilds im Rahmen an. Wenn Sie mit der Maustaste auf einen dieser Pfeile klicken, verschiebt sich das Bild im Rahmen um 1 Punkt in die jeweilige Richtung. Wird gleichzeitig die ⌥-Taste gedrückt, ergibt sich ein Verschiebungsschritt von 0,1 Punkt. Die gleichen Regeln gelten für die vertikalen Doppelpfeile.

Bilder und Grafiken bearbeiten

Die Winkelanzeige im letzten Bereich der Maßpalette gibt den Rotationswinkel des Bilds im Rahmen an.

Das verzerrte Rechteck informiert über den Grad der Verzerrung des Bilds.

Alle Eingaben in der Maßpalette können direkt über die Tastatur verändert werden. Dazu muß zunächst mit der Maustaste in den entsprechenden Wertebereich geklickt werden. ⏎ schließt die Eingabe ab und überträgt den Wert, ESC verwirft die eingegebenen Werte und stellt den Ursprungswert wieder dar. Mit ⇆ gelangen Sie in das nächste Eingabefeld, genau wie bei herkömmlichen Dialogboxen.

Umfließen für Bildrahmen

Mit dem Umfließen-Attribut können Sie steuern, wie Text um Bilder oder Grafiken herumgeführt wird. Dies kann sowohl automatisch als auch mit manueller Kontrolle geschehen.

Umfließenpfad erzeugen

Um die gewünschte Umfließen-Option zu aktivieren, muß zunächst mit dem Objekt- oder Inhalt-Werkzeug der Rahmen, für den die Option zugewiesen werden soll, aktiviert werden.

Über *Objekt/Umfließen* (⌘+T) wird wieder die Dialogbox MODIFIZIEREN geöffnet. Das Register UMFLIESSEN stellt Ihnen eine Vielzahl von Optionen zur Verfügung, mit denen Sie den Textfluß um das aktive Objekt anpassen können. Die Optionen können sich sowohl auf den Bildrahmen als auch auf das darin befindliche Bild beziehen. Einige der Optionen haben wir bereits in der Registerkarte AUSSCHNEIDEN kennengelernt. Die jeweilige Wirkungsweise unterscheidet sich aber teilweise.

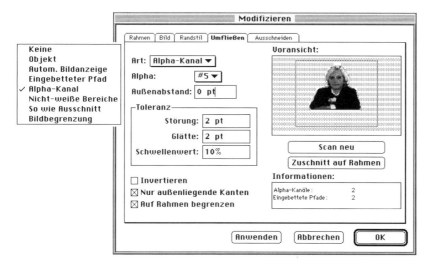

Bild 4.162:
Die Registerkarte
UMFLIESSEN
regelt, wie sich
der Textlauf
gegenüber
Objekten verhält.

Im Bereich VORANSICHT wird angezeigt, wie die jeweiligen Einstellungen den Textfluß beeinflussen. Der äußere Rahmen wird dabei in Blau, der »Umfließpfad« in Magenta angezeigt. Umfließpfade haben auf die Darstellung der jeweiligen Bilder keine Auswirkung. Es sind lediglich Begrenzungen, an denen sich der Text beim Umfließen bündig ausrichtet. Der durch die Optionen erzeugte Textfluß wird im Hintergrund des Bereichs durch graue Balken angezeigt.

Die grundlegenden Umfließen-Optionen werden über das Popup ART eingestellt:

Nicht
Damit ein Text hinter dem aktiven Rahmenobjekt fließen kann, muß im Popup ART die Option NICHT gewählt werden.

Objekt
Soll Text um das aktive Rahmenobjekt herumgeführt werden, dann muß die Option OBJEKT gewählt werden. Ist das aktive Rahmenobjekt rechteckig oder quadratisch, dann kann in den Feldern OBEN, LINKS, UNTEN und RECHTS der Abstand eingegeben werden, um den der Text am Rahmenobjekt vorbeigeführt wird. Für alle anderen Bildrahmenformen, z.B. mit abgerundeten Ecken oder Formen, die mit dem Bézier-Werkzeug erstellt wurden, kann im Feld AUSSENABSTAND der Wert eingetragen werden, mit dem der Text um das Rahmenobjekt herumgeführt wird. Der durch diese Option erzeugte Umfließpfad kann nicht direkt bearbeitet werden.

Autom. Bildanzeige
Diese Option erzeugt einen automatischen Umfließpfad. Dabei werden bestehende Bildbeschneidungen zurückgesetzt und das Bild in seiner Gesamtheit angezeigt. Deshalb wird auch durch eine Dialogbox eine Sicherheitsabfrage vorgenommen. Auf der Registerkarte AUSSCHNEIDEN werden bei Anwendung der AUTOM. BILDANZEIGE die Ausschnittoptionen deaktiviert. Der Umfließpfad wird auf Basis aller »Nichtweißen Bereiche« erzeugt. Durch Angabe eines Schwellwerts kann XPress mitgeteilt werden, wie der nichtweiße Bereich zu interpretieren ist. Ebenso kann durch Anpassen der Werte in die Felder AUSSENABSTAND, STÖRUNG und GLÄTTE der Umfließpfad modifiziert werden. Die Bedeutung dieser Optionen haben wir bereits im Abschnitt BILDER FREISTELLEN ausführlich besprochen. Die Option AUTOM. BILDANZEIGE ist nur dann sinnvoll einzusetzen, wenn es sich um ein freigestelltes Halbtonbild oder um eine Strichzeichnung handelt.

Bilder und Grafiken bearbeiten

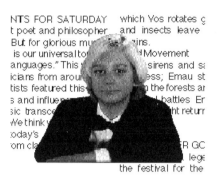

Bild 4.163:
Für die linke Abbildung ist kein Umfließen eingestellt, für die rechte Abbildung ist ein Alphakanal als Umfließpfad gewählt.

Eingebetteter Pfad
Auch bei dieser Option wird ein automatischer Umfließpfad erzeugt. Grundlage ist der im Popup PFAD ausgewählte Freistellpfad. Durch Eingabe eines Außenabstands kann der Textfluß auf das Bild angepaßt werden. Diese Werte können als positive oder negative Werte eingegeben werden. Positive Werte erweitern den zu umfließenden Bereich, negative Werte verringern ihn. Wie schon bei den zuvor besprochenen Optionen, können auch in diesem Fall Toleranzwerte in STÖRUNG oder GLÄTTE eingegeben werden.

Alpha-Kanal
Diese Option verwendet für die Erzeugung des automatischen Umfließpfades einen Alpha-Kanal. Auch hier kann durch die Eingabe von Abstands- und Toleranzwerten, der Umfließenbereich angepaßt werden.

Nicht-weiße Bereiche
Die Erzeugung dieses automatischen Umfließpfads ergibt sich ebenfalls aus der Berechnung der nichtweißen Bereiche eines Bilds. Dieser Vorgang ähnelt der Option AUTOM. BILDANZEIGE. Bildausschnitte, die durch die Begrenzung des Rahmens erzeugt wurden, bleiben aber in diesem Fall erhalten. Auch hier können wieder Abstands- und Toleranzwerte eingegeben werden.

Bild 4.164:
Das Personenumfeld wurde bei dieser Abbildung in der Bildbearbeitung zuvor auf Weiß gesetzt. In der linken Abbildung ist die Option auf BILDBEGRENZUNG gesetzt, in der rechten auf AUTOMATISCHE BILDANZEIGE.

So wie Ausschnitt
Diese Option geht bei der Berechnung des Umfließpfads von dem auf der Registerkarte AUSSCHNEIDEN eingestellten Bildausschnitt aus. Zusätzlich können wieder der Außenabstand und ein Toleranzwert für GLÄTTE eingegeben werden.

Bildbegrenzung
Bei der Erzeugung des Umfließpfades wird bei dieser Option von viereckigen Abmessungen des sich im aktuellen Rahmen befindlichen Bilds ausgegangen.

Auf der Registerkarte UMFLIESSEN sind noch eine Reihe von Checkboxen angelegt, die bereits auf der Registerkarte AUSSCHNEIDEN zu sehen waren. Für die Erzeugung des Textumfließpfads haben sie aber eine andere Bedeutung. AUF RAHMEN BEGRENZEN bedeutet, daß alle Teile des Umfließpfads, die sich außerhalb des Bildrahmens befinden, nicht in die Berechung des Textumflusses einbezogen werden.

Umfließenpfad bearbeiten

Um eine individuelle Anpassung des Textflusses um ein Bildrahmenobjekt zu gewährleisten, ist es häufig sinnvoll, den Textumflußpfad zu bearbeiten. Hierzu muß das betreffende Bildobjekt mit dem Objekt- oder Inhalt-Werkzeug markiert sein. Dann kann durch Eingabe von *Objekt/Bearbeiten/Umfließen* (⌥+F4) in den Bearbeitungsmodus für Umfließpfade gewechselt werden. Angezeigt werden der Pfad und die Bézier-Punkte.

Es können sowohl einzelne Punkte in der Position verändert als auch Punkte hinzugefügt oder gelöscht werden. Das Vorgehen entspricht der Bearbeitung herkömmlicher Bézier-Rahmen.

Der Mauszeiger ändert sich, je nachdem, ob er über einem Bézier-Punkt oder einem Liniensegment des markierten Bildrahmens steht:

- ❐ Über einem Bézier-Punkt nimmt er die Form einer Hand mit einem quadratischen Punkt an.

- ❐ Über einem Liniensegment erscheint eine Hand mit einer stilisierten Linie.

Durch einfaches Verschieben eines Polygoneckpunkts oder eines Liniensegments läßt sich der Textfluß manuell anpassen.

Werden zusätzliche Bézier-Punkte im Umfließpfad benötigt, können diese auch nachträglich eingefügt werden. Befindet sich der Mauszeiger im Bearbeiten-Modus direkt über einer Verbindungslinie des Umfließpfads, und gleichzeitig wird die ⌥-Taste gedrückt, dann wechselt die Darstellung in ein offenes Quadrat mit runden Ecken. Dieses Sinnbild gibt die Position an, an der ein neuer Bézier-Punkt in den Umfließpfad bei einem Mausklick eingefügt wird. Befindet sich der Mauszeiger über einem Bézier-Punkt, dann wird das Sinnbild durchgekreuzt angezeigt. Ein Klick löscht den betreffenden Bézier-Punkt.

Bild 4.165:
Der Pfad für das Umfließen kann durch Anpassen der Bézier-Punkte individuell verändert werden.

Formsatz erzeugen mit der Invertieren-Option

Auf der Dialogbox UMFLIESSEN ist auch die Checkbox INVERTIEREN enthalten. Diese Option ermöglicht es, Text innerhalb des eingestellten Pfads laufen zu lassen, anstelle den durch die Umfließen-Optionen belegten Raum freizuschlagen. INVERTIEREN kann nur gewählt werden, wenn eine der Optionen EINGEBETTETER PFAD, ALPHA-KANAL oder NICHT-WEISSE BEREICHE gewählt ist. Befindet sich hinter dem betreffenden Bildrahmen ein gefüllter Textrahmen, wird der darin enthaltene Text nach Anwahl der Option INVERTIEREN in den inneren Teil des Umfließpfads plaziert.

An einem Beispiel wollen wir die Arbeitsweise dieser Funktion erläutern. Zunächst wird ein Textrahmen aufgezogen und mit Text gefüllt. Ein Beispiel:

Scannen Sie die gewünschte Form für den Formsatz als Strichbild ein. Ziehen Sie jetzt einen Bildrahmen in der Größe des Textrahmens auf, und positionieren Sie beide Rahmen exakt übereinander. Laden Sie jetzt die gescante Bitmap in den Bildrahmen. Durch die Wahl der Option NICHT-WEISSE BEREICHE und Aktivieren der Checkbox NUR AUSSENLIEGENDE KANTEN wird automatisch ein entsprechender Pfad generiert. Löschen Sie jetzt den Rahmeninhalt. Bei der angezeigten Sicherheitsabfrage müssen Sie noch bestätigen, daß der Umfließenpfad erhalten bleiben soll. Der Text fließt nun innerhalb des eingerichteten Pfads. Auch dieser Pfad läßt sich nach Aufruf des Menübefehls *Objekt/Bearbeiten/Umfließen* modifizieren.

Bildbearbeitung

Im Stil-Menü stehen bei aktivem Inhalt-Werkzeug verschiedene Befehle zur Verfügung, um Bilder in Kontrast, Tonwert und in ihrer Farbe zu bearbeiten. Weiterhin können die Rasterweite und die Form der Rasterpunkte modifiziert werden. Es können nur Halbton-Bitmaps bearbeitet werden. EPS-Dateien sind davon ausgenommen, selbst wenn diese Graustufen- oder Bitmapbilder enthalten.

Kontrastveränderungen bei Graustufenbildern

Im Strichmodus wird ein Bild lediglich aus schwarzen und weißen Punkten aufgebaut, hier lassen sich keine Modifikationen in QuarkXPress vornehmen. Ein Graustufenbild kann bis zu 256 Tonstufen enthalten. Diese Tonwertabstufungen werden bei der Änderung des Kontrasts verschoben, die im Bild enthaltenen Bildpunkte werden je nach Einstellung der Werte in den betreffenden Dialogboxen angehoben oder abgesenkt.

Die in QuarkXPress als »Kontrast« bezeichneten Einstellungen finden Sie in Bildbearbeitungsprogrammen häufig unter der Bezeichnung » «.

Eine Kontraständerung in den verschiedenen Tonbereichen (Lichter = heller Bereich, Mitteltöne und Schatten = dunkler Bereich) ist daher nur bei Halbtonbildern möglich.

Von QuarkXPress durchgeführte Kontraständerungen beeinflussen nicht das Originalbild, sondern werden lediglich bei der Ausgabe des modifizierten Bilds berechnet.

Die Funktionen zur Bearbeitung von Bildern sind im Menü *Stil* zusammengefaßt. Der Menübefehl *Stil/Kontrast* (Tastenkombination ⌘+⇧+C) ermöglicht die Veränderung der Kontrastwerte und öffnet die Dialogbox BILDKONTRAST FESTLEGEN. In Abhängigkeit vom Farbmodus (Graustufen- oder Farbbild) werden in dieser Dialogbox unterschiedliche Bearbeitungsfunktionen angezeigt. Zunächst wird die Bearbeitung von Graustufenbildern behandelt.

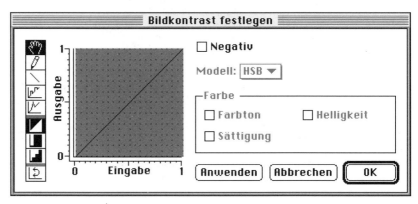

Bild 4.166:
In der Dialogbox BILDKONTRAST FESTLEGEN werden alle Modifikationen am Bildkontrast durch eine Graphenkurve angezeigt. Die KURVE ist in der Standardeinstellung eine gerade Verbindung von unten links nach oben rechts.

Die Dialogbox BILDKONTRAST FESTLEGEN ist in drei Bereiche gegliedert. Links sind die Bearbeitungswerkzeuge aufgeführt, in der Mitte wird der Kontrast des Bilds als grafischer Verlauf dargestellt, rechts erscheinen verschiedene Steuerelemente, mit denen Kontrastveränderungen auf das Bild übertragen werden können.

Zunächst eine Erläuterung der Kontrastkurve. Ist diese Kurve als gerade Linie im Winkel von 45° angelegt, dann wird das Bild ohne Kontrastveränderungen ausgegeben. Die Kurve teilt das Feld in einen Ausgabe- und einen Eingabebereich. Links und unter dem Anzeigefeld ist eine Skala von 0 bis 1 angeordnet, sie stellt einen Tonwertbereich von 0% bis 100% dar. Jeder kurze Strich in der Skala stellt einen Tonwertsprung von 5%, jeder längere Strich einen 10%-Schritt dar.

Verschiebungen der Kurve nach oben dunkeln das ausgegebene Bild ab, nach unten hellt es auf. Diese Verschiebungen werden mit der Maus direkt in der Kurve durchgeführt. Wird also der Punkt bei 0,5 Eingabe/0,5 Ausgabe nach oben auf den Wert 0,6 Ausgabe geschoben, werden alle Originalbildbestandteile mit einem Tonwert von 50% mit einem 60prozentigen Tonwert ausgedruckt.

Durch Veränderung des Bildkontrasts können Über- und Unterbelichtungen in einem Bild korrigiert oder künstlerische Effekte erzielt werden. Dazu finden Sie die benötigten Werkzeuge im linken Bereich der Dialogbox. Durch Wahl dieser Werkzeuge werden spezifische Effektkurven aufgebaut. Alle diese Kurven können frei modifiziert werden, indem der betreffende Markierungspunkt in der Kontrastkurve angefaßt und in die neue Position gezogen wird. Hier kann eine Unterscheidung getroffen werden: Ein Teil der Werkzeuge ist darauf ausgelegt, Bilder zu optimieren, der andere Teil dient eher für grafische Effekte.

Da die Modifikation dieser Kurven nur mittels des Mauszeigers erfolgen kann und weder durch Anzeigen noch durch direkte Werteeingabe mit der erforderlichen Präzision zu steuern ist, sollten Sie mit diesen Modifikationsmöglichkeiten zurückhaltend umgehen.

Die »Hand« kann die Kontrastkurve linear anheben oder absenken. Das bedeutet, daß jeder Tonwert im Bild proportional um den gleichen Wert verstärkt oder abgeschwächt wird. Durch Drücken der ⇧-Taste können waagerechte und senkrechte Bewegungen erzwungen werden.

Das »Stift-Werkzeug« zeichnet eigene Kontrastkurven. Die Tonwerte im Bild können damit beliebig verschoben werden.

 Das »Linien-Werkzeug« reduziert die Modifikation der Kontrastkurve auf Geraden. Ein Klick auf diesen Button stellt die Kurve in die Standardposition zurück, alle Verschiebungen werden gelöscht.

 Das »Poster-Werkzeug« fügt Griffe in 10%-Sprüngen in die Kontrastkurve ein. Durch dieses Werkzeug lassen sich die Tonwerte im Bild in 10%-Schritten variieren.

 Auch das »Spitzen-Werkzeug« fügt Griffe in 10%-Schritten in die Kontrastkurve ein. Diese Griffe können vertikal nach oben oder unten geschoben werden, sie sind mit dem Vorgänger und Nachfolger über eine Gerade verbunden. Durch diese Funktion lassen sich leicht lineare Anhebungen oder Absenkungen in einzelnen Tonwertbereichen durchführen. Damit ist dieses Werkzeug besonders gut geeignet, um die Wiedergabe eines Bilds zu optimieren.

 Das »Normaler Kontrast-Werkzeug« hat in der Dialogbox die Funktion, Modifikationen rückgängig zu machen. Wird dieses Werkzeug gewählt, dann erscheint das Bild wieder in seiner Ursprungsfassung.

 Das »Hoher Kontrast-Werkzeug« entspricht in seiner Wirkung dem Befehl *Hoher Kontrast* aus dem Menü *Stil*. Gegenüber dem Menübefehl haben Sie mit diesem Werkzeug die Möglichkeit, die Schwelle, an der die Trennung zwischen Schwarz und Weiß herbeigeführt wird, zu verschieben.

 Das »Stufen-Werkzeug« ähnelt in seiner Wirkung dem Befehl *Gerastert* aus dem Menü *Stil*. Im Unterschied zur Gerastert-Funktion haben Sie mit diesem Werkzeug die Möglichkeit, die Stufen zu modifizieren.

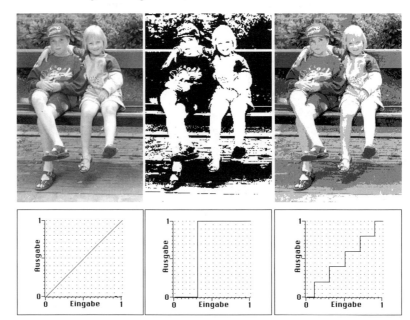

Bild 4.167: Drei Beispiele für die Veränderung der Kontrastkurve. Die linke Darstellung entspricht der Kontrastkurve und der Bildwiedergabe ohne Modifikation. Die Mitte zeigt die Einstellung und die Wirkung von HOHER KONTRAST, *die rechte Darstellung betrifft die Einstellung* GERASTERT.

Bilder und Grafiken bearbeiten   305

Die Checkbox NEGATIV ergänzt die Kontrasteinstellungen. Es werden also immer auch vorgenommene Änderungen der Kontrasteinstellung berücksichtigt.

Das »Invertierungs-Werkzeug« kehrt die Tonwertkurve um. So wird aus einem normalen Positivbild ein Negativ und umgekehrt. Wird z.B. von einem Filmnegativ gescannt, dann ermöglicht diese Funktion die Erstellung eines Bildpositivs.

Kontrastveränderungen bei Farbbildern

Auch bei Farbbildern können Kontraständerungen durchgeführt werden. Hierbei muß aber beachtet werden, daß über den Menübefehl *Bearbeiten/Vorgaben/Programm* die Einstellung für den Import von Farb-TIFFS im Popup-Menü auf 8 BIT gesetzt ist. Andere Werte deaktivieren im Stil-Menü den Zugriff auf die Kontrasteinstellungen.

Da die verschiedenen Werkzeuge und Techniken zur Veränderung des Bildkontrasts zuvor erläutert wurden, werden wir lediglich auf die farbspezifischen Einstellungsmöglichkeiten eingehen.

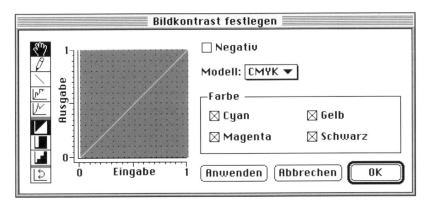

Bild 4.168: Die Bildkontrast-Dialogbox ist im Farbmodus um Einstellungsmöglichkeiten erweitert, die Korrekturen in unterschiedlichen Farbmodellen zulassen.

Die Dialogbox BILDKONTRAST FESTLEGEN wird um das Popup-Menü MODELL und den Bereich FARBE erweitert, wenn beim Aufruf der Funktion ein Farbbild markiert war.

Unter MODELL legen Sie fest, nach welchem Farbmodell die Kontraständerungen durchgeführt werden sollen. Je nach Wahl werden dann im Bereich FARBE die Steuerelemente angepaßt. Die möglichen Farbmodelle und die Einstellmöglichkeiten sind HSB, RGB, CMY und CMYK. Weitere Informationen zu den Farbsystemen finden Sie in Kapitel 4.5.

Jede einzelne Komponente des ausgewählten Farbmodells kann durch Veränderung der Kontrastkurve angepaßt werden. Durch diese Modifikation ändert sich die Farbzusammensetzung und damit die Wiedergabe des Bildes auf dem Bildschirm und im Druckprozeß.

Rastereinstellungen

Um Halbtonbilder im Druckprozeß wiedergeben zu können, müssen diese in Rasterpunkte umgesetzt werden. Anstelle einer Vielzahl unterschiedlicher Farben für die Tonwerte eines Bilds wird die Farbwirkung durch eine Kombination von bedruckten und unbedruckten Flächen erzeugt. Ein solches Raster muß auf den Druckprozeß und das Druckmaterial angepaßt werden, dazu bedarf es einiger Vorgaben. So ist die Anzahl der Rasterpunkte pro Flächeneinheit ein wesentliches Kriterium. Die Rasterweite wird in QuarkXPress in der Maßeinheit lpi (lines per inch) angegeben. Die Einheiten lpi (lines per inch) und dpi (dots per inch) haben die gleiche praktische Bedeutung.

Bei Druckereien sind auch Rasterangaben in Linien pro Zentimeter üblich. Ein »34er Zeitungsraster« bedeutet in der Regel keine Rastereinstellung von 34 Linien pro Inch, sondern pro Zentimeter. Die Umrechnungsfaktoren: 1 Linie/cm sind ungefähr 2,54 lpi, 1 lpi entspricht 0,39 Linien/cm.

Weiterhin sind Rasterwinkel und letztlich auch die Form des Rasterpunkts von Bedeutung. Dieser Menüpunkt steht nur für Graustufen-Tiffs zur Verfügung.

Ist ein Graustufen-TIFF in einen Rahmen geladen und mit dem Inhalt-Werkzeug markiert, können Sie über den Menüeintrag *Stil/Raster* (Tastaturbefehl ⌘+⇧+H) in der Dialogbox BILDRASTER die Rastereinstellungen für die Druckausgabe einstellen. In den drei angezeigten Popup-Menüs erscheint jeweils die Einstellung STANDARD. Dies bedeutet, daß das betreffende Bild mit einer RASTERWINKELUNG von 45 Grad und dem PUNKTRASTER ausgegeben wird. Als Rasterweite wird die Rastereinstellung des Druckers beim Ausdruck übernommen.

In den drei Popups ist sowohl die Auswahl von Voreinstellungen aus der Liste als auch die Eingabe eigener Werte möglich.

Die Rasterfrequenz ist nicht identisch mit der Auflösung des Ausdrucks. Der Drucker (oder Laserbelichter) benötigt für die Darstellung eines Tonwerts mehrere Punkte der Druckerauflösung. Um die in PostScript möglichen 256 Tonwertabstufungen zu erzielen, wird eine Matrix von 16x16 Punkten benötigt. Daraus folgt, daß für die Wiedergabe eines 60 lpi-Halbtonbilds bereits eine Auflösung von 480 lpi im Ausgabegerät erforderlich ist. Um 16 Graustufen wiederzugeben, ist nur eine Matrix von 4x4 Punkten erforderlich. Hier können Sie mit einem 400 dpi-Laserdrucker noch eine theoretische Auflösung von 100 dpi erzielen. In der Praxis setzt die Körnigkeit der Tonerpartikel jedoch bereits eher Grenzen. Eine Faustregel: Je höher die gewünschte Rasterfrequenz, desto weniger Tonwertstufen lassen sich wiedergeben.

Im Popup WINKEL kann die Winkelung für den Rasteraufbau eingetragen werden. Der mögliche Wertebereich: von −360 bis 360 Grad, in 0,001 Grad-Schritten. Der Vorgabewert von 45° verringert die optische Rasterwirkung des Druckergebnisses.

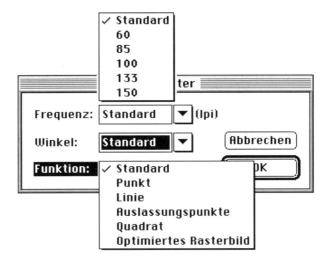

Bild 4.169: Über diese Dialogbox können die Einstellungen festgelegt werden, die die Umsetzung des Halbtonbilds in ein Rasterbild betreffen.

Im Popup FUNKTION bestimmen Sie die Punktform des Halbtonrasters. Hier stehen Ihnen die Formen PUNKT, LINIE, AUSLASSUNGSPUNKTE und QUADRAT zur Verfügung. Die Einstellung OPTIMIERTES RASTERBILD generiert ein spezielles Raster, damit Bilder auf einem Laserdrucker optimiert ausgegeben werden können. Diese Vorgabe ist besonders darauf abgestimmt, Mehrfachkopien mit Fotokopierern zu erstellen.

Rasterpunktformen werden besonders bei geringer Auflösung des Druckbilds deutlich. Mit ihnen lassen sich interessante Effekte erzielen.

Bilder einfärben

Alle Schwarzanteile von Graustufen-TIFF-Bildern und Strich-Bitmap-Grafiken können in QuarkXPress eingefärbt und in ihrem Tonwert verändert werden. Diese Möglichkeiten stehen zur Verfügung, wenn ein entsprechendes Bild mit dem Inhalt- oder Objekt-Werkzeug markiert ist. Das Menü *Stil* bietet dann Zugriff auf die Funktionen *Farbe* und *Tonwert*.

Über *Stil/Farbe* können Sie aus der aktuellen Farbpalette eine Farbe auswählen, in der dann alle Schwarzanteile des betreffenden Bilds ausgegeben werden.

Der *Tonwert*, mit dem die betreffende Farbe auf das Bildobjekt aufgetragen wird, kann von 0% bis 100% in Schritten von 0,1% festgelegt werden.

Tonwertdefinitionen hellen das Bild auf. Wenn ein Graustufenbild mit einem Tonwert von 50% Schwarz eingefärbt wird, halbieren sich die bisherigen Tonwerte. Zum Beispiel wird aus Bereichen mit 50%iger Tönung ein 25%-Wert.

Handling von modifizierten oder fehlenden Bildern

Wie bereits im Abschnitt »Bild laden« dargelegt, bindet QuarkXPress TIFF- und EPS-Dateien nicht in das Dokument mit ein. Es wird lediglich eine Bildschirmdarstellung als Voransicht aufgenommen und der Dateiname mit den Pfadangaben festgehalten.

Bilderliste anzeigen und bearbeiten

Durch Eingabe des Menübefehls *Hilfsmittel/Verwendung* öffnet sich eine Dialogbox. Mit einem Klick auf den Reiter der Registerkarte BILDER werden in einem scrollbaren Listenfeld alle Informationen angezeigt, um die Bildeinbindung zu überprüfen und notwendige Aktualisierungen vorzunehmen.

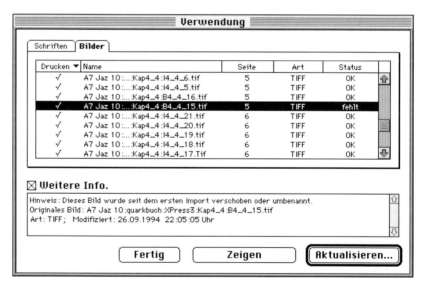

Bild 4.170: Die Dialogbox VERWENDUNG *zeigt auf der Registerkarte* BILDER *alle im Dokument enthaltenen Bilder und deren Status tabellarisch an.*

Die Tabelleneinträge und deren Bedeutung im einzelnen:

Drucken
Ein Haken in der Spalte DRUCKEN bedeutet, daß dieses Bild bei einer Druckausgabe mit ausgegeben wird. Um die Ausgabe eines Bilds zu unterdrücken, genügt ein Klick in die Spalte DRUCKEN, QuarkXPress entfernt das Häkchen. Diese Optionen können auch über das in der Spaltenüberschrift angeordnete Popup durch Auswahl von EIN oder AUS gesteuert werden.

Beachten Sie, daß ein versehentlicher Mausklick an dieser Stelle fatale Folgen haben kann. Überprüfen Sie deshalb vor der Druckausgabe, ob für alle Bilddateien die Optionen korrekt gesetzt sind.

Name
Die Spalte NAME informiert über den Ordner, in dem sich das Bild befand, als es in das Dokument geladen wurde. Der letzte Eintrag im Namensfeld ist der Dateiname.

Seite
In der Spalte SEITE zeigt QuarkXPress die Seitenzahl an, auf der sich das Bild befindet. Ist der Seitenziffer ein Pfeilsymbol vorangestellt, befindet sich das Bild auf der Arbeitsfläche bei der genannten Seite.

Art
Die Spalte ART informiert über das Dateiformat des Bilds.

Status
In der Spalte STATUS wird angezeigt, ob für QuarkXPress das in der Datei eingebundene Bild mit dem Ursprungsbild identisch ist. Haben sich seit dem Importieren des Bilds keine Änderungen ergeben, erscheint die Statusanzeige »OK«. Kann QuarkXPress das Bild nicht finden, weil es sich nicht mehr im Ursprungsordner befindet oder inzwischen umbenannt wurde, erscheint die Anzeige FEHLT. Zeigt die Statusspalte MODIFIZIERT, dann ist die Ursprungsdatei verändert worden. QuarkXPress erkennt dies an Datum, Uhrzeit oder Dateigröße.

Unter der Tabelle befindet sich die Checkbox WEITERE INFO. Ist diese Option markiert, werden ausführliche Informationen zu jedem in der Liste mit dem Mauszeiger markierten Bild angezeigt. Angezeigt wird die komplette Pfadinformation, einschließlich des Dateinamens. Des weiteren wird informiert über Dateigröße, Änderungsdatum/Uhrzeit und die Abmessungen bezogen auf die Bildauflösung. Der letzte Eintrag in der Informationsliste beschreibt die Farbtiefe.

Unter der Tabelle befinden sich die Buttons AKTUALISIEREN und ZEIGEN. Um sich ein Bild aus der Übersicht anzeigen zu lassen, markieren Sie den Listeneintrag mit dem Mauszeiger und klicken dann auf »Zeigen«. Das Bild wird dann in der linken oberen Ecke des Dokumentfensters dargestellt. Auch um ein Bild zu aktualisieren, muß der Eintrag markiert sein. Ein Klick auf AKTUALISIEREN zeigt eine Datei-Dialogbox an. Hier wird das zu aktualisierende Bild ausgewählt und neu geladen, es ersetzt das Bild im Dokument. Bei Aktualisierung bleiben die Bildmodifikationen erhalten. Skalierfaktoren oder Helligkeitsänderungen werden genauso auf die neue Datei angewandt, wie auf das alte Bild. Diese Veränderungen werden nur dann nicht übernommen, wenn sich die Größe des Bilds verändert hat. Der Button FERTIG bestätigt die Aktion und schließt die Dialogbox.

Dieser Informationsbereich ist vor allem deshalb hilfreich, weil eindeutig festgestellt werden kann, ob auch die aktuellste Version des Bilds im Dokument zugewiesen ist. Da Bilder ja nur über Pfadverweise eingebunden sind, kann es passieren, daß an einem Bild Retuschen oder Kontraständerungen vorgenommen wurden, letztlich aber doch ein älteres Duplikat im Dokument zugewiesen ist.

Natürlich kann es immer wieder passieren, daß beim Aktualisieren von Bildern Fehler entstehen. Wurden z.B. falsche Bilder zugewiesen, dann können Sie diesen Vorgang nicht mehr rückgängig machen. Sie müssen das richtige Bild neu laden. Hilfreich kann es in diesem Fall sein, vor Beginn der Bildaktualisierung die Dokumentdatei zunächst zu sichern, um bei fehlerhafter Aktualisierung die zuletzt gespeicherte Version wieder zu aktivieren.

Holen Sie sich vor dem Aktualisieren durch die Funktion »Zeigen« das betreffende Bild in den Anzeigebereich des Bildschirms, um unter optischer Kontrolle die Wirkung der Aktualisierung zu überprüfen. Durch Größenänderung des Bilds oder falsche Zuordnung eines Bilds können bei diesem Vorgang schnell Fehler entstehen.

Voreinstellung für Bildaktualisierung

Das Verhalten von QuarkXPress bei fehlenden oder modifizierten Bildern läßt sich auch durch Voreinstellungen in der Dialogbox VORGABEN-ALLGEMEIN (*Bearbeiten/Vorgaben/Dokument*) beeinflussen. Im Listenfeld AUTOM. BILD-IMPORT stehen drei Optionen zur Wahl.

Aus

Die Option AUS unterdrückt die automatische Aktualisierung von modifizierten Bildern.

Ein

Die Option EIN führt die Aktualisierung automatisch beim Laden des Dokuments aus.

Mit Bestätigung

Ist die Option MIT BESTÄTIGUNG aktiviert, so fragt QuarkXPress beim Laden der Dokumentdatei nach, ob eine modifizierte Bilddatei aktualisiert werden soll.

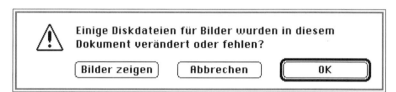

Bild 4.171:
Ist das Bild im angegebenen Ordner nicht zu finden, wird ein Warnhinweis angezeigt, und das fehlende Bild kann aktualisiert werden.

Stellt QuarkXPress beim Erstellen der Druckdatei fest, daß ein Bild modifiziert wurde oder fehlt, erscheint automatisch die Bildübersicht mit den betroffenen Bildern. An dieser Stelle müssen Sie entscheiden, ob Sie ungeachtet der fehlenden oder modifizierten Bilder den Druck fortsetzen oder zuvor aktualisieren wollen.

QuarkXPress sucht Bilder, die nicht im angegebenen Pfad vorhanden sind als nächstes in dem Verzeichnis, aus dem das Dokument geladen wurde. Sind die Bilder dort vorhanden, werden sie korrekt in den Druckvorgang eingebunden. Es ist daher zweckmäßig, wenn Sie von einem anderen QuarkXPress-System Daten übernehmen, diese in ein gemeinsames Verzeichnis zu spielen.

4.5 Farben verwenden

Der Einsatz von Farbe bei Druckstücken erfreut sich zunehmender Beliebtheit. Durch den gezielten Einsatz farbiger Elemente kann jedes Druckstück und jede Bildschirmpräsentation optisch aufgewertet werden. Nun erhöht aber die Produktion von farbigen Druckvorlagen die Anforderungen an die Druckvorlagen. Die Frage ist also, ob die entsprechenden Programmfunktionen der eingesetzten Software professionellen Ansprüchen genügen.

Der Umgang mit Farbe war schon immer die große Stärke von Quark XPress. In diesem Kapitel werden die Farbfunktionen von Quark XPress beschrieben.

Licht- und Körperfarben

Je nach Erzeugung einer Farbwirkung sprechen wir von einer additiven oder subtraktiven Farbmischung. Beide Farbsysteme gehen von unterschiedlichen physikalischen Gesetzmäßigkeiten aus, ein Ziel der Computergrafik ist die Anpassung dieser beiden Systeme.

Additive Farben

Lichtfarben (additiv) ergeben sich aus einer Spektralzerlegung von ideal weißem Licht. Wenn ein Lichtstrahl nicht senkrecht auf ein Prisma fällt, wird dieser Strahl in unzählige Farbnuancen des Lichtfarbspektrums zerlegt. Wenn alle diese Spektralfarben wieder zu einem Strahl vereinigt würden, käme wieder weißes Licht heraus. Durch die Additivität kann dieses weiße Licht jedoch auch durch drei Grundfarben erzeugt werden: Rot, Grün und Blau in einem genau definierten Spektralbereich. Nach diesem Verfahren arbeiten Monitor- und Fernsehbildröhren. Das Fehlen einer dieser Grundfarben verschiebt den Farbwert des Strahls. Fehlt z.B. Blau, entsteht aus Grün und Rot eine gelbe Farbwirkung. Aber auch die Verringerung der Intensität bewirkt eine Farbverschiebung: Der hellste Lichtstrahl bestimmt die Tönung. Sind alle Strahlen ausgeschaltet, erhalten wir Schwarz.

Subtraktive Farben

Körperfarben entstehen nach einem anderen Prinzip. Die meisten Körper reflektieren einen Teil vom darauffallenden Licht, der andere Teil wird absorbiert. Die Farbwirkung entsteht durch die vom Objekt reflektierten Farben. In diesem Zusammenhang wird von Körperfarben oder einer »subtraktiven Farbmischung« gesprochen, da die Farbwirkung aus einer Reduktion des eingestrahlten Lichts entsteht. Die Erzeugung von Körperfarben ist einfacher als die von Lichtfarben. Wir benötigen kein Objekt, das selbst Licht aussendet, sondern nur eine entsprechend absorbierende Oberflächenbeschichtungen. Die Oberflächenbeschichtungen sind bekannt: Als Druckfarben haben wir täglich in der einen oder anderen Form damit zu tun.

Auch hier hat sich ein System gebildet, das sich leicht mit einem Tuschkasten überprüfen läßt. Mit drei idealen Farben Rot, Gelb und Blau kann fast jeder denkbare Farbton erzielt werden. Hier ergibt das Mischen aller Grundfarben jedoch kein Weiß, sondern Schwarz, da ja alle reflektierenden Lichtbestandteile durch die Grundfarben absorbiert werden.

Interessanterweise stellen die idealen Farben die Komplementärfarben zu den Lichtfarben dar: Wenn Gelb und Blau gemischt werden, absorbieren die Gelbanteile den blauen Lichtfarbanteil, Blau absorbiert die rote Lichtfarbe. Übrig bleibt Grün.

Natürlich kann nicht jedes Rot, Blau oder Gelb eingesetzt werden. Die genormten Bezeichnungen für die subtraktiven Farbkomponenten lauten Magenta, Cyan und Gelb. Mit diesen Farben kann ein Drucker alle Farben des Körperfarbspektrums wiedergeben, in der Regel wird mit Hilfe von Schwarz eine bessere Kontrastwiedergabe erreicht, so daß wir vom Vierfarbsystem sprechen. Unterschiedliche Farbtöne werden durch Übereinanderdrucken der einzelnen Farbkomponenten mit unterschiedlichen Tonwerten, die durch Rasterung erzielt werden, erreicht.

An dieser Erläuterung wird deutlich, daß weitere Aspekte eine wesentliche Rolle bei der Farbwiedergabe spielen: Nur ideal weißes Papier oder gar ein idealer Spiegel sind in der Lage, die geforderten Reflektionswerte zu erreichen, die Grundlage für dieses Farbsystem sind. Weiterhin muß auch von vollständig transparenten Druckfarben ausgegangen werden, damit diese nicht zu Verfälschungen bei der Weitergabe von einer Schicht zur nächsten führen. Diese idealen Bedingungen sind in der Realität nicht zu erreichen, bei jeder Färbung muß also mit Farbverschiebungen gegenüber dem theoretischen Ergebnis gerechnet werden.

Diesen Farbverschiebungen kann auf unterschiedliche Art und Weise begegnet werden. Während das Vierfarbsystem für die Wiedergabe unterschiedlichster Farbnuancen (z.B. Farbfotos) bestens geeignet ist, lassen sich bei zwei- oder dreifarbigen Druckstücken besser Schmuckfarben einsetzen. Diese Schmuckfarben werden extra angemischt, um einen bestimmten Farbton zu erzeugen. Durch Einsatz von deckenden Farbkomponenten können Einflüsse des zu bedruckenden Materials ausgeglichen werden. Diese Schmuckfarben erscheinen im Druck reiner als Mischungen nach dem Vierfarbsystem und können auch eingesetzt werden, um z.B. durch Metallic-Farben Spezialeffekte zu erzielen.

Um reproduzierbare Farbwirkungen zu erzielen, müssen die Farben systematisch verwaltet werden. Dies geschieht mit Hilfe sogenannter Farbsysteme.

Farbsysteme im Überblick

Die Anforderungen an die Farbverarbeitung sind vielfältig. Je nach späterer Weiterverarbeitung des in QuarkXPress erzeugten Dokuments bieten sich unterschiedliche Farbsysteme an, um den Farbaufbau für das spätere Druckergebnis zu optimieren.

Pantone-Farben

Im Schmuckfarbbereich existiert das Pantone-System, das nicht nur in Deutschland, sondern international weit verbreitet ist. Das Pantone-Schmuckfarbensystem besteht aus reinen Farben mit genormten Farbwerten, jede dieser Farben ist durch eine Nummer eindeutig gekennzeichnet. Dieses Farbsystem ist nicht nur für den Offsetdruck, sondern z.B. auch für Siebdruck oder Textilien eindeutig definiert. Entsprechende Farbbücher oder -fächer lassen sich im Fachhandel gesondert erwerben, sind aber nicht ganz billig, weil jedes Farbfeld mit einer separaten Farbe gedruckt wird.

CMYK-Farben

Auch im Skalenfarbbereich stehen mehrere Farbsysteme zur Wahl. Das CMYK-Farbsystem ist das gängigste substraktive Farbsystem zur Ausgabe von Farbdrucken. Farbtöne werden durch die Zerlegung in die vier genormten Grundfarben Cyan, Magenta, Gelb und Schwarz (Cyan, Magenta, Yellow und Kontrast) erzeugt. Für jeden Farbanteil wird ein eigener Film und auch ein eigener Druckdurchgang benötigt. Bei speziellen Farbanforderungen (z.B. Metallic-Effekte) versagt dieses System – hier ist ein weiterer Druckdurchgang mit einer zusätzlichen Schmuckfarbe erforderlich. Beim Unbuntaufbau werden gleiche Anteile der Buntfarben reduziert und durch einen entsprechenden Schwarzwert ersetzt. Ein Beispiel: Die Farbmischung C 100%, M 35%, Y 50% und K 10% kann durch eine unbunte Mischung von C 65%, M 0%, Y 15% und K 45% ersetzt werden, die fehlenden 35% bei den Grundfarben werden im Schwarz aufgenommen. Damit verringert sich die zu verdruckende Farbe, eine der Buntfarben entfällt. Der Unbuntaufbau kann auch als teilweise Buntfarbenersetzung durchgeführt werden, wenn die EfiColor-XTension installiert ist.

High-fidelity Farben (Hexachrome)

Im herkömmlichen CMYK-4C-Farbdruck können gegenüber dem RGB-Farbraum Farben nicht so intensiv und leuchtend wiedergegeben werden. Dies hat technische Ursachen, da mit den Möglichkeiten des 4C-Drucks nur ein deutlich kleinerer Farbraum abgedeckt werden kann.

Um die Unterschiede zwischen beiden Farbräumen zu veranschaulichen, mischen Sie einfach in einem Bildbearbeitungsprogramm im RGB-Modus ein leuchtendes Rot und ein leuchtendes Blau. Wandeln Sie diese Farben dann in CMYK. Beide Farben wirken nun lange nicht mehr so leuchtend, sondern gräulich dunkel.

Bei der neuen Prozeßfarbentechnologie »High-fidelity« werden mehr als die herkömmlichen vier Farben verwendet, um Farben wiederzugeben. Damit können auch Farben erzeugt und drucktechnisch umgesetzt werden, die den RGB-Farbraum übertreffen und auch Volltonfarben besser simulieren können. In QuarkXPress entspricht das Pantone-Hexachrome-Farbsystem der neuen Prozeßfarbentechnologie.

Multi-Ink Farben

Dieses Farbmodell ist ein spezielles Farbmodell von Quark. Es gestattet die Einrichtung von Mischfarben auf der Basis von Vollton- und/oder Prozeßfarben. Dadurch ist es nicht mehr erforderlich, z.B. Mischfarben, die aus Volltonfarben bestehen, durch Prozeßfarben zu simulieren, um die für den Druck erforderlichen Farbauszüge zu erzeugen. Diese Farben werden nun auch auf dem Bildschirm entsprechend dargestellt. Sie können auch in digitalen Proofverfahren recht gut simuliert werden.

Beachten Sie, daß vor dem Einsatz dieses Farbmodells die technischen Auswirkungen mit dem Belichtungsstudio oder der Druckerei besprochen werden sollten.

Focoltone-, TrueMatch- und Pantone-Spot-Farben

Diese Farbpaletten basieren auf den Skalenfarben. Hierbei handelt es sich um Zusammenstellungen exakt definierter Farbzusammensetzungen im CMYK-System. Alle in QuarkXPress definierten Farbzusammenstellungen dieser drei Typen lassen sich exakt separieren. Focoltone-Farben sind so definiert, daß jeweils mindestens 10% eines Farbwerts in den anderen Farbdefinitionen enthalten sind. Damit verringert sich die Gefahr von Blitzern im Druck, Über- und Unterfüllungen lassen sich einfacher definieren.

Das HSB-Farbsystem

Das HSB-Modell erzeugt Farben durch Einstellungen zu Grundfarbe (»Hue«), Sättigung (»Saturation«) und Helligkeit (»Brightness«). Die Grundfarben (reine Farben) werden dabei auf einem Kreis angeordnet, jeder Winkel steht für einen anderen Farbwert. Je weiter man sich mit dem Farbwähler dem Mittelpunkt nähert, desto größeren Einfluß haben die anderen Farben auf den Mischton, die Sättigung nimmt ab. Der Helligkeitswert wird durch eine dritte Einstellung erzeugt. Je nachdem, wie hell die gewünschte Farbe erscheinen soll, werden Kontrastwerte (Schwarz) zugemischt oder Tonwerte verringert.

Das RGB-Farbsystem

Nach dem RGB-Farbsystem werden Bilder auf Monitoren und Fernsehern aufgebaut. Aus den drei Grundfarben Rot, Grün und Blau wird jede mögliche Lichtfarbe gemischt. 100% Einstellungen für Rot (in QuarkXPress ein Intensitätswert von 256), Grün und Blau ergeben Weiß, 0% für alle drei Farben erzeugt Schwarz. Auch Farben, die nach diesem Modell erzeugt wurden, setzt QuarkXPress bei entsprechenden Einstellungen in das CMYK-System um.

Das LAB-Farbsystem (CIELAB)

Beim LAB-Farbenmodell – auch CIELAB genannt – , handelt es sich um ein System, das vom CIE (Internationale Farbkommission) entwickelt wurde, um einen systemunabhängigen Farbraum zu definieren. Farben werden hier durch eine Helligkeits- und zwei Farbkomponenten beschrieben. Das LAB-Farbmodell ist Grundlage zahlreicher Farbmanagementsysteme – sie dienen zum Angleichen der unterschiedlichen Wiedergabeeigenschaften von Farbeingabe- und Ausgabesystemen. Ausführliche Informationen zum Thema Farbmanagement finden Sie am Ende dieses Kapitels.

Farbpalette bearbeiten

Wenn ein neues Dokument mit QuarkXPress angelegt wird, dann werden in diesem Dokument auch die in der Standard-Farbpalette enthaltenen Farben eingerichtet. Zusätzlich können natürlich weitere Farben erzeugt oder vorhandene Farben verändert werden. Alle Farben, die in der Farbpalette definiert sind, lassen sich auf QuarkXPress-Elemente anwenden.

Bei der Festlegung oder Auswahl von Palettenfarben stehen neben den Bearbeitungsfunktionen zur Erstellung von Farben RGB, HSB und CMYK auch die genormten Farbtabellen des Pantone-Matching-Systems, Trumatch-, Focoltone-, TOYO- und DIC-Farbsystems zur Verfügung. Auf die verschiedenen Funktionen zur Erstellung und Bearbeitung von Farben kann über die Dialogbox FARBEN zugegriffen werden.

Farben nach den vordefinierten Farbtabellen lassen sich nicht ändern, wohl aber als Grundlage für die Definition eigener Farbwerte einsetzen.

Die Dialogbox FARBEN wird durch Aufruf von *Bearbeiten/Farben* geöffnet. In der Dialogbox sind verschiedene Bereiche eingerichtet, die neben der Anzeige der aktuellen Farbenliste den Zugriff auf Bearbeitungsfunktionen ermöglichen.

Bild 4.172:
Zur Einrichtung und Bearbeitung der Farbenpalette dient die Dialogbox FARBEN.

Wenn die Farbpalette angezeigt wird, öffnet ein Klick auf einen Farbeintrag mit gehaltener ⌘-Taste ebenfalls diese Dialogbox.

Das Popup-Menü ZEIGEN enthält Optionen, die die Anzeige der Farbenliste beeinflußt. Je nach Optionswahl wird im darunter befindlichen scrollbaren Listenfeld die Farbauswahl angezeigt. Während ALLE FARBEN die Gesamtheit aller im Dokument bereits angelegten Farben darstellt, reduzieren die Optionen VOLLTONFARBEN, PROZESSFARBEN, MULTI-INK FARBEN, FARBEN IN GEBRAUCH und FARBEN NICHT IN GEBRAUCH die Anzeige entsprechend.

Da QuarkXPress im Namensfeld das Farbmodell nicht anzeigt, erhält der Anwender durch das Popup-Menü »Zeigen« die Möglichkeit, z.B. CMYK-Farben, die durch fehlerhafte Eingabe als Volltonfarben (zusätzliche Sonderfarben) ausgegeben würden, aufzuspüren.

Unterhalb der scrollbaren Farbenliste ist ein weiteres scrollbares Informationsfeld eingerichtet. Wird mit dem Mauszeiger ein Eintrag in der Farbenliste markiert, werden in diesem Bereich die Einstellungen für diese Farbe angezeigt.

Neue Farbe einrichten

Die Buttons NEU, BEARBEITEN oder DUPLIZIEREN aktivieren die Dialogbox FARBE BEARBEITEN.

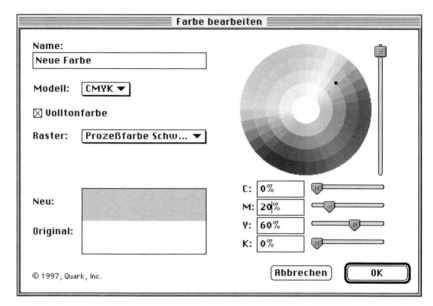

Bild 4.173:
Die Dialogbox FARBEN BEARBEITEN stellt alle Funktionen bereit, die für die Einrichtung und Modifikation von Farben erforderlich sind.

Beim Anlegen einer neuen Farbe ist die Eingabe eines Farbnamens im Feld NAME erforderlich. Bei Auswahl aus einem der möglichen Standardfarbsysteme wird der Name der gewählten Farbe in das Namensfeld übernommen. Die vorgegebene Farbbezeichnung kann verändert werden.

Hinweise zur Benennung von Farben

Wenn es auch keine festen Regeln für die Namensgebung von Farben gibt, so sollten Sie in jedem Fall bedenken, daß sinnvolle Namen geeignet sind, den Überblick im Dokument zu behalten, insbesondere im Workgroup Publishing. Hierzu einige Anregungen:

❏ Um im späteren Druck eine Sonderfarbe als Volltonfarbe aus einem vordefinierten System einzusetzen, brauchen Sie die Farbbezeichnung nicht zu ändern. Auf dem belichteten Farbauszug wird später diese Farbbezeichnung als Farbauszugsname mit angegeben. Sie erhalten so eine eindeutige Kennzeichnung des Farbfilms und eine zusätzliche Information für den Drucker.

❏ Wird eine Vielzahl von unterschiedlichen CMYK-Farben benötigt, ist es hilfreich, die Definition der Farbzusammensetzung im Namen aufzunehmen. So kann jederzeit erkannt werden, wie sich die Farbe zusammensetzt. Im Bedarfsfall erkennen Sie bei diesem Vorgehen sofort, ob eine neue Farbe definiert werden muß, ob diese bereits in der Farbpalette vorhanden ist oder ob ein Tonwert eingesetzt werden kann. Beispiel: C040M020Y010K030.

❏ Denkbar sind auch sinnvolle Namen, die einen gedanklichen Bezug zum Einsatz im Layout haben. Wird z.B. in allen Rubriken einer Publikation eine bestimmte Farbe eingesetzt, können Sie diese Farbe als »Rubrik« bezeichnen.

❏ Beachten Sie bei der Namensvergabe, daß Namen in der Farbenpalette gemäß den alphanumerischen Sortierregeln angeordnet werden. Durch Voranstellen eines Zeichens haben Sie die Möglichkeit, zusammengehörende Farben auch in der Farbpalette zusammenzufassen.

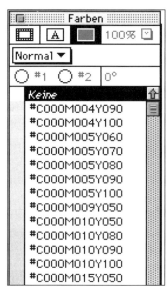

*Bild 4.174:
Beispiel für eine sortierte Farbenpalette mit aussagefähigen Namen.*

Die Steuermöglichkeiten der Farbdialogbox im Überblick:

Name
Enthält die Bezeichnung des Farbtons.

Modell
Dieses Popup-Menü zeigt an, nach welchem Farbsystem die aktuelle Farbe definiert wurde. Das Farbmodell beeinflußt auch die Anzeige des Farbwählers und der Steuerflächen zur Farbdefinition.

Volltonfarbe
Diese Checkbox legt fest, ob die gewählte Farbe als Schmuckfarbe oder als Mischung nach dem CMYK-System angelegt wird.

Raster
Dieses Popup ist nur aktiv, wenn VOLLTONFARBE aktiviert ist. Sie können aus der Liste auswählen, mit welcher Rasterwinkelung die betreffende Farbe ausgegeben wird. Dabei haben Sie die Wahl zwischen den Farben Cyan, Magenta, Gelb und Schwarz. Hinter jeder dieser Farben verbirgt sich eine bestimmte Winkelung. Diese Winkelung ist in der Druckerbeschreibungsdatei für das jeweilige Ausgabegerät festgelegt.

Standardwinkelungen:

Cyan	105°/15°
Magenta	75°
Gelb	90°/0°
Schwarz	45°

Diese Angabe steht standardmäßig auf PROZESSFARBE SCHWARZ. Damit ist sichergestellt, daß gerasterte Volltonfarben mit der Winkelung von 45° ausgegeben werden. Diese Winkelung in Rastertonflächen oder Rasterbildern wird vom Auge am wenigsten als störend empfunden, da sich die erzeugten Bildpunkte gleichmäßig nach links und rechts aufbauen.

Neu:/Original:
Im oberen Bereich des Farbvorschaufelds wird die aktuell gewählte Farbe dargestellt. Darunter, im Bereich ORIGINAL, zeigt QuarkXPress den Farbwert, der beim Öffnen der Dialogbox voreingestellt war.

Farbkreis
Im Farbkreis markiert ein kleines schwarzes Quadrat, welcher Farbton gerade erzielt wird. Darunter ordnet QuarkXPress Eingabefelder und Rollbalken zur Modifikation der Farbmischung an.

Farbtabellen
Bei den Systemen mit vordefinierten Farben wird anstelle des Farbkreises eine Tabelle mit Farbfeldern und Farbnamen dargestellt.

Bevor es nun an die Farbauswahl und -mischung geht, muß im Listenfeld MODELL ein Farbmodell gewählt werden.

Wählen Sie eines der Standardfarbmodelle HSB, RGB, LAB und CMYK, dann steht die Möglichkeit zur Verfügung, Farben selbst zu definieren. Dafür werden unten rechts in der Dialogbox Eingabefelder und Schieberegler angezeigt, die eine numerische Eingabe oder Definition mit der Maus zulassen.

In den Farbsystemen HSB, LAB und RGB bietet QuarkXPress die Möglichkeit, den Farbton im angezeigten Farbenkreis durch einen Klick festzulegen. Der nebenstehende Scrollbalken bestimmt die Helligkeit der gewählten Farbe. Die Werte werden dann in entsprechende Eingabefelder übertragen.

Wenn Sie unsicher sind, in welchem Farbmodell Sie arbeiten sollen, fragen Sie Ihren Drucker. In der Regel ist CMYK eine gute Wahl. Dies ist das Farbsystem, in dem die Druckindustrie denkt und arbeitet. Die Entscheidung, ob die Farbe als Vollton- oder Prozeßfarbe gedruckt wird, müssen Sie erst beim Ausdruck treffen.

Die möglichen Farbmodelle sind:

- ☐ Das Standardmodell zur Farbmischung für den Vierfarbdruck ist »CMYK«. In diesem Modell können die Farben durch Mischung von Cyan, Magenta, Gelb und Schwarz erzeugt werden. Dieses System hat, zumindest wenn es um Dokumente mit vielen farbigen Bestandteilen oder Farbabbildungen geht, die größte Verbreitung. Durch die Eingabe von Prozentwerten wird die Zusammensetzung der Mischfarbe in den Feldern C:, M:, Y: und K: festgelegt.

- ☐ Multi-Ink ist das Farbmodell, das zur Anwendung kommt, um Volltonfarben miteinander oder Volltonfarben mit Prozeßfarben zu mischen. Eingerichtet wird eine Multi-Ink-Farbe, indem zunächst die für die Mischfarbe benötigten Vollton- oder Prozeßfarben erzeugt werden. Mit einem Klick auf NEU wird dann in der Dialogbox FARBEN BEARBEITEN im Namensfeld der entsprechende Eintrag vorgenommen.

Da QuarkXPress das Farbmodell nicht durch spezielle Stilkennzeichnung des Farbnamens kenntlich macht – wie dies z.B. in Grafikprogrammen wie »Freehand« üblich ist – sollten Sie eine entsprechende Kennzeichnung durch Buchstaben vornehmen. Ein Beispiel: »M Frühlingsgrün«. Dies führt auch dazu, daß in der Farbenliste die verschiedenen Farbenmodelle zusammenhängend aufgelistet werden.

Nun wird im Popup-Menü MODELL die Option MULTI-INK gewählt. In der Farbenliste werden je nach Einstellung des Popups PROZESSFARBEN neben den definierten Vollton- und Prozeßfarben im Falle der Option CMYK zusätzlich die 4C-Prozeßfarben gelistet. Wird die Option HEXACHROME gewählt, werden zusätzlich die Farben des 6C-Modells angezeigt. Um nun die Erzeugung der Multi-Ink-Farbe vorzunehmen, wird jeweils eine Farbe aus der Farbenliste mit dem Mauszeiger markiert und dann im Popup TONWERT ein vorgegebener Wert ausgewählt oder ein anwenderdefinierter eingestellt. Dieser Prozentwert wird dann in der Liste neben dem betreffenden Farbnamen aufgeführt. Im Farbanzeigefeld NEU wird die Mischung verschiedener Farbkomponenten angezeigt. Für jede weitere Farbe, die in die Multi-Ink-Farbe als Komponente eingebunden werden soll, muß dieser Vorgang nun wiederholt werden. OK bestätigt die Einstellungen. In der Dialogbox FARBEN werden dann noch durch Klick auf SICHERN Festlegungen im Dokument gespeichert. Sie können dann auf beliebige Texte und Objekte angewendet werden.

- ☐ Um Farben nach dem Hexachrome-Farbmodell festzulegen, benötigen Sie vordefinierte Farbtabellen. QuarkXPress stellt hier die Tabellen für »Hexachrome coated« (Farben für Druck auf gestrichenen Papieren) und »Hexachrome uncoated« (Farben für ungestrichene Papiere) zur Verfügung. Wird das entsprechende Farbmodell aus dem Popup-Menü gewählt, zeigt das Programm die möglichen Farben in einer Tabelle an. Die

Tabelle kann mittels Scrollbalken durchgeblättert werden. Wurde die gewünschte Farbe gefunden, muß mit einem Mausklick auf den Farbeintrag in der Liste die Farbeinstellung übernommen werden. Die Farbe wird im Anzeigefeld NEU dargestellt, und der Farbname wird in das Namensfeld eingetragen. OK bestätigt die Einstellungen. Soll eine 6C-Farbe zum Einsatz kommen, sprechen Sie dies zuvor mit Ihrem Belichtungsstudio und der Druckerei ab.

- RGB ist das Farbsystem, mit dem additive Farben definiert werden. Die Einstellung des Farbwerts erfolgt über die Festlegung der Farbanteile für Rot, Grün und Blau. QuarkXPress kann auch Farben, die nach diesem System angelegt wurden, in Vierfarbseparationen umsetzen. Auch hier erfolgt die Festlegung der Farbe über entsprechende Wertefelder.

- HSB ist ein Farbmodell, das eine Farbmischung aus Helligkeit, Farbton und Sättigung erzeugt. Reine Farben (FARBTON) werden auf dem Umkreis angeordnet, zur Mitte des Kreises nimmt die SÄTTIGUNG ab. HELLIGKEIT definiert den Anteil der Farbe Schwarz.

- Das LAB-Farbmodell definiert Farben in einem dreidimensionalen Farbraum. L steht hierbei für Luminanz (Helligkeit/Intensität). Die Buchstaben A und B stehen für Chrominanzkoordinaten. A entspricht dem Farbbereich GRÜN-ROT und B dem Bereich BLAU-GELB. Da durch Eingabe von Werten in die entsprechenden Felder eine Farbe exakt beschrieben werden kann, wird dieses Farbmodell häufig als Grundlage für Farbmanagementsysteme eingesetzt. Dies wird nur der Vollständigkeit halber erwähnt, in der praktischen Arbeit mit Farbe spielt dieses System bei der Mischung von Farben eine untergeordnete Rolle.

- Die anderen im Popup-Menü MODELL aufgeführten Farbsysteme PANTONE, TOYO, DIC, TRUMATCH, FOCOLTONE, PANTONE PROCESS, PANTONE PROSIM und PANTONE UNCOATED ermöglichen den Zugriff auf vordefinierte Farben, als Vollton- oder Vierfarbprozeßfarben. Die Zuordnung geschieht einfach über die Auswahl mit der Maus oder die Eingabe der Farbsystemnummer im Namensfeld.

Ist eine Farbe erst einmal definiert oder aus einer Tabelle gewählt, können Sie sich die Farbzusammensetzung durch einen Wechsel des Farbsystems im Listenfeld MODELL im neuen Farbmodell anschauen.

> **:-) TIP**
> *Soll später im Vierfarbprozeß gedruckt werden, dann sollten Sie unabhängig davon, in welchem Modell Sie die Farbe angemischt haben, diese abschließend in das Modell CMYK übertragen. Das erleichtert spätere Farbkorrekturen.*

Mit der Checkbox VOLLTONFARBE kann für jede Farbe, unabhängig vom Farbmodell, festgelegt werden, ob Vierfarbauszüge bei der Druckausgabe erzeugt oder ob die Farbe als Schmuckfarbe ausgegeben wird. Dieses Feld ist dafür verantwortlich, ob eine Farbdefinition, die in der Farbpalette enthalten ist, später im Druckdialog als mögliche Ausgabefarbe erscheint. Eine CMYK-Farbe wird hier nicht mehr aufgeführt, da diese ja über die Farbseparation generiert wird.

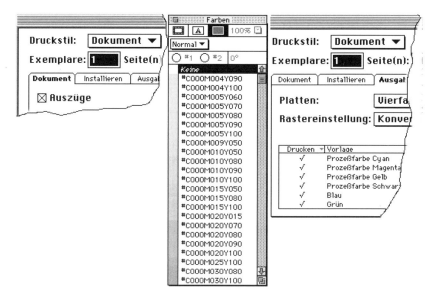

Bild 4.175: Farben, die als CMYK-Farben definiert sind, werden mit den einzelnen Farbbezeichnungen in der Farbenpalette aufgeführt. Im Druckdialog werden hingegen nur die einzelnen Mischfarben aufgeführt.

Mit einem Klick auf OK bestätigen Sie die Angaben, mit ABBRECHEN werden die Eingaben ignoriert. Auch hier müssen Sie wieder beachten, daß nach der Rückkehr in die Dialogbox FARBEN eine endgültige Übernahme der Farbdefinition in das Dokument erst dann erfolgt, wenn Sie auf SICHERN klicken.

Farben bearbeiten

Das Bearbeiten von definierten Farben unterscheidet sich nur unwesentlich vom Neuanlegen, beim Bearbeiten muß allerdings kein Farbname angegeben werden. Die Standardfarben des Vierfarbprozesses (Cyan, Magenta, Gelb und Schwarz) sowie die Farben »Paßkreuze« und »Weiß« können nicht verändert werden.

Ein Klick auf den Button BEARBEITEN öffnet die Dialogbox FARBEN BEARBEITEN. Hier haben Sie nun die gleichen Möglichkeiten, wie bereits bei der Einrichtung neuer Farben beschrieben. Hierbei gilt nur ein Unterschied: Im Feld NEU und ALT wird jeweils die alte und die neue Version der Farbdefinition angezeigt, so daß ein direkter Vergleich der Auswirkung der Farbkorrektur möglich ist. Änderungen einer Farbeinstellung werden auf alle mit dieser Farbe versehenen Dokumentobjekte übertragen.

Farben duplizieren, löschen und anfügen

Wie schon bei den Stilvorlagen stehen noch drei weitere Buttons zur Verfügung.

Duplizieren
Durch Markieren einer Farbe und Klicken auf DUPLIZIEREN wird die Definition dieser Farbe dupliziert. XPress öffnet die Dialogbox FARBEN BEARBEITEN – im Feld NAME erscheint der Name der duplizierten Farbe mit dem Zusatz KOPIE VON. Es kann nun ein neuer Name eingegeben und die Definition der Farbe nach den bekannten Regeln verändert werden.

Löschen
Durch Markieren einer Farbe und einen Klick auf LÖSCHEN wird der betreffende Farbname und die Definition dieser Farbe aus der Farbpalette entfernt. Sind im Dokument noch Gestaltungselemente enthalten, die mit dieser Farbe versehen wurden, dann wird durch eine Dialogbox eine Warnung ausgegeben. Der Vorgang kann dann durch ABBRECHEN zurückgenommen werden oder es kann aus einem Popup eine andere Farbe zugewiesen werden. Die Voreinstellung für das Ersetzen einer gelöschten Farbe ist Schwarz.

Anfügen
Mit ANFÜGEN können Sie Ihrem Dokument Farben hinzufügen, die in anderen Dokumenten bereits angelegt sind. Um das betreffende Dokument auszuwählen, stehen die bereits bekannten Möglichkeiten zur Verfügung. Dazu markieren Sie das Dokument und klicken auf OK. XPress zeigt dann die vorhandenen Farbdefinitionen in der Dialogbox FARBEN ANFÜGEN an. In der Liste VERFÜGBAR werden die in dem aufgerufenen Dokument enthaltenen Farben aufgelistet. Markierte Einträge lassen sich mit dem Pfeilsinnbild aus dieser Liste in die Liste EINSCHLIESSLICH übertragen. Ein Klick mit der Maustaste ermöglicht bei gedrückter ⌘-Taste die Mehrfachselektion von Farben aus der Liste. Ein Klick auf den Button ALLE EINSCHLIESSEN überträgt alle Farben aus der Liste. Nach dem gleichen Verfahren können aus der Liste EINSCHLIESSLICH auch Farben wieder entfernt werden. Alle markierten Farben werden nach einem Klick auf den nach links gerichteten Pfeil wieder entfernt und in der Liste VERFÜGBAR abgelegt. ALLE ENTFERNEN löscht alle in EINSCHLIESSLICH enthaltenen Farben. In den scrollbaren Listen BESCHREIBUNG werden die Einstellungen einer mit dem Mauszeiger markierten Farbe angezeigt. OK bestätigt die Aktion, ABBRECHEN schließt die Dialogbox FARBEN ANFÜGEN, ohne die Farbvorgaben auf das aktuelle Dokument zu übertragen.

Automatische Übernahme von EPS-Volltonfarben
Sind in einer EPS-Grafik Volltonfarben enthalten, so werden diese automatisch in die Farbpalette von QuarkXPress übernommen. Wenn Sie diese Farbe im QuarkXPress-Dokument verwenden, um Textstellen oder Linien in Farbe zu stellen, dann werden diese Stellen später im gleichen Farbauszug ausgegeben wie die EPS-Datei. Beachten Sie aber, daß sowohl der Name als auch die Definition der Farbe nicht mehr verändert werden dürfen. Soll die in der EPS-Datei enthaltene Farbe nicht in das Dokument übernommen werden, dann müssen Sie beim Betätigen des Import-Buttons die ⌘-Taste gedrückt halten.

Sind in der EPS-Datei Prozeßfarben enthalten, so werden diese von Quark-XPress erkannt und im entsprechenden Farbauszug bei der Druckausgabe ausgeben.

Haben Sie im Druckmenü ALLE FARBEN *angegeben, dann erzeugt QuarkXPress immer vier Farbauszüge, selbst wenn in der EPS-Datei nur eine Prozeßfarbe enthalten ist. Werden aber nur zwei Farbauszüge benötigt, dann müssen diese Auszüge einzeln ausbelichtet/gedruckt werden.*

Farben zuweisen

Das Zuweisen von Farben zu Dokumentelementen geschieht entweder über die Farbpalette, die Einträge in den Dialogboxen oder im Menü *Stil*. Nicht jedes Objekt kann gefärbt werden, so können weder die Farben von EPS-Grafiken noch von Farbbildern verändert werden. Die Möglichkeiten zur Bildveränderung sind im Kapitel 4.4 aufgeführt.

Kolorierbare Objekte

Alle im Dokument verfügbaren Farben können genutzt werden, um Buchstaben, Rahmenhintergründe, Rahmenlinien, Linien, Absatzlinien und die Schwarzanteile in Strich- und Halbtonbildern einzufärben. Die Sättigung der Farben kann durch die Tonwerteinstellungen von 0% (Weiß) bis 100% (Vollton) in 0,1% Schritten festgelegt werden.

Die Farbzuordnung kann generell über den Menübefehl »Farbe« vorgenommen werden. Handelt es sich um Textzeichen, Linien oder Bilder, dann wird der Farbbefehl über die jeweiligen Stil-Menüs erreicht. Rahmenhintergründe werden in den Farbeinstellungsfeldern der Dialogbox OBJEKT-MODIFIZIEREN zugewiesen und Rahmenränder über die Randstilfestlegung.

Die Menübefehle im Überblick:

Aktion	Menübefehl
Textzeichen einfärben	Stil/Farbe, Stil/Tonwert
Halbton-/Strichbilder einfärben	Stil/Farbe, Stil/Tonwert
Linien einfärben	Stil/Farbe, Stil/Tonwert
Absatzlinien einfärben	Stil/Linien ... Farbe, Stil/Linien ... Tonwert
Rahmenhintergrund einfärben	Objekt/Modifizieren ... Farbe Objekt/Modifizieren ... Tonwert
Rahmenränder einfärben	Objekt/Randstil festlegen ... Farbe Objekt/Randstil festlegen ... Tonwert

Arbeit mit der Farbenpalette

Die meisten der zuvor aufgeführten Farbzuweisungen sind auch über die Farbpalette möglich. Die Farbpalette wird aufgerufen über den Menübefehl *Ansicht/Farben* (Tastaturkürzel F12). Direkt unter dem Palettentitel sind drei Symbole angeordnet, durch deren Aktivierung der Bereich gewählt werden kann, auf den sich die Farbzuweisung bezieht. Darunter zeigt QuarkXPress die Farbauswahlliste. In den einzelnen Zeilen wird jeweils links die Farbe, rechts daneben der Farbname angezeigt.

Um Farben mit der Farbpalette zuzuweisen, sind zwei grundsätzliche Arbeitsweisen möglich.

Grundsätzlich kann eine Farbe durch Mausklick zugewiesen werden. Dazu muß ein Objekt markiert und der Wirkungsbereich mit Hilfe der zu Beginn der Palette befindlichen Sinnbilder für Rand, Text und Hintergrund festgelegt werden. Auch die Zuweisung eines Tonwerts ist nach diesem Verfahren möglich.

Zunächst muß der betreffende Rahmen mit dem Objekt-Werkzeug aktiviert werden. Soll sich die Farbzuweisung auf den Randstil eines Text- oder Bildrahmens beziehen, dann markieren Sie das linke Rechteck-Symbol. Wird nun mit dem Mauszeiger auf eine Farbe der Farbpalette geklickt, wird diese dem Rahmenrand zugewiesen. Durch Veränderung des Prozentwerts rechts neben den Schaltflächen (Wertebereich von 0% bis 100 % in 0,1 %-Schritten) oder Auswahl aus dem sich dort bei einem Mausklick auf den rechts liegenden Pfeil öffnenden Listenfeld wird die Farbe auf den gewünschten Tonwert eingestellt.

Das zweite Rechtecksymbol verändert sich entsprechend des markierten Rahmenobjekts. Um diese Schaltfläche anwählen zu können, muß das Inhalt-Werkzeug aktiv sein. Bei einem Textrahmen erscheint ein »A« im Rechteck, ein aktiver Bildrahmen ergibt als Symbol das gekreuzte Rechteck, eine Linie wird als Strich dargestellt. Soll ein Text eingefärbt werden, muß die betreffende Textstelle zuvor mit der Schreibmarke markiert sein. Durch Anklicken der Farbe in der Liste findet die Übertragung statt. Da das in einem Bildrahmen befindliche Bild automatisch bei aktivem Inhalt-Werkzeug markiert ist, kann hier unmittelbar die Farbe durch Mausklick zugewiesen werden, gleiches gilt für das Einfärben von Linien.

Das dritte Rechtecksymbol ermöglicht es, dem Rahmenhintergrund eine Farbe zuzuweisen. Ist bei Aktivierung dieser Option ein Rahmen markiert, wird ein zusätzliches Listenfeld angezeigt. Dieses Listenfeld erlaubt die Wahl verschiedener Verlaufsoptionen oder einer »normalen« Farbfüllung. Ist NORMAL aktiv, dann wird der Rahmenhintergrund gleichmäßig in der gewünschten Farbe mit dem angegebenen Tonwert eingefärbt.

Die zweite Technik zum Einfärben von Objektrahmen oder -hintergrund nutzt das Ziehen und Ablegen. Bei diesem Verfahren muß zunächst ein Text- oder Bildrahmen markiert werden. Nun können Sie die gewünschte Farbe mit gedrückter Maustaste auf das betreffende Objekt ziehen. Je nachdem, ob Sie sich dabei über einem Rahmen oder einer Rahmenlinie befinden, wird sofort der Bildrahmen oder dessen Hintergrund eingefärbt.

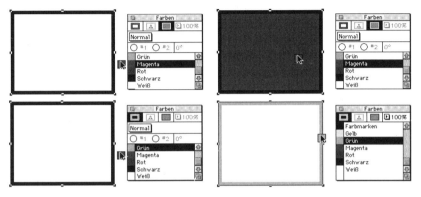

Bild 4.176:
Mit Ziehen und Ablegen können Rahmenhintergründe und Randstile eingefärbt werden. Oben wird das Einfärben eines Rahmenhintergrunds dargestellt, darunter wird ein Rand eingefärbt.

Durch Loslassen der Maustaste wird die Zuweisung bestätigt. Bewegen Sie die Maus mit gedrückter Taste wieder vom Objekt fort, wird auch die Zuweisung wieder gelöscht. Lassen Sie hingegen die Maustaste an einer Position los, an der sich kein Rahmen befindet, findet keine Änderung statt. Mit diesem Befehl können nur Farben übertragen werden, die Zuweisung von Tonwerten muß gesondert erfolgen.

Ist für den Rahmenhintergrund ein Tonwert von 0% zugewiesen, wird dieser nicht eingefärbt. Um sicherzugehen, daß ein Rahmenhintergrund immer mit 100% der möglichen Farbsättigung eingefärbt wird, halten Sie einfach beim »Ziehen und Loslassen« die ⌘-Taste gedrückt. Eine weitere Stolperstelle: Wenn eine Linienstärke von 0pt gewählt ist, wird natürlich keine farbige Linie um den Rahmen angezeigt.

Farbverläufe erstellen

Eine Besonderheit in QuarkXPress besteht darin, Farbverläufe zu erstellen. Farbverläufe werden über die Farbenpalette oder die Dialogbox MODIFIZIEREN in der Registerkarte RAHMEN definiert.

Das generelle Vorgehen beim Erzeugen von Farbverläufen mit der Farbenpalette: Mit dem Objekt-Werkzeug wird ein Rahmenobjekt markiert und das Symbol für den Rahmenhintergrund in der Farbpalette angeklickt. Anschließend wählen Sie aus dem aktiven Popup-Menü die gewünschte Verlaufsart aus.

Um die Startfarbe festzulegen, wird auf den Button 1 geklickt. Durch Klick auf den betreffenden Farbnamen oder das entsprechende Farbfeld wird die Farbe zugewiesen. In die Farbvorgabe kann auch eine Tonwertfestlegung einbezogen werden. Anschließend wird mit Farbe 2 die Zielfarbe für den Verlauf eingestellt. Im Feld für die Gradangabe kann nun noch der Verlaufswinkel modifiziert werden.

Normalerweise steht in dem betreffenden Listenfeld nur ein linearer Verlauf zur Verfügung. Die Erweiterung der Liste ergibt sich aus den Möglichkeiten der XTension »CoolBlend«. Wird diese aus dem XPress-XTension-Ordner entfernt, dann stehen die anderen Verlaufsmöglichkeiten im angesprochenen Listenfeld nicht mehr zur Verfügung.

Bild 4.177: Alle Möglichkeiten zur Erzeugung von Farbverläufen auf einen Blick: linear, zentriert/linear, rechteckig, rautenförmig, kreisförmig innen und kreisförmig außen.

Farbüberfüllungen erzeugen

In jedem Programm, das aus farbigen Dokumenten farbgetrennte Druckfilme erstellt, müssen Funktionen integriert sein, die das Zusammenspiel der Farben regeln. Dabei geht es im wesentlichen um zwei Problemstellungen.

Zum einen muß geregelt sein, daß farbige Objekte, die auf einem farbigen Hintergrund stehen, im Bedarfsfall im Hintergrund ausgespart werden. Stellen Sie sich vor, auf einen blauen Hintergrund soll ein gelber Buchstabe gedruckt werden. Würde der durch den Buchstaben bedruckte Bereich im Hintergrund nicht weiß bleiben, würde aus dem gelben Buchstaben ein grüner werden. Eine solche Regelung von aussparenden und überdruckenden Farben ermöglicht QuarkXPress.

Im Druckprozeß werden dann diese Farben auf das Papier übertragen. Dies geschieht zwar mit einer sehr hohen Präzision, trotzdem können in Abhängigkeit von der Art der Druckmaschine, der Größe des Druckbogens, auch allein aufgrund der Luftfeuchtigkeit Verschiebungen zwischen den Druckdurchgängen auftreten. So kann es passieren, daß sich ausgesparte Farben nicht exakt in den Hintergrund einpassen lassen, es treten Blitzer auf. Durch »Überfüllung« oder »Unterfüllung« von Farben werden diese Blitzer vermieden.

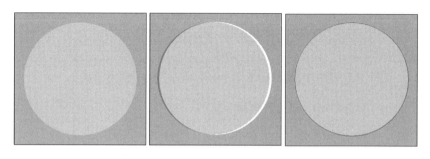

Bild 4.178:
Bei farbigen Objekten ohne Überfüllung können störende Blitzer auftreten. Das Beispiel links ist aus technischen Gründen schwer zu realisieren – ohne Überfüllung entstehen Blitzer (Mitte). Rechts das Beispiel mit korrekter Überfüllung.

Bei der Festlegung von Überfüllungs- und Unterfüllungswerten muß sehr behutsam vorgegangen werden, da die überfüllten Objekte sonst auffallende andersfarbige Ränder erhalten.

Um diesen Prozeß des Aussparens, Überdruckens, Über- oder Unterfüllens von sich überlagernden Farben zu steuern, stellt QuarkXPress drei Ansätze bereit: die automatische, die farbspezifische und die objektbezogene Überfüllung. Die durch die jeweilige Methode definierten Einstellungen werden in den XPress-Präferenzen und im aktuellen Dokument gespeichert und gehen nicht verloren, wenn die betreffende Datei bei einem Dienstleistungsunternehmen belichtet wird.

Von QuarkXPress können nur Überfüllungswerte für die in QuarkXPress erzeugten Objekte berechnet werden. Importierte Bilder oder EPS-Grafiken werden in diese Überfüllungsregelungen nicht einbezogen. Beachten Sie deshalb, daß Überfüllungen für diese Bilder und Grafiken in den erzeugenden Programmen generiert werden müssen.

Die automatische Überfüllung

Die Standardmethode, mit der QuarkXPress überlagernde Farben ausspart und überfüllt, ist die »Automatische Überfüllung«. Bei der Berechnung der automatischen Überfüllungswerte geht QuarkXPress davon aus, daß die relativ hellere Farbe gegenüber der relativ dunkleren Farbe überfüllt wird. Der Grund: Das Objekt behält seine optischen Dimensionen bei. Würde die dunkle Farbe die entscheidende sein, so würde ein Objekt, das gegenüber dem Hintergrund überfüllt wird, vergrößert wirken. Die helleren Überfüllungsbereiche werden aber in starkem Maße durch die dunklen optisch aufgesogen.

Über den Menübefehl *Bearbeiten/Vorgaben/Dokument* wird die Dialogbox DOKUMENTVORGABEN geöffnet. Über die Registerkarte ÜBERFÜLLUNG können die Überfüllungsoptionen in den Vorgaben festgelegt werden. Ist bei der Einstellung der Parameter kein Dokument geöffnet, dann wird diese Voreinstellung bei der Neuanlage von Dokumenten als Grundlage genommen. Ist ein Dokument bei Änderung dieser Angabe geöffnet, dann beziehen sich die Angaben nur auf das aktuelle Dokument.

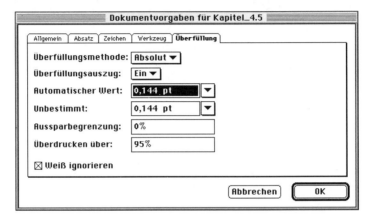

Bild 4.179:
In der Registerkarte ÜBERFÜLLUNG *werden die Einstellungen vorgenommen, die die Grundlage für die automatische Überfüllung von Farben bilden.*

Im Popup-Menü *Überfüllungsmethode* bietet QuarkXPress die Wahl zwischen PROPORTIONAL, ABSOLUT und ALLE AUSSPAREN. Die Einstellung ABSOLUT besagt, daß der im Feld AUTOMATISCHER WERT eingetragene Wert als fester Überfüllungswert eingesetzt wird. Die Option PROPORTIONAL berechnet auf der Basis des eingestellten automatischen Werts einen relativen Überfüllungswert.

Hierfür benutzt QuarkXPress die Formel:
Automatischer Wert x (Objekthelligkeit − Hintergrundhelligkeit)

> :-) TIP
>
> *Als Voreinstellung für diese Option sollten Sie »Proportional« wählen. Damit erreichen Sie, daß Überfüllungen auf das geringstmögliche Maß reduziert werden.*

Die Option ALLE AUSSPAREN spart alle Farben in den dahinterliegenden Farben aus. Über das Popup-Menü ÜBERFÜLLUNGSAUSZUG kann durch Auswahl der Optionen EIN und AUS die Erzeugung von Überfüllungen für einzelne Prozeßauszugsfarben gesteuert werden. Durch die getrennte Behandlung der Überfüllung werden Farbverschiebungen und Tonwertzuwächse, die als Linienränder in Erscheinung treten, minimiert.

Wird ÜBERFÜLLUNGSAUSZUG auf EIN gesetzt, überfüllt QuarkXPress bei Seiten, die überlappende Prozeßfarben enthalten, jede Prozeßauszugsfarbe gesondert. Hierdurch wird erreicht, daß Mischfarben nicht über alle Farbbestandteile gleichermaßen überfüllt werden, sondern in Abhängigkeit von den jeweiligen Dunkelwerten der Komponenten von Vorder- und Hintergrundfarbe und den vorgesehenen Vorgaben. Es werden also z.B. die Cyan-Tonwerte der Objektfarbe mit den Cyanwerten der Hintergrundfarbe verglichen.

Ist ein »absolutes« Überfüllungsverhältnis für aneinanderdruckende Prozeßfarben festgelegt, dann wird der festgelegte automatische Überfüllungswert durch QuarkXPress halbiert und auf die dunklere Komponente jeder Prozeßfarbe angewendet.

Die Option EIN aus dem Popup ÜBERFÜLLUNGSAUSZUG hat bei der Einstellung des Überfüllungsverhältnisses auf PROPORTIONAL den festgelegten automatischen Überfüllungswert mit der Differenz des Dunkelwertes der einzelnen Prozeßauszugsfarbe multipliziert.

Im Feld AUTOMATISCHER WERT kann ein Wert zwischen 0 und 36 pt in Schritten von 0,001 eingegeben werden. Dieser Wert ist Grundlage für die Berechnung der automatischen Überfüllungswerte. In dieses Feld kann aber auch das Wort ÜBERDRUCKEN eingetragen oder aus dem Popup ausgewählt werden. Dies schaltet für alle Farbobjekte, die in die automatische Einstellung einbezogen werden, das Aussparen und Überfüllen aus und behandelt diese Objekte überdruckend. Diese Einstellung kann objektbezogen anders geregelt werden. Dazu mehr im Abschnitt OBJEKTBEZOGENE ÜBERFÜLLUNG.

In das Feld UNBESTIMMT können die gleichen Eingaben vorgenommen werden, wie bereits zum Feld AUTOMATISCHE ÜBERFÜLLUNG beschrieben. UNBESTIMMT behandelt den Fall, daß ein Vordergrundobjekt auf einem Hintergrund mit verschiedenen Farben liegt.

Durch den Eintrag eines Tonwerts in das Feld AUSSPARBEGRENZUNG kann eingestellt werden, ab welchem Punkt die Objektfarbe eine Hintergrundfarbe ausspart. Die Voreinstellung dieses Werts ist 0%.

Im Feld ÜBERDRUCKEN ÜBER kann der Tonwert eingestellt werden, ab dem die Objektfarbe die Hintergrundfarbe überdruckt. Es kann ein Wert zwischen 0% und 100% gewählt werden, die Standardeinstellung ist 95%. Ist für die Farbe Schwarz in der Dialogbox ÜBERFÜLLUNG BEARBEITEN der Wert AUTO eingetragen, dann überdruckt Schwarz ab 95%. Wurde für eine Objektfarbe die Einstellung ÜBERDRUCKEN gewählt, so würde diese Einstellung nur ausgeführt, wenn die Objektfarbe 95% erreicht. Eine Farbzuweisung von unter 95% würde dann, trotz der Einstellung ÜBERDRUCKEN, ausgespart.

Mit Aktivieren der Checkbox WEISS IGNORIEREN wird festgelegt, daß bei der Berechnung der Überfüllungsbereiche die Hintergrundfarbe WEISS nicht berücksichtigt wird. Als Voreinstellung sollte dieses Feld aktiviert sein. Es erhält nur dann Bedeutung, wenn Weiß als eigene Druckfarbe (z.B. auf farbigem Papier) eingesetzt wird.

Die farbspezifische Überfüllung

Durch die farbspezifische Überfüllungsmethode ist es möglich, spezifische Überfüllungswerte für einzelne Farben der Farbpalette festzulegen. Mit dem Menübefehl *Bearbeiten/Farben* wird die Dialogbox FARBEN geöffnet.

Für jede in der scrollbaren Liste aufgeführte Farbe kann eine Überfüllungsvorgabe festgelegt werden. Dies geschieht, indem zunächst die betreffende Farbe mit dem Mauszeiger in der Liste markiert und durch einen Klick auf den Button ÜBERFÜLLG. BEARB. die Dialogbox ÜBERFÜLLUNG BEARBEITEN aufgerufen wird.

In der Farbentabellenliste sind in der Spalte HINTERGRUNDFARBE alle Hintergrundfarben mit Ausnahme der beim Aufruf markierten aufgeführt. In der Spalte WERT wird der Wert angezeigt, mit dem die jeweilige Hintergrundfarbe durch die Objektfarbe überfüllt wird. Für jede Farbe kann aus dem Popup WERT eine Vorgabe ausgewählt werden:

- Die Option STANDARD legt fest, daß QuarkXPress auf eigene Vorgaben zurückgreift, um Objektfarben gegenüber Hintergrundfarben zu überfüllen, unterfüllen, überdrucken oder auszusparen.

- Die Einstellung ÜBERDRUCKEN legt fest: Ist der Tonwert der Objektfarbe größer als der in der Überfüllungsvorgaben-Dialogbox eingestellte Wert, dann wird die Objektfarbe nicht aus der betreffenden Hintergrundfarbe ausgespart.

- AUSSPAREN spart die Objektfarbe in der Hintergrundfarbe aus.

- Die Einträge AUTOM. WERT (+) und AUTOM. WERT (-) geben an, daß die Überfüllungsregeln für Objekt- und Hintergrundfarbe durch die Einstellungen in der Dialogbox ÜBERFÜLLUNGSVORGABEN bestimmt werden.

- ANWENDERDEFINIERT öffnet eine Dialogbox zur Eingabe eines numerischen Werts. Durch diesen Wert wird ein Bereich festgelegt, um den die Objektfarbe gegenüber der Hintergrundfarbe erweitert oder verringert wird.

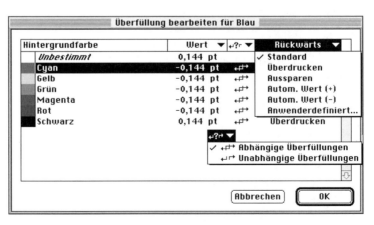

Bild 4.180: In der Dialogbox ÜBERFÜLLUNG BEARBEITEN können farbspezifische Überfüllungseinstellungen vorgenommen werden.

Um die aktuelle Einstellung für die jeweilige Hintergrundfarbe zu ändern, markieren Sie diese mit dem Mauszeiger und klicken dann auf den entsprechenden Button. Soll ein numerischer Wert für eine Hintergrundfarbe festgelegt werden, dann ist dieser Wert in das dafür vorgesehene Feld einzutragen und mit einem Klick auf den Button WERT zu bestätigen. Der zulässige Wertebereich erstreckt sich von −36 bis 36 Punkt in 0,001pt-Schritten. Ein Minuswert unterfüllt die Objektfarbe durch die Hintergrundfarbe, ein positiver Wert überfüllt die Objektfarbe gegenüber der Hintergrundfarbe. Durch Mehrfachselektion mit gedrückter ⌘-Taste oder durch Ziehen mit der Maus kann die Überfüllungszuweisung für mehrere Hintergrundfarben in einem Arbeitsgang erfolgen.

Liegen hinter einer Objektfarbe mehrere Hintergrundfarben, dann kann auch die Hintergrundfarbe UNBESTIMMT gewählt werden.

Auf die Einstellung der Überfüllungswerte folgt die Spalte zur Anzeige und Bearbeitung des Überfüllungsverhältnisses von Objekt- und Hintergrundfarbe. Im Popup-Menü stehen zwei Optionen zur Wahl: ABHÄNGIGE ÜBERFÜLLUNGEN und UNABHÄNGIGE ÜBERFÜLLUNGEN. Die zuerst genannte Option ist die Voreinstellung und überläßt die Berechnung der umgekehrten Überfüllungswerte QuarkXPress. Die Option UNABHÄNGIGE ÜBERFÜLLUNGEN geht von anwenderdefinierten Festlegungen aus, die bei der Berechnung der Werte zu berücksichtigen sind. Die Änderung der Einstellungen kann auch durch einen Klick auf das Sinnbild erreicht werden. Ein nochmaliger Klick stellt die ursprüngliche Einstellung wieder her.

In der Spalte RÜCKWÄRTS wird der Überfüllungstyp für die Hintergrundfarbe vorgegeben.

Alle eingegebenen Veränderungen werden durch Klick auf OK bestätigt oder durch ABBRECHEN zurückgenommen. In der Dialogbox FARBEN müssen die Einstellungen noch durch SICHERN im Dokument als neue Einstellungen gespeichert werden.

Die objektbezogene Überfüllung

Die dritte Möglichkeit ist die objektbezogene Überfüllung. Mit dieser Methode kann jedes Objekt gesondert mit einer Überfüllungsvorgabe versehen werden. Die Zuweisung dieser Einstellungen geschieht über die Palette ÜBERFÜLLUNG. Diese wird durch den Befehl *Ansicht/Überfüllung zeigen* geöffnet.

In Abhängigkeit vom markierten Objekt können Überfüllungseinstellungen für Text, Rahmenhintergrund und Linien einschließlich der Abstände zwischen mehrfachen Linien mit der Überfüllungspalette festgelegt werden.

Aus den angezeigten Popup-Menüs wird die Überfüllungsmethode gewählt und gegebenenfalls im nebenstehenden Feld ein Wert eingetragen. Es werden immer nur die für das jeweilige Objekt möglichen Options-Popups aktiv.

*Bild 4.181:
Die Überfüllungs-
palette
ermöglicht die
Festlegung
objektbezogener
Überfüllungsein-
stellungen.*

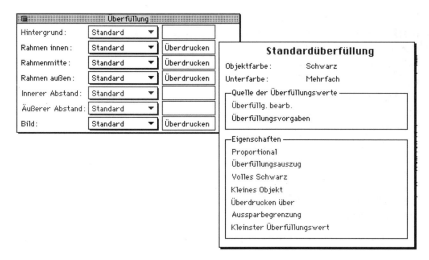

Die Einstellungsoptionen im einzelnen:

- Die Anzeige STANDARD besagt, daß das betroffene Farbobjekt gemäß der Einstellung in der Dialogbox ÜBERFÜLLUNG BEARBEITEN behandelt wird. Der aktuelle Wert wird im Feld neben der Option angezeigt. Mit einem Klick auf den Button ? zeigt QuarkXPress zusätzliche Informationen an.

- Die Option ÜBERDRUCKEN sorgt dafür, daß das betreffende Farbobjekt in jedem Fall die Hintergrundfarbe überdruckt, und zwar unabhängig von dem für das Überdrucken in der Vorgabendialogbox festgelegten Tonwert.

- Die Option AUSSPAREN besagt, daß das betreffende Farbobjekt ohne jede Überfüllung aus dem Hintergrund ausgespart wird.

- Die Optionen AUTOMATISCHER WERT (+) und AUTOMATISCHER WERT (-) greifen auf die automatischen Überfüllungswerte aus der Vorgaben-Dialogbox zurück. AUTOMATISCHER WERT (+) überfüllt das Farbobjekt gegenüber der Hintergrundfarbe, AUTOMATISCHER WERT (-) unterfüllt das Farbobjekt mit der Hintergrundfarbe.

- Die Option ANWENDERDEF. ermöglicht die Eingabe eines eigenen Werts. Es gelten die gleichen Regeln wie zuvor bei ÜBERFÜLLUNG BEARBEITEN dargelegt.

Um die möglichen Einstellungsoptionen für die Überfüllungsregeln richtig zu beherrschen, ist es sinnvoll, einige Übungen durchzuführen. Probieren Sie einfach einige unterschiedliche Einstellungen aus, und erstellen Sie auf dem Laserdrucker Farbauszüge. Da die normalen Überfüllungswerte nur geringe Dimensionen haben, sollten Sie Ihre Versuche mit größeren Werten durchführen. Dann kann die Wirkungsweise auf den ersten Blick erkannt werden.

Farbmanagement in QuarkXPress

Grundlagen Farbmanagement

Farbige Bilder mit PC-Systemen zu reproduzieren, ist seit vielen Jahren schon kein Qualitätsproblem mehr. Die Eingabesysteme sind auf hohem Niveau entwickelt, selbst mit LowCost-Scannern sind gute Ergebnisse zu realisieren. Die Bildbearbeitungsprogramme haben eine Funktionalität, die der Bearbeitung von Farbbildern kaum noch Grenzen setzt. Arbeitsspeicher ist so günstig, daß Rechner ohne finanziellen Kraftakt so ausgestattet werden können, daß sich auch Bilder im A3- oder A2-Format bearbeiten lassen. Schnelle, große Festplatten unterstützen diese Produktivität. Eine zentrale Fragestellung hingegen ist in diesem Prozeß bisher nur ungenügend geklärt: Wie gelingt es, in den verschiedenen Arbeitsabläufen dafür zu sorgen, daß Farbbilder in der Darstellung so wiedergegeben werden, wie sie später im Druck auf das Papier gebracht werden.

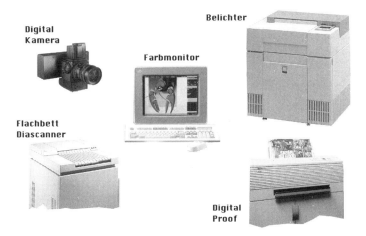

Bild 4.182:
Bei der Verarbeitung von Farbinformationen kommen die unterschiedlichsten Geräte zum Einsatz. Farbmanagementsysteme versuchen dennoch eine farbtreue Wiedergabe zu erzielen.

An diesem Punkt setzt die Aufgabenstellung von Farbmanagement an. Farbmanagement verändert nicht das Bild selbst, sondern beeinflußt die Wiedergabe in den verschiedenen Reproduktionssystemen. Das heißt, alle Systeme werden so abgestimmt, daß die Wiedergabe dem entspricht, wie z.B. im Offsetdruck das Bild wiedergeben wird. Dann kann schon auf dem Monitor entschieden werden, ob die Farbbalance des Bilds in Ordnung ist oder ob es farblich korrigiert werden muß. Alle weiteren Stationen bis zum Druck erreichen eine vergleichbare Wiedergabe.

Seit vielen Jahren laufen Entwicklungen, hierfür einheitliche Standards zu setzen. Wird die Verarbeitungssicherheit beim Einsatz von Farbe in Druckprodukten verbessert, erhöht sich damit auch die Produktivität und Wirtschaftlichkeit. Neben unabhängigen Herstellern, die sich auf Farbmanagementsysteme spezialisiert haben, gab und gibt es auch zahlreiche Hersteller von Ein- und Ausgabegeräten, die ihre eigenen Systeme auf den Markt brachten. Letztlich geht es hier immer wieder um den Schutz eigener Marktpositionen und wirtschaftliche Belange der Hersteller solcher Produkte, die im Sinne des Anwenders angebrachte einheitliche und verläßliche Standards erschweren.

Trotz unterschiedlicher Interessenslagen gelang es doch, daß sich Unternehmen zusammenschlossen und das International Color Consortium (ICC) gründeten. Dieses Institut hat ein Standardformat zur Erstellung von Geräteprofilen entwickelt, das zur Grundlage vieler Farbmanagementsysteme geworden ist. Diese ICC-Profile werden heute von zahlreichen Herstellern von Hardware und Software-Systemen mitgeliefert. Somit wächst die Chance, daß mit einer breiten Verfügbarkeit dieser Profile sich individuelle Systeme aufbauen lassen, die ohne besondere Abstimmungen alle Anforderungen einer Farbabstimmung erfüllen.

Systemgrundlagen Farbmanagement

Die Betriebssysteme und die verarbeitenden Programme müssen aber in der Lage sein, diese ICC-Profile zu verarbeiten. Die Software muß sicherstellen, daß das mit einem Bild verbundene »Quellprofil« und das für das Ausgabesystem vorliegende »Zielprofil« ausgewertet und erforderliche Anpassungen vorgenommen werden. In den jeweiligen Profilen sind die Farbeigenschaften der betreffenden Geräte und Verfahren festgelegt.

QuarkXPress 4.0 hat mit der neuen Version sein bisheriges Farbmanagementkonzept (Eficolor) aufgegeben und ein neues System eingeführt. Das Layoutprogramm setzt mit seiner CMS-XTension auf dem von Apple eingeführten ColorSync 2.0 auf. ColorSync spielt dabei das Übersetzerprogramm, das eine Verbindung zwischen den verschiedenen Farbprofilen herstellt. Die Rolle der Quark-CMS-XTension besteht nun darin, einem Bild beim Import das Quellprofil zuzuweisen. Bei der Ausgabe auf einen Farbdrucker vergleicht dann die XTension mit Hilfe der Übersetzersoftware ColorSync die beiden Profile miteinander und paßt die Farben so an, daß sie so wiedergegeben werden, wie sie auf dem Bildschirm erscheinen.

Die CMS-XTension kümmert sich an verschiedenen Punkten in QuarkXPress um die Steuerung des Farbmanagements. Dies geschieht in eigenen Dialogboxen.

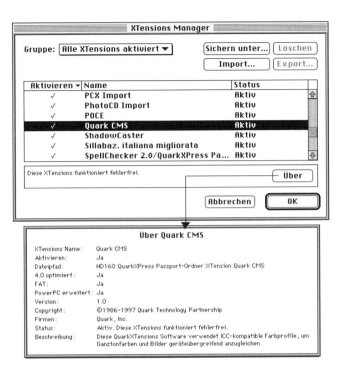

Bild 4.183
Farbmanagement mit QuarkXPress funktioniert nur, wenn die CMS-XTension aktiv ist.

Damit das Farbmanagement in der beschriebenen Weise funktionieren kann, muß sowohl die CMS-XTension als auch ColorSync 2.0 auf dem Macintosh-Rechner korrekt installiert sein. Ob die CMS-XTension korrekt installiert ist, können Sie überprüfen, indem Sie über den Menübefehl *Hilfsmittel/XTensionmanager* die Liste der installierten XTensions aufrufen. Prüfen Sie hier, ob die XTension »Quark CMS« installiert ist und den Status »aktiv« einnimmt. Um die korrekte Installation der Macintosh-Systemsoftware »ColorSync 2.0« zu prüfen, müssen im »Systemordner« die Ordner »Kontrollfelder«, »Systemerweiterungen« und »Preferences« die nötigen Komponenten installiert sein. ColorSync 2.0 (oder höher) ist seit der MAC-OS-Version 7.5.2 Bestandteil der Systemsoftware. Im Zweifelsfall führen Sie einfach ein Update mit der neuesten MAC-OS-Systemsoftware durch und schalten in den Auswahldialogboxen die entsprechenden Optionen ein.

Der Einsatz von Farbmanagementsystemen ist so oder so eine Angelegenheit, die nur unter Berücksichtigung klarer organisatorischer Regeln erfolgen darf. Aktivieren Sie das System nur dann, wenn alle am Prozeß beteiligten Personen und Unternehmen entsprechende Vereinbarungen getroffen haben. Dem professionellen Einsatz der CMS-XTension sollten in jedem Fall objektbezogene Test vorausgehen. Die Ergebnisse und Vorgaben müssen dann in konkreten Arbeitsanweisungen niedergelegt werden, die für alle bindend sind.

Vorgaben für Farbmanagement

Damit CMS-Farbmanagement bei der Dokumenterstellung genutzt werden kann, muß die Funktion aktiviert werden. Das Farbmanagementsystem verfügt über zahlreiche Dialogboxen, um die Abläufe zu steuern. Aktiviert wird das Farbmanagement in QuarkXPress über die Dialogbox Farbmanagementvorgaben. Die Dialogbox öffnet sich nach Eingabe des Menübefehls *Bearbeiten/Vorgaben/Farbmanagement*. Gleich eingangs ist die Checkbox FARBMANAGEMENT AKTIVIERT angelegt. Wird diese Box markiert, ist das System aktiv.

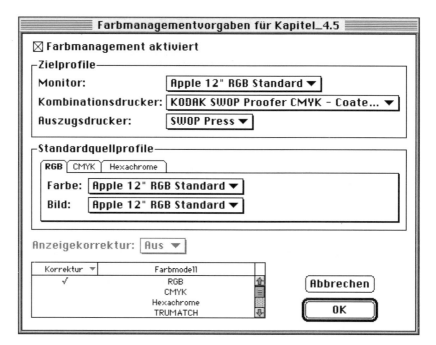

Bild 4.185:
Für jedes Dokument kann das Farbmanagement aktiviert werden.

Im Bereich ZIELPROFILE kann nun festgelegt werden, mit welchem Profil die Anzeige auf dem Monitor erfolgt. Die zur Verfügung stehenden Profile sind aus dem Popup auswählbar. Die Option KEIN berücksichtigt kein Profil für die Darstellung von Bildern auf dem Monitor. Unter KOMBINATIONSDRUCKER wird das Profil für das Proofsystem eingestellt, und mit AUSZUGSDRUCKER ist das System gemeint, daß letztlich die Farbauszüge erstellt, sei es auf Film oder gleich auf die Druckplatte.

Im Bereich STANDARDQUELLPROFIL sind drei Registerkarten abgelegt, die für die Farbsysteme RGB, CMYK und HEXACHROME die Einstellung der Quellprofile ermöglichen. Über das Popup FARBE werden die Profile für technische Farben festgelegt, in BILD wird die Voreinstellung von Quellprofilen für gescannte Bilder (Pixelbilder) vorgenommen.

Im Popup ANZEIGEKORREKTUR wird die Option bestimmt, die den Farbraum festlegt, der auf Ihrem Monitor simuliert werden soll. Sie können wählen zwischen den Optionen FARBENRAUM FÜR MONITOR, FARBENRAUM FÜR KOMBINATIONSDRUCKER und FARBENRAUM FÜR AUSZUGSDRUCKER.

Am unteren Rand dieser Dialogbox sind in einer scrollbaren Liste alle Farbmodelle aufgeführt, die in QuarkXPress 4.0 zur Verfügung stehen. Durch Markieren mit einem Häkchen oder durch Auswahl aus dem Popup KORREKTUR durch die Optionen JA oder NEIN kann für jedes Farbmodell entschieden werden, daß dann keine Korrektur durchgeführt wird, wenn die jeweiligen Farbräume zum Farbraum des Ausgabegeräts passen (Option AUS).

Stehen in den Popup-Menüs keine Profile zur Verfügung, dann kann durch den Menübefehl *Hilfsmittel/Profilmanager* die Dialogbox aufgerufen werden, die es ermöglicht, spezielle Ordner mit benötigten Profilen zuzuweisen. Ist die Liste in der Dialogbox PROFIL-MANAGER leer, wurde bisher kein Profilordner zugewiesen. Dies kann nun nachgeholt werden. Ein Klick auf den Button AUSWÄHLEN im Bereich ORDNER FÜR HILFSPROFILE gestattet die Zuweisung eines Profilordners. Zugewiesen wird der Ordner nur dann, wenn über die Dialogbox zur Dateiverwaltung der Ordner ausgewählt und dann durch Klick auf den Button AUSWÄHLEN geöffnet wird. Daraufhin liest der Profil-Manager die Liste der dort abgelegten Profile ein und zeigt diese in einer Liste an. Alle aufgelisteten Profile werden standardmäßig eingebunden, können aber durch Wegklicken der Markierungshäkchen auch für das aktive Dokument ausgeschlossen werden.

In einem speziellen Informationsbereich unterhalb der Liste wird für jedes markierte Profil der Speicherort, der Dateiname und der vom Profil abgedeckte Farbenraum angezeigt.

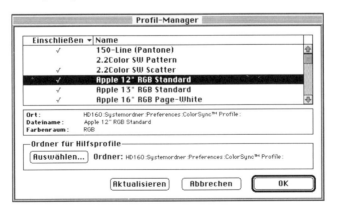

*Bild 4.185
Der PROFIL-MANAGER verwaltet die Grunddaten für das CMS-System.*

Mit einem Klick auf den Button AKTUALISIEREN lassen sich nachträglich installierte Profile im bereits zugewiesenen Ordner aktualisieren.

Farbmanagement anwenden

Die praktische Anwendung des Farbmanagements beginnt dann, wenn Bilder elektronisch in das Layout eingebunden werden sollen. Die Einbindung von Bildern geschieht über die Import-Funktion. Ist das CMS-Farbmanagementsystem aktiv, erscheint in der Dateidialogbox ein zusätzlicher Bereich. Wenn das zu importierende Bild markiert ist und es sich dabei um ein Bildformat handelt, auf das ICC-Profile angewendet werden können, werden die dort angelegten Optionen aktiv. Ist diesem Bild bereits bei der Digitalisierung ein Profil zugewiesen worden, dann wird dies im Popup PROFIL angezeigt. Steht diese Option auf EINSTELLUNG, dann wird dem Bild ein Standardprofil zugewiesen. Aus dem angesprochenen Popup kann aber auch ein anderes verfügbares Profil zugewiesen werden. Die Zuweisung von Farbprofilen an diesem Punkt legt fest, für welches Druckverfahren der Farbraum des Bilds durch das CMS-System konvertiert wird. Damit die Konvertierung später auch durchgeführt wird, muß die Checkbox FARBKORREKTUR markiert sein.

Ist der Farbraum des importierten Bilds und des vorgesehenen Ausgabesystems identisch (z.B. im Fall der Ausgabe eines CMYK-Bilds auf einem Belichter), dann sollte die Checkbox FARBKORREKTUR abgeschaltet sein. Damit wird sichergestellt, daß Korrekturen nur dann durchgeführt werden, wenn die betreffenden Farbräume unterschiedlich sind.

Ein Klick auf ÖFFNEN lädt das Bild in den aktiven Bildrahmen und hinterlegt das festgelegte Farbprofil.

Bild 4.186: Bereits beim Bildimport kann ein geeignetes Farbprofil zugewiesen werden.

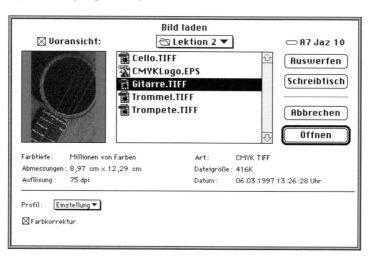

QuarkXPress verwaltet die Profilinformationen der Bilder so, daß das Bild nicht direkt verändert wird, sondern die Information nur »beigelegt« ist. Dadurch ist die Möglichkeit gegeben, diese Informationen im laufenden Produktionsprozeß zu verändern. Mit der Palette PROFILINFORMATION kann nachträglich ein neues Profil vergeben werden. Hierzu wird das betreffende Bild markiert und dann durch Auswahl des Menübefehls *Ansicht/Profilinformationen zeigen* die Palette aufgerufen. Für das markierte Bild erscheinen jetzt Bild-, Dateityp und der Farbenraum. Nun folgen wieder die beiden Optionen zur Festlegung und Ausführung der Farbprofile. Hier sind die für das markierte Bild aktiven Einstellungen sichtbar. Sie können nach dem bereits zuvor besprochenen Ablauf verändert werden.

Bild 4.187:
Die Profilpalette informiert über die zugewiesenen Profile und kann nachträglich eine Zuweisung vornehmen.

Damit die Kontrolle und Übersicht über die verwendeten Profile nicht verloren geht, wird bei aktivem Farbmanagement die Dialogbox VERWENDUNG um die Registerkarte PROFILE erweitert. Durch Eingabe von *Hilfsmittel/Verwendung* wird die Dialogbox mit der entsprechenden Registerkarte PROFILE aufgerufen:

Der erste Eintrag auf der Registerkarte ist das Popup-Menü PROFIL. Die Einträge des Menüs entsprechen den im Dokument verwendeten Profilen. Für jedes im Popup ausgewählte Profil werden auf der Registerkarte zunächst der Status und der dem Profil entsprechende Farbraum angezeigt. Direkt darunter werden in einer scrollbaren Tabellenliste alle im Dokument verwendeten Objekte aufgeführt, denen ein markiertes Profil zugewiesen ist. In der Spalte ART wird angezeigt, welchem Typ das Objekt entspricht. Ist hier VORGABEN eingetragen, bedeutet dies, daß das betreffende Profil als Voreinstellung für die angezeigten Farbobjekte gilt.

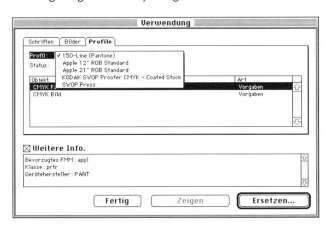

Bild 4.188:
Die Registerkarte PROFILE listet die im Dokument eingesetzten Farbprofile auf.

Zu jedem markierten Objekt werden bei aktiver Checkbox WEITERE INFO zusätzliche Informationen z.B. über den Profilhersteller angezeigt.

Mit den Buttons ZEIGEN und ERSETZEN lassen sich für markierte Objekte andere Profilzuweisungen vornehmen. Ein Klick auf ZEIGEN zeigt das betreffende Objekt links oben im Dokumentfenster an, ERSETZEN öffnet eine Dialogbox. Hier ist wieder ein Popup-Menü enthalten, mit dem die Ersetzungsaktion vorgenommen werden kann. Ein Klick auf OK bestätigt die Aktion.

Wie bereits mehrfach beschrieben, werden durch das CMS-Farbmanagementsystem von QuarkXPress 4.0 die Bilder nicht direkt verändert, sondern nur für die Ausgabe auf einem Zielsystem (Monitor, Drucker etc.) angepaßt. Solange es sich bei den Ausgabesystemen um Bildschirme handelt, sind Fehler bei der Einstellung noch nicht problematisch. Folgenschwer können sie aber sein, wenn es um die Ansteuerung von Digitalproofsystemen oder Druckplattenbelichtern geht. Eine fehlerhafte Farbwiedergabe führt hier immer zu zusätzlichen Kosten und Ärger mit dem Auftraggeber. Deshalb müssen die Eingaben, die sich auf die Druckausgabe beziehen besonders sorgfältig vorgenommen werden.

Ist die Farbmanagement-XTension CMS aktiv, wird die Dialogbox DRUCKEN um die Registerkarte PROFILE erweitert. Auf der Registerkarte werden in den aufgeführten Popups zum jeweiligen Zeitpunkt gültige Einstellungen angezeigt. Im Popup AUSZUGSPROFIL sind die Profile aufgeführt, die für die Geräte gelten, die Farbauszüge erzeugen und verarbeiten. KOMBINATIONSPROFIL zeigt die Profile an, die die Farben als farbigen Zusammendruck (Farbdrucker, Digitalproofer, etc.) wiedergeben. Wird die Checkbox *Kombination an Auszug angleichen* aktiviert, dann werden Farbauszüge, die z.B. auf einem Farbdrucker ausgegeben werden, simuliert.

Werden, wie beschrieben, die Profile für Auszugs- und Kombinationsdrucker geändert, überträgt sich dies auch auf die Einstellung der Vorgaben.

Bild 4.189
Die Druckdialogbox wird um die Registerkarte PROFILE erweitert, wenn das Farbmanagement aktiv ist.

4.6 Ausgabefunktionen

Die hochwertige Ausgabe einer Satz- oder Layoutarbeit ist eine weitere wesentliche Anforderung an ein professionelles Layout-System. Mit der Entwicklung von Hochleistungs-RIPs (Raster-Image-Prozessoren), die in kurzer Zeit selbst aufwendige PostScript-Dateien berechnen können, und Belichtern, die diese Dokumente großformatig und paßgenau auf Papier oder Film belichten können, sind alle Voraussetzungen gegeben, Layouts mit höchstem Qualitätsanspruch im Rahmen von Publishing-Systemen zu realisieren.

Die Ausgabe digitaler Daten ist ein komplexer und komplizierter Vorgang. Hier ist die Fachkompetenz entsprechender Dienstleistungsbetriebe gefragt, hier sind rechtzeitig Abstimmungen vorzunehmen. Im Abschnitt über das Drucken von Dokumenten gehen wir im wesentlichen auf die Ausgabe auf PostScript-Geräte ein. Nicht PostScript-fähige Ausgabegeräte lassen eine Ausgabe von Quark XPress-Dokumenten nur mit Qualitätseinschränkungen zu – Quark XPress bietet in diesem Fall nur eine Untermenge der für PostScript-Geräte verfügbaren Befehle, TIFF- und EPS-Dateien werden mit der Auflösung im Dokument gedruckt.

Von externen Anbietern werden sogenannte Software-RIPs angeboten – Programme, die in der Lage sind, PostScript-Daten in ein für Nicht-PostScript-Drucker verständliches Format zu übertragen. Diese Programme erwarten eine PostScript-Datei und drucken diese dann direkt. Hinweise zum Erzeugen von PostScript-Dateien finden Sie später in diesem Kapitel.

PostScript-Ausgabegeräte

QuarkXPress kann die unterschiedlichsten Ausgabegeräte ansteuern, sofern diese korrekt installiert sind. Erst wenn PostScript-Geräte zum Einsatz kommen, ist QuarkXPress in der Lage, alle Funktionen für die Druckausgabe einzusetzen. PostScript ist eine Seitenbeschreibungssprache, die in der Lage ist, Texte, grafische Elemente und Bilder so zu beschreiben, daß unterschiedlichste Ausgabegeräte in der Lage sind, daraus einen Ausdruck in der für dieses Gerät höchstmöglichen Qualität zu erzeugen. Das bedeutet: Wenn Sie die gleiche PostScript-Datei auf einem PostScript-Laserdrucker oder einem Belichter ausgeben, wird diese Datei auf beiden gedruckt, auf dem Belichter eben in einer höheren Auflösung.

Die wichtigsten Ausgabegeräte und deren Möglichkeiten bzw. Einsatzgebiete, sollen kurz skizziert werden.

Laserdrucker

Mit den Laserdruckern begann der Siegeszug des Desktop Publishing. Durch diese Geräte war es erstmals möglich, die Grafikmöglichkeiten von Seitenbeschreibungssprachen voll zu nutzen. Laserdrucker haben standardmäßig eine Auflösung von 300 dpi, es gibt aber auch bereits Laserdrucker, die mit bis zu 1800 dpi drucken können. Neben den guten Wiedergabeeigenschaften spricht auch für Laserdrucker die im Verhältnis gegenüber den Nadeldruckern schnelle Druckausgabe. Seiten werden hierbei nicht Zeile für Zeile ausgegeben, sondern die Seite wird zunächst komplett aufgebaut und dann in einem Gang gedruckt.

Die reine Druckleistung liegt etwa zwischen 4 und 20 Seiten pro Minute, bei komplexerem Seitenaufbau sind jedoch die Zeiten für das Umrechnen der PostScript-Daten maßgeblich.

Die technische Funktionsweise ist der von Kopierern ähnlich. Im Gegensatz zum Kopierverfahren kommt das Licht bzw. die Schwärze nicht von einer Vorlage, sondern wird durch einen Laserstrahl erzeugt. Das Dokument wird durch die Seitenbeschreibungssprache PostScript beschrieben und an einen PostScript-Rechner (RIP) im Drucker übertragen. Dieser RIP interpretiert die Befehlssequenzen und wandelt alle auf der Seite vorkommenden Buchstaben, Symbole, Zeichen usw. in ein Punkt-Abbild um. Über einen Spiegelmechanismus beschreibt der Laserstrahl nun die lichtempfindliche Trommel Zeile für Zeile und überträgt dabei die Punkte auf die Trommel. Im nächsten Schritt wird der Toner auf die Trommel aufgebracht. Toner ist eine pulverförmige Druckfarbe (schwarz oder farbig). Der Toner bleibt nur an denjenigen Stellen der Trommel haften, an denen der Laserstrahl einen Punkt gesetzt hat. Schließlich kommt die Trommel in Kontakt mit dem Papier, das seinerseits negativ geladen ist und deshalb den Toner von der Trommel anzieht. Das mit Tonerstaub eingefärbte Papier wird zwischen zwei beheizten Walzen weitertransportiert, die die Tonerpunkte bei etwa 200° C dauerhaft auf das Papier schmelzen. Die bedruckte Seite wird nun ausgegeben und die Trommel gereinigt, damit sie für die Behandlung der nächsten Seite vorbereitet ist.

Wichtige Leistungskriterien zur Bewertung der Qualität eines Laserdruckers ist neben der Auflösung und Wiedergabequalität die Kopiergeschwindigkeit des Druckwerks, die in Seiten pro Minute angegeben wird, und die Taktrate des Mikroprozessors zur Aufbereitung der PostScript-Daten. Eine hohe Geschwindigkeit des Mikroprozessors sorgt für eine schnelle Verarbeitung, die Kopiergeschwindigkeit garantiert dann die zügige Ausgabe, insbesondere dann, wenn Mehrfachdrucke erstellt werden. Wichtig ist es, darauf zu achten, daß der interne Arbeitsspeicher des Druckers so ausgelegt ist, daß die Seiten auch korrekt berechnet werden können, ohne daß der Drucker die Weiterarbeit verweigert. Bei 300-dpi-Druckern sollten 4 Mbyte ausreichen, bei 600-dpi-Druckern sollten es mindestens 7 Mbyte sein.

Farbdrucker

Tintenstrahldrucker
Diese Drucker spritzen winzige Tintentröpfchen auf das Papier. Sie arbeiten zeilenweise und erzeugen durch Verwendung farbiger Tinte und mehrerer Druckköpfe Farbbilder. Bei Verwendung einer Kombination von geeigneter Tinte und speziell beschichtetem Papier lassen sich bereits mit solchen preisgünstigen Systemen ansprechende Ausgabequalitäten erzielen.

Tintenstrahlsysteme kommen auch im Großflächenbereich zum Einsatz, wo Ausgabeformate bis DIN A0 und größer möglich sind.

Thermotransferdrucker
Bei diesem Verfahren werden farbige Partikel durch Wärmeeinwirkung von einem Trägermaterial (entweder Farbband oder Trägerfolie im Seitenformat) abgeschmolzen und auf das Ausgabemedium übertragen. Hier sind sehr gute Flächendeckungen möglich, verschiedene Farben dienen auch hier der Farbdarstellung.

Thermosublimationsdrucker
Das Thermosublimationsverfahren ist das Verfahren, das einer fotorealistischen Wiedergabe und gehobenen Ansprüchen an Farbtreue am nächsten kommt. Dieses Verfahren arbeitet mit farbigem Wachs in den genormten Grundfarben des CMYK-Drucks. Für jeden einzelnen Bildpunkt wird eine genau definierte Menge Wachs verdampft und als Dampfblase auf das Papier übertragen. Durch entsprechend präzise Kopfführungen und Farbmengen können tatsächlich Echtfarbausgaben erzeugt werden. Bei kalibrierten Systemen sind sogenannte »elektronische Proofs« möglich, mit denen sich Farbwirkungen auch ohne Andruck und Filmerstellung überprüfen lassen.

Im Vergleich zu Laserdruckern benötigen Farbdrucker erheblich mehr Speicher. Ein weiterer Aspekt: Nur die wenigsten Farbausgabesysteme sind in der Lage, PostScript-Daten zu verarbeiten.

Digitale Farbkopierer

Die Firma Canon war es, die mit der CLC-Serie für eine starke Verbreitung der digitalen Farblaserkopierer sorgte. Diese dem normalen Kopierverfahren verwandte Reproduktionstechnik hat durch die Möglichkeit der Anbindung und Integration in DTP-Produktionsumgebungen einen großen Aufschwung erlebt.

Die digitalen Farbkopierer finden heute vor allem in der Layoutentwicklung und -präsentation einen wichtigen Einsatzbereich. Insbesondere die Möglichkeiten von Colormanagementsystemen in Verbindung mit dem Einsatz von PostScript-RIPs führen dazu, daß diese Kopiersysteme auch immer stärker als Proofmöglichkeit zur Beurteilung von digitalisierten Farbbildern eingesetzt werden. Ein weiteres Einsatzgebiet: Kleinstauflagen von vierfarbigen Druckstücken bis zum Format DIN A3.

Diese Systeme sind heute noch sehr teuer, insbesondere dann, wenn eine digitale Anbindung durch PostScript-RIPs an DTP-Systeme gewünscht ist.

Belichter

Mit dem Aufkommen von hochauflösenden Laserbelichtern war es möglich, mit höchsten Auflösungen feinste Schriften, Grafikelemente und Rastertöne zu erzeugen, die eine Feinheit von bis zu 200 lpi (ca. 80 Linien pro Zentimeter) erreichen.

Mit Belichtern kann fotoempfindliches Material (Film oder Papier) belichtet werden. Dieses muß dann durch Einsatz von chemischen Zusätzen entwickelt werden. Der Laserstrahl wird durch einen Modulator an den zu belichtenden Bildpunkten auf das Fotomaterial gelenkt und an den nicht zu belichtenden Stellen zurückgehalten.

Bei der Beurteilung der Qualität eines Belichters ist es wichtig, wie paßgenau er arbeitet und ob er in der Lage ist, die für eine moiréefreie Generierung der Farbauszugsfilme erforderlichen Rasterwinkelungen zu erzeugen. Jeder Hersteller von Belichtern hat zu diesen Problemstellungen eigene technische Antworten, die in der Qualität weitgehend gleichwertig sind.

Neben der Rechenleistung des PostScript-RIPs muß auch beachtet werden, daß der Belichter richtig kalibriert ist, daß heißt, daß er in der Lage ist, die auf den Layoutseiten angelegten Rasterflächen ohne Tonwertzuwachs auszugeben. Überzeugen Sie sich im Zweifelsfall durch eine Probebelichtung und einen daraus erzeugten Proof von der Leistungsfähigkeit des PostScript-Ausgabesystems.

Druckplattenbelichter und Digitaldruck

In den letzten Jahren wird verstärkt daran gearbeitet, in die digitale Produktionsabwicklung von Printprodukten auch die Druckplattenproduktion und den digitalen Druck einzubeziehen. Während es bei den Filmbelichtern seit vielen Jahren eine sehr hohes Niveau gibt, geht die Entwicklung von Druckplattenbelichtern und Digitaldruckmaschinen erst in die zweite Generation. Da sie zudem auch sehr teuer sind, erreichten sie bisher auch noch nicht die Verbreitung, wie es bei den Filmbelichtern der Fall ist.

Mit Druckplattenbelichtern haben Sie die Möglichkeit, alle Daten, die in QuarkXPress verarbeitet wurden, direkt auf die Druckplatte zu belichten. Hier sind entsprechende Programme davorgeschaltet, die die Umsetzung in ausgeschossene Formen und die standgerechte Plazierung der Daten übernehmen. Bei einigen Systemen kann vor der Belichtung ein Kontrollausdruck gemacht werden, um zu kontrollieren, ob die Daten später auch korrekt auf die Platte belichtet werden. Auch Korrekturmöglichkeiten sind bei den modernen Maschinen vorgesehen.

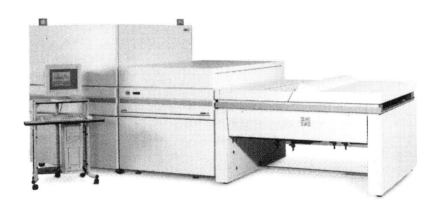

Bild 4.190:
Druckplattenbelichter und Digitaldruckmaschine

Der Einsatz von Druckplattenbelichtern wird häufig erschwert, da noch Teile von Druckformen aus nichtdigitalem Material bestehen (z.B. gelieferte Anzeigenfilme) und dieses Material herkömmlich montiert werden muß. In jedem Fall erfordert ein solches Verfahren ein hohes Maß an Disziplin und Abstimmung aller Produktionspartner, weil Fehler in der Druckplatte zu hohen Kosten führen können (Maschinenstillstandszeiten, Fehldrucke etc.).

Digitaldruck gibt es inzwischen in den unterschiedlichsten Formen. Verglichen z.B. mit dem herkömmlichen Offsetdruck, gibt es zwar noch Qualitätsunterschiede, in jedem Fall wird aber zunehmend bei der Produktion von farbigen Produkten in kleinen Auflagen auf dieses Verfahren zurückgegriffen. Auch hier können die durch QuarkXPress erzeugten Daten direkt verarbeitet werden. Genauere Abstimmungen müssen natürlich immer mit dem betreffenden Dienstleister abgesprochen werden.

QuarkPrint – die Druckausgabe steuern

Gerade die Ausgabe von Dokumenten auf Papier oder Film ist eine der allgemein anerkannten Stärken von QuarkXPress. Das hat letztlich auch dazu geführt, daß die Hersteller vieler weiterverarbeitender Systeme, seien es Ausschießsysteme, Druckplattenbelichter oder digitale Druckmaschinen, eine Abstimmung auf QuarkXPress vorgenommen haben. Die Druckausgabe wurde in der Version 4.0 einer kompletten Neuüberarbeitung unterzogen. Insbesondere durch die Einbeziehung der XTension QuarkPrint wird eine wesentlich komfortablere Druckabwicklung ermöglicht.

Im folgenden gehen wir bei unseren Beschreibungen davon aus, daß ein appletalkfähiger PostScript-Laserdrucker am lokalen Rechner oder im Netzwerk installiert ist.

Druckerbeschreibungsdateien (PPD) installieren

Nur wenn die besonderen Spezifikationen und Eigenschaften des Ausgabegeräts bei der Erzeugung der Druckdateien bekannt sind, können diese Funktionen bei der Erzeugung der Druckdatei auch genutzt werden. Um diese Eigenschaften an das druckende Programm zu übergeben, wurden spezielle Druckerbeschreibungsdateien entwickelt. Diese Dateien enthalten nun die Spezifikationen des Ausgabegeräts. Bekannte Dateien dieser Art sind die PPDs (PostScript Printer Descriptions). Die in diesen Dateien beschriebenen Eigenschaften sind u.a. die möglichen Ausgabeauflösungen, die möglichen Rasterweiten, im Ausgabegerät gespeicherte Schriften, Papiereinzugsschächte, Ausgabeformate, optimierte Einstellungen für Farbauszüge etc.

Bild 4.191: Der Ausschnitt aus der PPD-Datei zeigt die für das Ausgabegerät vordefinierten Ausgabeformate an.

```
*% Adobe Systems PostScript(R) Printer Description File
*% For "Linotype" version 49.3
*% Produced by "GETapd.ps" version 3.0 edit 54

*% Paper Handling ====================

*% Use these entries to set paper size most of the time, unless there is
*% specific reason to use PageRegion or PaperTray.
*DefaultPageSize: Letter
*PageSize Letter: "letter"
*PageSize Legal: "legal"
*PageSize Note: "note"
*PageSize Ledger: "ledger"
*PageSize Tabloid: "11x17"
*PageSize A3: "a3"
*PageSize A4: "a4"
*PageSize A5: "a5"
*PageSize B5: "b5"
*PageSize Letter.Transverse: "Letter"
*PageSize A4.Transverse: "A4"
*PageSize A5.Transverse: "A5"
*PageSize B5.Transverse: "B5"
```

Bild 4.192: Der PPD-Manager gestattet eine schnelle Einbindung von benötigten Steuerdateien.

Wurden die PPD-Dateien bisher vor allem von Adobe-Programmen (Pagemaker, Freehand) benutzt, so setzt QuarkXPress ab der Version 4.0 nun auch voll auf diese Dateien, um die Ausgabegeräte korrekt anzusteuern. Die speziellen Quark-PDF-Dateien, wie sie bis zur Version 3.3 noch zum Einsatz kamen, werden nun nicht mehr unterstützt. Die PPD-Dateien werden unter *Systemordner/Systemerweiterungen* im Ordner DRUCKERBESCHREIBUNGEN installiert. Der Installationsvorgang ist denkbar einfach. Die PPD-Datei Ihres Laserdruckers muß lediglich in den bereits genannten Ordner DRUCKERBESCHREIBUNGEN kopiert werden.

Zur Verwaltung der PPD-Dateien bietet QuarkXPress den PPD-Manager an. Mit *Hilfsmittel/PPD-Manager* rufen Sie die Verwaltungsoptionen auf. Es öffnet sich die Dialogbox PPD-MANAGER. Wird diese Dialogbox das erste Mal aufgerufen, dann ist die Übersichtstabelle noch leer. Im Bereich PPD-SYSTEMORDNER wird QuarkXPress nun bekanntgemacht, wo sich auf dem Rechner die PPD-Dateien befinden. Mit einem Klick auf AUSWÄHLEN wird diese Zuweisung vorgenommen. Es öffnet sich nun die Standarddialogbox zum Öffnen von Dateien. Wenn Sie nun den richtigen PPD-Ordner öffnen, erscheint der Name des Ordners neben dem Button.

Natürlich können Sie QuarkXPress auch einen eigenen PPD-Ordner zuweisen. Dies ist aber nicht sinnvoll, da andere Anwendungsprogramme die Druckersteuerdateien im Ordner DRUCKERBESCHREIBUNGEN *suchen. Somit müssen die PPD-Dateien nur einmal im System installiert werden.*

TIP

Alle Druckersteuerdateien, die sich in diesem Ordner befinden, werden nun in der Übersichtstabelle aufgeführt. In der Tabellenspalte EINSCHLIESSLICH wird mit einem Häkchen gekennzeichnet, daß die betreffende Druckersteuerdatei im Druckmenü von QuarkXPress ausgewählt werden kann. Mit einem Klick auf dieses Häkchen wird die sich darauf beziehende PPD-Datei für QuarkXPress deaktiviert. Im Feld NAME wird der Name der Druckersteuerdatei aufgeführt. Aktivieren Sie hier nur die Druckersteuerdateien, die wirklich benötigt werden. Dies erspart Ihnen riesige Listen in den Drucker-Popups.

Wird nachträglich ein Drucker in den PPD-Ordner kopiert, kann durch Klick auf AKTUALISIEREN diese Datei mit in die Liste aufgenommen werden. Mit OK bestätigen Sie die Voreinstellung.

Drucker auswählen

Bevor der Druckvorgang gestartet werden kann, muß geprüft werden, ob das richtige Ausgabegerät angewählt ist. Mit dem Menübefehl *Apfel/Auswahl* öffnet sich die Auswahldialogbox. Im linken Bereich werden alle im Systemordner installierten Druckertreiber angezeigt. Markieren Sie hier den gewünschten Treiber (z.B. Laserwriter 7 oder Laserwriter 8). Im rechten Feld werden dann die aktiven Drucker angezeigt. Nun wird mit dem Mauszeiger der benötigte Drucker markiert. *Ablage/Beenden* schließt die Auswahldialogbox wieder.

Beachten Sie die Option HINTERGRUNDDRUCK. *Dieses Systemprogramm kann ein- oder ausgeschaltet werden. Bei eingeschalteter Option wird der Druckvorgang zunächst auf die interne Festplatte des lokalen Rechners gespoolt und dann im Hintergrund gedruckt. Sie können dann sofort weiterarbeiten. Voraussetzung: Sie haben einen schnellen Rechner und genügend Arbeits- bzw. Festplattenspeicher. Bedenken Sie aber, daß die Absturzanfälligkeit steigt, Festplatten in der Regel sehr voll sind und es damit häufig zu Druckabbrüchen kommt, weil die Druckdatei nicht mehr komplett auf die Festplatte paßt. In diesem Fall schalten Sie den Hintergrunddruck aus.*

Drucken – grundlegendes Vorgehen

Jedes Dokument, das Sie ausdrucken möchten, muß zunächst durch XPress geöffnet werden. Bevor das Dokument aber ausgegeben werden kann, müssen eine Reihe von Einstellungen vorgenommen werden. Die entsprechenden Menüpunkte sind im Menü *Ablage* angeordnet. Hier sind drei Menübefehle von Bedeutung: *Dokument einrichten*, *Papierformat* und *Drucken*.

Der Menüpunkt *Dokument einrichten* ist zwar keine direkte Funktion für die Druckausgabe, sie ist aber von Bedeutung, um sich über die Seitengröße des Dokuments zu informieren. Diese Information wird benötigt, weil exakt in diesen Ausmaßen Druckformate angelegt werden müssen, die die Ausmaße der Dokumentseite zuzüglich spezieller Druckoptionen wie z.B. Paßkreuze auch aufnehmen können. Die Menüpunkte *Papierformat* und *Drucken* öffnen die Dialogbox DRUCKEN. Alle hier möglichen Einstellungen nehmen keine Änderungen am Dokument selbst vor, sondern sind nur für die Druckausgabe von Bedeutung.

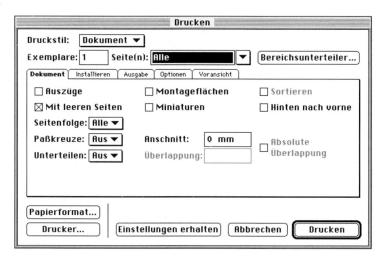

Bild 4.193 Die Dialogbox DRUCKEN *mit den fünf Registerkarten*

Die Dialogbox DRUCKEN gliedert sich in drei Bereiche.

Im Popup DRUCKSTIL werden alle Vorlagen aufgeführt, die als Druckstile definiert wurden. Druckstile sind spezielle Druckeinstellungen, die vergleichbar den Stilvorlagen für Zeichen und Absätze spezielle Einstellungen auf Mausklick verfügbar machen. Der Eintrag DOKUMENT wird dann gewählt, wenn eine geeigneter Druckstil nicht vorliegt oder die Einstellung nur für das geöffnete Dokument gelten soll. Die Festlegung von Druckstilen wird weiter unten im Kapitel ausführlich besprochen.

Im Feld EXEMPLARE kann die Anzahl der Kopien pro Ausdruck eingestellt werden.

Das Feld SEITEN ermöglicht die Beschränkung des Druckvorgangs. Quark XPress druckt nur einen definierten Seitenbereich oder alle Seiten im Dokument. Um alle Seiten im Dokument zu drucken, wählen Sie aus dem Popup die Option ALLE aus. Um einen Seitenbereich festzulegen, geben Sie die betreffenden Seitenzahlen ein, getrennt durch sogenannte Bereichsunterteiler. Bereichsunterteiler sind Zeichen, die es ermöglichen, einzelne Seiten aufzulisten (Beispiel: 8,9,10) oder einen Bereich festzulegen (Beispiel: 5-10). Beide Arten der Festlegung auszudruckender Seiten können auch kombiniert werden. Die Einstellung der Bereichsunterteiler kann über die Option BEREICHSUNTERTEILER erfolgen. Ein Mausklick auf diesen Button öffnet sich die Dialogbox BEREICHSUNTERTEILER BEARBEITEN. Für einen fortlaufenden Seitenbereich ist hier das Divis (-) voreingestellt, für einen nicht fortlaufenden Bereich das Komma (,). Soll diese Voreinstellung geändert werden, geben Sie die neuen Bereichsunterteiler ein und bestätigen mit OK.

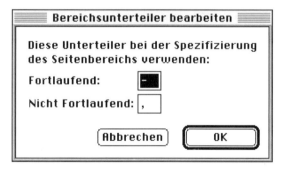

Bild 4.194:
Die als Bereichsunterteiler geltenden Zeichen können anwenderdefiniert eingestellt werden.

Im zweiten Bereich sind fünf Registerkarten angeordnet. Bisher wurde nur festgelegt, welche Seiten ausgegeben werden, nun werden die technischen Spezifikationen für Seitenausgabe vorgegeben. Auf den Registerkarten sind Checkboxen, Eingabefelder und Popup-Menüs angeordnet, die diese Festlegung ermöglichen. Ist jedoch das Farbmanagementsystem aktiv, gibt es hier eine weitere Registerkarte. Dieser Zusammenhang wurde aber im Kapitel 4.5 behandelt.

Das Register DOKUMENT:

Auszüge
Über die Checkbox AUSZÜGE wird festgelegt, ob die Dokumentseite im Composite-Modus (Probezusammenstellung/Graustufen) ausgegeben oder ob Farbauszüge für die einzelnen Farben und Mischfarben erzeugt werden sollen. Bei aktiver Checkbox werden Farbauszüge erzeugt.

> :-) TIP
>
> *Bei der Erstellung von Farbauszügen ist es besonders wichtig, darauf zu achten, daß diese auf einem kalibrierten Belichter ausgegeben werden. Kalibrieren des Belichters heißt, daß die Tonwerte der Rasterflächen, die der Belichter ausgibt, den Definitionen im Dokument entsprechen. Technisch gesehen neigen digitale Ausgabesysteme immer zum Tonwertzuwachs. Diese Zunahme der Tonwerte muß durch eine Korrekturkurve entsprechend zurückgenommen werden. Bei Farbmischungen im Druck würden Farbverschiebungen auftreten.*

Mit leeren Seiten
Die Checkbox MIT LEEREN SEITEN legt fest, daß auch Seiten, die nur nichtdruckbare Elemente enthalten, wie z. B. Rahmen mit unterdrückter Ausgabeoption oder gänzlich leere Seiten (sog. Vakatseiten), mit ausgeben werden.

Montageflächen
Die Checkbox MONTAGEFLÄCHEN wird aktiviert, wenn die Seiten des Dokuments nicht als Einzelseiten, sondern so ausgegeben werden sollen, wie diese in der Layoutpalette angeordnet sind. Natürlich muß die Druckfläche so angelegt sein, daß die Montagefläche aufgenommen werden kann.

Bild 4.195: In QuarkXPress erstellte Montageflächen (z.B. zwei Seiten, die seitenübergreifende Elemente enthalten – oben) können beim Druckvorgang mit Passermarken, etc. nebeneinandergestellt werden (unten).

Miniaturen
Mit Hilfe der Checkbox MINIATUREN werden die Seiten Ihres Dokuments auf ein Achtel des ursprünglichen Dokumentformats verkleinert. Die Anzahl der Miniaturabbildungen hängt von der Größe des Dokuments und der definierten Ausgabefläche ab.

Sortieren
Die Checkbox SORTIEREN legt fest, ob die Exemplare sortiert ausgegeben werden (das Dokument wird komplett hintereinander ausgedruckt, in der unter EXEMPLARE vorgegebenen Anzahl) oder ob Sie diese selbst sortieren wollen.

Hinten nach vorne
Auch die Checkbox HINTEN NACH VORNE hat Einfluß auf die Seitenreihenfolge beim Druck. Ist sie aktiviert, druckt QuarkXPress die letzten Seiten zuerst und erspart – je nach Papierablage im Drucker – einen Sortiervorgang.

Seitenfolge
Das Popup SEITENFOLGE enthält die Einträge ALLE, UNGERADE und GERADE. Der praktische Nutzen dieser Option: Ein Dokument kann mit Vor- und Rückseite ausgedruckt werden. Sie drucken also zunächst die ungeraden Seiten, drehen die Seiten um, legen Sie erneut in den Drucker und drucken dann die geraden Seiten. Damit nun Vorder- und Rückseite auch richtig zusammengedruckt werden, muß im zweiten Druckvorgang die Option HINTEN NACH VORNE aktiviert oder deaktiviert werden, je nachdem, mit welcher Einstellung der erste Druckvorgang erfolgte.

Paßkreuze
Mit den Optionen aus dem Popup PASSKREUZE kann festgelegt werden, ob bei der Ausgabe das Dokumentformat durch Schnittkanten gekennzeichnet und im Falle von Farbauszügen Paßmarken zum Einpassen der Farbauszüge mit ausgegeben werden. Diese Marken werden in einem Bereich außerhalb des Dokumentformats angelegt. Beachten Sie aber, daß bei der Festlegung der Druckausgabefläche dieser zusätzliche Bereich mit angegeben werden muß. Dieser Bereich beträgt ca. 20 mm. Um diesen Wert muß das Ausgabeformat sowohl in der Breite als auch in der Höhe erweitert werden. Im Eingabefeld ANSCHNITT kann ein Wert eingetragen werden, um den der Druckbereich über das normale Dokumentformat hinaus erweitert wird.

Unterteilen
Das größtmögliche Dokumentformat in QuarkXPress ist 1219,2 mm x 1219,2 mm. Damit Dokumentformate, die das Druckformat des Ausgabegeräts übersteigen, trotzdem ausgegeben werden können, bietet QuarkXPress die Option UNTERTEILEN. Die Standardeinstellung ist AUS und deaktiviert diese Option. Die Einstellung MANUELL gibt ein Dokument von der aktuellen NULLPUNKTPOSITION aus. Hierzu muß der Nullpunkt im Dokument an die gewünschte Position gezogen werden. Auf diese Weise kann das Dokument

Stück für Stück ausgeben und anschließend von Hand zusammenmontiert werden. Das Unterteilen wird durch die Wahl der Option AUTOMATISCH von QuarkXPress übernommen. Im Feld ÜBERLAPPUNG kann ein Wert eingetragen werden, um den sich die einzelnen Teile der Seite überlappen. Dies ist wichtig, damit beim Zusammenkleben der Seitenelemente genügend Montagespielraum zur Verfügung steht.

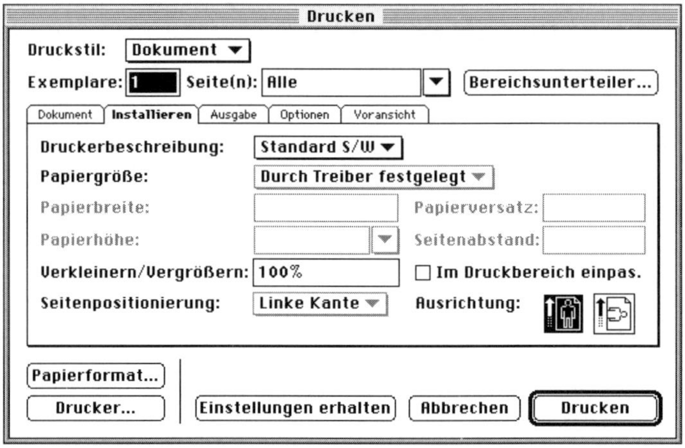

*Bild 4.196:
Auf der Registerkarte* INSTALLIEREN *werden die Einstellungen für das Ausgabegerät festgelegt.*

Druckerbeschreibung
Im Popup DRUCKERBESCHREIBUNG werden alle Ausgabegeräte aufgeführt, bei denen QuarkXPress auf eine Druckerbeschreibungsdatei zugreifen kann. Dies wurde zuvor mit dem PPD-Manager zugewiesen. Hier muß die für das gewählte Ausgabegerät geeignete Druckersteuerdatei (PPD) ausgewählt werden.

Papiergröße
In diesem Popup sind die für den Drucker möglichen Ausgabeformate aufgeführt. Wählen Sie aus der Liste ein Format, das in den Dimensionen den Ausmaßen Ihres Dokumentformats entspricht. Sind für das Ausgabegerät keine Ausgabeformate vordefiniert, ist das Popup deaktiviert. Wird z.B. auf eine Filmrolle belichtet, dann steht dieses Feld nicht für Eintragungen zur Verfügung, dann werden jedoch die Felder PAPIERVERSATZ, PAPIERBREITE und SEITENABSTAND aktiv. Sind keine unterschiedlichen Formate möglich, gilt die Option DURCH TREIBER FESTGELEGT als Vorgabe.

Papierbreite
In PAPIERBREITE wird die maximale Breite des Ausgabeformats eingetragen (z.B. 305 mm beim Linotronic 330). Häufig werden in diesem Feld auch die Größenangaben von unter PAPIERGRÖSSE ausgewählten Formaten angezeigt. Gleiches gilt auch für das folgende Eingabefeld.

Papierhöhe
In diesem Feld wird die Höhe des Papierformats eingegeben.

Papierversatz
Eine Eingabe in PAPIERVERSATZ verschiebt das Dokument bei der Ausgabe um den entsprechenden Wert vom linken Rand ausgehend in die Belichtungsfläche hinein.

Seitenabstand
SEITENABSTAND bestimmt den Abstand zwischen den belichteten Seiten.

Das Feld VERKLEINERN/VERGRÖSSERN ermöglicht das Vergrößern oder Verkleinern der Dokumentseiten bei der Druckausgabe, die Standardeinstellung ist 100%. Wird in dieses Feld z.B. der Wert 140% eingegeben, dann wird ein DIN-A4-Dokument auf DIN A3 vergrößert, die Eingabe von 70% verkleinert ein DIN-A4-Dokument auf DIN A5. Beachten Sie, daß die Druckfläche groß genug angelegt sein muß, um die Vergrößerung eines Dokuments aufzunehmen. Die nebenstehende Checkbox IM DRUCKBEREICH EINPAS. skaliert (vergrößert/verkleinert) die Dokumentseite auf die Papiergröße.

Ist die Dokumentseite kleiner als das gewählte Druckformat, dann ermöglicht es QuarkXPress über das Popup SEITENPOSITIONIERUNG, die Seite speziell auf dem Ausgabeformat auszurichten. Die Wirkung der Optionen wird auf der Registerkarte VORANSICHT angezeigt.

Die neben AUSRICHTUNG angeordneten Sinnbilder ermöglichen eine Drehung der Druckseite vor der Ausgabe.

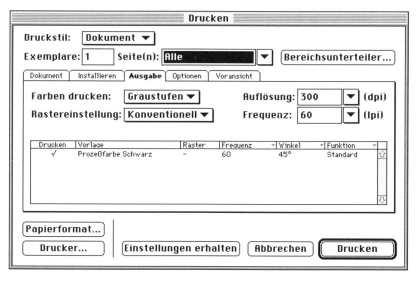

Bild 4.197: Auf der Registerkarte AUSGABE werden die Farbeinstellungen vorgenommen.

Je nach Status der auf der Registerkarte DOKUMENT befindlichen Checkbox »Auszüge« stehen in der Registerkarte »Ausgabe« unterschiedliche Einstellmöglichkeiten zur Verfügung.

Ist die Checkbox AUSZÜGE nicht aktiv, dann werden im Popup FARBEN DRUKKEN die Optionen für den Composite-Druckmodus angezeigt. Dies ist eine Ausgabemöglichkeit, die Farben auf einem Schwarzweißdrucker als Graustufen anzuzeigen und auf einem Farbgerät im farblichen Zusammendruck.

Die Option SCHWARZ UND WEISS druckt die auf den Seiten befindlichen Objekte in Schwarz- und Weißtönen. Graustufen werden nur dort wiedergegeben, wo es sich um Graustufenbilder handelt oder Farben über Tonwerteinstellungen zurückgenommen sind. GRAUSTUFEN bewirkt, daß die im Dokument enthaltenen Farben in einem dem Farbton entsprechenden Grauton gerastert werden. Diese Option gilt als Voreinstellung für den Ausdruck auf einem Schwarzweißdrucker. Die Einstellung ZUSAMMENGESETZTE FARBE kann als Option gewählt werden, wenn in der Registerkarte INSTALLIEREN ein Farbdrucker als Ausgabegerät zugewiesen ist. In diesem Fall werden die Farben im Zusammendruck wiedergegeben. So entsteht die optische Wirkung, wie sie einer späteren Druckwiedergabe entspricht.

Das Popup RASTEREINSTELLUNG enthält zwei Optionen, mit denen die Rasterwiedergabe gesteuert werden kann. Die Option DRUCKER legt fest, daß die für die Druckausgabe erforderlichen Rastereinstellungen durch die Voreinstellungen des Ausgabegeräts vorgenommen werden. XPress übermittelt in diesem Fall keine eigenen Rasterinformationen. Die Option KONVENTIONELL läßt eine Veränderung der Rastereinstellungen zu. In diesem Fall werden die Rastereinstellungen durch XPress vorgenommen.

Ist auf dem Ausgabesystem bereits eine andere Rasteroptimierung installiert, dann darf die Option KONVENTIONELL *nicht aktiviert sein, da es sonst zu Störungen bei der Berechnung der Rasterflächen kommen kann und im Ergebnis dann Moirées auftreten.*

AUFLÖSUNG steuert die Feinheit der Druckausgabe. Die Einstellung wird in DPI-Werten angegeben. Je nach Ausgabegerät sind hier unterschiedliche Einstellungen möglich. Sind in der PPD-Datei Auflösungseinstellungen voreingestellt, so werden sie in einem Popup zusammengefaßt und können somit schnell mit der Maus ausgewählt werden. Im Regelfall wird hier die Standardauflösung des Ausgabegeräts aktiviert. Bedenken Sie aber, daß einerseits feine Raster eine hohe Auflösung voraussetzen, da sonst diese Rasterfeinheit nicht möglich ist, andererseits hohe Auflösungen aber auch höhere Rechen- und Druckzeiten ergeben.

Tabelle: Auflösungen der Ausgabegeräte

Ausgabe-gerät	Auflösung (dpi)	256 Farb-stufen (dpi)	256 Farb-stufen (Linien/cm)	16 Farb-stufen dpi
z.B. Laser-drucker	300	37	14	75
	400	50	19	100*
	600	75	29	150*
z.B. Foto-belichter	1200	150	59	—
	2540	317	125	—

(* Keine sinnvolle Ausgabeauflösung)

Angenommen, Sie besitzen einen 300 dpi-Laserdrucker und möchten ein Bild mit 60 dpi ausgeben. Nach vorstehender Tabelle sind 256 Graustufen nur bis zu einer Auflösung von 37 dpi möglich, bei 60 dpi stehen in dieser Konfiguration nur fünf Druckpunkte pro Bildpunkt zur Verfügung. Das Resultat sind also 25 Graustufen (5 Druckpunkte horizontal x 5 Druckpunkte vertikal), das ausgegebene Bild verliert Farbabstufungen.

Im Feld FREQUENZ muß die Feinheit des Rasters eingestellt werden, mit der QuarkXPress alle Elemente belichtet oder druckt, die Rasterflächen beinhalten. Elemente, die gerastert werden, sind: Bilder, mit Tonwertbefehl gerasterte Schrift oder Linien, Rastertonflächen etc. Die Festlegung dieses Werts ist abhängig von den Möglichkeiten des Ausgabegeräts, vom Druckverfahren und vom Material, auf das gedruckt wird. Es ist z.B. nicht sinnvoll, mit einem 300 dpi-Laserdrucker Rasterflächen mit einer Rasterfrequenz von 200 lpi auszugeben. Andererseits ist es so, daß ein Belichter zwar feine Raster belichten kann, diese aber wiederum im Druck auf saugfähigem Papier nicht reproduziert werden können. Im Zeitungsdruck werden Bilder deshalb mit einem relativ groben Raster (60–100 lpi) ausgegeben.

Klären Sie die mögliche Rasterfrequenz vor einer Belichtung der QuarkXPress-Dokumentseiten ab. Kompetente Aussagen können Sie z.B. von der Druckerei erwarten, die für die Druckabwicklung verantwortlich ist. Dies gilt für eine Reihe von Einstellungen. Fragen Sie Ihren Drucker oder das Belichtungsstudio nach den benötigten Druckoptionen, denn Fehlbelichtungen kosten Zeit und Geld.

Tabelle: Empfohlene Rasterfrequenzen

Ausgabegerät/ Weiterverarbeitung	Aufösung (dpi)
Laserdrucker 300/600	60/85
Fotokopierer	50 – 60
Zeitungsdruck (Rotation)	60 – 100
Offset-Druck	120 – 200
Siebruck je nach Material und Farbe	20/60/120

Diese Einstellungen sollten aber nur verändert werden, wenn Sie sich über deren Auswirkungen auch wirklich im klaren sind. Übernehmen Sie im Zweifelsfall immer die Standardeinstellungen.

Im unteren Bereich der Registerkarte AUSGABE ist eine Tabelle als rollbare Liste eingerichtet. Im Tabellenfeld VORLAGE werden alle bei der Druckausgabe möglichen separaten Farbauszüge aufgeführt. Dies ist entweder nur SCHWARZ oder bei aktiver Option AUSZÜGE die Farben des 4C-Prozesses und zusätzlicher Volltonfarben. Alle aufgeführten Farben können durch anwenderdefinierte Einstellungen modifiziert werden.

In der Spalte DRUCKEN wird durch ein Häkchen angezeigt, daß die betreffende Farbe beim Druckprozeß auf einem gesonderten Farbauszug ausgegeben wird. Jede einzelne Farbe kann für den Ausgabeprozeß aktiviert oder deaktiviert werden. Hierzu muß zunächst die Farbe mit dem Mauszeiger markiert werden, dann kann im Popup DRUCKEN die Option JA oder NEIN gewählt werden. Das Ein- und Ausschalten von Farben für die Druckausgabe kann auch durch Mausklick vorgenommen werden. Ein Klick auf ein Häkchen deaktiviert, ein nochmaliger Klick aktiviert die Farbe wieder für die Druckausgabe.

Bild 4.198: Die Anzeige der bei der Ausgabe erzeugten Farbauszüge und der möglichen Optionen.

Die folgenden Optionen gestatten anwenderspezifische Angaben für Rasterweiten, Rasterwinkelungen und Rasterpunktformen. Warum ist diese Einstellung so bedeutsam?

Ausgabefunktionen

Im Farbdruck werden die Rasterpunkte der vier Farben nicht exakt übereinander, sondern in einem bestimmten Winkel nebeneinander gedruckt. Entspricht die Stellung der Rasterpunkte nicht dem für die einzelnen Farben definierten Standard, dann entstehen sog. Moirées im späteren Ausdruck. Dies sind Störungen im Bild, die sich als gleichförmige Gittermuster darstellen. Die Standardwinkelungen sind: Cyan 105°, Magenta 75°, Gelb 90° und Schwarz 45°. Bei der Ausgabe auf PostScript-Belichtern besteht das Problem nun darin, daß diese Ausgabegeräte nicht in der Lage sind, die vorgeschriebenen Winkelungen exakt zu erreichen. Es werden, gemessen an den Standardvorgaben, immer nur annähernde Werte erreicht, die im Zusammendruck der Farben dann Moirées ergeben könnten. Deshalb sind in den PDF-Dateien optimierte Rasterwerte abgelegt, die bei einer bestimmten Belichterauflösung Rasterweite und Winkelung so aufeinander abstimmen, daß Moirées vermieden werden.

Eine häufige Fehlerquelle bei Farbseparationen besteht darin, daß die einzelnen in Farbe gestellten Gestaltungselemente nicht in den richtigen Farbauszug belichtet wurden. Meist liegt der Fehler bei der Farbdefinitionen in importierten Grafikdateien. Um zu prüfen, ob die Farbtrennung der einzelnen Farbauszüge richtig vorgenommen wird, sollte auf einem Laserdrucker ein Probeausdruck erstellt werden, bevor zeit- und kostenaufwendige Belichtungen erstellt werden.

Das in der Spalte RASTER angelegte Popup-Menü läßt eine Änderung der Rasterwinkelung von Volltonfarben zu. Standardmäßig steht die Einstellung für Volltonfarben auf K (Schwarz/45°). Diese Voreinstellung kann in der Dialogbox FARBEN BEARBEITEN auch für das gesamte Dokument verändert werden.

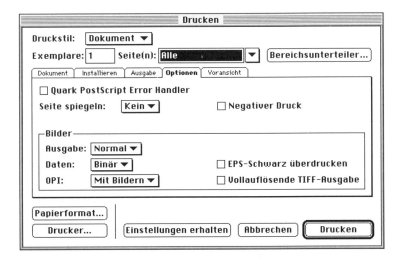

Bild 4.199: Einstellungen zur Fehlerbehandlung und Wiedergabe von Bildern erfolgen auf der Registerkarte OPTIONEN.

Die Popups FREQUENZ und WINKEL enthalten die Optionen STANDARD und ANDERER WERT. Mit STANDARD werden die Voreinstellungen für die betreffende Farbe hinterlegt, ANDERER WERT erlaubt die individuelle Einstellung eines anderen Werts.

Die letzte Spalte enthält das Popup FUNKTION. Die hier aufgeführten Optionen beeinflussen die Gestaltung des Rasterpunkts. Neben den Standardrasterpunktformen RUND und ELLIPTISCH sind auch Effektraster wie z.B. LINIEN und QUADRAT möglich.

Gleich zu Beginn kann die Checkbox QUARK POSTSCRIPT ERROR HANDLER aktiviert werden. Hierdurch unterstützt QuarkXPress die Fehlersuche bei Druckabbrüchen. Bei auftretenden Fehlern wird ein Fehlerbericht erzeugt. Außerdem wird die betroffene Dokumentseite bis zum aufgetretenen Fehler ausgegeben, so daß schneller das fehlerverursachende Objekt eingegrenzt und der Fehler beseitigt werden kann.

Mit dem Popup-Menü SEITE SPIEGELN stellt XPress Optionen zur Verfügung, die es gestatten, den Ausdruck oder die Belichtung so auf das Papier oder den Film zu plazieren, wie es das jeweilige Druckverfahren erfordert. Die Option KEIN druckt das Dokument ohne Änderung. Die Einstellungen HORIZONTAL, VERTIKAL und HORIZONTAL&VERTIKAL spiegeln das Dokument entsprechend der gewählten Einstellung bei der Druckausgabe. Bei aktiver Checkbox NEGATIVER DRUCK werden die Dokumentseiten bei der Druckausgabe invertiert. Diese Option wird genutzt, wenn die Filme in Spezialbetrieben manuell weiterverarbeitet werden sollen, um sie z.B. mit anderen Filmen zusammenzukopieren. Mit dieser Option erhalten Sie einen Negativfilm.

Bild 4.200: Die Wirkung der Optionen zum Spiegeln und Invertieren (Negativer Druck) des Dokumentes bei der Druckausgabe.

Im Bereich BILDER können spezielle Optionen für die Ausgabe von Bildern und Grafiken gesetzt werden.

Das Popup AUSGABE bietet drei Optionen: NORMAL ist die Voreinstellung und gibt das Dokument in der höchstmöglichen Qualität aus. Die Optionen NIEDRIGE AUFLÖSUNG und GROB senken die Ausgabequalität und erhöhen dadurch die Geschwindigkeit beim Ausdrucken. Nützlich ist die Option GROB. Ist diese aktiviert, dann werden im Dokument enthaltene Bilder als gekreuzte Flächen und aufwendige Randstile als einfache Linien ausgegeben. Sollen also lediglich Textkorrekturen vorgenommen werden, dann sollten Sie diese Ausgabeoption wählen.

Das Popup-Menü DATEN enthält optionale Wahlmöglichkeiten, die nicht nur für Einsteiger des Electronic Publishing schwer zu verstehen sind. Diese Optionen bestimmen die Art und Weise, wie Bilddaten an den Drucker geschickt werden. Wird hier die falsche Einstellung gewählt, kann es zu Druckabbrüchen kommen.

- Die Einstellung ASCII ist die sicherste Form der Datenübertragung eines Bilds an ein Ausgabegerät. Sie benötigt aber auch von allen drei Übertragungsarten die meiste Zeit.

- Der Modus BINÄR ermöglicht die schnellste Datenübertragung. Dies ist die Standardeinstellung; sie wird von allen modernen Ausgabegeräten unterstützt.

- Um eventuell auftretende Kommunikationsprobleme bei Druckern mit parallelem oder seriellem Anschluß zu korrigieren, kann die Option CLEAN 8 BIT gewählt werden. Die Übertragungsgeschwindigkeit dieser Einstellung liegt zwischen den beiden anderen beschriebenen Optionen.

Das darauffolgende Popup OPI enthält Optionen, die die Zusammenarbeit mit OPI-Systemen unterstützen. Die OPI-Technik (Open PrePress Interface) ist eine von der Firma Aldus entwickelte Software-Schnittstelle, die Ein- und Ausgabegeräte, die OPI-Befehle interpretieren können, in die Lage versetzt, Grob- und Feindaten bei farbigen oder schwarzweißen Bildern getrennt zu verarbeiten.

Gescannte oder in Bildverarbeitungsprogrammen erstellte Bilder enthalten, insbesondere wenn es sich um Farbbilder handelt, sehr große Datenmengen. Nun ist es bei der Integration von Bildern in ein QuarkXPress-Dokument zwar so, daß nur eine Voransicht abgespeichert wird, aber bereits beim Plazieren dieser Bilddateien im Dokument oder bei der Druckabwicklung kommt es zu Verzögerungen. Beim Druckvorgang entstehen lange Wartezeiten, weil dabei erst einmal die gesamten Feindaten für die Bildausgabe in die Druckdatei eingebunden werden müssen. Das bedeutet, daß die Bilddaten doppelt durch das Netzwerk geleitet werden. OPI-Systeme vermeiden diesen doppelten Datentransport. Diese Systeme funktionieren im Regelfall so, daß eine kleine kompakte Datei mit Voransicht des Bilds und OPI-Kommentaren erzeugt wird. Diese Datei kann dann im Dokument plaziert werden. Bei der Druckausgabe tauscht das OPI-System diese Dateien gegen die Feindaten, also die ursprüngliche, hochaufgelöste Bilddatei, aus. Die durch QuarkXPress angebotenen OPI-Optionen sind also nur dann sinnvoll zu nutzen, wenn ein entsprechendes System installiert ist.

Die Option MIT BILDERN geht davon aus, daß kein OPI-System installiert ist und die Bilder normal ausgegeben und keine OPI-Kommentare erzeugt werden.

Die Option TIFF AUSLASSEN ist zu wählen, wenn ein OPI-System installiert ist, das nur TIFF-Bilder austauscht. EPS-Dateien werden normal im Standarddruckprozeß mit ausgegeben. Die Option TIFF & EPS AUSLASSEN geht davon aus, daß sowohl TIFF- als auch EPS-Bilder durch ein OPI-System ausgetauscht werden können. In diesen Fällen werden die Bilddateien im Ausdruck durch OPI-Kommentare ersetzt.

Über die Checkbox EPS-SCHWARZ ÜBERDRUCKEN wird es möglich, die in EPS-Grafiken enthaltenen Schwarzanteile auf überdrucken zu stellen. Beim Einsatz dieser Option muß aber bedacht werden, daß bei aktiver Option nicht nur Schwarzanteile mit 100% Deckungsgrad überdruckt werden, sondern auch im Tonwert abgestufte Schwarzbereiche. So werden dann z.B. graue Flächen transparent.

Über die Checkbox VOLLAUFLÖSENDE TIFF-AUSGABE wird QuarkXPress angewiesen, TIFF-Bilder so an den Drucker zu senden, wie sie der Auflösung (dpi) des Ausgabegeräts entsprechen. Dies entspricht der maximalen Qualität. Ist diese Option nicht aktiv, wird die Auflösung so reduziert, daß nur noch die Information weitergegeben wird, die der Rasterweiteneinstellung (lpi) entspricht. Die Option hat nur Auswirkungen auf Halbtonbilder, Strich-Tiffs (Bitmaps) sind davon nicht betroffen.

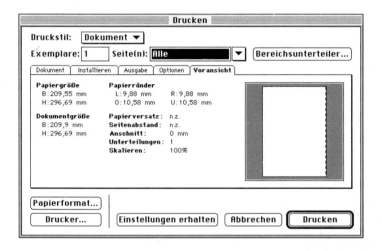

Bild 4.201:
Die Voransicht des Ausgabeergebnisses hilft, Fehler zu vermeiden.

Die letzte Registerkarte in der Dialogbox DRUCKEN gestattet eine Vorschau über die Positionierung der Dokumentseite oder Montagefläche auf dem Ausgabeformat. Neben der Anzeige der Einstellungsparameter wird auch die Position der Dokumentseite oder Montagefläche auf dem Ausgabeformat angezeigt.

Dokument drucken

Nachdem das Ausgabegerät eingerichtet ist und die Druckparameter festgelegt sind, kann mit einem Mausklick auf das Schaltfeld OK der Druckvorgang gestartet werden. Eine Dialogbox informiert über den Druckstatus. Im ersten Bereich werden der Name der Datei, das Ausgabegerät und die Schnittstelle angezeigt. Darunter wird aufgeführt, welche Seite oder welches Grafik- oder Bildobjekt gerade bearbeitet wird. Diese Dialogbox können Sie sich auch in einer verkürzten Darstellung anzeigen lassen. Hierzu müssen Sie lediglich vor dem Klick auf OK die ⇧-Taste drücken.

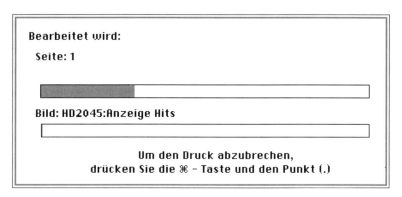

Bild 4.202: Die Dialogbox DRUCKSTATUS informiert über den Stand der Druckabwicklung des übergebenen Dokuments.

Einstellungen für Papierformat und Drucker

Im unteren Bereich der Dialogbox DRUCKEN sind zwei Buttons angeordnet. Die Buttons PAPIERFORMAT und DRUCKEN sind typische MAC-OS-Features, die für die Einstellung der Druckausgabe von QuarkXPress auf PostScript-Drucker nur dann von Bedeutung sind, wenn spezielle Einstellungen am Druckertreiber vorgenommen werden müssen. Dies ist z.B. der Fall, wenn PostScript-Druckdateien erstellt werden sollen. Außerdem werden sie benötigt, wenn für nicht PostScript-fähige Drucker besondere Treibereinstellungen vorgenommen werden müssen, die die Druckwiedergabe optimieren. Die Bedeutung einiger Optionen im einzelnen:

Die neueste Treiberversion entspricht allen Versionen ab »Laserwriter 8.0«. Dies ist ein sogenannter »intelligenter« Laserdruckertreiber, der durch Parametereingabe speziell modifiziert werden kann. In der folgenden Beschreibung gehen wir davon aus, daß der Laserwriter ab Version 8.0 angewählt wurde. Da ältere Laserwriterversionen sich nicht wesentlich vom 8.0-Treiber unterscheiden – einige Einstellmöglichkeiten sind nicht vorhanden, die Dialogbox ist anders gestaltet etc. –, wollen wir die Unterschiede hier nicht weiter vertiefen.

Über *Ablage/Papierformat* öffnet XPress die Dialogbox DRUCKEN. Die Buttons PAPIERFORMAT und DRUCKER ermöglichen den Zugriff auf die entsprechenden Dialogboxen, um die erforderlichen Einstellungen vorzunehmen. Die Optionen im einzelnen:

Ist ein benötigter Zeichensatz im System nicht installiert, dann wird er im Regelfall durch die Schrift »Courier« ersetzt. Durch die Funktion ZEICHENSÄTZE ERSETZEN besteht auch die Möglichkeit, eine grobe Bitmap-Darstellung zu erzeugen und diese dann auszugeben.

*Bild 4.203:
Die Optionen-
Dialogbox des
»Laserwriters
8.0«.*

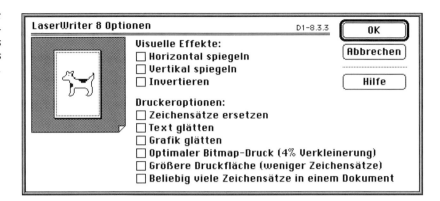

In der Praxis ist die sog. Fontsubstitution durch Bitmaps eher unsinnig. Schließlich liegt es in Ihrem Interesse, daß Fehler sofort erkannt werden und dann der Film gegebenenfalls neu belichtet wird, als daß diese Fehler erst in den folgenden weiterverarbeitenden Arbeitsabläufen auffallen.

Die Optionen TEXT GLÄTTEN, GRAFIK GLÄTTEN und OPTIMALER BITMAPDRUCK sind für die PostScript-Ausgabe auf Laserdruckern und Belichtern ohne Bedeutung. Sie haben lediglich Auswirkungen auf Nadel- oder Tintenstrahldrucker, die PostScript nicht unterstützen.

Jedem Ausgabegerät steht ein Arbeitsspeicher zur Umrechnung der PostScript-Daten in niedrig- oder hochaufgelösten Drucker-Bitmaps zur Verfügung. Ein Teil dieses Arbeitsspeichers wird benötigt, um die im Dokument vorhandenen Schriften in Bitmaps umzurechnen. Ist die Option GRÖSSERE DRUCKFLÄCHE (WENIGER ZEICHENSÄTZE) aktiviert, wird der Platz für Schriften verringert, der Platz für die Seitenberechnung nimmt zu, so daß eine größere bedruckbare Fläche zur Verfügung steht. Das Problem: Werden viele Schriften im Dokument benötigt, kann es zu Ausgabeproblemen oder Druckabbrüchen kommen. Dies geschieht immer dann, wenn die Seiten nicht komplett im Arbeitsspeicher des Druckers aufgebaut werden können.

Ein Belichter hingegen arbeitet im Gegensatz zum Laserdrucker nach dem Stop/Start-Prinzip. Hier wird nur ein Teil der Seite berechnet. Ist der erste Teil einer Seite als hochaufgelöste Bitmap aufgebaut, beginnt der Belichter mit der Ausgabe. In dieser Zeit beginnt das PostScript-RIP mit der Berechnung der nächsten Daten. Ein Belichter ist somit immer in der Lage, bis an den Rand des Films zu belichten. Bei Belichtern sollte deshalb diese Option nicht aktiviert sein.

Die Option BELIEBIG VIELE ZEICHENSÄTZE IN EINEM DOKUMENT ist in engem Zusammenhang mit der zuvor beschriebenen Einstellung zu sehen. Durch Aktivierung dieser Option stellen Sie sicher, daß jede Schrift korrekt berechnet werden kann, obwohl für die Berechnung nur ein Minimum an Arbeitsspeicher zur Verfügung steht. Jeder Schriftwechsel führt bei der Berechnung der Schrift dazu, daß die Schrift erneut zum PostScript-RIP geschickt wird. Dieses Verfahren verlängert zwar den Prozeß der Druckabwicklung, vermindert aber die Gefahr von Druckabbrüchen, denn nun wird der Seitenberechnung das mögliche Maximum an Arbeitsspeicher zugewiesen.

Erstellung von PostScript-Druckdateien

Für weiterverarbeitende Prozesse ist es häufig erforderlich, statt einzelner Filme PostScript-Druckdateien zu liefern. Dies gilt z.B. für die Belichtung ausgeschlossener Filme oder für die digitale Direktgravur von Tiefdruckzylindern. QuarkXPress ermöglicht auch hier anwenderspezifische Einstellungen, die den PostScript-Code für das Ausgabegerät optimieren. Der wesentliche Unterschied gegenüber dem normalen Druckprozeß ist, daß statt auf ein Ausgabegerät in eine Datei gedruckt wird.

Die erforderlichen Einstellungen müssen in jedem Fall mit dem weiterverarbeitenden Belichtungsstudio oder der Druckerei etc. abgesprochen werden, da eine solche Druckdatei nur dann korrekt verarbeitet werden kann, wenn die erforderlichen Parametereingaben für das Ausgabegerät stimmen.

Bild 4.204:
Im Macintosh-Standard-Druckdialog wird festgelegt, daß die Ausgabe in eine Datei erfolgt.

Abgeschlossen werden die Einstellungen für die Erzeugung einer PostSscript-Datei über die Macintosh-Standard-Druckdialogbox. Diese wird aus der Dialogbox DRUCKEN heraus durch einen Klick auf den Button DRUCKER erreicht. Hier muß im Bereich Ausgabe die Option DATEI gewählt werden. Der Button DRUCKEN ändert sich daraufhin in SICHERN. Ein Mausklick auf SICHERN löst nun noch nicht den Druckvorgang aus, sondern öffnet die Standard-Dialogbox für Dateioperationen. Im Ordner-Popup wird der Speicherort festgelegt und im Feld SICHERN UNTER ein Name vergeben. Bei der Namensgebung ist eine Dateiextension ».ps« zwar nicht erforderlich, sie kennzeichnet die Datei aber in den Ordnerverzeichnissen eindeutig als PostScript-Druckdatei. Im Popup FORMAT wird die Option POSTSCRIPT gewählt. Wichtig sind nun noch die Optionen für die Einbindung der Bilddaten ASCII oder BINÄR und die Einstellungen für PostScript Level 1 oder Level 2. Beide Einstellungen müssen mit dem weiterverarbeitenden Betrieb abgestimmt werden. Im Popup ZEICHENSÄTZE BEIFÜGEN ist in jedem Fall die Option ALLE zu wählen, damit später bei der Belichtung keine Fontprobleme entstehen. Damit sind alle Einstellungen für die Erzeugung der PostScript-Datei abgeschlossen. Ein Klick auf SICHERN führt wieder in die Quark-Druckdialogbox zurück. DRUCKEN startet nun die Erzeugung der PostScript-Datei.

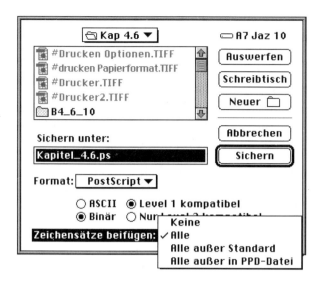

Bild 4.206:
Vor dem Speichern der PostScript-Datei können noch spezielle Einstellungen vorgenommen werden.

Der Vorgang zur Erzeugung einer PostScript-Datei wirkt im Gegensatz zu entsprechenden Abläufen in den Vorgängerversionen von XPress 4.0 »handgestrickt«. Wird diese Funktion das erste Mal aufgerufen, erscheint eine Dialogbox, die den verwirrenden Hinweis gibt, daß die Buttons DRUCKEN *und* SICHERN *wieder in den Quark-Druckdialog zurückführen. Durch Markieren einer Checkbox wird diese Meldung künftig unterdrückt.*

Druckstile erstellen und anwenden

Der Ausdruck von Dokumenten ist eine sich ständig wiederholende Arbeit. Damit häufig benötigte Einstellungen von Standarddokumenten oder Periodika nicht immer wieder neu eingegeben werden müssen, kann durch die Erstellung von Druckstilen das Druckhandling vereinfacht werden.

Durch fehlerhafte Eingaben kommt es immer wieder zu Fehlern beim Drucken oder Belichten vom Dokumenten. Durch den Einsatz von Druckstilen kann dies vermieden werden. Ist ein Druckstil einmal korrekt eingestellt, kann zügig und mit hoher Produktionssicherheit die Druckausgabe beschleunigt werden. Nutzen Sie deshalb dieses Features intensiv, und bauen Sie sich für alle vorkommenden Standardausgaben Druckstile auf.

Der Menübefehl *Bearbeiten/Druckstile* öffnet die Dialogbox DRUCKSTILE, in der Druckstile bearbeitet, neu angelegt, dupliziert und sowohl importiert als auch exportiert werden können. So ist eine schnelle und effiziente Verwaltung der Druckstile möglich. Zügig kann entschieden werden, ob benötigte Einstellungen bereits vorhanden sind, eine Vorlage neu erzeugt oder eine bestehende dupliziert und durch Modifizieren angepaßt wird. Durch

Ausgabefunktionen

die Buttons IMPORT und EXPORT wird der Austausch zwischen unterschiedlichen Dokumenten realisiert.

Die Dialogbox DRUCKSTILE ist weitgehend identisch mit den Übersichtsdialogboxen, die für die Erzeugung anderer Stilvorlagen, wie z.B. Schriften und Farben, zum Einsatz kommen. In der scrollbaren Liste werden alle zur Verfügung stehenden Druckstile aufgeführt. Durch Markieren mit der Maus werden in einem Informationsfenster unter der Liste die Einstellungen des betreffenden Druckstils angezeigt.

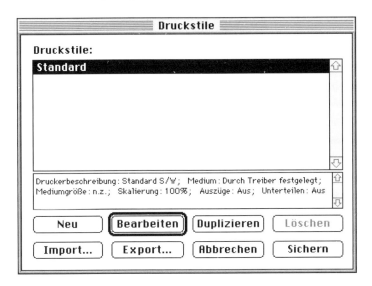

Bild 4.206:
Die vorhandenen Druckstile werden über eine eigene Dialogbox verwaltet.

Ein neuer Druckstil wird angelegt durch einen Klick auf NEU. Nun wird die Dialogbox DRUCKSTIL BEARBEITEN in den Vordergrund gestellt. Im Eingabefeld NAME ist als Vorgabe »Neuer Druckstil« bereits eingetragen. Diesen Namen können Sie in eine Bezeichnung verändern, die einen Bezug zur Aufgabenstellung hat.

Achten Sie auf eine aussagekräftige Bezeichnung der Druckstilvorlage. Dies hilft Ihnen später, in der Auswahlliste die richtige Druckstilvorlage auszuwählen. Geeignete Namen beinhalten die Beschreibung des Druckjobs und des Dokumentformats etc., wie z.B. »Meier_A4_negativ«.

Alle auf den Registerkarten DOKUMENT, INSTALLIEREN, AUSGABE und OPTIONEN möglichen Einstellungen werden für die neue Druckstilvorlage hinterlegt. Gegenüber der Dialogbox DRUCKEN ist nur die Registerkarte VORANSICHT nicht aufgeführt. Die Einstellungen und deren Bedeutung sind im Abschnitt zuvor bereits ausführlich besprochen worden. Mit OK werden die Einstellungen bestätigt, ABBRECHEN verwirft die vorgenommenen Änderungen. In die Liste der Druckstile wird die neue Druckstilvorlage aber erst gespeichert, wenn der Button SICHERN angeklickt wird.

Die Funktionen BEARBEITEN und DUPLIZIEREN lassen eine Modifizierung einer in der Druckstilliste mit dem Mauszeiger markierten Vorlage zu. LÖSCHEN entfernt eine markierte Vorlage.

IMPORT und EXPORT gestatten es, entweder die im Fenster angezeigte Liste in eine Datei zu exportieren oder eine Datei mit Druckstilen einzulesen und für das aktuelle Dokument zu übernehmen. Auf diesem Wege können Druckstile als Standards festgelegt und zwischen Dokumenten ausgetauscht werden.

Bild 4.207:
Bei der Erstellung von Druckstile werden alle Einstellungen in den Registerkarten berücksichtigt.

Die Einstellungen stehen nun in der Dialogbox DRUCKEN im Popup-Menü DRUCKSTIL zur Verfügung, können hier per Maus ausgewählt und für den Druck- oder Belichtungsvorgang genutzt werden. Nun muß nur vorgegeben werden, welche Seiten zu drucken sind, und der Druckvorgang kann durch Klick auf DRUCKEN gestartet werden.

Fehler bei der Druckausgabe

Wir gehen in diesem Abschnitt auf einige Probleme ein, die bereits bei der Produktion berücksichtigt werden sollten. Schließlich soll es hinterher keine bösen Überraschungen bei der Druckausgabe geben.

Ein Belichter muß erheblich aufwendigere Berechnungen als ein Laserdrukker durchführen. Was in der Produktionsphase problemlos als Laserausdruck lief, kann in der Belichtung leicht mit einer Fehlermeldung enden. Wenn auch die Ausgabegeräte immer leistungsfähiger geworden sind, so sollte doch bei größeren Dokumenten eine Testseite zusammengestellt werden, auf denen im Dokument verwendete Gestaltungselemente (Bilder, Grafiken, freigestellte und rotierte Bilder) enthalten sind. Eine Probebelichtung dieses Dokuments schafft hier Klarheit über die Probleme bei der Weiterverarbeitung. Das kostet zwar ein paar Mark, bewahrt Sie aber vor bösen Überraschungen.

Faktoren, die die Ausgabegeschwindigkeit verlangsamen:

- Modifikationen an Bildern: Vergrößern, Rotieren, Verzerren, Konvertierung in anderen Modus, Kontraständerungen. Diese Änderungen werden bei jeder Druckausgabe berechnet. Wenn möglich, sollten Bilder in einem Bildverarbeitungsprogramm so umgerechnet werden, daß diese ohne weitere Einstellungen direkt ausgegeben werden können.

- viele Rahmen auf der Seite
- Drehungen von Rahmen
- Maskierungen, Angleichungsfunktionen und Verläufe sind sehr aufwendig in der Umsetzung bei der Belichtung. Besondere Vorsicht ist bei Autotracing geboten: Durch die Vielzahl der Vektorpunkte, die beim automatischen Nachzeichnen von Bitmaps gesetzt werden, treten häufig Limitcheck-Fehler auf. Dann ist der Zeichenpfad zu komplex, um korrekt umgesetzt werden zu können.

Beherzigen Sie die Regel: Nur das machen, was wirklich sein muß. Wenn es zwei Wege zum Ziel gibt, dann entscheiden Sie sich für den mit den geringsten Rechenzeiten beim Druck – unter der Voraussetzung natürlich, daß die Qualität stimmt.

Dokumente für die Verarbeitung in einem Servicebüro vorbereiten

Die Ausstattung von Arbeitsplätzen mit PC- oder Macintosh-Rechnern und den notwendigen Programmen ist sicher nicht billig. Im Vergleich aber zu den Kosten für einen hochwertigen Scanner und Belichter erscheinen diese Kosten eher wie ein Taschengeld. So werden denn auch diese Hochleistungsmaschinen in Dienstleistungsunternehmen aufgestellt, die sich auf die Ausbelichtung von PostScript- oder Layoutdokumenten spezialisiert haben. Praktisch gesehen, heißt das: Probedrucke erstellen Sie zumeist auf dem an Ihrem Rechner angeschlossenen Laserdrucker, für die Filmausgabe hingegen sind Sie auf einen Dienstleister angewiesen, der Ihre Layoutdateien auf Film oder Papier belichtet.

Damit ein solcher Belichtungsvorgang korrekt vorgenommen werden kann, müssen dem Dienstleister bestimmte Informationen übermittelt werden. Weiterhin ist wichtig, daß alle zum Objekt gehörenden Dateien mitgeliefert werden.

Um bei diesem Vorgang nichts dem Zufall zu überlassen, bietet Quark XPress die Funktion FÜR AUSGABE SAMMELN. Über diese Funktion können Sie eine Reportdatei erstellen und dafür sorgen, daß alle zu einer Layoutdatei gehörenden Elemente (z.B. EPS-Dateien) in ein von Ihnen vorgegebenes Verzeichnis oder gleich auf Diskette/Wechselplatte gespielt werden.

Entscheiden Sie sich für eine Schrifttechnologie. Wenn möglich, sollte diese Entscheidung zugunsten von PostScript-Schriften ausfallen. Dieser Schrift-Standard hat sich im professionellen Satz- und Layoutbereich weitgehend durchgesetzt, wie auch die entsprechenden PostScript-Ausgabegeräte. Die Entscheidung für eine Schrifttechnologie sichert eine Übereinstimmung zwischen der optischen Repräsentation auf dem Bildschirm und der Wiedergabe mit dem Ausgabegerät. Müssen TrueType-Schriften bei der Druckausgabe auf einem PostScript-Gerät in PostScript-Schriften konvertiert werden, kann sich z.B. der Zeilenlauf in Ihrem Dokument verändern. Prüfen Sie in diesem Fall nach einem Ausdruck den Text auf Zeilenumläufe.

Nach einem Klick auf *Ablage/Für Ausgabe sammeln* öffnet QuarkXPress eine Dialogbox, in der ein Name für die Reportdatei eingegeben wird. Diese Reportdatei ist eine ASCII-Textdatei, die mit XPress-Marken formatiert wird. Sie enthält alle erforderlichen Informationen über das zu belichtende Dokument, u.a. die gegebenenfalls erforderlichen QuarkXPress-XTensions, die verwendeten Schriften, spezielle Modifikationen, die enthaltenen externen Grafiken usw. Die Checkbox NUR BERICHT gestattet es, vorab den Bericht auf Korrektheit zu überprüfen und gegebenenfalls Einstellungen im Dokument noch einmal zu verändern.

Wird nun der Button SAMMELN angeklickt, beginnt QuarkXPress, die Dateien auf das aktuelle Laufwerk in das voreingestellte Verzeichnis zu kopieren. Bevor Sie auf SAMMELN klicken, können Sie auch über den Button NEUER ORDNER ein neues Verzeichnis erstellen.

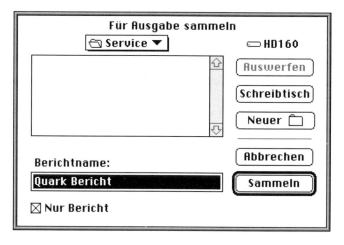

Bild 4.208: Die Dialogbox FÜR AUSGABE SAMMELN gibt Ihnen die Möglichkeit, eine Reportdatei und die benötigten Dateien in ein gemeinsames Verzeichnis zu übertragen. Der Stand des Kopiervorgangs wird in einem gesonderten Fenster angezeigt.

Wird der Sammelvorgang gestartet, zeigt QuarkXPress in einem Fenster an, wie weit die Kopieraktion vorangeschritten ist. Sind alle Dateien kopiert worden, erstellt QuarkXPress als letzte Aktion die Reportdatei und speichert diese im gleichen Verzeichnis. Diese Daten können Sie nun dem Dienstleister übermitteln, damit die Filmbelichtung erstellt wird.

Überprüfen Sie in jedem Fall das Ergebnis der Sammelaktion. Da die Reportdatei nicht alle für eine Belichtung erforderlichen Informationen enthält, sollten Sie sich in jedem Fall angewöhnen, diese Informationen in einem eigenen Formular aufzuführen: Montageflächen belichten, Paßmarken, welche Farbauszüge, welche Rasterweite etc. Die Beantwortung dieser Fragen kann bei der Erstellung der Reportdatei durch QuarkXPress nicht vorgenommen werden, da dies optionale Vorgaben sind, die von Ihnen in Abhängigkeit vom Druckprozeß etc. festgelegt werden müssen.

Völlig unabhängig von solchen Einstellungen sind Sie, wenn Sie dem Belichtungsbüro eine Druckdatei übergeben. Diese Druckdatei enthält alle Schriften, alle Bilder und auch den benötigten PostScript-Vorspann. Zur Erzeugung sollten jedoch PDF- oder PPD-Dateien eingesetzt werden, die dem Belichter des Dienstleisters entsprechen.

> *Druckertreiber oder PDF/PPD-Dateien erhalten Sie auf Anfrage von Ihrem Dienstleister kostengünstig oder gar umsonst.*

Häufig honorieren Ihnen die Belichtungsstudios den verringerten Aufwand bei Anlieferung von Druckdateien in barer Münze. Der Nachteil: Änderungen an Druckdateien sind nur mit einem hohen Aufwand oder gar nicht möglich, hier sind Sie allein dafür verantwortlich, daß die Datei belichtet werden kann.

4.7 Weiterführende Optionen

XTensions

Eine große Stärke von QuarkXPress ist die Möglichkeit, die Programmfunktionen durch »XTensions« zu erweitern. Damit kann das Programmsystem auf spezielle Anforderungen hin optimiert werden.

Von QuarkXPress selbst wird das XTension-Konzept genutzt, um z.B. Import- und Exportfilter in das Programm einzubinden oder zusätzliche Filter von Drittherstellern zu integrieren. Häufig besteht auch ein Teil eines Update-Pakets aus Ergänzungen, die durch XTensions eingebunden sind.

Grundlegende Funktionalität

Im aktuellen Programmpaket wird die Farbpalette durch Funktionen zur Generierung von speziellen Rasterverläufen über eine solche XTension (CoolBlend) erweitert. Ebenso ist das Farbmanagementsystem »CMS« über das XTension-Konzept eingebunden.

Bei entsprechenden Kenntnissen und Fähigkeiten können Sie auch selbst XTensions entwickeln. In diesem Fall stellt Quark – gegen Gebühr – Unterlagen zur Verfügung, in denen das Konzept dokumentiert und die Schnittstellen und Einsprungpunkte für den Programmierer offengelegt werden.

Inzwischen existieren eine Vielzahl von XTensions. Die meisten dieser XTensions werden auf die Seriennummer Ihrer QuarkXPress-Version eingestellt. Deshalb wird beim Kauf einer XTension die Seriennummer Ihrer QuarkXPress-Version verlangt, um unerlaubtes Kopieren zu vermeiden.

XTension-Manager

Mit der Version 4.0 wird unter *Hilfsmittel* ein Hilfsprogramm zur Verwaltung der XTensions zur Verfügung gestellt. Der XTension-Manager gestattet es u.a., per Mausklick XTensions zu aktivieren und zu deaktivieren. Wenn auch die Ausführung der Einstellungen erst nach einem Neustart von XPress erfolgt, so ist es doch ein sehr effektives Werkzeug, um XPress immer in der optimalen Konfiguration zu betreiben, ohne dabei unnötig Arbeitsspeicher zu verschenken.

Die XTensions werden in zwei Ordnern verwaltet, die sich im QuarkXPress-Programmordner befinden. Es sind die Ordner *XTension* und *XTension Disabled*. Im ersten Ordner befinden sich die aktiven XTensions und im anderen die deaktivierten. XTensions können nur dann korrekt eingebunden werden, wenn sie sich in den genannten Ordnern befinden.

Der Menübefehl *Hilfsmittel/XTension-Manager* öffnet die Verwaltungsdialogbox des Hilfsprogramms. Im Zentrum findet sich die Liste mit allen verfügbaren XTensions – aus beiden Verwaltungsordnern. In der Tabelle erscheinen unter der Spalte AKTIVIEREN die XTensions mit einem Häkchen markiert, die beim Neustart von XPress geladen und aktiviert werden. In der Spalte NAME ist der Name der XTension aufgeführt, und in der Spalte STATUS wird für jede XTension angezeigt, ob sie zur Zeit AKTIV oder INAKTIV ist. Kann eine XTension beim Laden nicht aktiviert werden, wird dies in der Statusspalte mit FEHLER gekennzeichnet.

Unterhalb der Liste befindet sich ein Informationsbereich. Hier wird zu jeder markierten XTension eine Zusatzinformation angezeigt. Ausführliche Informationen werden durch Klick auf den Button ÜBER verfügbar.

Oberhalb der XTensionliste sind einige Funktionen angelegt, die die Erstellung und Verwaltung spezieller XTension-Sets gestatten. Im Popup GRUPPE werden alle verfügbaren XTension-Sets angezeigt. Die Standard-Sets sind:

- ALLE XTENSIONS AKTIVIERT lädt beim Programmstart alle verfügbaren XTensions.

- ALLE XTENSIONS DEAKTIVIERT schaltet beim Programmstart alle XTensions ab.

- 4.0 OPTIMIERTE XTENSIONS lädt nur XTensions, die für 4.0 erstellt wurden.

Diese Standard-Sets können durch eigene Sets erweitert werden. Alle XTensions, die in einem anwenderdefinierten Set zusammengestellt werden sollen, müssen mit einem Häkchen mittels Mausklick markiert sein. Die XTension-Auswahl kann auch über das Spaltenpopup AKTIVIEREN durchgeführt werden (Optionen JA/NEIN). Durch Klick auf SICHERN UNTER kann nun ein Name für das zusammengestellte XTension-Set vergeben werden. Anwenderdefinierte Set-Einstellungen können auch über den Button LÖSCHEN wieder aus dem Popup entfernt werden.

Um anwenderdefinierte XTension-Sets anderen Anwendern von XPress 4.0 zugänglich zu machen, können diese Einstellungen auch exportiert und importiert werden.

Der im unteren Teil der Dialogbox XTENSIONS MANAGER angelegte Button OK bestätigt die Einstellungen, ABBRECHEN verwirft diese.

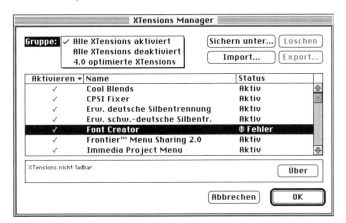

*Bild 4.209:
Der XTension-Mnager gestattet eine optimale Konfiguration der jeweiligen Arbeitsumgebung.*

Der XTension-Manager schaltet sich bereits in den Programmstart ein. Durch Voreinstellung kann entschieden werden, wann der XTension-Manager sich bei diesem Vorgang mit einer Dialogbox meldet, damit der Anwender auf XTension-Ladefehler reagieren oder das Starten spezieller XTension-Sets vorgeben kann. Die Voreinstellungen für den XTension-Manager werden aufgerufen durch Eingabe von *Bearbeiten/Vorgaben/Programm* (⌘+⌥+⇧+A). Klicken Sie nun auf den Reiter der Registerkarte XTENSIONS. Im Bereich *XTensions-Manager beim Starten zeigen* kann nun festgelegt werden, in welcher Situation sich das Hilfsprogramm beim Programmstart meldet.

Wird die Option IMMER gewählt, dann öffnet sich beim Programmstart automatisch der XTension-Manager. Nun können einzelne XTensions aktiviert/deaktiviert oder spezielle XTension-Sets aufgerufen werden. Das Verfahren entspricht dem bereits zuvor besprochenen Ablauf.

Alternativ hierzu kann auch mit der Option WENN festgelegt werden, daß sich der XTension-Manager nur meldet, wenn es Fehler beim Laden einer XTension gegeben hat oder der Inhalt des XTension-Ordners sich gegenüber dem letzten Programmstart geändert hat.

*Bild 4.210:
In den Programmvorgaben kann festgelegt werden, wie sich der XTension-Manager im Startvorgang verhält.*

Kommt es beim Programmstart von XPress zu Fehlern bei der Ausführung der XTension-Vorgaben und -Sets, erscheint die Dialogbox XTENSION LADEFEHLER. Im Listenfeld werden alle Problem-XTensions angezeigt. Zu jeder markierten XTension erhalten Sie im Informationsbereich einen Hinweis über die Fehlerursache. Durch Klick auf den Button IGNORIEREN kann der Startvorgang fortgesetzt werden. Der Button »Manager« führt in den XTension-Manager. Hier kann dann entschieden werden, wie künftig beim Startvorgang mit den betroffenen XTensions verfahren wird.

*Bild 4.211:
XTension-Ladefehler werden beim Programmstart angezeigt.*

Die Arbeit mit XPress-Marken

Die einen vermissen sie, die anderen sind froh, daß die kommandoorientierten Steuersequenzen endlich vom Bildschirm verschwunden sind. Die Rede ist von den aus den herkömmlichen Satzsystemen bekannten Befehlskürzeln. Mit den XPress-Marken stellt Ihnen QuarkXPress eine Befehlssprache zur Verfügung, die diesen Satzbefehlen angenähert ist und es ermöglicht, in einen einfachen ASCII-Text alle nötigen Formatinformationen zur Aufbereitung von Texten einzubetten.

Die grundlegenden Regeln wollen wir Ihnen in diesem Kapitelabschnitt erläutern. Im Kapitel 5, Workshop, wird dann an einem Praxisbeispiel die Arbeit mit XPress-Marken vertieft. Eine ausführliche Auflistung aller XPress-Marken-Befehle finden Sie im Anhang.

Der Aufbau einer mit XPress-Marken formatierten Datei muß sich an genau vorgegebenen Konventionen orientieren. Entspricht die importierte ASCII-Textdatei nicht diesen Konventionen, kommt es zu einer fehlerhaften Übertragung.

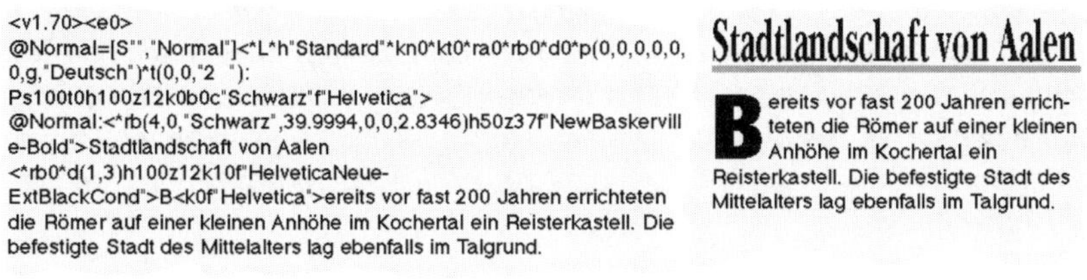

```
<v1.70><e0>
@Normal=[S'","Normal"]<*L*h"Standard"*kn0*kt0*ra0*rb0*d0*p(0,0,0,0,0,
0,g,"Deutsch")*t(0,0,"2 "):
Ps100t0h100z12k0b0c"Schwarz"f"Helvetica">
@Normal:<*rb(4,0,"Schwarz",39.9994,0,0,2.8346)h50z37f"NewBaskervill
e-Bold">Stadtlandschaft von Aalen
<*rb0*d(1,3)h100z12k10f"HelveticaNeue-
ExtBlackCond">B<k0f"Helvetica">ereits vor fast 200 Jahren errichteten
die Römer auf einer kleinen Anhöhe im Kochertal ein Reisterkastell. Die
befestigte Stadt des Mittelalters lag ebenfalls im Talgrund.
```

Stadtlandschaft von Aalen

Bereits vor fast 200 Jahren errichteten die Römer auf einer kleinen Anhöhe im Kochertal ein Reisterkastell. Die befestigte Stadt des Mittelalters lag ebenfalls im Talgrund.

Bild 4.212:
Ein XPress-Markentext im Quellcode. Nach der Interpretation durch den XPress-Markenfilter wird der Text in WYSIWYG dargestellt.

Grundlegende Regeln

XPress-Marken können nur durch das Programm QuarkXPress verarbeitet werden. Die Interpretation kann nur funktionieren, wenn sich die entsprechende Filterdatei im QuarkXPress-Programmordner befindet.

Soll durch eine XPress-Marke ein Zeichenattribut erzeugt werden, muß diese Marke der entsprechenden Stelle im ASCII-Text vorangestellt werden. Sollen Absatzattribute durch XPress-Marken in den Text eingefügt werden, so müssen diese am Absatzanfang stehen. Die Formatierungen behalten so lange ihre Gültigkeit, bis sie durch andere Formateinstellungen ersetzt werden.

Der Beginn einer XPress-Marke wird durch ein »Kleiner-als«-Zeichen (<) gekennzeichnet, das Ende durch ein »Größer-als«-Zeichen (>). Es können auch mehrere XPress-Marken-Befehle miteinander kombiniert werden. Auch hier gilt die Regel: Zu Beginn ein »Kleiner-als«-Zeichen, dann werden die Zeichencodes für die Befehle eingegeben, abschließend dann ein »Größer-als«-Zeichen. Bevor ein neuer Befehlsanfang gesetzt wird, muß zuvor der Befehl korrekt beendet werden.

Wird beim Import einer XPress-Markendatei der Textfluß plötzlich unterbrochen und nicht weiter ausgeführt, deutet dies darauf hin, daß ein Befehl nicht korrekt abgeschlossen wurde. Bedenken Sie auch, daß jedes im ASCII-Text vorkommende »Kleiner-als«-Zeichen als Beginn einer XPress-Marke interpretiert wird. Wie solche speziellen Sonderzeichen trotzdem im Text eingegeben werden können, ohne zu Interpretationsproblemen zu führen, wird im folgenden noch dargelegt.

Eine Befehlssequenz darf nicht durch eine Zeilenschaltung getrennt werden. Muß eine Befehlssequenz in einer neuen Zeile fortgesetzt werden, dann muß die Sequenz mit einem Doppelpunkt getrennt werden. Diese Trennung darf allerdings nicht mitten in einem Befehl erfolgen.

Wird eine mit XPress-Marken versehene ASCII-Datei in ein QuarkXPress-Dokument geladen, dann findet eine Interpretation in die Quark-eigene WYSIWYG-Formatierung nur statt, wenn in der Dialogbox TEXT LADEN die Option EINSCHLIESSLICH STILVORLAGEN markiert ist und sich der XPress-Markenfilter im Quark-Programmordner befindet. Falls diese Option nicht markiert ist, würde der XPress-Markentext als normaler ASCII-Text importiert werden.

Eine einfache und praktische Möglichkeit zur Erzeugung von XPress-Marken besteht darin, einen Text in der gewünschten Form zu formatieren und den Text dann über ABLAGE/TEXT SICHERN *in das XPress-Marken-Format zu exportieren. Wenn dieser Text ohne die Option* EINSCHLIESSLICH STILVORLAGEN *wieder importiert wird, erscheint der Satztext einschließlich XPress-Marken im aktiven Textrahmen.*

Zeichen- und Absatzstilvorlagen erzeugen

Durch den Einsatz von XPress-Marken können Sie sowohl im Dokument vorhandene Stilvorlagen ansprechen als auch Stilvorlagen im Dokument neu anlegen. Mit der Einführung von Zeichenstilvorlagen ist der Einsatz der XPress-Marken nun nicht mehr nur auf Absatzstile beschränkt.

Soll eine im Dokument bereits vorhandene Stilvorlage angesprochen werden, dann muß die Eingabe folgenden Konventionen entsprechen: »@stilvorlagenname:«. In diesem Fall ist ein »Klammeraffe« als Vorcode einzugeben. Die Länge des Namens darf 63 Zeichen nicht überschreiten.

Auf die als Grundeinstellung vorgegebene Stilvorlage »Normal« haben Sie Zugriff durch die Tastenfolge: »@$:«

Auch die Einstellung »Kein Stil« ist möglich, indem Sie die Zeichenfolge »@:« eingeben.

Eigene Stilvorlagen können durch den Einsatz von XPress-Marken erzeugt werden, indem Sie einen Namen für die Stilvorlage vergeben, darauffolgend ein Gleichheitszeichen (=) als Zuweisungszeichen für die Befehlsfolgen eingeben und dann die Definitionen entsprechend den Befehlskonventionen zwischen den »Kleiner-als«- und »Größer-als«-Zeichen vornehmen.

Um nun diese Stilvorlage zur Anwendung zu bringen, müssen Sie, wie bereits beschrieben, die Stilvorlage namentlich aufrufen.

Im folgenden Beispiel wird eine Stilvorlage definiert und anschließend auf einen Absatz übertragen. Die Befehlsfolge muß zu Beginn eines Absatzes eingegeben werden.

@Grundtext=<*p(0,10,0,10.5,0,8,G)f"Helvetica"z12*J>@Grundtext:

Die in der Definition enthaltenen Befehle im einzelnen: Der erste Teil der Befehlsfolge bis zum Gleichzeitszeichen legt den Namen der Stilvorlage fest, das Gleichheitszeichen übernimmt die Zuweisung. Mit der Befehlsfolge *p wird der Beginn einer Absatzformatdefinition deklariert. Zwischen den Klammern wird, jeweils durch ein Komma getrennt, die Definition folgender Werte vorgenommen: »linker Einzug«, »erste Zeile«, »rechter Einzug«, »Zeilenabstand«, »Abstand vor«, »Abstand nach« und als letztes die Option »Am Grundlinenraster ausrichten«. Ein »G« steht für Ausrichten und ein »g« für nicht Ausrichten. Mit »f« wird dann die Font-Zuweisung deklariert. Der Zeichensatzname wird durch Hochkommata gekennzeichnet. Mit »z12« wird die Schriftgröße auf 12 pt eingestellt, und »*J« legt als Ausrichtung für den Absatz die Blocksatzmethode fest.

> *Die grundlegende Struktur des Aufbaus von Zeichen- und Absatzstilvorlagen ist zwar identisch, wichtig ist aber der Unterschied im Aufruf. Während Absatzstilvorlagen immer zu Beginn eines Absatzes stehen, werden die Zeichenstilvorlagen innerhalb eines Absatzes aufgerufen; sie müssen zwischen den Zeichen »<« und »>« stehen.*
>
> :-)
> TIP

Zur Veranschaulichung des Zusammenhangs von Zeichen- und Absatzstilvorlagen demonstrieren wir dies an einem Beispieltext. Die folgende Abbildung zeigt den Aufbau: Zunächst erfolgen die Angaben für die Version des XPress-Markenfilters und des Zeichencodes. Dann folgen zunächst die Zeichenstilfestlegungen (Normal, Helvetica etc.) und anschließend die Definitionseinstellungen für die Absatzstile. Zum Schluß erfolgt dann der Aufruf der Stilvorlagen über den betreffenden Namen. Im Text ist auch eine Zeichenstilvorlage aufgerufen worden.

Zwischen dem Vorspann und dem Bodytext wird über die Stilvorlagen eine Verbindung hergestellt. Es wird nach dem Return direkt in die andere Vorlage umgeschaltet.
Dies ist ein Probetext, mit dem die **XPressMarkentechnik** überprüft werden soll.

Bild 4.213:
Das Beispiel einer Umsetzung von Zeichen- und Absatzstilvorlagen.

```
<v2.00><e0>
@Normal=<Ps100t0h100z12k0b0cKf"Helvetica">
@Helvetica10p_B=<PBs100t0h100z10k0b0cKf"Helvetica">
@Helvetica10p=<Ps100t0h100z10k0b0cKf"Helvetica">
@Normal=[S"","Normal","Normal"]<*L*h"Standard"*kn0*kt0*ra0*rb0*d0*p(0,0,0,0,0,g,"Deutsch")>
@Bodytext=[S"","Normal","Helvetica10p"]<*L*h"Standard"*kn0*kt0*ra0*rb0*d0*p(0,0,0,0,0,g,"Deutsch")>
@Vorspann=[S"Bodytext","Bodytext","Helvetica10p_B"]<>
@Vorspann:Zwischen dem Vorspann und dem Bodytext wird über die Stilvorlagen eine Verbindung hergestellt. Es wird nach dem Return direkt in die andere Vorlage umgeschaltet.
@Bodytext:Dies ist ein Probetext, mit dem die <@Helvetica10p_B>XPressMarkentechnik<@$p> überprüft werden soll.
```

Absatz- und Zeichenattribute

Jedes in QuarkXPress mögliche Absatz- und Zeichenattribut kann durch XPress-Marken gesondert angesteuert werden. Die entsprechenden Befehle müssen entweder einzeln oder als Auflistung zwischen ein »Kleiner-als« und ein »Größer-als«-Zeichen aufgeführt werden.

Das Absatzattribut »zentrierter Absatz« wird durch Eingabe der Zeichenkombination »<*C>« zu Beginn eines Absatzes erreicht.

Auch die Eingabe von Tabulatordefinitionen ist mittels XPress-Marken möglich. Die Eingabe »<*t(12,0,",")>« deklariert einen Tabulator, der 12 pt von der linken Satzkante gesetzt wird, die »0« steht für Linkstabulator und das Komma zwischen den Zollzeichen »","« steht für Ausrichtung als Dezimaltabulator.

In dieser Art können auch Zeichenattribute im Text verankert werden. So wird z.B. der auf die XPress-Marke »<K>« folgende Text in Versalien (Großbuchstaben) ausgegeben.

Sollen Farben durch XPress-Marken als Stilattribut übergeben werden, müssen diese zuvor im QuarkXPress-Dokument definiert werden, damit sie durch einen XPress-Markenbefehl angesprochen werden können. Durch die Eingabe der Tastenfolge »<c"Hellblau">« wird die Farbe mit dem betreffenden Namen aus der Farbenliste des QuarkXPress-Dokuments auf den folgenden Text übertragen. Ist diese Farbe in der Farbenliste nicht enthalten, wird die Farbe »Schwarz« eingesetzt.

Geschützte Zeichen und Steuerzeichen

Zu Beginn des Unterabschnitts über die Arbeit mit XPress-Marken haben wir bereits darauf hingewiesen, daß es bestimmte Zeichen gibt, die bei der Erstellung der XPress-Marken eine Steuerzeichenbedeutung haben und deshalb nicht für die Namensbenennung von Stilvorlagen verwendet werden dürfen. Diese Zeichen sind: »@«, »=«, »,« und »:«.

Während diese Zeichen normal im Text verwendet werden dürfen, müssen die »Kleiner-als«- und »Größer-als«-Zeichen durch eine spezielle Befehlskombination übergeben werden. Durch die Eingabe von »<\#Zeichencode>« wird der für »Zeichencode« eingegebene Dezimalwert des betreffenden Zeichens aus ASCII-Code in den Text eingefügt. Durch diesen XPress-Markenbefehl können beliebige Zeichen aus dem ASCII-Code angesprochen werden. Im Falle des »Kleiner-als«-Zeichens sieht die Befehlsfolge folgendermaßen aus: »<\#60>«.

AppleScript – Dokumenterstellung automatisieren

Layoutprogramme, wie z.B. QuarkXPress, bieten dem Layouter einen großen Spielraum für Kreativität und Individualität bei der Entwicklung von Printprodukten. Häufig kommt es aber auch vor, daß Routineaufgaben anfallen, daß sich Aufgaben wiederholen und bestimmte Handgriffe immer wieder ausgeführt werden müssen. Routinearbeiten, die eine hohe Präzision erfordern, aber doch sehr eintönig und langweilig sein können. Durch den Einsatz von AppleScript haben Sie die Möglichkeit, diese Arbeiten in einer Liste zusammenzufassen und die Vorgaben dann durch das Programm Schritt für Schritt abarbeiten zu lassen. QuarkXPress unterstützt AppleScript und ermöglicht es damit, den Dokumentaufbau in unterschiedlichen Stufen zu automatisieren.

Grundlagen

Bereits seit 1989 ist die Firma Apple mit der Entwicklung der AppleScript-Technologie befaßt. Aber erst mit der Einführung von System 7 und der Interapplication Communication Technologie (IAC) sowie dem dann folgenden Aufbau der Open Scripting Architecture (OSA) wurde die Grundlage für die Entwicklung von Programmen geschaffen, die die neuen Script-Möglichkeiten nutzen konnten. Auch QuarkXPress unterstützt seit der Version 3.2 diese Technologie. Damit kann XPress über sog. Events mit anderen Programmen kommunizieren oder auf der Basis der Scripttechnologie eigene Arbeitsabläufe in einer Aufgabenliste zusammenfassen und abarbeiten lassen.

Grundsätzlich gibt es drei Ebenen, auf denen Programme AppleScript unterstützen können. Als einfachste Form der AppleScript-Unterstützung müssen Programme das Attribut »Scriptable« haben. Dies bedeutet, sie können AppleScript-Befehle verstehen und ausführen. Die nächst höhere Form der Unterstützung ist das Attribut »recordable«. Programme mit diesem Attribut sind in der Lage, die Ausführung von Maus- und Menüaktionen etc. zu protokollieren und daraus ein AppleScript-Programm zu erstellen. Die höchste Form der Nutzung von AppleScript stellt das Attribut »attachable« dar. Hierdurch ist es möglich, durch die Kombination von Programmen, Menübefehlen und einzelnen Elementen von Dokumenten neue Programmumgebungen zu schaffen. Von allen drei angesprochenen Unterstützungsformen wird von den Herstellern bei den Standardprogrammen im Regelfall nur das Attribut »Scriptable« unterstützt.

Auch QuarkXPress ist nur darauf vorbereitet, AppleScript-Befehle zu verstehen und auszuführen. Ob XPress mit den nächsten Versionen hier noch einen Schritt weitergehen wird, also auch Programmaktionen selbst aufzeichnen kann, bleibt abzuwarten.

Aus diesen Vorbemerkungen wird für viele auch ein Nachteil dieser Technologie deutlich: Ganz im Gegensatz zur Macintosh-Philosophie, wonach der MAC und seine Funktionalität für den Anwender intuitiv zu handhaben ist, setzt AppleScript eine ernsthafte Beschäftigung mit dieser Entwicklungsumgebung und seinen Sprachbefehlen voraus. Dies gilt auch dann, wenn künftig die Anwendungen verstärkt »recordable« sind. Selbst in diesem Fall ist eine manuelle Nachbearbeitung von automatisch erzeugtem Code im Regelfall immer erforderlich. Und wie will man letztlich etwas modifizieren, das man nicht versteht.

Mit diesem Abschnitt wollen wir Ihnen die ersten Schritte im Umgang mit AppleScript erleichtern und Appetit machen, sich doch einmal intensiver mit den Möglichkeiten der Scripting-Sprache zu befassen. Im Kapitel 5 – »Workshop« wird dann das Verständnis des Zusammenwirkens von QuarkXPress und AppleScript praktisch vertieft.

Installation und Anwendung

AppleScript kann nur funktionieren, wenn es im Zusammenhang mit der Systeminstallation auf dem Rechner korrekt eingerichtet wurde. Jeder Versuch, ein Script zu starten, ohne daß die AppleScript-Umgebung beim Startvorgang initialisiert wurde, wird mit einer Fehlermeldung beantwortet.

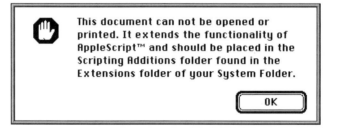

*Bild 4.214:
Eine Fehlermeldung informiert über das Fehlen der AppleScript-Erweiterung.*

Nehmen Sie in diesem Fall, die mit dem Macintosh gelieferte System-CD und aktualisieren Sie das Betriebssystem. Nach Start des AKTUALISIERERS muß im Listenfeld nur die Checkbox für AppleScript markiert werden. Nach dem Start der Aktualisierung werden dann die benötigten Komponenten installiert. Nach der Installation muß ein Neustart durchgeführt werden, damit die Systemerweiterung eingebunden wird.

Weiterführende Optionen

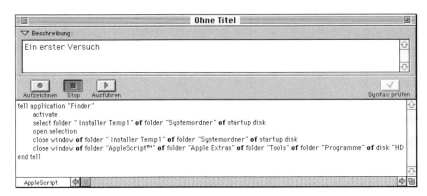

Bild 4.215:
Die benötigten Komponenten auf einen Blick.

AppleScript-Programme können in zwei Formen vorliegen. Entweder als Text, der in den Scripteditor geladen und aus dieser Anwendung heraus gestartet wird, oder als Droplet. In diesem Fall wird das Script in ein ausführbares Drag&Drop-Programm umgesetzt, das dann per Doppelklick gestartet wird. Oder Sie ziehen die Dokumente, die durch Scripts bearbeitet werden sollen, einfach mit dem Mauszeiger auf das entsprechende Droplet. Gerade diese Anwendung von AppleScript eröffnet Möglichkeiten, die Layout-Arbeitsumgebung zu optimieren.

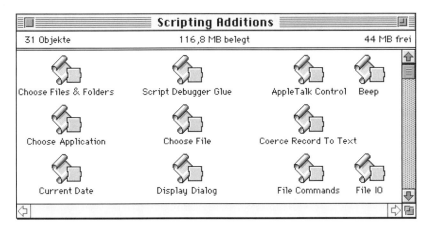

Bild 4.216:
Bei der Systeminstallation werden bereits einige vorgefertigte Droplets mit installiert.

Arbeit mit dem Scripteditor

Wie bereits angemerkt, kann es in diesem Buch nicht darum gehen, eine Referenzbeschreibung der AppleScript-Befehle vorzunehmen. Hierfür gibt es zahlreiche Spezialliteratur. In diesem Unterabschnitt wollen wir vermitteln, was AppleScript konkret bewirkt und wie sich die Sprache darstellt.

AppleScript ist eine Script-Sprache mit einer eindeutigen Syntax. Sie ist aber eine sehr ausschweifende Sprache, die einen Ablauf ähnlich beschreibt, wie dies auch ein Mensch tun würde.

Nehmen wir folgende Script-Sequenz als Beispiel: »set style of every word whose size is 18 to italic«. Im Klartext führt diese Anweisung dazu, daß der »Stil jedes Worts«, das der »Größe 18« entspricht in »italic« formatiert wird.

Gehen wir nun einen Schritt weiter. Mit dem »Scripteditor« liefert Apple ein Programm aus, daß in der Lage ist, AppleScript-Befehle zu erzeugen, also das Attribut »recordable« besitzt. Auch in diesem Fall wollen wir keine spektakulären Abläufe protokollieren, sondern den Ablauf und die Funktionalität eines solchen Programms aufzeigen. An diesem Beispiel sehen Sie dann, wie Maus- und Menüaktionen in AppleScript-Befehle umgesetzt werden, um dann die betreffenden Aktionen beliebig und automatisch wiederholen zu können.

Bei der Installation ist auf der Systemplatte der Ordner »AppleScript« angelegt worden. In diesem Ordner befindet sich der »Scripteditor«. Mit einem Doppelklick starten wir das Programm. Das Programm stellt sich mit einem eigenen Fenster auf dem Desktop des Macintosh dar. Dieses Fenster ist in drei Bereiche gegliedert. Im oberen Bereich kann zu jedem Script ein Bemerkungstext eingegeben werden. Darunter ist ein Funktionsbereich mit Button angeordnet. Darunter ist ein scrollbarer Textbereich, in dem das Script eingegeben werden kann. Da wir das Script automatisch erzeugen wollen, gehen wir nun folgendermaßen vor.

Ein Klick auf AUSFÜHREN startet die Aufzeichnung aller Aktionen, die nun mit der Maus durchgeführt werden. Führen Sie nun verschiedene Bewegungen und Aktionen mit der Maus durch, z.B. Öffnen und Schließen von Ordnern. Solange Sie sich auf der normalen Systemebene (»Finder«) befinden, merkt sich die Aufzeichnungsfunktion des »Scripteditors« all diese Vorgänge und setzt sie in AppleScript-Befehle um. Wird abschließend auf STOP gedrückt, erscheint das protokollierte Script im Scriptfenster. Hier kann es gegebenenfalls bearbeitet und durch Klick auf AUSFÜHREN gestartet werden.

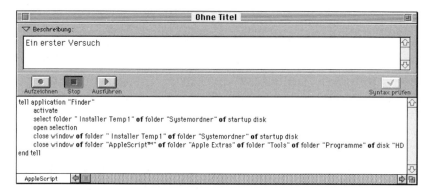

Bild 4.217:
Das Ergebnisscript unserer Mausaktionen.

Im Ordner *AppleScript* sind bei der Installation auch zwei Textdateien abgelegt worden, die diese Abläufe ausführlicher beschreiben.

QuarkXPress und AppleScript

Das Erstellen von AppleScript-Programmen für QuarkXPress gestaltet sich wesentlich komplizierter und ist ohne Grundkenntnisse des Programmierens kaum möglich. Liegen entsprechende Kenntnisse und Erfahrungen vor (C, BASIC, PASCAL), dann werden Sie sich schnell zurechtfinden. Dann steht dem Vorhaben nichts mehr im Wege, die Programmumgebung von XPress um ein Script-Menü zu ergänzen und damit die Gesamtfunktionalität optimal auf die jeweiligen Erfordernisse anzupassen. Vom kleinen Script, das senkrechte Linien in Tabellen einpaßt, bis zur automatisierten Katalogerstellung ist alles denkbar.

Damit die QuarkXPress-Funktionen auch für das AppleScripting zur Verfügung stehen, ist im Programmcode eine AppleScript-Funktionsbibliothek mit den XPress-Elementen integriert.

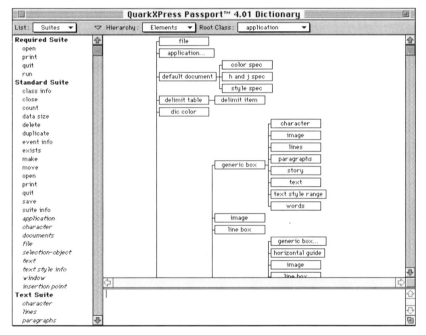

Bild 4.218: Scripteditoren können die AppleScript-Bibliothek in QuarkXPress auslesen.

Im Lieferumfang von QuarkXPress gibt es hierzu eine Beschreibung in englischer Sprache. Im gleichen Umfeld wird durch ein Beispiel der automatische Dokumentaufbau mittels AppleScript und QuarkXPress veranschaulicht. Die Unterlagen sind aber sehr knapp gehalten und helfen nur dem im Programmieren erfahrenen Anwender weiter. In jedem Fall sollte man einmal einen Versuch mit der Demodatei durchführen.

In Kapitel 5 haben wir ein eigenes Beispiel entwickelt, das wesentlich überschaubarer ist. Es ist auch für den Einsteiger nachzuvollziehen und bei Gefallen für eigene Entwicklungen modifizierbar. Wir meinen, daß auf diesem Wege auch für Einsteiger eine Brücke geschlagen werden kann, um einen besseren Zugang in der Anwendung von AppleScript zu erhalten.

Dokumenterstellung mit verschiedenen Versionen von QuarkXPress

Ein häufig diskutiertes Thema bei allen, die sich mit dem Erstellen von Layouts für Screen oder Print befassen, ist die Frage, wie weit soll die Funktionalität eines Layout-, Grafik- oder Bildbearbeitungsprogramms gehen. Sollen z.B. Layout- und Grafikprogramme in ihrem Leistungsvermögen so angenähert werden, daß sie sich gegenseitig ersetzen? Muß in jedem Fall ein Update erworben werden, auch wenn die neue Funktionalität eines Programmes für die aktuellen Aufgabenstellungen gar nicht benötigt wird? Je komplexer Programme sind, je häufiger sie ein Update erfahren, desto größer der Schulungsaufwand. Updates, insbesondere von Mehrfachlizenzen, kosten viel Geld. Oder man will einfach erst einmal abwarten, wie sich ein Programm-Update in der praktischen Arbeit bewährt, ob es fehlerfrei arbeitet etc.

Auch die Update-Politik von QuarkXPress sah bisher vor, daß eine neue Programmversion auch immer ein neues Dateiformat erstellte, das mit den Vorgängerversionen nicht kompatibel war. Häufig passierte es, daß eine alte Dateiversion mittels Doppelklick versehentlich in der neuen Version geöffnet und nach dem Sichern durch die Vorgängerversion nicht mehr zu öffnen war. Mit der neuen Version 4.0 hat QuarkXPress hier neue Wege beschritten. Durch die Möglichkeit, ein Dokument für die Version 3.3 zu sichern, besteht nun die Möglichkeit, die Daten zwischen beiden Versionen auszutauschen.

Hintergrund dieser Maßnahme ist sicherlich die Tatsache, daß Quark bereits mit der Version 3.3 eine sehr professionelle Funktionalität erreicht hat und viele Anwender deshalb zunächst intensiv prüfen werden, ob die neuen Funktionen im Produktionsalltag auch wirklich benötigt werden. Viele werden sich aufgrund der hohen Update-Kosten zurückhalten oder haben XTensions im Einsatz, die noch nicht für die Version 4.0 zu haben sind. Wenn auch die alten Versionen von XPress im Markt nicht mehr angeboten werden, so geht der Hersteller wohl davon aus, daß es längere Zeit eine parallele Arbeit mit unterschiedlichen Quark-Versionen geben wird. Dies wirft eine Reihe von Problemen auf, die Sie bedenken sollten, bevor im Produktionsablauf dieses Feature intensiv zum Einsatz kommt.

Damit es keine unangenehmen Überraschungen gibt, werden wir Sie im folgenden auf einige Problemstellen hinweisen.

Die folgenden Hinweise sind nur Anregungen. Über deren Bedeutung in der jeweiligen praktischen Arbeitsumgegbung muß letztlich jeder selber befinden. Hier sind eigene Erfahrungen und Tests angesagt. Wichtig ist es, sich eine genaue Kenntnis zu verschaffen, was passiert, wenn Dokumente zwischen unterschiedlichen Versionen ausgetauscht werden. Es gilt, konkrete Regeln festzulegen, die den Datenaustausch betreffen.

Mehrsprachige Versionen/einsprachige Versionen

Auch die Version 3.3 gab es schon in einer Passport-Version. Sie war im Markt aber eher selten anzutreffen. Üblich waren einsprachige Versionen: Deutsch, Englisch etc. Die jeweiligen Methoden der Silbentrennung waren darauf abgestimmt. Das Problem der Mehrsprachigkeit betrifft aber nicht nur XPress 3.3. Auch XPress 4.0 gibt es in einer einsprachigen internationalen Version. Diese wird zwar im europäischen Raum nicht vertrieben, sie muß aber bei der Berücksichtigung von Kompatibilitätsfragen beachtet werden.

❐ Beim Einsatz der Mehrsprachigkeit von QuarkXPress 4.0 ist deshalb zu beachten, daß mehrsprachige Dokumente nicht mehr über einsprachige Versionen von XPress geöffnet werden können. Wird versucht ein mehrsprachiges Dokument als einsprachige Version zu speichern, wird dies verweigert. In diesem Fall können Sie entscheiden, ob die Mehrsprachigkeit zurückgesetzt wird und statt dessen eine alternative Sprache zugewiesen wird.

Bild 4.219: Mehrsprachige Dokumente können nicht als einsprachige Versionen gespeichert werden. Beim Speichervorgang kann aber noch eine Änderung vorgenommen werden.

❐ Bei der Auswahl der Methode für die Silbentrennung stellt nur die Standardmethode eine Kompatibilität zu Vorgängerversionen sicher. Wird die ERWEITERTE METHODE eingesetzt, können sich neue Textumläufe ergeben und damit Trennfehler entstehen und Texte an Rahmengrenzen ausgeblendet werden.

Zusammenarbeit mit XPress 3.3

In der Dialogbox zum Sichern einer Datei ist im Popup »Version« nun die Option vorgesehen, eine Datei für die XPress-Version 3.3 zu sichern. Da die Versionen 3.3 und 4.0 einen unterschiedlichen Funktions- und Leistungsumfang haben, kommt es in jedem Fall zu Veränderungen im Dokumentaufbau, wenn in einem Dokument 4.0-Features verwendet werden und diese Datei im Format 3.3 gespeichert wird. In den folgenden Unterpunkten haben wir nur wesentliche Problemstellungen aufgegriffen. Es gibt auch zahlreiche Problemstellungen, die nur eingeschränkte Bedeutung haben. So wurde z.B. die mögliche Anzahl von Stilvorlagen von 128 auf Tausende geändert. Es ist wohl kaum vorstellbar, daß der Kompatibiliätswert von 128 in der 4.0 Version häufig überschritten wird.

- Dokument sichern: Wird eine Datei im Dokumentformat 3.3 in der Version 4.0 geöffnet, dann wird sie nur dann in das aktuelle Dokumentformat übertragen, wenn über SICHERN UNTER ausdrücklich ein 4.0-Dokument erzeugt werden soll. Auch der Menübefehl SICHERN beläßt die Version im jeweiligen Status und zeigt dies in der Sichern-Dialogbox an. Dadurch ist sichergestellt, daß ein versehentliches Sichern von 3.3 als 4.0-Dokument nicht mehr stattfinden kann. Werden aber im Verlauf der Arbeit im Dokument Funktionen oder Formatierungsmerkmale verwendet, die in der Version 3.3 noch nicht zur Verfügung standen, dann werden sie vor dem Speichern entfernt oder verändert. Aber Achtung: Dies geschieht ohne Sicherheitsabfrage!

- Buchfunktion: Buchkapitel können in 3.3 bearbeitet werden, ohne daß sie ihren Status als Mitglied eines Buchs verlieren. In der Buchpalette erhalten diese Kapitel dann den Status MODIFIZIERT und können entsprechend aktualisiert werden.

- Textformatierung: Werden unter 4.0 Zeichenstile verwendet, so gehen diese Definitionen verloren, die Formatierung bleibt aber bei den entsprechenden Textstellen erhalten. Bedenken Sie beim Einsatz von Tabulatoren, daß XPress 3.3 nicht mehr als 20 Tabs verarbeiten kann. Wird diese Anzahl überschritten, geht die Formatierung der Tabelle an diesen Stellen verloren, und die Spaltenpositionen werden auf Standardabstände gesetzt (12,7 mm).

- Bézier-Textpfade: Text, der mit Bézier-Textpfaden verbunden wurde, wird als normaler Text in einen Rahmen gesetzt.

Bild 4.220: In der 4.0-Version hat Hannover »den Bogen raus«. Rekonvertiert in das Dokumentformat 3.3 erfordert das Ergebnis doch einige Nacharbeit.

- Listen- und Indexverzeichnisse: Die in 4.0-Dokument angelegten Listen und Indexverzeichnisse bleiben erhalten und können bearbeitet werden. Auch die durch die Indexfunktion vergebenen Markierungen der indizierten Textstellen bleiben erhalten. Listendefinitionen gehen allerdings verloren.

- Linien und Striche: XPress 4.0 bietet die Möglichkeit, anwenderdefinierte Linien und Striche zu erstellen. Diese gehen beim Sichern in 3.3 verloren und werden in einfache Linien umgewandelt. Möglicherweise zugewiesene Abstandsfarben bei Strichen und Streifen werden gelöscht.

- Bézier-Objekte: Bézier-Objekte werden beim Sichern für 3.3 in Polygonobjekte gewandelt. Da Polygonobjekte keine runden Verbindungslinien erzeugen können, ist klar, daß auch hier sehr umfangreiche Änderungen vorgenommen werden, die im Regelfall zu unbrauchbaren Ergebnissen führen. So wird z.B. aus einem Text, der in Rahmen umgewandelt und mit einem Bild belegt wurde, ein freier Polygonrahmen. Die getrennten Rahmen für Buchstaben werden in diesem Fall zu einem Rahmen zusammengeführt. Das Ergebnis hat mit dem ursprünglichen Erscheinungsbild nichts mehr gemein.

Bild 4.221: Bézier-Objekte vorher und nachher: Das rekonvertierte Ergebnis in das 3.3-Format ist nicht mehr zu verwenden und muß über Spezialprogramme neu erstellt werden.

- Bildintegration: Bei der Einbindung von Bildern muß bedacht werden, daß die Aktivierung von unterschiedlichen Alpha-Kanälen und Freistellpfaden nicht zur Verfügung steht. Bilder werden im Dokument 3.3 dann so wiedergegeben, wie sie original in der Bilddatei abgespeichert wurden.

- Umfließen für Text: Umfließen-Attribute werden entsprechend zurückgesetzt, wenn sie unter 3.3 nicht zur Verfügung stehen. In der Version 3.3 war es z.B. bisher so, daß ein Textumfluß nur auf einer Seite eines Bilds erfolgte und zwar in den jeweils größeren Bereich links oder rechts. Da die Version 4.0 auch Text an allen Seiten eines Bilds vorbeiführen kann, ein Text, der links an ein Bild stößt, also auf der rechten Seite des Bilds weitergeführt wird, ist gut vorstellbar, wie grundlegend sich das Seitenlayout beim Öffnen unter 3.3 verändert.

- Datenmaterial: Durch die Integration neuer Verarbeitungsfeatures für Bilder kann es passieren, daß die verwendeten Bilddateien nicht mehr kompatibel zu anderen Verarbeitungsprozessen sind. Beispiel: In der Version 4.0 können TIFF-Bilder verarbeitet werden, die Masken und Pfade enthalten. In der Version 3.3 führt es zu Belichtungsabbrüchen, wenn Bilder Alpha-Kanäle enthalten.

❏ Farben und Farbmanagement: Kommen in 4.0 die neuen Farbsysteme Hexachrome und Multi-Ink zum Einsatz, werden sie in der Version 3.3 in RGB-Farben konvertiert. Da auch das Farbmanagementsystem gegenüber 3.3 grundlegend verändert wurde, gehen auch vergebene Profilinformationen verloren.

Dateientransfer zwischen Macintosh- und Windows-Version von QuarkXPress

Bereits ab der Version QuarkXPress 3.3 war sichergestellt, daß die für beide Rechnerwelten erhältlichen Programmversionen die Dateien untereinander austauschen können. Dabei gilt es aber, bestimmte Regeln und Einschränkungen zu beachten.

Der Dateitransfer

Sowohl die Festplatten, als auch die Diskettenformate beider Systemwelten haben ein unterschiedliches Dateisystem. Es ist deshalb nicht ohne weiteres möglich, die in den jeweiligen Rechnerwelten erstellten XPress-Dateien zu übernehmen.

Je nach Konfiguration der jeweiligen Arbeitsumgebung bieten sich verschiedene Möglichkeiten an, diese Einschränkungen zu überwinden.

Sind die betreffenden Rechner in einem gemeinsamen Netzwerk verbunden und haben Zugriff auf die gleichen zentralen Speichermedien, dann gestaltet sich der Dateientransfer denkbar einfach. Der Dateientransfer wird dann durch die Netzwerk-Software geregelt. Die Dateien brauchen durch die QuarkXPress-Anwendung nur von der betreffenden Festplatte geladen zu werden.

Sind hingegen die beiden Systemwelten nicht über ein gemeinsames Netzwerk verbunden, dann gestaltet sich die Dateienübernahme etwas problematischer. In diesem Fall muß auf Disketten oder Wechselplattensysteme (Syquest, ZIP, JAZ etc.) zurückgegriffen werden, auf die dann die benötigten QuarkXPress-Dateien kopiert werden.

Verfügt der Macintosh-Rechner über ein SuperDrive-Laufwerk (HD-Floppy-Laufwerk), dann kann unter Zuhilfenahme der Systemsoftware »PC-Exchange« eine DOS-Diskette gelesen werden und die Dateien können übernommen werden. Dieser Vorgang kann auch durch den Einsatz von Programmen wie »DOS-Mounter« oder »ACCESS-PC« erfolgen. Diese Programme bieten zumeist auch zusätzliche Funktionen zum Einlesen von Wechselplattensystemen, z.B. DOS-Syquest-Cartridges. Damit wäre sichergestellt, daß auch größere Dateien übernommen werden können.

Die XPress-Präferenzendatei hat auf jeweiligen Rechnerplattformen ein eigenes Format. Diese Dateien sind deshalb vom Dokumentaustausch ausgenommen. Dies stellt aber kein Problem dar, da modifizierte Einstellungen ja auch zusätzlich in den Datendateien mit abgespeichert werden und somit nicht verlorengehen.

Die Verwendung von Zeichensätzen

Mit den Betriebssystemversionen in den jeweiligen Rechnerwelten werden auch unterschiedliche Systemschriften installiert. Auf dem Windows-Rechner sind dies z.B. die »Helv« und die »Tms Rmn«, auf dem Macintosh dagegen Schriften wie »Chicago«, »Geneva« und »Helvetica«. Vermeiden Sie also in jedem Fall den Einsatz dieser Schriften, da sie auf dem jeweils anderen Rechner nicht zur Verfügung stehen.

Ist bereits bei der Layoutentwicklung klar, daß die Dateien zwischen den Rechnerwelten ausgetauscht werden sollen, dann muß sichergestellt werden, daß auf beiden Systemen die für die Erstellung der Dokumente erforderlichen Schriften zur Verfügung stehen.

Durch die unterschiedliche Namensgebung und Verwaltung der Fonts in beiden Systemen werden identische Schriften beim Laden der Dokumente nicht erkannt, und es erscheint eine Dialogbox, die Sie auf diesen Umstand hinweist. So hat z.B. der Schriftschnitt »Helvetica Roman« aus der »Neuen Helvetica« auf dem Windows-Rechner die Bezeichnung »Helvetica 55«, während diese Schrift auf dem Macintosh »55 Helvetica Roman« heißt . Bereits beim Ladevorgang können Sie nun dem System angegeben, welche Schrift in diesem Fall zugewiesen werden soll.

Selbst wenn Schriften in beiden Rechnerwelten die gleichen Namensbezeichnungen haben, ist Vorsicht angesagt. Es kann Ihnen passieren, daß es sich hier um unterschiedliche Digitalisierungen dieser Schrift handelt. Die Buchstaben können sich leicht unterscheiden, auch die Buchstabenbreiten sind meist unterschiedlich. Die Folgen: Es kann zu Zeilen-, Spalten- und Seitenumbrüchen kommen.

Um etwaige Probleme, die durch die Übernahme in die andere Systemwelt entstanden sind, aufzuspüren und ausmerzen zu können, sollten Sie in jedem Fall eine Probeausdruck der Datei erstellen und diesen auf Veränderungen im Zeilen- und Spaltenlauf überprüfen.

Sehr vorsichtig sollten Sie mit dem Einsatz von Sonderzeichensätzen sein. Auch hier haben wir die bereits bei den Systemschriften geschilderte Situation, daß viele dieser Sonderzeichensätze nicht in beiden Rechnerwelten vorhanden sind. Auch hier gilt wieder die Regel: nur Sonderzeichensätze verwenden, die auf beiden Rechnerwelten existieren. Da bei der Übernahme der Dateien auch eine Codeanpassung stattfindet, kann es passieren, daß die genutzten Sonderzeichen in der Codezuordnung verschoben werden. Durch diesen Vorgang können falsche Sonderzeichen eingefügt werden oder ganz entfallen. Überprüfen Sie auch die Richtigkeit der Sonderzeichen durch einen Probeausdruck.

Vermeiden Sie in jedem Fall den Einsatz von speziellen Systemsonderzeichen (z.B. hochgestellte Ziffern, Ligaturen). Da einige dieser Zeichen in der jeweils anderen Systemwelt nicht vorhanden sind, kommt es auch in diesem Fall zu Veränderungen, oder sie entfallen ganz. Überprüfen Sie das Vorhandensein von speziellen Systemsonderzeichen anhand Ihrer Systemdokumentation.

Die Namenskonventionen

Die Namenskonventionen für Dateinamen auf dem DOS/Windows-Rechner unterliegen im Gegensatz zum Macintosh-Rechner gewissen Reglementierungen. Während ein Dateiname auf dem Macintosh aus bis zu 31 Zeichen aufgebaut sein kann und auch unter Windows 95 oder NT lange Dateinamen zur Verfügung sehen, dürfen Namen unter DOS/Windows 3.11 nur aus 8 Zeichen für den Namen und 3 Zeichen für die Dateiextension bestehen.

Damit es bei der Datenübernahme durch falsche Namenskonventionen keine Probleme gibt, orientieren Sie sich am besten nach den DOS-Konventionen. Die erstellten Dokumente dürfen nur normale alphanumerische Zeichen enthalten und sollten durch die Dateiextension den entsprechenden Dokumenttyp kennzeichnen. Die Dateiextensionen sind: QXD (Dokumente) und QXT (Formulare).

Die Verwendung von Grafik- und Bilddateien

Durch die Unterschiedlichkeit der spezifischen Systemgrafikformate in den jeweiligen Rechnerwelten kann es beim Ausdruck zu Problemen kommen. Um hier allen Problemen aus dem Weg zu gehen, sollten Sie sich bei der Dokumenterstellung für den Einsatz von Grafikformaten entscheiden, die in beiden Systemen gut verarbeitet werden können. Diese Grafikformate sind TIFF (Bitmap, Strich- und Halbtonbilder) und EPS (PostScript-Grafiken).

Wurden Bilder mit spezifischen, anwenderdefinierten Kontrastkurven versehen, bleiben diese nach der Datenübernahme bestehen und werden beim Ausdruck berücksichtigt. Sie können lediglich nicht mehr modifiziert werden.

Die in beiden Systemwelten vorhandenen Verknüpfungsmöglichkeiten von Dateien mit den sie erzeugenden Programmen werden in den anderen Programmumgebungen nicht übernommen. Pfadinformationen, die durch den Menübefehl *Datei/Bild laden* im Dokument als Verknüpfungsinformation mit angelegt wurden, bleiben erhalten. Da sich aber die Verzeichnisstruktur in der anderen Systemumgebung anders darstellt, müssen die Bilder entweder alle aktualisiert werden, oder alle Dateien werden in ein gemeinsames Verzeichnis gespielt. Dadurch wird eine automatische Aktualisierung gewährleistet.

5 Workshop

5 Workshop

Die Erfahrung zeigt, daß Programmfunktionen viel einfacher umgesetzt werden können, wenn diese mit konkreten Anwendungsbeispielen dargestellt werden. Im folgenden »Workshop« wollen wir deshalb versuchen, den Kenntnisstand über wichtige Programmfunktionen zu vertiefen und deren Bedeutung bei der praktischen Arbeit zu vermitteln.

Alle vorgestellten Arbeiten stammen direkt aus der Praxis. Der Workshop selbst ist in sechs Teile gegliedert:

- Im ersten Teil befassen wir uns mit der Formatierung von Texten. Hier spielt insbesondere der Aufbau und Einsatz von Zeichen- und Absatzstilvorlagen sowie die Arbeit mit Texteinzügen und Tabulatoren eine Rolle.

- Der zweite Teil des Workshops beschäftigt sich mit den Möglichkeiten des Tabellensatzes in QuarkXPress. Am Beispiel einer Preisliste der »Deutschen See« erfahren Sie, wie bei geschicktem Seitenaufbau und Einsatz von verankerten Absatzlinien selbst komplexe Tabellenseiten zügig erstellt werden können.

- Bei der Produktion von Büchern ergeben sich zahlreiche technische und organisatorische Probleme, bei deren Lösung die neue Funktion zur Verwaltung von Büchern gute Hilfe leistet. Am Beispiel der Schulbuchproduktion für den Cornelsen-Verlag zeigen wir dies im Workshop Teil drei.

- Im vierten Teil geht es um ein Anwendungsbeispiel, in dem die Aufbereitung eines Fernsehprogramms mittels XPress-Marken im Vordergrund steht. Die Informationen werden in einer Datenbank verwaltet, mit XPress-Marken vorformatiert und dann in QuarkXPress verarbeitet.

- QuarkXPress kann zwar nicht zaubern, aber in Verbindung mit der Macintosh-Scriptsprache AppleScript angefangen von kleinen Hilfestellungen bis hin zur automatischen Erstellung von Katalogen, Preislisten, etc. echte Produktivitätsgewinne realisieren. Einen ersten Einstieg – auch für Nichtprogrammierer – ermöglichen wir in Teil fünf unseres Workshops.

- Die Produktion von farbigen Zeitschriften und Katalogen mit Bildern und Grafiken stellt für jedes Layoutprogramm eine große Herausforderung dar: Umfangreiche Texte müssen verwaltet und formatiert werden, freigestellte vierfarbige Bilder integriert, umfließende Texte erzeugt und EPS-Grafiken korrekt eingebunden werden, ... es kommt vieles zusammen. QuarkXPress gibt auf diese Anforderungen die geeignete Antwort. Zum Abschluß unseres Workshop werden wir an Beispielen aus der Zeitschriften- und Katalogproduktion sowohl grundlegende Arbeitstechniken erläutern als auch die neuen grafischen Bézier-Funktionen im praktischen Einsatz zeigen.

Alle Arbeitsdateien des »Workshop« sind auf der dem Buch beiliegenden CD enthalten. In den Dokumenten sind die Schriften in Helvetica umgewandelt worden. Dies entspricht zwar nicht den jeweiligen Originallayouts. Wir haben aber diesen Schritt gewählt, weil durch den Einsatz der System-Helvetica Probleme vermieden werden sollen, die durch fehlende Schriften entstehen könnten und die Nachvollziehbarkeit der Workshop-Übungen beeinträchtigen würden.

5.1 Die wissenschaftliche Arbeit – Arbeit mit Einzügen und Tabulatoren

Solange bei einer Texterfassung (auch direkt in QuarkXPress) keine besonderen Formatierungen erforderlich sind, wird der Text über die Tastatur endlos erfaßt. Nur am Absatzende wird eine Zeilenschaltung mit ⏎ eingegeben. Eingabefehler lassen sich unproblematisch mit den Löschtasten korrigieren. Problematisch wird es aber dann, wenn der Text durch Einzüge eine Gliederungsstruktur erhalten soll.

Hier kommen die Vorteile von Stilvorlagen voll zum Tragen. An einem Mustertext aus dem »Duden« wollen wir nun »Step by Step« die für die Formatierung dieses Textes erforderlichen Stilvorlagen einrichten. Nach Abschluß dieser Übungsarbeit sollte die Einrichtung von Stilvorlagen und das Zusammenspiel von Tabulatoren und Absatzeinzügen kein Geheimnis mehr sein.

Bild 5.1:
Dieses Textbeispiel aus dem »Duden« ist Grundlage, um die Arbeit mit Stilvorlagen und Texteinzügen zu demonstrieren.

III. Abgeleitete Substantive

1. Verbe bilden die Basis der Ableitung

    Substantiven, die auf Verben zurückgehen, begegnen wir im Abschnitt über die konstitutiven Attribute des Substantivs. Es handelt sich dabei um Verbalsubstantive. In diesem Abschnitt geht es um die Verbalsubstantive mit einem Suffix.

    a) Geschehensbezeichnungen

        An der Ableitung von Geschehensbezeichnungen sind heute nur noch folgendeSuffixe produktiv beteiligt: -ung, -erei, ei und -e in Verbindung mit der Vorsilbe Ge-.

        aa) Die Ableitung auf -ung

            Das Suffix -ung tritt vor allem bei Präfixverben auf. Es übertrifft zahlenmäßig alle anderen Suffixe dieser Gruppe.

            – Viele Verbalsubstantive auf -ung bezeichnen nicht nur den Geschehensablauf.

III. Abgeleitete Substantive

1. Verben bilden die Basis der Ableitung 4
    a) Geschehensbezeichnungen 6
        aa) Die Ableitung auf -ung 7
        bb) Die Ableitung auf -ung 10
        cc) Die Ableitung auf -ung 12
        dd) Die Ableitung auf -ung 24
        ee) Die Ableitung auf -ung 55
        ff) Die Ableitung auf -ung 66
2. Verben bilden die Basis der Ableitung 88
    b) Geschehensbezeichnungen 99
        aa) Die Ableitung auf -ung 105
        bb) Die Ableitung auf -ung 160
        cc) Die Ableitung auf -ung 200
        dd) Die Ableitung auf -ung 201
        ee) Die Ableitung auf -ung 205
        ff) Die Ableitung auf -ung 300

Im Satzbereich sind vier unterschiedliche Absatzeinzüge gebräuchlich. Absatzeinzüge lassen sich mit Hilfe der Dialogbox »Absatzattribute« (*Stil/ Formate* oder ⌘+⇧+F) in der Registerkarte »Formate« eingeben. Hier werden entweder numerisch exakte Werte eingegeben oder die Einzüge direkt in einem Zeilenlineal interaktiv geändert.

Linker/rechter Einzug
Der Text wird um eine bestimmte Distanz vom linken oder rechten Spaltenrand eingerückt.

Erstzeileneinzug
Dieser Einzug wird häufig zur Kennzeichnung von Absatzanfängen verwendet. Ein positiver Werteintrag in das Feld ERSTE ZEILE in der Registerkarte FORMATE zieht die erste Zeile um den eingestellten Wert ein.

Hängender Einzug
Diese Einzugsart wird z.B. für Gliederungen verwendet. Die erste Zeile wird um einen vorgegebenen Wert links von der Absatzkante ausgerückt. Alle folgenden Zeilen werden dann so eingezogen, wie im Feld für LINKER EINZUG festgelegt.

Ein negativer Erstzeileneinzug kann nur vorgenommen werden, wenn der linke Absatzrand bereits positiv eingerückt wurde. Andernfalls würden Textelemente über den Rand des Rahmen hinausragen. Dies läßt QuarkXPress nicht zu, es erscheint eine Warnmeldung.

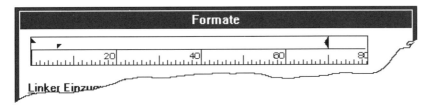

*Bild 5.2:
Die Dreiecke in der Linealzeile symbolisieren die Einzüge: links oben der Erstzeileneinzug, darunter der linke Einzug, rechts der rechte Einzug.*

Im Zeilenlineal der Dialogbox wird die Position der Einzüge durch Dreiecke angezeigt. Das oben befindliche halbe Dreieck zeigt den Erstzeileneinzug an. Im unteren Teil wird der linke Einzug durch ein halbes Dreieck markiert. Der rechte Einzug wird durch ein sich über beide Ebenen erstreckendes Dreieck angezeigt.

Arbeitsvorbereitung

Einen wesentlichen Aspekt bei der Dokumenterstellung nimmt die Arbeitsvorbereitung ein. Die Zeit, die hier investiert wird, zahlt sich meist doppelt und dreifach aus.

Zunächst wird das Manuskript durchgesehen, und die erforderlichen Einzüge werden ermittelt. Dabei sollten nur die Einzüge festgehalten werden, die im Dokument häufig vorkommen.

Nachdem wir uns eine Übersicht verschafft haben, für welche Absatzeinzüge wir Stilvorlagen anlegen wollen, erstellen wir einen Mustertext, der alle erforderlichen Merkmale enthält – zunächst völlig unformatiert.

Spezielle Formatierungen für einzelne Absätze sollten keine Berücksichtigung bei der Einrichtung von Stilvorlagen finden, da sonst die von Stilvorlagen-Palette zu unübersichtlich wird.

Bild 5.3: Der unformatierte Text wird gründlich analysiert, daraus lassen sich die benötigten Einrückungen ermitteln.

III. Abgeleitete Substantive
1. Verben bilden die Basis der Ableitung
Substantiven, die auf Verben zurückgehen, begegnen wir im Abschnitt über die konstitutiven Attribute des Substantivs. Es handelt sich dabei um Verbalsubstantive. In diesem Abschnitt geht es um die Verbalsubstantive mit einem Suffix.
a) Geschehensbezeichnungen
An der Ableitung von Geschehensbezeichnungen sind heute nur noch folgende Suffixe produktiv beteiligt: -ung, -erei, ei und -e in Verbindung mit der Vorsilbe Ge-.
aa) Die Ableitung auf -ung
Das Suffix -ung tritt vor allem bei Präfixverben auf. Es übertrifft zahlenmäßig alle anderen Suffixe dieser Gruppe.
– Viele Verbalsubstantive auf -ung bezeichnen nicht nur den Geschehensablauf.
– Es gibt von früher her suffixlose Geschehensbezeichnungen, die mit Hilfe des Ablaufs von starken Verben entstanden sind.

Attribute für Grundtext festlegen

Im zweiten Schritt legen wir die Zeichen- und Absatzattribute für den Grundtext fest. Hierzu klicken wir mit der Textmarke in den zu bearbeitenden Text und markieren den gesamten Rahmeninhalt mit ⌘+Ⓐ.

Es bietet sich an, im Text jeweils einen Bereich mit einem benötigten Absatzformat zu erzeugen und diese Einstellungen dann zu übernehmen.

Die Festlegung der Schriftstilattribute erfolgt über die Dialogbox ZEICHENATTRIBUTE. Die Tastenkombination ⇧+⌘+Ⓓ öffnet die Dialogbox. Aus dem Listenfeld SCHRIFT wählen wir »Helvetica« aus, bei GRÖSSE wird der Wert 12pt eingetragen. Damit ist für die Grundschrift festgelegt. Nach einem Klick auf »OK« werden diese Schriftmerkmale auf den gesamten markierten Text übertragen.

Nun müssen noch Zeilenabstand und Absatzvorschub festgelegt werden. Dies geschieht auch wieder über die Dialogbox ABSATZATTRIBUTE. Dabei muß der Gesamttext noch markiert sein. In der Registerkarte FORMATE wird in das Feld ZEILENABSTAND ein Wert von 15pt und in das Feld ABSTAND NACH der Wert 2mm eingetragen. Im Listenfeld AUSRICHTUNG wird »Blocksatz« und S&B auf »Standard« gestellt. Ein Klick auf OK überträgt die Absatzattribute auf den markierten Text.

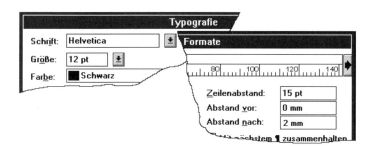

*Bild 5.4:
Diese Einstellungen dienen als Grundgerüst für unseren Text.*

Absatzeinzüge und Tabulatoren einrichten

Die Einrichtung der Tabulatoren und Absatzeinzüge für die erforderlichen Absatzformatierungen ist etwas komplizierter als die Textauszeichnung. Die Werte für die Einzugsabstände müssen durch ein Ausmessen des Probetextes ermittelt werden. Durch die Anzeige im Layout-Modus gibt QuarkXPress auch hier Hilfestellung. Wir werden dies am Beispiel des ersten Absatzeinzugs für »1.« veranschaulichen.

Zunächst wird die Textmarke in den betreffenden Absatz gestellt. Die Formatierung für diesen Absatz erfordert einen generellen linken Einzug des Textes, die erste Zeile wird hängend formatiert. Da in dieser Zeile aber der Blocksatz zu unterschiedlichen Wortabständen beim jeweiligen Absatzanfang führt, muß die Startposition des Textes hinter dem hängenden Einzug durch einen Tabulator angesteuert werden. Zwischen »1.« und dem Textbeginn darf deshalb kein Leerraum stehen, sondern hier sollte bereits bei der Erfassung ein Tabulator eingegeben werden.

Auch an dieser Stelle wird deutlich: Arbeitsplanung und -vorbereitung vermindern den späteren Bearbeitungsaufwand. Grundsätzlich sollten bereits bei der Texterfassung gegliederter Dokumente Tabulatoren zwischen Gliederungsmarke (z.B. Ziffer oder Spiegelstrich) und eigentlichem Text eingefügt werden.

Durch Setzen dieses Tabulators beginnt der Text der ersten Zeile exakt über dem Text in den darunterliegenden Absatzbereichen. Das Setzen von Tabulatoren und Einzügen soll einmal exemplarisch dargestellt werden:

Die Textmarke wird in die Zeile »1.« gestellt. Mit der Tastenkombination ⌘+⇧+F wird die Dialogbox FORMATE aufgerufen. Durch das über dem Textrahmen angeordnete Zeilenlineal können wir erkennen, daß der Wert für den Linkseinzug etwa zwischen 5 und 6 mm liegen muß. Wir tragen in das Feld LINKER EINZUG zunächst den Wert 5mm ein. Um nun die optische Wirkung dieses Werts zu überprüfen, bietet QuarkXPress den Button ANWENDEN. Durch einen Klick auf diesen Button können wir die Auswirkung der Einrückung von 5mm überprüfen.

Da der Raum zwischen »1.« und Textbeginn noch zu knapp ist, erhöhen wir den Abstand auf »6 mm«. Ein erneuter Klick auf ANWENDEN bestätigt: Nun ist der Einzugswert zufriedenstellend. Um den hängenden Einzug zu definieren, tragen wir den festgestellten Wert als Negativwert in das Feld ERSTE ZEILE ein. OK bestätigt die Eingaben und überträgt diese Abstandswerte auf den Absatz.

ANWENDEN *führt nur eine temporäre Formatierung durch. Dieses Feld dient allein der optischen Überprüfung der eingestellten Werte. Erst nach einem Klick auf* OK *werden die Einstellungen auf den Text übertragen.*

Ähnlich gehen wir jetzt für alle anderen Absätze vor. Unser Beispiel erfordert für die einzelnen Gliederungsebenen jeweils ein Format mit negativem Erstzeileneinzug und eines mit einer normalen linken Einrückung.

In der folgenden Tabelle sind alle für die Formatierung der Absatzeinzüge erforderlichen Einstellungen aufgeführt:

Einzug	**Wert Linker Einzug:**	**Wert Erste Zeile:**
1.	6mm	–6mm
1. (ohne Einzug)	6mm	0mm
a)	11,5mm	–5,5mm
a) (ohne Einzug)	11,5mm	0mm
aa)	19,5mm	–7,5mm
aa) (ohne Einzug)	19,5mm	0mm
aa) ❑	24,5mm	–4,5mm

Stilvorlagen definieren

Nun müssen die für den Mustertext eingestellten Werte in Zeichen- und Absatzstilvorlagen umgesetzt werden. Die ersten Formate übernehmen wir direkt aus dem Absatz.

Wird die Textmarke in einen Absatz gestellt, dann werden die für diesen Absatz gültigen Attribute in die Dialogboxen der Stilvorlagendefinition übernommen. Dies gilt sowohl für die Zeichen- als auch die Absatzeinstellungen. Im Fall unserer Stilvorlage für »1.« bedeutet dies: Textmarke in den Absatz stellen und dann mit *Bearbeiten/Stilvorlagen* (⇧+F11) die Dialogbox STILVORLAGEN aufrufen. Im Popup NEU wählen wir zunächst den Eintrag ZEICHEN aus und starten damit die Erstellung unserer Zeichenstilvorlage. Im Namensfeld geben wir »Helvi roman« ein. Alle in den anderen Feldern und Popup-Menüs angezeigten Einträge entsprechen den Einstellungen der aktuellen Position der Schreibmarke. Mit OK bestätigen wir die Einstellungen.

Zurück in der Dialogbox STILVORLAGEN klicken wir erneut auf das Popup NEU und wählen den Eintrag ABSATZ. Im Namensfeld tragen wir die Bezeichnung der Absatzstilvorlage ein. Wir wählen in unserem Beispiel die Bezeichnung »Grundtext«. Im Bereich ZEICHENATTRIBUTE wählen wir aus dem Popup STIL den Eintrag »Helvi roman« aus. Im Bereich BESCHREIBUNG können wir nun noch einmal überprüfen, ob die Schrift- und Absatzwerte richtig eingestellt sind. Außerdem können wir in TASTATURKÜRZEL eine Tastenkombination einrichten. Nach Klicken auf OK und SICHERN wird die Stilvorlage eingerichtet. Dieser Ablauf entspricht dem grundsätzlichen Vorgehen beim Einrichtungen von Zeichen- und Absatzstilvorlagen.

Alle anderen Stilvorlagen könnten nun nach dem gleichen Ablauf erstellt werden. Dies werden wir aber nicht tun, weil die festgelegten Stilvorlagen die Grundlage für die Erzeugung aller anderen Vorlagen sind.

Zwischen den Vorlagen werden Formatverbindungen hergestellt. Diese sind sinnvoll, wenn es um spätere globale Änderungen von Schriftattributen geht (siehe Kapitel 4.3 Textverarbeitung). Weiterhin kann festgelegt werden, ob der folgende Absatz die gleichen Einstellungen erhalten soll oder ob automatisch eine andere Stilvorlage aufgerufen werden soll. In unserem Beispiel ist es sinnvoll, daß alle gliedernden Formate auf dem Grundformat basieren. Diese Einstellungen können in der Dialogbox ABSATZSTILVORLAGEN BEARBEITEN in den Feldern VORLAGE und NÄCHSTER STIL eingestellt werden. Wird z.B. als Vorlage für die Absatzstilvorlage »1.« die Absatzstilvorlage GRUNDTEXT ausgewählt, dann werden die Einstellungen dieser Vorlage in die Einstellungs-Dialogboxen übertragen. Dort vorhandene Werte werden zurückgesetzt.

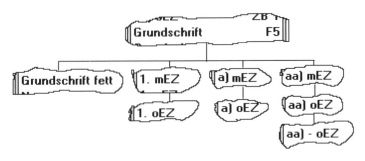

Bild 5.5:
Eine hierarchische Struktur von Verbindungen und Bezeichnungen unterstützt die Formatierung und nachfolgende Korrekturen.

Für die Weiterbearbeitung der Stilvorlagen bietet sich deshalb folgendes Verfahren an:

Nach der Definition von »Grundtext« verlassen Sie die Dialogbox STILVORLAGEN FÜR nicht, sondern erzeugen neue Formate gemäß Abbildung 5.5, die auf der Vorlage »Grundtext« basieren. Sie erstellen vom Mustertext einen Ausdruck und tragen an den entsprechenden Stellen die eingestellten Einzugswerte etc. ein. Nun können Sie zügig mit der Einrichtung der Stilvorlagen beginnen und die Stilvorlagen korrekt aufeinander beziehen.

Das Inhaltsverzeichnis

Wir wollen unser Beispiel durch ein Inhaltsverzeichnis ergänzen, in dem eine punktierte Linie vom Text zur Seitenzahl geführt wird (siehe Illustration zu Beginn dieses Kapitels). Da dies nur einmalig für einen bestimmten Textbereich geschieht, legen wir hierfür keine Stilvorlage fest, sondern nehmen die Anpassung direkt am Text vor. Änderungen, die direkt im Text durchgeführt werden, behandelt QuarkXPress als Ergänzung der Stilvorlage. Es kennzeichnet diese Absätze mit einem Pluszeichen hinter der Bezeichnung der betreffenden Stilvorlage.

Bei einer Eingabe von einem oder zwei Punkten würde eine sehr dicht gepunktete Linie erzeugt werden.

Zunächst wird die Textmarke in die Zeile »1.« hinter den Begriff »Ableitung« gesetzt, dann fügen wir zwei Tabulatoren (2 x ⇥) und drei Blindziffern (z.B. »000«) ein. Nun wird die Dialogbox »Tabulatoren« mit der Tastenkombination ⇧+⌘+T aufgerufen. Im Listenfeld AUSRICHTUNG markieren wir RECHTS, in POSITION werden 90mm, bei FÜLLZEICHEN ein Leerzeichen und ein Punkt eingegeben.

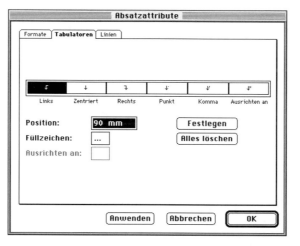

Bild 5.6: Für die Einstellung der Tabulatoren steht eine eigene Registerkarte zur Verfügung.

Durch einen Klick auf ANWENDEN wird diese Einstellung umgesetzt und angezeigt. Abschließend wird für die Ausrichtung der Seitenziffern ein weiterer Rechtstabulator festgelegt. Diesen setzen wir auf die Position 100mm, in FÜLLZEICHEN wird nur ein Leerzeichen eingetragen. Durch OK werden die Tabulatoreinstellungen endgültig auf die markierte Zeile übertragen.

Um nun die Absatzformatierung auf die anderen Absätze zu übertragen, markieren Sie den Text ab der bereits formatierten Zeile bis zum Ende des Inhaltsverzeichnisses und rufen die Dialogbox TABULATOREN auf. Mit einem Klick auf OK werden die für die erste Zeile gültigen Tabulatoreinstellungen auf den markierten Text übertragen.

Sind beim Aufruf der Dialogbox TABULATOREN mehrere Absätze mit unterschiedlichen Einstellungen markiert, zeigt QuarkXPress die Einstellungen des ersten markierten Absatzes an. Wie zuvor beschrieben, kann so auf einfachste Art eine Tabulatorformatierung auf mehrere untereinanderstehende Absätze übertragen werden.

Ergänzende Hinweise

Bezeichnung

Bei der Planung von Stilvorlagen sollte auch der Namensgebung große Aufmerksamkeit geschenkt werden. Die Effektivität der Nutzung von Stilvorlagen sinkt, wenn ständig überlegt werden muß, welche der vielen Stilvorlagen für den betreffenden Absatz denn die richtige ist. In unserem Beispiel haben wir uns für Bezeichnungen entschieden, die sich am Einsatzzweck im Dokument orientieren (Bezeichnung mit Hilfe der Gliederungszeichen). Der Anhang »mEZ« oder »oEZ« ist eine zusätzliche Information, die auf hängende Einzüge hinweist. Ergänzend sollten Sie diese Bezeichnungen in einen Ausdruck des Mustertextes eintragen und gut sichtbar in der Nähe der Tastatur auslegen, um im Bedarfsfall mit einem Blick die richtige Stilvorlage zu erkennen.

Stilvorlagen zuweisen

Bei der Einrichtung von Stilvorlagen lassen sich Tastenkürzel für einen schnellen Zugriff vergeben. Dies ist die effektivste Art, um Stilvorlagen zu aktivieren. Die Funktionstasten und der Zehnerblock bieten hier ausreichend Möglichkeiten.

Für ein schnelleres Arbeiten können Sie auch die zugewiesenen Tastenkombinationen im Ausdruck vermerken.

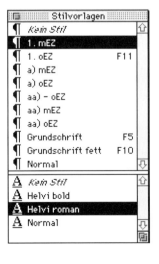

Bild 5.7:
Die zugewiesenen Tastenkombinationen werden in der Stilvorlagenpalette angezeigt.

Die Nutzung der Stilvorlagen-Palette ist bei der Aktivierung von Stilvorlagen die zweite Wahl. Wenn Sie sich (fast) ausschließlich mit der Tastatur durch einen längeren Text bewegen, kann der Mauszeiger auf dem Fenster der Palette verbleiben.

Automatische Bezüge
Stilvorlagen sollten immer korrekt aufeinander bezogen werden. Das erfordert zwar einen höheren Aufwand bei der Planung eines Dokuments. Die Zeit ist dann sinnvoll investiert, wenn es später zu Änderungen kommt. Außerdem lassen sich Stilvorlagen schneller definieren, da ja nur noch die Modifikationen gegenüber der gewählten Vorlage eingetragen werden müssen. Auch die Wahl des nächsten Stils kann die Arbeit beschleunigen. In unserem Beispiel würde z.B. für die Formate »mEZ« als nächste Stilvorlage das gleiche Grundformat, aber mit Erweiterung »oEZ« gewählt werden.

Dokumentation
Den im Zusammenhang mit der Namensgebung angesprochenen Ausdruck mit Einträgen der für bestimmte Absätze vorgesehenen Stilvorlage sollten Sie sich in einer Arbeitsmappe gut wegheften. Denn: Kommt die Arbeit ein halbes Jahr später noch einmal auf den Tisch, dann genügt ein Blick in die Liste, und Sie sind wieder drin im Thema.

5.2 Die Preisliste – Tabellensatz

Sechsmal im Jahr gibt das Unternehmen »Deutsche See« eine vierfarbige Preisliste heraus. In dieser Preisliste werden Fleisch- und Fischprodukte für den Einzelhandel, Krankenhäuser, Altersheime, Betriebskantinen etc. angeboten. Diese 48seitige Publikation enthält ca. 36 Tabellenseiten.

Diese Preisliste wird in QuarkXPress erstellt. Beim technischen Aufbau der Seiten für die Preisliste der »Deutschen See« muß beispielsweise berücksichtigt werden, daß Produkte entfernt oder ergänzt werden. Außerdem ist bei der technischen Umsetzung zu berücksichtigen, daß Tabellen ohne Probleme in der Höhe aus umbruchtechnischen Gründen verlängert oder verkürzt werden müssen. Dies erfordert eine genaue Planung.

Problemstellungen im Tabellensatz
Natürlich ist es richtig, daß der Tabellensatz nicht zu den Stärken von QuarkXPress gehört. Einige der Schwierigkeiten beim Tabellensatz wollen wir kurz darstellen:

- ❒ Die zeilenorientierte, horizontale Arbeitsweise erschwert das Verschieben oder Löschen von Spalten. Sollen Spalten aus der Tabelle entfernt werden, dann muß in jeder Zeile die Textstelle markiert und durch Betätigen der Löschtaste entfernt werden. Noch umständlicher ist das Verschieben. Auch dieser Vorgang erfordert einen Eingriff in jeder Zeile: Textstelle markieren, ausschneiden und an neuer Positon wieder einfügen.

❏ Wird die Breite einer oder mehrerer Spalten verändert, passen sich die Breiten der anderen Spalten nicht automatisch an, sondern müssen mühsam von Hand korrigiert werden.

> *Spalten von Textrahmen und Tabellen unterscheiden sich grundlegend. Die Spalte einer Tabelle enthält in der Regel Informationen zu einem bestimmten Thema, die Textspalte dient der Gliederung von Text und Bildern im Layout.*
>
> **:-) TIP**

❏ Der fehlende Überschreibmodus bei der Texteingabe erschwert die Korrektur von Preisen. Ein Überschreibmodus, wie er in vielen Satzsystemen und Textverarbeitungen angeboten wird, ermöglicht das horizontale und vertikale Bewegen in einer Tabelle und die Korrektur von Preisen, ohne diese zuvor markiert zu haben. In QuarkXPress erfordert z.B. jede Preiskorrektur – und das ist in einer Preistabelle ja ein Grundproblem – ein vorheriges Markieren der Textstelle.

❏ Tabellenköpfe sind häufig verschachtelt, die Zeilen werden gegenüber dem normalen Zeilenabstand versetzt. Nun ist es zwar möglich, diese Zeilen mit der Funktion GRUNDLINIENVERSATZ zu verschieben, wenn aber ein mit Grundlinienversatz erstellter Tabellenkopf nachträglich geändert werden soll, dann ist es nicht einfach, die zu korrigierenden Zeilen wieder zu markieren. Eine mit Grundlinienversatz verschobene Textzeile können Sie nur markieren, wenn es Ihnen gelingt, die ursprüngliche Grundlinienposition zu finden.

❏ Die Begrenzung auf Tabulatoren je Absatz erschwert das Erstellen von Tabellen, deren Spaltenanzahl diesen Wert übersteigt. Solche Tabellen müssen auf mehrere Textrahmen verteilt werden. Das erschwert nicht nur die Texteingabe, da ja bei der Erfassung der Tabellenzeilen ständig der Rahmen gewechselt werden muß, sondern es besteht auch die Gefahr einer falschen Zeilenzuordnung nach Verschieben von Rahmen.

❏ Zur Strukturierung und optischen Aufbereitung werden in Tabellen Zeilen oder Spalten mit Rasterflächen hinterlegt. In spezialisierten Tabellenprogrammen (z.B. MS Excel, Ragtime) kann die Hinterlegung einer Tabellenzelle mit einer Rasterfläche als Attribut dieser Zelle festgelegt werden. In QuarkXPress hingegen müssen diese Rasterflächen durch gesonderte Rahmen erzeugt und die betreffenden Zellen, Zeilen oder Spalten damit hinterlegt werden. Das Einpassen dieser Flächen ist schwierig, außerdem führen Änderungen an Zeilenhöhen oder Spaltenbreiten auch entsprechende Anpassungen der Rasterflächen nach sich.

> *Der Neuaufbau von Tabellen geht recht flott von der Hand, die Korrektur von vorhandenen Tabellenseiten ist problematischer. Deshalb ist die Arbeitsvorbereitung beim Tabellensatz mit QuarkXPress besonders wichtig. Erstellen Sie vorher einen Entwurf der Tabelle, tragen Sie in diesen die errechneten oder gemessenen Werte ein, und lassen Sie ihn vom Auftraggeber abnehmen.*
>
>

Bild 5.8:
Die Preisliste der »Deutschen See«

FLEISCH Fleischteile

Artikel						Großverbraucherpreis pro Abrechnungs-Einheit in DM		
Nr.	WG	Bezeichnung	Größe	Inhalt pro Gebinde	Abrechn.-Einheit	bis 25 kg	26-50 kg	ab 51 kg☒
Fleischteile vom Rind, gefroren								
06776	7	**Rinderfilet** Südamerika, 3/4 lbs. ohne Kette, vorgereift, sauber geputzt, einzeln in Vak..	ca. 1,5 kg	ca. 12 - 15 kg	kg	**31,95**	**30,95**	**29,95**
06725	7	**Aberdeen-Angus-Roastbeef** Argentinien, vorgereift, ohne Kette u. seitlicher Sehne, sauber geputzt, einzeln in Vak..	ca. 4 kg	ca. 12 kg oder 24 kg	kg	**25,45**	**24,75**	**23,95**
06733	7	**Roastbeef** Südamerika, ohne Kette, vorgereift, sauber pariert, einzeln in Vak	ca. 4 kg	ca. 11 kg	kg	**19,95**	**19,45**	**18,95**
06741	7	**Rindergulasch** handgeschnitten, wenig, Fettanteil, im Polybeutel		1 x 5 kg	kg	**11,75**	**11.25**	**10,75**
Fleischspezialitäten vom Rind, küchenfertig vorbereitet, gefroren								
06986	7	**Grill-Beef** aus Roastbeef, im eigenen Saft rosé gegart	ca. 1,5 - 2 kg	2 - 3 Stück	kg	23,95	23,45	22,95
06704	7	**Sauerbraten** geteilte Rinderunterschale, gegart mit orig. Bratenfond, ca. 50 - 55% gegartes Fleisch	2 - 3 kg Beutel	5 Beutel	kg	17,25	16,95	16,75
Fleischteile vom Kalb, aus artgerechter Haltung mit Gütezertifikat, gefroren								
06761	7	**Kalbsrücken** dt. Zerlegung, ohne Knochen, mit kleiner Kette und Deckel, sauber zugeschnitten, einz. in Vak.	ca. 4,5 - 5 kg	ca. 13 - 15 kg	kg	25,45	24,45	23,45
06788	7	**Kalbskeule** dt. Zerlegung, 4er Schnitt, (Oberschale, Untersch...	ca. 4 kg	ca. 14 - 17 kg	kg	19,45	18,95	18,45

Die Arbeitsvorbereitung

Ausgehend von den Kundenvorgaben muß zunächst die elektronische Umsetzung vorbereitet werden. Wichtig ist die Auflistung folgender Angaben. Die aufgeführten Angaben entsprechen den für die Preisliste geforderten Werten.

Nachdem die sich aus der Liste und den Vorgaben ergebenden Fragen und Probleme geklärt sind, kann mit der elektronischen Umsetzung der Arbeit begonnen werden.

Folgende weitere Festlegungen werden für die Preisliste getroffen:

- ❒ Jede Rubrik erhält eine eigene Farbe. Diese Farben werden im CMYK-System definiert und erhalten die Bezeichnung der Rubrik. So ist es einfach, die Farbgebung an die Wünsche des Auftraggebers anzupassen.
- ❒ Jede Rubrik beginnt auf einer neuen Seite. Auf diese Art und Weise können die Tabellenstrukturen mit Hilfe von Musterseiten erzeugt werden.

Papierformat	A4, Doppelseiten	
Satzspiegel/Randeinteilung	oben	0 mm
	unten	15 mm
	innen	20 mm
	außen	15 mm
Spalteneinteilung Seitenlayout	einspaltig	
Automatischer Textrahmen	keiner	
	keine automatische Textverkettung	
Stilvorlagen anlegen	ja	
	Stilvorlage für Negativbalken	
	Stilvorlage für Grundtext mit Linie	
	Schriftwechsel im Grundtext	
Farben	4C/je Produktsorte eigene Farbe	
Musterseiten-Stammelemente	Tabellenraster	
	Seitenziffern	

Tabellenraster erstellen

Der zweite Schritt bei der Erstellung der Preisliste beginnt mit der Einrichtung eines neuen Dokuments. In der Dialogbox NEUES DOKUMENT werden die Werte für das Seitenformat eingetragen.

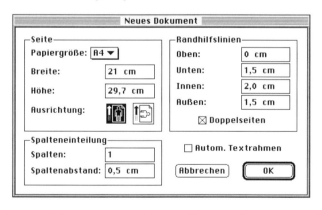

Bild 5.9:
Mit Hilfe der Dialogbox NEUES DOKUMENT werden die Layoutanforderungen umgesetzt.

Bei der Eingabe der Werte für die Seitenränder wird der Wert für OBEN auf Null gesetzt, da der farbige Infobalken im Seitenanschnitt steht. Der Wert für INNEN ist im Verhältnis zu den anderen Werten großzügiger angelegt, damit die Preisliste gegebenenfalls abgeheftet werden kann.

Die Entscheidung gegen eine automatische Textverkettung begründet sich in der Tatsache, daß das Tabellenwerk in verschiedene Produktbereiche gegliedert ist und sich eine manuelle Textverkettung bei der direkten Produktion als sinnvoll erwiesen hat.

Nachdem das Dokument eingerichtet ist, wechseln wir mit einem Doppelklick auf das Musterseitensymbol in der Seitenlayoutpalette auf die Musterseite. Hier plazieren wir in einem Textrahmen mit der Tastatureingabe ⌘+3 auf der linken und rechten Seite eine automatische Seitenziffer (Schrift: Helvetica, 8,5 pt).

Als nächstes gehen wir daran, ein Tabellenraster aufzubauen. Elemente dieses Rasters sind: Tabellenkopf, vertikale Spalteneinteilung und ein Textrahmen für den Tabelleninhalt.

Bild 5.10:
Alle wesentlichen Gestaltungselemente werden auf den Musterseiten angelegt, die Dokumentseiten enthalten nur den Tabellentext.

Mit einem Doppelklick auf das Textrahmen-Werkzeug wird die Vorgaben-Dialogbox geöffnet, hier stellen wir den Rahmenhintergrund auf KEINE und die Umfließen-Option auf KEINE. Jetzt kann mit der Einrichtung des Tabellenrubrikenkopfs begonnen werden. Hierzu wird ein Textrahmen erstellt und die Rahmenhintergrundfarbe auf »Fleisch«/»100%« gesetzt. Die weiteren Einstellungen entnehmen Sie der nachfolgenden Illustration. Als Platzhalter für die verschiedenen Texteinträge im Rubrikenkopf geben wir jeweils ein XX xx (30 pt/12 pt Helvetica, fett) in der Farbe »Weiß« ein. Die Position der Zeile vom linken Rand wird durch einen linken Texteinzug, die Position der ersten Schriftlinie durch einen Eintrag in der Registerkarte TEXT (»Modifizieren/Dialogbox«) festgelegt.

Als nächstes bauen wir das Tabellenraster für die Spalteneinteilung auf. Hierzu erstellen wir einen Textrahmen, der Höhe und Breite der Tabelle festlegt und der später den Tabellensatz aufnehmen wird. Als Orientierung dienen hierbei die Hilfslinien des Satzspiegels, die im Zuge der Dokumenteinrichtung von QuarkXPress automatisch plaziert werden.

Mit dem Menübefehl *Objekt/Randstil festlegen* rufen wir die Regsiterkarte RANDSTIL auf, um dem Textrahmen einen Linienrand von 0,5 pt zuzuweisen. Damit später der Text in der richtigen Position unter dem Tabellenkopf beginnt, setzen wir den Startpunkt für die ERSTE GRUNDLINIE auf 34,5 mm.

Die Preisliste – Tabellensatz 407

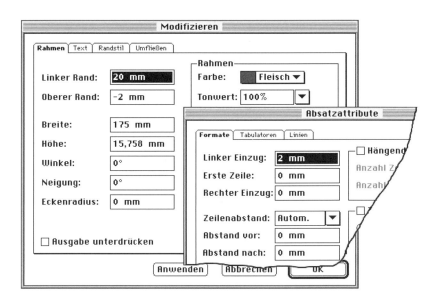

Bild 5.11:
Diese Einträge formatieren den Rubrikenkopf.

Nun gehen wir daran, mit dem Festwinkel-Linien-Werkzeug aus 0,5 pt-Linien das Tabellenlinienraster entsprechend der festgelegten Spalteneinteilung zu erzeugen. In der folgenden Illustration sind die Werte aufgeführt.

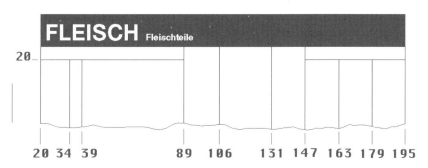

Bild 5.12:
Dieser Abbildung können Sie die Lage der Tabellenlinien entnehmen (Angaben in mm).

Die Erstellung des Linienrasters geschieht auf folgendem Wege: Mit einem Doppelklick auf das Linien-Werkzeug öffnen wir die Voreinstellung-Dialogbox und setzen die Linienstärke auf 0,5 pt. Laut Vorgabe soll die erste Linie auf die X-Position 34 mm gesetzt werden. Da die X-Position der Linie später über die Maßpalette exakt eingestellt wird, genügt es zunächst, den Startpunkt ca. 1 mm innerhalb des Rubrikenkopfs zu setzen (da das Linienraster später »Ganz nach hinten« gestellt wird, wird dieser Millimeter dann durch den farbigen Rubrikenkopf abgedeckt) und die Linie dann mit gedrückter ⇧-Taste bis auf die untere Randhilfslinie zu ziehen. Durch die magnetische Wirkung der Hilfslinie rastet die erste Tabellenlinie dort ein. In der Maßpalette tragen wir nun in die Positionen »X1« und »X2« den Wert »34 mm« ein.

Um nun die weiteren Spaltenlinien zu erzeugen, gibt es zwei sinnvolle Wege. Wir markieren die erzeugte Linie und öffnen dann mit dem Befehl *Objekt/ Mehrfach duplizieren* die Dialogbox, mit deren Hilfe markierte Objekte in einer bestimmten Anzahl mit dem eingetragenen horizontalen und vertikalen

Versatz dupliziert werden können. Würden alle Spalten die gleiche Breite haben, dann müßten hier dieser Wert als horizontaler Verschiebungswert (vertikaler Wert auf 0 mm) und die Anzahl der Spalten eingetragen werden. Da in unserem Fall aber die Breite der Spalten unterschiedlich ist, müssen wir die Linien einzeln duplizieren und verschieben. Dies können wir nun erledigen, indem wir entweder die markierte Linie auf der gleichen Stelle (horizontal 0 mm/vertikal 0 mm) duplizieren und dann über die Maßpalette durch Eintrag in X1 und X2 auf die erforderliche Position setzen, oder die Linie gleich mit einem horizontalen Verschiebungswert auf die gewünschte Position schieben. Bedenken Sie an diesem Punkt auch den Einsatz der QuarkXPress-Rechenfunktion in Feldern. So würde z.B. in der Maßpalette »34 +5 mm« eingegeben, um die duplizierte Linie auf die neue Position zu versetzen.

Beachten Sie, daß die Werte in der Palette im Listenfeld auf ENDPUNKTE *eingestellt sind. Andernfalls beziehen sich die eingegebenen Werte in der Maßpalette nicht auf die Linienendpunkte.*

Für welche der genannten Methoden Sie sich entscheiden, hängt auch davon ab, wie Sie die Tabelle mit Werten beschrieben haben. Ist z.B. die Breite der Spalten definiert, ist die Technik mit dem Verschiebungswert sinnvoll. Ist die X-Position – so wie in der Illustration – festgehalten worden, dann bietet sich die Arbeitsweise mit der Maßpalette an. In jedem Fall empfehlen wir Ihnen, das Linienraster nicht einfach visuell zu erzeugen. Durch die Arbeit mit der Duplizieren-Funktion erreichen Sie, daß nicht für jedes Objekt alle Werte neu eingestellt werden müssen, sondern lediglich die X-Position modifiziert wird.

Nachdem alle vertikalen Linien erzeugt wurden, gehen wir nun daran, die Startposition einiger dieser Linien in der Y-Position auf den Wert 20 mm nach unten zu versetzen. Dies betrifft die vertikalen Linien, die sich im Bereich »Artikel« und »Großverbraucherpreis« befinden. Markieren Sie die betreffenden Linien, und tragen Sie in der Maßpalette in der Y1-Position den Wert 20 mm ein. Denkbar ist natürlich auch, diese Einstellung bereits beim Duplizieren bzw. Erstellen des vertikalen Linienrasters vorzunehmen. Abschließend werden nun noch die horizontalen Linien in das Tabellenraster eingezogen. Auch diese Linien passen wir über die Maßpalette exakt ein. Abschließend werden alle Linien unter Zuhilfenahme der ⇧-Taste markiert, gruppiert und mit *Objekt/Ganz nach hinten* hinter den Textrahmen positioniert, der später den Tabellentext aufnimmt.

Nachdem wir die Tabelleneinteilung exakt vorgenommen haben, können wir die Tabulatoreneinstellung für den Text des Tabellenkopfs visuell vornehmen. Da beim Plazieren von Text auch optische Räume wirken, ist diese Methode auch unter dem Aspekt der exakten Ausrichtung des Textes innerhalb der Spalten zulässig. Wir ziehen hierzu der Tabellenbreite entsprechend einen Textrahmen auf und plazieren diesen mit den X/Y-Koordinaten 20 mm/14 mm direkt unterhalb unseres Rubrikkopfs. Als Schrift für den Tabellenkopf wählen wir Helvetica Bold, in einer Größe von 8pt. Nun wird der Text für den Tabellenkopf eingegeben. Der in den einzelnen Spalten befindliche Text wird durch Tabulatoren getrennt. Für die ersten beiden Zeilen unseres Tabellenkopfes bedeutet dies, daß lediglich zweimal die Tabulatortaste angeschlagen werden muß.

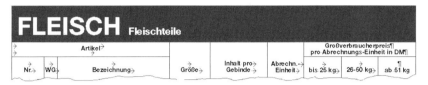

Bild 5.13: Die Tabulatorentasten für die Eingabe werden hier durch einen Pfeil gekennzeichnet.

Lassen Sie sich nicht davon irritieren, daß zunächst alles kreuz und quer durcheinandersteht. Nachdem der gesamte Text des Tabellenkopfs erfaßt ist, markieren wir ihn mit der Textmarke und rufen *Stil/Tabulatoren* auf. Als Ausrichtung der Tabulatoren wird »Zentriert« eingestellt. Die Tabulatoren werden der Reihe nach von vorne nach hinten durch Probieren gesetzt. Das Setzen geschieht einfach durch Klicken mit der Maus in den Linealbereich. Der so eingerichtete Tabulator läßt sich einfach mit der Maus an die richtige Position ziehen. Ein Klick auf das Schaltfeld »Anwenden« richtet den Text sofort auf den eingestellten Tabulator aus. Ist der Tabulator optisch korrekt auf Spaltenmitte ausgerichtet, ist die nächste Tabulatorposition an der Reihe. Abschließend bestätigen Sie die Aktion mit einem Klick auf OK. Um bei der Erzeugung von Tabulatorpositionen nicht durch Sonderzeichen irritiert zu werden, empfehlen wir Ihnen, die Sonderzeichendarstellung durch Eingabe von *Ansicht/Sonderzeichen verbergen* zu unterdrücken.

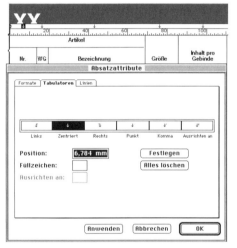

Bild 5.14: Tabulatorstopps können einfach mit der Maus gesetzt und verschoben werden.

In unserem Bespiel haben wir alle Zeilen des Tabellenkopfs markiert. Sie können aber auch jede Zeile einzeln markieren und unterschiedliche Tabulatoreinstellungen vornehmen. Für die ersten zwei Zeilen würde sich ein solches Vorgehen anbieten, da in diesen Zeilen nur zwei Tabulationspositionen benötigt werden.

Als nächstes wird die vertikale Anordnung des Textrahmens überprüft. Die Plazierung ist dann in Ordnung, wenn der Textbereich »Großverbraucherpreis« korrekt mittig zwischen dem farbigen Rubriktextrahmen und der horizontalen Linie ausgerichtet ist. Um die folgenden Tabellenzeilen etwas nach unten zu versetzen, weisen wir der Zeile »pro Abrechnungs-Einheit« über die Registerkarte FORMATE einen ABSTAND NACH von 2 mm zu. Nun muß noch der Spaltentext ARTIKEL mit Grundlinienversatz (-3 pt) optisch vertikal auf Mitte ausgerichtet werden.

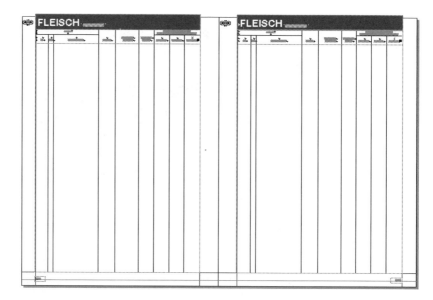

Bild 5.15:
Die beiden Musterseiten unterscheiden sich nur durch einen unterschiedlichen linken und rechten Rand.

Damit ist das Tabellenraster fertiggestellt. Mit dem Objekt-Werkzeug wird ein Markierungsrahmen über alle Elemente des Tabellenrasters gezogen. Die so markierten Teile werden dann durch Gruppieren zu einer Gruppe zusammengefaßt. Da wir auch für die rechte Musterseite dieses Tabellenraster benötigen, duplizieren wir das gruppierte Tabellenobjekt und passen es über die Maßpalette auf der rechten Musterseite ein.

Stilvorlagen erstellen

Für den Tabellentext benötigen wir zwei Absatzstilvorlagen. Eine Absatzstilvorlage beschreibt die farbige Negativzeile, die andere legt die Attribute für den Grundtext mit Absatzlinie fest. Alle anderen Formatierungen werden später direkt im Text durchgeführt.

Die Absatzstilvorlagen müssen so aufgebaut sein, daß die Texte einfach eingegeben oder geladen werden können und daß Abstände und Linien zwischen den einzelnen Produktbeschreibungen automatisch erzeugt werden. Grundlage für die Erstellung der Stilvorlagen ist wieder ein möglichst beispielhafter Mustertext, den wir aus dem Manuskript entnehmen und einfach über die Tastatur eingeben. Bei der Erstellung des Mustertextes muß die Eingabe von Tabulatorzeichen an den erforderlichen Stellen beachtet werden. Die Eingabe des Mustertextes erfolgt direkt in den bereits zu Beginn der Übung angelegten Textrahmen. Bei diesem Vorgang bleibt unser angelegtes Tabellenraster im Hintergrund sichtbar. Im folgenden beschreiben wir nun den Aufbau dieser Stilvorlagen.

Zunächst wird die Absatzstilvorlage für die Textrubriken erzeugt. Dies soll eine Negativzeile sein. Technisch gesehen besteht auch diese Zeile aus einer Schrift mit dem Farbattribut »Weiß«, der Negativbalken entsteht durch eine »Absatzlinie oben« in der Farbe der Rubrik (»Fleisch«), die hinter der weißen Zeile plaziert wird. Der Text erhält einen Absatzeinzug zugewiesen und wird durch »Abstand vor« und »Abstand nach« zwischen dem Ende und dem Anfang eines neuen Abschnitts ausgerichtet. Da sich der Tabellentextrahmen vor den Tabellenspaltenlinien befindet, deckt die Absatzlinie den Bereich des Negativbalkens im Hintergrund ab. Selbst Textverschiebungen oder Ergänzungen haben somit keinen Einfluß auf Linienanschlüsse. Die genauen Werte der Stilvorlage können Sie den nachfolgenden Dialogboxen entnehmen.

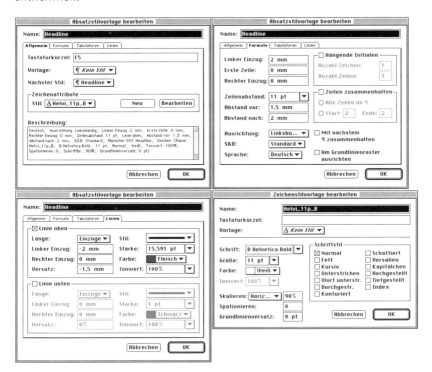

Bild 5.16:
Diese Einstellungen werden für die Rubriken im Tabellentext vorgenommen.

Die zweite Absatzstilvorlage beschreibt den Grundtext der Tabelle. Sie enthält entsprechend der Spalteneinteilung ausgerichtete Tabulatoren und eine »Absatzlinie unten«. Damit lediglich am Ende des Absatzes eine Linie erzeugt wird, müssen die Zeilenschaltungen innerhalb einer Produktbeschreibung mit ⇧-⏎ erzeugt werden, diese Tastenkombination erzeugt anstelle des Absatzendes lediglich einen Zeilenvorschub. Dadurch kann beim Seitenaufbau der »Vertikale Keil« angewandt werden, indem immer, wenn auf eine Seite keine Produktbeschreibung mehr paßt, über *Objekt/Modifizieren* im Bereich VERTIKALE AUSRICHTUNG die Option BLOCKSATZ aktiviert wird. Die korrekte Eingabe der Steuerzeichen ist in der folgenden Illustration festgehalten.

FLEISCH Fleischteile

Nr.	WG	Artikel – Bezeichnung	Größe	Inhalt pro Gebinde	Abrechn.-Einheit	Großverbraucherpreis pro Abrechnungs-Einheit in DM – bis 25 kg	26-50 kg	ab 51 kg
Fleischteile vom Rind, gefroren								
06776	7	**Rinderfilet** Südamerika, 3/4 lbs. ohne Kette, vorgereift, sauber geputzt, einzeln in Vak.	ca. 1,5 kg	ca. 12 - 15 kg	kg	**31,95**	**30,95**	**29,95**
06725	7	**Aberdeen-Angus-Roastbeef** Argentinien, vorgereift, ohne Kette u. seitlicher Sehne, sauber geputzt, einzeln in Vak.	ca. 4 kg	ca. 12 kg oder 24 kg	kg	**25,45**	**24,75**	**23,95**
06733	7	**Roastbeef** Südamerika, ohne Kette, vorgereift, sauber pariert, einzeln in Vak	ca. 4 kg	ca. 11 kg	kg	**19,95**	**19,45**	**18,95**
06741	7	**Rindergulasch** handgeschnitten, wenig, Fettanteil, im Polybeutel		1 x 5 kg	kg	**11,75**	**11,25**	**10,75**

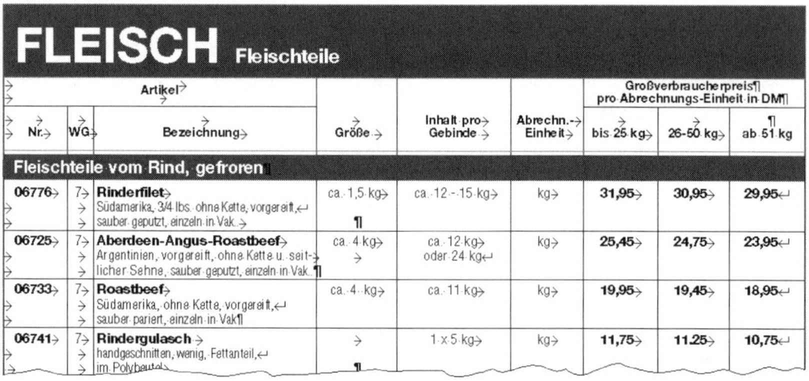

Bild 5.17: In dieser Darstellung: Tabulatoren (→), Zeilenvorschübe (↵) und Absatzschaltungen (¶).

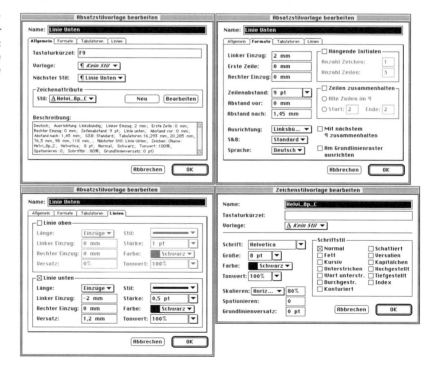

Für die Grundtext-Stilvorlage benötigen wir nun wieder Tabulatoreinteilungen. Da wir diese bereits für den Tabellenkopf vorgenommen haben, erleichtern wir uns die Arbeit nun etwas. Wir kopieren uns die letzte Zeile des Tabellenkopfs und fügen diese über unserem Grundtext ein. Wenn wir nun diese eingefügte Zeile und den folgenden Grundtext mit der Textmarke markieren und die Dialogbox für die Tabulatoreinstellungen aufrufen, können wir diese Tabulatoren auf unseren Mustertext übertragen. Wir müssen nun lediglich noch auf ANWENDEN klicken.

Bild 5.18: Die Werte für den Grundtext unterscheiden sich deutlich von den Rubrikzeilen.

Da im Tabellenkopf alle Tabulatoren auf Mitte ausgerichtet sind und die Tabulatoren in der Produktbeschreibung z.T. eine Links- oder Rechtsausrichtung haben, müssen wir die betreffenden Tabulatorpositionen im Lineal der Tabulator-Dialogbox mit der Maus markieren und über das Listenfeld die Ausrichtung modifizieren. Ist alles korrekt, dann können Sie die eingefügte Hilfszeile wieder löschen. Auch die Einstellungen für diese Absatzstilvorlage entnehmen Sie der nachfolgenden Illustration.

Bisher haben wir lediglich die Schrift- und Absatzattribute festgelegt. Nun müssen diese Definitionen den Stilvorlagen zugewiesen werden. Auch hier wird die Textmarke in den Grundtext gestellt, die Dialogbox zur Bearbeitung der Stilvorlagen aufgerufen und mit »Neu« diese Stilvorlage erzeugt. Bedenken Sie aber, daß zunächst die benötigten Zeichen- und anschließend die Absatzstilvorlagen aufzubauen sind. In unserem Fall haben wir uns für die Bezeichnung »Linie unten« entschieden. Wichtig ist auch die Festlegung einer Tastenkombination, in unserem Fall `F9`.

Mit Klick auf OK bestätigen wir, bevor wir die Einstellung im Dokument durch SICHERN sichern. Diesen Vorgang wiederholen wir mit der Negativzeile. Auch hier vergeben wir einen Namen (»Headline«) und ein Tastaturkürzel (`F5`). In dieser Stilvorlage nutzen wir die Möglichkeit, nach einer Zwischenrubriküberschrift automatisch auf die folgende Stilvorlage »Linie unten« weiterzuschalten. Auch diese Eingaben müssen wir bestätigen und sichern.

Mit diesen Festlegungen sind alle wesentlichen Vorbereitungen erledigt, und es kann damit begonnen werden, den Tabellensatz zu erfassen.

Weitere Hinweise

- Bei der Erstellung von Stilvorlagen haben wir uns auf die zwei wichtigsten beschränkt. Natürlich können Sie noch weitere Stilvorlagen festlegen. Zum Beispiel: Tabellentext ohne Abschlußlinie oder statt »Linie unten« eine »Linie oben« anfügen, für den Fall, daß die Tabelle nicht mit einem Negativbalken, sondern mit einer Produktbeschreibung beginnt und in diesem Fall eine Kopfabschlußlinie benötigt wird. Da die einzelnen Negativbalken je nach Rubrik unterschiedliche Farben haben, sollte für jede Sorte eine eigene Stilvorlage erzeugt werden.

- Die Preisliste ist ein Beispiel dafür, wie die Bezeichnung der Farben durch den Produktnamen eine schnelle Orientierung und Zuordnung ermöglicht.

- QuarkXPress bietet die Möglichkeit, Bibliotheken zu erstellen. Denkbar wäre auch, die einzelnen Tabellenraster nicht aus der Musterseite zu plazieren, sondern diese Objekte in einer Bibliothek abzulegen und sie nach Bedarf herauszuziehen. Durch magnetische Hilfslinien können diese Tabellenraster sehr schnell in die Seiten eingepaßt werden.

- Eingangs haben wir darauf hingewiesen, daß bewußt auf die automatische Textverkettung verzichtet wurde. Sie sollten die zusammenhängenden Tabellenbereiche über die manuelle Textverkettung verbinden. Prüfen Sie nach Korrekturen aber in jedem Fall nach, ob eventuell Text im Rahmenhintergrund verschwunden ist. Angezeigt wird dies durch ein Textrahmenüberlaufzeichen.

- Die Höhe der Tabellenraster kann unproblematisch auf das Layout angepaßt werden. Sie verkürzen oder verlängern einfach den Textrahmen auf die gewünschte Position und passen die Länge der Spaltenlinien entsprechend an.

- In der Produktbeschreibung der Tabelle sind Schriftumschaltungen enthalten. Diese Umschaltungen können über Zeichenstilvorlagen realisiert werden.

5.3 Die Buchproduktion – Inhalts- und Indexverzeichnisse erstellen

Alle XPress-Anwender, die sich mit der Produktion von Büchern befassen, werden sich freuen: Mit der XPress-Version 4.0 ist es nun endlich möglich, mehrere Kapiteldokumente in einem neuen Dokumentformat zu verwalten und zu bearbeiten. Dies betrifft zum einen den Einsatz von Stilvorlagen, die über ein Masterdokument auf alle anderen Kapitel übertragen und aktualisiert werden können. Zum anderen können mit der Listenfunktion Inhaltsverzeichnisse und mit der Indexfunktion entsprechende Stichwort-Anhänge erzeugt werden. Auch die Druckausgabe von verschiedenen Kapiteln ist direkt aus der Buchpalette heraus möglich.

In diesem Teil des Workshop wollen wir die Anwendung dieser neuen Buchfunktionen darstellen. Dies bedeutet natürlich nicht, daß die Funktionen nur für den genannten Zusammenhang geeignet sind. Letztlich sind sie für alle Produktionen geeignet, wo mehrere Dokumente mit gleichen Stilvorlagen erstellt werden sollen bzw. Listen oder Indexverzeichnisse benötigt werden.

Bild 5.19:
Das Geographieschulbuch
Realschule NRW
9/10

Die Anwendung der Buchfunktionen soll am Beispiel einer Schulbuchproduktion demonstriert werden. Der Cornelsen-Verlag (Berlin) produziert seine Schulbücher mit dem Programm QuarkXPress. In dem nun vorgestellten Schulbuchband Realschule NRW 9/10 ist das Inhalts- und das Indexverzeichnis zwar noch nicht mit dem neuen Programm erstellt worden, letztlich sind es aber genau diese Produktionen, für die sich die Buchfunktionen der 4.0-Version sehr gut eignen.

Vorbereitende Arbeiten

Bei den vorbereitenden Arbeiten werden wir nur auf die Dinge eingehen, die für die von uns hier erläuterten Funktionen von Bedeutung sind. Es ist immer möglich, auch im späteren Verlauf einer Produktion einzelne Kapitel zu Büchern zusammenzufassen und Modifikationen und Ergänzungen z.B. von Stilvorlagen vorzunehmen und auf andere Kapitel zu übertragen. Sollen aber Listen und Indexverzeichnisse erstellt werden, ist es besser, die organisatorischen Gesamtzusammenhänge zu bedenken und beim Layoutaufbau der einzelnen Dokumentseiten einzubeziehen.

Die wesentliche Grundlage für eine korrekte Umsetzung von Listen und Indexverzeichnissen sind Stilvorlagen. Während dies für Indexverzeichnisse erst in der abschließenden Umsetzung von Bedeutung ist, muß die Festlegung von Stilvorlagen für Inhaltsverzeichnisse zuvor erfolgen.

Schulbücher in der vorliegenden Form gliedern sich im Regelfall über vier Ebenen. Davon werden drei Ebenen im Inhaltsverzeichnis berücksichtigt.

Für die Erzeugung des Inhaltsverzeichnisses werden die Texte direkt aus dem Inhalt übernommen, einschließlich aller Steuerzeichen. Bedenken Sie also beim Satz der Kapitel- und Unterkapitelüberschriften auch immer, ob der Text in der Form auch für das Inhaltsverzeichnis verwendet werden kann. Ansonsten ist der Nachbearbeitungsaufwand recht hoch.

Für die Schulbuchproduktion gibt es für die einzelnen Bände klare Layoutfestlegungen. Daraus ergibt sich, daß Einstellungen für die Stilvorlagen bereits feststehen und die entsprechenden Vorlagen bereits im Grundlayout erstellt sind. Für unser Beispiel sind dabei nur die Stilvorlagen von Bedeutung, die sich auf die verschiedenen Überschrift- und Indexebenen beziehen. Nach diesen Vorbemerkungen können wir nun dazu übergehen, unser Masterdokument zu erstellen.

Masterdokument erstellen

Aus dem vorliegenden Schulbuchband haben wir für unsere Demonstrationszwecke vier Kapiteldateien übernommen. Durch Eingabe von *Ablage/Neu/ Buch* erstellen wir ein neues Buchdokument mit dem Namen »NRW 9/10«. Durch diesen Vorgang wird die Buchpalette geöffnet. Zunächst ist das Listenfeld der Palette leer. Mit einem Klick auf das Buchsymbol in der Palettenfunktionsleiste laden wir nun das erste Kapitel. Anschließend wird das Kapiteldokument im Listenfeld angezeigt. Dieses Dokument ist zugleich als Masterdokument festgelegt. Erkennen können Sie dies am »M« vor dem Dateinamen. Angezeigt wird der Seitenumfang, und der Status ist »verfügbar«.

Bild 5.20:
Für das erste in die Buchpalette aufgenommene Kapitel wird zugleich der Status »Masterdokument« festgelegt.

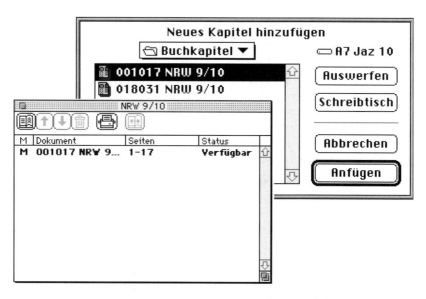

Bild 5.21:
Die Absatzstilvorlagen für die Erzeugung des Inhaltsverzeichnisses.

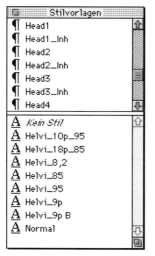

Mit einem Doppelklick auf den Dateinamen wird nun das erste Kapitel geöffnet. Im Masterdokument erfolgt die Einstellung der Listendefinition für das Inhaltsverzeichnis. Hierbei geht es immer um drei grundlegende Einstellungen. Zum ersten muß entschieden werden, welche Überschriften in das Inhaltsverzeichnis aufgenommen werden sollen, in welcher Hierarchie sie zueinander stehen und wie die betreffenden Zeilen im Inhaltsverzeichnis formatiert werden sollen. Diese Stilvorlagen sind bereits angelegt, so daß mit dem Aufbau der Listeneinstellung für das Inhaltsverzeichnis begonnen werden kann.

Inhaltsverzeichnis erstellen

Durch Eingabe von *Bearbeiten/Listen* wird die Dialogbox STANDARDLISTEN geöffnet. Ein Klick auf den Button NEU führt uns in die Dialogbox LISTE BEARBEITEN. In das Namensfeld wird als Bezeichnung für die Listeneinstellung »Inhaltsverzeichnis« eingetragen. Die in das Inhaltsverzeichnis aufzunehmenden Überschriftzeilen werden anhand der Stilvorlagen, mit denen sie formatiert wurden, erkannt. Aus der Liste der VERFÜGBAREN STILE wählen wir nun die Absatzstilvorlagen »Head1«, »Head2« und »Head3« aus (⌘-Taste bei Mausklick für Mehrfachselektion), um sie mit einem Mausklick auf den nach rechts gerichteten Pfeil in das Listenfeld STILE IN LISTE zu übertragen.

Die Buchproduktion – Inhalts- und Indexverzeichnisse erstellen

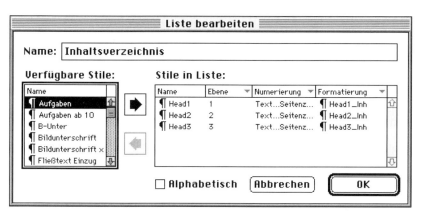

Bild 5.22:
Diese Einstellungen legen fest, welche Überschriften in das Inhaltsverzeichnis aufgenommen werden und wie sie formatiert werden sollen.

Die Einstellung der jeweiligen Hierarchieebene erfolgt entsprechend der bereits im Namen der Stilvorlage erkennbaren Festlegung. Im Popup NUMERIERUNG legen wir fest, daß an alle Einträge eine Seitenzahl angefügt wird (Option TEXT...SEITENZAHL). Die Formatierung jedes Ebeneneintrags wird im Popup »Formatierung« eingestellt. In diesem Popup werden nach Mausklick alle verfügbaren Absatzstilvorlagen aufgelistet. Ein Klick auf OK bestätigt diese Einstellungen.

Nun sind alle Voraussetzungen gegeben, das Inhaltsverzeichnis aufzubauen. Damit aber alle Kapitel einbezogen werden können, müssen sie zunächst in das Buchdokument aufgenommen werden. Hierzu klicken wir – wie bereits für das Masterdokument – auf das Buchsymbol in der Funktionsleiste der Buchpalette, um alle drei weiteren Kapiteldokumente dem Buch hinzuzufügen. Ist dies geschehen, muß eine Aktualisierung der Stildefinitionen erfolgen. Hierzu klicken wir auf das rechte Buchsymbol. Alle Dokumente werden daraufhin mit den Einstellungen des Masterdokumentes abgeglichen.

Bild 5.23:
Nachdem alle Kapitel aufgenommen sind, müssen die Stileinstellungen für alle Dokumente aktualisiert werden.

Um das Inhaltsverzeichnis zu erstellen, müssen alle Kapitel in der Buchpalette verfügbar sein. Das Inhaltsverzeichnis soll in das erste Dokument auf den Seiten 2 und 3 eingerichtet werden. Auf diesen Seiten sind leere Textrahmen angelegt, die wir im nächsten Schritt mit dem Inhaltsverzeichnis füllen. Wechseln Sie auf die Dokumentseite 2, und plazieren Sie die Schreibmarke im ersten Textrahmen. In unseren Beispieldokumenten ist dort natürlich bereits das Originalinhaltsverzeichnis angelegt. Dies sollte zunächst gelöscht werden.

Mit ANSICHT/LISTE ZEIGEN öffnen wir nun die Listenpalette. Im Popup LISTE ZEIGEN FÜR wählen wir das Buchdokument (»NRW 9/10«) aus und aus LISTENNAME den Eintrag »Inhaltsverzeichnis«. Ein Klick auf AKTUALISIEREN weist QuarkXPress an, alle Kapiteldokumente nach den Listenvorgaben durchzuarbeiten und die Ergebnisse in der Palette anzuzeigen.

Wird nun der Button BAUEN in der Listenpalette angeklickt, wird das Inhaltsverzeichnis erzeugt und gemäß den vorgegebenen Formatierungsfestlegungen im mit der Schreibmarke festgelegten Textrahmen eingefügt. Durch die korrekte Einstellung von Vorschüben in den Stilvorlagen (siehe Einstellungen in den Stilvorlagen) müssen nur noch leichte typographische Korrekturen erfolgen. Dies betrifft z.B. die Zeile »Raumplanung ...«. Um hier die Trennung am Zeilenende zu vermeiden, fügen wir nach »Niederlanden:« ein »weiches« Return ein (⇧+[↵]).

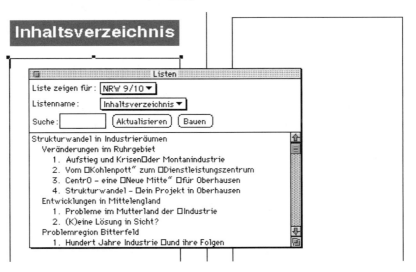

Bild 5.24: In der Palette wird das Ergebnis in der vorgeschriebenen Ebenenhierarchie angezeigt.

Inhaltsverzeichnis

Strukturwandel in Industrieräumen 4

Veränderungen im Ruhrgebiet 6
1. Aufstieg und Krisen der Montanindustrie 6
2. Vom „Kohlenpott" zum Dienstleistungszentrum 8
3. CentrO – eine „Neue Mitte" für Oberhausen 10
4. Strukturwandel – ein Projekt in Oberhausen 13

Entwicklungen in Mittelengland 14
1. Probleme im Mutterland der Industrie 14
2. (K)eine Lösung in Sicht? 16
2. Vom Plan zur Wirklichkeit? 46
3. Fliegen wollen alle – Keiner will den Fluglärm 50

Raumplanung in den Niederlanden: das Deltaprojekt 52
1. Bollwerk gegen das Meer 52
2. Folgen des Deltaprojekts: Ein Raum verändert sich 54
Topographischer Überblick: Verkehrswege in Deutschland 57

Europa – Ein Kontinent wächst zusammen 58

Europa – Einheit und Vielgestaltigkeit 61
1. Kulturelle Vielfalt 61
2. Natürliche Voraussetzungen 62

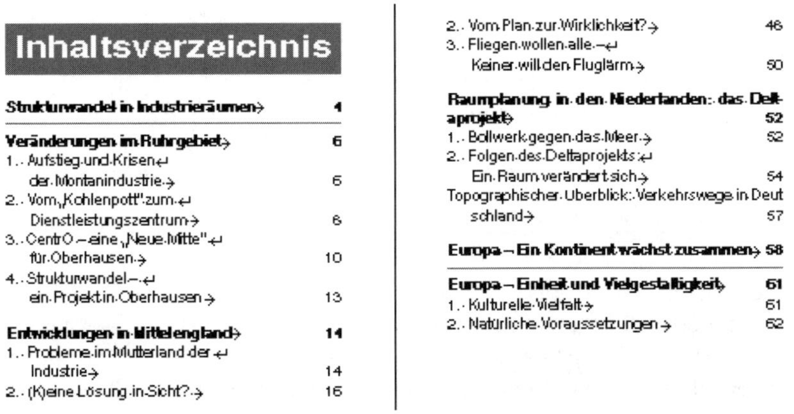

Bild 5.25: Das fertige Inhaltsverzeichnis

Index festlegen und erstellen

Der Aufbau eines Indexverzeichnisses ist zunächst einmal ein rein technischer Vorgang. Gefragt ist hier die Entscheidung eines Redakteurs oder Autors, die Indexbegriffe zu kennzeichnen und gegebenenfalls in hierarchische Ebenen zu gliedern. Diese Festlegung könnte auch interaktiv direkt in QuarkXPress erfolgen. Der Regelfall in der Praxis wird meist sein, daß in einem Laserausdruck der Dokumentseiten durch mehrfarbige Marker Indexbegriffe und hierarchische Ebenen gekennzeichnet werden. Danach erfolgt die technische Umsetzung durch den QuarkXPress-Anwender. Dies sei nur vorausgeschickt, um klarzustellen, daß die Erstellung eines Index nicht in erster Linie eine technische Aufgabenstellung ist und daß XPress natürlich die logischen Vorüberlegungen nicht überflüssig macht.

Auch wir können Ihnen diese Entscheidungen und Überlegungen nicht abnehmen und beschränken uns bei diesem Teil des Workshop darauf, die technischen Möglichkeiten der neuen Indexfunktion von QuarkXPress durch praktische Schritte zu vermitteln. Ausführlich haben wir die Indexfunktionen (Voreinstellungen, Indizieren, Indexerzeugung) in Kapitel 4.3 besprochen. Im folgenden werden wir uns deshalb auf die Punkte beschränken, die für das Verständnis der Abläufe wichtig sind.

Bild 5.26:
Der Layoutentwurf und die festgelegten Stilvorlagen für das Indexverzeichnis.

Zunächst prüfen wir, ob alle für die Erstellung des Indexverzeichnisses benötigten Zeichen- und Absatzstilvorlagen bereits angelegt sind. Da wir die Erstellung von Stilvorlagen bereits an verschiedenen Stellen in diesem Buch ausführlich dargelegt haben, sind diese Einstellungen bereits durch uns erledigt worden.

Nun erfolgt die Markierung der Begriffe, die in den Index aufgenommen werden sollen. Außerdem wird zu jedem Begriff die Indexhierarchie festgelegt. Diese Arbeiten werden über die Indexpalette erledigt. Geöffnet wird die Palette durch Eingabe von *Ansicht/Index zeigen*. Die verschiedenen Eingabe- und Listenfelder sind zunächst leer. Schritt für Schritt werden sie nun mit markierten Textstellen gefüllt. Ist entschieden, welcher Begriff in die

Liste aufgenommen werden soll, markieren Sie ihn mit der Schreibmarke. Die markierte Textstelle wird durch diesen Vorgang automatisch in das Feld TEXT in der Indexpalette übernommen. Im Popup EBENE legen wir für diesen Eintrag die Indexebene fest. Damit nur der markierte Text in den Index aufgenommen wird, wählen wir aus dem Popup BEREICH den Eintrag AUSWAHLTEXT aus. Ein Klick auf EINFÜGEN überträgt den Text dann in das Indexlistenfeld und sortiert ihn entsprechend der Vorgabe ein.

Bild 5.27: Markierte Textstellen werden in die Indexliste übertragen.

Diesen Vorgang wiederholen wir nun Seiten für Seite für Seite ... Beim Kapitelwechsel wird einfach das benötigte Kapitel in der Buchpalette mit einem Mausklick geöffnet. Soll ein Indexeintrag einem übergeordneten Begriff als Unterbegriff zugewiesen werden, muß folgendermaßen vorgegangen werden. Der Begriff wird mit der Schreibmarke markiert. In der Indexpalette wird nun neben den Eintrag geklickt, dem der neue Begriff zugeordnet werden soll. Durch diesen Klick wird der Zuordnungspfeil auf diesen Begriff gesetzt. Im Popup EBENE wird der Eintrag ZWEITE EBENE gewählt. Ein Klick auf EINFÜGEN überträgt nun die markierte Textstelle als Unterbegriff in die Indexliste.

Wenn Sie nun im Verlauf der Markierung von Indexbegriffen die Kapitel wechseln, dann wundern Sie sich nicht, daß das Listenfeld der Indexpalette plötzlich keinen Eintrag mehr anzeigt. Der Grund besteht darin, daß in der Palette nur die für das jeweilige Dokument gültigen Indizierungen aufgeführt werden.

Sind alle erforderlichen Markierungen vorgenommen worden, kann nun die Erstellung des Indexverzeichnisses vorgenommen werden. In zwei Dialogboxen läßt sich die Umsetzung der markierten Indexbegriffe in ein vorgegebenes Layout steuern.

Der Menübefehl *Bearbeiten/Vorgabe/Index* öffnet die Dialogbox INDEXVORGABEN, hier lassen sich spezielle Trennzeichen festlegen, die bei der Erzeugung des Indexverzeichnisses von QuarkXPress berücksichtigt werden. Ist die Bedeutung dieser Eingabe unklar, können Sie dies im Kapitel 4.3 nachschlagen.

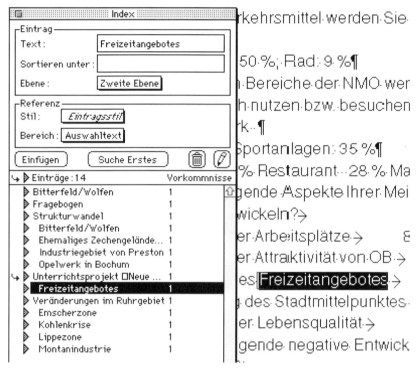

Bild 5.28:
Durch den Zuordnungspfeil wird die Stelle für die Einrichtung einer zweiten Ebene kenntlich gemacht.

Bild 5.29:
So sind die Vorgaben für das Indexverzeichnis eingestellt.

Die automatische Erstellung des Indexverzeichnisses erfolgt über die Dialogbox INDEX BAUEN. Aufgerufen wird die Dialogbox über *Hilfsmittel/Index bauen*. Wird dieser Menüeintrag grau angezeigt, dann hat dies im Regelfall den Grund, daß keine Musterseiten im Dokument vorhanden sind, die über eine automatische Textverkettung verfügen. Indexverzeichnisse können nur mit Musterseiten erzeugt werden, die über entsprechende Einstellungen verfügen. Zu prüfen wäre auch, ob die Indexpalette geöffnet ist und Einträge enthält. Der von QuarkXPress erzeugte Index wird immer an das Dokumentende angefügt. Damit das Indexverzeichnis korrekt an das Ende unseres letzten Kapitels angefügt wird, wechseln wir zuvor über die Buchpalette in das betreffende Dokument. Nun erfolgt der Aufruf der Dialogbox INDEX BAUEN.

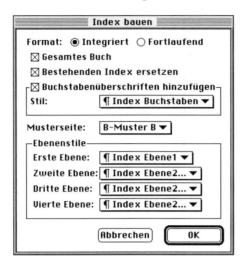

Bild 5.30:
Die Dialogbox INDEX BAUEN legt die Formatierung des Indexverzeichnisses fest und startet den Aufbau.

Bild 5.31:
Das Indexverzeichnis in zwei Versionen: integriert (links) und fortlaufend (rechts).

Bei den Einstellungen ist zu beachten, daß die Checkboxen GESAMTES BUCH und BESTEHENDEN INDEX ERSETZEN markiert sind. Schließlich sollen alle Kapitel bei der Indexerstellung berücksichtigt und ein bestehendes Verzeichnis gegen die aktuelle Version ersetzt werden. Nachfolgend muß dann im einzelnen festgelegt werden, ob zwischen Buchstabenwechseln eine Einfügung erfolgt, die entsprechenden Absatzstilvorlagen zugewiesen werden und die Musterseite benannt wird, die als Grundlage für den Indexaufbau gewählt wird. Ein Klick auf OK startet nun den Vorgang. Die Zeit, die QuarkXPress benötigt, um das Verzeichnis zu erstellen, hängt natürlich vom Umfang der Indizierungen und der Prozessorleistung des Macintosh ab.

5.4 Das Fernsehprogramm – Arbeit mit XPress-Marken

Von den Fernsehanstalten werden gedruckte Informationen herausgegeben, die über das Programm informieren. Da Programme sehr langfristig geplant werden, sind in diesen Informationen aktuelle Programmänderungen nicht berücksichtigt.

Um hier eine ständige Aktualität zu gewährleisten, ist es sinnvoll, das Fernsehprogramm in einer Datenbank zu verwalten, täglich die aktuellen Programmänderungen zu ergänzen, um dann kurz vor Redaktionsschluß den aktuellsten Stand des Fernsehprogramms ausgeben zu können. Aber was nützt es da, wenn diese Information in gedruckter Form vorliegt oder als ASCII-Text, der zwar nicht mehr neu erfaßt, aber dafür noch formatiert werden muß. Neue Fehlerquellen schleichen sich ein, und der Zeitbedarf für eine Formatierung kann je nach Umfang der Datei mehrere Stunden betragen. Zeit, die im zeitkritischen Produktionsprozeß einer Zeitung oder Zeitschrift oft nicht vorhanden ist. Für diese Situation bieten die XPress-Marken von QuarkXPress einen guten Anwendungsfall.

Das nun folgende Beispiel entspricht dem Verfahrensablauf der Zeitschrift »Heim und Welt«. Hier wurden Fernsehprogramminformationen digital übernommen und mit XPress-Marken aufbereitet.

Die Arbeitsvorbereitung

In unserem Beispiel wurden die Daten durch eine externe Firma mit Sitz in Berlin verwaltet. Der Kunde (ehemals Hannover) bezog die Fernsehprogramminformationen wöchentlich im gewünschten Datenformat per Modem – ein weiterer Schritt zur Verkürzung zeitkritischer Produktionsabläufe.

Durch die datenbankgestützte Verwaltung des Fernsehprogramms kann jedem Informationsfeld eine bestimmte Formatierung zugewiesen werden. Dies geschieht mittels XPress-Marken. Damit der Betreiber der Datenbank weiß, welche Formatierungsmerkmale an den entsprechenden Feldern eingefügt werden sollen, mußte diese Information durch den Verlag erstellt und dann dem Datenbankverwalter zur Verfügung gestellt werden.

Die Arbeitsvorbereitung ist in diesem Beispiel ein einmaliger Vorgang, der aber Auswirkungen auf die kommenden Ausgaben hat. Auch hier gilt: Je besser die Absprachen und die Arbeitsvorbereitung, desto schneller geht der spätere Satz vonstatten.

Der Datenbankbetreiber stellt deshalb einen Ausdruck mit den möglichen Informationen zur Verfügung. Auf diesem wird festgelegt, welche Datenfelder für die eigene Programminformation berücksichtigt werden sollen.

Mustertext aufbauen

Mit diesen Informationen wird ein Mustertext erstellt, der die festgelegten Programmdaten enthält und allen Layoutvorgaben (Stil- und Absatzattribute) entspricht.

Bild 5.32: Die benötigten Daten werden zusammengestellt und gemäß Layout formatiert.

Montag, 16. 7. 1994¶

ZDF¶

**19.00⇾ Raumschiff-Enterprise —↵
Das nächste Jahrhundert¶**
US-Sciencefiction-Serie¶
Picard und Data halten sich in einem Simulationsprogramm auf dem Holodeck auf. Plötzlich nähert sich der Orient-Expreß und droht sie zu überrollen. Der Computer verweigert jeglichen Stop-Befehl.⇾ **90 Minuten**

Stilvorlagen erstellen

Aus dem Mustertext werden nun die benötigten Zeichen- und Absatzstilvorlagen abgeleitet. In unserem Fall benötigen wir vier Zeichen- und fünf Absatzstilvorlagen. Im folgenden führen wir nur die Absatzstilvorlagen auf, da diese für den weiteren Ablauf von grundlegender Bedeutung sind (letztlich basieren sie ja auch alle auf den entsprechenden Zeichenstilen):

Datum
Die Datumzeile mit integrierter Absatzlinie. Diese Linie wird direkt über *Stil/Linien* erzeugt und positioniert.

Bild 5.33: Fünf Stilvorlagen bilden das Gerüst für die automatische Formatierung der Datenblöcke.

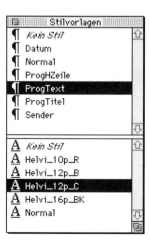

Sender
Die Negativzeile für die Angabe des Senders wird durch eine verankerte schwarze Absatzlinie und Zuweisung der Schriftfarbe »Weiß« generiert.

ProgTitel
Diese Stilvorlage wird für Uhrzeit und Programmtitel eingesetzt.

ProgHZeile
Formatiert die Programmhilfszeile zum Programmtitel.

ProgText
Enthält die Stil- und Absatzfestlegungen für die Programmvorschauinformation.

Die Minutenangabe für die Länge des Programms kann nicht über Stilvorlagen realisiert werden. An ihrer Stelle werden Schriftart und -größe durch XPress-Marken verändert.

XPress-Markendatei erstellen

Da QuarkXPress in der Lage ist, Texte mit XPress-Marken zu exportieren, lassen sich die für den Datenaustausch benötigten Zeichencodes einfach erzeugen. Dazu wird zuerst der formatierte Text mit der Textmarke markiert, anschließend läßt sich der Text mit *Ablage/Text sichern* im XPress-Markenformat sichern. In der Dialogbox TEXT SICHERN muß dazu lediglich das Dateiformat »XPressTags« (Xpress-Marken) gewählt werden.

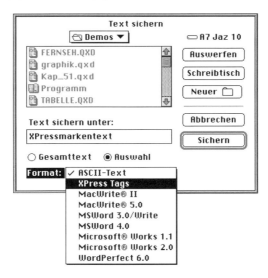

Bild 5.34: Anstelle der mühsamen Erstellung eigener XPress-Marken lassen wir QuarkXPress diese Arbeit übernehmen.

Dann wird der exportierte Text wieder als ASCII-Text ohne Interpretation der XPress-Marken in einen leeren Textrahmen geladen.

Bild 5.35:
Der erneut (ohne Stilvorlagen) importierte Text enthält alle benötigten XPress-Marken.

☐ Anführungszeichen umwandeln
☒ Einschließlich Stilvorlagen

XPressmarkentext – Originalexportdatei

```
<v2.00><e0>¶
@Normal=<Ps100t0h100z12k0b0cKf"Helvetica">¶
@Helvi_12p_B=<Ps100t0h100z12k0b0cKf"Helvetica-Bold">¶
@Helvi_16p_BK=<Ps100t0h100z16k0b0cWf"Helvetica-Black">¶
@Helvi_10p_R=<Ps100t0h100z10k0b0cKf"Helvetica">¶
@Helvi_12p_C=<Ps100t0h89,999z12k0b0cKf"Helvetica">¶
@Normal=[S"","Normal","Normal"]<"L"h"Standard"*kn0"kt0"ra0"rb0"d0"p(0,0,0,0,0,0,g,"Deutsch")>¶
@Datum=[S"","Datum","Helvi_12p_B"]<"L"h"Standard"*kn0"kt0"ra0"rb(1,0,K,100,T0,0,2,835)"d0"p(0,0,0,12,904,0,8,504,g,"Deutsch")>¶
@Sender=[S"","Sender","Helvi_16p_BK"]<"L"h"Standard"*kn0"kt0"ra(20,0,K,100,-5,669,0,-4,535)"rb0"d0"p(5,669,0,0,15,055,0,5,669,g,"Deutsch")>¶
@ProgTitel=[S"","ProgTitel","Helvi_12p_B"]<"L"h"Standard"*kn0"kt0"ra0"rb0"d0"p(36,85,-36,85,0,13,0,0,g,"Deutsch")>¶
@ProgHZeile=[S"","ProgHZeile","Helvi_10p_R"]<"J"h"Standard"*kn0"kt0"ra0"rb0"d0"p(36,85,0,0,11,0,0,g,"Deutsch")>¶
@ProgText=[S"","ProgText","Helvi_12p_C"]<"J"h"Standard"*kn0"kt0"ra0"rb0"d0"p(36,85,0,0,13,0,0,g,"Deutsch")>¶
@Datum:Montag, 16.7.1994¶
@Sender:ZDF¶
@ProgTitel:19.00 Raumschiff-Enterprise –<\n>Das nächste Jahrhundert¶
@ProgHZeile:US-Sciencefiction-Serie¶
@ProgText:Picard und Data halten sich in einem Simulationsprogramm auf dem Holodeck auf. Plötzlich nähert sich der Orient-Expreß und droht sie zu überrollen. Der Computer verweigert jeglichen Stop-Befehl.<\t><@Helvi_12p_B>90 Minuten
```

Im Textrahmen sehen wir nun, wie der Mustertext mit XPress-Marken kodiert wurde. Zu Beginn des Dokuments sind die Stilvorlagen definiert. Im dann folgenden Text werden sie nur noch durch namentlichen Aufruf aktiviert.

Da die Stilvorlagen im QuarkXPress-Dokument bereits definiert sind, benötigen wir sie nicht mehr als Teil der XPress-Markendatei. Wir löschen aus der XPress-Markendefinition alle Informationen heraus, die für den Datenbankbetreiber nicht von Bedeutung sind. In der folgenden Illustration sehen sie, welche Informationen benötigt werden, um zum gewünschten Ergebnis zu gelangen. Dieser Text wird mit *Ablage/Text sichern* im ASCII-Format (Extension TXT) abgelegt.

Bild 5.36:
Durch den Verzicht auf die Stilvorlagendefinition verringert sich der Umfang der XPress-Marken erheblich.

XPressmarkentext – reduziert

```
<v2.00><e0>¶
@Datum:Montag, 16.7.1994¶
@Sender:ZDF¶
@ProgTitel:19.00→    Raumschiff-Enterprise –<\n>Das nächste Jahrhundert¶
@ProgHZeile:US-Sciencefiction-Serie¶
@ProgText:Picard und Data halten sich in einem Simulationsprogramm auf dem Holodeck auf. Plötzlich nähert sich der Orient-Expreß und droht sie zu überrollen. Der Computer verweigert jeglichen Stop-Befehl.<\t><@Helvi_12p_B>90 Minuten
```

Die Testphase

Die ermittelten XPress-Marken werden ausgedruckt und dem Programmanbieter in dieser Form übergeben. Durch Einsatz von Datenbankbefehlen ist es überhaupt kein Problem, die Programmdaten automatisch mit den benötigten XPress-Marken zu versehen – diese Aufgabe übernimmt der Anbieter des Fernsehprogramms.

Vor der eigentlichen Produktion wird die Formatierung mit einer Testdatei überprüft. Zunächst benötigen wir einen leeren Textrahmen. In diesen Rahmen wird die Datei mit den Programmdaten geladen. Dabei muß die Checkbox MIT STILVORLAGEN beim Laden des Textes markiert sein, um die Formatierung umzusetzen.

5.5 AppleScript – Automatischer Seitenaufbau

Natürlich kann auch QuarkXPress nicht zaubern, aber in Verbindung mit der Macintosh-Scriptingsprache AppleScript können Abläufe automatisiert werden. Dies gilt auch für den Dokumentaufbau. In diesem Teil unseres Workshop wollen wir mit einem Beispiel veranschaulichen, daß Produktivitätsgewinne durch den Einsatz von AppleScript realisiert werden können. In Kapitel 4.7 haben wir die grundlegenden Zusammenhänge des AppleScripting-Systems dargelegt, insbesondere was die Zusammenarbeit mit QuarkXPress betrifft. Wir haben dargelegt, daß der umfassende Einsatz der Scripting-Sprache zur Steuerung von halb- und vollautomatischen Abläufen bei der Layouterstellung ohne Grundkenntnisse des Programmierens nur schwer zu realisieren ist. Mit diesem Teil des Workshop wollen wir auch dem Nichtprogrammierer die ersten Schritte ermöglichen. Unser Beispiel spielt Schritt für Schritt den grundlegenden Ablauf durch. Dabei haben wir folgende Schwerpunkte gesetzt: grundlegender Aufbau eines AppleScript-Programms, Erzeugung von Objekten (z.B. Rahmen), Aufruf von Dateioperationen (z.B. Laden von Texten und Bildern) und Formatierung durch den Einsatz von Stilvorlagen.

Die zu realisierende Layoutaufgabenstellung besteht darin, für die Firma »Future« ein Personalverzeichnis zu erstellen. In diesem Verzeichnis sollen neben der Darstellung des Abteilungsleiters in einer tabellarischen Auflistung die Namen aller Mitarbeiter, einschließlich ihrer E-Mail-Adressen, erfaßt werden. Die Daten liegen in Form von Textdateien und Bildern vor.

Vorbereitende Arbeiten

Nicht zum ersten Mal stoßen Sie in den Kapiteln dieses Buchs auf den Hinweis »Arbeitsvorbereitung«. Beim Einsatz von AppleScript kommt dieser Tätigkeit eine noch größere Bedeutung zu. Angefangen bei der richtigen Konfiguration des Systems, über den Entwurf des Layouts und der Datenanalyse, bis hin zum Schreiben der Script-Sequenzen ist einiges an Vorarbeit zu leisten. Da wir diese Vorarbeiten bereits für Sie erledigt und in vorbereiteter Form auf der CD abgelegt haben, können wir uns hier auf die Erläuterung der wesentlichen Punkte beschränken.

Zunächst wird ein Layoutentwurf für die Personalliste erstellt. In diesem Layoutentwurf werden alle Vorgaben berücksichtigt und mit dem zur Verfügung stehenden Datenmaterial abgeglichen. Als Datenmaterial stehen Textdateien und Bilder zur Verfügung. In den Textdateien sind die Personaldaten der Abteilungsleiter (Abteilungsleiter.txt) und der Mitarbeiter (Mitarbeiter.txt). Für jeden Abteilungsleiter steht auch ein Bild (Chef.tif) zur Verfügung. Natürlich wäre es auch möglich, die Textdateien in einer Datei zusammenzufassen, dies hätte aber den Umfang des AppleScripts wesentlich erweitert.

Bild 5.37:
Die fertige Layoutumsetzung einer Seite der Personalliste

Nachdem die Layoutumsetzung in der vorliegenden Fassung bestätigt wurde, kann nun damit begonnen werden, die Stilvorlagen zu erzeugen. Die Festlegung der Stilattribute könnte zwar auch direkt über AppleScript erfolgen, dies ist aber viel aufwendiger, als die Einstellungen interaktiv mit einigen wenigen Mausklicks in QuarkXPress zu realisieren. Im AppleScript werden dann die Stilfestlegungen über den Aufruf der Stilvorlage auf den Text übertragen.

Bild 5.38:
Die Zeichen- und Absatzstilvorlagen werden direkt in QuarkXPress aus dem aufgebauten Layout abgeleitet und festgelegt.

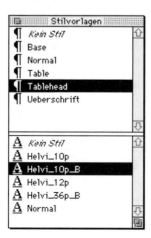

Auch alle anderen Dokumenteinstellungen können direkt aus dem fertigen Layout abgeleitet werden: Dokumentgröße, Hilfslinien, Rahmengröße und -position etc. Im Grundsatz sind nun die Vorbereitungsarbeiten abgeschlossen, und es kann mit dem Schreiben des AppleScript-Codes begonnen werden. Abschließend werden alle auf der Seite plazierten Layoutobjekte gelöscht, so daß nur eine leere Dokumentseite übrigbleibt. Diese Dokumenseite dient lediglich als eine Art »Container«, in dem die Stilvorlagen für den Dokumentaufbau dem Script übergeben werden können. Diese leere Dokumentseite wird unter dem Namen »Future« auf die Festplatte gespeichert.

Der Aufbau des AppleScripts

Im Kapitel 4.7 haben wird dargelegt, daß der AppleScript-Code in einen speziellen Scripteditor eingegeben wird. Da es sich bei QuarkXPress um ein Programm handelt, das selbst keinen AppleScript-Code erzeugen kann, müssen wir diese Arbeit nun selbst erledigen. Zeile für Zeile werden die Script-Sequenzen eingegeben und so das festgelegte Layout umgesetzt.

Wie jedes Computerprogramm, so besteht auch ein AppleScript-Programm aus verschiedenen Prozeduren, Funktionen und Feldern, in denen Werte gespeichert sind. Im folgenden werden wir die wesentlichen Passagen unseres Scripts beschreiben. Steuerbefehle von AppleScript sind jeweils fett geschrieben, Funktionen und Variablen aus der QuarkXPress-AppleScript-Bibiliothek sind normal wiedergegeben.

Zusammenhängende Programmbereiche werden mit der Anweisung »tell« eingleitet und mit »end tell« geschlossen. Aus diesen Angaben wird bei der späteren Ausführung des Programms erkannt, an welcher Stelle eine Routine oder ein Programmteil beginnt und an welcher Stelle er endet. Würde auf eine »tell«-Anweisung kein »end tell« erfolgen, geriete das Programm bei der Abarbeitung der Befehle durcheinander. Deshalb sind auch die verschiedenen Programmbereiche unseres AppleScripts entsprechend eingefaßt. Mit der ersten Befehlszeile wird das MAC OS aufgefordert, ein Programm auf der Festplatte mit dem aufgeführten Namen zu suchen und es zu öffnen. Kann ein Programm mit diesem Namen nicht gefunden werden, wird mit einer Dialogbox der Speicherort angefragt. Ist die Programmzuweisung erfolgt, wird QuarkXPress gestartet. Durch den Befehl »activate« wird das Programm in den Vordergrund gestellt.

```
TELL application „QuarkXPress Passport 4.01"
activate
```

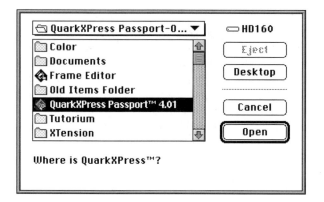

Bild 5.39:
Ist der Speicherort des angeforderten Programms nicht bekannt, wird dies mit einer Dialogbox abgefragt.

Als nächstes wird durch das Script QuarkXPress angewiesen, eine Dialogbox zu öffnen und die Auswahl der Datei *Future* durchzuführen. Am Ende der Anweisung wird festgelegt, daß im Listenfeld der Öffnen-Dialogbox nur die QuarkXPress-Dokumente und -Templates aufgelistet werden. Wir wählen die Datei mit einem Doppelklick auf den Dateinamen aus. Die folgenden Anweisungen im Script bestätigen zunächst die Preferenzen des Dokuments, daß fehlende Fonts nicht ersetzt und der automatische Bildimport ausgeschaltet wird. Dies wird deshalb so gemacht, damit nicht Dialogboxen die Abarbeitung des Scripts stören. Die letzte Anweisung im folgenden Befehlsblock überträgt den Dokumentnamen in das Dokumentfenster.

```
open (choose file with prompt „Bitte wählen Sie die
Datei „Future"." of type {„XTMP", „XDOC"})
use doc prefs yes
remap fonts no do
auto picture import no
SET nameOfDocument TO GET name of document 1
```

Der nächste Schritt besteht darin, die Einstellungen für die Größe der Dokumentseite und die Plazierung der Randhilfslinien festzulegen. Damit QuarkXPress weiß, auf welches Dokument sich die Einstellungen beziehen, wird dies mit einer »tell«-Anweisung mitgeteilt. Anschließend erfolgt die Festlegung der Seitengröße und der Randhilfslinien.

```
TELL document nameOfDocument
```

Seitengröße

```
SET properties TO {page height:"210 mm", page width:"210 mm"}
```

Randhilfslinien

```
SET properties TO {left margin:"30 mm", top margin:"20 mm", right margin:"20 mm", bottom margin:"20 mm"}
```

AppleScript – Automatischer Seitenaufbau

Bevor nun damit begonnen wird, die Layoutobjekte und Texte zu plazieren, werden Anzeigenoptionen gesetzt: Die Dokumentseite wird auf Fenstergröße gezoomt, die Objektkoordinaten werden auf Montagefläche eingestellt, der Nullpunkt initialisiert und die Hilfslinien ausgeblendet. Mit »end tell« wird dieser Anweisungsblock abgeschlossen.

```
SET properties TO {view scale:fit page in window, item
spread coords:true, spread rule origin:{0, 0}, guides
showing:false}
END TELL
```

Nun wird die erste Seite unseres Dokuments erzeugt und ein erster Textrahmen plaziert. Bei dieser Anweisung sind zwei Dinge beachtenswert. Mit der Anweisung »beginning« wird festgelegt, daß der zu erzeugende Textrahmen in der Rahmenhierarchie der nächste folgende ist und daß dieser Rahmen den Namen »Überschrift« bekommt. Wichtig ist es, an dieser Stelle zu begreifen, daß QuarkXPress über diese Festlegung den Rahmen immer wiederfindet, um z.B. Texte zuzuordnen. Der zweite wichtige Punkt dieses Anweisungskomplexes besteht darin, daß die Angabe der Rahmenposition und -größe durch die Festlegung des oberen linken und unteren rechten Eckpunkts erfolgt.

```
TELL page 1 of document nameOfDocument
```

Erste Textbox (Überschrift)
```
make text box at BEGINNING with properties
{bounds:{„20 mm", „30 mm", „40 mm", „190 mm"},
name:"Überschrift"}
```

Nachdem das Scipt den Rahmen erstellt hat, kann die Eingabe der Überschrift erfolgen. QuarkXPress erhält die Mitteilung, daß eine Eingabe für den Textrahmen »Überschrift« erfolgen soll. Die folgende Anweisung überträgt die Zeichenfolge »Future« in diesen Rahmen. Anschließend folgt die Zuweisung der Stilvorlage »Ueberschrift«. Mit »end tell« wird auch dieser Block abgeschlossen.

```
TELL story 1 of text box „Überschrift"
SET contents TO „Future"
```

Zeichenformatierung
```
SET style sheet TO „Ueberschrift"
END TELL
```

Die Textbox, die die Daten der Abteilungsleiter aufnehmen soll, wird eingerichtet. Die Bedeutung der Anweisungen haben wir bereits zuvor besprochen. Neu ist in diesem Befehlsblock die Anweisung, daß der Text im Rahmen am unteren Ende ausgerichtet wird.

```
make text box at BEGINNING with properties
{bounds:{„45 mm", „30 mm", „110 mm", „120 mm"},
name:"Abteilungsleiter"}
TELL text box „Abteilungsleiter"
SET vertical justification TO bottom justified
END TELL
```

In diesen Textrahmen wird nun ein Text importiert. Dies könnte natürlich auch automatisch geschehen. Zur besseren Vermittlung der Dateioperationen wollen wir dies aber interaktiv auf Abfrage durchführen. In der geöffneten Dialogbox starten wir den Import der Datei *Abteilungsleiter.txt*.

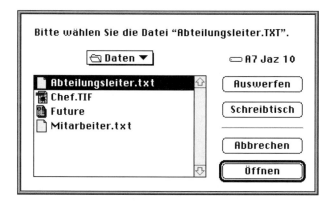

Bild 5.40: Die erste Textdatei wird importiert.

```
TELL story 1 of text box „Firma"
```

Text importieren
```
SET contents TO (choose file with prompt „Bitte wählen
Sie die Datei „Abteilungsleiter.TXT".")
```

Zeichenformatierung
```
SET style sheet TO „Base"
END TELL
```

Auch für die dritte Textbox wiederholen sich die inzwischen bekannten Abläufe.

```
make text box at BEGINNING with properties
{bounds:{„130 mm", „30 mm", „190 mm", „190 mm"},
name:"Mitarbeiter"}
TELL story 1 of text box „Mitarbeiter"
```

Text importieren
```
SET contents TO (choose file with prompt „Bitte wählen
Sie die Datei „Mitarbeiter.TXT".")
```

Zeichenformatierung
```
SET style sheet TO „Table"
```

Dem importierten Text wurde die Stilvorlage »Table« zugewiesen. Damit der Tabellenkopf eine besondere Formatierung erhält, weisen wir durch das Script QuarkXPress an, die erste Zeile (Paragraph) mit der Stilvorlage »Tablehead« zu formatieren.

```
SET style sheet of first paragraph TO „Tablehead"

END TELL
```

Die gesamte Textinformation ist nun auf der Seite plaziert. Offen ist noch die Einrichtung des Bildrahmens samt Inhalt. Die Erzeugung des benötigten Bildrahmens ist dem bekannten Vorgang bei Textrahmen vergleichbar.

```
make picture box at BEGINNING with properties
{bounds:{„45 mm", „135 mm", „110 mm", „190 mm"},
name:"Chef"}
```

Dem Bildrahmen wird mitgeteilt, daß die Eingabe eines Bilds für den neuen Rahmen erfolgen soll. Auch hier erfolgt die Eingabe des Bilds über einen Import. Nach Doppelklick auf das entsprechende Bild erfolgt die Plazierung im vorgegebenen Rahmen und eine Vergrößerung mit dem Wert 110%. Damit ist der Aufbau unserer Dokumentseite abgeschlossen.

```
TELL image 1 of picture box „Chef"
SET contents TO (choose file with prompt „Bitte wählen
Sie die Datei „Chef.TIF".")
SET scale TO {„110%", „110%"}
END TELL
END TELL
END TELL
```

Die Ausführung des AppleScripts

Der spannende Augenblick ist gekommen, das AppleScript durch den Scripteditor zu starten. Die AppleScript-Datei kann direkt von der CD-Rom in den Scripteditor geladen werden (*Ablage/Script öffnen*). An dem im Dokumentfenster des Scripteditors geladenen Text ist zunächst auffallend, daß keine Wörter in Fettschrift hervorgehoben sind. Dies ist darauf zurückzuführen, daß der Scripteditor die AppleScript-Bibliothek von QuarkXPress noch nicht eingelesen hat. Wird nun der Button AUSFÜHREN gedrückt, geschieht dies unmittelbar nach dem Starten von XPress. Ist der Speicherort des Programms dem Script zu dem Zeitpunkt noch nicht bekannt, erfolgt zuvor die bereits angesprochene Abfrage.

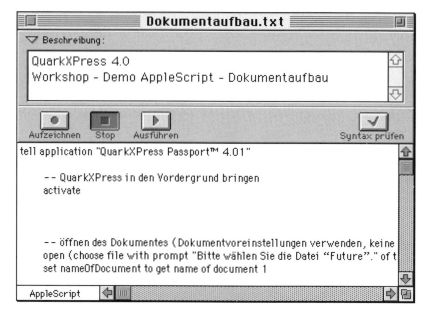

Bild 5.41:
Das Script wird in den Scripteditor geladen und ausgeführt.

Zu den Systemvoraussetzungen für den Einsatz von AppleScript haben wir bereits im Kapitel 4.7 die wesentlichen Hinweise gegeben. An dieser Stelle sei nun noch erwähnt, daß Schriften, die vom Script aufgerufen werden, auf dem System installiert sein müssen. Anderenfalls gibt es eine Fehlermeldung. Für unser Beispiel haben wir deshalb die Schrift Helvetica gewählt, weil diese im Rahmen einer Standardinstallation auf dem Macintosh vorhanden ist.

Für die Vertiefung des Kenntnisstands in Sachen AppleScript ist es auch hilfreich, sich die Beispieldatei anzuschauen, die im Programmordner von QuarkXPress enthalten ist. Hier ist auch eine Dokumentation (englisch) enthalten, die die XPress-AppleScript-Befehle beschreibt.

5.6 Zeitschriftenlayout – Arbeitstechniken

Im Zeitschriften- und Kataloglayout läuft QuarkXPress 4.0 so richtig zur Hochform auf. Was liegt also näher, als unseren Workshop mit zwei Layoutumsetzungen abzuschließen. In diesem Unterkapitel werden wir die grundlegenden Arbeitstechniken darlegen und dabei insbesondere auch die neuen Grafikfunktionen (Bézier-Rahmen und -Linien) berücksichtigen. Häufig fallen Aufgabenstellungen an, die bisher durch spezialisierte Grafik- und Bildbearbeitungsprogramme gelöst werden mußten. Mit der neuen QuarkXPress Version ist dies nur noch in ganz besonderen Fällen notwendig. Abschließend werden die grundlegenden Arbeitstechniken noch um besondere Montagetechniken von Bildern vertieft.

Das Zeitschriftenobjekt TREFF stellt hohe Anforderungen an die Hardware und Software-Ausstattung. Durch den Einsatz moderner Trommelscanner, die direkt an Publishing-Systeme angebunden sind, erfolgt der gesamte Prozeß der technischen Umsetzung vom Textaufbau bis hin zur Bildintegration direkt mit QuarkXPress.

Organisatorische und technische Vorbereitungen

Das Zeitschrift TREFF erscheint im Velber-Verlag (Hannover). Sie wird monatlich herausgegeben und ist in der Bundesrepublik Deutschland, in Österreich und in der Schweiz erhältlich. Im Frühjahr 1998 ist das Layout umgestellt worden. In diesem neuen Layout können die neuen Bézier-Funktionen und Montagefunktionen von QuarkXPress 4.0 so richtig ihre Möglichkeiten entfalten. Deshalb ist die Zeitschrift sehr gut geeignet, um neben grundlegenden Layouttechniken auch die neuen Grafikfunktionen zu vermitteln. Außerdem entspricht das Objekt der traditionellen Arbeitsteilung zwischen inhaltlicher und grafischer Gestaltung durch die Redaktion und technischer Umsetzung durch einen entsprechenden Fachbetrieb.

Die ersten Schritte bei der Erstellung der Zeitschrift TREFF überspringen wir an dieser Stelle. Es sind dies die Aufgabenstellungen: Artikel-, Seitenplanung und die Manuskripterstellung. Wir beginnen bei der technischen Umsetzung mit der Übernahme der Manuskripte.

Die Manuskripte werden als Papierausdrucke geliefert. Die verschiedenen Textpassagen sind mit Angaben für Schriftart und Schriftgröße versehen. Nach diesen Angaben müssen die Texte erfaßt und der Redaktion als Spaltenausdrucke wieder zur Verfügung gestellt werden. Hiermit wird dann ein sogenannter Klebeumbruch erstellt. Dies geschieht auf Layoutvordrucken, die mit feinen, abgetönten Linien den Satzspiegel, die Spalteneinteilung, die Objektbezeichnung und die Seitenzahl enthalten. Nach diesen Klebelayouts wird die elektronische Umsetzung mit dem Programm QuarkXPress durchgeführt.

Bild 5.42:
Die Zeitschrift
TREFF, Ausgabe
3/98

Da es für die Erstellung des Klebelayouts wichtig ist, daß der Satz im Zeilenlauf und den Schriftgrößen der späteren elektronischen Umsetzung mit QuarkXPress entspricht, werden die Texte bereits in QuarkXPress in einem speziellen Spaltenlayoutdokument erfaßt.

Natürlich wäre es auch denkbar, die Texte in einem Textverarbeitungsprogramm (z.B. MS Word) zu erfassen. In diesem Fall müßte der Text aber noch einmal zusätzlich ins Spaltenlayoutdokument geladen werden, damit er in der Formatierung exakt der späteren elektronischen Umsetzung durch QuarkXPress entspricht. Ansonsten wäre die Verbindlichkeit des Klebeumbruchs nicht sichergestellt. So kann es z. B. passieren, daß plötzlich mehr Zeilen auf der Seite untergebracht werden müssen, als im Klebeumbruch vorgesehen sind.

Abgestimmt werden muß außerdem, welche Illustrationen als Scanvorlagen zu liefern sind, weil ein technischer Nachbau zu aufwendig wäre, und welche Elemente direkt über die grafischen Funktionen erzeugt werden.

Elektronische Hilfsmittel erstellen

Je komplexer eine Layoutarbeit ist, vor allem dann, wenn es sich um Periodika handelt, desto wichtiger ist die Erstellung von elektronischen Hilfsmitteln. Natürlich kann auch einfach drauflos gearbeitet werden. Eine gute Vorbereitung, insbesondere was die Erstellung und Nutzung von elektronischen Hilfsmitteln anbelangt, ermöglicht aber einen optimalen Arbeitsfluß und hilft viel Zeit zu sparen.

Im folgenden werden die Musterseiten aufgebaut und die benötigten Stilvorlagen, die Silbentrennungs- und Blocksatzmethoden eingerichtet. Das so erzeugte Dokument ist dann Grundlage für die Spalten- und die Seitenlayoutvorlage. Die beiden Dokumente werden durch spezifische Zusätze modifiziert und ergänzt. Aus der ersten Musterseite wird zusätzlich ein Dokument entwickelt, das als Layouthilfsraster gedruckt und als Layoutvordruck für den Klebeumbruch verwendet wird. Als weitere elektronische Hilfsmittel werden wir eine Farbpalette und eine Bibliothek aufbauen.

Bild 5.43:
Diese Doppelseite ist Grundlage für die folgenden Workshop-Übungen. Sie enthält ein- und mehrspaltige Texte, Bilder sowie farbige Zeilen- und Linienelemente. Auch die neuen Bézier-Funktionen kommen hier zur Anwendung.

Musterseiten einrichten

Zunächst wird mit ⌘+[N] ein neues Dokument erzeugt. Da das Format der Zeitschrift nicht dem Standard-DIN-Maß entspricht, wählen wir im Bereich Papierformat die Einstellung ANDERE. In das Feld BREITE wird der Wert 205 mm und in das Feld Höhe der Wert 280 mm eingetragen. Da die Zeitschrift aus linken und rechten Seiten besteht, wählen wir den Modus DOPPELSEITEN. Die weiteren Werte entnehmen Sie der nachfolgenden Abbildung.

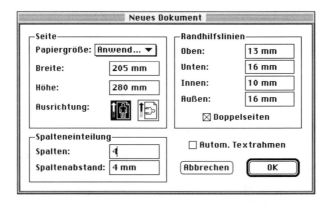

Bild 5.44:
Alle Layoutformateinstellungen können bei der Neuanlage des Dokuments direkt eingestellt werden.

In unserem Beispiel bauen wir eine vierspaltige Musterseite auf. Die Option AUTOM. TEXTRAHMEN wird nicht aktiviert, schließlich besteht im Regelfall ein Zeitschriftenumbruch nicht aus hintereinander fortlaufenden Texten, sondern aus einer Anzahl einzelner Artikel und Meldungen. Außer den nun sichtbaren Spalten- und Randhilfslinien werden noch die automatischen Seitenziffern auf der Musterseite plaziert. Diese entsprechen der Grundschrift von 9p Helvetica. Die Seitenziffern werden so angeordnet, daß die Schriftlinie 6 mm unterhalb des festgelegten Satzspiegels liegt. Weitere Stammelemente werden für die Musterseite nicht benötigt.

Werden weitere Musterseiten gebraucht, so sind auch diese jetzt einzurichten. In unserem Fall haben wird noch eine dreispaltige Musterseite erzeugt. Diese Musterseite ist später die Grundlage für die größeren Themenartikel der Zeitschrift. Beim Aufbau der gezeigten Doppelseite spielt dieses Muster allerdings keine Rolle. Sie ist aber ein Teil des Dokuments ZEITSCHRIFT, das auf der dem Buch beiliegenden CD enthalten ist. Weitere Ansätze für Musterseiten: Seite ohne Spalteneinteilung, besondere Seiten mit speziellen Layoutelementen, die Titelseite etc.

Besonders wichtig ist beim elektronischen Zeitschriftenumbruch, daß die Vorgabeneinstellung für die einzelnen Werkzeuge so eingerichtet ist, wie sie im Regelfall benötigt werden. Ein Beispiel: Da im späteren Umbruch im Regelfall Rahmen verwendet werden, die einen im Hintergrund liegenden Text nicht verdrängen, sollte diese Option auch unter Vorgaben eingestellt werden. In dieser Art sollten die Grundeinstellungen für Text- und Bildrahmen auf die Anforderungen angepaßt, die benötigten Linienstärken festgelegt oder die Skalierungsschritte des Lupen-Werkzeugs eingerichtet werden. Natürlich können Sie diese Einstellungen auch während der Umbrucharbeiten ändern – sinnvolle Voreinstellungen reduzieren aber die eigentliche Produktionszeit.

Zeichen- und Absatzstilvorlagen definieren

Für die Erstellung der Stilvorlagen ist es wichtig, zunächst die in der Layoutkonzeption enthaltenen Schriftfestlegungen für die verschiedenen Artikelformen auszuwerten. Daraus ergibt sich eine Liste der benötigten Stilvorlagen. Damit die Liste von Stilvorlagen in einem überschaubaren Rahmen bleibt, müssen Sie bei dieser Entscheidung selektieren. Unterscheiden Sie zwischen Schriftformatierungen, die als grundlegende Formatanweisungen zu werten sind und häufig im Dokument benötigt werden, und denen, die selten oder einmalig vorkommen. Sie sollten die letztgenannten zunächst nicht als Stilvorlagen aufbauen und die entsprechenden Formatierungen durch Modifikationen der Schrift direkt im Seitenlayout vornehmen. Natürlich können Sie diese im Bedarfsfall zusätzlich in die Stilvorlagenliste aufnehmen.

Gerade beim elektronischen Zeitschriftenumbruch gilt es, darauf zu achten, daß die Stilvorlagen die richtigen Bezüge haben und gegebenenfalls auf die nächste Stilvorlage weiterschalten. Wir wollen das an einem Beispiel demonstrieren. Dieses Textbeispiel hat zwar mit der Zeitschrift TREFF nichts zu tun, wir schieben es aber hier ein, weil es die Möglichkeiten einer effektiven Nutzung der automatischen Umschaltung von Stilvorlagen sehr schön verdeutlicht.

Die Stilvorlagen sind so angeordnet, daß sie über die Funktion NÄCHSTER STIL durch die Eingabe einer Zeilenschaltung/Return auf die nächste Stilvorlage umschalten. Dies vereinfacht die Formatierung des Textes bei der Eingabe enorm. Beachten Sie, daß die Zeilen der Headline »EC Hannover ...« durch ein ⇧-⏎ getrennt werden müssen, da sonst die nächste Stilvorlage eingeschaltet wird.

Bild 5.45:
Durch die Option NÄCHSTER STIL wird bei jeder Betätigung der ⏎-Taste die folgende Stilvorlage aufgerufen.

Für unseren Workshop beschränken wir uns auf die Einrichtung von zwei Stilvorlagen. Dies betrifft die auf der eingangs abgebildeten Illustration enthaltenen Kurzinfos. Die Einstellungen entnehmen Sie den Illustrationen. Auch in diesem Beispiel wird von der Headline auf den »Nächsten Stil« geschaltet.

Bild 5.46:
Zwei Stilvorlagen arbeiten bei der Erstellung von Kurzinfos zusammen.

Nun müssen wir noch die Einstellungen für die Silbentrennungs- und Blocksatzmethode überprüfen und gegebenenfalls ändern. In unserem Fall verwenden wir die Einstellungen, die Sie der nachfolgenden Darstellung entnehmen können. Wir richten eine zusätzliche S&B-Einstellung für die Überschriften ein. Hierzu duplizieren wir die Einstellung NORMAL. Um Trennungen in Überschriften zu vermeiden, wird die Trennoption in der Dialogbox ausgeschaltet, diese Einstellung wird unter dem Namen »ohne Trennungen« gesichert und der Headline-Stilvorlage zugewiesen.

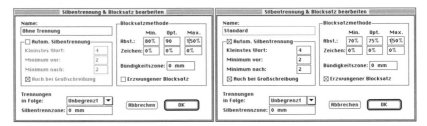

Bild 5.47:
Die S&B-Einstellungen: links für Überschriften, rechts für den Standardtext.

Farbpalette definieren

Farbe stellt in der Zeitschrift TREFF ein prägendes Gestaltungselement dar. Technisch gesehen bedeutet dies, daß Schrift, Linien und Grafikelemente in Farbe gestellt oder Texte mit farbigen Rasterflächen hinterlegt werden müssen. Natürlich ist es schwer, eine solche Farbpalette ohne konkrete Angaben über die später im Dokument verwendeten Farbmischungen aufzubauen. Spätestens aber, wenn der Klebeumbruch vorliegt – in diesem sind die entsprechenden Stellen mit Angaben für die Farbstellungen enthalten –, kann die Farbpalette aufgebaut werden. In vergleichbaren Fällen wäre es aber auch denkbar, die benötigten Standardfarbmischungen mit der Redaktion vorher abzusprechen.

Von grundlegender Bedeutung bei der Anlage der Farbpalette ist die Vergabe der Namen. Diese Namen sollten zwei Kriterien erfüllen:

❏ Die einzelnen Farben müssen in einer eindeutigen Sortierung vorliegen.

❏ Im Namen muß das Mischungsverhältnis der Farbe erkennbar sein.

Nur so ist zu gewährleisten, daß im Bedarfsfall auf einen Blick erkannt werden kann, ob die benötigte Farbe bereits definiert ist oder neu angelegt werden muß. Ein denkbares Modell für eine sinnvolle Namensdefinition würde folgendermaßen aussehen:

*Bild 5.48:
Eine Sortierung nach Cyan-, Magenta- und Gelbanteilen.*

Wie aus der Abbildung der Farbpalette ersichtlich, werden in der Namensgebung nur die Buntfarben berücksichtigt. Das hängt damit zusammen, daß Schmuckfarben für Schriften, Hintergründe etc. im Regelfall ohne Schwarzanteil gemischt werden. Die Namenskonventionen gehen immer von der Reihenfolge Cyan, Magenta, Gelb aus. Außerdem ist durch die dem Buchstaben zugeordneten Zahlenwerte sofort ersichtlich, welche Farbanteile der betreffenden Farbkomponente in der Schmuckfarbe enthalten sind. Die Farbpalette stellt sich somit wie eine Farbtabelle dar. Diese läßt sofort erkennen, ob eine benötigte Farbmischung bereits vorhanden ist oder noch angemischt werden muß. Natürlich können auch Schwarzanteile aufgenommen werden. Dann muß der Name um die entsprechende Komponente erweitert werden. Wie aus dem in der Illustration aufgeführten Beispiel ersichtlich wird, wurde für den Fall, daß eine bestimmte Farbkomponente nicht in der Schmuckfarbe enthalten ist, die betreffende Zahlenposition mit 000 gekennzeichnet. Die Zahl »0« wurde deshalb gewählt, weil sie dafür sorgt, daß diese Farbe in der Sortierfolge nach vorne gestellt wird.

Bibliothek aufbauen

Ähnlich den Überlegungen, welche Schriftfestlegungen in Stilvorlagen umgesetzt werden, ist zu prüfen, welche Layoutelemente in einer Bibliothek abgelegt werden. Geeignete Objekte für die Bibliothek sind:

- Textrahmen mit unterschiedlichen Breiten und Spalten.

- Gruppen von Rahmen, die in einer bestimmten Anordnung immer wiederkehren. Ein Beispiel für ein gruppiertes Objekt ist ein Bildrahmen mit einem Textrahmen für die Bildunterschrift. Da die Bildunterschrift immer einen festgelegten Abstand zum Bild einhalten muß, ist es sinnvoll, diesen einmalig festzulegen und die Objekte zu gruppieren. Das gruppierte Objekt wird dann in der Bibliothek abgelegt. Die Größe der Rahmen kann während der Arbeit auf die jeweiligen Bedürfnisse angepaßt werden, ohne die Abstände zwischen den Rahmen zu beeinflussen.

- Stammelemente, z.B. wiederkehrende Rubrikenköpfe, sollten in der Bibliothek abgelegt werden. Deren Inhalt braucht dann immer nur noch aktualisiert zu werden.

Ein solches Vorgehen bewahrt nicht nur davor, ständig die Einstellungen für wiederkehrende Objekte erneut einzugeben, sondern sichert auch die Einhaltung der Layoutrichtlinien. Dies ist besonders dann von Bedeutung, wenn unterschiedliche Personen in einer Arbeitsgruppe zusammenwirken.

Musterseite für Spaltenlayout aufbauen

Durch die vorangegangenen vorbereitenden Arbeiten sind die Grundlagen geschaffen, die Musterseite für das Spaltenlayout anzulegen. Bei der Erstellung des Spaltenlayoutdokuments sind folgende Aspekte zu bedenken:

- Die Texte müssen mit den gleichen Stilvorlagen erfaßt werden, die auch später im elektronischen Seitenumbruch Verwendung finden. Nur so kann eine korrekte Übernahme der formatierten Spalten sichergestellt und doppelte Arbeit durch nochmalige Formatierung vermieden werden.

- Die Einstellungen für die Silbentrennung- und Blocksatzmethode müssen identisch sein. Ist dies nicht der Fall, kann es zu unterschiedlichen Zeilenumbrüchen kommen, wenn die Texte in das endgültige Layout übernommen werden.

- Da die Spalten für den Klebeumbruch auseinandergeschnitten werden, muß durch eine eindeutige Zuordnung sichergestellt werden, daß die zu verarbeitende Textpassage ohne weiteres im elektronischen Spaltenlayoutdokument wiederzufinden ist und die Textblöcke beim Klebeumbruch in der Reihenfolge nicht versehentlich vertauscht werden.

- Aufbau des Dokuments als Formular, damit es als leeres Dokument erhalten bleibt und nicht versehentlich überschrieben wird. Andernfalls müßten Sie vor jeder neuen Ausgabe zunächst einmal alle »alten« Seiten im Layout löschen.

❏ Verwendung einer Bibliothek mit den Standardtextrahmen für die verschiedenen Satzbreiten z.B. für vier- und dreispaltigen Grundtext, Überschriften, Artikelvorspänne u.ä.

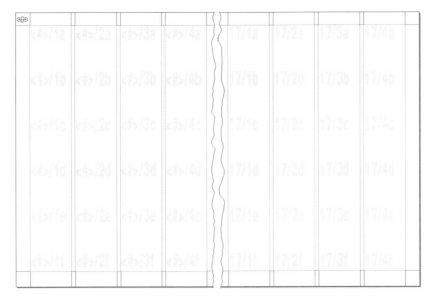

Bild 5.49:
Die im Spaltenlayout enthaltenen Kontrollmittel liegen im Hintergrund und können beim Probedruck bei Bedarf ausgeschaltet werden.

Durch die vorbereitenden Arbeiten sind viele der Vorbedingungen bereits erfüllt, ausgenommen die organisatorischen und optischen Hilfsmittel. Hierzu rufen wir das bereits erstellte Musterseitenformular auf. In der folgenden Abbildung können Sie erkennen, um welche organisatorischen und optischen Kontrollmittel die Musterseite ergänzt wird. Es handelt sich um eine automatische Seitenziffer mit ergänzenden Ordnungsziffern. Diese Ziffern ermöglichen ein sofortiges Wiederfinden selbst einzelner Absätze eines Artikels im Spaltenlayout.

Die Ordnungsziffern sind farbig angelegt. Beim Ausdruck wird »Graustufen« gewählt, so daß die Ordnungsziffern wie ein Wasserzeichen im Hintergrund liegen und den Spaltentext lesbar lassen. Wenn diese Ordnungsziffern das Korrekturlesen erschweren, kann auch ein Probeausdruck ohne diese Marken erstellt werden. Hier muß der Druckprozeß lediglich auf den Schwarzauszug begrenzt werden. Um ein versehentliches Verschieben der Rahmen zu verhindern, verankern wir sie noch mit *Objekt/Festsetzen* unverrückbar auf dem Seitenlayouthintergrund.

Auf der Basis der Musterseite wird eine Vorlage für das Klebelayout erstellt. Dies ist wichtig, damit für das Klebelayout und die elektronischen Montagearbeiten die gleichen Rahmenbedingungen gelten. Die Layoutbögen markieren den Satzspiegel und die Spalteneinteilung. Außerdem enthalten sie einen Zeilenzähler zwischen den Spalten, gegliedert in 10er-Stufen. Somit kann auch im Zeilenregister gearbeitet werden. Die Millimetereinteilung stellt eine ergänzende Layouthilfe dar.

Durch diese Hilfen ist eine optimale Orientierung für die Erstellung des Klebelayouts gegeben und damit ein hohes Maß an möglicher Übereinstimmung mit dem elektronischen Layout gesichert.

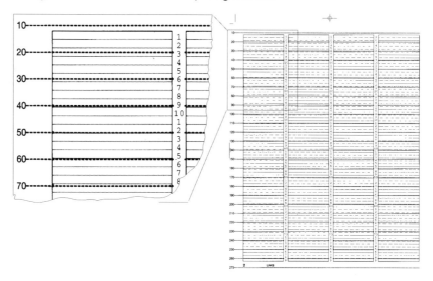

Bild 5.50:
Ein Layoutvordruck zur Erstellung von Klebeumbrüchen. Als Angaben sind auf dem Bogen u.a. die Spalten, die Zeilen und eine Millimeterorientierung festgehalten.

Texterfassung und Klebeumbruch

Die Erfassung der Manuskripte wird nun direkt im erstellten Spaltenlayout durchgeführt. Im Formular für das Spaltenlayout haben wir für den drei- und vierspaltigen Umbruch Musterseiten abgelegt. Je nach Satzbreite wird eine Musterseite gewählt, und die benötigte Anzahl Seiten werden in das Dokument eingefügt.

Da bei der Erfassung noch nicht klar ist, auf welchen Seiten der Text plaziert wird, gilt für die Manuskripterfassung die Regel: Jeder Text wird exakt nach den typografischen Vorgaben unter Berücksichtigung vorhandener Stilvorlagen formatiert. Er wird in einem gesonderten, der geforderten Satzbreite entsprechenden Textrahmen erfaßt. Die Textrahmen mit den Standardbreiten haben wir in der Bibliothek abgelegt. Hier ziehen wir den benötigten Textrahmen oder eine Gruppe von Textrahmen heraus auf die Layoutseite und beginnen mit der Eingabe. Ist ein Grundtext länger als der zur Verfügung stehende Rahmen, dann wird ein neuer Rahmen aus der Bibliothek gezogen und mit dem bisherigen Textrahmen verkettet.

Die erfaßten Spaltentexte werden ausgedruckt, korrekturgelesen und dann mittels Klebeumbruch zu Seiten zusammengestellt. Der Klebeumbruch enthält ergänzende schriftliche Anmerkungen zu Farbstellungen, Randstärken etc., die bei der elektronischen Umsetzung zu berücksichtigen sind.

Elektronische Layouttechniken

Da die vorbereitenden Arbeiten für die elektronische Umsetzung des Klebelayouts erledigt sind, können wir nun direkt mit dem Seitenaufbau beginnen. Hierbei werden wir uns auf die Darstellung von grundlegenden elektronischen Layouttechniken konzentrieren.

Text in das Layout übernehmen

In Kapitel 4.1 haben wir die Importfunktionen von QuarkXPress erläutert. Die Texte liegen im aktuellen Beispiel aber nicht in einem Import-Textformat vor, sondern als XPress-Dokument. Um die Texte aus dem erstellten Spaltenlayoutdokument in das Umbruchlayout zu übernehmen, greifen wir auf die Möglichkeiten der Zwischenablage zurück. Die Übernahme des Textes wird nun Schritt für Schritt dargestellt.

- ❐ Das Spaltenlayout- und das Umbruch-Dokument müssen geöffnet sein. Die Dokumentfenster werden leicht versetzt auf dem Bildschirm ausgerichtet, und die Größe der Dokumentansicht eingestellt wird. Ein Klick auf das Dokumentfenster des Spaltenlayouts holt dieses in den Vordergrund. Durch diese Technik kann beliebig zwischen beiden Dokumenten umgeschaltet werden.

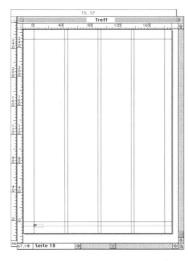

*Bild 5.51:
Das Spaltentext-Dokument im Hintergrund, vorne die zu erzeugende Zeitschriftenseite.*

- ❐ Durch die in den Spalten des Klebelayouts enthaltenen Ordnungsziffern wissen wir, auf welche Seite gewechselt werden muß, um den benötigten Text zu erreichen. Mit einem Doppelklick auf das Symbol der betreffenden Seite in der Seitenlayoutpalette schalten wir auf diese Seite um.

- ❐ Das Inhalt-Werkzeug wird nun in den Textrahmen gestellt, in dem sich der benötigte Text befindet. Die Tastenkombination ⌘+[A] markiert den Gesamttext, und ⌘+[C] kopiert diesen in die Zwischenablage.

Dieser Vorgang macht deutlich, warum nur die zu einem Artikeltext gehörenden Rahmen bei der Erfassung verkettet werden. Befindet sich der gesamte Text in einer Textkette, dann würde mit ⌘+A der Gesamttext ausgewählt. In diesem Fall müßte der benötigte Textbereich mit der Maus markiert werden. Bei einem Text, der über mehrere Textrahmen läuft, kann das recht mühsam sein.

- Durch einen Klick auf das Dokumentfenster wird dieses wieder im Vordergrund angezeigt.
- Aus der Bibliothekspalette ziehen wir nun einen einspaltigen Textrahmen und plazieren diesen an der im Klebelayout vorgegegebenen Position. Die Textmarke wird nun in den Rahmen gesetzt. Mit dem Tastenkürzel ⌘+V wird der in die Zwischenablage kopierte Text eingefügt.

Dieses grundlegende Verfahren der Textübernahme wiederholt sich nun bei jedem Artikel. In QuarkXPress besteht zwar die Möglichkeit, zwischen den Dokumenten per Menübefehl umzuschalten, die Technik mit Mausklick ist hier jedoch produktiver.

Ist das Objekt-Werkzeug aktiv, dann können über die Zwischenablage auch einzelne oder Gruppen von Textrahmen in das Umbruchlayout kopiert werden. Beachten Sie aber, daß auch beim Einfügen das Objekt-Werkzeug aktiv sein muß.

Montagetechniken für Text- und Bildrahmen

Weitere grundlegende Überlegungen sollen für die Montage für Text- und Bildrahmen dargestellt werden.

- Ist es sinnvoll, eine Seite, auf der nur einspaltige Meldungen fortlaufend untergebracht werden müssen, in einem vierspaltigen Rahmen aufzubauen? Sollten statt dessen vier einspaltige Rahmen angelegt und diese verkettet werden?
- Sollen Bilder, die im Layout plaziert werden, im Hintergrund liegenden Text verdrängen? Ist es sinnvoller, den Textrahmen an dieser Stelle zu unterbrechen, den Bildrahmen zu plazieren und dann den Text weiterzuführen?

Wir empfehlen für die Montagearbeiten mit Text- und Bildrahmen folgendes Vorgehen:

- In der Voreinstellung der Werkzeuge wurden alle Rahmen auf den Umfließenmodus »Keine« und der Rahmenhintergrund auf die Farbe »Keine« eingestellt. Die Rahmen verhalten sich in diesem Fall wie transparente Folien. Sie können übereinander oder in bestimmten Konstellationen zusammengeschoben werden, ohne den Text zu verdrängen.

Zeitschriftenlayout – Arbeitstechniken

Bild 5.52:
Grundlegende Attributeinstellungen für Textrahmen sollten in den Voreinstellungen festgelegt werden. Dies gilt natürlich auch für alle anderen Werkzeuge und Objekte.

- ❑ Fortlaufender Text – ohne Grafik- und Bildeinbindung – sollte in einem Rahmen aufgebaut sein, der die benötigte Anzahl Spalten enthält. In der folgenden Illustration z.B. ein vierspaltiger Textrahmen.

Bild 5.53:
Fortlaufende Texte werden in einen mehrspaltigen Textrahmen positioniert.

- ❑ Wird eine hohe Flexibilität im Seitenaufbau benötigt, sollen Bilder und Grafiken eingebaut werden, dann ist es sinnvoller, für jede Spalte einen eigenen Textrahmen zu erstellen. Alle Rahmen können dann in der Position und Größe verändert werden, ohne andere Seitenelemente zu beeinflussen.

*Bild 5.54:
Bei einer Mischung aus Text, Bildern und Grafiken empfiehlt sich ein einspaltiger Textaufbau in mehreren Spaltenrahmen.*

❐ Der Umfließen-Modus für Bildrahmen kommt dann zum Einsatz, wenn Bilder zwischen Textspalten eingefügt werden oder in Textspalten hineinragen. In diesem Fall wird die Option RAHMEN gewählt, und in den Feldern OBEN, LINKS, UNTEN und RECHTS werden die benötigten Abstandswerte eingetragen. Die Illustration zeigt einen exemplarischen Aufbau.

*Bild 5.55:
Bei Bildern, die über den Spaltenrahmen hinausragen, muß der Umfließen-Modus eingestellt werden.*

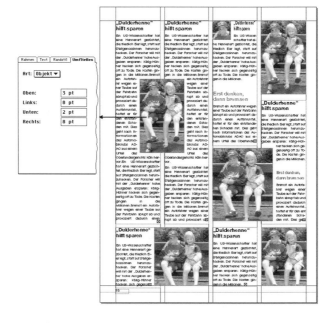

❏ Besteht ein Artikel aus mehreren Text- und Bildrahmen, dann sollten diese Rahmen zum Schluß gruppiert werden. Dies verhindert ein versehentliches Verschieben einzelner Objekte und erleichtert ein Neuplazieren.

Bild 5.56:
So sieht die Doppelseite aus, nachdem die ersten Artikel plaziert sind. Aus den Hilfslinien können Sie den technischen Aufbau entnehmen.

Verankerte Bildrahmen anwenden

Die Möglichkeit, Text- oder Bildrahmen im Text zu verankern, stellt eine wichtige Funktion im Zeitschriftenumbruch dar. Besteht z.B. zwischen einem Bildinitial und dem Absatzanfang eine Verbindung, dann muß bei Textergänzungen oder Veränderungen von Textrahmengrößen nicht jedes dieser Initiale in der Position nachgeführt werden.

Auf unserer Doppelseite haben wir ein passendes Beispiel für einen Einsatz von verankerten Bildrahmen. Die Bildintegration könnte in diesem Fall zwar auch durch einen textumfließenden Bildrahmen gelöst werden, wir wollen aber die Möglichkeit nutzen, den Einsatzbereich zu demonstrieren. Die Kurzmeldung »Hühnchen oder ...« hat ein kleines Bildinitial am Textbeginn. Der betreffende Bildrahmen ist fest mit dem Text verankert. Vor diesem Absatz eingegebener Text würde das Bild mit dem Textlauf wandern lassen.

Um die Verankerung eines Rahmens mit einer Textstelle zu erreichen, muß zunächst mit dem Bildrahmen-Werkzeug ein Rahmen erzeugt werden. Wir markieren den Rahmen mit dem Inhalt- oder Objekt-Werkzeug und importieren mit ⌘+E das Bild. Der Text wurde bereits zuvor aus dem Spaltenlayout übernommen. Nun wird der Bildrahmen mit dem Objekt-Werkzeug markiert und durch Eingabe von ⌘+X ausgeschnitten.

Wechseln Sie nun auf das Inhalt-Werkzeug, und setzen Sie die Textmarke vor das erste Zeichen des Textesabsatzes. Mit dem Befehl ⌘+[V] wird nun das Bild eingefügt. Damit ist der Bildrahmen mit dem Text verankert und würde gegebenenfalls mitfließen.

Bild 5.57:
Das Bildinitial ist mit dem Text verankert und richtet sich an der Oberlänge aus.

Beachten Sie, daß die Größe des Bildrahmens die Größe des Textrahmens nicht überschreiten darf. Ist dies der Fall, dann erhalten Sie einen leeren Textrahmen, wenn der Bildrahmen eingefügt wird.

Text im Kasten

Eine häufige Problemstellung im Zeitschriftenlayout sind Meldungen oder Artikel, die in einem Rahmen mit Randlinien plaziert sind. Wir wollen deshalb die Techniken zur Erzeugung von Meldungen etc. im Linienrahmen erläutern.

Durch die Vergabe von Rahmenattributen können einspaltige Texte sowohl in einspaltigen als auch mehrspaltigen Rahmen abgelegt werden, ohne für den Linienrand einen gesonderten Rahmen zu erzeugen.

Die Vorteile dieser Arbeitsweise liegen auf der Hand. Wenn sich der gesamte Text in einem Rahmen befindet, kann er schnell korrigiert oder neu plaziert werden. Wird die Rahmengröße verändert, passen sich Spaltenbreiten automatisch an.

❒ Um einen einspaltigen Rahmen zu erzeugen, wird ein Textrahmen eingerichtet. Diesem wird ein Randstil zugewiesen. Nachdem der Text eingesetzt ist, läuft er direkt von der linken bis zur rechten Rahmenkante. Um nun einen linken und rechten Rahmenabstand zu erzeugen, markieren wir mit ⌘+[A] den Rahmentext. In der Dialogbox FORMATE (⌘+⇧+[F]) geben wir einen linken und rechten Einzugswert für diesen Text von 2 mm an. Über die Modifizieren-Dialogbox (⌘+[M]) wird die ERSTE GRUNDLINIE auf 6 mm gesetzt.

Zeitschriftenlayout – Arbeitstechniken

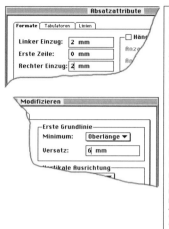

Bild 5.58:
Über Einzüge und den Versatz für die erste Zeile lassen sich schnell ansprechende Textboxen erstellen.

❐ Bei mehrspaltigen Rahmen, die einspaltige Texte enthalten, funktioniert diese Technik nicht. Der zwischen den Spalten eingefügte Raum würde durch den rechten und linken Texteinzug immer mindestens doppelt so groß sein wie die Abstände vom Linienrand.

Im Falle, daß zwei oder mehr Spalten in einem Rahmen untergebracht werden sollen – siehe Illustration – greifen wir auf die Möglichkeit zurück, einen Textabstand in der Modifizieren-Dialogbox (⌘+M) einzugeben. Nun ist lediglich noch die Anzahl der Spalten und der Spaltenabstand festzulegen. Veränderungen an der Rahmengröße würden nun automatische Anpassungen der Spaltenbreiten ergeben.

Bild 5.59:
Die Eingabe eines Textabstands vom Rahmen hilft bei mehrspaltigen Textblöcken weiter.

Grafische Objekte aufbauen

Wir wollen nun auf diesen Standardlayouttechniken aufbauen und die neuen Möglichkeiten zum Aufbau grafischer Gestaltungselemente betrachten und in praktischen Übungen erarbeiten. Auf der Doppelseite sind zwei Gestaltungselemente enthalten, mit denen wir uns nun beschäftigen.

Im Kopf der Seite ist eine Wellenlinie plaziert. Diese Wellenlinie mußte ursprünglich im Grafikprogramm erstellt und als EPS-Grafik in QuarkXPress importiert werden. Dies wäre insoweit nicht so dramatisch, wenn diese Grafik immer in der Form und Farbe gleich bliebe. Dies ist aber nicht der Fall. Von Ausgabe zu Ausgabe ändern sich häufig beide Faktoren. Hier muß dann erst wieder im Grafikprogramm eine Anpassung vorgenommen und erneut die Grafik in QuarkXPress importiert werden. Dies ist nun nicht mehr notwendig, da diese Objekte direkt in QuarkXPress aufgebaut werden können.

Die Form der Wellenlinie ist durch das Klebelayout vorgegeben, und als Zeichenhilfe wird ein sogenannter »Hinterleger« mit einem Scanner aufgenommen. Der Hinterleger wird dann in einen Bildrahmen importiert und stellt im Hintergrund die Zeichenhilfe dar. Mit dem Bézier-Werkzeug wird nun jeweils auf den höchsten und tiefsten Punkt der Wellenform ein Bézier-Punkt gesetzt.

*Bild 5.60:
Mit dem Bézier-Zeichenwerkzeug wird Punkt für Punkt auf dem »Hinterleger« der Grundaufbau der Wellenform aufgebaut.*

Der letzte Punkt wird exakt auf dem Startpunkt plaziert. Die Bézier-Form ist nun geschlossen, sieht aber eher wie eine Zickzacklinie aus. Um nun die Wellenform zu erzeugen, werden die Bézier-Eckpunkte an Positionen, an denen eine Rundung erforderlich ist, in einen Kurvenpunkt gewandelt. Diesen Vorgang erledigen wir mit der Maßpalette. Hierbei wird jeweils der betreffende Punkt markiert und durch Klick auf das Kurvenpunktsymbol in der Maßpalette umgewandelt. Aus den Kurvenpunkten ragen Biege-Werkzeuge heraus, die eine optimale Angleichung an die Form der im Hintergrund liegenden Zeichenhilfe ermöglichen. Die fertige Form muß dann nur noch entsprechend den Vorgaben eingefärbt werden.

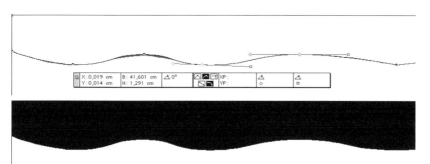

Bild 5.61:
Über die
Maßpalette
werden die
Eckpunkte in
Kurvenpunkte
gewandelt, und
fertig ist die
Wellenform.

Auf dem Layout ist auch eine Notengrafik vorgesehen. Diese Grafikform ist insofern für unseren Workshop von Bedeutung, weil hier neben dem Einsatz von Bézier-Formen auch die Vereinigungsfunktionen zum Einsatz kommen. Bei der Erstellung der Note arbeiten wir auch wieder mit einer Zeichenhilfe (eingescannte Skizze). Hier zeichnen wir zunächst mit dem Bézier-Bildrahmen-Werkzeug die äußere Form mit Eckpunkten nach. Es wäre zwar denkbar, mit dem freien Bézier-Werkzeug gleich Kurvenpunkte zu erzeugen, dies erfordert aber doch wesentlich mehr Übung. Nun werden die Eckpunkte wieder in Kurvenpunkte gewandelt, und über die Biege-Werkzeuge wird eine Anpassung an die vorgegebene Form hergestellt. Nun müssen die inneren Formen (»Durchblicke«) der Note gezeichnet werden. Da die bereits erstellte äußere Form die Zeichenhilfe verdeckt, positionieren wir sie durch Eingabe von *Objekt/ Ganz nach hinten* in den Hintergrund. Die Zeichenhilfe ist jetzt wieder sichtbar, und wir erzeugen Punkt für Punkt die noch fehlenden inneren Formen der Note. Als nächstes wird der Rahmen mit dem Hinterleger gelöscht. Dies ist deshalb wichtig, weil sonst dieser Bildrahmen in die Vereinigungsfunktion einbezogen wird. Die äußere Form der Note liegt nach wie vor im Hintergrund. Mit dem Objekt-Werkzeug markieren wir alle Rahmenobjekte der gezeichneten Note und schließen durch Eingabe von *Objekt/Vereinen/Differenz* den Aufbau unserer Notengrafik ab.

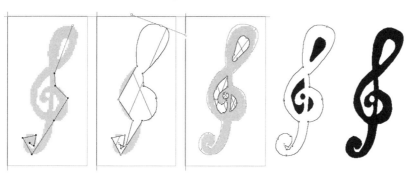

Bild 5.62:
Die einzelnen
Phasen bei der
Erstellung der
Notengrafik.

Viele der gerade bearbeiteten grafischen Objekte gelten als sogenannte Standards. Das heißt, sie kommen immer wieder zur Anwendung. Nicht immer in der gleichen Ausgabe, auch ändert sich häufig die Form und die Farbe. Hier ist ein wichtiger organisatorischer Ansatz für den Einsatz von QuarkXPress-Bibliotheken. Die grafischen Elemente sind hier schnell abgelegt und stehen immer im direkten Zugriff. Sie können so direkt verwendet, umgefärbt oder in anderer Weise modifiziert werden.

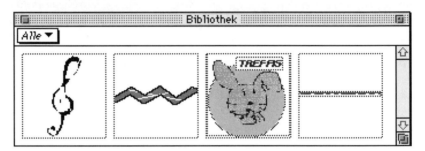

Bild 5.63:
In Bibliotheken werden die Standard-Layoutobjekte abgelegt und verwaltet.

Diesen Workshop-Teil wollen wir damit abschließen, daß wir uns mit dem Aufbau einer Seite beschäftigen, auf der sehr viele unterschiedliche grafischen Formen angeordnet sind. Viele Objekte dieser Seite hätten in den Vorgängerversionen von QuarkXPress über Grafikprogramme erstellt werden müssen. Insbesondere im rechten Bereich der Doppelseite sind Bilder in runden Rahmen, Spechblasen und Rundtext plaziert. Eine dieser Objektgruppen wollen wir näher untersuchen.

Bild 5.64:
Die Objektgruppe besteht aus einem runden Rahmen (Bild), einer Sprechblase (Bézier-Form) und einem Rundtext (Textpfad).

Sowohl die Sprechblase als auch der runde Bildrahmen stellen nun keine besondere Herausforderung mehr dar (siehe auch Kapitel 4.4). Interessanter ist da schon der dem Bild zugeordnete Rundtext.

Um Rundtext zu erstellen, muß ein Textpfad erzeugt werden. Dies geschieht mittels des Bézier-Text-Werkzeugs. Hier gibt es neben den freien Werkzeugen auch die Möglichkeit, gerade und senkrechte Bézier-Textpfade zu erstellen. Wir wählen dieses Werkzeug und ziehen in der Horizontalen bei gedrückter Maustaste eine Linie. Da der Textpfad in einer proportionalen Beziehung zur Größe des runden Bildrahmens steht, wird der Pfad direkt durch dessen Mittelpunkt gezogen. Er überragt den Rahmen links und rechts jeweils um 0,5 cm. Direkt in den Mittelpunkt werden wir nun einen Bézier-Punkt einfügen, um den benötigten Halbkreis zu erzeugen. Wir wählen deshalb diesen Ablauf in zwei Schritten, damit der Halbkreis geometrisch korrekt aufgebaut ist.

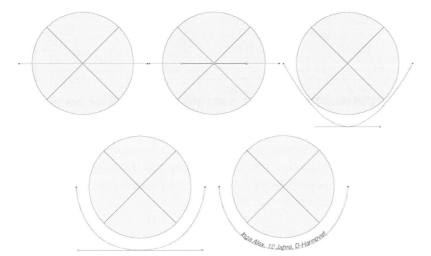

Bild 5.65:
Bei der Erstellung von Rundtexten sollte immer auch eine saubere Arbeitstechnik beachtet werden.

Zunächst wird durch *Objekt/Form* im Symbol-Popup-Menü mit einem Klick auf das »freie Bézier-Symbol« der Pfad in einen freien Textpfad gewandelt. Ist der Bearbeitungsmodus für Text-Bézier-Pfade nicht aktiv, muß dies durch Eingabe von *Objekt/Bearbeiten/Form* geschehen. Nun fügen wir bei gedrückter ⌥-Taste mit einem Mausklick einen neuen Bézier-Punkt in der Mitte des Textpfads ein. Bei allen folgenden Mausaktionen sollte die ⇧-Taste gedrückt sein, damit die Form eine harmonische Krümmung erhält. Im nächsten Schritt wird der Mittelpunkt des Textpfads mit dem Mauszeiger nach unten gezogen. Mit den Biege-Werkzeugen wird der Halbkreis nach links und nach rechts optisch dem runden Bildrahmen angepaßt. Abschließend wird mit dem Inhalt-Werkzeug der Pfad markiert und der Text eingegeben.

Bild 5.66:
Auf dieser Doppelseite befinden sich im rechten Bereich viele Layoutobjekte, die bisher über Grafikprogramme erstellt werden mußten. Die Erstellung kann nun direkt in QuarkXPress erfolgen.

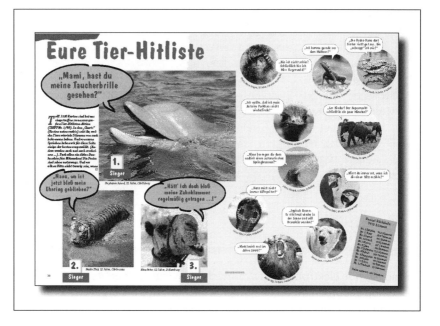

Textumfließende Bildmontage

Der Völkner-Hauptkatalog erscheint zweimal im Jahr. Außerdem gibt es zahlreiche Sonderkataloge. Jährlich werden ca. 3000 Katalogseiten samt Werbeumfeld produziert. Für all diese Druckprodukte kommt das Programm QuarkXPress beim elektronischen Seitenaufbau zum Einsatz. Die Produktion erfolgt in verschiedenen Dienstleistungsbetrieben.

Die Katalog-Objekte werden nicht mehr in der traditionellen Arbeitsteilung zwischen inhaltlicher und grafischer Gestaltung durch die Redaktion und technischer Umsetzung durch einen entsprechenden Fachbetrieb gefertigt. In diesem Fall übernimmt den elektronischen Seitenaufbau die Grafikabteilung der Firma Völkner. Die Endfertigung geschieht in Fachbetrieben (Lithoanstalten), die diese Seiten elektronisch mit hochwertigem Bildmaterial ergänzen. Wir haben aus dem Völkner-Katalog-Programm das diesen Workshop abschließende Seitenlayout-Beispiel ausgewählt, weil hier sehr intensiv mit Freistellungen und Kontursatz gearbeitet wird. Wir werden deshalb hier auf einige Besonderheiten eingehen.

Bild 5.67:
Den jeweiligen Hauptkatalogen werden Werbeprospekte beigelegt. Unser Workshop-Beispiel zeigt sehr anschaulich die Möglichkeiten von textumfließender Bildintegration.

Grundlegende elektronische Layouttechniken wurden bereits im Verlauf des Workshop besprochen. Im folgenden wollen wir uns als Ergänzung mit dem Textumfluß bei freigestellten Bildern befassen.

Im Produktionsablauf besteht die Aufgabenstellung darin, den Textumfluß/Kontursatz so anzulegen, daß hochaufgelöste Bilder für den Vierfarbdruck eingepaßt werden können, ohne daß am Textumfluß Korrekturen vorzunehmen sind. Diese Aufgabenstellung wird gelöst, indem für die Layouterstellung niedrigaufgelöste Graustufen- oder Farbscans vom gleichen Bildmaterial erstellt werden. Mit diesem Bildmaterial (Grobscans) können dann die richtigen Größenverhältnisse, Bildpositionen und der Textumfluß festgelegt werden. Die Grobbilddaten werden später im Lithobetrieb entfernt und gegen hochaufgelöste Vierfarbscans ausgetauscht.

An dieser Stelle gehen wir davon aus, daß Texte und Bilder bereits in der endgültigen Form vorliegen. Freistellungen von Bildern lassen sich z.B. durch Pfade im Programm Photoshop durchführen.

Bild 5.68:
Dieser Text soll später das Produktbild umfließen (links). Das plazierte Bild verdeckt zunächst den Text (rechts).

Am Ausgangspunkt unserer Workshop-Übung steht ein Textrahmen, in dem bereits die Textinformation plaziert ist. Das Vorgehen für die Plazierung der Grobdaten:

❏ Wir erstellen nun einen Bildrahmen, aktivieren das Inhalt- oder Objekt-Werkzeug und laden das Bild »V 063-423-7« mit ⌘+E in den Rahmen. Das betreffende Bild ist in einem Bildbearbeitungsprogramm freigestellt worden und hat einen neutralen weißen Hintergrund. Der Text fließt zunächst hinter dem Bild. Dies hängt damit zusammen, daß jeder neu erstellte Rahmen – also auch unser Bildrahmen – zunächst im Vordergrund positioniert wird. Das Bild muß jetzt auf die benötigte Größe skaliert werden. Hierzu kann in der Dialogbox MODIFIZIEREN (⌘+M) auf der Registerkarte BILD das Größenverhältnis in die Felder »Bildbreite« und »Bildhöhe« eingesetzt werden. Außerdem kann durch Tastenkombinationen der Bildinhalt in 5%-Schritten vergrößert oder entsprechend verkleinert werden. Ist die geschwünschte Größe erreicht, wird die Registerkarte AUSSCHNEIDEN aufgerufen und im Popup ART die Option NICHTWEISSE BEREICHE als Ausschnittmaske gewählt. Ein Klick auf den Reiter der Registerkarte »Umfließen« ermöglicht nun die Einstellungen der Umfließenoptionen. Hier wird ebenfalls im Popup ART die Option NICHTWEISSE BEREICHE gewählt und im Eingabefeld AUSSENABSTAND der Wert 5 pt eingetragen. Ein Klick auf ANWENDEN zeigt die Wirkung des eingestellten Umfließenpfads.

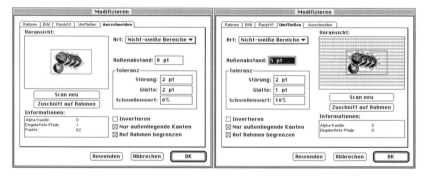

Bild 5.69: In den Registerkarten der Dialogbox MODIFIZIEREN erfolgen die Einstellungen für Bildausschnitt und Umfließenpfad.

❏ Der Textumlauf kann nun noch bearbeitet werden. Es besteht sowohl die Möglichkeit, einzelne Bézier-Punkte in eine neue Position zu schieben als auch neue Punkte einzufügen, um den Textumfluß zu optimieren. Die verfügbaren Tastenkürzel:

Um zügiger den Umfließen-Pfad zu bearbeiten, kann die sofortige Neuberechnung des Texts ausgeschaltet werden. Hierzu muß während der Bearbeitung die Leertaste gedrückt werden.

Anfasser erstellen	**C+Klick auf Liniensegment**
Anfasser löschen	C+Klick auf Anfasser, Linie oder Griff
auf 0/45/90 Grad beschränken	U+Ziehen
Umfließen zeitweise ausschalten	[Leertaste] beim Bearbeiten des Umfließen-Bézier-Punkts festhalten
Umfließen-Pfad löschen	C+U+Klick auf Umfließen-Pfad

Bild 5.70:
Der Umfließenpfad kann durch die Bearbeitung der Bézier-Punkte angepaßt werden, um den Textlauf zu optimieren.

❏ Das QuarkXPress-Dokument wird nun vom weiterverarbeitenden Betrieb übernommen, hier werden die hochaufgelösten Farbbilder eingesetzt.

Normalerweise ist der Austausch von Grobdaten gegen Feindaten kein Problem. Es wird einfach der betreffende Bildrahmen mit dem Inhalt-Werkzeug aktiviert und das neue Bild importiert. Bei diesem Vorgang werden die grobaufgelösten Layoutbilder ausgetauscht. Wurde aber bei der Layouterstellung mit der Umfließenoption gearbeitet, dann ist ein anderes Verfahren zu wählen.

Da die Vierfarbbilder gleich in der richtigen Größe eingescannt werden, besteht das Problem darin, daß diese Bilder anders im Rahmen positioniert werden als die skalierten Grobdaten. Wird nun der Bildinhalt verschoben, um diesen richtig in das Seitenlayout einzupassen, dann verschiebt sich zugleich auch der Umfließenpfad. Damit wird sofort ein neuer Textumlauf erzeugt. Dies kann zwar manuell korrigiert werden – wie zuvor aufgezeigt –, aber das ist aufwendig und kann neue Fehler erzeugen.

Um dieses Problem zu umgehen, löschen wir bei aktivem Inhalt-Werkzeug das grobaufgelöste Bild. Der Umfließen-Pfad bleibt dabei erhalten.

*Bild 5.71:
Beim Löschen des Bildrahmeninhalts erfolgt eine Abfrage, ob auch der Bildumlauf gelöscht werden soll. Dies wird verneint (oben). Anschließend kann das High-End-Bild problemlos eingepaßt werden (unten).*

Nun müssen wir lediglich einen neuen Bildrahmen (Umfließen-Option KEINE/Ausschnitt-Option NICHTWEISSE BEREICHE) erzeugen, das High-End-Bild importieren (⌘+E) und den Bildrahmen in die vorgegebenen Positon einpassen.

Um das Bild korrekt einzupassen, kann auch zunächst auf das Löschen verzichtet werden. Das alte Bild verbleibt im Hintergrund, das neue Bild wird anhand dieser Vorlage richtig eingepaßt. Dabei kann auch das richtige Größenverhältnis überprüft werden. Abschließend wird dann das grobaufgelöste Layoutbild gelöscht, indem mit der Tastenkombination ⌘+⌥+⇧+Mausklick das hintenliegende Objekt aktiviert und mit der Löschtaste der Bildrahmeninhalt gelöscht wird. Diese Funktion löscht bei aktivem Objekt-Werkzeug den Rahmen und bei aktivem Inhalt-Werkzeug das Bild.

Objektebenen

Eine fertige Seite besteht aus einer Vielzahl von einzelnen Objekten: Überschriften, Logos, Infokästen, Textrahmen, Bildrahmen usw. Durch die Möglichkeit zur Veränderung der Lage im Raum (nach vorne oder nach hinten stellen) läßt sich die Objektreihenfolge ändern. Bei der Vielzahl an Objekten kann dies aber recht zeitaufwendig sein und neue Fehler produzieren.

Beim Seitenaufbau muß deshalb auch über eine sinnvolle Erstellung von Objektebenen nachgedacht werden. Die Erstellung von eigenständigen Objektebenen ist in QuarkXPress nicht möglich, durch »Gruppieren« kann hier eine ähnliche Funktionalität erreicht werden. Durch Gruppieren können schrittweise nicht nur einzelne Objekte wie Infokästen etc. gruppiert, sondern auch verschiedene Objekte zu Objektebenen zusammengefaßt werden. Diese lassen sich dann gemeinsam räumlich verschieben. Auf diese Art und Weise kann vermieden werden, daß versehentlich z.B. ein Preiskasten durch das im Vordergrund liegende Bild verdeckt wird. Die Reihenfolge bei der Gruppierung ist in zwei Schritten vorzunehmen:

- ❏ Welche Teilelemente gehören zu einer Gruppe, z.B. Preiskästen mit Linien?

- ❏ Welche gruppierten Objekte sollen zu einer Objektebene zusammengefaßt werden, z.B. der Textteil eines Produkts mit Preiskästen, Logos etc?

6 Internet

In der viel zitierten »guten alten Zeit« war es vollkommen ausreichend, wenn eine Textverarbeitung mit Texten und eine Tabellenkalkulation mit Tabellen umgehen konnte – Satzprogramme waren noch eher die Ausnahme.

Heute verschwimmen die Grenzen zwischen den einzelnen Anwendungsgebieten zusehends. Jede Textverarbeitung macht mittlerweile dem »Spezialisten« Satzprogramm Konkurrenz – solange es um die Gestaltung kleiner Druckstücke geht.

Doch eine weitere Entwicklung beeinflußt unsere Wahrnehmung und damit die Ansprüche an gestalterische Arbeiten. Mit wenigen Mausklicks stehen Ihnen Informationen aus aller Welt zur Verfügung. Umfangreiche Schriftsammlungen – und leider auch der damit verbundene Wildwuchs – sind heute kaum mehr wegzudenken. Im folgenden zeigen wir Ihnen was das Internet in puncto Schriften und Grafiken zu bieten hat.

6.1 Fonts und Grafiken aus dem Internet

Manchmal kann eine ausgefallene Schriftart einem Layoutentwurf den letzten Schliff geben. Häufig hat man dann zwar eine Vielzahl von Schriften zur Auswahl, die gesuchte ist aber leider nicht dabei. Was tun? Auch hier bietet sich ein Besuch im Internet an.

Unter dem Motto »Wir bringen Schrift zur Sprache« präsentiert sich der FontShop in Berlin.

Bild 6.1:
Der Name ist Programm: Profi-Schriften aus dem FontShop.

Entdecken Sie moderne Typographie und einen relativ flotten Seitenaufbau. Die Zeichensätze sind zwar nicht kostenlos zu haben, aber dafür finden Sie dort eine schier unendliche Auswahl erstklassiger Schriften: vom Font, der eher klassisch anmutet, bis zu Effekt-Schriften, die hart an der Grenze zur

Unleserlichkeit stehen. Ein großer Teil der beim FontShop erhältlichen Schriften enthält übrigens Sonderzeichen, wie etwa Bruchsymbole etc.

Zusammengehörige Schriftstile bzw. Fonts vom gleichen Designer sind in den sogenannten Packages zusammengefaßt.

*Bild 6.2:
Im FontFontFinder sehen Sie eine Vorschau der einzelnen Schriftpakete.*

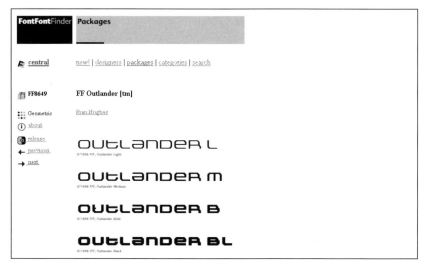

Das Schriftangebot ist kategorisiert, das heißt, Sie müssen sich nicht durch eine Vielzahl unterschiedlicher Fonts quälen, um schnell eine geeignete Schrift zu finden.

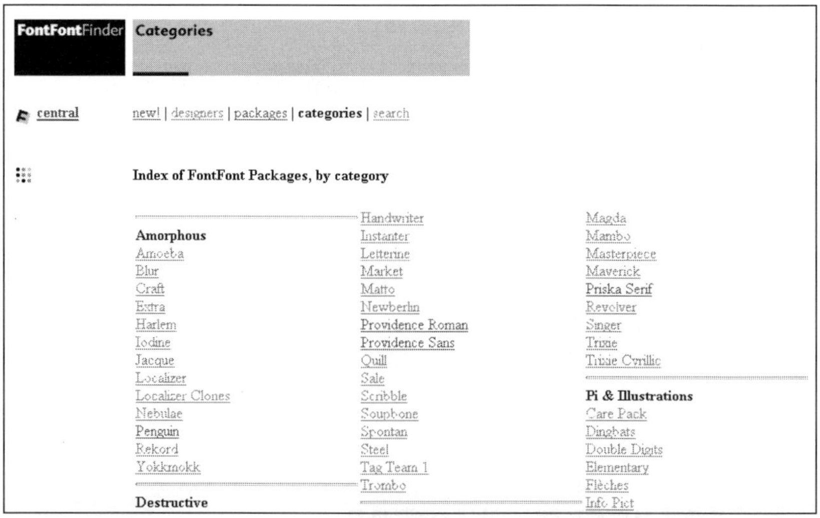

*Bild 6.3:
Schriftkategorien helfen bei der Suche nach den geeigneten Fonts.*

Symbolschriften übernehmen in Texten oft die Rolle einer kleinen Illustration. Sei es als Bulletzeichen oder vielleicht als pictografisches Initial. Doch auch hier zählt die harmonische Ausgestaltung der einzelnen Zeichen – Symbolschriften sind von daher keinesfalls »Billig-Bilder«.

Fonts und Grafiken aus dem Internet 465

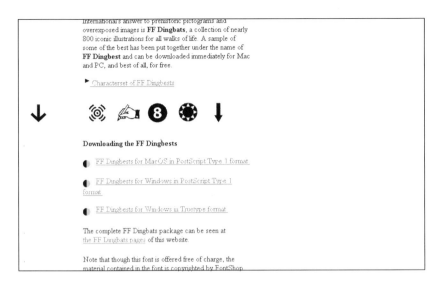

Bild 6.4:
Natürlich werden Sie auch im FontShop bei der Suche nach hochwertigen Symbolschriften fündig.

Etwas Besonderes

Eine besondere Layoutaufgabe verlangt häufig auch nach besonderen Fonts. Für diesen Zweck gibt es eine ganze Palette von Schmuck- und Effektschriften. Falls Sie aber auf der Suche nach eher ungewöhnlichen Fonts sind, kommen Sie auch hier auf der Website des FontShops weiter. Ein Link zu Fuse (*http://www.fontshop.de/fontshop/fuse-classics.html*) bietet Ihnen den Zugang zu experimentellen Schriften. Diese wirklich außergewöhnlichen Fonts geben einem ebenso außergewöhnlichen Layout den letzten Schliff.

Bild 6.5:
Keine Schrift, um längere Texte abzusetzen, aber vielleicht als Headline ein Blickfang.

Und das richtige Bild

Ein wichtiger Aspekt bei der Arbeit mit einem Satzprogramm ist die Gestaltung. Text und Bilder bilden im fertigen Druckstück eine harmonische Einheit. Geeignete Bilder illustrieren und unterstreichen die Textaussage.

Die Idee steht, das Thema ist festgelegt – doch Sie finden einfach nicht die geeigneten Bilder und Grafiken? Falls Sie bestimmte Illustrationen benötigen oder einfach Spaß an neuen interessanten Bildern und Grafiken haben, sollten Sie einmal im Internet vorbeischauen.

Hochaufgelöste Fotos zum Download werden Sie vermutlich vergeblich suchen. Wenn es aber um kleine Grafiken zur Illustration geht, werden Sie unter dem Begriff »ClipArt« schnell fündig. Diese kleinen Bildchen sind mittlerweile sehr beliebt und als komplette Sammlung auf CD-ROM weit verbreitet. Daraus ergibt sich auch der gravierende Nachteil dieser Grafikflut. Häufig erhalten Sie eine umfangreiche Sammlung mit eher schlechten Clips, die mach dem Motto Masse statt Klasse zusammengestellt wurden. Gute Motive sind gesucht und dementsprechend oft »verbraucht«. Hier kann Ihnen das Internet einige Alternativen bieten: Schneller werden Sie vermutlich nicht zu aktuellen Bildern kommen. Was bleibt, ist die mitunter zeitraubende Suche nach den entsprechenden Quellen.

Bild 6.6: Auf der Website von LQP (http://www.LQP.de/de/index.htm) finden Sie zwei Links zu einer ganzen Reihe von Grafiken, die allerdings im Format WMF abgelegt sind.

Nicht immer ist die Copyrightfrage von Grafiken und Bildern aus dem Internet geklärt. Beachten Sie dies auf jeden Fall bei der Verwendung der entsprechenden Bilder.

Interessante Adressen im Internet

Beim Stöbern im Internet stößt man immer wieder auf nützliche Tips und wirklich sehenswerte Webseiten. Besonders gilt dies für die »Fontpage« unter *http://www.hbk-bs.de/users/jessen/Page/index.html*.

Bild 6.7:
Interessante Informationen im direkten Zugriff: Auf dieser Seite von Jan Jessen verbirgt sich ein ganzes Informationssystem für den ambitionierten Layouter.

Lesenswert ist eine illustrierte Abhandlung über den Schriftsatz. Häufig finden sich auf den Seiten im Internet eine ganze Reihe von Links. Hier nennt Ihnen der Webautor die Adressen von Webseiten, die er für gut oder interessant erachtet.

Die Linkliste auf der Fontpage bietet mehr als ein paar Empfehlungen und stellt damit einen idealen Augangspunkt für Ihre eigenen Webrecherchen dar.

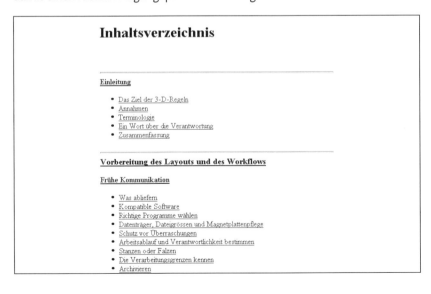

Bild 6.8:
Eine wirklich lohnende Sammlung von Links zum Thema.

Alphabetisch sortiert finden Sie hier Verweise auf eine Vielzahl von Webseiten, die sich mit dem Thema beschäftigen: vom Hardware-Hersteller über Software-Firmen bis hin zu bis hin zu weiteren Websites zu Typografie und Schriften. Durch diese nahezu vollständige Liste ersparen Sie sich das eigene zeitaufwendige Suchen.

Wer suchet, der findet – über die Linkliste von Fontpage sind wir auf Fonthead Design, einen weiteren Anbieter hochwertiger Fonts gestoßen. Auch hier besteht die Möglichkeit die Schriften unmittelbar aus dem Internet zu laden und über Kreditkarte zu bezahlen.

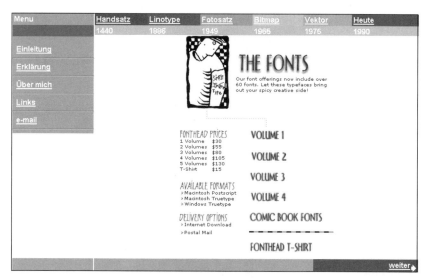

Bild 6.9:
Ein weiterer Schriftanbieter FontHead Design.

Als Besonderheit lassen sich an dieser Stelle auch einige ebenso hochwertige Schriften kostenlos herunterladen.

Bild 6.10:
Kostenlose Profi-Fonts unter der URL http://www.fonthead.com/freestuff-main.html.

Eine weitere interessante Webseite verbirgt sich unter der Adresse *http://homes.cls.net/~leistner/index.html*. Design im Internet? – Wie der Titel erwarten läßt geht es hier nicht ausschließlich um Fonts, sondern um den weiten Bereich von Design und kreativen Berufen.

Bild 6.11:
Ganz besonderen Nutzen ziehen Sie aus dieser Linkliste unter *http://homes.cls.net/~leistner/index.html*.

TYPOlis bietet Ihnen sogar eine Einführung in die Typografie und die ebenfalls gut strukturierte und umfangreiche Linkliste.

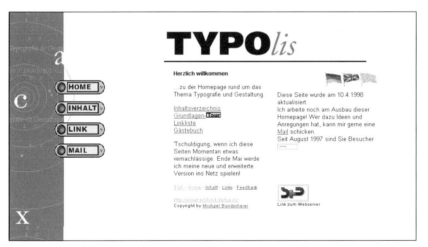

Bild 6.12:
Noch eine Seite, deren Besuch sich lohnt: TYPOlis unter *http://privat.schlund.de/typolis/typolis.htm*.

Neben allgemeinen Tips und guten Links erhalten Sie auch konkrete Anleitungen – immer mit den notwendigen Hintergrundinformationen.

*Bild 6.13:
Hier wird auch gezeigt wie Sie Schritt für Schritt zu Druckvorlagen gelangen.*

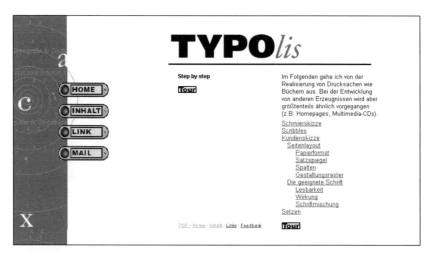

Wie schon für die zuvor genannten Seiten gilt an dieser Stelle: Ein Besuch lohnt sich immer.

Besonders interessant – nicht nur für Einsteiger – ist die Website von ISA unter der URL *http://www.bielnews.ch/wg/ISA/inhalt.html*. Her finden Sie einen komplette Abhandlung über Layout Workflow und Druckvorstufe. Durch das Engagement der Autoren kann dieses Seite als Pflichtlektüre für jeden bezeichnet werden, der sich im weitesten Sinne als Hersteller und Verarbeiter digitaler Vorlagen versteht. Hier finden Sie Tips und Hinweise für die Satzarbeit mit den verschiedensten Programmen.

*Bild 6.14:
Einfach interessant: ISA bietet eine Fülle praxisorientierter Tips rund um die Druckvorstufe und das Workflow.*

6.2 Surf-Tips

An dieser Stelle geben wir Ihnen einige Surftips, auf die wir bei der Recherche zu diesem Buch gestoßen sind. Gerade der Einsteiger findet mit diesen Informationen einen schnellen Einstieg in die Materie.

Suchen und Finden

Wenn Sie eine ganz bestimmte Information im Internet suchen, werden Ihnen schnell die Ausmaße diese Informationsmediums bewußt. Ohne »fremde« Hilfe kommen Sie dann nicht mehr weiter. Da Sie während der Suche online sind und damit der Gebührenzähler im Hintergrund tickt, sollten Sie Ihren Internet-Aufenthalt möglichst kurz halten. Eine unstrukturierte Suche fällt von daher von vornherein aus.

Selbstverständlich haben sich im Internet schon von Anfang an entsprechende Dienste etabliert, die Ihnen die mühsame Suche abnehmen und wie ein Index des WWW funktionieren. Dabei lassen sich zwei Kategorien von Suchhilfen unterscheiden:

❐ Katalogdatenbanken, die das Informationsangebot nach Kategorien strukturieren. So können Sie ein relativ grob eingegrenztes Themengebiet Schritt für Schritt präzisieren und damit schließlich zum Ziel gelangen. Die Katalogisierungsarbeit wird dabei von Menschen – den Informationsanbietern selbst oder Mitarbeitern des Katalogdienstes durchgeführt.

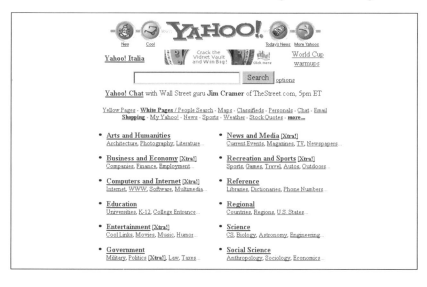

Bild 6.15: Gute Suchmöglichkeiten und -kriterien ohne Firlefanz: Mit Yahoo! sind in der Regel gute Suchergebnisse zu erzielen.

❏ Die zweite Kategorie verläßt sich nicht auf menschliche Arbeit, sondern schickt statt dessen digitale, eigenständige »Roboter« durch das Internet. Sie durchwandern den Cyberspace, lesen neue Seiten und generieren so Indexlisten automatisch. Diese Suchmaschinen sind immer dann besonders nützlich, wenn Sie ein oder mehrere sehr eng umrissene Stichwörter suchen. Bei uneindeutigen Suchbegriffen sind die Ergebnisse allerdings wenig hilfreich: Oft werden viel zu viele Fundstellen ausgegeben.

Bild 6.16:
Die Suche nach Fonts bringt über 300 Fundstellen zutage – zuviel, um schnell die gewünschten Informationen zu erhalten.

Besser ist es, mehrere Suchbegriffe logisch zu verknüpfen. Hier hat jede Suchmaschine ihre eigene Syntax. Meist finden Sie auf der Seite der Suchmaschine allerdings einen Link, mit dem Sie eine erweiterte Suche starten können. Dabei geben Sie die gewünschten Suchbegriffe in einer Dialogbox ein, und die Suchmaschine nimmt Ihnen die Verknüpfung der Suchbegriffe ab.

Suchmaschine	URL
Excite	http://www.excite.de
Fireball	http://www.fireball.de
Hotbot	http://www.hotbot.com
AltaVista	http://www.altavista.digital.com
Yahoo!	http://www.yahoo.com
web.de	http://www.web.de

Um es vorwegzunehmen: Nicht jede verfügbare Information ist auf allen Suchmaschinen verzeichnet. Darüber hinaus schwankt die Qualität der Suchmaschinen sehr stark, arbeiten Sie deshalb am besten mit mehreren Suchmaschinen.

Kosten

Dieser weniger erfreuliche Aspekt des Surfens ist noch nicht betrachtet worden. Gerade wenn Sie häufig oft und lange die verschiedenen Webseiten im Internet besuchen, kommen doch schon merkliche Verbindungsgebühren zusammen. In aller Regel kommt dann noch eine Online-Gebühr Ihres Internet-Anbieters hinzu.

Wenn Sie das Thema Kosten nicht berücksichtigen, folgt auf die erste Begeisterung ein böses Erwachen. Dennoch sollten Sie nicht davor zurückschrekken, das Informationsangebot des Internet zu nutzen. Ein paar einfache Tricks helfen Ihnen dabei, die Kosten in überschaubaren Grenzen zu halten:

- Verzichten Sie nach Möglichkeit auf die dekorativen Bildchen. Alle relevanten Informationen liegen auch als Texte vor. Deaktivieren Sie deshalb das automatische Laden von Grafiken in den Grundeinstellungen Ihres Browsers. Bei Bedarf lassen sich die Grafiken dann jederzeit nachladen.

- Vermeiden Sie unnötiges Hin- und Herspringen, und wählen Sie nach Möglichkeit die gewünschte Seite unter Angabe der betreffenden URL direkt an.

- Längere Texte sollten Sie grundsätzlich nicht online lesen. Speichern Sie einfach die gewünschten Seiten über die Menüleiste des Browsers lokal auf Ihrer Festplatte ab, und trennen Sie dann die Verbindung. Nun können Sie den Text in aller Ruhe und ohne ständigen Blick auf die Uhr offline lesen.

- Alle »kostenlosen« Downloads sind keinesfalls umsonst. Es müssen immer noch Verbindungs- und eventuell zusätzliche Gebühren des Internet-Anbieters getragen werden. Je nach der erzielten Übertragungsrate müssen Sie dann entscheiden, ob die Testversion des Programmes wirklich so interessant ist, daß sich 10 Mbyte Download lohnen.

- Suchen Sie sich eine individuelle Startseite, die beim Start des Browsers sofort geladen wird und von der aus Sie Ihren Internet-Ausflug beginnen. Das kann zum Beispiel durchaus die Seite einer Suchmaschine sein, wenn Sie häufig nach bestimmten Informationen suchen.

- Legen Sie häufig besuchte Seiten in Ihrem Browser als Bookmark an. So können Sie dann ohne Umschweife direkt Ihre Favoriten aufsuchen.

- Wenn das Laden einer Seite offensichtlich sehr lange dauert, brechen Sie den Ladevorgang ab, und rufen Sie die Seite erneut auf. Mit ein wenig Glück geht es dann schneller.

6.3 Quark im Internet

Nahezu jeder Hersteller ist mittlerweile im Internet vertreten – auch Quark macht hier keine Ausnahme. Doch welchen praktischen Nutzen kann der Anwender unmittelbar aus dem Internet ziehen? Wir wollen uns an dieser Stelle einmal mit der Anwenderunterstützung, dem »Service im Internet«, beschäftigen.

Ein häufiges Mißverständnis wollen wir an dieser Stelle zunächst einmal entkräften: Die Website von Quark ist keineswegs reine Werbung, in der die aktuelle Programmversion gelobt wird, sondern vielmehr ein leistungsfähiges Informations- und Unterstützungsmedium für den Anwender – hier finden Sie wertvolle Hilfestellungen für die tägliche Arbeit.

Der Weg zu Quark

Um die Inhalte der Website von Quark nutzen zu können, benötigen Sie einen Internet-Zugang und einen Browser, mit dem sich die Webseiten anzeigen lassen.

Die gewünschten Seiten lassen sich einfach durch Eingabe des entsprechenden URL (Uniform Resource Locator) im Eingabefeld des Browsers aufrufen. Für einen schnellen Einstieg bietet sich die deutsche Homepage von Quark an, die Sie über *http://www.quark.de* erreichen. Von dieser Startseite aus gelangen Sie bequem zu jedem Bereich der Website von Quark.

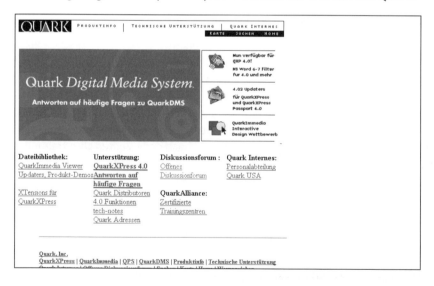

Bild 6.17:
Die deutsche Homepage von Quark im Internet.

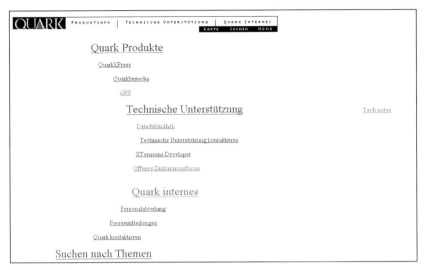

Bild 6.18:
Etwas übersichtlicher: Die Karte bietet sich an, um schnell zu den entsprechenden Informationen zu gelangen.

Auf der Homepage finden Sie auch die wichtigsten Adressen bei Quark (*http://www.quark.de/cq_de001.htm#Germany*). Diese Adressen sind selbstverständlich immer aktuell, auch wenn sich die Anschrift seit dem Erwerb der Programmversion geändert hat. Ein Vorteil für den Fall, daß Sie z.B. den kostenlosen Kundendienst in Anspruch nehmen wollen oder umfassende Unterstützung durch den technischen Support benötigen.

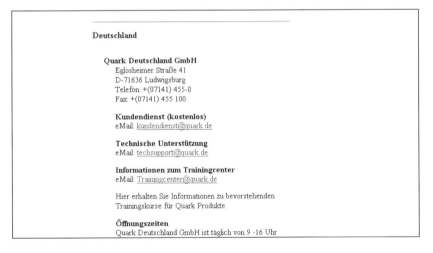

Bild 6.19:
Unter diesen Adressen können Sie Kontakt zu Quark aufnehmen.

Immer aktuell

Um stets auf der Höhe der Zeit zu bleiben, gibt es derzeit kein schnelleres und damit aktuelleres Medium als das Internet. Hier finden Sie beispielsweise Produkt-News, noch bevor sie in der Fachpresse vorgestellt werden. Dabei ist es nicht notwendig, stundenlang zu surfen.

Technischer Fortschritt

Bei der Komplexität der heutigen Anwendungen bleibt es nicht aus, daß auch nach der Auslieferung noch Verbesserungen an der Software vorgenommen werden müssen: Hier funktioniert eine Funktion nicht mit dieser Hardware, dort bringen bestimmte Bedienhandlungen fehlerhafte Ergebnisse.

Bevor Sie nun anfangen, zunächst an sich und dann am Programm zu zweifeln, weil Sie auf einen Fehler gestoßen sind, lohnt ein Blick ins Internet. Die Webseiten von Quark werden regelmäßig überarbeitet, und neue Informationen werden hinzugefügt. Sobald die ersten Patches – kleine Programmanpassungen, die »über« die vorhandene Software installiert werden – zu einem Produkt verfügbar sind, werden diese auch schon auf der Website angeboten. Ein kleiner Blick auf die entsprechenden Seiten lohnt sich fast immer.

Daneben bietet das Internet auch einen hervorragenden Distributionskanal für die ganzen kleinen Verbesserungen und Erweiterungen des Funktionsumfangs, mit denen Sie oft bereits im Vorfeld zukünftigen Schwierigkeiten aus dem Wege gehen. Letztendlich unterstützt XPress durch das XTension-Konzept gerade diese schnelle Methode, um Sie in den Genuß der neuesten Features zu bringen.

Bild 6.20: Patches, aber auch verschiedene XTensions stehen im speziellen Download-Bereich Dateibibliothek der Website von Quark bereit.

Das Angebot wechselt beinahe täglich und bietet teilweise sehr interessante und nützliche XTensions.

Achten Sie auf jeden Fall darauf, daß Sie die Patches für Ihre Programmversion installieren. Auch bei den XTensions können bei der Verwendung unterschiedlicher Sprachen Probleme auftreten.

Die angebotenen Downloads sind nach unterschiedlichen Themengebieten in Kategorien geordnet, so daß ein langwieriges Suchen entfällt. Ein besonderes Gewicht liegt dabei, den Zeichen der Zeit folgend, auf verschiedenen Programmen und Utilities für das Web-Publishing. Allen Downloads geht in der Regel eine ausführliche Produktbeschreibung voraus, aus der weitere Informationen zur Dateigröße und den entsprechenden Programmversionen hervorgehen. Die *Dateibibliothek* unter der Adresse *http://www.quark.de/ftp_de001.htm* ist eine Fundgrube für jeden Anwender.

Hier lassen sich neue oder aktualisierte XTensions unmittelbar herunterladen. Zum Zeitpunkt der Drucklegung waren auf dieser Seite unter anderem eine XTension zum Importieren von Microsoft-Word-Dokumenten (Versionen 6/7) und eine aktualisierte Version der Index-XTension verfügbar. Die XTension TypeTricks unterstützt Sie bei Ihrer Satzarbeit. Insgesamt fanden sich zum Zeitpunkt der Drucklegung rund 27 XTensions – teilweise in unterschiedlichen Sprachversionen – auf der Web-Site von Quark.

Schnelle Hilfe im Internet

Auch noch so aktuelle Produktinformationen und einige kostenlose XTensions zum Herunterladen rechtfertigen allein noch nicht die Bezeichnung »Service«. Hier geht es vielmehr um konkrete Antworten und Lösungen zu Problemstellungen. Wenn all die Erfahrung mit XPress nicht mehr weiterhilft und auch der »gute Bekannte« keinen Rat weiß, bleibt meist nur noch der Griff zum Telefon. Selbstverständlich stehen Sie jetzt kurz vor dem Abschluß einer zeitkritischen Aufgabe, und die Herstellerhotline ist nachts um drei auch nicht mehr besetzt.

Gerade durch die – zumindest theoretisch – ständige Verfügbarkeit relevanter Informationen hat das Medium Internet hier seine größte Trumpfkarte.

Heute, wo Informationen von gestern bereits eine Woche alt sind, werden auch im Bereich der Anwenderunterstützung neue Wege beschritten. Die hier erhältlichen Informationen spiegeln in aller Regel den aktuellen Kenntnisstand wider.

Was alle wissen wollen

... ist auf jeden Fall interessant. Hinter einer FAQ (Frequently Asked Questions) verbirgt sich nichts anderes als das viel zitierte »Frage- und Antwort-Spiel«.

Unter *http://www.quark.de/qxpfourohfaq_de.htm* finden Sie die häufigsten Fragen zu einem Produkt, die von Anwendern an Quark gerichtet wurden – alle mit einer entsprechenden Antwort versehen.

Bild 6.21:
Häufig gestellte Fragen und die entsprechenden Antworten (http://www.quark.de/qxpfourohfaq_de.htm).

Vielleicht kommen Sie bereits an dieser Stelle der Lösung eines Problems näher oder finden endlich einmal die Antwort auf eine Frage, die Sie selbst haben. Da es sich hierbei ausschließlich um Problemlösungen handelt, die eine größere Anzahl von Anwendern betreffen, sollten Sie nicht versäumen, diesen Seiten einen regelmäßigen Besuch abzustatten.

Tech-Notes

Doch damit nicht genug: In sogenannten Tech-Notes gibt Quark in unregelmäßigen Abständen weiterführende Informationen zum Programm und zu bestimmten Aufgabenstellungen heraus.

Bild 6.22:
Eine vollständige Liste aller online verfügbaren Support-Dokumente wird Ihnen unter der URL http://www.quark.de/tn_de000.htm#geninfo geboten.

Bei diesen Informationen kommt es weniger auf die Aktualität – einige Tech-Notes sind nahezu drei Jahre alt –, sondern auf die möglichst umfassende Beschreibung eines Sachverhalts an. Gerade wenn Sie mit einem Problem häufiger zu kämpfen haben, lohnt sich ein Blick in diese Dokumente. Betrachten Sie diese Informationen als sinnvolle Ergänzung zum Handbuch.

Bild 6.23:
Hilfe! – Wenn die eingehängten TiFFs nicht Ihren Erwartungen entsprechen finden Sie unter den Tech-Notes vielleicht die Lösung.

Kontakt zu anderen Anwendern

Neben diesen offiziellen Informationen von Quark können Sie auch auf das Offene Diskussionsforum unter der URL *http://www.quark.de/sofathreads_de.htm* zurückgreifen. Auf dieser Seite kommunizieren XPress-Anwender miteinander und stellen Fragen und Antworten zur Diskussion. Das Besondere an dieser unmoderierten Seite ist die Aktualität. Normalerweise sind die einzelnen Threads nur wenige Tage alt. Neuigkeiten werden sofort weitergegeben, so daß sich oft eine zeitraubende Internet-Recherche erübrigt.

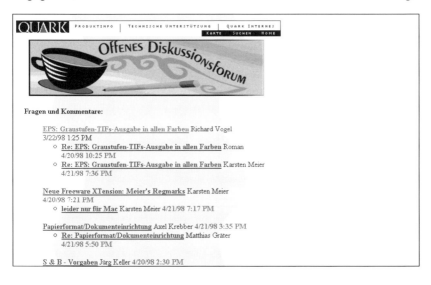

Bild 6.24:
Die Kaffeetasse macht es deutlich: Hier treffen Sie XPress-Anwender in lockerer Runde und tauschen Erfahrungen aus.

Auch wenn ein Diskussionsforum nicht in erster Linie zum Lesen da ist, werden Sie durch einen regelmäßigen Besuch sehr interessante Tips und Tricks erfahren. Derartige Foren leben von der Beteiligung der Anwender. Das heißt, wenn Sie selbst eine Frage haben, sollten Sie sie zur Diskussion stellen. Auf der anderen Seite ist es immer sinnvoll, eigene Kenntnisse und Erfahrungen auch an dieser Stelle weiterzugeben.

Was sonst noch

Sind Sie auf der Suche nach einem qualifizierten Fachhändler in Ihrer Nähe, oder beabsichtigen Sie sich schulen zu lassen? Auch dafür wurde vorgesorgt. Nach Anwahl der Adresse *http://www.quark.de/distributors_de001. htm#Germany* haben Sie den Zugriff auf ein Verzeichnis aller Quark-Distributoren, die Ihnen einen Fachhändler in Ihrer Nähe nennen.

Bild 6.25:
Über die Distributoren finden Sie einen qualifizierten Fachhandel.

Anhang

A Import- und Exportformate

Da Import- und Exportfilter als XTensions (siehe Kapitel 1) ausgeführt sind, müssen sich diese Dateien beim Programmstart im Quark-XTensions-Verzeichnis befinden.

Textformate

Ausführliche Informationen zu den Textformaten und deren Charakteristiken können Sie im Kapitelabschnitt 4.1 finden.

Import/Export	
MacWrite II/MacWrite 5.0	MacWrite XTension
Microsoft Word 3.0/4.0	MS-Word XTension
MS-Works 1.1/20	MS-Works XTension
WordPerfect 6.0	WordPerfect XTension
WriteNow	WriteNow XTension
XPressmarken	XPressmarken XTension
ASCII	(keine XTension)

Bild A.1:
Texte lassen sich zweckmäßig in einer Textverarbeitung erfassen und anschließend mit Hilfe von Importfiltern nach XPress übertragen.

Grafik- und Bildimportformat

Nahezu alle Anwendungsprogramme sind in der Lage, verschiedene Dateitypen zu öffnen und zum Teil zu bearbeiten. Insbesondere, wenn Sie beabsichtigen, eigene Grafikentwürfe zu speichern, in andere Datenformate zu übertragen oder zu entscheiden, in welchem Format ein Dienstleister Ihr Firmenlogo zur Verfügung stellt, müssen Sie sich entscheiden. Welches Dateiformat das günstigste ist, entscheidet schlußendlich die geplante Anwendung. Stimmen Sie die zu verwendenden Dateiformate im Zweifelsfall mit Ihrer Drukkerei ab. Die untenstehende Übersicht dient zu Ihrer Orientierung. An dieser Stelle haben wir im Hinblick auf den Datenaustausch mit Windows-Anwendungen die gebräuchlichsten Datenformate der Windows/DOS-Welt aufgenommen. Ausführliche Informationen zu den Grafik- und Bildformaten und deren Charakteristiken finden Sie im Kapitel 4.1: Dateioperationen.

Grafikformate im Überblick

Format	Eigenschaften/erzeugende Programme/Systeme (Auswahl)
BMP	Windows Bitmap/OS/2 Bitmap – dieses Standard-Bitmap-Format unter Windows unterstützt bis zu 24-Bit-Farbtiefe, kann aber von nahezu allen Anwendungen verarbeitet werden. Bitmaps im BMP-Format haben in erster Linie dadurch einige Verbreitung gefunden, daß sowohl Windows als auch OS/2 dieses Format betriebssystemseitig unterstützen. Das BMP-Format erlaubt die Komprimierung der Bilddaten nach dem RLE-Verfahren. Im professionellen Bereich der Bildverarbeitung findet dieses Format allerdings kaum Anwendung. So verwendet CorelDRAW dieses Format lediglich für verschiedene Werkzeugformen und für Füllmuster.
EPS	(Encapsulated PostScript) PostScript-Seitenbeschreibungssprache – EPS-Dateien lassen sich nur auf einem geeigneten PostScript-Gerät ausgeben. Nur wenige Programme erlauben es, EPS-Dateien unmittelbar zu bearbeiten. Dieses Dateiformat findet Anwendung als universelles Austauschformat im professionellen Bereich. EPS durch Quark XPress erzeugt (*Ablage/Seite als EPS sichern*) EPS (auf PC erstellt) Adobe Illustrator Freehand

GIF	Bitmap-Format, das bis zu 256 Farben einer individuellen Farbpalette enthalten kann. Eine GIF-Grafik kann mehrere unabhängige Bilder speichern und erlaubt eine verlustlose Kompression der Bilddaten. Beim »Interlaced-Modus« werden die Grafiken bereits beim Ladevorgang mit einer geringen Auflösung wiedergegeben. Dieses Format hat im Internet große Bedeutung erlangt.

Corel Photo-Paint

Photoshop

JPEG	Bitmap-Format, das eine Farbtiefe bis zu 24 Bit (TrueColor) unterstützt. Das JEPG-Format zeichnet sich besonders durch hohe Kompressionsraten aus – allerdings zu Lasten der Bilddetails. Beim »progressiven« Bildaufbau werden die Grafiken bereits nach einer geringen übertragenen Datenmenge als grobe Vorschauabbildung angezeigt. Dieses Format hat im Internet große Bedeutung erlangt.

Corel Photo-Paint

Photoshop

PhotoCD	Kodak Photoshop
PICT	Ein universelles Datenformat für pixel- und objektorienterte Grafiken, das von den wichtigsten Grafikprogrammen auf dem MAC unterstützt wird. Darüber hinaus können die gebräuchlichsten Programme im PC-Bereich dieses Datenformat verarbeiten.

MacDraw

MacDraft

CricketDraw

CricketGraph

SuperPaint

FreeHand

Canvas

CorelDRAW/CorelPhotoPaint

PNG	(Portable Network Graphics) Dieses Bitmap-Format kann als Nachfolger für das GIF-Format betrachtet werden, auch wenn es bislang noch keine größere Bedeutung erlangt hat. Es kombiniert eine verlustfreie, schnelle Kompression mit guten Reduktionsfaktoren. Dieses Format unterstützt Farbpaletten und auch TrueColor-Bilder.
Scitex CT	Linocolor
	Photoshop
TIFF	(Tagged Image File Format) Bitmap-Format, das eine *Farbtiefe* bis zu 24 Bit (*TrueColor*) unterstützt. Das TIF-Format ist besonders im professionellen Druck weit verbreitet und kann unterschiedlichste Farbformate – von der Strichgrafik bis hin zum Vierfarbbild – speichern. Zusätzlich ist dieses Grafikformat in der Lage, Kompressionsverfahren anzuwenden, Notizen zu transportieren oder auch Bitmapkanäle zusätzlich zu den Farbebenen ablegen. Die Scanner erzeugen häufig digitalisierte Bilddaten im TIF-Format.
	Corel Photo-Paint
	Linocolor
	Photoshop

:-) **TIP**

Wegen seiner weiten Verbreitung lassen sich diese Bitmaps in fast alle Anwendungen übernehmen. Damit ist TIFF ein universelles Austauschformat, auch bei plattformübergreifenden Dateioperationen.

WMF	(Windows Metafile) Mit Vektorgrafiken im WMF-Format verhält es sich ähnlich wie mit BMP-Grafiken. Das WMF-Format wird von Windows direkt unterstützt. Damit lassen sich WMF-Grafiken in der Windows-Welt universell einsetzen. Nahezu alle Anwendungsprogramme sind in der Lage, dieses Format zu verarbeiten. Allerdings ist dieses Grafikformat relativ einfach aufgebaut und unterstützt z.B. keine Kurvenverläufe.
Paint	MacPaint
	SuperPaint
PCX	Paintbrush (Windows)
	SuperPaint

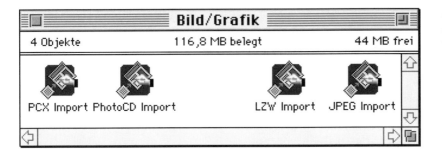

Bild A.2:
Einige Grafik-Importfilter.

Kompression

Bei der Kompression werden häufig vorkommende Farben und Farbmuster durch Platzhalter ersetzt – dadurch läßt sich der Speicherbedarf der Grafik zum Teil drastisch reduzieren. Es muß zwischen verlustloser und verlustbehafteter Kompression unterschieden werden.

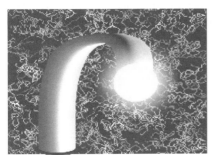

Bild A.3:
Links sehen Sie das unkomprimierte Original, rechts die stark komprimierte Version.

Bei der verlustlosen Kompression tritt keine Verringerung des Farbumfangs oder der Bilddetails auf. Im Gegensatz dazu gehen bei der verlustbehafteten Kompression unweigerlich Detailinformationen verloren.

B Die Menüs

Bild B.1:
Das Ablage-Menü – Hier sind alle Menübefehle untergebracht, die die Ein- oder Ausgabe von Daten regeln. Dies betrifft das Laden und Sichern der Quark-XPress-Dateien, den Import/Export und das Drucken.

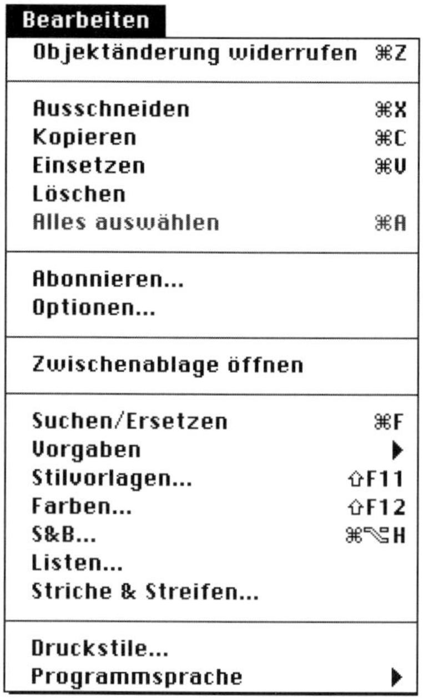

Ablage	
Neu	▶
Öffnen...	⌘O
Schließen	⌘W
Sichern	⌘S
Sichern unter...	⌘⌥S
Alte Fassung	
Bild laden...	⌘E
Text sichern...	⌘⌥E
Anfügen...	⌘⌥A
Seite als EPS sichern...	⌘⌥⇧S
Für Ausgabe sammeln...	
Dokument einrichten...	⌘⌥⇧P
Papierformat...	⌘⌥P
Drucken...	⌘P
Beenden	⌘Q

Bild B.2:
Das Bearbeiten-Menü – In diesem Menü sind die grundlegenden Bearbeitungsfunktionen untergebracht. Dabei geht es um drei Schwerpunkte: das Handling mit der Zwischenablage, die Herausgeben-Funktionen und die Voreinstellungen.

Bearbeiten	
Objektänderung widerrufen	⌘Z
Ausschneiden	⌘X
Kopieren	⌘C
Einsetzen	⌘V
Löschen	
Alles auswählen	⌘A
Abonnieren...	
Optionen...	
Zwischenablage öffnen	
Suchen/Ersetzen	⌘F
Vorgaben	▶
Stilvorlagen...	⇧F11
Farben...	⇧F12
S&B...	⌘⌥H
Listen...	
Striche & Streifen...	
Druckstile...	
Programmsprache	▶

Bild B.3:
Das Stil-Menü für Textbearbeitung – Dieses Menü stellt alle Befehle und Optionen zur Verfügung, mit denen Text formatiert werden kann.

Bild B.4:
Das Stil-Menü für Bildbearbeitung – Dieses Menü stellt alle Befehle und Optionen zur Verfügung, mit denen Bilder modifiziert werden können.

Bild B.5:
Das Stil-Menü für Linienbearbeitung (Striche & Streifen) – Dieses Menü stellt alle Befehle und Optionen zur Verfügung, mit denen Linienstile modifiziert werden können.

Bild B.6:
Das Objekt-Menü – In diesem Menü sind alle Befehle zusammengefaßt, mit denen sich Rahmen- und Linienobjekte modifizieren lassen.

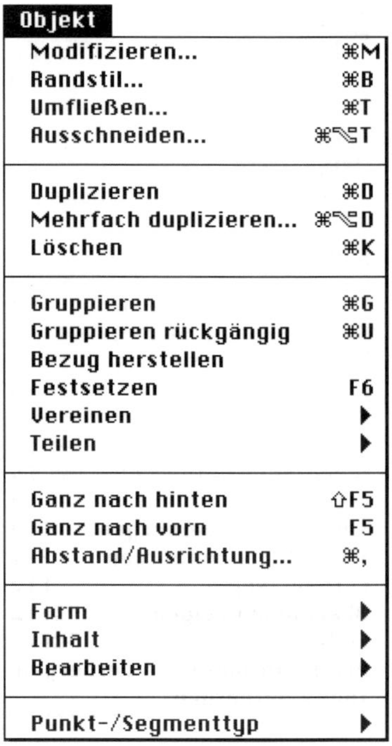

Objekt	
Modifizieren...	⌘M
Randstil...	⌘B
Umfließen...	⌘T
Ausschneiden...	⌘⌥T
Duplizieren	⌘D
Mehrfach duplizieren...	⌘⌥D
Löschen	⌘K
Gruppieren	⌘G
Gruppieren rückgängig	⌘U
Bezug herstellen	
Festsetzen	F6
Vereinen	▶
Teilen	▶
Ganz nach hinten	⇧F5
Ganz nach vorn	F5
Abstand/Ausrichtung...	⌘,
Form	▶
Inhalt	▶
Bearbeiten	▶
Punkt-/Segmenttyp	▶

Bild B.7:
Das Seite-Menü – Die hier zusammengefaßten Menübefehle dienen der Dokumentverwaltung: Ergänzen oder Löschen von Seiten, Kapitelanfänge (Seitenzahlen) setzen, Bewegen im Dokument und Musterseite.

Seite	
Einfügen...	
Löschen...	
Verschieben...	
Musterseite einrichten...	
Ressort...	
Vorherige	
Nächste	
Erste	
Letzte	
Gehe zu...	⌘J
Anzeigen	▶

Bild B.8:
Das Ansicht-Menü – Dieses Menü faßt die grundlegenden optischen Layouthilfsmittel und die Anzeige der Paletten zusammen.

Bild B.9:
Das Hilfsmittel-Menü – Hier sind die erweiterten Optionen zu finden: die Rechtschreibprüfung und die Verwaltung der Trennausnahmen, Übersichten zu im Dokument verwendeten Schriften, Bildern, Farb-Profilen und den Unterschneidungs- und Spationierungs-Voreinstellungen für die einzelnen Schriften.

Bild B.10:
Das Hilfe-Menü – Dieses Menü ermöglicht den Zugriff auf die Quark-Hilfefunktion.

Die Zusatzpaletten

Bild B.11:
Die Werkzeugpalette – Hier werden die grundlegenden Werkzeuge zur Dokumenterstellung aufgeführt.

Bild B.12:
Die Maßpalette für Textrahmen – Diese Palette zeigt Objekt- und Stilinformationen zu Text und Textrahmen an.

Bild B.13:
Die Maßpalette für Bildrahmen – Diese Palette zeigt Objektinformationen zu Bildrahmen an.

Bild B.14:
Die Maßpalette für Linien – Diese Palette zeigt Informationen zum aktuell markierten Linienobjekt an und dient darüber hinaus zum Ändern der Objektattribute.

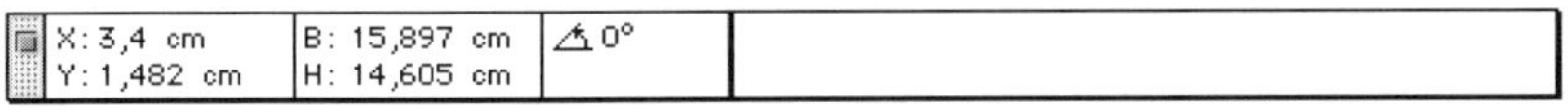

X: 3,4 cm
Y: 1,482 cm
B: 15,897 cm
H: 14,605 cm
0°

Bild B.15:
Die Maßpalette für Gruppierte Objekte – Diese Palette zeigt Objektinformationen zu gruppierten Objekten an.

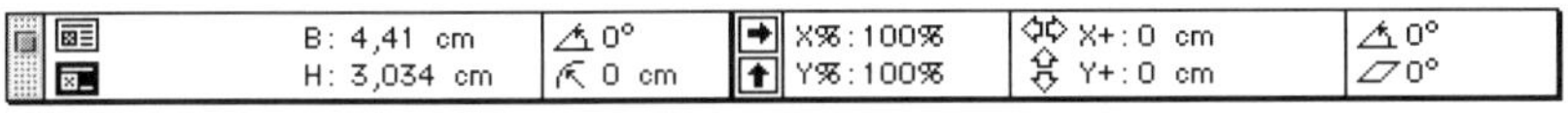

B: 4,41 cm
H: 3,034 cm
0°
0 cm
X%: 100%
Y%: 100%
X+: 0 cm
Y+: 0 cm
0°
0°

Bild B.16:
Die Maßpalette für verankerte Objekte – Diese Palette zeigt Objektinformationen zu verankerten Objekten an.

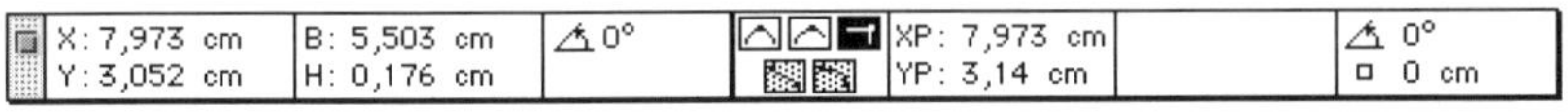

X: 7,973 cm
Y: 3,052 cm
B: 5,503 cm
H: 0,176 cm
0°
XP: 7,973 cm
YP: 3,14 cm
0°
0 cm

Bild B.17:
Die Maßpalette für Bézier-Punkte – Diese Palette zeigt Objektinformationen zu Bézier-Punkten an.

Seitenlayout
A-Muster A
A
1
A
2
6 Seiten

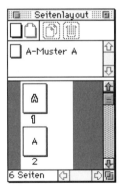

Bild B.18:
Die Seitenlayoutpalette – Diese Palette zeigt die Anordnung der Dokumentseiten an. Sie ermöglicht dem Layouter das gezielte Aufrufen der aktuellen Bearbeitungsseite, das Einfügen, Ordnen und Löschen von Seiten, das Wechseln zwischen Muster- und Dokumentseite.

Stilvorlagen
Kein Stil
Normal ⇧F12
Titel 1
Titel 2
Kein Stil
Normal

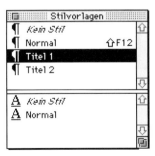

Bild B.19:
Die Stilvorlagenpalette – Diese Palette zeigt alle im aktuellen Dokument eingerichteten Zeichen- und Absatzstilvorlagen an. Durch Mausklick können Stilvorlagen auf markierte Textstellen und -absätze übertragen werden.

Bild B.20:
Die Farbenpalette – Diese Palette zeigt alle im aktuellen Dokument definierten Farben an. Über diese Palette können Rahmen, Linien und Textstellen eingefärbt und im Tonwert festgelegt werden.

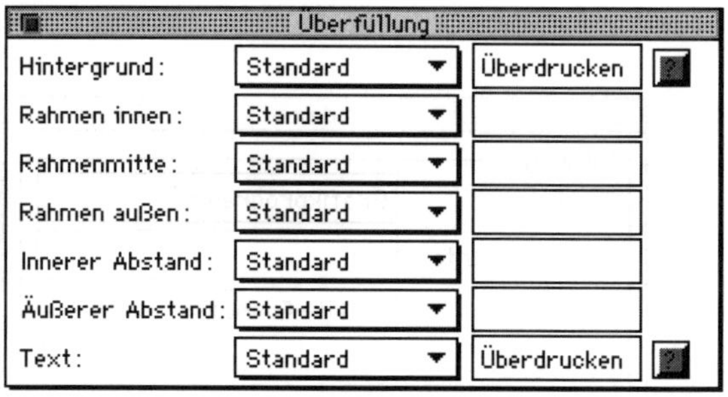

Bild B.21:
Die Überfüllungspalette – Über diese Palette können objektbezogene Überfüllungseinstellungen vorgenommen werden.

Bild B.22:
Die Bibliothekspalette – Diese Palette zeigt die in der Bibliothek enthaltenen Text-, Bild- und Linienobjekte an. Neue Einträge können durch »Drag and Drop« in der Palette abgelegt und verwaltet werden.

Bild B.23:
Die Listenpalette – Diese Palette erstellt und zeigt Listen, wie Inhalts-, Bild- oder Autorenverzeichnisse, an.

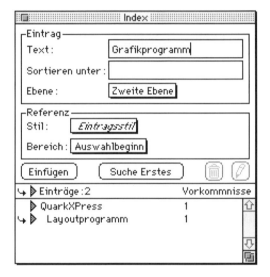

Bild B.24:
Die Indexpalette – Diese Palette ermöglicht den Aufbau eines Indexverzeichnisses.

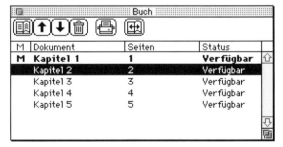

Bild B.25:
Die Buchpalette – Diese Palette verwaltet die Kapiteldokumente eines Buchs.

Die Werkzeuge

Markieren und Bewegen von Rahmen- und Linienobjekten

Bearbeiten von Texten und Bildern

Drehen von Rahmen- oder Linienobjekten unter optischer Kontrolle

Einstellung der Größe der Dokumentdarstellung auf dem Bildschirm

Textrahmen erzeugen

Freie Bézier-Textrahmen erzeugen

Eckige Bildrahmen erzeugen

Freie Bézier-Bildrahmen erzeugen

Bézier-Textrahmen erzeugen

Eckige Bildrahmen mit runden Ecken erzeugen

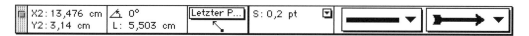

Ovale Bildrahmen erzeugen

Das Bézier-Bildrahmen erzeugen

Erzeugt Linien in festen Winkeln

Erzeugt Linien in beliebigen Winkeln

Erzeugt Bézier-Linien

Verbindet Textrahmen miteinander zur Steuerung des Textflusses zwischen Rahmen

Hebt die Verbindung des Textflusses zwischen Textrahmen wieder auf

Tastenkürzel für Menübefehle

Programmhilfe

Programminfo	⌥-Apfel/Über
QuarkXPress-Hilfefunktion	⌥-Hilfe

Menü Ablage

Neues Dokument	⌘-N
Neue Bibliothek	⌘-⌥-N
Dokument/Bibliothek/Buch öffnen	⌘-O
Schließen	⌘-W
Sichern	⌘-S
Sichern unter	⌘-⌥-S
Alte Fassung (letzte automatisch gesicherte)	⌥-Alte Fassung
Text/Bild laden	⌘-E
Text sichern	⌘-⌥-E
Anfügen	⌘-⌥-A
Seite als EPS sichern	⌘-⌥-⇧-S
Dokument einrichten	⌘-⌥-⇧-P
Papierformat	⌘-⌥-P
Drucken	⌘-P
Beenden	⌘-Q

Menü Bearbeiten

Widerrufen	⌘-Z oder F1
Ausschneiden	⌘-X oder F2
Kopieren	⌘-C oder F3
Einsetzen	⌘-V oder F4
Alles auswählen	⌘-A
Suchen & Ersetzen	⌘-F
Suchen & Ersetzen beenden	⌘-⌥-F
Programmvorgaben	⌘-⌥-⇧-A
Dokumentvorgaben	⌘-Y
Registerkarte Absatz	⌘-⌥-Y
Registerkarte Überfüllung	⌥-⇧-F12
Registerkarte Werkzeug	Doppelklick auf Werkzeug
Stilvorlagen	⇧-F11
Farben	⇧-F12
S & B	⌘-⌥-H

Menü Stil – bei aktivem Inhalt-Werkzeug

Das Stilmenü ändert seine Befehlsstruktur, je nachdem, welches Werkzeug aktiv ist. Zunächst werden alle Menübefehle aufgeführt, auf die bei aktivem Inhalt-Werkzeug zugeriffen werden kann.

Stil-Menübefehle zur Textbearbeitung

Andere Größe	⌘-⇧-<

Stil

Standard	⌘-⇧-P
Fett	⌘-⇧-B
Kursiv	⌘-⇧-I
Unterstrichen	⌘-⇧-U
Wort unterstrichen	⌘-⇧-W
Durchgestrichen	⌘-⇧-A
Konturiert	⌘-⇧-O
Schattiert	⌘-⇧-S
Versalien	⌘-⇧-V
Kapitälchen	⌘-⇧-H
Hochgestellt	⌘-⇧-+
Tiefgestellt	⌘-⇧-^
Index	⌘-⇧-C
Zeichen	⌘-⇧-D

Ausrichtung

Linksbündig	⌘-⇧-G
Zentriert	⌘-⇧-M
Rechtsbündig	⌘-⇧-R
Blocksatz	⌘-⇧-J
Erzwungener Blocksatz	⌘-⌥-⇧-J
Zeilenabstand	⌘-⇧-E
Formate	⌘-⇧-F
Linien	⌘-⇧-N
Tabulatoren	⌘-⇧-T

Stil-Menübefehle für Bildbearbeitung

Negativ	⌘-⇧--
Kontrast	⌘-⇧-N
Raster	⌘-⇧-H

Menübefehl zur Linienbearbeitung

Da Linien, die einzigen Layoutelemente sind, die nicht in einem Rahmen positioniert werden müssen, ist es in diesem Fall egal ob das Inhalt-Werkzeug oder das Objekt-Werkzeug aktiv ist.

Stärke	⌘-[⇧]-[>]

Menü Objekt

Modifizieren	⌘-[M]
Randstil festlegen	⌘-[B]
Ausschneiden	⌘-⌥-[T]
Umfließen	⌘-[T]
Duplizieren	⌘-[D]
Mehrfach duplizieren	⌘-⌥-[D]
Löschen	⌘-[K]
Gruppieren	⌘-[G]
Gruppieren rückgängig	⌘-[U]
Festsetzen/Lösen	[F6]
Abstand/Ausrichtung	⌘-[,]
Ganz nach vorn	[F5]
Objekt eine Ebene vor	⌥-[F5]
Objekt eine Ebene zurück	[⇧]-⌥-[F5]
Form (Rahmen) wechseln	⌥-Objekt-Form-Sinnbild
Form bearbeiten	[⇧]-[F4]
Umfließen bearbeiten	⌥-[F4]
Ausschnitt bearbeiten	⌥-[⇧]-[F4]

Bézier-Punktbearbeitung

Eckpunkt	⌥-F1
Weicher Punkt	⌥-F2
Symmetrischer Punkt	⌥-F3

Bézier-Segmentbearbeitung

Gerades Segment	⌥-⇧-F1
Kurvenförmiges Segment	⌥-⇧-F2

Menü Seite

Gehe zu	⌘-J
Musterseiten zeigen	⇧-F10
Nächste Musterseite anzeigen	⌥-F10
Vorherige Musterseite anzeigen	⌥-⇧-F10
Dokument anzeigen (von Musterseite)	⇧-F10

Menü Ansicht

Ganze Seite	⌘-[0]
Ganze Doppelseite	⌘-⌥-[0]
Originalgröße	⌘-[1]
Miniaturen	[⇧]-[F6]
Hilfslinien zeigen/verbergen	[F7]
Grundlinienraster zeigen/verbergen	⌥-[F7]
Hilfslinien magnetisch	[⇧]-[F7]
Lineale zeigen/verbergen	⌘-[R]
Sonderzeichen zeigen/verbergen	⌘-[I]
Werkzeuge zeigen/verbergen	[F8]
Maßpalette wählen	[F9]
Seitenlayout zeigen/verbergen	[F10]
Stilvorlagen zeigen/verbergen	[F11]
Farben zeigen/verbergen	[F12]
Überfüllung zeigen/verbergen	⌥-[F12]
Listen zeigen/verbergen	⌥-[F11]

Menü Hilfsmittel

Rechtschreibprüfung: Wort	⌘-[U]
Rechtschreibprüfung: Text	⌘-⌥-[U]
Rechtschreibprüfung: Dokument	⌘-⌥-[⇧]-[U]
Trennvorschlag	⌘-[H]
Verwendung Schriften	[F13]
Verwendung Bilder	⌥-[F13]

Tastenkürzel für Objekte

Verborgenes Objekt markieren	⌘-⌥-⇧-Mausklick

Objekte bewegen (Objekt-Werkzeug aktiv)

Nach links bewegen in 1-pt-Schritten	←
Nach links bewegen in 0,1-pt-Schritten	⌥-←
Nach rechts bewegen in 1-pt-Schritten	→
Nach rechts bewegen in 0,1-pt-Schritten	⌥-→
Nach oben bewegen in 1-pt-Schritten	↑
Nach oben bewegen in 0,1-pt-Schritten	⌥-↑
Nach unten bewegen in 1-pt-Schritten	↓
Nach unten bewegen in 0,1-pt-Schritten	⌥-↓

Objekte bewegen (Objekt-Werkzeug nicht aktiv)

Objekt bewegen frei	⌘-Ziehen
Nur horizontal/vertikal	⌘-⇧-Ziehen

Erstellen, Vergrößern, Drehen von Objekten

Rechteck in Quadrat wandeln	⇧-Ziehen
Oval in Kreis wandeln	⇧-Ziehen
Objektdrehungen und Linienwinkel auf 0/45/90 Grad begrenzen	⇧-Ziehen
Linie bearbeiten, Winkel beibehalten	⌥-⇧-Ziehen

Linienstärke bearbeiten

Linienstärke vergrößern nach Vorgabe	⌘-⇧-.
Linienstärke vergrößern in 1-Punkt-Schritten	⌘-⌥-⇧-.
Linienstärke verkleinern nach Vorgabe	⌘-⇧-,
Linienstärke verkleinern in 1-Punkt-Schritten	⌘-⌥-⇧-,

Bézier-Objekte und -Pfade bearbeiten

Bézier-Punkt löschen	⌥-Klicken auf Punkt
Aktiven Bézier-Punkt löschen (bei Objekterstellung)	Löschtaste (Objekt-Werkzeug aktiv)
Bézier-Punkt hinzufügen	⌥-Klicken auf Segment

Bézier-Punkt umwandeln

Weichen Punkt in Eckpunkt	Ctrl-Ziehen des Kurvengriffs
Weichen Punkt in Eckpunkt (bei Objekterstellung)	⌘-Ctrl-Ziehen des Kurvengriffs
Bézier-Punkt bearbeiten (bei Objekterstellung)	⌘-bei Objekterstellung
Kurvengriffe zurückziehen	Ctrl-Klicken auf Punkt
Kurvengriffe anzeigen	Ctrl-Ziehen des Punkts
Alle Bézier-Punkte auswählen (in aktivem Objekt)	Dreifachklicken auf Punkt
Alle Bézier-Punkte auswählen (in aktivem Pfad)	Doppelklicken auf Punkt
Aktiven Punkt auf 45-Grad-Bewegungen begrenzen	⇧-Ziehen des Punkts
Aktiven Kurvengriff auf 45-Grad-Bewegungen begrenzen	⇧-Ziehen des Kurvengriffs
Bézier-Linie in ausgefüllten Bézier-Rahmen wandeln	⌥-Objekt-Form-Sinnbild

Objekt Vorgaben-Dialogbox öffnen

Dialogbox öffnen mit Doppeklick auf das Objekt bei aktivem Objekt-Werkzeug

Tastenkürzel für Text

Bei aktivem Inhalt-Werkzeug

Einfügemarke bewegen

Bewege zum/zur	
vorherigen Zeichen	←
nächsten Zeichen	→
vorherigen Zeile	↑
nächsten Zeile	↓
vorherigen Wort	⌘-←
nächsten Wort	⌘-→
vorherigen Absatz	⌘-↑
nächsten Absatz	⌘-↓
Zeilenanfang	⌘-⌥-←
Zeilenende	⌘-⌥-→
Textanfang	⌘-⌥-↑
Textende	⌘-⌥-↓

Zeichen markieren

Markieren von/bis	
vorherigem Zeichen	⇧-←
nächstem Zeichen	⇧-→
vorherigem Zeile	⇧-↑
nächster Zeile	⇧-↓
vorherigem Wort	⌘-⇧-←
nächstem Wort	⌘-⇧-→
vorherigem Absatz	⌘-⇧-↑
nächstem Absatz	⌘-⇧-↓
Zeilenanfang	⌘-⌥-⇧-←
Zeilenende	⌘-⌥-⇧-→
Textanfang	⌘-⌥-⇧-↑
Textende	⌘-⌥-⇧-↓

Markieren durch Mausklicks

Einfügemarke setzen	1x Klicken
Wort markieren	2x Klicken
Zeile markieren	3x Klicken
Absatz markieren	4x Klicken
Ganzen Text markieren	5x Klicken

Sonderzeichen eingeben

Symbol Font	⌘-⌥-⇧-Q
Zapf Dingbats Font	⌘-⇧-Z

Schriftbreite/Schrifthöhe ändern

Erhöhen in 5%-Schritten	⌘-9
Verkleinern in 5%-Schritten	⌘-8

Schriftgröße ändern

Schrift größer nach Vorgabe	⌘-⇧-.
Schrift größer in 1-pt-Schritten	⌘-⌥-⇧-.
Schrift kleiner nach Vorgabe	⌘-⇧-,
Schrift kleiner in 1-pt-Schritten	⌘-⌥-⇧-,
Schriftgröße interaktiv ändern unproportional	⌘-Textrahmengriff ziehen
Schriftgröße interaktiv ändern proportional	⌘-⌥-⇧-Textrahmengriff ziehen

Unterschneidung/Spationierung ändern

Unterschneidung/Spationierung erhöhen in 10/200-Geviert-Schritten	⌘-⇧-X
Unterschneidung/Spationierung erhöhen in 1/200-Geviert-Schritten	⌘-⌥-⇧-X
Unterschneidung/Spationierung verkleinern in 10/200-Geviert-Schritten	⌘-⇧-Y
Unterschneidung/Spationierung verkleinern in 1/200-Geviert-Schritten	⌘-⌥-⇧-Y

Grundlinienversatz ändern

Nach oben in 1-pt-Schritten	⌘-⌥-⇧-+
Nach unten in 1-pt-Schritten	⌘-⌥-⇧--

Zeilenabstand ändern

Zeilenabstand größer in 1-pt-Schritten	⌘-⇧-L
Zeilenabstand größer in 0,1-pt-Schritten	⌘-⌥-⇧-L
Zeilenabstand kleiner in 1-pt-Schritten	⌘-⇧-K
Zeilenabstand kleiner in 0,1-pt-Schritten	⌘-⌥-⇧-K

Absatzformate kopieren

Formate übertragen	⌥-⇧-Klicken auf Zielabsatz

Tabulatoren aus gewähltem Absatz löschen

Tabulatoren löschen	⌥-Auf Tab.-Lineal klicken

Zeichen löschen

Vorheriges Zeichen	DEL
Nächstes Zeichen	⇧-DEL
Vorheriges Wort	⌘-DEL
Nächstes Wort	⌘-⇧-DEL
Markierte Zeichen	DEL

Tastenkürzel für Bilder

Bei aktivem Inhaltswerkzeug

Bilder in aktivem Rahmen verschieben

links bewegen in 1-pt-Schritten	←
links bewegen in 0,1-pt-Schritten	⌥-←
rechts bewegen in 1-pt-Schritten	→
rechts bewegen in 0,1-pt-Schritten	⌥-→
nach oben bewegen in 1-pt-Schritten	↑
nach oben bewegen in 0,1-pt-Schritten	⌥-↑
nach unten bewegen in 1-pt-Schritten	↓
nach unten bewegen in 0,1-pt-Schritten	⌥-↓

Bilder skalieren

In 5%-Schritten erhöhen	⌘-⌥-⇧-.
verkleinern	⌘-⌥-⇧-,

Bildrahmen und Bilder dehnen

Rahmenform begrenzt	⇧-Ziehen an Griff (Rechteck wird zum Quadrat und Oval zum Kreis)
Rahmen- und Bildproportionen beibehalten	⌥-⇧- Ziehen an Griff
Rahmen und Rahmeninhalt skalieren	⌘- Ziehen an Griff
Rahmen und Rahmeninhalt begrenzt skalieren	⌘-⇧-Ziehen an Griff (Rechteck wird zum Quadrat und Oval zum Kreis)
Rahmen und Rahmeninhalt proportional skalieren	⌘-⌥-⇧-Ziehen an Griff

Bilder zentrieren und anpassen

Zentrieren	⌘-⇧-M
genau an Rahmen anpassen	⌘-⇧-F
dem Rahmen anpassen (Proportionen beibehalten)	⌘-⌥-⇧-F

Für Umfließen-Pfade

Griff erstellen	⌘-Klick auf Bézier-Segment
Griff löschen	⌘-Klick auf Griff
Linie oder Griff auf 0/45/90 Grad beschränken	⇧-Ziehen
Umfließen zeitweise ausschalten	Leertaste beim Bearbeiten des Umfließen-Polygons festhalten
Umfließen-Pfad löschen	⌘-⇧-Klick auf Umfließen-Pfad

Bildauflösung kontrollieren (bei Import)

Bild einführen mit halber Auflösung (36 dpi)	⇧ beim *Bild laden*

Bildfarbe kontrollieren (bei Import)

Farb-TIFF einführen als Graustufenbild	⌘ beim *Bild laden*
Graustufen-TIFF einführen als S/W-Bild	⌘ beim *Bild laden*
EPS einführen ohne Volltonfarben	⌘ beim *Bild laden*

Tastenkürzel für Dialogboxen

Für alle Dialogboxen

OK (oder umrandeter Knopf)	Return oder Enter
Abbrechen	⌘-.
Anwenden	⌘-A
Um den Anwenden-Knopf gewählt lassen	⌘-⌥-A
Ja	⌘-J
Nein	⌘-N
Nächstes Feld markieren	⇥
Vorheriges Feld markieren	⇧+⇥
Feld mit Einfügemarke markieren	Doppelklick
Ausschneiden	⌘-X
Kopieren	⌘-C
Einsetzen	⌘-V
Alte Fassung	⌘-Z
Registerkarten nächste anzeigen	⌘-⇥
vorherige anzeigen	⌘-⇧-⇥

Tastenkürzel für Paletten

Werkzeugpalette

Palette zeigen	[F8]
Zeigen/nächstes Werkzeug wählen	⌘-[⇥]
Zeigen/vorheriges Werkzeug wählen	⌘-[⇧]-[⇥]
Werkzeug gewählt lassen	⌥-Auf Werkzeug klicken
Werkzeug Vorgaben-Dialogbox öffnen	Doppelklick auf Werkzeuge

Maßpalette

Palette anzeigen	[F9]
Palette zeigen/1. Feld hervorheben	⌘-⌥-[M]
Palette zeigen/Schriftfeld hervorheben	⌘-⌥-[⇧]-[M]
Nächstes Feld markieren	[⇥]
Vorheriges Feld markieren	[⇧]+[⇥]
Feld mit Einfügemarke markieren	Doppelklick
Verlassen/Anwenden	[↵]
Verlassen/Abbrechen	⌘-[.]
Rückkehr zu alten Werten	⌘-[Z]

Seitenlayoutpalette

Palette anzeigen	[F10]
Kapitel-Dialogbox öffnen	Auf Seitenzahl unter Dokumentseitensinnbild klicken
Mehrere Seiten einfügen	Auf Musterseite klicken, ⌥-Taste drücken und in den Dokumentbereich ziehen

Farbpalette

Palette anzeigen	`F12`
Farben-Dialogbox öffnen	⌘-Auf Farbnamen klicken

Stilvorlagenpalette

Palette anzeigen	`F11`
Stilvorlagen-Dialogbox öffnen	⌘-Auf Stilvorlagennamen klicken, dann Stil anwenden

Suchen & Ersetzen-Palette

Palette anzeigen	⌘-`F`
Palette schließen	⌘-⌥-`F`
Suche Erstes	⌥-Taste drücken und gedrückt halten

Index-Palette

Palette anzeigen	⌘-⌥-`I`
Feld Text hervorheben	⌘-⌥-`I`
Anfügen	⌘-⌥-`⇧`-`I`
aktiven Indexeintrag bearbeiten	Doppelklick

Tastenkürzel für Dokumenterstellung

Ansichten wechseln

Ansichts-Prozentfeld	⌘-V
Jede Ansicht in Originalgröße	⌥-Klicken
Jede Ansicht in ganze Seite	⌥-Klicken
Jede Ansicht in 200%	⌘-⌥-Klicken
200% in Letzte Ansicht	⌘-⌥-Klicken
Größte Montagefläche auf ganze Seite	⌥-Taste drücken im Ansicht-Menü, *Ganze Seite* wählen

Ansicht wechseln

Vergrößern	⌘-Klicken oder Ziehen
Verkleinern	⌘-⌥-Klicken oder Ziehen

Scrollen im Dokument

Mit der Verschiebe-Hand scrollen	⌥-Ziehen
Mit Echtzeitbewegung scrollen (Echtzeitbewegung nicht markiert)	⌥-Scrollfeld ziehen

Linienhilfslinien löschen

Linealhilfslinie löschen	⌥-Auf Lineal klicken

Dokumentfenster schließen

Alle schließen	In Schließfeld klicken

Offene Dokumente unterteilen, stapeln

Originalgröße	⌃Ctrl⌄-*Unterteilen* oder *Dokumente stapeln*
Ganze Seite	⌘-*Unterteilen* oder *Dokumente stapeln*
Miniaturen	⌥-*Unterteilen* oder *Dokumente stapeln*
Fenster-Untermenü	⇧-Klick auf Dokument-Titelleiste

Tastenkürzel für Drucken

Druckstatus-Dialogbox verbergen	⇧-*Drucken* klicken in Dialogbox *Drucken*

Tastenkürzel für Spezielle Zeichen

Einzug-hier-Zeichen	⌘-#
Weiche neue Zeile	⌘-↵
Neuer Absatz	↵
Neue Zeile	⇧+↵
Neue Spalte	↵
Neuer Rahmen	⇧-↵
Rechter Einzug-Tabulator	⇧-⇥

Seitennummer

des vorherigen Textrahmens	⌘-2
des aktuellen Textrahmens	⌘-3
des nächsten Textrahmens	⌘-4

Bindestrich, Gedankenstrich und Gliederungspunkt

Harter Trennstrich	`-`
Geschützter Trennstrich	⌘-`⇧`-`-`
Weicher Trennstrich	⌘-`-`
Weicher Bindestrich	⌥-`-`
Gedankenstrich	⌥-`⇧`-`-`
Weicher Gedankenstrich	⌘-`-`
Gliederungspunkt (·)	⌥-`Ü`

Anführungs- und Abführungszeichen

Doppelte Anführung	`"`
Doppelte Abführung	⌘-`⇧`-`"`
Einfache Anführung	⌘-`"`
Einfache Abführung	⌥-`"`

Zwischenraum

Leerzeichen	`Leer`
Geschütztes Leerzeichen	⌘-`Leer`
System mit Worldscript	`Ctrl`-`Leer`
Halbgeviert	⌥-`Leer`
Geschütztes Halbgeviert	⌘-⌥-`Leer`
System 7 mit Worldscript	`Ctrl`-⌥-`Leer`
Viertelgeviert	⌥-`⇧`-`Leer`
Geschütztes Viertelgeviert	⌘-⌥-`⇧`-`Leer`
Interpunktionsraum	`⇧`-`Leer`
Geschützter Interpunktionsraum	⌘-`⇧`-`Leer`

Funktionstasten

Taste	Funktion
F1	Widerrufen
F2	Ausschneiden
F3	Kopieren
F4	Einsetzen
F5	Ganz nach vorn
F5 +⌥	Eine Ebene vor
F5 +⇧	Ganz nach hinten
F5 +⌥+⇧	Eine Ebene zurück
F6	Festsetzen/Lösen
F7	Hilfslinien zeigen/verbergen
F7 +⇧	Hilfslinien magnetisch
F7 +⌥	Grundlinienraster
F8	Werzeuge verbergen/zeigen
F8 +⌥	Nächstes Werkzeug
F8 +⇧	Objekt-Werkzeug/Inhalt-Werkzeug
F8 +⌥+⇧	Vorheriges Werkzeug
F9	Maßpalette zeigen/verbergen
F9 +⌥	Nächste Schrift
F9 +⌥+⇧	Vorherige Schrift
F9 +⇧	Schrift bearbeiten
F10	Seitenlayout zeigen/verbergen
F11	Stilvorlagen zeigen/verbergen
F11 +⇧	Stilvorlagen bearbeiten

Funktionstasten

`F11` +⌥+ `⇧`	S&B bearbeiten
`F12`	Farben zeigen/verbergen
`F12` + `⇧`	Farben bearbeiten
`F12` +⌥	Überfüllungsinformationen
`F12` +⌥+ `⇧`	Überfüllungsvorgaben
`F13`	Verwendung Registerkarte Schrift
`F13` +⌥	Verwendung Registerkarte Bild

Bewegen im Dokument – Standardtastaturen

Standardtastatur Macintosh

Dokumentanfang	`Ctrl`-`A`
Dokumentende	`Ctrl`-`D`
Bildschirm aufwärts	`Ctrl`-`K`
Bildschirm abwärts	`Ctrl`-`L`
Erste Seite	`Ctrl`-`⇧`-`A`
Letzte Seite	`Ctrl`-`⇧`-`D`
Vorherige Seite	`Ctrl`-`⇧`-`K`
Nächste Seite	`Ctrl` `⇧`-`L`

C Maßeinheiten und Papierformate

Maßeinheiten und die Eingabekonventionen

In QuarkXPress lassen sich Maße in verschiedenen Maßeinheiten eingeben. Im aktuellen Maßsystem können Werte ohne weiteren Zusatz eingesetzt werden, anderenfalls muß ein entsprechender Zusatz auf das gewünschte Maßsystem hinweisen. Die möglichen Maßsysteme und die Eingabekonventionen:

Maßsystem	Eingabe	
Millimeter	#,### mm	2,555 mm
Zentimeter	#,### cm	2,555 cm
Cicero	#c#	1c oder 0c12
Punkte	#,### pt	12,666 pt
Pica	#p#	6p6

Papierformate

Grundsätzlich können Sie Ihren Druckstücken jede Größe geben, sofern dies nicht die maximal zu druckenden Maße überschreitet. Gängig sind allerdings die Formate der DIN-A-Reihe, für die Papiere formatgerecht und mit möglichst wenig Verschnitt preiswert zu bekommen sind. Einige gebräuchliche Zeitungsformate:

Berliner Format	315 470 mm
Rheinisches Format	360 530 mm
Nordisches Format	400 570 mm

Die Satzspiegel und Spalteneinteilungen werden je nach Zeitungsobjekt unterschiedlich festgelegt. Je nach Zeitung schwanken die Spaltenbreiten zwischen 42 und 90 mm, mit unterschiedlichem Abstand zwischen den Spalten.

ISO-A-Reihe

Nach DIN 476 (EN 20 216/ISO 216) sind die Papierformate genormt. Sie merken es lediglich daran, daß ein Blatt Schreibmaschinenpapier im Format A4 stets die gleichen Abmessungen aufweist. Der ISO-A-Reihe (DIN-AX) liegt das Format DIN-A0 zugrunde. Dieses Blatt hat einen Flächeninhalt von 1 m² und ein festgelegtes Seitenverhältnis von 1 : 1,41. Die Formate der ISO-A-Reihe ergeben sich durch fortwährendes Teilen parallel zur schmalen Seite des Bogens.

Tabelle: DIN-A-Formate [mm]

Benennung	Abmessungen in mm (B x H; Hochformat)	Häufige Anwendungsgebiete
A0	841 x 1189	
A1	594 x 841	
A2	420 x 841	
A3	297 x 420	
A4	210 x 297	»Schreibmaschinenpapier«, Formulare
A5	148,5 x 210	Formulare, Notizen
A6	105 x 148,5	Postkartenformat
A7	74 x 105	
A8	52 x 74	
A9	37 x 52	
A10	26 x 37	

Das DIN-A0-Format hat einen Flächeninhalt von 1 m² und ein Seitenverhältnis von 1 : 1,41. Die weiteren Formate ergeben sich durch Halbieren der jeweils längeren Seite.

Neben der ISO-A-Reihe gibt es noch die Reihen B (Zwischenformate) und C. Die Reihe B behandelt Zwischenformate, in der Reihe C sind die Abmessungen von Versandtaschen zum Versenden von Druckstücken nach ISO-A festgelegt. (Das Format DIN-A4 paßt in Briefhüllen DIN-C4.)

Ausgewählte Normen für das Bürowesen

Für die Gestaltung von Drucksachen sind Normen festgelegt worden. In diesen Normen werden z.B. die korrekten Positionen von Brief- oder Formularelementen oder auch die richtige Gliederung von Zahlen geregelt.

Norm	Kurztitel	Inhalt
DIN 676	Geschäftsbrief	Abmessungen für Geschäftsbriefe mit Positionen der Briefelemente (Grundlagen; Maße orientieren sich an der Schreibmaschine)
DIN 4991	Rahmenmuster für Handelspapiere	Abmessungen für Geschäftsbriefe mit Positionen der Formularelemente/Schreibregeln. Beispielformulare zu Anfrage, Angebot, Bestellung, Bestellungsannahme, Lieferschein und Rechnung.
DIN 5008	Schreib- und Gestaltungsregeln für die Textverarbeitung	Abmessungen für Geschäftsbriefe mit Positionen der Briefelemente/Schreibregeln
DIN 5012	Kurzmitteilungen	Abmessungen und Positionen der Elemente einer Kurzmitteilung
DIN 5013	Pendelbrief	Abmessungen und Positionen eines Vordrucks für kurze handschriftliche Anfragen – gleichzeitig Antwortbogen
DIN 5017	Prüfbericht	Abmessungen und Positionen eines Vordrucks für Wareneingangskontrollen

Druckwerke zu den wichtigsten Normen

Alle unten aufgeführten Druckwerke sind beim Beuth Verlag, Berlin erschienen und im Buchhandel erhältlich.

Der Geschäftsbrief

Gestaltung von Schriftstücken nach DIN 5008, DIN 5009, DIN 676 u.a. Ausführlich kommentierte Ausgabe; ISBN 3-410-13879-X, DM 23,00.

Schreib- und Gestaltungsregeln für die Textverarbeitung

Sonderdruck von DIN 5008, 46 S.; ISBN 3-410-13545-6, DM 19,80.

DIN-Taschenbuch 102

Normen für Büro und Verwaltung. Alle im oberen Abschnitt angeführten und weitere Normen im Abdruck. Das DIN-Taschenbuch faßt alle relevanten Normen zusammen und ist deutlich preiswerter als Einzelabdrucke der Normen, 406 S.: ISBN 3-410-13157-4, ISSN 0342-801X, DM 145,00.

Diese Normen stellen ein wertvolles Hilfsmittel beim Entwurf eigener Geschäftsunterlagen und Formulare dar. Beispiele und Grafiken veranschaulichen dabei die Inhalte.

Farbsysteme und Umrechnungstabellen

Farbsysteme

In QuarkXPress lassen sich nachfolgende Farbsysteme als Vollton- oder 4C-Farben einsetzen, um neue Farben für die Farbenpalette zu definieren. Insgesamt können 128 Farben als Standard oder dokumentspezifisch angelegt werden. Folgende Farbsysteme können genutzt werden:

Pantone
Volltonfarbsystem, optimiert für Druck auf beschichtetem Papier

Pantone uncoated
Volltonfarbsystem, optimiert für Druck auf unbeschichtetem Papier

Pantone Process
Prozeßfarbsimulation (CMYK) des Pantonevolltonfarbsystems

Pantone ProSim
Prozeßfarbsimulation (CMYK) für Druck auf unbeschichtetem Papier

Trumatch

Focoltone

TOYO

DIC

Umrechnungstabelle für RGB und CMYK

Die Umrechnung von Schmuck- in Skalenfarben ist ganz einfach: Da es sich um komplementäre Farbsysteme handelt, kann, solange wir uns auf theoretischem Parkett befinden, eine lineare Beziehung hergestellt werden.

Lineare Beziehung zwischen RGB und CMYK

Farbe	RGB [%]	CMYK [%]
Rot	100R, 0G, 0B	0C, 100M, 100Y, 0K
Grün	0R, 100G, 0B	100C, 0M, 100Y, 0K
Blau	0R, 0G, 100B	100C, 100M, 0Y, 0K
Cyan	0R, 100G, 100B	100C, 0M, 0Y, 0K
Magenta	100R, 0G, 100B	0C, 100M, 0Y, 0K
Gelb	100R, 100G, 0B	0C, 0M, 100Y, 0K
Schwarz	0R, 0G, 0B	100C, 100M, 100Y, 0K
Weiß	100R, 100G, 100B	0C, 0M, 0Y, 0K

Aber auch Zwischenwerte lassen sich leicht ermiteln. Benutzen Sie folgende Formeln:

Von RGB zu CMYK	von CMYK zu RGB
Cyan [%] = 100-Rot [%]	Rot [%] = 100-Cyan [%]
Magenta [%] = 100-Grün [%]	Grün [%] = 100- Magenta [%]
Gelb [%] = 100-Blau [%]	Blau [%] = 100-Gelb [%]

In der Praxis ergeben sich Differenzen zu diesen Umrechnungsformeln, da die unterschiedlichen Verfahren bei der Farbgenerierung berücksichtigt werden müssen.

E Übersicht der XPress-Marken

Durch den Einsatz von XPress-Marken ist es möglich, Absatz- und Zeichenformatierungen für QuarkXPress zu erzeugen. Die Formatmarken werden in einem ASCII-Text erzeugt und müssen beim Textimport mit der Option »einschließlich Stilvorlagen« eingeführt werden.

Bei Zeilenumbruch muß die Definition der Stilvorlage durch Doppelpunkt und Zeilenschaltung getrennt werden. Der Zeilenumbruch darf nicht mitten in einem Befehl erfolgen.

In der folgenden Aufstellung sind alle möglichen XPress-Markenbefehle aufgeführt. Die Befehlssequenzen gelten für die Macintosh- und Windows-Version von QuarkXPress.

Versionsangabe für XPress-Markenfilter

XPress-Markendateien, die ab der XPress-Version 3.1 erzeugt wurden, werden zu Beginn mit einer Versionskennziffer der Markendatei gekennzeichnet. Diese Kennzeichnung enthält die Versionsnummer des XPress-Markenfilters (z.B. <v2.00>).

Kennzeichnung des Zeichensatzes (Codesystem)

Macintosh-Zeichensatz	<e0>
Windows-Zeichensatz	<e1>
ISO Latin 1 (erweiterter IBM Standard ASCII)	<e2>

Immer wenn die Exportfunktion eine XPress-Markendatei erzeugt, wird zu Beginn der Datei (nach der Versionsangabe) die Codebelegung des Zeichensatzes gekennzeichnet.

Eingabe beliebiger Zeichencodes

Es können beliebige Zeichen durch dezimale Eingabe erzeugt werden.

ASCII-Zeichen eingeben	<\#Dezimalwert>

Zeichen- und Absatzstilvorlagen erzeugen und aufrufen

Durch XPress-Marken können Stilvorlagen erzeugt und aufgerufen werden. Die Stilvorlagen müssen zu Beginn eines Absatzes definiert werden, dann folgt der Absatztext.

Stilvorlage erzeugen
@Name=<Definition>[Return]

Beispiel Zeichenstilvorlage:
@Helvetica10p=<Ps100toh100z10kobocKf"Helvetica">

Beispiel Absatzstilvorlage
@Bodytext=[S"","Normal","Helvetica10p"]<*L*h"Standard"
*kno*kto*rao*rbo*do*p(0,0,0,0,0,0,g,"Deutsch")>

Stilvorlage auf bestehende Vorlage beziehen
@Name=[s"basiert auf"]<Definition>[Return]

Stilvorlage auf bestehende Vorlage beziehen
und die folgende Stilvorlage aufrufen
@Name=[s"basiert auf","Nächste Stilvorlage"]<Definition>[Return]

Spezifikationen zu »Basiert auf«
    S"Absatz basiert auf (Name)";
    S"","Nächster Absatzstil (Name)";
    S"","","Zeichenstilvorlage(Name)";
    S"","","Zeichenstilvorlage(Name)",
    "Zeichen basiert auf(Name)";
    S"Absatz basiert auf(Name)","Nächster
    Absatzstil(Name)","Zeichenstilvorlage (Name)";

Oder   S"Absatz basiert auf(Name)","Zeichenstilvorlage

(Name)","Zeichen basiert auf(Name)".

Absatzstilvorlage aufrufen	@Name:
Absatzstilvorlage »Normal« aufrufen	@$:
Kein Stil	@:
Zeichenstilvorlage aufrufen	<@Name>
Zeichenstilvorlage »Normal« aufrufen	<@$>
Zeichenstilvorlage des Absatzes aufrufen	<@$p>
Kein Stil	<@>

Absatzattribute erstellen

DIe Werteeingaben für die Definition von Absatzattributen müssen in pt eingegeben werden. Durch Einfügen eines $-Zeichens können statt einer Werteeingabe auch die aktuellen Werte einer aktiven Stilvorlagen übernommen werden.

Ausrichtung Blocksatz	<*J>
Ausrichtung Erzwungener Blocksatz	<*F>
Ausrichtung Linksbündig	<*L>
Ausrichtung Zentriert	<*C>
Ausrichtung Rechtsbündig	<*R>

Absatzformateinstellungen definieren

<p*(##.#,##.#,##.#,##.#,##.#,##.#,G)>
Wert 1: Einzug links
Wert 2: Einzug erste Zeile
Wert 3: Einzug rechts
Wert 4: Zeilenabstand
Wert 5: Abstand vor Absatz
Wert 6: Abstand nach Absatz
Wert 7: G = Grundlinienraster ein
g = Grundlinienraster aus

Beispiel:

<p*(6,0,6,12,4,4,G)>
Absatzformateinstellungen übernehmen <*p$>

Initiale <*d(#,#)>
Wert 1: Anzahl Zeichen
Wert 2: Anzahl Zeilen

Mit nächstem Absatz zusammenhalten <*kn#>
Wert: 1 = zusammenhalten
Wert: 0 = nicht zusammenhalten

Zeilen zusammenhalten	<*kt(A)> = Alle Zeilen
	<*kt(#,#)> = Start Nr./Ende Nr.

Tabulatoren definieren <t*(##.#,#,"Zeichen")>
Wert 1: Position in pt
Wert 2: Ausrichtung
(0/links,1/zentriert, 2/rechts,
3/Punkt, 4/Komma)
Wert 3: Füllzeichen (Blank = kein Zeichen)
Beispiel: <*t(12,1,".">
Tabulatoreinstellungen übernehmen <*t$>

Silbentrennung und Blocksatzmethode wählen <*h"Name">
Einstellung muß bereits definiert sein!

Absatzformatlinien
Linie oben   <*ra(##,#,"Farbname",#,##,##,##)>
Wert 1: Linienstärke in pt
Wert 2: Linienstil (Nr. der Menüposition)
Wert 3: Linienfarbe
Wert 4: Linientonwert
Wert 5: Einzug links in pt
ein T vor dem Einzugswert = Linienlänge Text
ohne T = Linienlänge Einzug
Wert 6: Einzug rechts in pt
Wert 7: Linienabstand in pt oder %
Beispiel: <*ra(6,1,"cyan",80,16,16,20%)>

Linie unten	<*rb(Werteeingabe wie »Linie oben«)>
Übernahme der aktuellen Stilvorlagenwerte	<*ra$>
	<*rb$>
Absatzlinie abschalten	<*ra0>
	<*rb0>

Schriftstile anpassen

Schriftstil an Zeichenattribute in der Absatzstilvorlage anpassen	<$>
Schriftstil an Zeichenattribute in der Zeichenstilvorlage anpassen	<$$>
Alle Zeichenattribute an Zeichenattribute in der Absatzstilvorlage anpassen	<a$>
Alle Zeichenattribute an Zeichenattribute in der Zeichenstilvorlage anpassen	<a$$>

Beispiel:
Die Zeichenfolge <f$> paßt den Schriftfont an die Schrift der aktuellen Absatzstilvorlage an.

Schriftattribute setzen

Schrift ändern	<f"Name der Schrift">
Schriftgröße ändern	<z###.##> Werte in pt
Schriftfarbe ändern	<c"Farbe"> oder <cC, cM, cY, cK, W>
Schrifttonwert ändern	<s###> Tonwert in %
Schriftbreite ändern	<h###> Skalierung in %
Schrifthöhe ändern	<y###> Skalierung in %
Schrift unterschneiden	<k###.##> in 1/200 Geviert-Schritten
Schrift spationieren	<t###.##> in 1/200 Geviert-Schritten
Grundlinienversatz festlegen	<b###.##> Werte in pt

Stilattribute setzen

Standard	<P>
Fett	<B>
Kursiv	<I>
Konturiert	<O>
Schattiert	<S>
Unterstrichen	<U>
Wort unterstrichen	<W>
Durchgestrichen	</>
Versalien	<K>
Kapitälchen	<H>
Hochgestellt	<+>
Tiefgestellt	<->
Index	<V>
In aktuelle Stilvorlage zurückschalten	<$>

Steuerzeichen eingeben

Neue Zeile (Soft Return)	<\n>
Umschalt-Return	<\d>
Hartes Return	Returntaste
	oder <\#10><\#13> (Windows)
	oder <\#13> (Macintosh)
Einzug hier	<\i>
Rechter Einzug Tabulator	<\t>
Tabulator	⇥-Taste drücken oder <\#9>
Neue Spalte	<\c>
Neuer Rahmen	<\b>
Weicher Trennstrich	<\h>
Geviert-Gedankenstrich	<\m>
Geviert-Gedankenstrich (geschützt)	<\!m>

Steuerzeichen für Leerräume

Um zu verhindern, daß Begriffe in den Zeilenumbruch geraten, die mit Leerräumen getrennt sind, kann durch Einfügen eines Ausrufezeichens »!« der Umbruch an dieser Stelle unterdrückt werden. Durch dieses Ausrufezeichen wird ein fester Leerraum gesetzt.

Einfacher Leerraum/Wortzwischenraum	<\>
Einfacher Leerraum als Festwert	<\!>
Halbgeviertleerraum für Ziffer	<\f>
Halbgeviertleerraum als Festwert	<\!f>
Interpunktionsleerraum	<\p>
Interpunktionsleerraum als Festwert	<\!p>
Viertelgeviertleerraum	<\p>
Viertelgeviertleerraum als Festwert	<\!p>

Automatische Seitenzahlen setzen

Seitenzahl für aktuelle Seite	<\3>
Seitenzahl für vorherige Seite	<\2>
Seitenzahl für nächste Seite	<\4>

Geschützte Zeichen eingeben

Einige Zeichen haben bei der Erstellung der XPress-Marken eine besondere Bedeutung. Diese Zeichen würden bei der Interpretation der XPress-Marken durch den Formatfilter fehlerhaft interpretiert werden. Diese Zeichen müssen deshalb bei der Erstellung von XPress-Marken besonders behandelt werden.

<	<\<>
@	<\@>
\	<\\>

F Das XPress-System und seine Zusatzdateien

Damit ein solch komplexes Satz- und Layoutprogramm wie QuarkXPress einwandfrei funktionieren kann, werden mit dem Programmpaket spezielle Zusatz- und Systemdateien geliefert, die durch das Installationsprogramm auf der Festplatte des Computers installiert werden. Sind diese Dateien fehlerhaft, dann kann das QuarkXPress-System nicht richtig funktionieren.

Die XPress-Präferenzendatei

Die Datei XPress.Präferenzen enthält die Voreinstellungen des QuarkXPress-Systems. Diese Datei wird unter anderem dafür eingesetzt, alle Programmvoreinstellungen zu sichern.

In den XPress-Präferenzen werden die Einstellungen für folgende Programmfunktionen gespeichert:

Vorgaben
Alle unter *Bearbeiten/Vorgaben* möglichen Einstellungen zu Programm, Allgemein, Typographie und Werkzeuge werden abgelegt.

Stilvorlagen
Neben der Vorlage »Standard« werden alle Stilvorlagen aufgenommen, die angelegt werden, wenn kein Dokument geöffnet ist.

Farbauswahl
Auch hier kann neben den Standardfarben auch eine Erweiterung vorgenommen werden, die dann bei allen neu erstellten Dokumenten zur Verfügung steht.

Standard S&B
Auch in diesem Fall können neben der Standardeinstellung eine Reihe weiterer Einstellungen abgelegt werden.

Trennausnahmen, Unterschneidungs- und Spationierungstabellen
Diese Tabellen sind in der XPress-Präferenzendatei abgelegt.

PPD- und XTension-Manager
Einstellungen, die mit den beiden Verwaltungshilfsprogrammen vorgenommen wurden, werden ebenfalls in den XPress-Präferenzen gespeichert.

Alle Informationen, die für die Verarbeitung einer Datei in einem Servicebetrieb von Bedeutung sind, werden nicht nur in der XPress-Präferenzendatei gespeichert, sondern zusätzlich auch im aktuellen Dokument. Beim Programmstart werden Sie bei unterschiedlichen Einstellungen der XPress-Präferenzen auf dieses Problem hingewiesen, und Sie können entscheiden, ob die Einstellungen des Dokuments erhalten bleiben sollen oder statt dessen die eigenen Programmvoreinstellungen genutzt werden sollen. Bedenken Sie aber, daß bei der Anwendung anderer Voreinstellungen als jener, mit denen das Dokument erstellt wurde, ein neuer Zeilenumbruch erfolgen kann. Beruhigend ist aber: Selbst bei geänderten Spationierungs- und Unterschneidungstabellen für einzelne Zeichensätze gibt es bei der Weiterverarbeitung keine Probleme.

Die Datei XPress-Präferenzen wird beim erstmaligen Programmstart im Quark-XPress-Verzeichnis angelegt. Wenn diese Datei fehlerhaft ist, kann es zu Programmabstürzen beim Start von QuarkXPress kommen. Tritt eine solche Situation auf, dann löschen Sie einfach die Xpress-Präferenzen aus dem Programmverzeichnis. QuarkXPress erstellt diese Datei neu, die Probleme sind meist beseitigt.

Die QuarkXPress-Hilfe (XPress-Guide-Deutsch)

Diese Hilfsdatei enthält die Quark-spezifische Hilfedatei. Die Funktion der Quark XPress-Onlinehilfe wurde bereits in Kapitel 2.3 beschrieben.

Das QuarkXPress-Wörterbuch (Lexikon Deutsch)

Immer dann, wenn vom Programm aus die Rechtschreibprüfung aufgerufen wird, greift QuarkXPress auf diese Lexikondatei zurück. Hier sind über 120000 Wörter abgespeichert. Wenn sich diese Datei nicht im QuarkXPress-Ordner befindet, steht die Rechtschreibprüfung nicht zur Verfügung.

Die QuarkXPress-Temp-Datei

Für die internen Dateioperationen benötigt QuarkXPress einen Zwischenspeicher, in dem die verschiedenen Dateiobjekte kurzfristig zwischengelagert werden. Die Datei ist eine reine Arbeitsdatei, die beim Programmstart angelegt und bei Programmende wieder gelöscht wird.

Bei Programmabstürzen finden Sie diese Datei auf Ihrer Festplatte. Sie können diese Datei getrost löschen. Diese Datei ist auch für Programmabstürze verantwortlich, wenn nicht mehr genügend Speicherplatz auf der Festplatte vorhanden ist. Stellen Sie sicher, daß – je nach Arbeitsvorhaben – immer genügend freier Speicher für die Temp-Datei auf der Festplatte vorhanden ist.

Das QuarkXPress-XTension-System

Die Erweiterungen zu XPress müssen im XTension-Ordner abgelegt sein, damit der XTension-Manager eine korrekte Verwaltung vornehmen kann. Deaktivierte XTensions werden im Ordner »XTension Disabled« abgelegt.

Der Old Items Folder

Bei der Update-Installation werden alle Dateien, die nicht mehr benötigt werden oder in einer neuen Version vorliegen, in den Ordner »Old Items Folder« abgelegt. Im Bedarfsfall können Sie gegebenenfalls darauf zurückgreifen.

Glossar

Gerade im Bereich der elektronischen Datenverarbeitung wimmelt es nur so von Fachtermini – halt, schon wieder einer, also: wimmelt es nur so von Fachbegriffen. Dabei genießen Sie als Anwender von StarOffice 4.0 bereits den unschätzbaren Vorzug, mit Programmen zu arbeiten, die in Deutschland programmiert wurden. Dennoch treten hier und da Begriffe auf, die nicht unbedingt zum Standardwortschatz jedes Anwenders gehören. Wir wollen ein wenig Licht ins Dunkel bringen und in diesem Glossar die wichtigsten Fachbegriffe erklären.

Begriffe, die in den einzelnen Erläuterungen *kursiv* gesetzt wurden, werden an anderer Stelle im Glossar näher beschrieben.

!

8 Bit-Farbtiefe	Mit dieser Farbtiefe lassen sich $2^8 = 256$ Farben darstellen.
16 Bit-Farbtiefe	Mit dieser Farbtiefe lassen sich $2^{16} = 65535$ Farben darstellen.
24 Bit-Farbtiefe	Mit dieser Farbtiefe lassen sich $2^{24} = 16,7$ Mio Farben darstellen. Auch als TrueColor oder Echtfarbe bezeichnete Farbqualität.
32 Bit-Farbtiefe	Noch wenig verbreitete TrueColor-Farbqualität, bei der zusätzlich zu den 24 Bit-Farbinformationen noch 8 Bit eingesetzt werden, um eine schnellere Farbwiedergabe zu erreichen.

A

Abreißleiste	Hinter einigen Symbolen verbergen sich weitere Symbole, die in eigenen Popout-Menüs angeordnet sind. Diese Popouts werden mit einem Mausklick auf das betreffende Symbol geöffnet.

*Bild G.1:
Das Textrahmen-Popout bietet Ihnen den Zugriff auf weitere Textrahmen-Werkzeuge.*

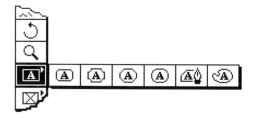

Absatzformate   Siehe *Absatzattribute.*

Absatzattribute   Bestimmen das Aussehen eines Absatzes. Absatzformate wie Zeilenabstand oder Einrückung beziehen sich immer auf den gesamten Absatz.

Aktivieren, Aktiviert   1). Bezeichnet das Werkzeug oder *Steuerelement,* mit dem Sie gerade arbeiten. 2). In den verschiedenen *Dialogboxen* sind kleine Kästchen angeordnet, die für eine bestimmte Einstellung stehen. Ein Kreuz schaltet diese Einstellung ein, sie ist aktiviert.

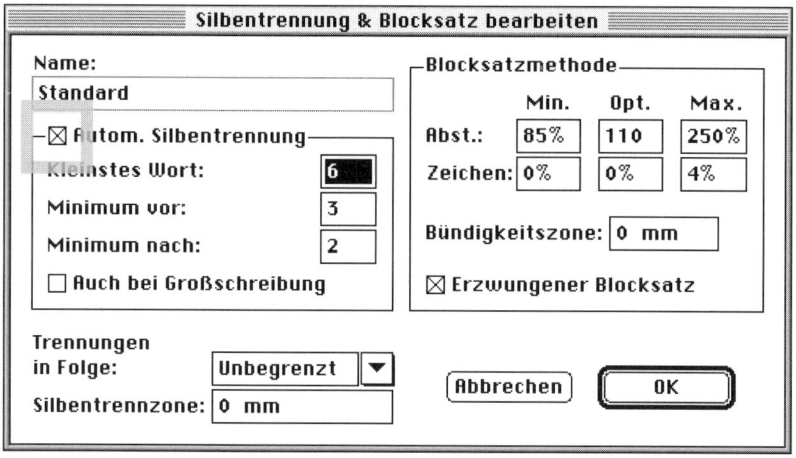

*Bild G.2:
Eine aktivierte Programmeinstellung – hier die Autom. Silbentrennung ist durch ein Kreuz im Kontrollkästchen gekennzeichnet.*

Anti-Alias   Verfahren, bei dem die Kanten einer Bitmap geglättet werden, um den Treppcheneffekt zu verhindern. Bei diesem Verfahren werden die Farbwerte der benachbarten Bildpunkte an den Kanten gemittelt – die Kanten werden weichgezeichnet. Durch das Weichzeichnen der Kanten gehen allerdings Detailinformationen verloren.

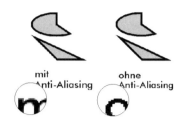

Bild G.3:
Beim Anti-Aliasing werden die Kanten einer Bitmap geglättet.

| Auflösung | Maß für die Fähigkeit, Objekteinzelheiten wiederzugeben. Die Werteangabe erfolgt in *dpi* (Punkte pro Zoll). Je höher die Auflösung, desto besser die Wiedergabe feiner Konturen, Bilder und Rasterflächen. |

B

Bézier-Kurve	Kurven, die durch eine spezielle mathematische Verbindungsvorschrift dargestellt werden. Start- und Endpunkt der Kurve sind durch einen gekrümmten Weg miteinander verbunden. Eine Bézier-Kurve wird durch midestens zwei Knotenpunkte und das dazwischenliegende Kurvensegment gebildet. Durch Verschieben der Knoten wird die Kurve verformt. XPress erlaubt im Bézier-Modus eine interaktive Bearbeitung der Kurve mit der Maus.
Bitmap	Bilder, die nicht wie z.B. mit XPress gezeichnete Objekte vektororientiert, sondern aus einzelnen Bildpunkten () aufgebaut sind. Bitmaps werden beispielsweise von Scannern erzeugt.
Blocksatz	Eine links- und rechtsbündige Ausrichtung von Texten erzeugt an beiden Seiten einen glatten Textrand.
Buttons	Steuerelemente, mit denen Sie Programmfunktion starten. Buttons dienen z.B. zum Bestätigen der Eingaben in einer *Dialogbox*.

C

| CMYK | Farbsystem, bei dem die Buntfarben durch eine Zerlegung in die vier Grundfarben <u>C</u>yan, <u>M</u>agenta, Gelb (<u>Y</u>ellow) und Schwarz (<u>K</u>ontrast) dargestellt werden. |
| Cursor | Neue Zeichen werden bei der Texteingabe links von dieser Schreibmarke eingefügt. |

D

Dateierweiterung — Ein vollständiger Dateibezeichner besteht aus dem *Dateinamen* und weiteren drei Zeichen. Diese hinteren drei Zeichen sind die Dateierweiterung. Anhand dieser Erweiterung läßt sich das *Dateiformat* identifizieren.

Dateiformat — Das Dateiformat bestimmt die Art und Weise, in der die Informationen in einer Datei gespeichert sind.

Dateiname — Dies ist die eigentliche Dateibezeichnung.

Dialogbox — Bei vielen Befehlen werden die eigentlichen Programme durch kleinere, separate Fenster überblendet. Diese Fenster dienen der Kommunikation zwischen dem Anwender und dem Programm. Sie enthalten die notwendigen *Steuerelemente*, um weitere Einstellungen vorzunehmen. In der Regel weist die Titelzeile auf eine bestimmte Programmfunktion hin.

Bild G.4:
Die Kommunikation zwischen dem Anwender und dem Programm findet in Dialogboxen statt, die bei Aufruf einer entsprechenden Funktion automatisch angezeigt werden.

DPI — (Dots per Inch) Maßstab für die Auflösung in Punkten pro Zoll.

Druckertreiber — Um den Datenstrom zu steuern, den der Drucker aus einem Programm erhält, müssen die Programmdaten in ein dem Drucker verständliches Format aufbereitet werden. Diese Aufgabe übernimmt der Druckertreiber. Wenn Sie mehrere Treiber für unterschiedliche Drucker installieren, lassen sich Druckdaten erzeugen und an anderer Stelle ausgeben.

E

Einfügemarke   Siehe *Schreibmarke*.

Eingabefelder   Diese Felder nehmen Eingaben von der Tastatur entgegen. Ein Beispiel: Beim Speichern einer neuen Datei wird der Dateiname in ein Textfeld eingetragen. Häufig werden auch Einträge, die aus einem *Listenfeld* gewählt werden können, in Textfelder übertragen.

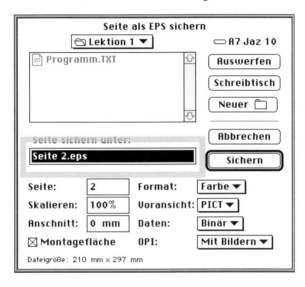

Bild G.5:
Der Name der zu erzeugenden EPS-Datei wurde in das Eingabefeld Seite sichern unter (Grau hervorgehoben) eingegeben.

Einzug   Absatzformat, das den Abstand des Absatzes vom Seitenrand definiert. Siehe auch: Negativer Erstzeileneinzug.

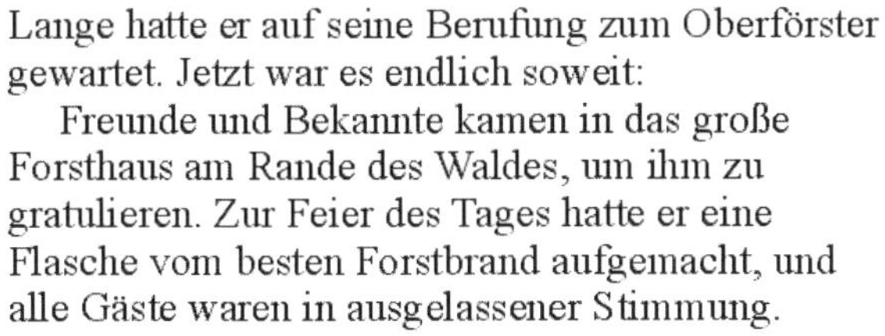

> Lange hatte er auf seine Berufung zum Oberförster gewartet. Jetzt war es endlich soweit:
>   Freunde und Bekannte kamen in das große Forsthaus am Rande des Waldes, um ihm zu gratulieren. Zur Feier des Tages hatte er eine Flasche vom besten Forstbrand aufgemacht, und alle Gäste waren in ausgelassener Stimmung.

Bild G.6:
Für den zweiten Absatz dieses Textes wurde ein linker Einzug definiert. Dadurch wird der Absatz aus dem übrigen Textfluß herausgehoben.

Export   Übertragen von z.B. Grafiken oder Texten in ein anderes *Dateiformat*. Für jedes Format wird ein Exportfilter benötigt, der das programmspezifische Format in das Fremdformat übersetzt.

F

Farbtiefe	Die Farbtiefe stellt ein Maß für die Anzahl der maximal darstellbaren Farben dar.
Fenster	Rechteckiger Bereich innerhalb eines Programms, in dem eigenständige Daten dargestellt werden. So werden z.B. mehrere Dokumente in getrennten Fenstern dargestellt. Diese Fenster können sich gegenseitig verdecken.
Filter	In der elektronischen Datenverarbeitung werden zwei Arten von Filtern unterschieden: Übersetzer, die Daten umwandeln und in ein bestimmtes Format übersetzen, und Effektfunktionen, die einen Datenstrom verändern. So werden Filter beim Importieren und Exportieren zur Umwandlung in ein anderes Datenformat verwendet, während bei der Bildbearbeitung Filter zur Veränderung von Bildern eingesetzt werden.
Formate	1) Sammlungen von Einstellungen zu verschiedenen Bereichen (z.B. Schriftart, Schriftgröße und Farbeinstellungen), die separat gespeichert und schnell auf andere Objekte übertragen werden können. Siehe auch *Absatzformat* und *Zeichenformat*. 2) Siehe *Dateiformat*.
Formatieren	1) Anwenden von *Formaten* auf markierte Programmobjekte (z.B. Text oder Tabellen). 2) Grundeinrichtung einer Diskette oder einer Festplatte
Füllungen	Geschlossene Objekte lassen sich mit einer Füllung versehen. Hier kann es sich z.B. um Vollfarben, Farbverläufe, Schraffuren und Bitmap-Füllmuster handeln.

G

GIF	Bitmap-Format, das bis zu 256 Farben einer individuellen Farbpalette enthalten kann. Siehe auch Anhang A.
Graustufen	Bezeichnet eine Form der Abbildung, bei der das Bild durch bis zu 256 unterschiedliche Grautöne (8 Bit) dargestellt wird. Graustufen werden auf Druckern durch *Rasterung* wiedergegeben. Schwarzweißdrucker geben Farbbilder stets als Graustufenbild wieder.
Gruppen	Eine Zusammenfassung mehrerer Einzelobjekte. Die Einzelobjekte behalten dabei ihre relative Position zueinander. Die Gruppe läßt sich wie ein Einzelobjekt markieren und bearbeiten.
Gruppieren	Das Zusammenfassen mehrerer Einzelobjekte zu *Gruppen*.

H

Herausgeben und Abbonieren
Bei diesem Verfahren werden die spezifischen Bearbeitungsfunktionen und Datenstrukturen eines »Herausgebers« (das Ursprungsprogramm) in einen »Abonnenten« (das Zielprogramm) übertragen.

I

Importieren
Einfügen von z.B. Grafiken oder Texten aus einem anderen Dateiformat. Für jedes Format wird ein Importfilter benötigt, der das Fremdformat in das programmspezifische Format umsetzt.

Initial
Bezeichnet den stark vergrößerten Buchstaben am Anfang eines Absatzes. Initiale übernehmen neben der reinen Zier- auch eine Gliederungsfunktion.

Interaktiv
Bezeichnet Bearbeitungsaktionen, die manuell durchgeführt werden – im Gegensatz zu der numerischen Vorgehensweise, bei der die Bearbeitung durch Zahleneingaben vorgenommen wird.

J

JPEG
Bitmap-Format, das eine *Farbtiefe* bis zu 24 Bit (*TrueColor*) unterstützt. Siehe auch Anhang A.

K

Kacheln
Beim Kacheln wird die *Füllung* mit einem Füllmuster dadurch gebildet, daß eine rechteckige Abbildung immer wieder an den Grenzen der Abbildung wiederholt wird.

Bild G.7: Dieses Polygon wurde mit einem Füllmuster versehen. Die einzelene Füllmusterkachel ist zur Verdeutlichung hell hervorgehoben.

Kerning
Siehe *Unterschneiden*.

Kompression
Verfahren, bei dem die Dateigröße zum Teil drastisch reduziert wird. Siehe auch Anhang A.

Kontrollkästchen	Diese Quadrate stellen verschiedene Möglichkeiten dar, die unabhängig voneinander aktiviert oder deaktiviert werden können.
Kontur	Die Kontur stellt die Umrißform eines Zeichnungselements, ohne zusätzliche Linienattribute dar. Dünne, sogenannte Haarlinien eignen sich nicht zum Aufbau von Druckvorlagen, da hier die Linie unter Umständen gänzlich verschwinden kann.
Kontursatz	Beim Kontursatz fließt der Text z.B. um eine eingebettete Grafik herum.

Bild G.8: Der Text im Textrahmen fließt um die Rauten.

L

Listenfeld	Diese Felder zeigen zunächst nur einen Eintrag einer Liste an. Ein Klick auf den nach unten gerichteten Pfeil öffnet die eigentliche Liste. Durch Anklicken mit der Maus kann jetzt einer der Einträge in der Liste markiert und damit ausgewählt werden. Siehe auch *Markieren*.

Bild G.9: Listenfelder ermöglichen die Auswahl eines Eintrags aus einer Liste. Hier ist das Listenfeld Format zur Auswahl des Seitenzahlenformats geöffnet.

M

Markieren	1) Um ein oder mehrere Objekte bzw. Textpassagen zu bearbeiten, müssen diese ausgewählt werden. Dies geschieht mit der Maus oder Tastatur. 2) Auswählen eines Eintrags in einer Liste.

Markierungs-rahmen	Rahmen, der die ausgewählten Objekte umgibt. Schwarze Punkte am Markierungsrahmen dienen als »Anfasser« und erlauben ein interaktives Verändern des markierten Objekts.

Bild G.10:
Durch Ziehen an den Anfassern läßt sich dieser Markierungsrahmen modifizieren.

N

Negativer Erstzeileneinzug	Hier ist die erste Zeile eines Absatzes gegenüber den folgenden nach links aus dem Textfluß ausgerückt.

O

OLE	Objekt Linking and Embedding – bezeichnet unter Windows die Integration von Daten aus anderen Programmen. Dabei werden die spezifischen Bearbeitungsfunktionen und Datenstrukturen eines »OLE-Servers« (das Ursprungsprogramm) in einem »OLE-Client« (das Zielprogramm) übertragen.
Option	1) Möglichkeit des Handelns. 2) Programmeinstellungen, siehe Options-Icon.
Options-Icon	Kreisförmige Steuerelemente, die zum Festlegen einer Programmeinstellung dienen. Sie sind immer in Gruppen angeordnet, eine Optionsschaltfläche ist immer aktiviert, da sich die einzelnen Einstellungen gegenseitig ausschließen.

Bild G.11:
Wenn die verschobene Seite nach der Seite 9 eingefügt werden soll, kann sie nicht gleichzeitig vor Seite 9 und am Dokumentende eingefügt werden.

Ordner	Ein Ordner kann Dateien aber auch weitere Ordner enthalten und bildet so die logische Struktur der Daten auf der Festplatte. Unter Windows 95 ersetzt dieser Begriff die unter DOS gebräuchliche Bezeichnung »Verzeichnis«.

P

Palette	Als Palette wird eine thematisch zusammengehörige Zusammenstellung von verschiedenen *Steuerelementen* bezeichnet.
Pfad	Kennzeichnet den »Weg« zu einer Datei auf der Festplatte. Die Pfadangabe setzt sich aus der Laufwerksbezeichnung (in der Regel ein Laufwerksbuchstabe, z.B. C:\ ) und der Angabe aller Ordner zusammen.
Pixel	Bezeichnung für einen Bildpunkt bei *Bitmaps*.

R

Rasterung	Bei der Druckausgabe werden Graustufen in Punkte aufgelöst. Die verschiedenen Tonwerte werden durch die Anordnung in bestimmten Punktmustern simuliert.
RGB	Farbsystem, bei dem die Buntfarben durch eine Zerlegung in die Grundfarben Rot, Grün und Blau dargestellt werden. Dieses Farbsystem (Lichtfarben) findet bei der Farbgenerierung der Monitorfarben Anwendung.

S

Schaltflächen	Schaltflächen starten die Aktion, die auf ihnen angegeben ist, z.B. Bestätigung (*OK*). Siehe auch *Buttons*.
Schreibmarke	Eine spezielle Form des Mauszeigers. Die Schreibmarke erscheint in der Regel als blinkender senkrechter Strich an der Stelle, an der Tastatureingaben eingefügt werden können.

Seitenumbruch	Ein Seitenumbruch kennzeichnet die Stelle, ab der ein Text auf der nächsten Seite fortgesetzt wird. Bei Textverarbeitungen erfolgt der Seitenumbruch beim Erreichen des Seitenendes automatisch. Über [Strg]+[↵] lassen sich z.B. in Word aber auch manuelle Seitenumbrüche erzeugen: Der Text wird auf der folgenden Seite fortgesetzt, obwohl das Seitenende noch nicht erreicht ist.
Slash	Englische Bezeichnug für den Schrägstrich »/«. Siehe auch *Backslash*.
Steuerelement	Oberbegriff für alle Bildschirmelemente, die Benutzereingaben mit Hilfe der Maus oder über Tastatur entgegennehmen. Steuerelemente lösen ein bestimmtes Verhalten des Anwendungsprogramms aus.

T

Tabulatoren	Sprungmarken, um an definierte Textstellen zu gelangen. Mit Tabulatoren lassen sich z.B. Tabellen gliedern.
TrueType-Schriften	Vektorschriftformat, das vor allem unter Windows Verwendung findet und dort ohne Zusatzprogramme auf allen Druckern und Monitoren ausgegeben werden kann.

U

Umfließen	Siehe *Kontursatz*.
Umbruch	Siehe *Zeilenumbruch* bzw. *Seitenumbruch*.
Unterschneiden	Um ein harmonisches Erscheinungsbild von Texten zu erreichen, dürfen keine optischen Löcher im Textfluß vorhanden sein. Einige Buchstabenkombinationen müssen enger zusammengerückt werden, als es den normalen Abstandseinstellungen entspricht.

W

WYSIWYG	Die Abkürzung für das engl. »What you see is what you get« bedeutet wörtlich übersetzt: »Was Du siehst, bekommst Du auch«. Bei diesem Verfahren gleicht die Darstellung am Bildschirm dem zu erwartenden Druckergebnis.

Z

Zeichenformate — Siehe *Zeichenattribute*.

Zeichenattribute — Im Gegensatz zu Absatzattributen lassen sich Zeichenformate für einzelne Zeichen festlegen, z.B. Schriftart, Schriftgröße oder auch Farbe.

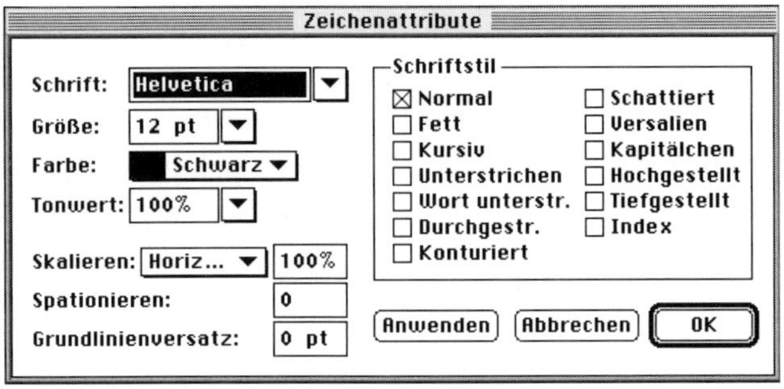

Bild G.12:
XPress unterstützt verschiedenste Zeichenattribute, mit denen sich das Erscheinungbild des Textes beeinflussen läßt.

Zeilenumbruch — Ein Zeilenumbruch kennzeichnet die Stelle, ab der ein Text in der nächsten Zeile fortgesetzt wird. In der Regel erfolgt ein Zeilenumbruch am Rand des Textrahmen automatisch. Über ⇧+↵ lassen sich aber auch manuelle Zeilenumbrüche erzeugen: Der Text wird in der folgenden Zeile fortgesetzt, obwohl das Zeilenende noch nicht erreicht ist. Mit ↵ wird ein Zeilenumbruch eingefügt und gleichzeitig ein neuer Absatz begonnen.

Zwischenablage — Dient zum Austausch von Daten innerhalb eines Dokuments, zwischen verschiedenen Dokumenten innerhalb eines Programms oder zwischen unterschiedlichen Anwendungen. Beim Datenaustausch zwischen verschiedenen Anwendungen werden die Daten beim Kopieren oder Ausschneiden in ein Standardformat umgewandelt.

Internet-Glossar

Ein Buch über ein Satzprogramm und dazu ein Internet-Glossar? Zunächst erscheint das ein wenig weit hergeholt. Bei genauerer Betrachtung wird der Nutzen allerdings klarer. Zum einen ist heutzutage der Begriff Internet bei der Arbeit mit der »EDV« kaum noch wegzudenken. Zum anderen bietet dieser gigantische Informationspool aber auch Nützliches rund um die Arbeit mit einem Satzprogramm. Ganz egal, ob es sich dabei um die Homepage der einzelnen Hersteller mit den aktuellsten Programmversionen und -ergänzungen handelt oder ob Sie auf der Suche nach Schriften, Bildern oder Hintergrundinformationen sind: In allen Fällen können Sie im Internet fündig werden. Grund genug, sich mit diesem Thema auseinanderzusetzen und die entsprechenden Fachbegriffe zu erläutern. Denn wer weiß, was er mit einem »Geviert« anfangen kann, muß noch lange nicht wissen was »http« bedeutet.

@

@	Das Zeichen @ ist wichtiger Bestandteil einer E-Mail-Adresse. Es steht für das englische »at« (bei) und trennt den Empfängernamen vom Namen der Domain.

A

AltaVista	Bekannte englischsprachige Internet-Suchmaschine unter http:///www.altavista.digital.com. Es ist mittlerweile auch in einer deutschen Sprachversion verfügbar.
Attachment	Bedeutet übersetzt »Anhängsel« oder »Anlage«. Bezeichnet die Kombination einer E-Mail mit einer angehängten Binärdatei – z.B. ein Textdokument oder ein Bild.

B

Bounce	Aus dem Englischen: auf- oder zurückprallen; Bezeichnung für die Rücksendung einer E-Mail wegen eines Fehlers.
Browser	Ein Browser ist ein Hilfsprogramm für das World Wide Web, das z.B. zum Suchen bestimmter Informationen benutzt werden kann. Ein Browser kann die im Dokumentformat *HTML* kodierten Seiten formatiert anzeigen.

C

Client Clients (Kunden) sind die Benutzer, die Informationen von Servern haben wollen. Client-Programme sind die Programme, mit denen die Benutzer von ihren eigenen Rechnern aus auf die Informationen, die auf den Servern gespeichert sind, zugreifen. *WWW*-Client-Programme werden auch als Webbrowser oder Browser bezeichnet.

D

Datenschutz Der Datenschutz ist ein wichtiger Aspekt bei der Atbeit im und mit dem Internet. Grundsätzlich besteht die Möglichkeit, daß Unbefugte Zugang zu vertraulichen Daten, z.B. beim Versenden einer E-Mail, bekommen. Verschiedene Sicherheitsmechanismen, wie die Verschlüsselung der vertraulichen Informationen, helfen, das Schlimmste zu verhindern.

DNS (Domain-Name-Server) Jeder Rechner im Internet verfügt über eine eindeutige IP-Adresse, die aus vier Zahlen nach dem Muster 123.123.123.123 besteht. Damit sich Internet-User, die zu einem bestimmten Rechner im WWW gelangen möchten, nicht solch eine Nummer merken müssen, sind vielen IP-Adressen alphabetische Bezeichnungen, wie etwa www.microsoft.com, zugeordnet. Ein DNS-Server enthält eine Datenbank all dieser Zuordnungen und wird automatisch bei der Eingabe einer alphabetischen Adresse nach der dazu passenden IP-Adresse gefragt.

Domain Ein Teilnetz in einer größeren Netzwerkumgebung (wie das Internet oder Firmennetz). Der Domain-Name ist Bestandteil jeder *Internet-Adresse*.

E

Email E-Mail steht für *Electronic Mail* (elektronische Post) und wird in einem Kommunikationssystem wie z.B. dem Internet verschickt. Es kann sich dabei um Informationen in Form von Texten, Bildern, Klängen und anderen beliebigen Dateien handeln. Damit Sie eine E-Mail versenden können, benötigen Sie die E-Mail-Adresse des Empfängers; damit Sie selber eine E-Mail empfangen können, müssen Sie zuvor dem Sender Ihre eigene E-Mail-Adresse mitteilen.

F

Fireball	Relativ neue deutschsprachige Internet-Suchmaschine unter http://www.fireball.de.
FTP-Server	Siehe *FTP*
FTP	Ist das File Transfer Protocol (Dateiübertragungsprotokoll), das im Internet zum Einsatz kommt. FTP-Server sind Internet-Rechner, die dieses Protokoll benutzen und Dateien, Verzeichnisse oder sogar ganze Festplatten Internet-Anwendern zum Herunterladen zur Verfügung stellen. Auf einem FTP-Server muß man sich zunächst einmal anmelden (Login), worauf dann die Zugriffsrechte auf bestimmte Verzeichnisse geregelt werden.

G

Gateway	Übergang bzw. Schnittstelle zwischen zwei Netzwerken, etwa den Mailboxen und Online-Diensten, die dabei mit unterschiedlichster Systemsoftware betrieben werden.
Gopher	Die Bezeichnung für einen speziellen Informationsdienst im Internet; wörtlich übersetzt heißt Gopher »Maulwurf«. Es ist als Kunstwort aus »Go« und »For« gebildet worden. Gopher ist ein menügesteuertes Hilfsprogramm, mit dem sich auf die großen Datenbankbestände im Internet zugreifen läßt, ohne daß die jeweilige Internet-Adresse bekannt sein muß. Mit Hilfe von Gopher können unter anderem Dateien über FTP geladen und Datenbankabfragen durchgeführt werden. Gopher wird mittlerweile jedoch durch die intelligenten *Suchmaschinen* weitgehend abgelöst.

H

Homepage	Homepage bedeutet soviel wie Leitseite, Einstiegsseite, Startseite, persönliche Seite. In der Regel erfüllt die Homepage die Funktion eines Inhaltsverzeichnisses des gesamten *WWW*-Angebots des jeweiligen Anbieters. Bei natürlichen Personen ist die Homepage als Gegenstück zu einer Visitenkarte zu sehen, bei Unternehmen eher als Titelseite eines Hochglanzprospekts.

Host	Es ist der Rechner »am anderen Ende der Leitung«, mit dem Ihr eigener Rechner bei der Datenübertragung Kontakt aufnimmt. Ihr Rechner wird dann als Client bezeichnet.
HTML	Abkürzung für »Hypertext Markup Language«. Bezeichnung für eine Kodierungssprache, die Inhalt und Formatierung von *WWW*-Seiten definiert. HTML ist eine Programmiersprache, die logische Komponenten innerhalb eines Dokuments, wie Überschriften oder Bilder, definiert.
HTTP	Abkürzung für »Hypertext Transfer Protocol«. HTTP ist das Protokoll, mit dem die Informationen zwischen *WWW-Servern* und *WWW-Clients* über das Internet übertragen werden.
Hyperlink	Hierbei handelt es sich um Querverweise, die durch Anklicken aktiviert werden können. Mit Hilfe von Hyperlinks kann der Leser eines Dokuments zu bestimmten weiterführenden Informationen springen, und zwar sowohl innerhalb des Dokuments als auch zu anderen Dokumenten.
Hypertext	Unter Hypertext versteht man Texte mit Querverweisen, die ähnlich einem Lexikon die Verbindung zu weiteren Informationen herstellen. Bei Hypertext-Dokumenten gibt es nicht wie bei Druckwerken eine lineare Lesereihenfolge, sondern der Benutzer kann jede Einzelinformation über viele verschiedene Wege und von vielen verschiedenen Stellen aus erreichen.

I

Internet	Es ist ein weltumspannendes Netzwerk, das seinen Ursprung 1969 in dem Arpanet (Advanced Research Project Agency) des amerikanischen Verteidigungsministeriums hat. Dieses Netz wurde später für die allgemeine Nutzung freigegeben, und nachdem Netze anderer Länder an das Netz angebunden wurden, entstand der Begriff Internet.

Internet-Kennung	Die letzte Zeichenfolge eines Domain-Namens. Aus ihr geht entweder das Land hervor, in der die Domain steht, oder die Art des Teilnehmers:

- at: Österreich
- au: Australien
- ca: Kanada
- ch: Schweiz
- de: Deutschland
- fi: Finnland
- fr: Frankreich
- nl: Niederlande
- uk: Großbritannien
- com: kommerzielle Organisation
- edu: amerikanische Bildungseinrichtung
- gov: amerikanische Regierungsstellen
- net: Netzwerkorganisationen
- mil: US-Verteidigungsministerium
- org: sonstige nicht-kommerzielle Organisation |
| IP-Adresse | Bei Netzwerken, die mit dem *TCP/IP*-Protokoll arbeiten, also auch im Internet, ist jeder angeschlossene Rechner über eine numerische Adresse identifiziert. Eine IP-Adresse besteht aus vier durch einen Punkt getrennten Zahlen, die jeweils einen Wert zwischen 0 und 255 annehmen. Eine typische IP-Adresse ist 123.123.123.123. Auch der Rechner eines Anwenders, der sich über einen Online-Dienst in das Internet einwählt, erhält eine IP-Adresse; das ist dann entweder immer die gleiche (statische IP-Adresse) oder bei jedem Verbindungsaufbau eine neue (dynamische IP-Adresse). |
| ISDN | ISDN steht für *Integrated Services Digital Network* und bezeichnet das digitale Kommunikations und Dienstenetz der Telekom. |

J

Java
Bezeichnung für eine von Sun entwickelte plattformunabhängige Programmiersprache auf der Grundlage von C++, mit der ohne viel Aufwand unterschiedliche Anwendungen, sogenannte »Applets«, geschrieben werden können, die dann anschließend mit einem Java-Compiler optimiert werden. Der Java-File wird kompiliert auf dem Server abgelegt und über einen Verweis im *HTML*-Dokument aufgerufen. WWW-Seiten, die über die reine Gestaltung von HTML-Seiten hinausgehen, etwa Online-Datenbanken, werden meist in Java geschrieben.

Javascript
Eine von Netscape entwickelte Programmiersprache, die direkt in ein *HTML*-Dokument eingebunden werden kann.

L

Link
Querverweis auf ein weiteres Informationsangebot im *WWW*, meist in Form einer *HTML*-Seite.

Lycos
Bekannte deutschsprachige Internet-Suchmaschine unter http:///www.lycos.de.

M

MIME
Abkürzung für *Multipurpose Internet Mail Extensions*, ein Kodierungsstandard für die Kombination von E-Mail mit Binärdateien. Wenn sowohl Absender als auch Adressat über eine MIME-fähiges E-Mail-Programm verfügen, können sie einfach beliebige Dateien in Nachrichten einbinden, ohne sich um das Kodieren oder Dekodieren kümmern zu müssen.

Modem
Kunstwort aus Modulator und Demodulator. Überträgt das digitale Datensignal des Computers in ein analoges Signal zum Transport über analoge Telefonleitungen (nicht ISDN!).

N

Netiquette (von »Net-Etikette«) Die Netiquette enthält Grundregeln zum Umgang mit anderen Netzteilnehmern. Grobe Verstöße gegen die Netiquette werden bisweilen sogar von den Systembetreibern mit dem Ausschluß aus dem jeweiligen System geahndet. Die Netiquette verbietet beziehungsweise regelt:

- ❏ Persönliche Beleidigungen.
- ❏ Grobe Verletzung religiöser, weltanschaulicher oder auch ethischer Empfindungen anderer Netzteilnehmer.
- ❏ Kommerzielle oder politische Werbung.
- ❏ Rassistische und faschistische Äußerungen.
- ❏ Aufforderungen zu Gewalttaten und kriminellen Delikten.
- ❏ Das Schreiben in Großbuchstaben wird als AN-SCHREIEN verstanden.
- ❏ Üblicherweise duzt man sich im Netz.
- ❏ Man sollte sich kurz fassen.

Newsgruppen Bezeichnung für eine Diskussionsgruppe oder ein Forum zu einem bestimmtem Thema, über das sich die Anwender öffentlich austauschen können. Im Unterschied zur E-Mail werden Beiträge nicht direkt an die Adresse eines bestimmten Teilnehmers gesandt, sondern alle Teilnehmer können sie bei Bedarf abrufen. Newsgruppen sind die »Schwarzen Bretter« im Internet, einige davon sogar im wahrsten Sinne des Wortes: Sind es doch bestimmte Newsgruppen, die das Internet wegen anstößigen Inhalts in Verruf gebracht haben.

P

Plug-In Erweiterung für einen *WWW*-Browser, um Seiten zu betrachten, die nicht im *HTML*-Format vorliegen.

POP 1) Abkürzung für »Post Office Protocol«. Das Protokoll, mit dem der Mail-Server eines Providers im Internet arbeitet. 2) Kürzel für »Point of Presence«. Bezeichnung für einen Einwählpunkt im Internet, den ein Provider seinen Kunden zur Verfügung stellt.

PPP	Abkürzung für *Point-to-Point Protocol*. PPP wurde 1991 von der IETF (Internet Engineering Task Force) definiert. Ähnlich *SLIP* ist PPP ein Übertragungsprotokoll, mit dessen Hilfe man sich per Modem über die Telefonleitung in das Internet einwählen kann. Das Protokoll regelt die Verständigung zwischen dem Rechner des Anwenders und dem POP-Rechner des Providers.

S

Server	Server (Verkäufer, Bedienender) sind die Computer, auf denen die Informationen im Internet gespeichert sind. WWW-Server laufen oft auf Unix-Rechnern und werden auch als HTTP-Daemons (Dämonen) bezeichnet.
Suchmaschine	Die *Search Engine* ist ein Programm, mit dessen Hilfe Sie die unüberschaubare Datenfülle im Internet nach Stichworten durchsuchen können, z.B. Yahoo, AltaVista oder Lycos im *WWW*.
SLIP	Abkürzung für *Serial Line Internet Protocol* und Bezeichnung für ein einfaches und leicht einzusetzendes Internet-Protokoll für serielle Leitungen, ähnlich dem *PPP*. SLIP ist dabei ein Übertragungsprotokoll, mit dessen Hilfe man sich per Modem über die Telefonleitung in das Internet einwählen kann. Doch wird SLIP mehr und mehr durch das schnellere PPP ersetzt.

T

TCP/IP	Abkürzung für *Transmission Control Protocol/Internet Protocol*. Der Ausdruck steht für ein in den 70er Jahren entwickeltes Paket an Protokollen für Netzwerke. Diese bilden die technische Grundlage für den Datenverkehr im Internet.

U

URL	*Uniform Resource Locator*; übersetzt bedeutet dies etwa eindeutige Quellangabe. Standardisierter Bezeichner für Internet-Adressen: z.B. www.stardivision.de.

W

Web-Browser	Dies ist die Bezeichnung für ein Anwenderprogramm, mit grafischer Benutzeroberfläche, die das Navigieren im *WWW* per Mausklick ermöglicht.
WWW	(World Wide Web) Ein Informationssystem, das einen bequemen Zugriff auf Informationen bietet, die auf vielen verschiedenen Computern gespeichert sind. Der Zugriff erfolgt über das Internet mit dem HTTP-Protokoll. Textinformationen werden auf den WWW-Servern in der Form von *HTML*-Dokumenten gespeichert. Außerdem können auch Bilder, Töne und beliebige sonstige Dateien im WWW übertragen werden.

Y

Yahoo	Bekannte englischsprachige Internet-Suchmaschine unter http:///www.yahoo.com.

Stichwortverzeichnis

Symbole

2-Bruch Falz 66
4C-Miniatur 136

A

Ablage, alte Fassung 124
Abonnement kündigen 41
Abonnent 40
Absatz
— Absatzlinien einfärben 325
— Einzüge 222
— formatieren 219
— Initiale 225
Absatzattribute 219
— Am Grundlinienraster ausrichten 227
— Grundlinienraster 227
— Hurenkinder 227
— mit XPress-Marken 378
— Schusterjungen 227
— Tabulatoren 223
— Zeilenabstand 221
Absatzausrichtung 54
— Tastenkombinationen 220
Absatzformat 105
Absatzformate 19
Absatzlinien einfärben 325
Absatzstilvorlage 108, 235
— bearbeiten 108, 237
— erstellen 235
— mit XPress-Marken 376
Adobe-Type-Managers Version 3.8.2 16
AFM-Datei 51
Allgemeiner Funktionsumfang 17
Alpha-Kanal 291

Anführung
— amerikanische Form 55
— beim Import einrichten 130
Anführungszeichen 55
— halbe 55
Anmerkungen
— Bibliothek 193
— Bilder laden 284
— Drucken 368
— Export 136
— Farbbenennung 318
— Import 136
— Schriftstile 214
— Sichern 125
— Stilvorlagen 232
ANSI 128
Ansichtsgröße
— einstellen 176
— Vorgaben 177
Anwenderunterstützung 15
Anzeigekorrektur 339
AppleScript 379
— Beispiel 427
— Scripteditor 381
Arbeitsabläufe automatisieren 379
Arbeitsfläche 17, 42
Arbeitskomfort 16
Arbeitsspeicher 16
ASCII 127
— erweiterter IBM 127
Ausgabe
— An Servicebüro 369
— Druckdateien 365
— Drucken 347
Ausschießen 143
Ausschnitt 289
Austausch von Seiten zwischen unterschiedlichen Da 17

Auszüge drucken 352
automatische
   Seitennummerierung 17
Automatischer Textrahmen 67, 92
Automatischer Zeilenabstand 221
— Vorgaben 221

B

Bankverbindungen gliedern 54
Bearbeiten
— Abonnieren 40
— Ausschneiden 39
— Druckstile 366
— Einfügen 40
— Farben 184, 316
— Kopieren 39
— Striche & Streifen 185
Bedienelemente
— Button 36
— Checkboxen 37
— Eingabefelder 36, 44
— Funktionspaletten 42
— Listenfeld 36
— Menüzeile 42
— Options-Icons 37
— Popup 36
— Titelzeile 42
— Werkzeuge 43
Beenden, Sicherheitsabfrage 41
Betriebssystem 16
Bézier-Bildrahmen
— bearbeiten 278
Bézier-Bildrahmen
— bearbeiten 278
— Beispiel 280
Bézierlinien, Endpunkte verbinden 165
Bezug 169
Bibliothek 74, 190
— Anmerkungen 193
— Arbeiten mit 190

— Autom. Sichern der Bibliothek 193
— Beispiel 96
— Bibliothekseintrag 97, 191
— Bibliothekseintrag benennen 192
— Bibliothekseinträge anzeigen 192
— Neue Bibliothek anlegen 191
— Objekt einfügen 97, 191
— Objekt entnehmen 97
— öffnen 191
— organisieren 97
— sichern 193
— verwalten 191
Bibliotheken 19
Bild
— auf Rahmen zuschneiden 291
— ausrichten 90
— Ausschnitt 289
— Ausschnitte bearbeiten 293
— anpassen 301
— bearbeiten 287
— drucken 360
— einfärben 307
— laden 88, 283
— rotieren 288
— spiegeln 288
— verzerren 288
— Bildgröße ändern 287
— Bildrahmen duplizieren 295
— Bildrahmen festsetzen 296
— Bildrahmen modifizieren 296
— Bildrahmen umfließen 297
— Darstellung ausblenden 180
— Eigenschaften von Bildrahmen 281
— einfügen 89
— EPS laden 286
— fehlende Bilder 308
— freistellen 289
— im Rahmen verschieben 287

— Importformate 133
— Importieren 132
— JPEG laden 286
— Kontrast verändern 302, 305
— MAC-Windows 390
— PhotoCD laden 286
— Rastereinstellungen 306
— skalieren 91
— TIFF laden 284
— umfließende Bildmontage 456
Bildausschnitt
— Alpha-Kanal 291
— bearbeiten 293
— Eingebetteter Pfad 291
— Nicht-weiße Bereiche 292
Bilder in geringer Auflösung
    importieren 132
Bilder laden, Anmerkungen 284
Bildgröße ändern, Tastenkombination 288
Bildrahmen 83, 277
— abgeschrägte Ecken 277
— Abmessungen 282
— Attribute 281
— Bézier 83, 277
— Bild ausrichten 90
— Bild freistellen 289
— Bild rotieren 288
— Bild spiegeln 288
— Bild verzerren 288
— Bild zuschneiden 291
— Bildausschnitt 289
— Bildgröße ändern 287
— duplizieren 295
— Eigenschaften 281
— erstellen 277
— festsetzen 296
— Freihand Bézier 278
— Grundformen 83
— Inhalt verschieben 287
— konkave Ecken 277
— Kontursatz 301

— modifizieren 296
— Montagetechniken 446
— ovale 277
— Randstil 281
— rechteckige 277
— rotieren 283
— runde 277
— Skalieren 282
— umfließen 297
— verschieben 283
Bildschirmaufbau 65
Bildschirmauflösung 16
Bildschirmwiedergabe
— Bitmaps 179
— Blindtext unter 180
— Echtzeitbewegung 181
— Exakte Verläufe 180
— Farbmanagement 179
— Keine Bilddarstellung 180
— mehrere Dokumente anzeigen 181
— Objekt ziehen verzögern 181
— Schnelles Scrollen 181
— Scrollen 181
— Vorgaben 178
Bitmap, Größe 48
Bitmaps skalieren 48
Blitzer 58
Blocksatz 220
— Blocksatzmethode 248
— Methoden verwalten 249
— Voreinstellungen 248
BMP 134
Brightness 315
Brotschrift 50
Buch
— anlegen 194
— anwenden 195
— Dokumente drucken 195
— Dokumente hinzufügen 195
— Dokumente löschen 195
— Dokumente umordnen 195

– Indexverzeichnis 270
– Kapitel drucken 195
– Kapitel hinzufügen 195
– Kapitel löschen 195
– Kapitel synchronisieren 197
– Kapitel umordnen 195
– Kapitelanfänge 196
– Masterdokument 195
– Stilvorlagen 195
Buchproduktion
– Beispiel 414
– Index 419
Buchstabenabstände 52, 216
Button 36

C

Checkboxen 37
CIEELAB 316
CMS-Xtension 336
CMYK 56, 314
ColorSync 2.0 336
Computer-System 16
Cyan 56, 313

D

Darstellungsgröße
– anpassen 75
– Anzeige der 72
– Lupe 76
Datei laden, Beispiel 64
Dateioperationen 37
– Ordner wechseln 38
Dateitransfer, MAC-Windows 388
DCS 135
Desktop 42
Dialogbox 36
– Registerkarten 44
Dickte 271
Dictionary 29
Differenz 163
– umkehren 164

Digitaldruckmaschinen 346
Divis 55
Dokument
– Alte Fassung 124
– Arbeiten mit 137
– Arbeitsvorbereitung 395
– Buch 194
– Dokumente zusammenfassen 194
– Doppelseiten 140
– drucken 362
– einrichten 141
– Einsprachig 124
– Empfehlungen 137
– Globale Anpassung 148
– im Ausdruck unterteilen 353
– Kapitel einrichten 147
– laden 122
– mehrseitiges Layout 66
– Mehrsprachig 124
– Musterseiten ändern 149
– Neu 139
– Neu erstellen 66
– Öffnen 37
– Seite wechseln 151
– Seitengröße festlegen 139
– Seitennumerierung kapitelweise 147
– sichern 67, 123
– Spalten 140
– Speichern 38
– Typ 124
– unter neuem Namen sichern 124
– verschiedene Programmversionen 384
– Version 124
Dokumente 17
Dokumentformat einstellen 123
Dokumentseite
– Randhilfslinien 139
– wechseln 72

Dokumentseiten, Größe festlegen 139
Dokumentvorgaben
— Allgemein 180
— Blindtext unter 180
— Grundlinienraster 156
— Hilfslinien 154
— Ligaturen 212
Dongle 16
Doppelklick 34
Doppelseiten 67, 140
Druckdateien 365
Drucken
— Anmerkungen 368
— Auflösung 356
— Ausgabe sortieren 116
— Ausgabe verkleinern/vergrößern 355
— Auszüge 352
— Druckausgabe steuern 347
— Drucker einstellen 363
— Druckstil 351, 366
— einrichten 116
— Kopien sortieren 353
— Miniaturen 116, 353
— Mit leeren Seiten 352
— Montageflächen 116, 352
— OPI 361
— Optionen 116
— Papierbreite einstellen 354
— Papierformat einstellen 363
— Papiergröße einstellen 116, 354
— Papierhöhe einstellen 354
— Papierversatz einstellen 355
— Paßkreuze 353
— PostScript 114
— PostScript-Druckdateien 365
— Rasterfrequenz 357
— Reihenfolge 353
— Seitenfolge 353
— Seitenfolge festlegen 116
— Unterteilen 353
— Voransicht 117

Druckerbeschreibung installieren 348
Druckplattenbelichter 346
Druckstil 351, 366
— benennen 367
— neu 367
Duplizieren
— Horiz. Versatz 161
— Vertik. Versatz 161
Durchschuß 53

E

Einfügen 17
Eingabefelder 36
— rechnen in 44
Eingebetteter Pfad 291
Eingeschobene Satzteile 55
Einzelplatzversion 16
Einzüge 222
— Beispiel 394
Endpunkte verbinden 165
EPS 133
EPS laden 286
EPS-Volltonfarben 324
Erstzeileneinzug 53
Erzwungener Blocksatz 220
Exklusiv oder 164
Export
— 4C-Miniatur 136
— Anmerkungen 136
— EPS 135
— Format 131
— Gesamttext 131
— Seite als EPS sichern 135
— Text 131

F

Farbauszüge 352
Farbbenennung, Anmerkungen 318

Farbbilder
— Kontrast verändern 305
Farbe 312
— additive Farbmischung 312
— anfügen 324
— Arbeiten mit der Farbpalette 326
— bearbeiten 323
— benennen 318
— benutzerdefinierte Farben 316
— CIELAB 316
— CMYK 314
— duplizieren 324
— EPS-Volltonfarben übernehmen 324
— Farbe zuweisen 325
— Farbpalette bearbeiten 316
— Farbüberfüllung erstellen 328
— Farbverläufe erstellen 327
— Farbwiedergabe kalibrieren 335
— Focoltone 315
— Hexachrome 314
— High-Fidelity 314
— HSB 315
— Körperfarbe 312
— LAB 316
— Lichtfarbe 312, 316
— löschen 324
— Multi-Ink 315
— neu anlegen 318
— Pantone 314
— Pantone-Spot 315
— Prozeßfarbe 314
— Rasterwinkel 320
— RGB 316
— Schmuckfarbwe 314
— Skalenfarbe 314
— subtraktive Farbmischung 312
— TrueMatch 315
Farben, benutzerdefinierte 184
Farbenraum für Auszugsdrucker 339
— für Kombinationsdrucker 339
— für Monitor 339
Farblaserkopierer 345
Farbmanagement 335
— anwenden 340
— Anzeigekorrektur 339
— Einrichten 179
— Geräteprofile 339
— installieren 337
— Systemgrundlagen 336
— Vorgaben 338
— Zielprofile 179
Farbpalette 74
— Arbeiten mit 326
— bearbeiten 316
— Farbe anfügen 324
— Farbe bearbeiten 323
— Farbe duplizieren 324
— Farbe löschen 324
Farbtiefe festlegen 132
Farbtrennung 56
Farbverläufe 327
Farbwiedergabe kalibrieren 57
Fester Zeilenabstand 221
Festplattenspeicher 16
Folder, Beispiel 66
Font-Manager 16
Format
— Absatz 105
— Zeichen 102
Formsatz 301
Formulare 17
Freistellen 289
Funktionspaletten 42
Funktionsumfang von QuarkXPress 17

G

Gedankenstrich 55
Gelb 313
Genauigkeit
— beim Positionieren 153
— Hilfslinien 154

Geviert 52
Gradationskurve 302
Grafik einfügen 283
Grafikkarte 16
Graustufenbilder
— Kontrast verändern 302
Grundlinienraster 156, 227
— aktivieren 156
— Schrittweite 156
Grundlinienversatz 218
— Tastenkombinationen 218
Gruppe
— bearbeiten 167
— Gruppenelemente bearbeiten 168
Gruppen 19
Gruppieren 166
— Objekte bearbeiten 167
— rückgängig 167
Guillemet 55

H

Halbton-/ Strichbilder einfärben 325
Hängender Einzug 54
Hardwaredongle 15
Helligkeit 315
Herausgeben und Abonnieren
— Abonnent 40
— Verleger 40
Hexachrome 314
Hilfe
— Indexliste 45
— Look for 46
— Suchbegriff 46
— Topics 45
Hilfslexikon 19
Hilfslinien
— Alle löschen 156
— erzeugen 71
— Fangradius 153
— Genauigkeit 154

— Lineal- 154
— Linealhilfslinien einrichten 154
— löschen 156
— Optionen 153
— Rand- und Spalten- 154
— Vorder-/Hintergrund 153
Hilfsmittel
— PPD-Manager 349
— Profilmanager 339
— Rechtschreibprüfung 257
— Spationierung bearbeiten 271
— Trennvorschlag 259
— Unterschneidung bearbeiten 273
— Verwendung 275
HSB 315
Hue 315
Hurenkinder 227

I

Icon, Option 37
Import, Anführungszeichen umwandeln 130
— Anmerkungen 136
— ANSI 128
— ASCII 127
— Bild 132
— Bildformate 133
— DOS/Windows-Texte 128
— Einschließlich Stilvorlagen 130
— EPS laden 286
— erweiterter IBM ASCII Code 127
— Farbtiefe 132
— JPEG laden 286
— Macintosh-Zeichencode 128
— PhotoCD laden 286
— Textdateien 127, 129
— TIFF laden 284
Importformate
— BMP 134
— DCS 135
— EPS 133

— JPEG 133
— KodakPhotoCD 133
— Macintosh PICT 134
— OS/2 Bitmap 134
— Paint 134
— PCX 134
— Scitex CT 134
— TIFF 134
Indexeintrag festlegen 266
Indexpalette 266
— aktivieren 266
Indexverzeichnis 264
— Eintrag festlegen 266
— erstellen 269
— Querverweise 266, 268
— vorbereiten 266
— Vorgaben 265
Informationen zur Installation 15
Informationen zur Registrierung 15
Inhaltsverzeichnis 260
— Beispiel 400
Initiale 225
Installation, Readme 31
Installation von QuarkXPress 4.0 16
Internet 30

J

JPEG 133
JPEG laden 286

K

Kapitälchen 216
Kapitel 195
— drucken 195
— Erste Seite 148
— Kapitelanfang festlegen 148
— löschen 195
— Seiten-Präfix 148
— Seitennumerierung formatieren 148
— synchronisieren 197
— umordnen 195
Kerning 52, 216
Kerningtabelle 273
Klebeumbruch 444
Klick 34
KodakPhotoCD 133
Kombination von Text- und Bildrahmen 19
Kombinieren 164
Kommentare erstellen 201
Kontrast 56
Kontursatz 301
Körperfarbe 312
Kreuzung 163
Kurven, Endpunkte verbinden 165

L

LAB 316
Laserbelichter 346
Laserdrucker 344
Laufweite 52, 271
Leitfaden zu Farbmanagement 15
Leitfaden zu Prepress 15
Lichtfarbe 312
Lieferumfang 15, 16
Ligaturen 212
Lineal
— aktivieren 154
— Horizontales Maß 154
— Montagefläche 155
— Objektkoordinaten 155
— Teilung einrichten 154
— Vertikales Maß 154
Lineale 65, 71
Linealhilfslinien einrichten 154
Linealnullpunkt 71
Linie
— Ausgabe unterdrücken 185
— benutzerdefinierte Linien 186

— Bezugspunkte 185
— Enden 188
— Haarlinie 184
— Modus 185
— Strich bearbeiten 186
— Textrahmen 204
— Zu Ecken ausdehnen 188
Linien
— Art 183
— einfärben 325
— Farbe 184
— Freihand 183
— horizontale und vertikale 183
— Linieneigenschaften 183
— Linienstärke ändern 184
— Linienstile anzeigen 186
— Linienstile bearbeiten 185
— Linienstile erstellen 185
— Pfeilspitzen 183
— Stärke 183
— Stil 183
— Winkellinien 183
— zeichnen 182
Linker Einzug 222
Linksbündig 220
Listenfelder 36
Löschen 17

M

Macintosh PICT 134
Macintosh-Zeichencode 128
Magenta 56, 313
Markieren
— Aktuelle Zeile 101
— Aktuellen Absatz 101
— Aktuelles Wort 101
— Objekte 162
— Stilvorlage erzeugen 110
— Text 100
— Textkette 101

Maßpalette 73
— aktivieren 81
— Bildrahmen anpassen 296
— Maßeinheiten einrichten 86
— Textbearbeitung 229
— Zeichenformat 102
Masterdokument
— Buch 195
— übertragene Stilvorlagen 195
Mausbedienung
— Doppelklick 34
— Klick 34
— Ziehen und Loslassen 35
Menü 35
— Apfel 35
— Popup 36
Menüeinträge 15
— Symbole 35
Menüzeile 42
Mindestanforderungen für den
    Einsatz 16
Mindestausbaustufe 16
Miniaturen drucken 116, 353
Modifizieren
— Textrahmen 202
Montagefläche 143
— drucken 116, 352
— Lineal 155
Musterseite 17, 145
— anordnen 80
— anpassen 148
— Beispiel 437
— benennen 78, 150
— duplizieren 151
— einrichten 146, 148
— löschen 151
— neu 151
— Seitenränder 149
— Spalteneinteilung 149
— übertragen 149

N

Namenskonventionen 390
Neu-Installation 16
Neues Dokument, Seite einrichten 67
Nicht-weiße Bereiche 292
Nullersatz 55
Nullpunkt verschieben 71

O

Objekt
— ausrichten 158
— bearbeiten 158
— Bezier-Bildrahmen bearbeiten 278
— Bezug 169
— Bildrahmen 277
— Bildrahmen duplizieren 295
— Bildrahmen festsetzen 296
— Bildrahmen modifizieren 296
— Bildrahmen rotieren 283
— Bildrahmen umfließen 297
— Bildrahmen verschieben 283
— Differenz 163
— Differenz umkehren 164
— duplizieren 160
— Eckenradius von Textrahmen 203
— Eigenschaften von Bildrahmen 281
— Eigenschaften von Textrahmen 202
— Eine Ebene vor 160
— Eine Ebene zurück 160
— Exklusiv oder 164
— Farbe zuweisen 325
— Farbverläufe erstellen 327
— Festsetzen 170
— Ganz nach hinten 160
— Ganz nach vorn 160
— Gleichmäßig verteilen 159
— Grafik aufbauen 452
— Gruppieren 166
— gruppierte bearbeiten 167
— In Bibliothek einfügen 191
— Kombinieren 164
— Kommentare 201
— Kreuzung 163
— Lage im Raum 49, 160
— Linien 182, 184
— Linieneigenschaften 183
— Lösen 170
— Markieren 162
— Mehrfach duplizieren 161
— Mehrfachselektion 162
— Objekt ziehen verzögern 181
— Objektebenen 160
— rahmenorientierte Arbeitsweise 198
— Teilen 165
— Textrahmen 198
— Textrahmen interaktiv rotieren 208
— Textrahmen neigen 203, 209
— Textrahmen rotieren 203
— Textrahmen spiegeln 209
— Textrahmenfarbe 203
— überfüllen 333
— Umfließen 205
— Vektor- 49
— Vereinen 162
— Vereinigung 163
OPI 361
Options-Icons 37
OS/2 Bitmap 134

P

Paginierung 17
Paint 134
Palette
— Farb- 74
— Maß- 73
— Seitenlayout- 73

— Stilvorlagen- 73
— Überfüllungs- 74
— Werkzeugpalette 171
— Werkzeug- 72
Pantone 314
Paßkreuze drucken 353
Passport-Version, Sprachformat 124
Passportversion 16
PCX 134
PhotoCD laden 286
Pixel 47
Pixelgrafik 48
Plazieren, Genauigkeit 153
Popup-Menü 36
— Format 124
— Typ 124
— Version 124
Positionieren, Genauigkeit 153
Positionierhilfen 152
— Grundlinienraster 156
— Hilfslinien 71
— Lineale 71
PostScript 16, 49
— Ausgabegeräte 343
— Druckdateien 365
— Drucken 114
PostScript-Druckerschriften 16
PPD 348
— installieren 348
PPD-Manager 349
Programm-Vorgaben
— Anzeigen 178
— Bitmaps 179
— Farb-TIFFs 179
— Grau-TIFFs 179
Programmbedienung
— Dialogbox 36
— in Dialogboxen 36
— Maus 34
— Menü 35
Programmdateien 16
Programmpaket 15
Prozessor 16

Q

Quark, Homepage 30
QuarkPrint 347
QuarkXpress beenden 41
QuarkXPress im Überblick 13, 15
QuarkXPress-Dokument 17
Querverweis festlegen 268

R

Rahmen 19
— Bild laden 88
— Bildrahmen 281
— Farbverläufe erstellen 327
— neu anlegen 83
— Rahmenhintergrund einfärben 325
— Rahmenränder einfärben 325
— Text laden 88
— Textrahmen 202
— verändern 84
— verändern, Textumbruch 95
— Farbe bestimmen 179
— und Spaltenhilfslinien
rahmenorientierte Arbeit 19
Randhilfslinien 67, 139
Raster
— Frequenz 357
— Standardwinkelungen 320
Rastereinstellungen 306
Rasterfrequenz 57
— empfohlene 358
Rasterweite 57
Rechter Einzug 222
Rechtsbündig 220
Rechtschreibprüfung benutzerdefinierte Hilfslexika 19, 258
Registrierungsdiskette 16, 30
Ressort 147
RGB 316
RIP 344

S

S&B 246
— Blocksatz 248
— Silbentrennung 246
— Verwalten 249
Sättigung 315
Saturation 315
Satz- und Layoutprogramm 16
Schmuckfarben 56
— Pantone 56, 314
Schmuckschriften 50
Schrift
— Dicke 271
— Installation 51
— Laufweite 271
— Schriftattribute 49
— Schriftschnitt 49
— verwendete Schriften anzeigen 275
Schriftart 214
Schriften
— AFM-Datei 51
— Postscript 49
— PostScript-Beschreibung 51
— Schmuckschriften 50
— Schriftarten 49
— Schriftverwaltung 51
— Serifenlose Schriften 50
— Serifenschriften 50
— Symbolzeichensätze 50
— Tips für die Installation 50
— TrueType 49
— Zeichensatzkoffer 51
Schriftgröße 214
Schriftinstallation 51
Schriftstile, Anmerkungen 214
Schusterjungen 227
Scitex CT 134
Scrollleisten 65
— Bedienung 72
Seite
— Doppelseiten 140
— Eine Seite vor 152
— Eine Seite zurück 152
— einfügen 69, 78, 142
— Einfügeposition 140
— einrichten 67, 141
— Elemente kopieren 145
— Format 141
— Gehe zu Seite 77, 152
— hinzufügen 79
— interaktiv blättern 152
— Lineal aktivieren 154
— löschen 78, 142
— Mit aktueller Textkette verbinden 70
— Musterseite 70
— Musterseiten duplizieren 78
— Numerierung 147
— Randhilfslinien 139
— Seite anordnen 79, 143
— Seitengröße festlegen 139
— Spalten 140
— verschieben 143
— wechseln 77, 151
— Zum Dokumentanfang 152
— Zum Dokumentende 152
— zwischen Dokumenten kopieren 144
Seiten
— löschen 78, 142
Seitenabmessungen 17
Seitenformat 17
Seitengestaltung 17
Seitenhilfslinien löschen 156
Seitenlayoutpalette 17, 73, 143
— aktivieren 78
— Bedienung 77
— Montageflächen erstellen 143
— Musterseiten benennen 150
— Musterseiten verwalten 150
Seitennumerierung 17
Seitenvorschub 229
Seitenzahl
— aktuelle 147
— der Nachfolgeseite 147

— der Vorgängerseite 147
— Tastenkombination 147
Serifenlose Schriften 50
Serifenschriften 50
Servicebüro 369
Sicherheitsabfrage beenden 41
Sichern, Anmerkungen 125
Sicherungskopien einrichten 125
Silbentrennung
— Methoden verwalten 249
— Vorgaben 246
Skalenfarbe, CMYK 56, 314
Spalten 140
Spalteneinteilung 67
Spaltenumbruch 229
Spationieren 217
Spationierung 102
— dauerhaft verändern 271
Spatium 52
Sperren 102
Spracheinstellungen 255
Stil
— Ausrichtung 220
— Größe 214
— Linien 224
— Schrift 214
— Unterschneiden 217
— Zeichen 219
Stilvorlage
— abhängige 110
— Absatz 108, 235
— Anfügen 111
— aus Markierung erzeugen 110
— Duplizieren 111
— Sichern 111
— Zeichen 108, 233
Stilvorlagen 19, 73, 107, 230
— Anmerkungen 232
— anwenden 239
— Arbeiten mit 111
— Beispiel 398
Stilvorlagenpalette 73
— aktivieren 107

Striche & Streifen 185
Strichgrafik 48
Suchen und Ersetzen 251
— Steuerzeichen 252
Symbolzeichensätze 50
Systemhardware 16
Systemvoraussetzungen 15, 16

T

Tabellensatz, Beispiel 402
Tabulator, Beispiel 394
Tabulatoren 223
— Füllzeichen 224
Tastaturschablone 16
Tastenkombinationen
— Absatzausrichtung 220
— Bildgröße ändern 288
— Grundlinienversatz 218
— Seitenzahlen 147
— Text 99
— Unterschneidung 217
— Zeilenabstand 222
Tastenkürzeln 16
Teilen
— Alle Pfade 166
— Außenpfade 166
Telefonnummern gliedern 52, 54
Text
— Absatzattribute 219
— Absatzausrichtung 220
— Auf Linie 242
— Blocksatz 248
— Eckenradius von Textrahmen 203
— Eigenschaften von Textrahmen 202
— Einzüge 222
— erfassen 98, 211
— Erste Grundlinie 203
— exportieren 131
— Gesamttext exportieren 131
— Grundlinienversatz 218

- Hochgestellt 215
- Importfilter 128
- in Rahmen konvertieren 244
- Indexverzeichnisse 264
- Indexzeichen 215
- Inhaltsverzeichnisse 260
- Initiale 225
- Kapitälchen 216
- Kontursatz 207
- kopieren 212
- Ligaturen 212
- Linien einfügen 224
- löschen 211
- Markieren 100
- Mit Pfad verbinden 242
- Rechtschreibprüfung 257
- S&B 246
- Schriftbreite 218
- Schriftgröße 214
- Schrifthöhe 218
- Seitenvorschub 229
- Silbentrennung 246
- Spalten 203
- Spaltenumbruch 229
- Spationieren 217
- Spationierung 102
- Sperren 102
- Stil 213
- Stilvorlagen anwenden 239
- Suchen und Ersetzen 251
- Tabulatoren 223
- Tastenkombinationen 99
- Text laden 88, 92
- Text spiegeln 229
- Textausrichtung 204
- Textneigung 203
- Textposition 209
- Textrahmen 198
- Textrahmen entketten 200
- Textrahmen neigen 203
- Textrahmen neu 200
- Textrahmen verketten 200
- Textrahmenfarbe 203
- Textwinkel 203
- Tiefgestellt 215
- Trennhilfe 259
- Umfließen 205
- Unterschn. über 217
- Unterschneiden 102
- unterschneiden 216
- Versalien 216
- verschieben 212
- Zeichenattribute 213, 214
- Zeichenfarbe 216
- Zeilenabstand 221

Textbearbeitung 19
- Vorgaben 213

Textdateien importieren 127, 129

Texte exportieren, Anwendungsgebiete 131

Textfunktion 19

Textkette 82, 200
- Musterseite anpassen 148
- trennen 148
- verbinden 148

Textpfade 242

Textrahmen 82
- Abmessungen 203
- auf Folgeseite 70
- Béziertextrahmen 207
- Eckenradius 203
- Eigenschaften 202
- entketten 200
- Erste Grundlinie 203
- Farbverlauf 203
- Hintergrund 203
- interaktiv rotieren 208
- Kontursatz 207
- Montagetechniken 446
- neigen 203, 209
- neu 200
- Rahmen verankern 240
- Rahmenform ändern 82
- Randeinstellungen 202
- Randfarbe 204
- Randstärke 204

— Randstil 204
— rotieren 203
— Spalten 203
— spiegeln 209
— Textabstand 203
— Textausrichtung 204
— Textposition 209
— transparenter Hintergrund 203
— umfließen 205
— verketten 200
— Voreinstellungen 206
Textumbruch 95
Textzeichen einfärben 325
Thermosublimationsdrucker 345
Thermotransferdrucker 345
TIFF 134
— laden 284
Tintenstrahldrucker 345
Titelschrift 50
Titelzeile 42
Tracking 217
Trennhilfe 19, 259
Trennstrich 55
— gegen 55
TrueType 49
TrueType-Fonts 16
Typische Aufgabenstellungen 15
Typografie
— Divis 55
— Maßangaben 53
— Trennstrich 55
typografische Funktionen 19

U

Überblick QuarkXPress 13, 15
Überdrucken 59
Überfüllung 59
— automatisch 329
— Farbe 328
— farbspezifische 332
— objektbezogen 333
— Überfüllungsauszug 330

— Vorgaben 330
Überfüllungsauszug 330
Überfüllungspalette 74
Übersicht über Tastaturbefehle 15
Unterschneiden 52, 102, 216
Unterschneidung
— dauerhaft verändern 273
— Tastenkombinationen 217
Update 16, 31

V

Vektorgrafik 48
— Aufbauvorschrift 48
— Objekte 49
— Skalieren 48
Vektorschriften 49
Vereinen
— Differenz 163
— Differenz umkehren 164
— Exklusiv oder 164
— Kombinieren 164
— Kreuzung 163
— Vereinigung 163
— Vereinigung teilen 165
Verleger 40
Versalhöhe 53
Versalien 216
Vertikalhöhe 53
Vierfarbdruck 56
Vorgaben, Zeichenattribute 215
Vorschauabbildungen 37

W

Werkzeuge 43
— aktivieren 44
— Bézier-Bildrahmen 173
— Bézier-Textrahmen 173
— Bildrahmen-Werkzeug 172
— Dreh 172
— Entketten 173

– frei Bézier-Linien 173
– freie Linientextpfade-Bézier 173
– freies Bildrahmen-Bézier 172
– freies Textrahmen-Bézier 172
– gerade Linientextpfade 173
– Inhalt 172
– Lupe 76, 172
– Objekt 172
– ovale Bildrahmen 173
– Popoutmenü 44
– runde Bildrahmen 173
– senkrechte Linien 173
– Textrahmen 172
– Verkettung 173
– Winkel-Linien 173
– Winkel-Linientextpfade 173
Werkzeugpalette 72, 171
– aktivieren 76
Workshop
– AppleScript 427
– Arbeitsvorbereitung 395
– Bildmontage 456
– Buchproduktion 414
– Einzüge 394
– Grafik aufbauen 452
– Inhaltsverzeichnis 400
– Musterseiten 437
– Stilvorlagen 398
– Tabellensatz 402
– Tabulatoren 394
– Text erfassen 444
– XPress-Marken 423
– Zeitschriftenlayout 435
Wortabstand 52
Wörterbuch 29
WYSIWYG, Grenzen 157

X

XPress-Marken 374
– Beispiel 423
– Grundlagen 375

XTension 371
– CMS 336
– QuarkPrint 347
– XTensionManager 372

Z

Zahlen gliedern 54
Zeichen
– Hochgestellt 215
– Kapitälchen 216
– Schriftbreite 218
– Schrifthöhe 218
– unterschneiden 216
– Versalien 216
Zeichenattribute 213
– Dialogbox 219
– Einstellen 73
– mit XPress-Marken 378
– zuweisen 103
Zeichenformat 19, 101, 214
– Indexzeichen 215
Zeichensatz, MAC-Windows 389
Zeichensatzkoffer 51
Zeichenstilvorlage 108
– bearbeiten 108, 237
– erstellen 233
– mit XPress-Marken 376
Zeilenabstand 53, 221
– Schriftsatz 221
– Tastenkombinationen 222
– Textverarbeitung 221
Zeilenregister 227
Zeitschriftenlayout, Beispiel 435
Zentriert 220
Ziehen und Loslassen 35
Zusammenarbeit mit
– XPress (Windows) 388
– XPress 3.3 385

Classroom in a Book

Adobe PageMaker 6.5 Adobe Press

Der schnellste, einfachste und effektivste Weg, sich in Adobe PageMaker einzuarbeiten – von Adobe-Mitarbeitern entwickelt und von Adobe Press publiziert! Hands-on-Übungen, die in Adobe-Seminaren und Lernlabors getestet wurden, ermöglichen ein effektives Selbststudium. Als Umsteiger auf die Version 6.5 erfahren Sie eine Menge neuer Kniffe und Tricks (Mac- und Windows-Version). Alle Materialien auf CD-ROM.
368 Seiten, 1 CD-ROM · ISBN 3-8272-5307-1 · DM 89,95

Adobe Illustrator 7.0 Adobe Press

Plattformübergreifend – Windows 95, Windows NT und Mac OS – beschreiben die Illustrator-Entwickler in diesem Buch insbesondere die neuesten Tools und Techniken, darunter auch die GIF-Unterstützung, RGB-Web-Farben und HTML. Illustrator 7 zu erlernen ist mit diesem Buch nur eine Frage von Stunden! Auf CD-ROM: zahlreiche Grafik-, Text-, Schrift- und Trainingsdaten.
352 Seiten, 1 CD-ROM · ISBN 3-8272-5308-X · DM 89,95

Photoshop 5.0 Adobe Press

Das offizielle Trainingsbuch aus dem Hause Adobe zur neuen Photoshop-Version. Ideal zum Selbststudium oder als Schulungsunterlage. Das Buch kann sowohl von Mac- als auch von Windows-Usern eingesetzt werden. Auf CD-ROM: Original-Adobe-Trainingsmaterialien.
320 Seiten, 1 CD-ROM · ISBN 3-8272-5428-0 · DM 89,95

Markt&Technik-Produkte erhalten Sie im Buchhandel, Fachhandel und Warenhaus.

Markt&Technik Buch- und Software-Verlag GmbH, Hans-Pinsel-Str. 9b, 85540 Haar, Telefon (0 89) 4 60 03-222, Fax (0 89) 4 60 03-100 · Internet: http://www.mut.com

A VIACOM COMPANY